शैली और शैली विश्लेषण

शैली और शैली विश्लेषण

डॉ. पाण्डेय शशिभूषण 'शीतांशु'

वाणी प्रकाशन

प्रकाशन के उत्कृष्टतम 62 वर्ष

vaniprakashan.com

सजिल्द पहला संस्करण : 2007
सजिल्द दूसरा संस्करण : 2014
सजिल्द तीसरा संस्करण : 2025

वाणी प्रकाशन

4695, 21-ए, दरियागंज, नयी दिल्ली-110 002

फ़ोन : + 91 11 23273167, 23275710

शाखाएँ

अशोक राजपथ, पटना-800 004, बिहार

कॉफ़ी हाउस कैम्पस, महात्मा गांधी मार्ग, प्रयागराज-211 001, उत्तर प्रदेश

महात्मा गांधी अन्तरराष्ट्रीय हिन्दी विश्वविद्यालय, वर्धा-442 001, महाराष्ट्र

sales@vaniprakashan.in

vaniprakashan@gmail.com

Shaili Aur Shaili Vishleshan

by Dr. Pandey Shashi Bhushan 'Shitanshu'

ISBN : 978-81-7055-415-8
Linguistics

मूल्य : ₹ 795

जी.एस. ऑफ़सेट, दिल्ली-110 095 में मुद्रित

वाणी प्रकाशन का लोगो मक़बूल फ़िदा हुसैन की कूची से

हिन्दी में

सर्जन, समीक्षण और पांडित्य के

मधुत्रय से सम्पन्न

आचार्य विद्यानिवास मिश्र

को

सादर !

क्रम-अंकन

0.0	**पूर्वकथन**	3
1.0.	शैली और शैली-विमर्श	9
1.1.	अन्तर-राष्ट्रीय सेमिनार और शैली-विमर्श	11
1.2.	शैली : अस्तित्व का प्रश्न	14
1.3.	शैली : अवधारणा	21
1.4.	शैली : अर्थ-निर्धारण	23
1.5.	शैली : परिभाषांकन	32
1.6.	शैली : क्षेत्र-स्पष्टीकरण	68
1.7.	शैली : प्रकार-निरूपण	73
1.8.	शैली : आयाम-रेखांकन	97
1.9.	शैली : प्रकार्य-विवेचन	98
2.0.	शैली-विश्लेषण : सिद्धांत	111
2.1.	शैली-विश्लेषण : दिशा-वैविध्य	113
2.2.	शैली-विश्लेषण : प्रकार-भेद	116
2.3.	शैली-विश्लेषण : स्तर-स्पष्टीकरण	118
2.4.	शैली-विश्लेषण : प्रतिमान-निरूपण	130
2.5.	शैली-विश्लेषण : प्रक्रिया-विवेचन	342
3.0.	उत्तर-कथन	351
4.0.	ग्रन्थ-विवरण	357

0.0. पूर्वकथन

0.0. पूर्वकथन

हिन्दी में 'शैली' के स्वरूप और उसके विश्लेषण के सन्दर्भ को देखें, तो पिछले 24-25 वर्षों में 'शैली' के सैद्धान्तिक ज्ञान और आनुप्रायोगिक निदर्शन की स्थिति स्पष्ट होने की जगह लगातार उलझती चली गयी है। प्राय: साहित्य-सिद्धान्त अपने सही अवबोधकीय क्रम में गहन अध्ययन और उसके स्पष्ट अनुवर्ती चिन्तन की मांग करता है। वह यह अपेक्षा रखता है कि उसकी मान्यताओं का पल्लवग्राही उल्लेख करने की अपेक्षा उसे सही रूप में समझा और परखा जाए। इसके लिए उसे सुचिन्तित रूप में और धैर्यपूर्वक पढ़ने, उस पर विचार करने, उसे परीक्षित-मूल्यांकित करने और अन्तत: उसे अनुप्रयुक्त करने की आवश्यकता होती है। दुर्भाग्य से आधुनिक शैली-विमर्श और शैली-विश्लेषण के सिद्धान्त और व्यवहार के सन्दर्भ में यह गम्भीर कर्म अब तक सम्भव नहीं हो पाया है। प्रस्तुत पुस्तक इस अभाव की पूर्ति की दिशा में एक विनम्र, मौलिक प्रयास है।

'शैली' और 'शैली-विश्लेषण' के क्षेत्र में पिछले वर्षों में जाने-अनजाने कई प्रकार की भ्रान्तियां लगातार फैलायी गयी हैं। इनमें जहाँ एक ओर आधुनिक शैली-विमर्श को यूनानी-इतालवी चिन्तकों की शैली-विषयक अवधारणा के साथ जोड़ा जाता रहा है, वहां दूसरी ओर भारतीय काव्यशास्त्रीय चिन्तन के साथ भी इसका बिम्ब-प्रतिबिम्ब भाव दिखाया गया है। यही नहीं, शैली को बाह्य भाषालाक्षणिक तत्त्व के रूप में भी देखा जाता रहा है और उसके अध्ययन को 'शैलीविज्ञान' कहा जाता रहा है, जिसके कारण उसे 'रूपवादी' घोषित कर प्राय: उस पर आरोप भी किये गये हैं। कहना न होगा कि ऐसी अनेकानेक भ्रान्तियों के ही कारण बिना सोचे-समझे आज 'शैली' के सब प्रकार के विश्लेषण-अध्ययन को 'शैलीविज्ञान' नाम से पुकारा जाने लगा है, जो उचित नहीं है। इसीलिए आज यह जानना अपेक्षित हो उठा है कि 'शैली' का आधुनिक सन्दर्भ क्या है और उसके विश्लेषण-अध्ययन का स्वरूप एकविध है या अनेकविध? यदि यह अनेकविध है, तो उसका यह विश्लेषणात्मक अध्ययन कितने प्रकार का है और कैसे सम्पन्न हो पाता है? प्रस्तुत पुस्तक इन जिज्ञासाओं का उत्तर देती है।

'शैली' का प्राथमिक सन्दर्भ शैलीशास्त्र (STYLOLOGY) का सन्दर्भ है और उसका विश्लेषण-अध्ययन शैलीशास्त्रीय (STYLOLOGICAL) विश्लेषण-अध्ययन है। यह मूलत: वाग्मिताशास्त्र (RHETORICS) की 'शैली'—संकल्पना पर आधारित है। पर 'शैली' का यह अध्ययन किसी भी रूप में 'शैलीविज्ञान' नहीं है। इस तथ्य से परिचित नहीं रहने के कारण ही डॉ. भोलानाथ तिवारी ने हिन्दी में 'शैलीशास्त्र' के अध्ययन से 'शैलीविज्ञान' को जोड़ते हुए 'यूनानी शैलीविज्ञान' जैसी पुस्तक लिख डाली और यह दावा किया कि इसके द्वारा वे शैलीविज्ञान के इतिहास के एक सर्वथा अछूते पक्ष का उद्घाटन कर रहे हैं, "भाषाविज्ञान के 'अनुप्रयुक्त' रूप में तथा साहित्य के 'वस्तुपरक विश्लेषण' में आजकल शैलीविज्ञान की बहुत चर्चा है, किन्तु प्राय: इसकी जड़ें इस सदी में ही खोजी गयी हैं और इसके प्रथम पुरस्कर्ता के रूप में सॅस्यूर के शिष्य चार्ल्स बेली का नाम लिया जाता है। यों इसे कभी रूपवादी सम्प्रदाय, प्राहा सम्प्रदाय, पोलिश साहित्य-शास्त्र, फ्रांसीसी पाठवादी सम्प्रदाय, ब्रितानी

व्यावहारिक आलोचना तथा अमरीकी नयी आलोचना आदि से जोड़ा गया है। किन्तु और पीछे जाने का प्रयास नहीं हुआ है। पाण्डेय शशिभूषण 'शीतांशु' का 'शैलीविज्ञान का इतिहास' भी इससे पीछे नहीं गया है। किन्तु वास्तविकता यह है कि 'शैली' की चर्चा उतनी ही पुरानी है, जितनी भाषाशास्त्र और साहित्यशास्त्र की।'' (दो शब्द, यूनानी शैलीविज्ञान, दिल्ली: जनप्रिय प्रकाशन, 1986, पृष्ठ-5) पर डॉ. तिवारी यहां यह नहीं देख सके कि चार्ल्स बाली का पहला नाम लिये जाने का कारण क्या है? वे यह भी नहीं समझ सके कि 'शीतांशु' का 'शैलीविज्ञान का इतिहास' 'शैली' के वैज्ञानिक चिन्तन और विश्लेषण के सन्दर्भ में यूनानियों-इतालवियों तक पीछे क्यों नहीं गया? 'शैली' की चर्चा सचमुच उतनी पुरानी है जितनी 'भाषाशास्त्र' की। पर यह जितना बड़ा सच है उतना ही बड़ा सच यह भी है कि 'शैलीविज्ञान' की चर्चा भी उतनी ही नयी है जितनी 'आधुनिक भाषाविज्ञान' की। जिस प्रकार भाषाशास्त्र (PHILOLOGY) और भाषाविज्ञान (LINGUISTICS) भाषाविषयक चिन्तन होकर भी अपने स्वरूप और अपनी सोद्देश्यता में पृथक्-पृथक् हैं, उसी प्रकार यूनानी-इतालवी शैली-चिन्तन मूलत: 'शैलीशास्त्र' (STYLOLOGY) है और 'शैलीविज्ञान' अपने स्वरूप, प्रकार्य और अपनी सोद्देश्यता में इससे भिन्न है।

'शैली' का द्वितीयक सन्दर्भ शुद्ध साहित्यालोचकों द्वारा 'शैली' के स्वरूप एवं वैशिष्ट्य-निरूपण का सन्दर्भ है। ड्राइडन, बोइलो, वाल्टर पेटर, डाब्रे लूकस आदि के द्वारा प्रस्तुत इस शैली-विषयक विमर्श का विवेचन डॉ. रामचन्द्र प्रसाद की 'शैली' पुस्तक (पटना: बिहार हिन्दी ग्रंथ अकादमी, 1973) में प्राप्त होता है। पर यह विवेचन पूरी तरह आधुनिक शैली-विमर्श और शैली-विश्लेषण की भाषावैज्ञानिक संवेदना-संकल्पना, उसके प्रकार्य तथा उसकी प्रक्रिया-प्रविधि से पृथक् है। निश्चय ही 'शैली' का यह अध्ययन भी 'शैलीविज्ञान' नहीं है।

'शैली' का तृतीयक सन्दर्भ 'शैली' को भारतीय काव्यशास्त्र में बिम्बित-निरूपित मानने का सन्दर्भ है। पर आधुनिक शैली-विमर्श और शैली-विश्लेषण इससे भी भिन्न है। आधुनिक पश्चिमी काव्यशास्त्रीय चिन्तन में से एक चिन्तनपद्धति–'शैली'–के साथ भारतीय काव्यशास्त्रीय चिन्तन की तुलना तो की जा सकती है, पर उसे आधुनिक 'शैली' का पर्याय नहीं माना जा सकता है। जो ज्ञानानुशासन अपने अभिधान, अपने प्रकृति-गुण, अपने प्रकार्य और अपनी सोद्देश्यता में भिन्न हो, उसे कुछ स्वरूपगत साम्य के आधार पर पूर्ववर्ती, भारतीय काव्यशास्त्र से एकरूप नहीं माना जा सकता। पर ऐसी भ्रान्ति पाली गयी और उसका परिणाम यह हुआ कि डॉ. सत्यदेव चौधरी ने 'भारतीय शैलीविज्ञान' जैसी पुस्तक लिख डाली। यदि वे आधुनिक 'शैली'–विमर्श की परिधि और सीमा–रेखा में भारतीय काव्यशास्त्र के अभिलक्षणों को उद्घाटित और अनुप्रयुक्त कर पाते, तो शायद 'भारतीय शैलीविज्ञान' बन भी जाता! पर परम्परित, भारतीय काव्यशास्त्र की यथावत् आवृत्ति न तो आधुनिक 'शैली' से संकल्पित है और न ही यह 'भारतीय शैलीविज्ञान' है। आधुनिक 'शैली'–विमर्श के मूल स्वरूप और उसकी सक्रियता की दिशा और सोद्देश्यता को बिना स्पष्ट किये ही कुलाबे मिलाने का ऐसा एक और बृहत्तर प्रयास डॉ. राघव प्रकाश ने भी किया। पर यहां भी 'शैली' के आधुनिक

विमर्श और वैशिष्ट्य का बहुआयामीय उद्‌घाटन-स्थापन संभव नहीं हो सका।

'शैली' का चतुर्थक सन्दर्भ 'शैली' को भाषावैज्ञानिक पृष्ठभूमि में भाषावैज्ञानिक तकनीक से जोड़कर निरूपित करने का सन्दर्भ है। वास्तव में यही 'शैली' का आधुनिक सन्दर्भ है। पर इस सन्दर्भ में भी शैली के विश्लेषण और विवेचन की दो दिशाएं हैं—पहली दिशा शैली के वैशिष्ट्य को, उसके अभिलक्षणों को भाषावैज्ञानिक तकनीक के आधार पर वर्गीकृत-वर्णित करने की है। 'शैली' का यह विश्लेषण 'शैलीमापक्रमी' (STYLOMETRIC) विश्लेषण कहलाता है। 'शैली' के विश्लेषण की दूसरी दिशा शैली के विश्लेषण-क्रम में इससे आगे बढ़कर पाठ या कृति के समग्र कथ्य-सौन्दर्य का उद्‌घाटन एवं निर्वचन करने की है। यहां आकर ही 'शैली' का विश्लेषण 'शैलीवैज्ञानिक विश्लेषण' बन पाता है। पर 'शैली'—विश्लेषण के क्षेत्र में इन दोनों रूपों के अन्तर के स्पष्ट नहीं रहने के कारण और दोनों को 'शैलीवैज्ञानिक आलोचना' मान लिये जाने के कारण ही शैलीविज्ञान पर लगातार रूपवादी विश्लेषण-मात्र होने और आलोचना-पद्धति नहीं होने के आरोप लगाये गये, जो सर्वथा अनुचित थे। तथ्यत: 'शैली' के 'शैलीमापक्रमी' (STYLOMETRIC) विश्लेषण को 'शैलीवैज्ञानिक' (STYLISTIC) विश्लेषण मानना भ्रान्तिपूर्ण था और है। डॉ. भोलानाथ तिवारी ने अपने 'व्यावहारिक शैलीविज्ञान' में जो साहित्य-पाठों का अनुप्रयोगी अध्ययन प्रस्तुत किया, वह रचना की भाषा-शैली का पुच्छभूत अध्ययन-मात्र रहा! वह शैली-विश्लेषण की शैलीमापक्रमी दिशा को ही उद्‌घाटित करने वाला रहा। यद्यपि ऐसे अध्ययन में विश्लेषण के लिए भाषावैज्ञानिक पृष्ठाधार अनिवार्य होता है, पर डॉ. तिवारी ने इसका भी सर्वत्र निर्वाह नहीं किया। (द्रष्टव्य : व्यावहारिक शैलीविज्ञान, दिल्ली : शब्दकार, 1983) दूसरे, 'शैली' के इस भाषावैज्ञानिक अध्ययन के सन्दर्भ में कुछ 'नीमहकीम', तथाकथित शैलीविदों ने 'शैली' के पश्चिमी पारिभाषिकों के साथ-साथ भारतीय काव्यशास्त्रीय पारिभाषिकों का भी घालमेल करना आरंभ कर दिया। परिणाम यह हुआ कि चयन, संयोजन जैसी प्रक्रिया और विचलन, समान्तरता जैसी अवधारणाओं के साथ-साथ भारतीय काव्यशास्त्रीय पारिभाषिक—अप्रस्तुत विधान, विरोधाभास आदि—को भी ग्रहण कर लिया गया। डॉ. भोलानाथ तिवारी और डॉ. सत्यदेव चौधरी ने अपने लेखन से ऐसी भ्रान्तियां उत्सृजित कीं। यहां पहला विचारणीय तथ्य तो यह था कि 'चयन' और 'संयोजन' 'विचलन' और 'समान्तरता' से अलग नहीं हैं। 'चयन' और 'संयोजन' तो प्रक्रियागत तत्त्व हैं। विशेष चयन और विशेष संयोजन में ही 'शैली' रहती है। यह विशेष चयन-संयोजन ही विचलित अथवा समान्तरित चयन-संयोजन जैसे रूपों में सामने आता है। यही नहीं, शैली-विश्लेषण के आधुनिक सन्दर्भ में विचलन, समान्तरता आदि शैलीपरक पारिभाषिकों के साथ-साथ विरोधाभास, अप्रस्तुतविधान जैसे काव्यशास्त्रीय पारिभाषिकों के पृथक् अभिलक्षण निरूपित करने की कोई आवश्यकता नहीं थी, क्योंकि इन सबका अन्तर्भाव आधुनिक शैली-विमर्श में शैली-विश्लेषण के विचलन, समान्तरता आदि अभिलक्षणों में स्वत: हो जाता है।

'शैली और शैली-विश्लेषण' आधुनिक शैली-चिन्तन के क्षेत्र में मेरी चौथी पुस्तक है। इसके पहले खंड की सोद्देश्यता 'शैली' को ऊपर निर्दिष्ट विभिन्न, परम्परित सन्दर्भों

से पृथक् रखते हुए उसे भाषावैज्ञानिक सन्दर्भ में विवेचित करने की है। इस सम्पूर्ण शैली-विमर्श में अन्तर-राष्ट्रीय शैली-सेमिनार का सन्दर्भ महत्त्वपूर्ण है। हिन्दी में प्रस्तुत पुस्तक ऐसी एकमात्र पुस्तक है, जिसमें आधुनिक सन्दर्भ में शैली की अवधारणा, उसके अर्थ-निरूपण, उसके आयाम-रेखांकन और उसके प्रकार्य-विवेचन पर एकसाथ सम्यक् विचार किया गया है। 'शैली' के परिभाषांकन के सन्दर्भ में मेरी मान्यता है कि 'शैली' सर्जक की ओर से विशेष भाषिक चयन-संयोजन और भावक-पाठक की ओर से सभिप्राय अग्रप्रस्तुति है। पर यदि कोई चाहे,तो युक्तियुक्त रूप में अग्रप्रस्तुति की अवधारणा को सर्जक और भावक दोनों के लिए क्रियान्वित कर सकता है। इसके दूसरे खंड की सोद्देश्यता 'शैली-विश्लेषण' के लिए अपेक्षित सिद्धान्त को व्यापकता और गहनता में विवेचित करने की है। इस दृष्टि से प्रस्तुत पुस्तक में 'शैली-विश्लेषण' की दिशा, प्रकार, स्तर, प्रतिमान और प्रक्रिया का समीचीन विवेचन किया गया है। प्रतिमान के रूप में 'अग्रप्रस्तुति' और 'शैलीचिह्नक' जैसे दो प्रतिमानों का सोदाहरण विवेचन इस पुस्तक की विशेषता है। अब तक किसी भी भाषा में किसी भी प्रतिमान को इतनी व्यापकता और इतनी गहनता में स्थापित-विवेचित करने का प्रयास नहीं हो पाया है। मेरी यह दृढ़ मान्यता है कि कोई भी 'शैली'–विश्लेषक या शैलीवैज्ञानिक आलोचक बिना किसी प्रतिमान को समीचीन रूप में स्थापित-ग्रहण किये और बिना उसकी अभिलाक्षणिक क्रियाशीलता से परिचित हुए शैली-विषयक विश्लेषण नहीं कर सकता है। कहना न होगा कि समर्थ अनुप्रयोग के लिए सिद्धान्त की गहन और व्यापक समझ अपेक्षित होती है, ऐसी समझ जो प्रतिमान और प्रक्रिया की सभी अपेक्षित पर्तों के उद्घाटित हो जाने से प्राप्त होती है।

हिन्दी के प्रतिष्ठित शैलीविद् और मेरे सुहृद डॉ. कृष्ण कुमार शर्मा ने मेरी पुस्तक 'शैलीविज्ञान : प्रतिमान और विश्लेषण' (दिल्ली: देवदार प्रकाशन,1984) की समीक्षा करते हुए आज से एक दशक पूर्व लिखा था कि "डॉ. शीतांशु की धारणा ठीक है कि बिना सांख्यिकीय गणना प्रस्तुत किये ही अग्रप्रस्तुति प्रतिमान के आधार पर साहित्य की वस्तुनिष्ठ आलोचना की जा सकती है। डॉ. शीतांशु ने इस पुस्तक द्वारा शैलीविज्ञान का सहृदय-ग्राह्य अनुप्रयोग किया है। ध्यान देने की बात यह है कि अभ्यास-सिद्ध होने पर अग्रप्रस्तुत भाषिक तत्त्व शैलीचिह्नक भी बनते हैं। अतएव दोनों अवधारणाओं का समायोग शायद अधिक पूर्ण प्रतिमान प्रस्तुत कर सकेगा।" (भाषा, नयी दिल्ली: केन्द्रीय हिन्दी निदेशालय, मार्च 1986, पृष्ठ 96-97) पर वास्तविकता यह है कि अग्रप्रस्तुति और शैलीचिह्नक जैसी दोनों अवधारणाओं पर स्थापित प्रतिमान कृति-विशेष में निरूपित समग्र शैली-तत्त्वों को अपनी-अपनी दृष्टि से देखते हैं। ऐसा नहीं है कि कुछ शैली-तत्त्वों पर अग्रप्रस्तुति प्रकाश डालती है और कुछ शैली-तत्त्वों पर शैलीचिह्नक। दोनों अपनी-अपनी दृष्टि से समग्र शैली-तत्त्वों का उद्घाटन कर सकते हैं। जहां शैलीचिह्नक सक्रिय है, वहीं अग्रप्रस्तुति भी सक्रिय है। दूसरे, यह मानना भी उचित नहीं है कि रचना में निरूपित जो शैली-तत्त्व हैं वे अभ्यास-सिद्ध होने पर ही शैलीचिह्नक बनें, क्योंकि अभ्याससिद्धता शैलीचिह्नक की शर्त नहीं है। उसकी शर्त तो सन्दर्भबद्धता है। केवल अभ्याससिद्धता शैली-स्मरणक (STYLE REMINDER) की

विशेषता हो सकती है, शैलीचिह्नक की नहीं। अभ्याससिद्ध शैली-तत्त्व भी सन्दर्भबद्ध होने पर ही शैलीचिह्नक बनते हैं। इसीलिए इन दोनों प्रतिमानों को समेकित या समायोजित कर एक नया प्रतिमान निर्मित करना संभव नहीं है। हां, आवश्यकता इस बात की है कि दोनों को अलग-अलग रूप में अच्छी तरह सोदाहरण विवेचित किया जा सके। प्रस्तुत पुस्तक इन दोनों ही प्रतिमानों का सोदाहरण विवेचन करती है।

प्रतिमान-निरूपण के साथ-साथ प्रक्रिया का विवेचन भी मेरी इस पुस्तक की मौलिकता है। प्रस्तुत पुस्तक में पहली बार प्रक्रियाविवेचन के अन्तर्गत विश्लेषण, संश्लेषण और निर्वचन की संधारणा को सोदाहरण स्पष्ट किया गया है। विश्लेषण में जहां विभिन्न शैली-अभिलक्षणों का विभिन्न भाषिक स्तरों पर रेखांकन किया जाता है, तथ्यांक प्रस्तुत किये जाते हैं, वहां संश्लेषण में पाठ या रचना के विभिन्न अंशों में, विभिन्न भाषिक स्तरों पर प्राप्त होने वाले शैली-अभिलक्षणों को अन्तस्संबद्ध कर उसकी दिशा स्पष्ट कर दी जाती है। अन्ततः निर्वचन में गृहीत पाठ या रचना को इन सारे आधारों पर निर्वचित, व्याख्यायित कर उसके कथ्य-मर्म को, अन्तस्सौन्दर्य को उद्‌घाटित कर दिया जाता है।

यह पुस्तक जहां रोजर फाउलर द्वारा स्थापित आरोप-परक धारणाओं–1. साहित्य की भाषा अपने प्रकार्य में विशेष नहीं होकर सामान्य होती है तथा 2. 'अग्रप्रस्तुति' एक रूपवादी अवधारणा है–का सप्रमाण खंडन करती है, वहीं डॉ. आर.एस. पाठक द्वारा भारतीय काव्यशास्त्र के सन्दर्भ में शैलीविज्ञान और उसके अभिलक्षण-विशेष पर किये गये निम्नलिखित आरोप को भी निरस्त कर देती है :

> "In its present state of development, Stylistics does not seem to have fully advanced to take care of all types of verbal means. In the absence of a full and explicit theory of style and a concommutant, uniform, stylistic methodology, the analysis of poetic style grounded on the concept of deviance alone is likely to produce only limited results."
>
> —Vakrokti and Stylistic Concepts (N. Delhi : Bahri Publication PVt. Ltd, 1988, page-85)

द्रष्टव्य है कि व्यापक और गहन रूप में सक्रिय प्रतिमान के बतौर इस पुस्तक में प्रतिमानों की की गयी स्थापना और विवेचना इस आरोप को व्यर्थ और निस्सार घोषित कर देती है कि शैलीविज्ञान अपने वर्तमान रूप में सभी प्रकार की अर्थ-छायाओं और अर्थ-विच्छित्तियों को उजागर करने में पूरी तरह विकसित नहीं है या कि शैली-चिन्तन के क्षेत्र में अभी पूर्ण और सुस्पष्ट सैद्धान्तिकी का अभाव है। अग्रप्रस्तुति 'विचलन' के अतिरिक्त 'विपथन', 'समान्तरता' और 'विरलता' जैसी अवधारणात्मक अभिलक्षणों से लैस होकर शैलीचिन्तन को निश्चय ही एक ऐसा प्रतिमान मुहैया करती है, जिसकी सैद्धान्तिकी पूर्ण, सुस्पष्ट और विकसित है तथा जो पाठ की साभिप्रायता को, अर्थ-विच्छित्तियों को उन्मीलित करने में पूरी तरह समर्थ है। यही नहीं, शैलीचिह्नक प्रतिमान की सन्दर्भबद्धता भी अर्थ-छायाओं और अर्थ-विच्छित्तियों को उजागर करने में पूरी तरह सक्षम है। हां, जो विवेचक शैली-चिन्तन को तो प्रतिमान-विरहित रूप में लेते हैं और उसके सामने भारतीय काव्यशास्त्र का स्थापित प्रतिमान लेकर खड़े हो जाते हैं उनके लिए ऐसी भ्रान्ति का होना नितान्त स्वाभाविक है। आवश्यकता इस बात की है कि शैली-चिन्तन के प्रतिमानों की

सर्वांगीण परीक्षा करने के पहले ऐसे भ्रामक आरोप नहीं किये जाएं। आशा है, प्रस्तुत पुस्तक इस दिशा में भी अपनी महत्त्वपूर्ण भूमिका अदा कर सकेगी।

यह कृति यह स्थापित करती है कि शैली का आधुनिक विश्लेषण 'शैलीमापक्रमी' और 'शैलीवैज्ञानिक' जैसे दो रूपों में होता है। इन दोनों विश्लेषण के लिए प्रतिमान और प्रक्रिया की अपेक्षा है। इनके स्वरूप और इनकी संक्रिया से सम्यक् रूप में परिचित हो लेने पर ही विश्लेषक या आलोचक शैली के विश्लेषण में, इसके अनुप्रयोग में प्रवृत्त हो सकता है। इस पुस्तक में शैली-विश्लेषण के आनुप्रायोगिक पक्ष को समाकलित करना कतिपय कारणों से संभव नहीं हो सका है। इस पक्ष पर स्वतंत्र पुस्तक के प्रकाशन की योजना है।

अन्त में यह आभार स्वीकार करना अपेक्षित और उचित होगा कि इस पुस्तक का प्रकाशन वाणी प्रकाशन के संचालक श्री अरुण कुमार माहेश्वरी के तकाज़े का ही परिणाम है। उन्होंने रुचिपूर्वक इसका प्रकाशन किया है। मेरी दो शोध-छात्राओं—डॉ. अंजना कुमारी और डॉ. अनीता कुमारी—ने बड़े श्रम और निष्ठापूर्वक इस पुस्तक की सन्दर्भिका तैयार की है। मैं इनके कल्याणमय, स्वर्णिम भविष्य की शुभाशंसा करता हूं। विदा पुनर्मिलनाय।

—पाण्डेय शशिभूषण 'शीतांशु'

प्रोफेसर्स बंगलो नं०—ए-7

गुरु नानक देव यूनिवर्सिटी कैम्पस,

अमृतसर

1.0. शैली और शैली-विमर्श

1.1 अंतर-राष्ट्रीय सेमिनार और शैली-विमर्श

'शैली' की अस्पष्टता को सुलझाने तथा उसकी प्रकृति और समस्या पर विचार करने की दृष्टि से बीसवीं शताब्दी के उत्तरार्ध में दो महत्वपूर्ण संगोष्ठियों का आयोजन किया गया। 'अथातो शैली जिज्ञासा' की दृष्टि से इनके विवरण उल्लेखनीय हैं।

इस दिशा में व्यापक स्तर पर पहला प्रयास 1958 में किया गया। अमेरिका की 'सोशल साइंस रिसर्च कौंसिल' और 'इंडियाना यूनिवर्सिटी' — दोनों के सम्मिलित तत्वावधान में शैली-विषयक पहली अन्तर-ज्ञानानुशासनात्मक कांफ्रेंस आयोजित हुई। इस कांफ्रेंस में भाषिक शैली के अभिलक्षणों और वैशिष्ट्यों के बारे में भाषाविदों, मनोवैज्ञानिकों और साहित्य-आलोचकों ने समझ का एक सामान्य आधार खोज निकालने की संभावनाओं पर विचार किया। ऐसे विमर्शों से सामान्यत: यह आशा बंधी कि शैली के अंगीभूत तत्व और साहित्य दोनों के विषय में स्पष्टतर ज्ञान प्राप्त किया जा सकता है। पर प्रश्न था कि यदि साहित्य मानवीय व्यवहार का ही एक पहलू है तो क्या कोई ऐसा रास्ता है, जिसमें ये सभी वर्ग इस व्यवहार की प्रकृति और मानवीय संस्कृति में 'शैली' के स्थान के विषय में एक वैचारिक मिलन-बिन्दु पर पहुंच सकें? यहीं यह प्रश्न भी उभरकर सामने आया कि किस प्रकार एक वर्ग या समूह की समझ का उपयोग दूसरे समूह की समझ को प्रकाशित करने और साहित्य में 'शैली' की सम्पूर्ण समस्या पर प्रकाश डालने के दृष्टिकोण से किया जा सकता[1] है?

इस कांफ्रेंस में विभिन्न ज्ञानानुशासनों के विद्वान् सम्मिलित हुए। इसके प्रतिभागियों में रेने वेलेक, आइ0ए0 रिचर्ड्स, विलियम के0 विमसेट जैसे साहित्यविद् और आलोचक, मोनरो सी0 बर्डस्ले जैसे दार्शनिक, रुलों वेल्स जैसे दार्शनिक-भाषाविद्, रिचर्ड एम0 डोरसम जैसे लोक-साहित्यविद्, जार्ज ए0 मिलर और सी0ई0 आस्गुड जैसे मनोवैज्ञानिक, 'लिंग्विस्टिक सोसायटी ऑव अमेरिका' के सचिव आर्किबाल्ड ए0 हिल और सामान्य भाषाविज्ञान, काव्यशास्त्र, स्लाविक भाषाशास्त्र, साहित्येतिहास तथा लोक-साहित्य के क्षेत्र में अपनी महत्त्वपूर्ण देन का कीर्तिमान प्रस्तुत करने वाले प्रख्यात अन्तर-राष्ट्रीय विद्वान् रोमन याकोब्सन प्रमुख थे। पर इस व्यूह-रचना के पांडित्य-पूर्ण वैविध्य और कांफ्रेंस

---

1. जॉन डब्ल्यू0 ऑस्टन, 'फॉरवर्ड', स्टाइल इन लैंग्वेज, सम्पा0 टी0ए0 सिबियोक (न्यूयार्क : ट टेकनॉलॉजी प्रेस ऑव मस्सॉच्यूसेट्स इंस्टीट्यूट ऑव टेकनॉलॉजी, 1960), पृष्ठ 5-6

के प्रशंसनीय उद्देश्य के बाद भी "इस कांफ्रेंस को अपने उद्देश्य में सफलता नहीं प्राप्त हो सकी, यदि इसका उद्देश्य 'शैली' की समस्या और विशेष तौर पर साहित्य में शैली की समस्या और शैली-विश्लेषण की प्रविधि की समस्या के पूर्व-घोषित केन्द्रीय विषय पर प्रकाश डालना और इस दिशा में एक सामान्य विचार को उपस्थापित करना था[1]।" सच यह है कि इस कांफ्रेंस में 'शैली' के प्रश्न पर शतियों तक चल रहे उसके पांडित्यपूर्ण श्रम को देखते हुए, बिल्कुल ही विचार नहीं किया जा सका, साथ ही शैलीविज्ञान के बहुतेरे समकालीन विश्लेषकों के उन सिद्धान्तों और प्रविधियों पर भी विचार नहीं किया जा सका, जो साहित्य के विद्यार्थी के मस्तिष्क में प्रायः स्वाभाविक रूप में उभरा करते हैं। फिर भी इस कांफ्रेंस के प्राथमिक, प्रेरक महत्व से इंकार नहीं किया जा सकता है।

दूसरा शैली-विषयक सेमिनार रॉकफेलर फाउंडेशन की ओर से अगस्त 1969 में इटली में आयोजित किया गया। इस सेमिनार में होने वाले शैली-विमर्श के लिए प्रतिभागियों ने अपनी-अपनी रुचि से अपने-अपने विषय चुने। यहां जितने पत्र पढ़े गए, उनको बड़ी स्पष्टता से दो पक्षों में बाँटा जा सकता है। ये पत्र या तो सिद्धांत-पक्ष से संबंध रखने वाले थे या अनुप्रयोग-पक्ष से। सिद्धांत-पक्ष के पत्र प्रायः तीन उपवर्गों में बंटे थे—1. 'शैली' पद की परिभाषा से संबद्ध पत्र। बार्थ्स और माइल्स ने इस कोटि के पत्र प्रस्तुत किये। 2. दूसरे, निकटस्थ ज्ञानानुशासनों के साथ 'शैली' का संबंध दिखलाने वाले पत्र। इस उपवर्ग में एंक्विस्ट ने भाषाविज्ञान से, वेलेक ने सौन्दर्यशास्त्र से, मिलिक ने मनोविज्ञान से, डोलजेल ने प्रोक्ति-विश्लेषण से, उदत्ति ने भाषाशास्त्र (फिलोलाजी) से और उलमान ने अर्थविज्ञान से 'शैली' को जोड़ते हुए इसके सम्बन्ध पर विचार किया। 3. विशिष्ट शैली वैज्ञानिक अभिलक्षण (फीचर्ज) से संबद्ध शैली-विषयक पत्र। इस उपवर्ग के पत्रों में फॉनगे, लिविन और विमसेट ने ध्वनिशास्त्र पर, वेनरिख ने वाक्य-रचना पर और ओहमैन ने 'इलोकुशनरी स्पीच ऐक्ट' पर अपने-अपने पत्र पढ़े। अनुप्रयोगी खण्ड में युग-विशेष, काव्यरूप-विशेष और कृति-विशेष की शैली पर पत्र पढ़े गए। पाल जुम्थार ने एक विशेष युग की शैली पर, स्तारोबिंस्की ने विशेष काव्यरूप (श्जाँर) की शैली पर, हसन, हैलीडे, निकुलेस्कू और सेस ने वैयक्तिक रचनाकार और वैयक्तिक कृतियों की शैली पर अपने-अपने पत्र पढ़े। यहाँ यह तथ्य ध्यानीय रूप में महत्वपूर्ण है कि ऐसे वर्गीकरण के बावजूद संगोष्ठी के सिद्धांत और अनुप्रयोगी खंड के पत्रों में पारस्परिक सह-संबन्धन का समीचीन उपयोग किया गया। सिद्धांत-कोटि के पत्र भी अधिकाधिक प्रायोगिक दृष्टान्तों से भरे थे। कई जगहों पर तो एक विशेष पाठ पर दूर तक केन्द्रण रखा गया

---

1. रेनवेलेक, 'समापन अभिमत', स्टाइल इन लैंग्वेज़, सम्पा0 टी0ए0 सिबियोक (न्यूयार्क : द टेकनॉलॉजी प्रेस ऑव मस्साच्यूसेट्स इंस्टीट्यूट ऑव टेकनॉलॉजी, 1960), पृष्ठ 408
2. 'एडीटर्स इण्ट्रोडक्शन', लिटॅरेरी स्टाइल : ए सिम्पोजियम, सम्पा0 सेमूर चैटमैन (लण्डन : ऑक्सफोर्ड यूनिवर्सिटी प्रेस, 1971), पृष्ठ 10

था, जैसा डोलजेल और वेनरिख के पत्रों में हुआ। उसी प्रकार आनुप्रायोगिक पत्रों में भी अनुप्रयोग से हटकर सिद्धांत की महत्वपूर्ण, सम्यक् स्थापना की गयी थी। हसन और हैलीडे के पत्रों में ऐसा ही हुआ था। प्रत्येक पत्र पर लगभग एक घण्टा विमर्श हुआ और विमर्श को टेप भी किया गया।

पर इन दोनों महत्वपूर्ण संगोष्ठियों में अनेक मूर्धन्य शैलीविदों की सक्रिय प्रतिभागिता के बावजूद न तो 'शैली' के शैलीशास्त्रीय (Stylological) पक्ष से शैलीवैज्ञानिक (Stylistic) पक्ष को और न ही 'शैली' के शैली-मापक्रमी (Stylometric) पक्ष से शैलीवैज्ञानिक (Stylistic) पक्ष को अलगाया जा सका। 'शैली' पर किये जा रहे विचार के संदर्भ में इस अंतर को स्पष्ट करने की आत्यंतिक अपेक्षा थी। पर यह अपेक्षा दोनों में से किसी भी संगोष्ठी में पूरी नहीं हो पायी। इस अन्तर के स्पष्ट नहीं हो सकने के कारण ही रेने वेलेक को यह कहना पड़ा कि "शैली की दृष्टि से शेक्सपियर की भाषा का व्याकरण लिखा जा सकता है और कुछ ऐसे ग्रंथ लिखे भी गये हैं। यही नहीं, शेक्सपियर के व्याकरण से बेन जॉन्सन के व्याकरण की तुलना भी की जा सकती है। यहाँ दोनों की भाषिक विशेषताओं की तुलना करते हुए कुछ को सामान्यत: दोनों के यहाँ उपलभ्य रूप में तथा अन्यों को व्यतिरेकी, विरोधी और भिन्न रूप में रेखांकित किया जा सकता है। 'शैली' के ऐसे अध्ययन से एक ही भाषा में एक ही समय, स्थान और एक ही काव्यरूप में लिखने वाले रचनाकार प्राय: हमें एक समान व्याकरण सौंपते भी दीखेंगे। सांख्यिकीय पद्धति के जरिये दो या दो से अधिक रचनाकारों द्वारा व्यवहृत कुछ निश्चित कौशलों की, उनके शब्द-प्रयोगों और उनके वितरण की या उनकी अन्य शैलिकीय विशेषताओं की बारम्बारिता को अलगाने का प्रयास भी संभव है। लेकिन हमें सन्देह है कि इसका परिणाम आलोचना के लिए बहुत सार्थक हो पाएगा, क्योंकि सांख्यिकीय बारम्बारिता अनिवार्य तौर पर गंभीर सौन्दर्यपरक समस्या की, सौन्दर्यपूर्ण कौशल के प्रयोग की उपेक्षा करती है। मेरा यह विश्वास है कि कोई एक शैलिकीय कौशल अनिवार्य रूप में कभी स्वीकार्य नहीं है, क्योंकि यह अपने विशेष संदर्भ के द्वारा सदैव परिवर्तित होता रहता है। (इसीलिए) जहाँ भाषावैज्ञानिक विश्लेषण समाप्त होता है वहाँ साहित्यिक विश्लेषण का आरंभ होता है।"[1]

यहाँ यह कहना होगा कि रेने वेलेक को 'शैली' आलोचना के लिए बहुत सार्थक इसलिए नहीं दीख पड़ती है कि वह केवल इसके शैलीमापक्रमी पक्ष को ही देखता है। यह 'शैली' के अध्ययन का मात्र एक पक्ष है, जिसकी प्रकृति विवरणात्मक है। पर 'शैली' के अध्ययन का दूसरा पक्ष भी है, जिसकी प्रकृति निर्वचनात्मक-व्याख्यात्मक है। अपनी-अपनी सोद्देश्यता के आधार पर इन दोनों अध्ययनों के अंतर को स्पष्ट रूप में समझने की अपेक्षा है। वास्तव में शैली के अध्ययन का यह दूसरा पक्ष ही शैलीवैज्ञानिक है, जो आलोचना

---

1. रेने वेलेक, 'समापन अभिमत', स्टाइल इन लैंग्वेज, सम्पा० टी०ए० सिबियोक (न्यूयार्क : द टेकनॉलॉजी प्रेस ऑव मस्साच्यूसेट्स इंस्टीट्यूट ऑव टेकनॉलॉजी, 1960), पृष्ठ 417

के लिए सार्थक और महत्वपूर्ण है।

इसी प्रकार शैली-विषयक जो पाश्चात्य चिंतन ग्रीक-रोमी इतालवी विचारकों के यहाँ प्राप्त होता है वह शैलीवैज्ञानिक चिंतन न होकर शैलीशास्त्रीय चिंतन है। वह वाग्मिता शास्त्र (Rhetorics), दर्शन, नियामक व्याकरण (Prescriptive Grammar) और पूर्व साहित्यालोचन से जुड़ा हुआ चिंतन है। जैसे भाषाशास्त्र(Philology) से भाषाविज्ञान (Linguistics) भिन्न है। उसी तरह शैलीशास्त्र (Stylology) से शैलीविज्ञान (Stylistics) भिन्न है। शैलीशास्त्र का मूलाधार वाग्मिताशास्त्र और नियामक व्याकरण है, पर शैलीविज्ञान का मूलाधार वर्णनात्मक/संरचनात्मक भाषाविज्ञान है। शैलीशास्त्र की प्रकृति नियामक है, पर शैलीविज्ञान की वर्णनात्मक-व्याख्यात्मक। इसीलिए शैलीशास्त्र जहाँ अपनी सोद्देश्यता में शैली के तत्वों का निर्देश-मात्र करता है वहाँ शैली विज्ञान भाषा-विज्ञान से प्राप्त एवं संपुष्ट तत्वों के आधार पर पाठ या कृति के निर्वचन की ओर प्रवृत्त होता है। कहना न होगा कि यह अन्तर 'शैली' की प्राचीन और नवीन अवधारणा का भी अंतर है।

इतना ही नहीं, यदि शैलीशास्त्र और शैलीमापक्रमिकी के अन्तर और अन्तस्संबंध पर विचार करें, तो इनमें पहला जहाँ वाग्मिताशास्त्र और नियामक व्याकरण के अवयवों को लेकर चलता है वहाँ दूसरा भाषाविज्ञान के अवयवों को लेकर। पर इनकी सोद्देश्यता एक जैसी है। ये दोनों ही किसी भी प्रदत्त पाठ या कृति के शैली-तत्वों का निर्देश करने वाले या विवरण-मात्र प्रस्तुत करने वाले हैं, उसका निर्वचन प्रस्तुत करने वाले नहीं। ऐसे में व्याख्या-निर्वचन की सोद्देश्यता तो शैलीविज्ञान की ही है, शैलीशास्त्र और शैलीमापक्रमिकी की नहीं। फलत: आलोचना का सरोकार भी शैलीविज्ञान से ही बैठता है। पर इन अपेक्षित अंतरों को इन दोनों संगोष्ठियों में स्पष्ट नहीं किया जा सका।

1.2 शैली : अस्तित्व का प्रश्न

1.2.1 'शैली' नामक अवधारणा का कोई अस्तित्व नहीं है

'शैली' पर विचार करने के क्रम में बेनिसन ग्रे ने लिखा है कि 'शैली' एक अर्थ-हीन अवधारणा है। दरअसल 'शैली' जैसी कोई वस्तु कहीं है ही नहीं। ग्रे यह दावा करती हुई कहती है कि जब हम किसी साहित्यिक कृति में 'शैली' का विश्लेषण करने चलते हैं तब वास्तव में हम 'शैली' की पड़ताल नहीं कर उसकी जगह किसी अन्य वस्तु की तलाश करते होते हैं। इसलिए उसके अनुसार 'शैली' के विश्लेषण-प्रयासों में 'शैली' का विश्लेषण कहीं भी नहीं हो पाता है। यदि हम इस प्रयास को छोड़ भी दें और कृति के अध्ययन में अपने को साहित्यिकता तक ही सीमित रखें, तो भी 'शैली' नामक किसी तत्व को प्राप्त नहीं किया जा सकता है।

बेनीसन ग्रे ने अब तक विवेचित 'शैली' के स्वरूप को छह रूपों में वर्गीकृत किया है और अपनी पुस्तक में 'शैली' की समस्या को उठाते हुए अपने दृष्टिकोण से उसके

अस्तित्व को नकारने का प्रयास किया[1] है–

1.2.1.1 शैली : व्यवहार–रूप है—मनोवैज्ञानिकों द्वारा कृतियों पर उद्भास-केन्द्रण के दृष्टिकोण से।

1.2.1.2 शैली : वक्ता–रूप है—साहित्यशास्त्री अथवा अलंकारशास्त्री के दृष्टिकोण से।

1.2.1.3 शैली : प्रच्छन्न (लेटेंट)–रूप है—भाषाशास्त्री (फाइलोलॉजिस्ट) के दृष्टिकोण से।

1.2.1.4 शैली : व्यक्तित्व–रूप है—साहित्यालोचक के दृष्टिकोण से।

1.2.1.5 शैली : विवक्षित वक्ता–रूप (इम्पलीसिट स्पीकर) है—दार्शनिक के दृष्टिकोण से।

और **1.2.1.6 शैली : भाषा–रूप है**—भाषावैज्ञानिकों द्वारा मीमांसित समस्या के दृष्टिकोण से।

ग्रे के अनुसार कृति के विषय में जो-कुछ रचनाकार के शील और व्यक्तित्व से जाना जाता है, वह तो कृति के बाहर होता है। उसकी दृष्टि में वाचिक भाषा से, जहाँ उद्‌गारों की मुखरता कार्यान्वित होती है, ऐसे अनुमान संभव हैं। पर बयानों (स्टेटमेंट्स) से यह किसी भी प्रकार सम्भव नहीं है।[2] ग्रे के अनुसार उद्‌गारों (ऐक्ट्स ॲव ॲटरेंस) के कार्यान्वयन के लिए एक वक्ता, एक संदेश और एक श्रोता की उपस्थिति अपेक्षित है। पर एक बयान (स्टेटमेंट) में संदेश इस शर्त और बन्धन से मुक्त होता है। अतः साहित्य की सभी लिखित कृतियाँ बयान हैं। ग्रे के अनुसार यदि हम मनोवैज्ञानिक पद्धति से 'शैली' का व्यवहार-रूप अध्ययन करते हैं, तो वस्तुतः हम चरित्र, व्यक्तित्व और वैयक्तिकता का अध्ययन करते होते हैं। इसलिए हमें इसे इसी रूप में स्वीकार करना चाहिए और 'शैली' के रूप में इसे प्राप्त करने का दावा नहीं करना चाहिए।

यदि हम साहित्य-शास्त्री अथवा अलंकारशास्त्री के दृष्टिकोण से 'शैली' की पहचान वक्ता के साथ करते हैं, तो यहाँ हम यह मान कर चलते हैं कि मनुष्य की भाषा स्वयं उसके साथ आकृति-वैज्ञानिक (फीजिओनमिक) संबंध को लेकर उपस्थित होती है, जिसे केवल अनुमत न होकर अभिप्रमाणित भी होना चाहिए, पर यहाँ वक्ता की भाव-भंगी, मुख-मुद्रा, उसके प्रति विश्वास, अभिप्राय या सोद्देश्यता, उसकी ईमानदारी आदि के विषय में श्रोता अपने विगत वैयक्तिक अनुभवों को ही आधार बनाता है।

---

1. बेनीसन ग्रे, स्टाइल : द प्रोब्लम एंड इट्स सॉल्यूशन (पेरिस : मूतन, 1969), पृष्ठ 1-117
2. वही, पृष्ठ 23-25

यदि हम भाषा-शास्त्री (फाइलोलॉजिस्ट) की ओर मुड़ते हैं और 'शैली' का अध्ययन लियो स्पित्जर के अनुरूप विवक्षित अथवा प्रच्छन्न रूप में करते हैं, तो वास्तव में हम 'प्रतिपाद्य' या 'विषयवस्तु' का अध्ययन करते होते हैं। ग्रे के आरोप के अनुसार 'शैली' की समस्या के पचास वर्षों का स्पित्जर का अनुप्रयोगी पाठ यह है कि वह 'कृति' से 'शैली' को और 'कथ्य' से 'संरचना' को अलग करने में सफल नहीं हुआ।[1]

ग्रे ने लिखा है कि वे साहित्यालोचक, जो 'शैली' को वैयक्तिक मानते हैं, वे भी इसे ठीक-ठीक परिभाषित नहीं कर पाते हैं, क्योंकि ग्रे के अनुरूप वैयक्तिकता का संबंध 'शैली' से नहीं होकर भाषा, विषय, कथ्य, वस्तु, प्रतिपाद्य और सान्दर्भिकता से होता है। इस रूप में वैयक्तिक शैली का संयोजन एक गैर-जरूरी पुनरावृत्ति है। यदि हम किसी कृतिकार की कृति को पहचान लेते हैं तो यह 'शैली' के जरिए नहीं होता, बल्कि एक 'सांचे' के जरिए होता है। इस प्रकार ग्रे के अनुसार 'शैली' के विषय में वैयक्तिक तत्व वाला दृष्टिकोण रोमांटिक मौलिकता की प्रतिष्ठा का ही दूसरा स्वरूप है।

यदि हम 'शैली' को विविक्षित वक्ता (इम्पलीसिट स्पीकर) के रूप में परिभाषित करते हैं, तो भी इस समस्या का समाधान नहीं हो पाता है। ग्रे ने उल्लेख किया है कि कैसे प्रोफेसर विमसेट ने एक बार शैलीवैज्ञानिक निर्णय को इस तुलना के आधार पर बताने की कोशिश की थी कि लेखक ने 'क्या' कहा है और उसे 'क्या कहना चाहिए' था। पर इसका उत्तर यह कह कर दिया जा सकता है कि किसी पाठ की तुलना करते हुए किसी काल्पनिक प्रतिमान के साथ कृतिकार के अभिप्राय का संदर्भ अन्तर्ग्रथित नहीं हो पाता। यह मानक तो आलोचक के द्वारा निर्धारित किया जाता है।

जहाँ तक भाषाविदों द्वारा 'शैली' को भाषा-रूप मानने का प्रश्न है, ग्रे इसे भी समस्या का सही निदान नहीं मानती और अपने उसी 'रेज़र' से भाषाविदों के तर्क को भी साफ कर देती है। ग्रे के अनुसार भाषाविद् उस क्षेत्र में रहता है, जो स्थापित होने को होता है, न कि स्थापित हो चुका होता है। ग्रे 'शैली चयन है'—इस प्रसिद्ध भाषावैज्ञानिक अवधारणा को भी कार्यक्षम अवधारणा नहीं मानती, क्योंकि उसके अनुसार यह कभी नहीं जाना जा सकता है कि वस्तुतः किस-किस प्रकार की चयन-संभावनाएं एक विशिष्ट कृतिकार को सुलभ थीं। ग्रे यह भी प्रश्न करती है कि 'चयन' को भाषा वैज्ञानिक पद के रूप में भला किस प्रकार परिभाषित किया जा सकता है? उसके अनुसार 'शैली' को इस रूप में परिभाषित करना कि वह पर्यायमूलक शाब्दिक एककों के बीच, जो लगभग समान को ज्ञापित करते हैं, किसी एक का चयन है, समस्या का संतोषप्रद समाधान नहीं देता। ग्रे तर्क प्रस्तुत करती है कि यदि दो शब्द परस्पर पर्याय हैं, तो वस्तुतः उनके बीच

---

1. वही, पृष्ठ 62

कोई अंतर नहीं है और यदि ये पर्याय नहीं है तो इनमें अर्थ का अंतर है। ऐसे में ग्रे की दृष्टि में 'शैली' पद अनावश्यक और फालतू ही रह जाता है।

उपर्युक्त प्रतिपादन को देखते हुए ग्रे को एक पक्की जैव दृष्टि वाली चिंतिका माना जा सकता है। उसके लिए साहित्य-कृति कथ्य और रूप, शैली और अभिव्यक्ति-प्रक्रिया और परिणाम के द्विभागीकरण में विभाजनीय न होकर एक है। ग्रे ने 'शैली' को एक सुविधाजनक संकेताक्षर (एब्रीविएशन) माना है। जैसे 'अश्वशक्ति' (हॉर्स-पावर) एक व्यावहारिक अवधारणा है। यह 'प्राइमे-मोटर' के काम को मापने की एक इकाई है, जिसकी गति पांच सौ पचास फुट प्रति सेकंड मानी जाती है। वैसे ही 'शैली' भी एक संकेताक्षर है।

ग्रे की दृष्टि में सारी साहित्यिक कृतियां बयान हैं। ये ऐसे बयान हैं, जिनसे सामान्य भाषिक अर्थ-मात्र ग्रहण किया जाता है, अतिरिक्त अर्थ की प्राप्ति यहाँ नहीं हो पाती। अतः इस प्रकार की अभिव्यक्ति में 'शैली' को पाने की कोशिश कभी सफल नहीं हो सकती। पर ग्रे यहीं भूल करती है। वह यह भूल जाती है कि तथाकथित बयानों में भी अधिस्वन की संभावनाएँ सुरक्षित हैं। एक वाचिक अभिव्यक्ति और लिखित अभिव्यक्ति के बीच ग्रे ने बाह्य संदर्भ का अंतर स्पष्ट किया है। पर सैमुअल आर० लिविन ने ग्रे की इस पुस्तक की समीक्षा करते हुए इसे नहीं माना है। लिविन के अनुसार वाचिक अभिव्यक्ति में भाव-भंगिमा, मुखाभिव्यक्ति और 'सुप्रा-सेगमेण्टल' अभिलक्षणों के द्वारा जो अतिरिक्त सम्प्रेषित होता है, उसकी अभिव्यक्ति के विकल्प-माध्यम लिखित भाषा में भी संभव हैं।[1]

ग्रे ने 'शैली' के ऐतिहासिक अर्थ-विकास को दुहराया है। इसका अर्थ पहले 'लिखने की छड़' था। फिर इसका अर्थ 'लिखने की उत्तम विधि' हुआ। फिर इससे 'वाचिक शैली की विधि' का अर्थ लिया जाने लगा। भाषण-कला के इस अर्थ के बाद में उसका अर्थ 'साहित्य-लेखन की विशेष शैली' के लिए प्रयुक्त होना शुरू हुआ। उसके अनुसार 'शैली' शब्द का यह अर्थ-विकास अपने-आप में कई भ्रांतियों का जनक है। ग्रे अनुभव करती है कि किसी शब्द का अर्थ-परिवर्तन और अर्थ-विकास उसके आनुक्रमिक अथवा उत्तरवर्ती अर्थ में उस शब्द के व्यवहार पर शंका उपस्थित करता है। उसके अनुसार 'शैली' शब्द का प्राथमिक व्यवहार भाषण-कला के तत्व के रूप में हुआ था और भाषण-कला लेखन-कला से भिन्न है। अतः इस शब्द का लेखन-कला के क्षेत्र में लाक्षणिक रूप में किया जाने वाला व्यवहार अनुचित है। पर सैमुअल आर० लिविन व्युत्पत्ति-शास्त्र की दृष्टि से बेनीसन ग्रे के इस तर्क को दोषपूर्ण मानता है और इसे विवेचन के समीचीन बिंदु से

---

1. सैमुअल आर० लिविन, रिव्यू ऑव 'स्टाइल : द प्रोब्लम एंड इट्स सॉल्यूशन', लैंग्वेज (खंड-47, अंक-4, दिसम्बर 1971), पृष्ठ 1001

सर्वथा हटा हुआ घोषित करता है।[1]

ग्रे के अनुसार 'शैली' -विषयक सब से बड़ी भ्रांति यह है कि जिसे लोग 'शैली' मानते हैं, वह 'शैली' है ही नहीं। ग्रे 'शैली' को एक 'अवधारणात्मक शून्य' के रूप में देखती है तथा इसे एक अर्थहीन शब्द घोषित करती है। इसका कारण स्पष्ट करती हुई वह कहती है कि इसमें वस्तुनिष्ठ तथ्य का अभाव है। ग्रे का यह निष्कर्ष है कि यदि वस्तु अथवा तथ्य और शब्द में बिम्ब-प्रतिबिम्ब भाव नहीं है, तो शब्द निरर्थक हो जाएगा।

1.2.2 'शैली' नामक अवधारणा का अस्तित्व है

लिविन ने ग्रे की पुस्तक की समीक्षा करते हुए उसकी शैली-विषयक निषेधात्मक धारणा को भ्रांत बताया है तथा लिखा है कि अर्थ के संबंध संश्लिष्टता और जटिलता में बदलते रहते हैं। अर्थ स्तर पर 'समाज' (सोसायटी) 'कुर्सी' की तरह का सीधा शब्द नहीं है।[2] निश्चित रूप में 'समाज' शब्द 'समाज' नामक किसी वस्तु अथवा पदार्थ का अर्थ नहीं देता। फिर भी हम ऐसा नहीं कह सकते कि 'समाज' शब्द बेकार और निरर्थक है। दरअसल यह हमारी अवधारणात्मक भूल होगी, यदि हम 'समाज' शब्द को यथार्थ मानें और उसे एक वस्तु या तथ्य को निर्दिष्ट करने वाला कहें। राइल के अनुसार यह कोटिपरक भूल (केटेगॅरी मिस्टेक) का उदाहरण होगा।[3] वस्तुतः 'शैली' के विषय में अपनी उपर्युक्त मान्यता को उपस्थित करने के क्रम में ग्रे भी यही भूल करती होती है। राइल ने उदाहरण देते हुए कहा है कि यदि कोई दर्शक ऑक्सफोर्ड विश्वविद्यालय देखने के लिए आए और वह उसके महाविद्यालयों, विभिन्न अध्ययन-विभागों, पुस्तकालयों, संग्रहालयों, प्रशासनात्मक कार्यालयों, यहाँ तक कि कुलपति, कुलसचिव के कार्यालयों, को भी देख लेने के बाद यदि यह पूछे कि 'ऑक्सफोर्ड विश्वविद्यालय' कहां है, तो वह इसी प्रकार की भूल करता दीख पड़ेगा। जैसे यह दर्शक सभी जगहों पर घूम लेने के बाद यदि ऑक्सफोर्ड यूनिवर्सिटी की सत्ता को नकारना चाहे (क्योंकि इस नाम की कोई चीज उसे कहीं नहीं मिली), तो यह नकार संभव नहीं हो पाएगा,[4] वैसे ही हमें यह मानना होगा कि 'समाज' का भी अस्तित्व है और इसी रूप में 'शैली' की भी अपनी सत्ता है।

'शैली' को व्यक्त करने के लिए हमारे पास केवल एक शब्द है और बहुत सारे लोग यहाँ तक कि विद्वान् भी इसका व्यवहार करते हैं। अतः इस अवधारणा का महत्व स्वतः

---

1. सैमुअल आर० लिविन, रिव्यू ऑव 'स्टाइल : द प्रोब्लम एंड इट्स सॉल्यूशन', लैंग्वेज (खंड-47, अंक-4, दिसम्बर 1971), पृष्ठ 1002-3
2. वही, पृष्ठ 1002
3. जी. राइल, द कांसेप्ट ऑव माइंड(लंडन, 1949), पृष्ठ 16
4. वही, पृष्ठ 17-18

सिद्ध है–इस दृष्टि या तर्क को ग्रे प्रश्रय नहीं देती है।[1] वह इसे 'कांसेप्चुएल रियलिज्म' का उदाहरण-मात्र सिद्ध करती है। पर यहाँ इस धारणात्मक यथार्थवाद के संदर्भ में विट्गेंस्टाइन द्वारा उठाए गए सवाल बड़े महत्वपूर्ण रूप में हमारे सामने उपस्थित होते हैं। उसने अपनी 'द ब्लूबुक' पुस्तक में कुछ प्रश्न खड़े किए : 'लम्बाई' क्या है? 'अर्थ' (मीनिंग) क्या है? 'एक' की संख्या क्या है? स्वयं विट्गेंस्टाइन ने इनका उत्तर प्रस्तुत करने के क्रम में बताया कि ऐसे सारे प्रश्न हमारे भीतर एक मानसिक ऐंठन पैदा कर देते हैं। हम अनुभव करते हैं कि जवाब में हम कुछ भी नहीं कह सकते, फिर भी हम कुछ-न-कुछ कहना चाहते हैं।[2] ग्रे 'शैली' शब्द की समस्या को इसके रू-ब-रू रख कर 'शैली' के अध्ययन को बिल्कुल वर्जित-निष्कासित कर देना चाहती है और 'शैली' शब्द पर सदा-सर्वदा के लिए प्रतिबंध लगा देना चाहती है। पर यदि ऐसा किया जाए तो ऐसी स्थिति में हमें 'सौंदर्य', 'अर्थवत्ता', 'त्रिभुजीयता' जैसे शब्दों पर; साथ ही 'संस्कृति', 'सभ्यता' आदि की नाभि-केन्द्रीय धारणाओं तक पर बिल्कुल ही बातचीत बंद कर देनी होगी।

वस्तुतः 'शैली' एक अमूर्त पद है। फलतः यह शब्द अर्थगत समस्या उत्पन्न करता है। ऐसी समस्या पर विचार करते हुए कारनेप ने भी आरोप किए हैं। पर उसने इस समस्या से जुड़े हुए दो अस्तित्व-भरे सवाल उठाये हैं, जिन्हें आन्तर और बाह्य प्रश्न के रूप में देखा जा सकता है।[3] कारनेप के द्वारा उठाए हुए आन्तर प्रश्न वे हैं, जो सत्ता के अस्तित्व के विषय में उभरते हैं। इसी के लिए भाषा-वैज्ञानिक सांचे में अभिव्यक्तियाँ लागू की जाती हैं और वैसी सत्ता के लिए अभिव्यक्तियों से उभरने वाले दावों को ये जोड़ती या संबंधित करती हैं। ऐसे प्रश्न वैध और सैद्धान्तिक किस्म के प्रश्न होते हैं और इनका उत्तर दिया जा सकता है। दूसरी ओर भाषा-वैज्ञानिक साँचे से जुड़े बाहरी प्रश्न वहाँ उभरते हैं, जहां वे दृष्टिगत संसार में सत्ता की समग्र पद्धति के यथार्थ अथवा अस्तित्व से जुड़ते हैं। प्रश्न यह उठता है कि सत्ता की यह पद्धति भाषाविज्ञान के संरचित साँचे के द्वारा किए जाने वाले दावे से सर्वथा स्वतंत्र और सत्तावान होने के पहले अस्तित्वमय होती है या नहीं? पर कारनेप के लिए यह प्रश्न यह पूछने के बराबर है कि विशिष्ट सृष्टि के लिए भाषिक साँचे की संरचना करते हुए यह इस अर्थ में कि सत्ता से अलग साँचे के भीतर किए गए दावे और इसके द्वारा दृष्टिगत तत्व वास्तव में इनके निजी अधिकार में अस्तित्व रखते हैं–न्यायोचित है या नहीं? पर कारनेप ऐसे प्रश्न को संज्ञानात्मक तथ्य से परे एक छद्म प्रश्न मानता है।

---

1. बेनीसन ग्रे, 'स्टाइल : द प्रोब्लेम एंड इट्स सॉल्यूशन', (पेरिस : मूतन, 1969), पृष्ठ 13-14
2. एल० विट्गेंस्टाइन, द ब्लू ऐण्ड ब्राउन बुक्स, (न्यूयार्क : 1960), पृष्ठ 1
3. आर० कारनेप, मीनिंग ऐण्ड नेसेसिटी, (शिकागो 1956, पुनर्मुद्रण, 1960), पृष्ठ 17, 19, 25

वास्तव में शब्द का अर्थ उन विविध संबंधों और सदृशताओं में अंतर्हित होता है, जिसे उसके विविध व्यवहारों, प्रयोगों में खोजा-ढूँढ़ा जाता है। 'शैली' शब्द के अर्थ को लेकर ग्रे ने जो समस्या उत्पन्न की है, वह 'प्रतिज्ञप्ति' (प्रोपोजीशन), 'काल' (टाइम) और 'सदृश' (सिमिलर) जैसे शब्दों से उत्पन्न उन समस्याओं से भिन्न नहीं है, जिन पर विट्गेंस्टाइन ने विचार किया है। यह सच है कि ऐसे सामान्य, अमूर्त पदों ने शताब्दियों से समझ की समस्याएँ उत्पन्न की हैं। लेकिन इस समस्या का समाधान इन शब्दों को अस्तित्वहीन घोषित करते हुए इनका निषेधीकरण करना नहीं है, बल्कि यहाँ परीक्षणीय यह है कि ये शब्द किस प्रकार भिन्नार्थों में व्यवहृत होते रहे हैं। इनको समाधान भी तभी दिया जा सकता है जब हम इस.प्रयोग-भिन्नता का रेखांकन करें और इस आधार पर इनका स्वरूप भी निर्धारित करें। कहना न होगा कि समीचीन रूप में 'शैली' शब्द की समस्या का भी यही निदान है।

ग्रे की पुस्तक 'स्टाइल : द प्रोब्लेम ऐंड इट्स सॉल्यूशन' शैली-चिंतन की दृष्टि से उपयोगी है, क्योंकि यह कुछ मूलभूत प्रश्नों के पुनर्परीक्षण के लिए हमें तैयार करती है। पर जहाँ तक 'शैली' की समस्या के विषय में उसके द्वारा प्रस्तावित समाधान का प्रश्न है, वह सर्वथा भ्रांत, अस्वीकार्य और अनुचित है। ग्रे ने इस सन्दर्भ में लिखा है कि जैसे भौतिक-विज्ञानियों के लिए कभी 'ईथर' के विषय में बताना बहुत कठिन था, वैसे ही साहित्य के अध्येताओं के लिए 'शैली' के विषय में ठीक-ठीक बता पाना बहुत कठिन है। वस्तुतः 'शैली' का अस्तित्व है ही नहीं। यह तो उस राजा की पोशाक की तरह है, जिसे उसने अपने शरीर पर पहना ही नहीं था। फलतः राजा के शरीर पर उसका कोई अस्तित्व भी नहीं था। फिर भी द्रष्टा लगातार उस पोशाक के अस्तित्व को स्वीकार करते जा रहे थे। 'शैली' के अस्तित्व को भी इसी रूप में स्वीकार किया जा रहा है। 'शैली'-विषयक ग्रे के इस व्यंग्यात्मक निषेधीकरण के सन्दर्भ में जी० डब्ल्यू० टर्नर का अभिमत है कि ऐसा विचारती हुई ग्रे उस अत्यंत व्यग्र भौतिक-विज्ञानी की तरह हो जाती है, जो 'गति' (मोशन) की अवधारणा को सिर्फ इसलिए भौतिक विज्ञान से निकाल देना चाहता है कि गति की माप के लिए कोई अंतिम मानक इस क्षेत्र के विद्वानों को सुलभ नहीं है। किंतु तुलनात्मक गति अब भी एक व्यावहारिक अवधारणा है।[1] टर्नर कहता है कि 'शैली' को भी तुलनात्मकता में रेखांकित किया जा सकता है। शैली को 'चयन' मानना इस तथ्य को सम्पुष्ट कर देता है। अतः 'शैली' का अस्तित्व है।

अंततः इस संदर्भ में ग्रे के वाग्छल को समझते हुए उसके उत्तर में यह स्मरण करना

---

1. सैमुअल आर० लिविन, रिव्यू ऑव 'स्टाइल : 'द प्रोब्लेम एंड इट्स सॉल्यूशन', लैंग्वेज, (खंड-47, अंक-4, दिसम्बर 1971), पृष्ठ 1005

उचित होगा कि पदों के दो प्रकार होते हैं–1. अवधारणात्मक पद (नोटेशनल टर्म) और 2. तात्त्विक पद (सब्सटेंटिव टर्म)। कहना न होगा कि 'शैली' एक अवधारगात्मक पद है और अवधारणात्मक पद को मूलभूत धारणाओं के योगदान के साथ ही परिभाषित किया जा सकता है। 'शैली' एक ऐसा ही पद है और उसका अपना अस्तित्व है। एस0आर0 लिविन के अनुसार—'शैली' शब्द ने अपनी उपयोगिता सिद्ध की है। यदि हम इसके व्यवहार का निषेध भी कर दें तब भी इतना निस्संदेह कहा जा सकता है कि किसी दूसरे नाम से पुकारते हुए हम इसके अस्तित्व को निश्चय ही बनाये रखेंगे।[1] अतः हमें सहमत होना चाहिए कि 'शैली' का अस्तित्व है। हमें सहमत होना चाहिए कि 'शैली' महत्वपूर्ण है। अतः इसका अध्ययन किया जाना चाहिए।[2]

1.3 शैली : अवधारणा

1.3.1 शैली : प्राचीन अवधारणा

'शैली' की अवधारणा अत्यंत प्राचीन है। यूरोप में इस अवधारणा के सर्वप्रथम दर्शन काव्यशास्त्र के सन्दर्भ में नहीं होकर वाग्मिताशास्त्र (रेटोरिक्स) के सन्दर्भ में होते हैं। वहाँ वाग्मिता को आकर्षक बनाने की तकनीक के रूप में 'शैली' पर विचार किया गया है। प्राचीन वाग्मिता-शास्त्र में उत्सवपरक, राजनीतिपरक और न्यायिक शैली का अंतर स्पष्ट किया गया है। इनमें से प्रत्येक के प्रयोग के अपने उपयुक्त अवसर और व्यवहार-कौशलों के उपयुक्त संग्रह का उल्लेख भी प्राप्त होता है। इन कौशलों के भीतर व्यवहार करने योग्य समीचीन शब्दावली, वाक्य-प्रकारों और अलंकारों का निर्देश मिलता है।[3] शैली की इस प्राचीन अवधारणा में पहला महत्वपूर्ण और रेखांकनीय तथ्य यह है कि इसका स्वरूप नियामक है। यहाँ प्रभावी भाषा-रचना या वाक्-विन्यास के लिए स्पष्ट रूप में निर्देश दिए गए हैं। यहाँ तक कि लौंगिनुस भी, जो उदात्त के नैतिक और आध्यात्मिक उत्स से जुड़ा हुआ है, ऐसी विवरणिका प्रस्तुत करता है, जिसके आधार पर 'उदात्त' को सम्प्राप्त किया जा सकता है। 'शैली' की प्राचीन अवधारणा को इस नियामकता का पहला तत्व-विशेष माना जाता है। कहना न होगा कि परम्परित वाग्मिताशास्त्र का मूल सार कथ्य (मैटर) और रूप (मैनर/फार्म) का अन्तर स्पष्ट करने वाला रहा है। इस आधार पर वहाँ भाषा को विचारों की पोशाक और 'शैली' को इस पोशाक की विशिष्ट बनावट (कट) और शोभाचारिता (फैशन) के रूप में देखा गया है। इस चिन्तन के अनेक परिणाम परिलक्षित

---

1. जी0 डब्ल्यू टर्नर, स्टायलिस्टिक्स (इंगलैंड, 1973), पृष्ठ 238.
2. रिचर्ड गुंटर, 'स्ट्रक्चर ऐण्ड स्टाइल इन पोयम्ज़' (लेखक को गुंटर से सीधे प्राप्त अनुमुद्रण-प्रति), पृष्ठ 93.
3. उद्धृत, ग्राहम हॅफ, स्टाइल ऐण्ड स्टायलिस्टिक्स (न्यूयार्क, 1969), पृष्ठ 3, 4.

हुए। एक परिणाम यह रहा कि 'शैली' को विषय से अधिदिष्ट माना गया तो विधा के अनुरूप भी 'शैली' की बात की गई। कालांतर में इसकी अपेक्षा दूसरा परिणाम उभर कर सामने आया। तब 'शैली' को व्यापक रूप में रचनाकार की प्रकृति से अधिदिष्ट माना गया। इसी रूप में इसे रचनाकार के व्यक्तित्व का अभिव्यंजन कहा गया। 'शैली' की प्राचीन अवधारणा में 'भाषिक पोशाक की विशिष्ट बनावट' और 'शोभाचारिता' वाली इस मान्यता को उसका दूसरा महत्वपूर्ण तत्व माना जाता है।[1]

1.3.1.1 शैली की वर्णनात्मक अवधारणा

'शैली' की वर्णनात्मक अवधारणा बूफ़ों के शैली-विषयक चिन्तन में प्राप्त होती है। बूफ़ों ने 'शैली' को स्वतः व्यक्ति ही माना है।[2] किंतु कोई भी 'शैली' क्यों एक विशिष्ट प्रकार की होती है, इस पर उसने प्रकाश नहीं डाला है। उसका शैली-विषयक चिन्तन किसी विशिष्ट रचनाकार की कृति की अनिवार्य विशिष्टताओं को ही निर्दिष्ट कर पाता है। इस प्रकार यह चिन्तन 'शैली' को चयन मानने वाले चिन्तकों और उन सांख्यिकीय शैली-चिन्तकों के पीछे दृढ़ दीखता है, जो किसी रचनाकार की पहचान उस के द्वारा प्रयुक्त शब्दों, शब्द-प्रकारों की गणना के आधार पर करते हैं। टर्नर ने शैली-विषयक इस अभिगम को वर्णनात्मक कहा है।[3]

1.3.1.2 शैली की व्याख्यात्मक अवधारणा

'शैली' -विषयक स्विफ्ट के चिन्तन में 'शैली' की व्याख्यात्मक अवधारणा के दर्शन होते हैं। स्विफ्ट ने 'शैली' को उपयुक्त स्थल पर उपयुक्त शब्द के रूप में रेखांकित करते हुए पाठ या प्रोक्ति के सन्दर्भ से जोड़ दिया है। यह अवधारणा इसलिए 'व्याख्यात्मक' है कि विभिन्न संदर्भों या विभिन्न स्थितियों में यह विभिन्न शैलियों की संभावना पर प्रकाश डालती है। 'शैली' को जो चयन-संयोजन के रूप में मानने वाले चिंतक हैं और जो समाजविज्ञान से जोड़ने वाले चिन्तक हैं, जो उसके स्वरूपित होने की प्रक्रिया को उद्घाटित करने वाले चिन्तक हैं और जो उसकी वैविध्यपरकता के मूल को निर्दिष्ट करने वाले चिन्तक हैं— यह अवधारणा इन दोनों ही के दृष्टिकोणों की समर्थ व्याख्या करती दीख पड़ती है। टर्नर ने शैली-विषयक इस अभिगम को 'व्याख्यात्मक' कहा है।[4]

यद्यपि ऊपर निर्दिष्ट शैली-विषयक अवधारणाएं दो अलग-अलग अभिगम को निर्दिष्ट

1. उद्धृत, ग्राहम हॅफ, स्टाइल ऐण्ड स्टायलिस्टिक्स (न्यूयार्क, 1969), पृष्ठ 4
2. जी० डब्ल्यू० टर्नर, स्टायलिस्टिक्स (इंगलैंड, 1973), पृष्ठ 24-25
3. वही, पृष्ठ 22
4. जी० डब्ल्यू० टर्नर, स्टायलिस्टिक्स (इंगलैंड, 1973), पृष्ठ 25

करने वाली हैं, पर उनमें एक बिंदु पर निश्चयात्मक रूप में महत्वपूर्ण सदृशता प्राप्त होती है। वह बिंदु 'शैली' को चयन मानने का बिन्दु है, चाहे यह 'चयन' अचेतन रूप में होता हो या सजग-सावधान रूप में किया जाता हो।

1.3.2 शैली : नवीन (आधुनिक) अवधारणा

'शैली' की आधुनिक अवधारणा का पहला व्यवच्छेदक तत्व यह है कि आधुनिक भाषाविज्ञान की तरह ही इसकी प्रकृति नियामक (प्रेस्क्रिप्टिव) नहीं होकर वर्णनात्मक (डिस्क्रिप्टिव) है। यहां रचनाकार के लिए शैली को स्वरूपित करने वाली संहिता और नियामकता का स्पष्ट अभाव मिलता है। इस प्रकार शैली की पहली आधुनिक अवधारणा कृति में वास्तविक रूप में उपलब्ध होने वाले शैली-परक तत्वों के रेखांकन की अवधारणा है। इस सन्दर्भ में 'शैली' को साहित्य की शाब्दिक बुनावट (टेकस्चर) में अंतर्निहित माना जाता है, ऐसी शाब्दिक बुनावट, जो रचना के अर्थ-संसार में अतिरिक्त प्रभावी तत्व अथवा साभिप्रायता को उन्मीलित करती है। इस साभिप्राय अर्थवत्ता में 'शैली' को रेखांकित करना 'शैली' की आधुनिक अवधारणा की दूसरी प्रमुख विशेषता है।[1]

'शैली' की नवीन अवधारणा 'शैली' को तीन भिन्न दृष्टियों से रेखांकित करने की भी है। मिडिलटन मॅरी ने 'शैली' के 'वैयक्तिक संवेदन वैशिष्ट्य' वाला जो अभिप्राय निरूपित किया है उसे वक्ता या लेखक की ओर से या उसकी दृष्टि से ग्रहण की जाने वाली अवधारणा कहा जाता है। इसी प्रकार उसने 'प्रतिपादन की प्रविधि या तकनीक' के रूप में जो अवधारणा स्पष्ट की है उसे पाठपरक या पाठ-केन्द्रित अवधारणा के रूप में रेखांकित किया जाता है। अंत में मॅरी ने जो 'शैली' को 'साहित्य की उच्चतम उपलब्धि' कहा है उसे श्रोता या पाठक-आलोचक की दृष्टि से ग्रहण की जाने वाली अवधारणा मानां जाता है।[2]

1.4 शैली : अर्थ-निर्धारण

'एक द्वयर्थक और अनिश्चित पद[3]' तथा एक 'अर्थहीन अवधारणा[4]' 'शैली' पर विश्वकोश में अपना लेख प्रस्तुत करते हुए ई0 ए0 टेनी ने लिखा है, "शैली अस्पष्टता से भरा पद है। अतः सावधान आलोचक या तो इसे निर्भ्रान्त सन्दर्भ में प्रयुक्त करता है अथवा

---

1. ग्राहम हॅफ, स्टाइल ऐण्ड स्टायलिस्टिक्स (न्यूयार्क, 1969), पृष्ठ 6
2. मिडिलटन मॅरी, द प्रोब्लेम ऑव स्टाइल (लंडन : 1922), पृष्ठ 8
3. स्टाइल, डिक्शनरी ऑव वर्ल्ड लिटरेचर, सम्पा0 जोसेफ टी0 शिप्ले, संशोधित संस्करण (पैटरसन : एन0 जे0, 1960), पृष्ठ 339
4. बेनीसन ग्रे, स्टाइल : द प्रोब्लेम ऐण्ड इट्स सॉल्यूशन (पेरिस, : मूतन, 1969), पृष्ठ 13

इसके व्यवहार से दूर रहने या परहेज करने की ही कोशिश करता है।''[1] सच्चाई यह है कि ऐसे पदों को परिभाषित करना जहाँ आरंभ से ही कठिन रहा है वहां तभी से इसका परिभाषांकन मनुष्य के वैदुष्यपूर्ण आह्लाद के विषयों में परिगणित भी होता आया है। सेमूर चैटमैन के अनुसार हमारे पद तो वे ही हैं, जिन्हें हम रचते हैं, विभाजित-वर्गीकृत करते हैं और इस प्रकार अपनी शब्दावली के द्वारा अपने अन्तिम विश्लेषण में उस संसार की रचना करते हैं, जिसका एकमात्र यथार्थ आधार सामंजस्य (कानसिस्टेंसी) और उपयुक्तता (एडिक्वेसी) का आधार होता है। विवादास्पद 'शैली' शब्द का भी अपना अर्थ-इतिहास है, जिस पर विचार करना अपेक्षित है।

प्रसिद्ध है कि लातिन 'स्टीलस्' से व्युत्पन्न 'स्टाइल' सबसे पहले उस उपकरण-विशेष के लिए अर्थ देता था, जिससे मोम-चढ़ी टिकियों पर लिखने का काम लिया जाता था। पर इंग्लैंड में यह पद दूसरे प्रकार के तीखे उपकरणों को भी निर्दिष्ट करने के लिए प्रचलित हुआ था। 1577 ई0 में यह पद सूर्य-घड़ी के रेखांकक का अर्थ देता था। 1631 ई0 में इसका व्यवहार शल्यचिकित्सापरक जांच के अर्थ में भी हुआ। 1662 ई0 में इससे खोदने वाले उपकरण-विशेष का अर्थ लिया गया। 1669 ई0 में इसका अस्त्र और हथियार अर्थ भी प्रचलित हुआ और हाल-हाल तक यह फोनोग्राफ की सूई का अर्थ भी देता रहा था। लातिनी में ही इसका पहला रूपांतरण 'पेन-मैन-शिप' के लिए हुआ, जहाँ इस उपकरण का दृढ़ता तथा तीक्ष्णतापूर्वक स्पष्ट छाप बनाने के अर्थ में व्यवहार किया गया। यही वह बिंदु था, जिससे रचना के संदर्भ में इसका आग्रहण सुगम हो गया। कालांतर की लातिनी में यही अर्थ गृहीत भी हुआ। पर इससे पुरानी फ्रांसीसी और मध्यकालीन अंग्रेजी में भी इसका अभिप्राय 'किसी लेखक की विशेषता को अभिव्यक्त करने वाली पद्धति' के रूप में लिया गया। इससे अलग 'शैली' का प्लेटोनिक अर्थ यदि 'मस्तिष्क' अथवा 'आत्मा' को निर्दिष्ट करने वाला था, तो उसका अरस्तूवादी अर्थ 'पद्धति' अथवा 'शोभाधर्मिता' को निर्दिष्ट करने वाला सिद्ध हुआ।

'शैली' के अर्थ पर विचार करते हुए उसे कभी कथ्य से संपृक्त कर देखा गया है, तो कभी कथ्य से विलग उसे अभिव्यक्ति-मात्र का वैशिष्ट्य माना गया है। एक ओर तो यह कहा जाता है कि कथ्य नामक ऐसी कोई चीज नहीं है, जो शब्दों से बिल्कुल अलग अस्तित्ववान है, तो दूसरी ओर 'शैली' शब्द का अस्तित्व इस तथ्य पर भी बल देता है, कि सिर्फ शब्दों के विषय में भी विवेचन किया जा सकता है, जो सीधे कथ्य को संकेतित नहीं करते।[2] पहली मान्यता यह निर्दिष्ट करती है कि 'शैली' का संबंध बाह्य

---

1. उद्धृत : स्टाइल, डिक्शनरी ऑव वर्ल्ड लिटरैचर, सम्पा0 जोसेफ टी0 शिप्ले, संशोधित संस्करण (पेटरसन : एन0 जे0, 1960), पृष्ठ 339
2. (क) सेमूर चैटमैन, 'द सिमेंटिक्स ऑव स्टाइल', एसेज इन सिमिओटिक्स, सम्पा0 जूलिया क्रिस्तीवा (पेरिस : मूतन, 1971), पृष्ठ 400-401

अथवा यांत्रिक है कि यह कवि की यादृच्छिकता के आधार पर एक प्रकार का अभिवर्धित तत्व है, तो दूसरी मान्यता कथ्य के साथ इसके निकटस्थ और परिचित संबंध का ज्ञापन करती है, इसे सावयविक संबंध के रूप में उपस्थित करती है।

1.4.1 सेमूर चैटमैन द्वारा निर्धारित अर्थ

सेमूर चैटमैन ने 'शैली' के व्यापक अर्थ-परिसर पर विचार करते हुए उसका उपयोगी सर्वेक्षण किया है।[1] उसने उसके अर्थ की चार कोटियाँ निर्धारित की हैं।

1.4.1.1 अ-कोटिक अर्थ

1.4.1.2 ब-कोटिक अर्थ

1.4.1.3 स-कोटिक अर्थ और

1.4.1.4 द- कोटिक अर्थ।[2]

1.4.1. अ-कोटिक अर्थ

'शैली' का अ-कोटिक अर्थ नियामक (नॉरमेटिव) है। यहाँ 'शैली' का अर्थ 'उत्तम लेखन' है। 'शैली' शब्द यहाँ रचनाकार द्वारा किए गए शब्दों के चयन और उसके व्यवस्थापन के आह्लाद को निर्दिष्ट करता है। उत्तम लेखन का यह संदर्भ मूलतः लेखन की रचना-प्रणाली और उसकी व्याख्यात्मकता का सन्दर्भ है। इसी अर्थ की दृष्टि से अमरीकी कॉलिजों से तुरंत-तुरंत निकले असंख्य विद्यार्थियों को 'शैली' पढ़ायी जाती है।

1.4.1.2 ब-कोटिक अर्थ

'शैली' का ब-कोटिक अर्थ आशंसात्मक न होकर वस्तुनिष्ठ रूप में विभेदकता को जाहिर करता है। जिस प्रकार शरीर, मुख-मण्डल और व्यक्तित्व की दृष्टि से प्रत्येक व्यक्ति अलग-अलग होता है, उसी प्रकार कथ्य-संदेश, अभिव्यक्ति और हस्तलेख की दृष्टि से भी व्यक्ति-व्यक्ति में वैभिन्न्य होता है। 'शैली' का यह अर्थ शुद्ध वर्णनात्मक अर्थ कहलाता है। 'शैली' के इस अर्थ ने जीवन की बहुत-सारी सक्रियताओं और कलाओं को सामान्यीकृत कर दिया है। इसीलिए प्रायः भोजन पकाने की शैली, चित्रकला की शैली, घुड़सवारी की शैली, तैरने में गोता लगाने की शैली आदि की बातें की जाती हैं।

1.4.1.3 स-कोटिक अर्थ

'शैली' का स-कोटिक अर्थ उसका रूप और अभिव्यक्तिपरक अर्थ है। यहाँ 'शैली' वैचारिक तत्व या कथ्य की अपेक्षा अभिव्यंजना का ही संवहन करती है। चैटमैन ने एक अन्य स्थल पर लिखते हुए इस कोटि के अर्थ को रूप के उपवर्ग के बतौर उपस्थित किया है। उसके अनुसार रूप (फॉर्म) की दो उप कोटियाँ—1. शैली और 2. संरचना है।

---

1. सेमूर चैटमैन, 'द सिमेंटिक्स ऍव स्टाइल', सोशल साइंस इन्फारमेशन 6 : 4, 1967, पृष्ठ 77-99
2. वही, क, पृष्ठ 400-401

शैली इनमें एक है।[1] 'शार्टर ऑक्सफोर्ड इंग्लिश डिक्शनरी' के अनुसार 'शैली' का यह अर्थ अंग्रेजी में 1577 में प्रचलित हो गया था। जी0 पुट्टेनहम ने 1589 में 'द ऑर्ट ॲव इंग्लिश पोयट्री' नामक पुस्तक लिखी। इसका एक भाग 'ऑरनामेंट' है। इसमें जिन एककों पर विचार किया गया, वे एकक उन भाषिक कोटियों के अंतर्गत आते हैं जिन्हें ग्रीक और लातिनी लेखकों ने व्याकरण, छंद:शास्त्र और भाषणकला जैसे ज्ञानानुशासनों के अंतर्गत पहले से प्रतिष्ठित कर रखा था। इस पुस्तक में प्राचीन काल से प्रचलित ऐसे काव्यशास्त्रीय तत्वों और 'ट्रोप्स' तक की पूरी सूची एकत्र की गई थी और इस पर विस्तारपूर्वक विमर्श भी किया गया था। इन सबको देखते हुए रॉमस और उसके निकाय ने यह तर्क दिया कि 'स्कीम्स' और 'ट्रोप्स' ही पूर्णरूप में शैली थे जिनसे व्याकरणिक विचारों को अलग कर दिया गया था। पुट्टेनहम के लिए ये अलंकरण सामान्य भाषा के भाग नहीं थे, बल्कि भाषिक नावीन्य के रूप में उपस्थित होने वाले थे।

1.4.1.4 द-कोटिक अर्थ

'शैली' का द-कोटिक अर्थ संबोधित करने का लहजा (टोन) अथवा सामान्य बोलचाल में गृहीत प्रोक्ति की प्रविधि (तकनीक) है। सोलहवीं शताब्दी में अंग्रेजी में 'शैली' का यह अर्थ लिया जाने लगा था। शैली का द-कोटिक अर्थ वास्तव में शालीनता का शाब्दिक प्रक्षेपण है, जिसे एक ओर सामाजिक स्थिति प्रस्तुत और व्यवस्थित करती है, दूसरी ओर श्रोता नियत-निर्धारित करता है। इसी अर्थ में हम औपचारिक-अनौपचारिक 'शैली' का प्रयोग करते हैं। भाषाविज्ञान के आधुनिक ब्रितानी निकाय में 'शैली' का व्यवहार इस अर्थ में होता है। स्पष्ट है कि 'शैली' के इस अर्थ का मूलाधार सामाजिक वर्ग-संरचना ही है। चयन भी अनिवार्यत: उन्हीं शब्दों का होता है, जो शब्द उस सिलसिले में, जिसमें कोई सम्प्रेषित होने के लिए बोलना या लिखना चाहता है, 'मैच' कर सकें।

इस प्रकार सेमूर चैटमैन के अनुसार प्राचीनता और पुनर्जागरण से लेकर अब तक 'शैली' शब्द की उपर्युक्त चार अर्थ-कोटियाँ प्राप्त होती हैं।

1.4.2 स्टीफेन उलमान द्वारा शैली की वैयक्तिकता का गृहीत अर्थ

स्टीफेन उलमान ने 'शैली' के वैयक्तिक होने के दो अर्थ स्पष्ट किए[2] हैं –

1. वैयक्तिक शैली को किसी रचनाकार द्वारा विशिष्ट रूप में आयत्त भाषिक अभ्यासों के समुच्चय के रूप में रेखांकित किया जा सकता है।

2. वैयक्तिक शैली को रचनाकार के मस्तिष्क और अनुभव से नजदीकी तौर पर

---

1. सेमूर चैटमैन, एस0 आर0 लिविन, लिंग्विस्टिक्स ऐण्ड लिटरेचर, करेंट ट्रेंड्ज इन लिं[illegible] खंड-10 (पेरिस : मूतन, 1973), पृष्ठ 275
2. स्टीफेन उलमान, स्टाइल इन द फ्रेंच नॉवेल (कैम्ब्रिज : 1957), पृष्ठ 25-26

आबद्ध उसके व्यक्तित्व की छाप की संवाहिका के रूप में देखा जा सकता है।

1.4.3 निल्स एरिक एंक्विस्ट द्वारा निर्दिष्ट अर्थ

निल्स एरिक एंक्विस्ट ने 'शैली' के तीन अर्थ निर्दिष्ट किए हैं। एंक्विस्ट के अनुसार शैली-विषयक सभी भाषा-वैज्ञानिक निर्वचन मूलत: निम्नलिखित तीन विभिन्न दृष्टिकोणों पर आधारित हैं[1] :

1.4.3.1 'शैली' स्वीकृत भाषिक पद्धति के समुच्चय अथवा भाषिक मानक से विचलन है।

1.4.3.2 'शैली' निस्संग, शैलीहीन अथवा पूर्व-शैलिकीय अभिव्यक्ति में कुछ विशिष्ट (शैलिकीय) गुणों का किया गया अभिवर्धन है।

1.4.3.3 'शैली' वह लक्ष्यार्थ या प्रतीयमान अर्थ है, जिससे प्रत्येक भाषिक अभिलक्षण अपने पाठपरक और संस्थितिपरक परिवेश में शैलिकीय मूल्य का आग्रहण करता है।

1.4.4 डेविड क्रिस्टल और डेरेक डेवी द्वारा निर्दिष्ट अर्थ

डेविड क्रिस्टल और डेरेक डेवी ने 'शैली' के सामान्य तौर पर उपस्थित होने वाले चार अर्थों पर विचार किया है[2] :

1.4.4.1 'शैली' किसी व्यक्ति की कुछ अथवा सभी भाषिक प्रकृति को व्यक्त करती है।

1.4.4.2 'शैली' एक निश्चित समय में कुछ लोगों के समूह द्वारा उनकी कुछ अथवा सभी भाषिक प्रकृति की भागीदारी को निर्दिष्ट करती है।

1.4.4.3 'शैली' अभिव्यंजना-प्रणाली की प्रभावपरकता को भी व्यक्त करती है। अपने इस अर्थ में शैली अभिव्यंजना का मूल्य-निर्धारण करती पायी जाती है।

1.4.4.4 'शैली' अपने प्राथमिक रूप में अथवा एकमात्रता में साहित्य-क्षेत्रीय अभिव्यंजना की उत्तमता, प्रभावपरकता और सुंदरता को निर्दिष्ट करती है।

1.4.5 आइ0आर0 गालप्रिन द्वारा निर्दिष्ट अर्थ :

आइ0आर0 गालप्रिन के अनुसार सामान्यत: भाषाविदों के द्वारा 'शैली' की निम्नलिखित अर्थच्छायाएं गृहीत की जाती हैं[3] :

1.4.5.1 'शैली' भाषा का सौन्दर्याधायक प्रकार्य है।

---

1. निल्स एरिक एंक्विस्ट, लिंग्विस्टिक स्टायलिस्टिक्स (पेरिस, 1973), पृष्ठ 15
2. डेविड क्रिस्टल, डेरिक डेवी, इनवेस्टीगेटिंग इंग्लिश स्टाइल (लंडन, 1969, पंचम अनुमुद्रण 1976), पृष्ठ 9-10
3. आई0आर0 गालप्रिन, स्टायलिस्टिक्स (मस्क्वा : हायर स्कूल पब्लिशिंग हाउस, 1971), पृष्ठ 9

1.4.5.2 'शैली' भाषा का अभिव्यंजनात्मक साधन है।

1.4.5.3 'शैली' एक ही विचार को विशेष चयन के पर्यायी रूपों में अभिव्यक्त करती है।

1.4.5.4 'शैली' भाषा में संवेगात्मक रंजन उपस्थित करती है।

1.4.5.5 'शैली' एक कौशल-पद्धति है।

1.4.5.6 'शैली' एकाधिक उपपद्धति में साहित्यिक भाषा का विखण्डन करती है।

1.4.5.7 'शैली' विचार और अभिव्यंजना का पारस्परिक अंतर्ग्रथन करती है। यह दोनों के बीच की अनुरूपता है।

1.4.5.8 'शैली' भाषा-प्रयोग में रचनाकार की वैयक्तिकता है।

1.4.6 लियो स्पित्जर द्वारा निर्दिष्ट अर्थ

स्पित्जर ने अपने भाषाशास्त्रीय वृत्त की प्रस्तावना करते हुए 'शैली' को मानसिक कीलक और आंतर-साभिप्रायता की प्रस्तावना के अर्थ में रेखांकित किया।

1.4.7 ज्योफ्री एन0 लीच और माइकेल एच0 शार्ट द्वारा निर्दिष्ट अर्थ[1]

ज्योफ्री एन0 लीच और माइकेल एच0 शॉर्ट ने 'शैली' के निम्नलिखित अर्थ निर्दिष्ट किये हैं[1] :-

1.4.7.1 'शैली' वह मार्ग है, जिसमें भाषा व्यवहृत होती है। यह भाषा-क्षमता (लांग) की अपेक्षा भाषा-व्यवहार (पेरोल) से जुड़ी है।

1.4.7.2 'शैली' भाषा-भांडार से किये जाने वाले विकल्पात्मक चयनों में निहित होती है।

1.4.7.3 'शैली' भाषा-व्यवहार के क्षेत्र के सन्दर्भ में विशिष्ट रचनाकार द्वारा विशिष्ट विधा के विशिष्ट पाठ में होने वाले विकल्पात्मक चयन में पायी जाती है।

1.4.7.4 'शैली' विशेषतः साहित्यिक भाषा में होती है।

1.4.7.5 'शैली' का विशेष सरोकार भाषा के काव्यात्मक या सौन्दर्यात्मक प्रकार्य से होता है।

1.4.7.6 'शैली' तुलनात्मकता में 'पारदर्शी' या 'अस्पष्ट' होती है। 'पारदर्शिता' यह

---

1. ज्योफ्री एन0 लीच और माइकेल एच0 शॉर्ट, स्टाइल इन फिक्शन (लंडन : लोंगमैन ग्रुप लि0, 1981, चतुर्थ अनुमुद्रण, 1985), पृष्ठ 38-39

निर्दिष्ट करती है कि प्रदत्त अंश का वाक्यान्वयन संभव है, पर अस्पष्टता यह बताती है कि प्रदत्त पाठ या पाठांश का समीचीन वाक्यान्वयन संभव नहीं है। ऐसी स्थिति में पाठ का निर्वचन बहुत दूर तक पाठक की सर्जनात्मक कल्पना पर निर्भर होता है।

1.4.7.7 'शैली' के शैली-1 और शैली-2 जैसे दो अर्थ प्राप्त होते हैं। शैली-1 'शैलिकीय प्रभाव' का अर्थ देती है और शैली-2 'शैलिकीय मूल्य' का। शैली यह बताती है कि कैसे किसी प्रदत्त संदर्भ में भाषा व्यवहृत होती है। यहाँ भाषा-व्यवहार भाषा-कूट की पृष्ठभूमि में उपस्थित होता है। इसके विपरीत शैली यह बताती है कि कैसे भाषा विषय-वस्तु को निरूपित करती है। यहाँ भाषा-व्यवहार निर्देशात्मक यथार्थ की पृष्ठभूमि में उपस्थित होता है।

1.4.8 केटी वेल्स के द्वारा निर्दिष्ट अर्थ

केटी वेल्स ने 'अ डिक्शनरी ऑव स्टायलिस्टिक्स' में 'शैली' का जो विवेचन किया है, उससे 'शैली' के निम्नलिखित अर्थ प्राप्त होते हैं[1] :

1.4.8.1 'शैली' अभिव्यक्ति की प्रविधि है

इस अर्थ के अंतर्गत 'शैली' लेखन या वाचन में उसी तरह अभिव्यक्ति की प्रविधि को निर्दिष्ट करती है, जिस तरह चित्रकारी करने या 'स्क्वैश' खेलने में। वास्तव में किसी की लेखन-शैली का 'अलंकृत' होना या किसी की वाचन-शैली का 'परिहासात्मक' होना उसकी प्रविधि को निर्दिष्ट करता है। इस दृष्टि से 'शैली' की अपनी मूल्यपरक संपृक्तार्थता है। जब हम 'शैली' को 'अच्छी' या 'बुरी' अथवा 'उत्कृष्ट' या 'निकृष्ट' कहते हैं तब हम 'शैली' का इसी अर्थ में प्रयोग करते हैं।

1.4.8.2 'शैली' विशिष्ट विभेदक भाषिक तत्व है

केटी वेल्स के अनुसार 'शैली' प्रत्येक स्थिति में अपनी विशिष्टता-विभेदकता में परिलक्षित होती है। मूलतः शैलिकीय अभिलक्षण भाषिक अभिलक्षण ही होते हैं। इनकी प्रत्येक समष्टि चाहे वह प्रयुक्ति (रजिस्टर्स) की हो, या काव्यरूप की अथवा युग-विशेष की, अपने विशिष्ट रूप में ही सामने आती है। जब कभी पाठ के स्तर पर इस विशिष्टता-विभेदकता को रेखांकित किया जाता है, तब 'कामायनी' की शैली या 'राम की शक्ति पूजा' की शैली उपस्थित होती है और जब यही विशिष्टता-विभेदकता रचनाकार के समग्र लेखन (OEUVRE) पर लागू होने लगती है तब शैली रचनाकार के विशिष्ट विभेदक भाषाभ्यासों अथवा असाधारण व्यक्ति-भाषाई विशेषताओं के समुच्चय के बतौर उभरती है। तभी शेक्सपीरियन शैली, वाल्मीकीय शैली, कालिदासीय शैली,

---

1. केटीवेल्स, अ डिक्शनरी ऑव स्टायलिस्टिक्स (लण्डन : लौंगमैन, 1989), पृष्ठ 435-437

मुक्तिबोधीय शैली की बात की जाती है।

1.4.8.3 'शैली' चयन है

इस अर्थ में 'शैली' को विशिष्ट बनाने वाला तत्व भाषिक एकक के चयन, वितरण और गठन-कौशल से उभरता है। शैली का यह चयनपरक अर्थ अत्यंत व्यापक है। यहाँ रचनाकार काव्यरूप, विधा और कथ्य के द्वारा अंशतः निर्धारित हो रहे भाषिक अभिलक्षणों का चयन करता है। बड़ी बात यह है कि शैली 'चयन' के रूप में अर्थ-वैविध्य को समेकित करती है। यदि एक रचनाकार 'कमल' की जगह 'पंकज' और 'पुष्प' की जगह 'सुमन' का चयन करता है, तो पर्याय के प्रत्यक्ष खजाने से की जाने वाली चयन-प्रक्रिया में लक्ष्यार्थ की सूक्ष्मताएं उसके सामने होती हैं। इस दृष्टि से किया जाने वाला चयन मौटे तौर पर एक जैसे अर्थ को जाहिर करती लगने वाली प्रतिज्ञप्तियों के बीच गहन संरचना के स्तर पर अपना साभिप्राय अंतर स्पष्ट करता है।

1.4.8.4 'शैली' विचलन है

'शैली' अभिलक्षणों के एक समुच्चय से दूसरे समुच्चय की तुलना करने की प्रक्रिया में मानक से विचलन के बतौर उपस्थित होती है। पर यहाँ भी यह असामान्य और विशिष्ट होती है। 'शैली' के रेखांकन के इस क्रम में किसी विशेष काव्यरूप, किसी विशेष युग और समग्रता में भाषा के सामान्य कोश के (भाषिक) मानक की पृष्ठभूमि में किसी प्रदत्त काव्यरूप के किसी पाठ या उसके किसी भाषिक अंश से तुलना की जाती है।

1.4.8.5 'शैली' अतिरिक्त अभिव्यंजनात्मक चाप-मात्र न होकर अभिव्यक्ति की सपाटता भी है

'शैली' को सदैव अलंकरणशील अथवा अतिरिक्त अभिव्यंजनात्मक चाप के रूप में ग्रहण नहीं किया जा सकता है। 'शैली' तो सभी प्रकार की अभिव्यक्तियों में होती है, भले ही वे अभिव्यक्तियाँ आनुपातिक रूप में सपाट या अ-रेखांकनीय (नान-मार्केबल) ही क्यों न दीखती हो। वास्तव में अभिव्यक्ति की सपाटता भी एक प्रकार की शैली है।

1.4.9 ई0 एल0 एप्स्टीन द्वारा निर्धारित अर्थ

एप्स्टीन की दृष्टि में 'शैली' 'वस्तु' में नहीं होकर 'विधान' में होती है। वह दो सार्वनामिकों के प्रयोग से इसे और स्पष्ट करता हुआ कहता है कि शैली का विकास 'क्या' में नहीं होकर 'कैसे' में होता है। 'शैली' को और स्पष्ट करने के लिए वह किसी भी वस्तु के दो आयामों की ठोस बात करता है : 1. परिचयात्मक आयाम और 2. शैलिकीय आयाम। पुनः शैलिकीय आयाम के संदर्भ में वह 'शैली' के दो अर्थ ग्रहण करता है।

1.4.9.1 'शैली' रचयिता के विशिष्ट व्यक्तित्व की उद्घाटिका है

1.4.9.2 'शैली' रचयिता के निजी समाज के सामान्य भाषाभ्यास की संवाहिका है

उसके शब्दों में "सभी (अन्य) शैलियों की तरह ही साहित्यिक शैली भी रचनाकार के निजी व्यक्तित्व और उसके अपने समाज के सामान्य भाषाभ्यास का उद्घाटन करती है।"[1]

1.4.10 रोलाँ बार्थ द्वारा निर्दिष्ट अर्थ

रोलाँ बार्थ ने 'शैली' के तीन अर्थ को महत्व प्रदान किया है। इनमें पहले दो अर्थ विरोधी युग्म की स्वरूपगत अवधारणा पर आधारित हैं, तो तीसरा अर्थ संरचनात्मक अवधारणा पर[2]।

1.4.10.1 बार्थ द्वारा निर्दिष्ट 'शैली' का पहला अर्थ कथ्य (कंटेंट) और रूप (फॉर्म) के प्राचीनतम विरोधी पद-युग्म पर आधारित है। यहाँ 'शैली' का अर्थ 'रूप' या 'अभिव्यंजना' है। क्लासिकल वाग्मिताशास्त्र में 'रेस' (RES) के विरोध में इसे ही 'वर्बा' (VERBA) कहा गया था।

1.4.10.2 बार्थ द्वारा निर्दिष्ट 'शैली' का दूसरा अर्थ अर्वाचीन विरोधी पदयुग्म–मानक और विचलन (नार्म ऐंड डिविएशन)-पर आधारित है। यहाँ शैली का अर्थ भाषा के सगरागमिक मानक या प्रचलित भाषिक प्रयोग से विचलन है। भाषा के मानक का यह अतिक्रमण या उल्लंघन वाचिक और लिखित दोनों क्षेत्रों में होता है। वस्तुतः यहाँ शैली भाषिक नियम का अपवाद बनकर उपस्थित होती है।

1.4.10.3 बार्थ द्वारा निर्दिष्ट 'शैली' का तीसरा अर्थ पाठात्मक, अर्थीय स्तर और कूटस्थ आह्वानों का अन्तर्ग्रथन है। उसके शब्दों में, "मेरी दृष्टि में शैली आज कुछ पाठात्मक तत्वों से बनी है। यह उन कुछ अर्थीय स्तरों से बनी है जिनका अन्तर्ग्रथन पाठ को उपस्थित करता है। यह उन कुछ आह्वानों से बनी है, जो कूट में विद्यमान हैं।[3]"

1.4.11 डी0 लिखाचेव द्वारा निर्दिष्ट अर्थ

डी0 लिखाचेव ने 'शैली' के दो अर्थ निर्दिष्ट किए हैं :

---

1. ई0एल0 एप्स्टीन, लैंग्वेज ऐण्ड स्टाइल (लण्डन : मैथुइन ऐंड क0 लि0, 1978), पृष्ठ 21
2. रोलाँ बार्थ, 'स्टाइल ऐंड इट्स इमेज', लिटरेरी स्टाइल : अ सिम्पोजियम, सम्पा0 सेमूर चैटमैन (लंडन : ऑक्सफोर्ड यूनिवर्सिटी प्रेस, 1971), पृष्ठ 3-4
3. वही, पृष्ठ 10

1.4.11.1 'शैली' साहित्य-भाषिक अभिव्यक्ति है।

1.4.11.2 'शैली' रूप और कथ्य की निर्णायिका व्यवस्था है।

पहले अर्थ में 'शैली' का क्षेत्र जहाँ परिसीमित है, वहाँ दूसरे अर्थ में इसका क्षेत्र कहीं विस्तृत है। लिखाचेव के शब्दों में–"कलात्मक शैली यथार्थ की सामान्य समझ को विशिष्ट लेखक से और लेखक के अपने लिए नियत कार्य द्वारा उसकी पूर्व स्थापित कलात्मक पद्धतियों से जोड़ती है। इस दूसरे अर्थ में 'शैली' को उन बहुतेरे कला-रूपों के लिए लागू किया जा सकता है जिनके बीच सांयोगिक समनुरूपता हो सकती है।[1]

1.5 शैली : परिभाषांकन

'शैली'-विषयक प्राप्त परिभाषाओं को दो कोटियों में वर्गीकृत किया जा सकता है :

1.5.1 वादपरक/वर्गपरक परिभाषांकन और

1.5.2 अवधारणात्मक परिभाषांकन।

इनके अतिरिक्त 1.5.3 प्रस्तावित परिभाषांकन की तीसरी कोटि भी विचारणीय है।

1.5.1 वादपरक/वर्गपरक परिभाषांकन

1.5.1.1 वादपरक परिभाषांकन

इसके अंतर्गत लीच और शॉर्ट द्वारा की गयी शैली की द्वयतावादी, एकात्मवादी और अनेकतावादी अथवा प्रकार्यवादी—तीनों प्रकार की परिभाषाएं विचारणीय हैं।[2]

1.5.1.1.1 प्राथमिक द्वयतावादी परिभाषांकन

'शैली विचारों का परिधान है'—इस परिभाषा से दो तथ्य स्पष्ट होते हैं कि (1) कृति में 'विचार' है और (2) उसका परिधान है। यह परिधान ही 'शैली' है। रचनाकार ने अपने पाठ में जो कहा वही उसके विचार हैं और उसे पाठक तक उसने जिस रूप में प्रस्तुत किया है वही उसका परिधान किंवा 'शैली' है। कहना न होगा कि 'शैली' को 'विचारों' की पोशाक मानना वस्तुतः शैली-विषयक सर्वाधिक प्राचीन अवधारणाओं में एक अवधारणा है। नवजागरण और शैली-विषयक विवेकवादी उच्चारों में इसका व्यापक उल्लेख प्राप्त होता है। पोप ने 'विट' की जो प्रसिद्ध परिभाषा दी है, उसमें भी प्रच्छन्न तौर पर शैलीविषयक यह अवधारणा प्राप्त होती है।

"True wit is nature to advantage dressed,

---

1. डी० लिखाचेव, पोयतिका ड्रेवनेरस्सकोई लितरेचरी, (लेनिनग्राद, 1967), पृष्ठ 35
2. ज्योफ्री एन० लीच और मिखाइल एच० शॉर्ट, स्टाइल इन फिक्शन (लंडन : लौंगमैन, 81, चतुर्थ मुद्रण, 1985), पृष्ठ 15-34

What oft was thought but never so well expressed"

'शैली' -विषयक इस परिभाषा को 'अलंकरण-सैद्धांतिकी' भी कहा जाता है, क्योंकि इसके अन्तर्गत अनुप्रास, समांतरता जैसे वैशिष्ट्य अलंकरण के तत्व-रूप में उपस्थित होते हैं। इसके विपरीत ऐसा भी कहा जाता है कि 'शैली' में इस प्रकार लिखना भी संभव है जहाँ तटस्थता हो और 'शैली' सादगी के निम्नतम बिंदु पर हो। Wesley के द्वारा की गई 'शैली' की परिभाषा इस दृष्टिकोण को उजागर करती है :

"Style is the dress of thought; a modest dress,

Neat, but not gaudy, will true critics please."

पर यदि Wesley की परिभाषा को महत्व दें, तो हमारे सामने लेखन की वह प्रणाली उपस्थित होती है, जिसमें कथ्य-बिंदु प्रतिपाद्य या अंतर्वस्तु को नगण्यता में प्रस्तुत किया जा सकता है। वहाँ कोई भी शैली नहीं हो सकती है। इस दृष्टिकोण के रूपांतर को फ्रांसीसी शैलीविदों, बाली और रिफेतेअर के यहाँ देखा जा सकता है। वे 'शैली' को भाषा का वैसा अभिव्यंजक अथवा रागात्मक तत्व मानते हैं जो संदेश की तटस्थ अभिव्यक्ति में अभिवर्धित रूप में जुड़ता है। इस प्रकार सभी प्रकार के पाठों में 'शैली' की उपस्थिति-संभावना ख़ारिज होती जाती है। पर प्रसिद्ध फ्रांसीसी विचारक रोलाँ बार्थ ने जिस क्लासिकी लेखन की पारदर्शिता का संकेत दिया है वहाँ उसने एक ऐसी प्रणालीगत अवधारणा को रेखांकित किया है, जिसे वह 'शून्य अनुपात (Writing at degree zero) का लेखन' कहता है। उसने इसका स्वरूप कामू के OUT SIDER में रेखांकित किया है। यह कृति मापक्रम के न्यूनतम बिंदु पर 'शून्य' शैली को उपलब्ध करती है। इसे 'शैली' की आदर्श अनुपस्थिति माना जाता है। इन विचारों की गुरुत्वशीलता का अर्थ 'शैली' को ऐच्छिक अभिवर्धकता के साथ ग्रहण करना है। ऐसे में एक बड़ी समस्या यह उभरती है कि जब 'शैली' का तत्व ही अनुपस्थित है तब उसका निर्णय कैसे किया जा सकता है? फिर कोई भी ऐसा शब्द नहीं है, जिसके रागात्मक, आचारपरक या विचारधारापरक साहचर्य के अनुषंग नहीं हैं। वास्तव में ये वे साहचर्यमूलक अनुषंग हैं, जो शब्द के बुनियादी अर्थ के अतिरिक्त उभरते हैं। यह सच है कि व्याकरण में कुछ भाषिक चयनों को दूसरों की अपेक्षा उनकी व्यतिरेकिता में 'अरेखांकित' अथवा 'तटस्थ' रूप में नामित किया जा सकता है। उदाहरण के लिए कथा-साहित्य में 'मैं' और 'तुम' जैसे उत्तम पुरुष और मध्यम पुरुष सार्वनामिकों की तुलना में अन्य पुरुष सार्वनामिक 'वह', 'वे' आदि का चयन 'तटस्थ' सिद्ध होता है। फिर भी अन्य पुरुष सार्वनामिक के प्रयोग पाठक के सामने जिन चरित्रों को निर्दिष्ट करते हैं उनसे दूरी बनाते देखे जाते हैं। इसलिए पारिभाषिक निर्णय के बतौर यह अधिक विवेक-सम्मत माना जाता है कि 'शैली' को सभी पाठों की गुणधर्मिता और विशेषता के रूप में मान्यता दे दी जाए। इस मान्यता के अंतर्गत यह छूट बहुत सरलता

से प्राप्त हो जाती है कि किसी भी पाठ में पूरी तरह उसकी तटस्थ 'शैली' को भी देखा जा सकता है। यहाँ पाठ परस्पर शैलीपरक दिलचस्पी या रेखांकित तत्व के नजरिए से आनुपातिक भिन्नता के साथ उपस्थित होते हैं। कुछ पाठ अधिक पारदर्शी होते हैं और अधिक स्पष्टता से अर्थ देते हैं पर कुछ पाठ अपारदर्शी भी होते हैं और उनमें अर्थगत दुरूहता होती है। पर लीच और शॉर्ट की मान्यता है कि 'शैली' को 'ऐच्छिक अतिरिक्त' के रूप में मान्यता देने वाले तत्व को दृढ़ता-पूर्वक खारिज कर देना चाहिए।

1.5.1.1.2 द्वितीयक द्वयतावादी परिभाषांकन ('शैली' अभिव्यक्ति-प्रणाली के रूप में)

द्वयतावादी सिद्धांत के अंतर्गत सामान्यतः प्रत्येक रचनाकार अनिवार्य तौर पर अपनी अभिव्यंजना में चयन करता है। चयन करने की इस प्रक्रिया में उसके द्वारा पाठ को जिस तरह अभिव्यक्ति-रूप में प्रस्तुत किया जाता है उसी में 'शैली' का निवास होता है। यहाँ इस तथ्य को स्पष्ट रूप में समझ लेना अपेक्षित है कि एकतावादी सिद्धांत के अंतर्गत जहाँ कथ्य-बिंदु और अभिव्यंजन—दोनों का एकरूप में चयन होता है, वहाँ द्वयतावादी सिद्धांत में कथ्य और अभिव्यंजन को अलग माना जाता है और शैली का स्वरूप-रेखांकन अभिव्यंजन-पक्ष में ही किया जाता है। द्वयतावादी सिद्धांत की मान्यता है कि एक ही कथ्य को अभिव्यक्त-संप्रेषित करने के विभिन्न रूप संभव हैं। इसके विपरीत एकतावादी सिद्धांतविदों की मान्यता है कि यह धारणा भ्रांत है, क्योंकि अभिव्यंजना में परिवर्तन करने के साथ ही अंतर्वस्तु में भी परिवर्तन हो जाता है। द्वयतावादियों के दृष्टिकोण में 'शैली' से आशय है उसका सामान्य प्रचलित अर्थ—किसी वस्तु को सम्पन्न करने की प्रणाली—जैसा शब्दकोश की परिभाषाओं में उल्लिखित होता है। यह अर्थ भाषा के बाहर दूसरे कला-रूपों—संगीत, चित्रकला, स्थापत्यकला आदि में भी ग्रहण किया जाता है। वैसे यह सच है कि क्रियान्वयन में कुछ ऐसे तत्व होते हैं, जो एकवत् क्रियाशील रहते हैं, जिन्हें 'निश्चर' कहा जा सकता है। किंतु यहीं व्यक्ति-व्यक्ति के द्वारा उसके संपन्न किये जाने के वैविध्यपूर्ण तरीकों को भी नकारा नहीं जा सकता है। 'शैली' के विषय में द्वयतावादी सिद्धांत के प्रबल समर्थक रिचर्ड ओहमैन का मत है कि 'शैली' लिखने का तरीका है। 'शैली' शब्द यही अर्थ देता है। सामान्य तौर पर 'शैली' वैसी मानवीय क्रियाओं के प्रति लागू होती है जो आंशिक रूप में 'निश्चर' और आंशिक रूप में 'चर' है'। पर यह चित्र हमें कुछ उलझनों की ओर ले चलता है। जैसे हम टेनिस खेलने या पियानो बजाने की क्रियाओं को देखते हैं। टेनिस के खेल की तरह साहित्य में निश्चित और वैविध्यपूर्ण घटक के बीच प्रासंगिक विभेदीकरण किसी भी साधन के द्वारा स्पष्ट नहीं हो सकता। यहीं ये प्रश्न भी उभरते हैं कि 'अंतर्वस्तु' क्या है? 'रूप' क्या है? 'शैली' क्या है? इतना ही नहीं, 'रूप' और 'वस्तु' की द्वयता पर आधुनिक आलोचना में आरोप भी किए जाते हैं। प्रायः यह तर्क दिया जाता है कि किसी 'शब्द' का परिवर्तन कर देना वास्तव में उसके

'अर्थ' का परिवर्तन कर देना है। ऐसे मतवाद की अपनी निश्चित सैद्धांतिक अपील है। फिर भी इस प्रकार का मतवाद हमें सूझ के विरोध में उपस्थित होने वाले निष्कर्ष की ओर ले चलता है कि 'शैली' जैसी कोई वस्तु नहीं हो सकती है या कि 'शैली' महज अंतर्वस्तु का एक भाग है। यह समस्या अपने मूर्त रूप में तब उभरती है जब एक पृष्ठ पर शब्दों को भिन्न-भिन्न रूप में संयोजित करने पर अंतर्वस्तु या कथ्य समनुरूप अंतर से प्रभावित नहीं होता है। पर ओहमैन एक जैसी वस्तु को संपन्नता देने के विभिन्न तरीकों के विषय में भाषाविज्ञान के अभिप्रमाणीकरण की तालिका ही प्रस्तुत कर देता है। ओहमैन 'रात्रि भोजन के बाद सिनेटर ने व्याख्यान दिया' जैसे वाक्य के अनेक अन्वयन प्रस्तुत करता है :

1. जब रात्रि का भोजन खत्म हो गया, तब सिनेटर ने व्याख्यान दिया।
2. सिनेटर के द्वारा रात्रि-भोजन के पश्चात् व्याख्यान दिया गया।
3. सिनेटर ने रात्रि-भोजन के बाद का व्याख्यान दिया।

इस प्रकार ओहमैन यह दिखाने में सफल हो जाता है कि ये एक ही मूल वाक्य के विभिन्न रूप हैं। पर लीच और शॉर्ट इसे समीचीन नहीं मानते, क्योंकि उनकी दृष्टि में कोलम्बस को क्रियात्मक रूप में 'ब्रेव' अथवा 'Nautical' कहना एकार्थी नहीं है। ऊपर निर्दिष्ट पहले और तीसरे वाक्य को देखें तो उनमें शब्दस्तरीय अन्तर बिल्कुल नहीं है, केवल व्याकरण के स्तर का अन्तर है, जिस पर ओहमैन अपना ध्यान केन्द्रित करता है। वह रू0 प्र0 व्याकरण के अभिगम को लेकर चलता है जिसकी अवधारणा में पद संरचना नियम और रूपांतरण नियम निहित हैं। इस प्रकार ओहमैन तर्क देता है कि वैकल्पिक रूपांतरण नियम ही 'शैली' को निर्धारित करते हैं। अनौपचारिक रूप में ये वे नियम हैं, जो बुनियादी वाक्य-प्ररूप के अभिव्यक्ति-पक्ष को बदल देते हैं, पर उसकी शाब्दिक अन्तर्वस्तु में परिवर्तन नहीं होता है। उन नियमों को ऐच्छिक रूप में उन्हीं बुनियादी वाक्य-संरचनाओं पर लागू किया जा सकता है। कहना न होगा कि ये नियम वाक्य-अन्वयन की अवधारणा के लिए और इस प्रकार 'शैली' के व्याकरण के लिए भाषिक मूलाधार मुहैया करते हैं। इस रूप में एक रचनाकार ने 'जो कुछ लिखा है' उसका अध्ययन 'जो वह लिख सकता था' की पृष्ठभूमि में किया जाता है। यहीं ये प्रश्न उभरते हैं कि क्या वह कुछ रूपांतरणों को लागू करने में असफल हो गया या उसने उनकी जगह पर कुछ दूसरे रूपांतरणों को सज्ञान तौर पर चुनकर लागू किया है। उदाहरण के लिए ओहमैन रूपांतरण के प्रभाव को प्रतीकित करने के कौशल पर चोट करता है और उस कृत्रिम क्रियान्वयन के विषय में उस प्रभाव को सामने लाता है, जो 'शैली' पर पड़ता है। ओहमैन की तकनीकी प्रक्रिया पर यह आरोप किया जाता है कि उसने इस संदर्भ में जिन उपकरणों का प्रयोग किया है, वे उपकरण रूपांतरण व्याकरण के पूर्ववर्ती संस्करण के हैं जिन्हें बाद में संशोधित कर दिया गया है।

ओहमैन के अभिगम की बुनियादी सोच भाषिक सत्यता पर आधारित है। यह व्यापक तौर पर मान लिया गया है कि किसी वाक्य की बुनियादी, तार्किक अन्तर्वस्तु को प्राथमिक प्रतिज्ञप्तियों के रूप में उपस्थित किया जा सकता है, जो अपने अन्तस्संबंध के साथ इसकी गहन संरचना या अर्थीय प्रतिनिधित्व को संघटित करते हैं। वाक्यान्वयन का सिद्धांत अथवा विविध रूपीय पक्षों में एक ही अर्थ के निहित होने का सिद्धांत एक ऐसा सिद्धांत है, जिसे भाषिक चिंतन के बहुतेरे निकायों ने भाषा के बुनियादी तथ्य के रूप में प्रामाणिकता प्रदान कर दी है, किंतु 'शैली' के द्वयतावादी परिभाषांकन का मूलाधार—'वाक्यान्वयन' भी अर्थ अथवा अन्तर्वस्तु की अनुबंधित-समर्थित अवधारणा पर निर्भर करता है, क्योंकि ये दोनों ऐसे पद हैं, जो मोटे तौर पर परस्पर प्रतिस्थापित होते हैं। इससे ज्यादा उपयोगी यह होगा कि इन दोनों शब्दों की जगह 'भाव' (Sense) जैसे पद को बुनियादी, तार्किक अवधारणापरक और वाक्यान्वयी अर्थ के लिए प्रयुक्त किया जाए और साभिप्रायता को प्रदत्त पाठ या वाक्य द्वारा सम्प्रेषित होने वाले तथा उस सम्पूर्ण को संदर्भित करने वाले रूप में व्यवहृत किया जाए। द्वयतावादी परिभाषांकन यह मानता है कि पाठ के भाव का वाक्यान्वयन किया जा सकता है और उस भाव से साभिप्रायता के बीच एक युक्तियुक्त अन्तर रह सकता है। द्वयतावादी सामान्य तौर पर शैलीपरक चयनों को साभिप्रायता से विरहित नहीं मानते।

ओहमैन रूपांतरण के प्रभावों के उलटने के कौशल पर चोट करता है और 'शैली' पर पड़ने वाले इस कृत्रिम क्रियान्वयन के प्रभाव को रेखांकित करता है। इसके लिए वह फॉकनर के विशिष्ट गद्यावतरण 'द बीयर' का उदाहरण लेता है तथा उसकी व्याख्या करता है। परिणामत: फॉकनर के मूल अवतरण का रूपांतरण लघु और अति लघु वाक्यों की शृंखला को उपस्थित करता है, जो सर्वाधिक प्राथमिक वाक्यों की अथवा चॉमस्की के 'बीज वाक्यों' की अवधारणा से बहुत अलग नहीं है। ओहमैन अध्याहृत नियमों के आधार पर यह स्पष्ट करता है कि रूपांतरण में मूल फॉकनर की संरचना का निरस्त्रीकरण फॉकनर के शैली-वैशिष्ट्य को उसके गद्यावतरण से अलग कर देता है। अत: फॉकनर की अपनी शैली की पहचान अध्याहृत रूपांतरण की घनीभूत व्यवहृति से हो पाती है। ओहमैन इस तकनीक को दूसरे रचनाकारों... जेम्स, लारेंस आदि के गद्यावतरणों पर भी लागू करता है। वहाँ वह यह स्पष्ट करता है कि हेमिंग्वे के गद्य में रूपांतरण की वह विशिष्ट जटिलता नहीं है, जो फॉकनर के यहाँ पायी जाती है। इसका यह अर्थ कतई नहीं है कि हैमिंग्वे के यहाँ रूपांतरण है ही नहीं, बल्कि यह कि जो हैं वे दूसरे प्रकार के हैं। पर लीच और शॉर्ट ओहमैन की तकनीकी पद्धति अपनाने के पक्षधर नहीं हैं, क्योंकि उनकी दृष्टि में ओहमैन ने जिन अभिकरणों का व्यवहार किया था, वे अभिकरण रूपांतरण व्याकरण के प्रारंभिक चरण में प्रयुक्त हुए थे और उनका तुरंत बाद में संशोधन-परिष्करण कर दिया गया था। बाद में एक आरोप यह भी किया गया कि कर्मवाच्य और अध्याहृत रूपांतरणों

में वही तार्किक अन्तर्वस्तु निरूपित नहीं हो पाती है। अतः भाषाविदों ने तर्क-वितर्क किये हैं कि ओहमैन ने रूपांतरणों को लेकर अर्थ के साथ उसकी जैसी नातेदारी दिखाई थी, वास्तव में उसकी सही नातेदारी उससे कहीं अधिक जटिल है। फिर भी इससे ओहमैन की बुनियादी सूझ-भरे अभिगम की भाषिक प्रामाणिकता खारिज नहीं हो जाती है। इस तथ्य को व्यापक रूप में स्वीकार किया जा चुका है किसी वाक्य की उस बुनियादी तार्किक अन्तर्वस्तु को प्राथमिक प्रतिज्ञप्ति के रूप में उपस्थित किया जा सकता है, जो अपने पूरे समुच्चय में अन्तः संबंध के आधार पर गहन संरचना या अर्थीय उपस्थापन को संघटित करती है। इनमें मूल अर्थ के विभिन्न रूपों को प्रस्तुत करने वाले वाक्यान्वयन के नियम को बहुतेरे भाषिक निकायों द्वारा भाषा के बुनियादी तथ्य के रूप में मान्यता प्रदान की गयी है। लेकिन उस अवधारणा के रूप में किया गया वाक्यान्वयन, जिस पर शैलीपरक द्वयतावाद आधारित है, अपने आप में अन्तर्वस्तु अथवा अर्थ की अनुबंधित अवधारणा पर निर्भर है। लीच और शॉर्ट अर्थ और अन्तर्वस्तु की जगह भाव की बात करते हैं और 'अतिरिक्त' को संप्रेषित करने के लिए साभिप्रायता का रेखांकन करते हैं। उनके विचार में द्वयतावादी सामान्य तौर पर शैलीपरक चयन को साभिप्रायता-विहीन नहीं मानते हैं। यदि उन्होंने ऐसा किया होता, तो 'शैली' अध्येय विषय के रूप में हमारे सामने नहीं आ पाती। यहीं यह ध्यान देने योग्य है कि एक प्रबुद्ध द्वयतावादी उस साभिप्रायता की खोज करता है, जिसे 'शैलीगत मूल्य' कहा जाता है। इसे किसी रचनाकार के उस चयन में, जो उसकी अपेक्षा उसके भावों की अभिव्यक्ति-प्रक्रिया में प्रस्तुत होता है समीकरण के तौर पर इस रूप में अभिरूपित किया जा सकता है : भाव + शैलीगत मूल्य = (पूरी) साभिप्रायता।

रूपांतरणों को खोलने वाली ओहमैन की तकनीक शैली की तटस्थता-विषयक धारणा के लिए भी कुछ भाषिक आधार मुहैया करती प्रतीत होती है। यदि किसी गद्यावतरण की प्राथमिक प्रतिज्ञप्तियों को समुच्चय के बतौर घटाया जाए, तो क्या इसे तटस्थ रूप में शैलीहीन नहीं माना जा सकता है? ऐसा दावा करना स्पष्ट तौर पर 'शैली' को व्याकरणिक पहलुओं के बीच परिसीमित करना होगा। पर यहाँ पर यह कहना कि किसी पाठ में 'तटस्थ शैली' भी होती है भ्रांति का कारण भी बन सकता है, क्योंकि प्राथमिक तौर पर किसी रचनाकार के द्वारा किये जाने वाले भावों की अभिव्यक्ति के चयन, जो प्राथमिक और योगहीन वाक्यों में अभिव्यक्त होते हैं, का भी अपने-आप में शैलीपरक मूल्य हो सकता है और उस अनुपात में ही हो सकता है, जिस अनुपात में किसी और दूसरे चयन में। इसके विपरीत एक रचनाकार अपनी 'शैली' को वाक्यात्मक रूपांतरण के जरिये जिस अनुपात में जटिल बताता है, उसे भाषिक रेखांकन की भाषिक माप के बतौर स्वीकार किया जा सकता है।

1.5.1.1.3 एकात्मवादी परिभाषांकन (शैली और अन्तर्वस्तु की अविच्छिन्नता)

वाक्यान्वयन की एकतावादी अवधारणा इस अनुमान पर निर्भर होती है कि मूल भाव वाक्यान्वयन के विभिन्न रूपों में भी सुरक्षित रह सकता है। इस संभावना को यद्यपि भाषा के प्रतिदिवसीय व्यवहार में चुनौती देना संभव नहीं दीखता है, किंतु साहित्य में विशेषत: कविता में वाक्यान्वयन का यह रूप समस्या उत्पन्न करता है। यहाँ तक कि रूपक (Metaphor) भी वाक्यान्वयन की समस्या के साथ मुकाबले की स्थिति खड़ी कर देता है। लीच और शॉर्ट ने 'मैकबेथ' के तीसरे अंक के दूसरे दृश्य की निम्नलिखित पंक्तियों को उद्धृत किया है :

"Come, seeling night,

Scarf up the tender eye of pitiful day."

शॉर्ट पूछता है कि यदि इसके वाक्यान्वयन की बात की जाए, तो क्या यहाँ रूपक के निहितार्थ को व्यक्त करने की अपेक्षा होगी अथवा बाह्य स्तर की शाब्दिक अर्थवत्ता-मात्र को व्यक्त करने वाला वाक्यान्वयन ही किया जाएगा? यही नहीं, प्रश्न यह भी है कि क्या वाक्यान्वयन के उद्देश्य के लिए निहित अर्थवत्ता को पहचाना जा सकता है? टी० हॉक्स (T. Hawkes) के अनुसार "रूपक' ललित कल्पना (Fancy) से भरे हुए तथ्यों की जरीसाजी (कशीदाकारी) नहीं है। यह तथ्यों के अनुभावन का एक मार्ग है।''[1] वास्तविकता यह है कि रूपक सामान्य शाब्दिक अर्थवत्ता को नकारता है और इसीलिए वाक्यान्वयन के द्वारा उपलभ्य तथ्य प्रकार्यात्मक अर्थवत्ता के परे अपने निर्वचित होने की माँग करता है। हिंदी के संदर्भ में निम्नलिखित वाक्यांशों को देखें:

1. यह साँझ उषा का आंगन,
   आलिंगन विरह-मिलन का
   चिर हास-अश्रुमय आनन
   रे इस मानव-जीवन का।

2. मेरे नभ के बादल यदि न कटे
   चन्द्र रह गया ढका।
   तिमिर-रात को तिरकर यदि न हटे
   लेश गगन भास का।

---

1. टी हॉक्स, मेटाफर (लंडन : मेथ्यूइन, 1972), पृष्ठ 69

3. काहे रे नलिनी तू कुम्हलानी

तेरे ही नाल सरोवर पानी।।

यदि इन काव्यांशों का वाक्यान्वयन किया जाए, तो यहाँ भी यह समस्या उत्पन्न होगी। क्या प्रथम काव्यांश में 'साँझ' और 'उषा' का सामान्य कोशगत अर्थ लिया जाए या रूपकातिशयोक्ति से व्यंजित होने वाला दुःख-सुख का अर्थ? वाक्यान्वयन किस रूप में किया जाए? यही समस्या 'नभ', 'बादल', 'तिमिर' और 'रात' को लेकर दूसरे काव्यांश के संदर्भ में भी उपस्थित होगी कि यहां 'नभ' का सामान्य कोशगत ग्रहण किया जाए या रूपकात्मक-प्रतीकात्मक अर्थ? और यही समस्या अंतिम काव्यावतरण की 'नलिनी' और 'नाल' के संदर्भ में भी वैसे ही उपस्थित होगी। इसीलिए शैलीपरक एकात्मवाद कविता में अपना सुदृढ़ आधार प्रस्तुत करता है। यहाँ रूपक, विडम्बना, व्यंग्य, अनेकार्थता आदि कौशलों के द्वारा अर्थवत्ता बहुमूल्यवती हो जाती है और भाव अपनी प्राथमिकता खो बैठता है। एकात्मवाद वास्तव में नए आलोचकों का मतवाद था, जिसने 'रूप' और 'अर्थ' (वस्तु) की द्वयता को खारिज कर दिया था। इसने इस विचार को भी खारिज कर दिया था कि कविता कोई संदेश प्रेषित करती है, बल्कि इसकी जगह उसने उसे एक 'स्वायत्त शाब्दिक कलातथ्य' के रूप में देखे जाने को अधिमानता दी थी। आर्किबाल्ड मैक्लीश ने तभी कहा था कि 'कविता को अर्थ नहीं देना चाहिए, बल्कि होना चाहिए।' (A poem should not mean, but be.) विमसैट ने भी एकात्मवादी अवधारणा को शक्ति और सुदृढ़ता प्रदान की। 'शैली' और 'अर्थ' की पहचान का मतवाद आज दृढ़तापूर्वक स्थापित हो चुका है। इसलिए इसका प्रमाण सामने रखने की आवश्यकता नहीं है।

वास्तव में ओहमैन ने जिस द्वयतावादी सिद्धांत को रूपांतरण का सहारा लेकर फिर से उपस्थित करने की कोशिश की थी, वह नये आलोचकों की मान्यता के सर्वथा विरुद्ध था। किंतु 'शैली' की इस एकात्मवादी अवधारणा की बहुतेरी दूसरी अभिव्यक्तियाँ भी रही हैं। वे अभिलक्षण जो द्वयतावादियों के लिए कविता को कठिन बना देते हैं केवल कविता में ही प्राप्त नहीं होते। उदाहरण के लिए 'रूपक' या 'रूपकातिशयोक्ति' का प्रयोग गद्य के गद्यवत् लेखन में भी प्राप्त होता है। इसलिए उन प्रयासों की क्रियाशीलता पर आश्चर्य नहीं किया जा सकता, जो कथा-साहित्य के प्रति 'नई आलोचना' की प्रणालियों को लागू करते हैं। अपनी 'Language as Fiction' पुस्तक में David Lodge एकात्मवादी रुख अपनाता है। वह यह कहता है कि 'कविता' और 'गद्य' में अनिवार्य अन्तर नहीं है, क्योंकि निम्नलिखित धारणाएँ दोनों पर लागू होती हैं

1. साहित्यिक लेखन को वाक्यान्वयन में ढालना असंभव है।

2. साहित्यिक कृति को अनूदित करना असंभव है।

3. साहित्यिक कृति की शैली-परिशंसा से उसकी सामान्य परिशंसा को अलगाना भी असंभव है।

दूसरे, यह देखना आसान है कि 'वाक्यान्वयन' और 'अनुवाद', यदि उन्हें एक ही अन्तर्वस्तु के भिन्न-भिन्न शब्दों में प्रस्तुत होने वाले अभिव्यंजन के बतौर देखा जाए, तो दोनों पूर्वानुमित द्वयतावादी दर्शन को उपस्थित करते हैं। तीसरे, मतवाद के रूप में लॉज हार्डी के मामले को उपस्थित करता है। यहाँ उसके बहुत बुरे लेखन और गंभीर कमजोरियों के बावजूद आलोचकों द्वारा उसे महान उपन्यासकार माना गया है। वह इस दृष्टिकोण का विरोध करता है और बताता है कि शैली-विषयक हार्डी की तथाकथित त्रुटियों और कमियों को, एक उपन्यासकार के रूप में, उसकी शक्ति और दुर्बलता की अधिक सामान्य विचारणा से अलग होकर विवेचित नहीं किया जा सकता।

कविता ही की तरह 'कल्पनात्मक गद्य' के लिए भी 'नयी आलोचना' भाषिक आलोचना की वकालत करती है। इस दृष्टि से एक उपन्यास एक शाब्दिक कलातथ्य के रूप में न कुछ अधिक है और न कुछ कम। कथा-साहित्य में रचनाकार की कथानक, चरित्र-विषयक सामाजिक और नैतिक जीवन-विषयक काल्पनिक सर्जना को उस भाषा से कभी अलगाया नहीं जा सकता, जिस भाषा में वह रचना रची गयी है। जैसा डेविड लॉज (Lodge) का कहना है, "उपन्यासकार का माध्यम भाषा है। एक उपन्यासकार के रूप में वह जो भी रचता है, वह भाषा में भाषा के जरिए रचता है।" इस दृष्टिकोण को ध्यान में रखते हुए लॉज (Lodge) किसी चरित्र को 'श्याम' अथवा 'श्वेत' रूप में अभिहित करने के लिए निर्धारक के चयन-प्रकार और 'कृष्ण', 'श्याम' पर्यायों के बीच किए जाने वाले चयन-प्रकार—इन दोनों में कोई अन्तर नहीं देखता है। उसकी दृष्टि में रचनाकार जो भी चयन करता है, वह सारा-का-सारा चयन समान रूप में भाषा का ही विषय है।

लॉज (Lodge) की इस अभिधारणा और उसके द्वारा किये गये इस दावे के विषय में कि गद्य और काव्य में भाषा के व्यवहृत होने के मार्ग में कोई बुनियादी भिन्नता नहीं है, लीच और शॉर्ट का कहना है कि यह निष्कर्ष उन्हें 'शैली' की परिभाषा के संदर्भ में 'द्वयतावाद' और 'एकात्मवाद' के बीच में एक प्रकार का अभियोजन प्रतीत होता है, बजाय इसके कि एक के पक्ष में दूसरे को खारिज किया जाए। वास्तव में लीच और शॉर्ट के अनुरूप द्वयतावादी की तरह एकात्मवादी को भी चुनौती दी जा सकती है, महज यह पूछते हुए कि किसी उपन्यास को किस तरह अनूदित किया जाना संभव है? प्रायः प्रत्येक विचारक इस बिन्दु पर सहमत होगा कि एक कविता की अपेक्षा उपन्यास को अनूदित करना सरल है। इसी तरह शैली-विषयक एकात्मवादी दृष्टिकोण रखने वालों के लिए यह दिखाना अपेक्षाकृत सरल है कि किसी भी गद्य-कृति की सर्वोत्तम अनुवाद-प्रक्रिया में भी मूल कृति की कुछ चीजें खो जाती हैं या नहीं आ पाती हैं।

पर केवल इतना ही प्रभूत नहीं है। एकात्मवादियों को यह अवश्य दिखाना चाहिए कि अनुवाद किस तरह संभव हो सकता है। उन्हें यह भी दिखाना होगा कि किसी उपन्यास को दृश्य-माध्यम, उदाहरण के लिए फिल्म, में रूपांतरित करना कैसे संभव होता है?

सामान्यत: यह कहा जा सकता है कि 'शैली' के द्वयतावादी परिभाषाकार जहाँ 'गद्य' के साथ अधिक प्रसन्न हैं वहीं एकात्मवादी परिभाषाकार 'काव्य' के साथ, किंतु यह एक अधिक जटिल स्थिति को अत्यधिक सरलीकृत करना होगा। यदि 'गद्य' और 'काव्य' के बीच के अन्तर को उसके सर्वाधिक साधारण स्तर पर परिभाषित किया जाता है, महज इसके द्वारा कि उसमें काव्य की तुकांत विशेषता उपस्थित है या अनुपस्थित, तो ऐसी स्थिति में कुछ प्रकार की कविताएँ भी दूसरे प्रकार की कविताओं की अपेक्षा अधिक गद्यतर दीखेंगी और कुछ प्रकार का गद्य भी दूसरे प्रकारों के गद्य की अपेक्षा अधिक काव्यतर दीखेगा। यहीं Lodge के सहयोगी उपन्यासकार के साथ हम Lodge का मुकाबला कर सकते हैं। वास्तव में Anthony Burgess उपन्यासकारों को दो रूपों में वर्गीकृत करने का प्रस्ताव रखता है। एक कोटि का उपन्यासकार वह है, जिसकी कृति में भाषा-शून्य गुणात्मकता, पारदर्शिता और मोहकता-हीनता होती है, साथ ही जिसमें लक्षणा और बह्वर्थता की अधिध्वनियाँ पूरी तरह अवमंदित रहती हैं। इसके विपरीत दूसरी कोटि का उपन्यासकार वह है, जिसकी रचना में बह्वर्थता, श्लेष-यमक तथा केन्द्रापसारी लक्षणाएँ सक्रिय रहती हैं। साथ ही जिसकी कृतियां चरित्र और घटनाओं की तरह ही शब्दों से बनती है। पर जब भी इन्हें दृश्य माध्यम के लिए चुना जाता है, तब यह अपना वैशिष्ट्य बहुत दूर तक खोने लगती हैं। जेम्स ज्वायस को निश्चयात्मक तौर पर इनमें दूसरी कोटि का उपन्यासकार माना जाता है।

यहाँ जिन पक्षों पर ध्यान दिए जाने की अधिक आवश्यकता प्रतीत होती है वे पक्ष भाषा-व्यवहार और भाषा-कौशल के पक्ष हैं। इन दो ध्रुवों के बीच गद्य एक ओर सामान्य-सम्प्रेषण की प्रत्याशा को बनाये रखने की चेष्टा करता है, तो दूसरी ओर सम्प्रेषण के नए सीमांतों को उद्घाटित करने के लिए विचलन की ओर भी झुकता दीखता है।

पश्चिमी काव्यशास्त्र के 'प्राग-निकाय' में 'अग्रप्रस्तुति' अथवा 'स्वचलेतरता' (Deauutometizatien) के द्वारा भाषिक सम्पुटन के काव्यात्मक प्रकार्य को उजागर किया गया है। इसका आशय भाषा के वैसे सौन्दर्यात्मक प्रयोग से है, जिससे पाठक में विस्मयात्मक स्तर पर नयी सम्वेदना और ताज़ा जागरूकता प्रस्तुत होती है। विशेष रूप में उस भाषा-माध्यम में जो सम्प्रेषण की पृष्ठभूमि में स्वचल और अभ्यस्त-रूप में गृहीत होती है।

'अग्रप्रस्तुति' का यह सौन्दर्यपरक सिद्धांत गद्य-शैली के पारदर्शी और अस्पष्ट संदर्भों को देखने योग्य बनाता है। विशेषत: अस्पष्ट रूपकों की अपेक्षा पहली कोटि का गद्य

पाठकों से ऐसी अपेक्षा नहीं रखता। यहाँ वह चेतन तौर पर माध्यम के प्रति जागरूक है। पर क्लास-दो का गद्य अस्पष्ट है। इस रूप में कि माध्यम यहां ध्यान को आकर्षित करता है। इतना ही नहीं यहां माध्यम के शाब्दिक और व्याकरणिक लक्षणों के व्यवहार में आने वाली असमानताओं के द्वारा भाव का निर्वचन वंचित होने लगता है। इसलिए उपन्यासों की साहित्यिक शैली-क्षमता की जाँच के लिए न तो पूरी तरह द्वयतावादी और न ही एकात्मवादी परिभाषांकन परितोषकारक सिद्ध हो पाता है। वास्तव में यहाँ एक ऐसे अभिगम की अपेक्षा प्रतीत होती है, जो दोनों की अतिशयतावादी दुर्बलताओं को हटा सकें।

1.5.1.1.4 अनेकवादी परिभाषांकन (प्रकार्य के रूप में 'शैली' का विश्लेषण)

ऊपर विवेचित एकात्मवाद और द्वयतावाद का एक संभावित विकल्प उस अभिगम को माना जा सकता है, जिसे शैलीविज्ञान-परक अनेकवाद के रूप में देखा जाता है। अनेकवादियों के अनुसार भाषा विभिन्न प्रकार के प्रकार्यों को संपादित करती है और भाषा का कोई भी खंड विभिन्न प्रकार्यात्मक स्तरों पर किए गए चयनों के परिणाम-स्वरूप ही प्रस्तुत होता है। इसलिए अनेकवादी द्वयतावादियों के 'अभिव्यक्ति' और 'अन्तर्वस्तु' जैसे दोहरे विभाजन से परितुष्ट नहीं हैं। वे तो भाषा के विभिन्न-प्रकार्यों के अनुरूप अर्थ की विभिन्न-स्तरीयता को रेखांकित करना चाहते हैं।

भाषा के बहुतेरे प्रकार्यात्मक वर्गीकरण पर विभिन्न भाषाविदों ने विचार किया है।

हैलीडे ने विचारात्मक (Ideational), अन्तर-वैयक्तिक (Inter-personal) और पाठात्मक (Textual) जैसे भाषिक प्रकार्यों का निर्देश किया है। अनेकवादी विचारकों का यह वर्ग भाषिक प्रकार्यों की संख्या और साहित्यिक भाषा में उन प्रकार्यों के संचारित-अभिव्यक्त होने की क्रियाविधि में भी मतवैभिन्न्य रखता है। हैलीडे की मान्यता है कि विभिन्न प्रकार का साहित्यिक लेखन विभिन्न प्रकार्यों को अग्रप्रस्तुत कर सकता है। हैलीडे के विचारात्मक प्रकार्य में अनुभव की सम्वेदनात्मक यथार्थताएँ संघटित होती हैं। शॉर्ट ने द्वयतावादी और अनेकवादी के प्रतिनिधि के रूप में ओहमैन और हैलीडे को लेकर अंतर स्पष्ट करने की चेष्टा की है। ओहमैन के यहाँ जो अन्तर्वस्तु है, पदबंध-संरचना है या गहन संरचना है, वही हैलीडे के यहाँ विचारात्मक प्रकार्य है। ओहमैन के यहाँ जो अभिव्यक्ति पक्ष है अथवा विकल्पात्मक रूपांतरण है अथवा वाक्य-संरचना है, वही हैलीडे का यहाँ पाठात्मक प्रकार्य है। पर जो हैलीडे के यहाँ अन्तर-वैयक्तिक प्रकार्य है, उसके समतुल्य ओहमैन के यहाँ अलग से कोई संरचना नहीं है। लीच और शॉर्ट ने इन अन्तरों को उनके सिद्धांत-पक्ष के आधार पर रेखांकित नहीं कर उनके विश्लेषणों के व्यवहार-पक्ष के आधार पर रेखांकित किया है। हैलीडे ने अपने प्रकार्यों को किसी ऊर्ध्वाधर क्रम में प्रस्तुत नहीं किया है। ओहमैन के लिए शैली विकल्पात्मक बाह्य संकल्पना है, जबकि हैलीडे

के लिए 'शैली' अन्तर्वस्तु वाले विचारात्मक प्रकार्य, बाह्य संरचना वाले पाठात्मक प्रकार्य और अंतर-वैयक्तिक प्रकार्य–तीनों में ही निहित है। हैलीडे के दृष्टिकोण में सभी प्रकार के भाषिक चयन अर्थवान हैं और सभी भाषिक चयन शैलीपरक हैं। उसकी अनेकवादिता को एकात्मवादिता का अत्यधिक परिष्कृत संस्करण माना जा सकता है।

रोमन याकोब्सन के लिए भाषिक प्रकार्य का सीधा संबंध भाषा के सम्प्रेषण-व्यापार से लेकर विभाजन-व्यापार तक से बैठता है। ध्यान दें, तो किसी भी भाषिक सम्प्रेषण-व्यापार के मूल में कुछ संघटक तत्व सक्रिय होते हैं। ये क्रमशः 1. वक्ता, 2. श्रोता, 3. सन्दर्भ, 4. सन्देश, 5. सम्पर्क और 6. कूट हैं।

सन्दर्भ

सन्देश

वक्ता------------------श्रोता

सम्पर्क

कूट

इनमें प्रत्येक संघटक तत्व एक-न-एक भाषिक प्रकार्य का निर्धारण करता है। यद्यपि इससे भाषा के छह मूलभूत प्रकार्य हमारे सामने अस्तित्ववान् होते हैं, परंतु यहाँ ऐसा कोई प्रतिबंध नहीं है कि किसी एक विशेष भाषिक सम्प्रेषण में किसी एक प्रकार का प्रकार्य ही सामने आए। वास्तव में प्रकार्यों की इस विभिन्नता का अस्तित्व इनमें से किसी एक या कुछ भाषिक प्रकार्यों के एकाधिपत्य के कारण नहीं है, बल्कि प्रकार्यों की संश्लिष्ट प्रकृति के कारण है। पर इतना अवश्य है कि भाषिक सन्देश की संरचना प्राथमिक तौर पर उसके प्रमुख प्रकार्य पर ही आधारित होती है। भाषा के इन छह मूलभूत प्रकार्यों को निम्नांकित आरेख से स्पष्ट किया जा सकता है :

अभिधेयात्मक

भावात्मक------काव्यात्मक---------क्रियावृत्तिक

सम्पर्कद्योतक

अधिभाषात्मक

जब सन्दर्भ (Context) के प्रति भाषिक प्रवृत्ति निवेदित होती है तब संदर्भात्मक-अभिधेयात्मक या संज्ञानात्मक भाषिक प्रकार्य उपस्थित होता है। वस्तुतः यह अगणित सन्देशों वाला एक प्रमुख भाषिक व्यापार है। पर इसमें दूसरे प्रकार्यों की भी सहायक प्रतिभागिता संभव है। सारे सूचनात्मक भाषिक व्यापार इस प्रकार्य के अन्तर्गत आते हैं। जैसे-

"खलक खुदा का, मुलुक बादशा का

हुकुम शहर कोतवाल का...

हर खासो आम को आगाह किया जाता है

कि खबरदार रहे; क्योंकि

एक बहत्तर बरस का बूढ़ा आदमी

अपनी काँपती कमजोर आवाज में

सड़कों पर सच बोलता हुआ निकल पड़ा है।''

इस काव्यांश के दूसरे वाक्य में अभिधेयात्मक प्रकार्य क्रियाशील है, पर पहले वाक्य में क्रियावृत्तिक प्रकार्य भी सक्रिय है। इस प्रकार यहाँ दूसरे प्रकार्य की सहायक प्रतिभागिता विद्यमान है।

जब भाषिक व्यापार वक्ता के प्रति केन्द्रित होते हैं, तब भावोत्तेजक अभिवृत्ति के कारण भावात्मक या अभिव्यंजनात्मक भाषिक प्रकार्य उपस्थित होता है। इसमें वक्तव्य के प्रति वक्ता की अभिवृत्ति का सीधा अभिव्यंजन होता है। यह प्रकार्य निश्चित सम्वेगों का प्रभाव प्रस्तुत करने की ओर अभिमुख होता है, भले ही वह सम्वेग सत्य या कल्पित हो। ऐसी प्रकार्यशील भाषा में विस्मयादिबोधकों के प्रयोग के द्वारा विशुद्ध भावोत्तेजना का स्तर सामने आता है। ऐसे में अभिधेयात्मक/संज्ञानात्मक प्रकार्य वाली भाषा से, उसकी ध्वनि-संरचना और उसकी वाक्य-संरचना से इसकी ध्वनि-आनुक्रमिकता सर्वथा विशिष्ट, असामान्य और अलग किस्म की होती है। साथ ही यह भाषा अपनी घटकीयता में वाक्य की रचना करने की जगह स्वतः वाक्यों के समतुल्य स्थान बना लेती है। यथा : 'आह', 'ऊफ्', 'ओह', 'शाबाश'। इनका प्रयोग करते हुए इन्हें वाक्य में विन्यस्त करना अपेक्षित नहीं होता। यदि ये वाक्य में विन्यस्त होते हैं, तो भी ये स्वतः अपनी अभिव्यक्ति में वाक्य के समतुल्य होते हैं। जैसे :

'विरह, अहह! कराहते उस शब्द से।'

अथवा

'आह! वह मुख पश्चिम के व्योम-

बीच जब घिरते हों घनश्याम!'

पर भाषा के इस अभिव्यंजनात्मक प्रकार्य का भी यदि सूचना की दृष्टि से विश्लेषण किया जाए तो, यहाँ दुःख, विषाद, आह्लाद, आश्चर्य-जैसी कोई-न-कोई सूचना प्रकट रूप से प्राप्त होती दीखती है।

जब भाषिक प्रकार्य की अभिमुखता श्रोता की ओर होती है तब क्रियावृत्तिक (Conative) प्रकार्य उपस्थित होता है। इसकी शुद्ध व्याकरणिक अभिव्यक्ति

सम्बोधन-परकता में या आदेश, आग्रह जैसी अवश्य-करणीयता में होती है। यथा : 'आगे बढ़ो, सामने कोई आल्स नहीं है।' यह अवश्य-करणीयता रूपरचनात्मक, वाक्य-रचनात्मक कोटियों में और कभी-कभी स्वनिमात्मक कोटि तक में दूसरी नामिक और क्रियात्मक कोटियों से अन्तरण (shift) करती पायी जाती है। वास्तव में इस भाषिक प्रकार्य के वाक्यों की प्रकृति मूलभूत रूप में प्रख्यापनात्मक वाक्यों (Declarative Sentence) से भिन्न होती है। अवश्यकरणीय (आग्रह-अनुरोध और आदेश) वाक्यों की सत्यता को कभी चुनौती नहीं दी जा सकती है कि वे सत्य हैं या मिथ्या, सही हैं या गलत, पर प्रख्यापनात्मक वाक्यों के विषय में ऐसे प्रश्न किये जा सकते हैं।

भाषा का एक प्रकार्य सम्पर्क बनाये रखने का भी होता है, जिसे सम्पर्क-द्योतक (Phatic) प्रकार्य कहते हैं। इसमें सम्पर्क स्थापित करने, उसे बनाये रखने, उसे विच्छिन्न करने, बातचीत को चलाने वाली सरणि को जाँचने-पड़तालने, संभाषी के ध्यान को खींचने या उसके द्वारा लगातार ध्यान दिए जाने की स्थिति को सम्पुष्ट करने के प्रकार्य चलते रहते हैं। दैनिक जीवन में दूरभाष पर बातचीत करने के आरम्भ में 'हैलो' कहना, बीच-बीच में 'हाँ-जी', 'हाँ जी' कहते चलना, आमने-सामने की बातचीत में भी 'हाँ जी', 'जी हाँ, 'अच्छा', 'जी सर', 'यस सर' आदि कहते रहना, परस्पर अभिवादन का विनिमय करना, अध्यापक का पढ़ाते हुए बीच-बीच में विद्यार्थी से यह पूछना कि 'क्या तुम मुझे या विषय को समझ रहे हो?' (Do you follow me) या 'समझे' जैसे अनेक भाषिक व्यापार इस सम्पर्क-द्योतक प्रकार्य के अन्तर्गत आ जाते हैं। इस प्रकार्य के अन्तर्गत सम्पर्क को आरंभ करने और जारी रखने की विशेषता ठीक पक्षियों की भाषा की तरह होती है। वास्तव में मानवीय भाषा का, यह अकेला प्रकार्य है, जिसे उसके अतिरिक्त पक्षी भी साँझ करते हैं। यही नहीं, शिशुओं के द्वारा अर्जित किए जाने वाला पहला भाषिक प्रकार्य भी यही है, जिसकी ओर वे सही रूप में पूरी भाषा सीखने के पहले ही प्रवृत्त हो जाते हैं।

आधुनिक तर्कशास्त्र भाषा के दो स्तरों में अन्तर स्पष्ट करता है। ये दोनों स्तर क्रमशः 'वस्तुभाषा' और 'अधिभाषा' के स्तर हैं। 'वस्तुभाषा' जहाँ वस्तु के विषय में बताती है, वहाँ 'अधिभाषा' स्वतः भाषा को ही कथ्य बनाती हुई उसके विषय में बताती है। दूसरे शब्दों में अधिभाषात्मक प्रकार्य में भाषा या तो एक ऐसी संकेत-व्यवस्था के रूप में सक्रिय होती है जहाँ वस्तु के रूप में दूसरी संकेत-व्यवस्था पर चर्चा की जाती है अथवा वह एक ऐसी उच्चस्तरीय भाषा के रूप में क्रियाशील होती है जहाँ दूसरी भाषा या उसी भाषा के अन्य घटक-तत्त्व उसका कथ्य या विवेच्य बनते हैं। यहाँ यह ध्यान देने योग्य है कि इसका प्रयोग-क्षेत्र केवल तर्कशास्त्रियों, गणितज्ञों और भाषाविदों तक सीमित नहीं है, बल्कि यह दैनिक उपयोग की भाषा में भी अपनी महत्वपूर्ण भूमिका अदा करता है। किसी का गलत उच्चारण ठीक करना—उदाहरण के लिए, हिंदी में उसे

'धूमिल' कहते हैं, 'तूमल' नहीं', या किसी को किसी शब्द का अर्थ बताना–'प्रयोग' का एक अर्थ 'घोड़ा' भी होता है, 'सोफोमोर' (Sophomore) का अर्थ होता है 'सेकिंड इयर का विद्यार्थी', किसी कविता का निर्वचन, अर्थायन या उसकी व्याख्या करना, भाषा का अध्यापन करना या प्रशिक्षण देना, बच्चों का भाषाज्ञान प्राप्त करना चाहे वह मातृभाषा हो या द्वितीय भाषा-अधिगम, ऐसे सारे व्यापार भी अधिभाषात्मक प्रकार्य के ही अन्तर्गत आते हैं। गणितज्ञों और वैज्ञानिकों ने तो अवधारणाओं को अधिक सरल रूप में ज्ञापित करने के लिए प्रतीकों की अपनी विशेष पद्धति विकसित की ही है। यहाँ तक कि भाषाविदों ने भी भाषिक तत्वों की व्याख्या के संदर्भ में अपनी विशिष्ट शब्दावली निश्चित कर रखी है। भाषा के ये सारे व्यापार अधिभाषात्मक प्रकार्य के ही अन्तर्गत आते हैं। प्रस्तुत संदर्भ में ध्यान देने योग्य तथ्य यह भी है कि यह एक ऐसा भाषिक प्रकार्य है, जो मानवेतर जीवों की, पशुओं आदि की भाषा से मनुष्य की भाषा को अलग करता है, क्योंकि मानवेतर जीवों की भाषा में किसी भी रूप में अधिभाषात्मक प्रकार्य संभव नहीं होता।

भाषा का छठा और अंतिम प्रकार्य काव्यात्मक प्रकार्य है। भाषा के अन्य प्रकार्यों की तुलना में यह विशिष्ट भूमिका निभाने वाला प्रकार्य है। जब भाषा की प्रवृत्ति सन्देश (Message) की ओर होती है और इसका केन्द्रण भी सन्देश पर ही होता है, साथ ही यह केन्द्रण सन्देश-मात्र के लिए होता है तब भाषा का काव्यात्मक प्रकार्य उपस्थित होता है। इस प्रकार्य को शाब्दिक कला का एकमात्र प्रकार्य तो नहीं माना जा सकता है, किंतु इसे उसके सर्वाधिक प्रमुख प्रकार्य के रूप में व्यवच्छेदक और निर्धारक प्रकार्य के रूप में मान्यता प्राप्त है। यद्यपि सर्जनात्मक साहित्य के अतिरिक्त अन्य भाषिक गतिविधियों में भी यानी साहित्येतर भाषा-व्यापार में भी इसकी उपस्थिति देखी जा सकती है, पर वहाँ इसकी गतिशीलता सहायक प्रकार्यमात्र की होती है। याकोब्सन के अनुसार, "भाषा का काव्यात्मक प्रकार्य कविता में अन्य प्रकार्यों के ऊपर अधिरोपित रूप में प्रमुखता प्राप्त करता है, जबकि कविता से बाहर इस प्रकार्य के ऊपर भाषा के दूसरे प्रकार्य अधिरोपित हो उठते हैं।" भाषा के इस प्रकार्य से संकेतों की सुस्पष्टता और गहनता सामने आती है। पर यहाँ यह प्रश्न उठता है कि इस काव्यात्मक प्रकार्य का प्रयोगाश्रित, भाषिक मापदंड क्या है? किसी काव्यांश के अपरिहार्य अन्तर्भूत अभिलक्षण क्या हैं? ऐसे प्रश्नों के उत्तर 'चयन-संयोजन' की प्रक्रिया से प्राप्त हो पाते हैं। वास्तव में भाषा के काव्यात्मक प्रकार्य में 'चयन-संयोजन' की यह प्रक्रिया तटस्थ या सामान्य प्रकृति की नहीं होकर सदैव विशिष्ट होती है। इनमें 'चयन' विकल्पक्रमी अक्ष (Paradigmatic Axis) पर क्रियाशील होता है, जबकि 'संयोजन' विन्यासक्रमी अक्ष (Syntagmatic Axis) पर। अतः 'चयन' प्रायः समतुल्यता, समानता, असमानता, पर्यायमूलकता, विपरीतार्थता आदि पर आधारित होता है और 'संयोजन' अनुक्रम की रचना करते हुए

सामीप्य, सान्निध्य (Contiguity) के आधार पर प्रस्तुत होता है। याकोब्सन के अनुसार यह काव्यात्मक प्रकार्य समतुल्यता के सिद्धांत को चयन के अक्ष से संयोजन के अक्ष तक परियोजित करता चलता है। इस प्रकार काव्यभाषा में अन्य भाषिक प्रकार्यों के बीच यह भाषिक प्रकार्य अधिरोपित रूप में सामने आता है। यद्यपि कविता में ही उसके प्रभेदों की दृष्टि से महाकाव्य की भाषा में अन्य पुरुष पर केन्द्रण रहने के कारण भाषा का अभिधेयात्मक या संज्ञानात्मक प्रकार्य सक्रिय होता है, प्रगीतों में उत्तमपुरुष के प्रति केन्द्रण रहने के कारण अभिव्यंजनात्मक प्रकार्य गतिशील रहता है, 'मैं' -'तुम' शैली वाली कविताओं में क्रियावृत्तिक प्रकार्य देखने को मिलता है, तथापि काव्यभाषा में मर्मग्राही सम्वेदन को उजागर करने तथा केन्द्रीय कथ्य-सौन्दर्य को उन्मीलित करने की दृष्टि से भाषा के काव्यात्मक प्रकार्य की ही अधिमानता और सक्रियता विद्यमान रहती है। वस्तुतः विशिष्ट होने के कारण यह प्रकार्य काव्यभाषा में अग्रप्रस्तुत (Foregrounded) होकर सामने आता है। हाँ, यह संभव है कि काव्यभाषिक प्रकार्य में होने वाली 'संयोजन' प्रक्रिया में समतुल्यों का जो आनुक्रमिक नियोजन होता है, उसको देखते हुए भ्रांतिवश यह आरोप किया जाए कि काव्यभाषिक प्रकार्य की तरह अधिभाषात्मक प्रकार्य में भी समतुल्य एककों का आनुक्रमिक प्रयोग होता है। ऐसी स्थिति तब उत्पन्न होती है जब वह समीकरणात्मक वाक्य में पर्यायमूलक अभिव्यक्तियों को संयोजित कर रहा होता है। यथा–'नारी नर का स्त्रीवाची रूप है'। पर यहाँ यह तथ्य स्पष्ट रूप में समझने की आवश्यकता है कि भाषा के काव्यात्मक और अधिभाषिक ये दोनों ही प्रकार्य इस बिंदु पर एक दूसरे की व्यासीय विरोधिता में उपस्थित होते हैं। अधिभाषिक प्रकार्य में अनुक्रम समीकरण के रचाव के लिए व्यवहृत होता है, जबकि काव्यभाषिक प्रकार्य में समीकरण अनुक्रम के रचाव के लिए व्यवहृत होता है।

एकात्मवादी यदि 'अर्थ' को 'रूप' सें अभिन्न मान लेते हैं, तो भाषा-विषयक विमर्श करने की स्थिति में नहीं रह पाते हैं। वहाँ उन विशिष्ट शब्दों को दुहराने के सिवा, जिनमें अर्थ अभिव्यक्त हुए हैं, 'अर्थ' पर अलग से विचार नहीं किया जा सकता और उसी तरह 'रूप' पक्ष पर भी सिवा यह कहने के कि यह पूरी समीचीनता के साथ अपने अर्थ-पक्ष को अभिव्यक्त करता है, विचार नहीं किया जा सकता है। किंतु 'अनेकवादी' बेहतर स्थिति में हैं। वे यह निर्दिष्ट कर सकते हैं कि वहाँ किस तरह भाषा के विभिन्न चयन परस्पर एक दूसरे से संबंधित हैं जहाँ प्रकार्यात्मक चयनों का नाभिकेन्द्र क्रियाशील है। इससे यह सिद्ध होता है कि अनेकवादियों के पास भाषा का सिद्धांत उपलब्ध है जबकि एकात्मवादी के यहाँ इसका अभाव है।

1.5.1.2 वर्गपरक परिभाषांकन

इसके अन्तर्गत अशोक राव केलकर द्वारा निर्दिष्ट तीन भिन्न-भिन्न आलोचक वर्ग 1.5.1.2.1 आलोचनात्मक रूपवादी, 1.5.1.2.2 आलोचनात्मक जैववादी और 1.5.1.2.3

आलोचनात्मक द्विध्रुवतावादी द्वारा 'शैली' की, की गयी परिभाषा विचारणीय है।[1]

1.5.1.2.1 आलोचनात्मक रूपवादी की शैली – परिभाषा

इस आलोचक-वर्ग की दृष्टि में शैली उन भाषिक विशेषताओं का आकृतीकरण है, जो कविता को एक विलक्षण आत्म-पर्याप्त रूप प्रदान करता है। यह शैली गृहीता को सुग्राही बनाती है और मौलिकता को समर्थित करती है।

1.5.1.2.2 आलोचनात्मक जैववादी की शैली – परिभाषा

इस वर्ग की दृष्टि में शैली उन भाषिक भंगिमाओं का आकृतीकरण है, जो कविता को एक जीवंत, स्पंदित रूप प्रदान करता है तथा गृहीता को अधिक परिपक्व बनाता है।

1.5.1.2.3 आलोचनात्मक द्वि – ध्रुवतावादी की शैली – परिभाषा

इस वर्ग की दृष्टि में शैली उन भाषिक विशेषताओं और भंगिमाओं का आकृतीकरण है, जो कविता के भाषिक माध्यम और प्रायोगिक अन्तर्वस्तु—दोनों को एकीकृत रूप में विलयित कर देता है।

1.5.2 अवधारणात्मक परिभाषांकन

'शैली' को अवधारणात्मक रूप में एकाधिक रूपों में परिभाषित किया गया है। इनमें 'शैली चयन है', 'शैली वितरण है', 'शैली चयन-संयोजन है', 'शैली विचलन है', 'शैली कथ्य और रूप दोनों ही है', 'शैली वाक्यातीत होती है', 'शैली जींस है', 'शैली भाषिक प्रयोग की समग्रता है', 'शैली कृति की समग्र संरचना है', 'शैली भाषावैविध्य है', 'शैली साम्प्रेषणिक व्यवहार का पहलू है', 'शैली समंजसता है', 'शैली भाषा की संदर्भबद्ध विविधता और मानक तथा पाठ के बीच विभिन्नताओं का समुच्चय है', 'शैली समाजभाषा का विशेष प्रकार है', 'शैली कविता में नियोजित कौशलों की अन्विति है' और 'शैली अर्थ है' आदि परिभाषाएं प्रमुख रूप में विचारणीय हैं।

1.5.2.1 शैली चयन है

'शैली' को 'चयन' के बतौर परिभाषित करने का प्रयास अनेक शैलीविदों ने किया है। 'चयन' के भी अनेक प्रकार हैं। 'चयन' को केन्द्र में रखकर 'शैली' की, की गयी परिभाषाएं निम्नलिखित हैं।

जेम्स स्लेड : एक कथ्य को कहने की कई प्रणालियां होती हैं। स्पष्ट है कि भाषिक 'शैली' भाषिक चयन का ही पर्याय सिद्ध होती है।[2]

एच0 ए0 ग्लीयसन : 'शैली' अपने लंबे फैलाव में (इन) चयनों की व्यवस्था

---

1. अशोक राव केलकर, 'स्टाइल ऐंड टेकनीक', स्टायलिस्टिक्स ऐंड टेक्स्ट स्टायलिस्टिक्स, सम्पा0 सुरेश कुमार (नयी दिल्ली : बाहरी पब्लिकेशंस प्राइवेट लि0, 1987), पृष्ठ 6-7
2. जेम्स स्लेड, ए शॉर्ट इण्ट्रोडक्शन ॲव इंग्लिश ग्रामर (शिकागो, 1959), पृष्ठ 261

ही है[1]।

चार्ल्स इ0 आस्गुड : 'शैली' का विद्यार्थी चयन की सांख्यिकीय गुणवत्ता में अभिरुचि रखता है, जहाँ चयन में एक अनुपात तक मुक्तता होती है[2]।

ब्रूनो : अभिव्यंजनात्मकता के सम्पूर्ण सिद्धांत का धुराग्र केन्द्रबिन्दु चयन की अवधारणा में ही निहित है। तब तक शैली का कोई प्रश्न ही नहीं उठता जब तक कि वक्ता या लेखक की अभिव्यंजना के विकल्पात्मक रूपों के बीच चयन करने की संभावना न हो। यह पर्याय ही है, जो अपने पद की व्यापकता में, शैली की सम्पूर्ण समस्या के मूल में उपस्थित होता है[3]।

आर्किबाल्ड ए0 हिल : यह संभव है कि शैली के कुलयोग को इस रूप में उपस्थित किया जाए कि यह समतुल्य एककों के बीच का वह चयन है, जिसे भाषा प्रत्येक भाषिक स्थिति में प्रयोक्ता को मुहैया करती है[4]।

डब्ल्यू0 विंटर : 'शैली' को भाषा के अनुकूलतम अभिलक्षणों की तालिका से आवर्तक चयन-पद्धति के जरिए विशेषीकृत किया जाता है[5]।

रिचर्ड्स ओहमैन : 'शैली' बौद्धिक रूप में परिधीय अलंकरण होने की अपेक्षा तात्विक चयन (इपेस्टेमिक च्वाइस) ही है और शैली का यह अध्ययन रचनाकार की सर्वाधिक स्थायी तात्विक अवस्थिति की समझ के लिए अन्तर्बुद्धि को नेतृत्व प्रदान करता है[6]।

जे0 मारुजे : 'शैली' संभावनाओं का संग्रह है, यह प्रयोक्ताओं की प्रकृति पर निर्भर वह सामान्य खजाना है, जो भाषिक नियमों के द्वारा प्रदत्त सीमाओं के भीतर चयन को निरूपित करता हुआ अपनी अभिव्यक्ति-आवश्यकता के अनुरूप इसका प्रयोग करता है[7]।

जेरेमी बारवर्ग : उत्तम 'शैली' सम्प्रेष्य अनुभव के लिए उन शब्द-संख्याओं के बीच से समीचीन प्रतीकन के चयन-व्यापार में निहित होती है, जिनकी अर्थवत्ता का क्षेत्र मोटे तौर पर, केवल मोटे तौर पर एकवत् होता है[1]।

---

1. एच0ए0 ग्लीयसन, ऐन इण्ट्रोडक्शन टु डिस्क्रिप्टिव लिंग्विस्टिक्स (न्यूयार्क, 1955)
2. चार्ल्स इ0 ऑस्गुड, 'सम इफेक्ट्स ऑव मोटिवेशन ऑन स्टाइल ऑव इनकोडिंग', स्टाइल इन लैंग्वेज , सम्पा0 टी0ए0 सिबियोक, (न्यूयार्क, 1960), पृष्ठ 293
3. उद्धृत : स्टीफेन उलमान, स्टाइल इन फ्रेंच नॉवेल (कैम्ब्रिज, 1959), पृष्ठ 6
4. आर्किबाल्ड ए0 हिल, इण्ट्रोडक्शन टु लिंग्विस्टिक स्ट्रक्चर्ज (न्यूयार्क, 1958), पृष्ठ 406-407
5. डब्ल्यू0 विंटर, 'स्टाइल एज डायलेक्ट्स', प्रिप्रिंट्स ऑव पेपर्ज फॉर द नाइन्थ इण्टरनेशनल कांग्रेस ऑव लिंग्विस्ट्स (कैम्ब्रिज, 1962), पृष्ठ 214
6. रिचर्ड्स ओहमैन, शा : द स्टाइल ऐण्ड द मैन (मिडिल्टन, 1962), पृष्ठ 11-13
7. जे0 मारुजे, प्रेसीज द स्तलिस्तीक फ्रेंचाइज (पेरिस, 1946), पृष्ठ 10

चार्ल्स डब्ल्यू0 हॉकेट : मोटे तौर पर एक भाषा में अभिव्यक्त ऐसे दो भिन्न उद्गार जो प्रायः एक ही सूचन-व्यापार को निर्दिष्ट करते हैं, लेकिन जो अपनी भाषिक संरचना में भिन्न होते हैं अपनी 'शैली' में भी भिन्न कहे जा सकते हैं[2]।

रोजर फाउलर : 'शैली' भाषा की संरचना में चरों (वैरिएवुल्ज) के परिचालन अथवा वैकल्पिक या अन्तर्हित अभिलक्षणों के चयन में निहित होती है[3]।

जे0 डब्ल्यू0 टर्नर : चयन का तत्व 'शैली' की सभी अवधारणाओं का बुनियादी तत्व प्रतीत होता है[4]।

रिचर्ड गुंटर : 'शैली' वह विशिष्टता है, जो रचनाकार के चयन से उभरती है। ये चयन इस अर्थ में विशिष्ट होते हैं कि जो सामान्य और प्रत्याशित होता है उससे ये कुछ भिन्न होते हैं और उससे प्रस्थान करने वाले होते हैं[5]।

गुंटर इसे और स्पष्ट करते हुए कहते हैं कि शैली चयन से उत्पन्न होती है। एक रचनाकार के पास चुनने के लिए बहुत कुछ होता है। वह कथ्य और कहने की रीति—दोनों के बृहत्तर भांडार में अपनी इच्छा के अनुरूप डुबकी लगाकर कथ्य और अभिव्यक्ति-रूप—दोनों को चुनने के लिए स्वतंत्र होता है। एक रचनाकार इस या उस—विषय को चुन सकता है। इस या उस पदबंध को चुन सकता है। इस या उस अंतरपाठीय संदर्भ या इस या उस प्रतीक अथवा इस या उस रूपक को चुन सकता है। उसकी शैली मूलतः इन्हीं चयनों से उभरती है। यह चयन बिल्कुल बेतरतीब नहीं होता है, बल्कि एक ढांचे का परिणाम होता है। रचनाकार के पास या तो अपने विषय के औचित्य का एक मानक होता है, जिसे वह प्रत्येक सन्दर्भ में उपस्थित करना चाहता है अथवा उसके पास कुछ पसंदीदे विषय होते हैं और इसी प्रकार उसकी अभिव्यक्ति के भी कुछ अपने पसंदीदे रूप होते हैं।

'शैली' को जब किसी युग या रचनाकार के लेखन में उपस्थित विशिष्टता का अभिज्ञेय साँचा कहा जाता है, तब भी उसके मूल में चयन ही क्रियाशील रहता है। ये चयन शैलिकीय प्रभाव से युक्त होते हैं। चयन का उद्देश्य और इसकी अस्मिता का प्राथमिक कारण रचनाकार के अन्य चयनों के साथ इसका सुमेलित होना है। इस प्रकार

---

1. जेरेमी बारवर्ग, सम आस्पेक्ट्स ऑव स्टाइल, द टीचिंग ऑव इंग्लिश, सम्पा0 डोल्फ वर्क और ए0एम0 स्मिथ (लंडन : 1952), पृष्ठ 50
2. चार्ल्स डब्ल्यू हॉकेट, ए कोर्स इन मॉडर्न लिंग्विस्टिक्स (न्यूयार्क, 1958), पृष्ठ 536
3. रोजर फाउलर, 'लिंग्विस्टिक थिअरी ऐंड द स्टडी ऑव लिटरेचर', एसेज ऑव स्टाइल ऐंड लैंग्वेज, सम्पा0 रोजर फाउलर, (लंडन : 1966, पुनर्मुद्रण 1979), पृष्ठ 15
4. जे0डब्ल्यू0 टर्नर, स्टायलिस्टिक्स (पेंगुइन बुक्स, इंगलैंड, 1973), पृष्ठ 21
5. रिचर्ड गुंटर, 'स्ट्रक्चर ऐंड स्टाइल इन पोयम्ज' शीर्षक पुनर्मुद्रण, (लेखक को सीधे गुंटर द्वारा प्राप्त), पृष्ठ 95

रचनाकार प्रतिक्षण चयन कर रहा होता है, भले ही यह अचेतन स्तर पर ही सम्पन्न हो रहा हो । पर यही वह निर्बाध चयन है, जो शैली को जन्म प्रदान करता है।

लिओ हिक्की : शैली भाषिक अभिलक्षणों के चयन का परिणाम है। ऐसा चयन, जो भाषा-विशेष द्वारा प्रस्तुत और सुलभ संभावनाओं की श्रेणी के बीच से किया गया हो और जो वक्ता या लेखक की चेतनतया या स्वेच्छया की जाने वाली अभिव्यक्ति का प्रत्यक्ष, तात्कालिक और अपवर्जक प्रकार्य न हो। कुछ विचारकों की मान्यता है कि यदि किसी विशेष चयन को शैलिकीय रूप में रेखांकित करना हो तो उसके लिए दूसरी और शर्तों के भी अनुपालित होने की अपेक्षा होगी। उदाहरण के लिए यह मान लिया गया है कि एकमात्र चयन कभी शैली को संघटित नहीं करता है, बल्कि इसके लिए चयन को अनिवार्यतः आवर्तित होने की, व्यवस्थित होने की अथवा अध्येय पाठ के संदर्भ में विशिष्ट होने की अपेक्षा होती है[1]।

रेल्फ सैंडेल : 'शैली' भाषा के अर्थेतर चयनीकरण का विशेष कौशल है[2]।

वर्नर विंटर : 'शैली' प्रायः भाषा के वैकल्पिक अभिलक्षणों की सूची से किये जाने वाले आवर्ती चयन के साँचे से उभरती है[3]।

विंटर के अनुसार इस चयन के प्रायः अनेक प्रकार देखने को मिलते हैं। कभी किसी वैकल्पिक तत्व का पूर्ण निष्कासन प्राप्त होता है, तो कभी, वैकल्पिक अभिलक्षण का अनिवार्य समावेश उपस्थित होता दीखता है। यहाँ प्रतिस्पर्धी अभिलक्षणों का बिना पूर्ण विलोपन किये विशिष्ट परिवर्तन के समावेशन का अनुपात भी घटता-बढ़ता रहता है।

1.5.2.1.1 चयन के प्रकार

'शैली' को 'चयन' के रूप में परिभाषित करने वाले शैलीविदों ने एकाधिक आधारों पर चयन के प्रकारों का विवेचन किया है। इन्हें क्रमशः प्राथमिक, द्वितीयक और तृतीयक आधार के रूप में मीमांसित किया जा सकता है।

1.5.2.1.1.1 चयन के प्रकार-निर्देश का प्राथमिक आधार

शैलीविदों के अनुरूप यह चयन के प्रकार-निर्देश का सामान्य आधार है। इसीलिए इसे प्राथमिक आधार कहा जाता है। इस आधार पर चयन को तीन प्रकारों में वर्गीकृत किया जाता है : तथ्यात्मक चयन, व्याकरणिक चयन और शैलीपरक चयन।

---

1. लिओ हिक्की, प्रैग्मेटिक्स ऑव स्टाइल (लंडन : रूटलेज, 1989), पृष्ठ 4
2. रेल्फ सैंडेल, लिंग्विस्टिक स्टाइल ऐंड पर्सुएशन (लंडन ऐंड न्यूयार्क : एकेडेमिक प्रेस, 1971), पृष्ठ 6
3. वर्नर विंटर, 'स्टाइल ऐज डायलेक्ट्स', प्रोसीडिंग्ज ऑव द नाइन्थ इंटरनेशनल कांग्रेस ऑव लिंग्विस्ट्स (द हेग : मूतन, 1964), पृष्ठ 324

1.5.2.1.1.1.1 तथ्यात्मक चयन (प्रैग्मेटिक च्वाइस)

यहाँ चयन एक भाषिक उद्‌गार की जगह दूसरे भाषिक उद्‌गार को विकल्प रूप में उसके तथ्यपरक मूल्य के कारण प्रस्तुत करता है। जब एक व्यक्ति 'हिमपात हो रहा है' की जगह 'वृष्टिपात हो रहा है' जैसे उद्‌गार व्यक्त करता है, तब वह या तो गलत को छोड़कर सही तथ्य का चयन करता होता है अथवा सोद्देश्य रूप में किसी और प्रयोजनवश इस विशिष्ट तथ्य को अभिव्यक्त करता होता है। यहाँ यह भी द्रष्टव्य है कि भाषिक अभिलक्षण तथ्यिकीय अवयवों के अनुरूप चुने जाते हैं, जिसके अंतर्गत सन्देश और स्थिति के बीच के संबंध के प्रति वक्ता या श्रोता का प्रत्यक्षीकरण आता है और अपने व्यापक अर्थ में जहाँ भाषा-व्यवहार एक भाग-मात्र को गढ़ने की ओर अभिमुख होता है। यहाँ भौतिक विन्यास, वक्ता की भूमिका, उद्देश्य या संलक्ष्य, व्यवहृत माध्यम (मूलतः लिखित या वाचिक), संभाषियों के बीच वैयक्तिक और सामाजिक संबंध, औपचारिकता का अनुपात आदि की प्रासंगिकता होती है[1]।

1.5.2.1.1.1.2 व्याकरणिक चयन : (ग्रैमेटिकल च्वाइस)

व्याकरणिक चयन में किसी भाषा की सुव्यवस्था का अनुपालन-मात्र होता है। हिंदी में 'मैं जाता हूँ' के चयन और 'मैं जाता है' के निषेध में इस प्रकार का चयन स्वरूपित होता है। यहाँ इस चयन का मूल उद्देश्य हिंदी भाषा की सुव्यवस्थित पद्धति की समनुरूपता को सुरक्षित रखना है। व्याकरणिक चयन व्याकरणिक कोटियों के सभी स्तरों पर प्राप्त होता है।

1.5.2.1.1.1.3 शैलीपरक चयन (स्टायलिस्टिक च्वाइस)

यह चयन ऊपर निर्दिष्ट दोनों ही प्रकार के चयन से भिन्न है। वस्तुतः 'शैली' को चयन-प्रसूत कहने के मूल में भाषाविदों को इसी प्रकार का चयन-कौशल अभीष्ट रहा है। मुख्य रूप में यह विकल्पात्मक चयन होता है। पर इसका एक दूसरा आधार सह-संबंधों की दृष्टि से भी प्रस्तावित किया जाता है। इसके अनुसार केवल ऐसे चयन, जो सन्दर्भ से सह-संबंधित होते हैं, शैलीपरक सिद्ध होते हैं। पर यहाँ भी ऐसे चयन जो अभिव्यंजित कथ्य और सन्दर्भ–दोनों से संबंधित होते हैं, अन्ततः तथ्यात्मक चयन (प्रैग्मेटिक च्वाइस) के रूप में उपस्थित होने लगते हैं। विभिन्न अभिव्यंजनात्मक वस्तुओं के अभिलक्षण का अर्थ विभिन्न तथ्य या वस्तु ही होता है। इस प्रकार तथ्यात्मक चयन को विभिन्न अर्थों वाले अभिलक्षणों के बीच क्रियाशील मानते हुए शैलीपरक चयन को समानार्थी अभिलक्षणों के बीच विकल्प रूप में रेखांकित करने पर बल दिया जाता है। समानार्थी का आशय है कि

---

1. लिओ हिक्की, प्रैग्मेटिक्स ऑव स्टाइल (लंडन : रूटलेज, 1989), पृष्ठ-4

शैलीगत अभिप्राय के अतिरिक्त वह उद्‌गार अन्य उद्‌गारों वाली सम्पूर्ण अर्थवत्ता को भी व्यक्त करे। इस दृष्टि से शैलीपरक चयन का उदाहरण 'चुप रहो' की जगह 'कृपया शांत रहें' वैकल्पिक प्रयोग के रूप में रेखांकनीय हो सकता है।

1. भाषाविदों के अनुसार अपने वर्तमान उपकरणों को देखते हुए यह कहना कठिन है कि कौन-कौन से रूपात्मक अभिलक्षण शब्द या संरचना सम्यक् रूप में एकवत् वे ही अर्थ देते हैं अथवा कौन-कौन से सह संबंध वैभिन्न्य को तथ्यगत रूप में रेखांकित नहीं कर शैलीपरक रूप में विश्लेषित करने के लिए वस्तु और रूपात्मक अभिलक्षणों के बीच स्थिर होते हैं। अर्थगत विश्लेषण और विवरण की यह कार्य-प्रणाली शैली को रेखांकित करने वाले विश्लेषक को इस प्रकार की निश्चित सूचना देने के सिलसिले में विरल तौर पर ही सही अथवा पर्याप्त संवेदनशील सिद्ध हो पाती है। वस्तुतः अब तक यह अभिसूचना या तो शैलीविज्ञान की ओर से अथवा अर्थ-विज्ञान के संदर्भ में एककों के अध्ययन से प्राप्त होती रही है, बशर्ते इसके कि वह दूसरी दिशा से प्राप्त हो सके।

2. उनके अनुसार दूसरी कठिनाई यह है कि वे व्याकरणिक प्रतिमान, जो ऐकांतिक रूप में किसी पाठ की बहिःस्तलीय संरचना पर ही विचार कर पाते हैं गहनस्तलीय चयन की प्रक्रियाओं को आरेखित कर पाने में पूरी तरह असमर्थ सिद्ध होते हैं। एक भाषाविद् जब तक पाठ को देखता है, तब तक सारी चयनधर्मिता पूरी हो चुकी होती है। अतः एक भाषाविद् के अनुसार चयन अनुमान से परे हो जाता है और इसके विषय में अनुमान करना चरम मानसिकता-मात्र प्रतीत होने लगता है। यहाँ यह ध्यान देने योग्य है कि हमारे पास भाषा का ऐसा प्रतिमान हो, जो हमें चयन की सारी प्रक्रियाओं को सूचीकृत करने के लिए अनुमत कर सके, साथ ही अस्वीकृत विकल्पों की उपेक्षित राहों की तालिका भी तैयार कर सके तभी जाकर चयन-विषयक ऊपरी आपत्ति महत्वहीन हो सकेगी।

1.5.2.1.1.2 चयन के प्रकार-निर्देश का द्वितीयक आधार

इस आधार पर चयन को दो प्रकारों में वर्गीकृत किया जाता है। चयन के ये दोनों ही प्रकार शैली-चयन से घनिष्ठ रूप में संबद्ध हैं : 1. पर्याय-चयन और 2. रूपांतरण-चयन।

1.5.2.1.1.2.1 पर्याय-चयन

पर्याय-चयन का क्षेत्र शब्द-स्तरीय है। कुछ भाषाविद् और आलोचक 'शैली' को प्राथमिक रूप में पर्यायों के चयन से जोड़ कर ही देखते हैं। बारवर्ग के अनुसार शैली अनुभव के उन युक्तियुक्त शाब्दिक प्रतीकों के चयन में निहित है, जिन्हें उन असंख्य शब्दों के बीच चुना जाता है, जिनका अर्थ केवल मोटे तौर पर समान होता है। इस दृष्टि से 'व्योम' की जगह 'नभ' के चयन में शैली निहित हो सकती है। 'निराला' की प्रसिद्ध कविता-पंक्ति 'पिक-स्वर नभ सरसाया' में 'नभ' के प्रयोग में ऐसी समीचीनता है, जो 'व्योम', 'गगन'

आदि में नहीं है। तभी 'न भाति इति नभः'— यह अकेला पर्याय आकाश की शून्यता को, उसके सूनापन को अन्य पर्यायों की तुलना में अधिक अच्छी तरह अभिव्यक्त कर देता है।

1.5.2.1.1.2.2 रूपांतरण-चयन

रूपांतरण-चयन का क्षेत्र वाक्य-स्तरीय है। रचनाकार के पास इसमें एक गहन संरचना को विभिन्न बहिस्तलीय संरचनाओं में अभिव्यक्त करने का विकल्प होता है। रूपांतरक-प्रजनक वैयाकरण इस प्रकार के चयन का विशेष रेखांकन करता है। 'निराला' की 'भिक्षुक' कविता की 'वह आता, दो टूक कलेजे के करता, पछताता पथ पर आता' जैसे वाक्य में रूपांतरण-चयन से शैली उपस्थित हुई है। इसे इस प्रकार भी कहा जा सकता था 'वह पछताता पथ पर आता, दो टूक कलेजे के कर देता'। यहां रूपांतरण के कारण दोनों की शैली में स्पष्ट अंतर परिलक्षित होता है। रूपांतरण-चयन को अन्य अनेक रूपांतरण-प्रकारों के आधार पर स्पष्ट किया जा सकता है।

चयन की विवेच्य अवधारणा को पर्याय और रूपांतरण के क्षेत्र से आगे जाकर और भी बृहत्तर रूप में निर्वचित करने की अपेक्षा है।

1.5.2.1.1.3 चयन के प्रकार –निर्देश का तृतीयक आधार

1.5.2.1.1.3.1 व्यापक तथ्यिकी के रूप में निर्वचित चयन

कुछ विशिष्ट प्रकार के पाठ में प्रोक्ति-क्षेत्रीय सम्प्रेषण-व्यापार का चयन रचनाकार को निरंतर अकर्मक-पदबंध के व्यवहार के लिए विवश कर सकता है, तो कुछ दूसरी तरह की विशिष्ट स्थितियों में युग्मक पदबंध-रचना का प्रयोग या सकर्मक-पदबंधों का प्रयोग आवश्यक प्रतीत हो सकता है। पर युग्मक-पदबंध या अकर्मक-सकर्मक पदबंध का चयन न तो पर्याय-चयन के क्षेत्र में आ सकता है, न ही रूपांतरण की सीमा में। यहाँ रचनाकार विविध सम्प्रेषण-निष्पत्तियों में से किसी एक सम्प्रेषण-निष्पत्ति का चयन करता है, जो कुछ विशिष्ट प्रकार की भाषिक संरचना से बंधी होती है तथा विशिष्ट भाषिक पदबंधों से संयोजित होती है।

1.5.2.1.1.3.2 विशिष्ट पारिभाषिक के रूप में चयन

जब एक ज्यामिति की पुस्तक का लेखक 'वृत्त', 'बिंदु', 'डायमीटर', 'परिधि', 'पेरलेलोग्राम' जैसे शब्दों का प्रयोग करता है तब वह इन शब्दों के प्रयोग के सन्दर्भ में एक अर्थ में कुछ विशिष्ट प्रकार की अवधारणा को परिभाषित करने के लिए चयन द्वारा ही अभिप्रेरित किया जाता है।[1] इस प्रकार पारिभाषिकों के प्रयोग तक में चयन क्रियाशील

दीखता है।

पर 'शैली' के इस परिभाषांकन के आलोचकों के अनुसार 'शैली' को चयन तक सीमित कर देने के कई खतरे भी हैं। ऐसी स्थिति में एक पाठ की शैली से दूसरे पाठ की शैली की तुलनाभर की जा सकती है, जिसमें कमोबेश लगभग वे ही चीजें प्राप्त होती हैं। इस प्रकार न तो विज्ञान या अभियांत्रिकी की पाठ्यपुस्तक की शैली से साहित्यिक शैली के अंतर को रेखांकित किया जा सकता है, न ही सिद्धांततः एक कविता की शैली से दूसरी कविता की शैली की तुलना की जा सकती है। कारण यह कि एक ही कथ्य को लेकर लिखी गयी दो कविताओं को खोजना कठिन है। यद्यपि एक ही विषय पर लिखी गयी अगणित कविताएं प्राप्त हो सकती हैं। पर एक ही कथ्य को या कमोबेश एक ही काव्य-वस्तु को लेकर लिखी गई कविताएँ प्राप्त नहीं हो पाती हैं।

इस प्रकार 'चयन' व्यापक रूप में शब्द-प्रतीकों के पुनर्लेखन और प्रसारण के विविध रूपों में से किसी एक के चयन को, संयोजक-पदबंध के विपरीत सकर्मक पदबंध के चयन को अथवा भाषा के प्रत्याशित अभिलक्षणों से परे विचलित चयन की अवधारणा तक को अभिव्यक्त करने में सक्रियता दिखाता है।

फिर भी 'शैली' को चयन-प्रसूत मानने वाली परिभाषा महत्वपूर्ण है। यह परिभाषा हमारी सहज बुद्धि से मेल खाती है। हम प्रायः यह अनुभव करते हैं कि किस प्रकार किसी एक शब्द की जगह दूसरे विशिष्ट शब्द का चयन किसी वाक्य या प्रोक्ति को निश्चित शैलीपरक बनावट प्रदान करने लग जाता है और जब शैलीपरक प्रभाव के लिए संघर्ष करते हुए हम प्रायः चेतन रूप में शब्दों के कुलक में से 'ले मोत जस्त' की माँग करते हैं तब वे तथ्यगत व्याकरणिक अपेक्षाओं को भी पूर्ण करते दीखते हैं। जहाँ तथ्यगत परिवर्तन या व्याकरणिक अतिक्रमण होता है, वहाँ भी उसकी विशिष्ट साभिप्रायता क्रियाशील होती है।

1.5.2.2 'शैली' वितरण है

'शैली' को वितरण के रूप में परिभाषित करने वाले विद्वान हैरिस और ब्लॉख हैं।

जेलिग हैरिस : वितरण 'शैली' की कुंजी है।[2]

1. डी0 ठाकुर, 'द नेचर ऐंड स्कोप ॲव स्टाइलिस्टिक्स' (आगरा : केन्द्रीय हिंदी संस्थान द्वारा 24-25 नबंवर 1972 को अखिल भारतीय शैली विज्ञान-विषयक आयोजित प्रथम सेमिनार में पठित निबंध का अनुमुद्रण)।

2. जेलिग हैरिस, स्ट्रक्चरल लिंग्विस्टिक्स (शिकागो, 1960), पृष्ठ-10-11

बर्नार्ड ब्लॉख : भाषिक अभिलक्षणों की अन्तर्वर्ती संभाव्यता और प्रायिक (बारम्बारी) वितरणों के द्वारा संवहित संदेश ही 'शैली' है।[1]

1.5.2.3 शैली चयन–संयोजन है

कुछ विचारकों ने 'शैली' को केवल 'चयन' या केवल 'वितरण' मानने की अपेक्षा उसे 'चयन-संयोजन' के रूप में रेखांकित किया है।

जोशुमा–ह्लाटमाउ : 'शैली' विशिष्ट भाषिक इकाइयों का चयन और उसका वैविध्यमूलक संयोजन–विन्यास है।[2]

मिस माइल्स : 'शैली' चयन को अपरिहाय बनाती है, यह कथ्य और अभिव्यक्ति–दोनों ही स्तरों पर सामग्री को चुनती और छाँटती है तथा इसे व्यवस्थित भी करती है।[3]

एल0टी0 मिलिक : एक लेखक की शैली भाषिक साधनों के बीच से किया गया, वह व्यक्तिनिष्ठ चयन है, जो कमोबेश 'व्यक्तित्व' जैसे पद के अन्तर्गत सारभूत वैयक्तिक विभिन्नताओं के संयोजन के द्वारा बलपूर्वक उपस्थित किया जाता है।[4]

रोमन याकोब्सन : याकोब्सन ने 'शैली' को काव्यात्मक प्रकार्य के रूप में उद्घाटित किया है। उसके अंनुसार 'काव्यात्मक प्रकार्य समतुल्यता के सिद्धान्त को चयन के अक्ष से संयोजन के अक्ष तक प्रतिबिम्बित करता है।' (The poetic function projects the principle of equivalence from the axis of selection into the axis of combination.)

क्लीनेथ बुक्स और रॉबर्ट पेन वारेन : 'शैली' का व्यवहार भाषा के चयन और संयोजन व्यापार को ही निर्दिष्ट करने के लिए किया जाता है।

लिखाशेव : कलाकार की 'शैली' उसके द्वारा किए गए यथार्थ के प्रत्यक्ष और

---

1. उद्धृत, लिंग्विस्टिक स्ट्रक्चर ऐंड लिंग्विस्टिक एनालिसिस, रिपोर्ट ऑन द फोर्थ ऐनुअल राउंड टेबल मीटिंग ऑन लिंग्विस्टिक्स ऐंड लैंग्वेज टीचिंग (वाशिंगटन, 1953), पृष्ठ 40
2. लैंग्वेज : ए माडर्न सिंथिसिस (न्यूयार्क, 1956), पृष्ठ 88
3. मिस माइल्स, 'स्टाइल ऐज स्टाइल', लिटॅरी स्टाइल : अ सिम्पोजियम, सम्पा0 सेमूर चैटमैन (लंडन, 1971), पृष्ठ 25
4. एल0टी0 मिलिक, 'अनकांशस आर्डरिंग इन द प्रोज ऑव स्विफ्ट', कम्प्यूटर ऐंड लिटॅरी स्टाइल, सम्पा0 ले लीडर (ओहियो : कॅंट, 1966), पृष्ठ–82

उस कलात्मक पद्धति का संयोजन है, जिसे वह चुनता है।[1]

1.5.2.4 शैली विचलन है

'शैली' को विचलन के रूप में निम्नलिखित विद्वानों ने परिभाषित किया है :

यू0वी0 बोरेव : 'शैली' वह सूचनात्मक और अभिव्यंजनात्मक भाषिक संरचना है, जिसे मानक अथवा निःसंग शैली की अपेक्षा विचलन के द्वारा प्राप्त अथवा निर्धारित किया जाता है।[2]

सी0 ऑस्गुड : 'शैली' को उस संस्थिति के लिए, जिसमें उसे कूटबद्ध किया जाता है, मानक से वैयक्तिक विचलन के रूप में परिभाषित किया जाता है। ये विचलन उन संरचनात्मक अभिलक्षणों की सांख्यिकीय विशेषताओं में होते हैं जिसके लिए व्यक्ति-विशेष के कोड में चयन की कुछ-न-कुछ मात्रा विद्यमान होती है।[3]

एरिक वेलेंडर : ''भाषा-वैज्ञानिक अर्थ में शैली, प्रायः सामान्य भाषिक प्रयोगों के विरुद्ध स्पष्ट तौर पर प्रत्येक विशिष्ट भाषिक प्रयोग को संकेतित करती है।''[4]

लियो स्पित्जर और पी0 गेरो : 'शैली' मानक से विचलन है।[5]

डर्बिशायर : 'शैली' को मानक से विचलन के रूप में परिभाषित किया जा सकता है, बशर्ते यह जाना जाए कि मानक क्या है।[6]

टी0 तोदोरोव : 'शैली' मानक का अतिक्रमण और उल्लंघन है।[7]

एम0 बेनामू : 'शैली' भाषिक परम्परा से होने वाले विचलन से प्रसूत होती है।[8]

---

1. डी0 लिखाशेव, द पोयटिक्स ऑव एशियन-रशॅन लिटॅरेचर (लेनिनग्राद, 1967), पृष्ठ 35
2. यू.वी. बोरेव, 'द नेचर ऑव स्टाइल ऐण्ड स्टायलिस्टिक एनालिसिस', मार्क्सिस्ट लेनिनिस्ट एस्थेटिक्स एण्ड द आर्ट्स, अनुवाद, ए0 रोक्सवर्ग (मस्क्वा, 1980), पृष्ठ 291
3. सी0 आस्गुड, 'सम इफैक्ट ऑव मोटिवेशन ऑव स्टाइल इन एनकोडिंग', स्टाइल इन लैंग्वेज, सम्पा0 टी0ए0 सिबियोक (न्यूयार्क, 1958), पृष्ठ 273
4. एरिक वेलेण्डर, रिक्तिग स्वेंस्का (स्टॉकहालम, 1948), पृष्ठ 18
5. (क) लियो स्पित्जर, स्तिलस्तु दि एन (म्यूनिख, द्वितीय संस्करण, 1961)
   (ख) पी गेरो, ला स्तिसलस्तीक (पेरिस, 1954)
6. ए0ई0 डर्बिशायर, ग्रामर ऑव स्टाइल (लण्डन : आन्द्रे दश, 1971), पृष्ठ 43
7. ज्वेतान तोदोरोव, 'द प्लेस ऑव स्टाइल इन द स्ट्रक्चर ऑव द टेक्स्ट', लिटॅरेरी स्टाइल : अ सिम्पोजियम, सम्पा0 सेमूर चैटमैन (लण्डन : ऑक्सफोर्ड यूनिवर्सिटी प्रेस, 1971), पृष्ठ 30
8. एम0 बेनामू, द फ्रेंच रिव्यू, खण्ड-37, पृष्ठ 158

1.5.2.5 शैली कथ्य और रूप दोनों ही है

'शैली' के कुछ विचारक 'शैली' को 'कथ्य' और 'रूप' दोनों मानते हैं।

वी0 कोवालेव : 'शैली' कथ्य और रूप दोनों ही है।[1]

नोविचेनको : अपने व्यापक अर्थ में साहित्यिक 'शैली' रचनाकार की कृति की विलक्षणता है, जो सामान्य दृष्टिकोण पर आधारित है और कथ्य तथा रूप—दोनों ही के विशिष्ट अभिलक्षणों को उद्घाटित कर देती है।[2]

ई0 एल्सबर्ग : 'शैली' कथ्य और अभिव्यक्ति की अन्विति की वह साकारिता है, जो कृति के कथ्य, कृति की रचना के कारण और कलाकार के दृष्टिकोण तथा लेखन-पद्धति के प्रभाव में कलारूप में सभी तत्त्वों के संश्लेषण, उनके पारस्परिक क्रिया-व्यापार और विकास की प्रक्रिया से जन्म लेती है।[3]

ए शोकोलोव : 'शैली' रूप की एक जटिल पद्धति है, जो लगातार कृति के कथ्य से और क्रियात्मक रचना-विधान से परस्पर प्रभावी रूप में क्रियाशील होती है।[4]

मेयर शेपिरो : 'शैली' सर्वोपरि रूपों की एक ऐसी व्यवस्था है, जो अर्थपूर्ण अभिव्यक्ति और गुणवत्ता से युक्त है।[5]

1.5.2.6 शैली वाक्यातीत होती है

'शैली' को वाक्यातीत रूप में परिभाषित करने वालों में हिल प्रमुख हैं।

आर्किबाल्ड ए0 हिल : संरचनाएँ, पूर्वापरता और पद्धतियाँ, जो एक वाक्य की सीमा से परे फैलती या फैल सकती हैं, 'शैली' कहलाती हैं।[6]

1.5.2.7 शैली जीन्स है

बोरेव ने 'शैली' को जींस के रूप में परिभाषित किया है, 'शैली' न रूप है, न वस्तु

---

1. वी0 कोवालोव, द डाइवर्सिटी ॲव स्टाइल इन सोवियत लिटॅरेचर (मस्क्वा, 1965), पृष्ठ 20
2. नोविचेनको, 'द डाइवर्सिटी ॲव आर्टिस्टिक फॉर्म ऐण्ड स्टाइल इन सोशलिस्ट रियलिस्ट लिटॅरेचर', प्रोब्लेम्ज ॲव सोशलिस्ट रियलिज्म (मस्क्वा, 1961), पृष्ठ 86
3. ई0 एल्सवर्ग, 'इंडीविडुएल स्टाइल एण्ड द प्रोक्सेज दैट एराइज फॉर द लिटॅरेरी हिस्टोरियन ऐण्ड थिअरिस्ट इन देयर स्टडी', स्टाइल : द वर्क एण्ड लिटॅरेरी डेवलेपमेण्ट (मस्क्वा, 1965), पृष्ठ 35
4. ए0 शोकोलोव, द थियरी ॲव स्टाइल (मस्क्वा, 1968), पृष्ठ 87
5. मेयर शेपिरो, 'स्टाइल', ऐंथ्रोपॉलॉजी टुडे, सम्पा0 ए0 एल0 क्रोयबर (शिकागो, 1953), पृष्ठ 287
6. आर्किबाल्ड ए0 हिल, 'पोयट्री ऐण्ड स्टायलिस्टिक्स', एसेज इन लिटॅरेरी एनालिसिस (ऑस्टिन : टैक्स्ट, 1965), पृष्ठ 54

और न ही इन दोनों का सुमेल। इन कोटियों के द्वारा शैली को परिभाषित करने के अब तक किये गये सारे प्रयास विफल हो गये हैं, क्योंकि शैली इनसे ऊपर और इनसे आगे हुआ करती है।... यदि रूपक का सहारा लें, तो शैली 'जीन्स' के सदृश है, जो किसी सजीव प्राणी की संघटना को निर्धारित करती है, उसके वैयक्तिक, आनुवंशिक और विशिष्ट अभिलक्षणों का निर्धारण करती है। 'जीन्स' जीव अथवा अवयवी का वह प्रजननात्मक स्तर है, जो इसकी अखण्डता के प्रकार को और विशेष रूप में इसके 'रूप' और 'कथ्य' की एकता को अनुबंधित करती है।[1]

1.5.2.8 शैली भाषिक प्रयोग के चल साँचों की समग्रता है

कुछ शैलीविदों ने 'शैली' को भाषिक समग्रता के रूप में रेखांकित किया है।

सेस : 'शैली' रचनाकार के भाषिक प्रयोग की समग्रता की अपेक्षा रखती है।[2]

जनेप्रोव : 'शैली' रूपाभिव्यक्ति का वह समूहन है, जो कलात्मक निरूपण के सभी तत्त्वों की अन्विति को अभिव्यक्त करती है।[3]

ज्योफ्री, एन. लीच : 'शैली–'क्ष' सान्दर्भिक प्राचल 'ज्ञ' के किसी समुच्चय (सेट) द्वारा परिभाषित पाठीय नमूनों अथवा पाठों के साथ सम्बद्ध भाषिक अभिलक्षणों का कुल योग है।[4]

लीच के अनुसार उदाहरण के लिए 'ज्ञ' स्थितिगत प्राचलों का एक समुच्चय हो सकता है। यह स्थितिगत प्राचल प्रेषक और प्रेषिती के बीच के सम्बन्ध की औपचारिकता का हो सकता है या उनकी साम्प्रेषणिक क्रियाशीलता के उस प्रकार का हो सकता है, जिसमें वे संलग्न हैं (वैज्ञानिक प्रोक्ति) या उस प्रविधि का हो सकता है, जिसके द्वारा सम्प्रेषण को जारी रखा जा सकता है (लिखित पत्राचार)।

रोजर फाउलर : किसी भी पाठ की शैली विशेषतः अस्थिर, चल साँचों की समग्रता है।[5]

---

1. यू0बी0 बोरेव, 'द नेचर ऑव स्टाइल ऐण्ड स्टाइलिस्टिक एनालिसिस', मार्क्सिस्टलेनिनिस्ट एस्थेटिक्स ऐण्ड द आर्ट्स, अनुवादक, ऐंगुस रोक्सवर्ग (मस्क्वा : प्रोग्रेस पब्लिशर्ज, 1980), पृष्ठ 292
2. सेस, उद्धृत, डी0 हाइम्स, 'फोनोलॉजिकल आस्पेक्ट्स ऑव स्टाइल इन इंग्लिश सानेट्स,' स्टाइल इन लेंग्वेज, सम्पा0 टी0 ए0 सिबियोक (न्यूयार्क : 1960), पृष्ठ 109
3. जनेप्रोव, द क्वेश्चन ऑव रियलिज्म (लेनिनग्राद, 1960), पृष्ठ 302
4. ज्योफ्री एन0 लीच, 'स्टायतिस्टिक्स,' डिस्कोर्स ऐण्उ लिटरेचर, सम्पा0 टी0 वानडिज्क, (एम्सटर्डम : जान बेंजामिन पब्लिशिंग कम्पनी, 1985), पृष्ठ 39
5. रोजर फाउलर, 'लिंग्विस्टिक थिअॅरी ऐण्ड द स्टडी ऑव लिटरेचर,' एसेज ऑन स्टाइल ऐण्ड लैंग्वेज, पृष्ठ 23

1.5.2.9 कृति की समग्र संरचना शैली है

दो विद्वानों ने 'शैली' को कृति की समग्र संरचना के रूप में देखा है।

हैत्जफील्ड : किसी भी साहित्यिक कृति में रचनाकार सामान्य भाषा के अंतर्गत अपनी विशिष्ट वैयक्तिक भाषा में प्रवृत्ति (एटीच्यूड) को अभिव्यक्त करता रहता है।... यही भाषा किसी कृति की समग्र संरचना को जब अपने व्यापक अर्थ में समाविष्ट कर लेती है, तब साहित्यिक 'शैली' कहलाती है।[1]

बोरेव : 'शैली' आरम्भ से प्रजननात्मक स्तर से अन्तिम विवरण और अन्तिम रचाव तक किसी कृति की संरचना को, उसकी कथ्यगत और रूपगत विचित्रताओं के साथ अनुबंधित करती है। जिस प्रकार जीन्स अवयवी की प्रत्येक कोशिका में जीवित रहती है, प्रत्येक को एक कार्यक्रम प्रदान करती है, उसी प्रकार 'शैली' प्रत्येक पद और उसके विवरण में, रचना और कथानक में, बिम्ब-विधान और चरित्र-चित्रण में संचरित रहती है। किसी कृति के कलात्मक ऊतक (टिशू) की प्रत्येक छोटी कोशिका में 'शैली' समग्रता का प्रतिनिधित्व करती है।[2]

1.5.2.10 शैली भाषा-वैविध्य है

लीच और चैपमैन ने 'शैली' को भाषा-वैविध्य के रूप में परिभाषित किया है।

'शैली' सर्वाधिक सामान्य अर्थ में यथा परिभाषित भाषा-वैविध्य से संघटित होती है। 'शैली' का अध्ययन अनिवार्य तौर पर भाषा-व्यवहार में विभिन्नता का अध्ययन है।[3]

रेमंड चैपमैन : 'शैली' भाषा-वैविध्य है। जब एक भाषा-प्रयोक्ता अपने भाषा-व्यवहार को एक विशेष शैली की ओर निर्देशित करता है तब वास्तव में वह एक प्रयुक्ति का व्यवहार कर रहा होता है। प्रयुक्ति का यह आग्रहण परिचित शैली की सजगता के साथ सज्ञान तौर पर किया गया हो सकता है। जैसा कि एक बैरिस्टर अदालत में बहस करते हुए करता है पर जब वही बैरिस्टर अपने घर पर अपने छोटे-छोटे बच्चों के साथ बातचीत करता है तब वह अदालत से सर्वथा भिन्न प्रयुक्ति का व्यवहार करता होता है, जो कि अपेक्षया कहीं बहुत कम औपचारिक और आलीय होता है।

---

1. हैत्जफील्ड, 'द डिफिनिशन ऑव द टर्म स्टाइल,' प्रोसीडिंग्ज ऑव द थर्ड कांग्रेस ऑव द इण्टरनेशनल कम्पेरेटिव लिटरेचर एसोसिएशन, (स-ग्रावनहेग, 1962), पृष्ठ 166
2. यू0बी0 बोरेव, 'द नेचर ऑव स्टाइल ऐण्ड स्टायलिस्टिक एनालिस्टिक एनालिसिस,' मार्क्सिस्ट-लेनिनिस्ट ऐस्थेटिक्स ऐण्ड द आर्ट्स, अनुवादक ऐंगुस रोक्सवर्ग (मस्क्वा : प्रोग्रेस पब्लिशर्ज, 1980), पृष्ठ 292
3. ज्योफ्री एन0 लीच, स्टायलिस्टिक्स, डिस्कोर्स ऐण्ड लिटरेचर, सम्पा0 टी0ए0 वॉन डिज्क, (एम्स्टर्डम : जान बेंजामिन पब्लिशिंग कम्पनी, 1985), पृष्ठ 40

प्रायः प्रत्येक व्यक्ति अधिसंख्य प्रयुक्तियों पर अधिकार रखता है, जिसका व्यवहार वह अपने जीवन में, कर्म-क्षेत्र में, घर में, अपने हम-उम्र और अपने समलिंगी मित्रों के बीच, आम जनसभा में करता है। जीवन की विभिन्न स्थितियों के द्वारा प्रयुक्ति का यह चयन कथ्य या वस्तु की तुलना में सम्प्रेषण की स्थितियों के द्वारा नियंत्रित होता है। चैपमैन के मतानुसार अधिसंख्य लोगों के द्वारा विशेष आवर्तित स्थिति में किसी प्रयुक्ति का समान रूप में ग्रहण किया जाना 'शैली' को जन्म देता है।[1]

1.5.2.11 शैली साम्प्रेषणिक व्यवहार का पहलू है

टेलर ने 'शैली' को साम्प्रेषणिक भाषा-व्यवहार के रूप में लिया है।

'शैली' साम्प्रेषणिक व्यवहार के कुछ पहलुओं को निर्दिष्ट करने के लिए व्यवहृत होती है।[2]

1.5.2.12 शैली समंजसता (कोहरेन्स) है

'शैली' को समंजसता के रूप में कई विद्वानों ने परिभाषित किया है।

'शैली' किसी कृति-विशेष में उसके रूप, उसकी संरचना, उसकी समग्रता और उसकी कई और सामान्य कोटियों का विलक्षण और सुसंगत समुच्चय है।[3]

तोदोरोव के अतिरिक्त विक्टर विनोग्रादोव (रूस), वूल्फगैंग कैसर (जर्मनी) और क्लीनेथ ब्रुक्स (अमेरिका) भी 'शैली' को इस रूप में परिभाषित करते हैं।

1.5.2.13 'शैली' भाषा की सन्दर्भबद्ध विविधता और मानकता तथा पाठ के बीच विभिन्नताओं का समुच्चय है

एंक्विस्ट : एंक्विस्ट ने 'शैली' को विभिन्नताओं का समुच्चय माना है।

'शैली' संदर्भबद्ध भाषा है। 'शैली' एक ही समय में जहाँ भाषा की संदर्भबद्ध विविधता है, वहीं मानक और पाठ के बीच विभिन्नताओं का समुच्चय भी है। अपनी सन्दर्भबद्धता के कारण यह किसी सन्देश की समग्र अर्थवत्ता को उजागर करने में सहायक होती है।[4]

1.5.2.14 'शैली' समाज-भाषा (सोशलेक्ट) का विशेष प्रकार है

---

1. रेमंड चैपमैन, लिंग्विस्टिक्स ऐंड लिटॅरेचर (लंडन : एडवर्ड आर्नल्ड, 1973), पृष्ठ 11
2. टी0जे0टेलर, लिंग्विस्टिक थिअरी ऐण्ड स्ट्रक्चरल स्टायलिस्टिक्स (ऑक्सफोर्ड : पर्गमान प्रेस, 1981), पृष्ठ 6
3. ज्वेतान तोदोरोव, 'द प्लेस ऑव स्टाइल इन द स्ट्रक्चर ऑव द टेक्स्ट,' लिटॅरेरी स्टाइल : अ सिम्पोजियम, सम्पादक सेमूर चैटमैन (लण्डन : ऑक्सफोर्ड यूनिवर्सिटी प्रेस, 1978), पृष्ठ 30
4. निल्स एरिक एंक्विस्ट, 'स्टायलिस्टिक्स ऐंड टेक्स्ट लिंग्विस्टिक्स,' करेंट ट्रेंड्ज इन टेक्स्ट लिंग्विस्टिक्स (बर्लिन : वाल्टर डी0 ग्रूटर, 1978), पृष्ठ 176

वर्नर विंटर : 'शैली' को समाज-भाषा का प्रकार भी माना गया है। 'शैली' समाजभाषा का विशेष प्रकार है। इसीलिए जिस प्रकार एक भाषा के अन्तर्गत सक्रिय रहने वाली विभिन्न बोलियों का परिचय प्राप्त किया जाता है, उसी प्रकार विभिन्न शैलियों का अभिज्ञान भी प्राप्त किया जा सकता है। विभाषा की विभाजन-रेखा (इसोगलॉस) के आधार पर दो शैलियों के बीच की सीमा-रेखा भी स्थिर की जा सकती है।[1]

1.5.2.15 'शैली' कविता में नियोजित कौशलों की अन्विति है

झिरमुंस्की और वेलेक 'शैली' को कौशलों की अन्विति मानते हैं।

वी0एम0 झिरमुंस्की : 'शैली' कविता-विशेष में नियोजित कौशलों की अन्विति का नाम है।[2] किसी भी साहित्य-कृति की शैली के अध्ययनक्रम में इसकी जीवन्त विशिष्ट अन्विति को काव्य-कौशलों की निबद्ध व्यवस्था में विखंडित किया जाता है।

रेने वेलेक : "शैली वक्ता की अभिवृत्ति को जताने वाले सभी कौशलों को, आलंकारिक साध्य की प्राप्ति का लक्ष्य रखने वाले सभी कौशलों को तथा वाक्य-संरचनात्मक साँचों, काव्यालंकारों, रूपकों, सुस्पष्टता और चाप तक को सुरक्षित रखने वाले सभी कौशलों को अपने-आप में समाविष्ट करती है।"[3]

क्वेतास्लाव श्वातिक : "शैली मनुष्य की सर्जनात्मक क्रियाशीलता का, अर्थ की योजना और संरचना का, मनुष्य-रचित कृतियों और वस्तुओं को व्यवस्था और अन्विति प्रदान करने का परिणाम है।"[4]

1.5.2.16 शैली अर्थ है

'शैली' को 'अर्थ' मानने वाले शैलीविदों की संख्या 'शैली' को 'चयन' मानने वाले विद्वानों की संख्या की तरह ही अधिक है।

मानरो सी0 बर्ड्स्ले : किसी भी साहित्यिक कृति की 'शैली' अर्थ की बुनावट के आवर्तक अभिलक्षणों में समाहित होती है। बर्डस्ले 'अर्थ की बुनावट' का अभिप्राय

---

1. वर्नर विंटर, 'स्टाइल ऐज डायलेक्ट्स,' प्रोसीडिंग्ज ऑव द नाइन्थ इंटरनेशनल कांग्रेस ऑव लिंग्विस्ट्स (द हेग : मूतन, 1964), पृष्ठ 324.
2. वी0एम0 झिरमुंस्की, सेलिक्टिड राइटिंग्ज : लिंग्विस्टिक पोयटिक्स (मस्क्वा : प्रोग्रेसिव पब्लिशर्ज, अंग्रेजी अनुवाद, 1985), पृष्ठ 283.
3. रेलेवेलेक, 'क्लोजिंग स्टेटमेंट फ्रॉम द व्यू प्वाइंट ऑव लिटॅरेरी क्रिटिसिज्म,' स्टाइल इन लैंग्वेज सम्पा0 टी.ए. सिबियोक (न्यूयार्क : द टेक्नॉलॉजी प्रेस ऑव मस्साच्यूसेट्स इंस्टीट्यूट ऑव टेक्नॉलॉजी, 1960), पृष्ठ 417.
4. क्वेतास्लाव श्वातिक, 'द प्रोब्लेम ऑव स्टाइल फ्राम द स्टैंडपोइंट ऑव जेनरल थिऑरी ऑव आर्ट,' लिंग्विस्टिक एंड लिटॅरेरी स्टडीज इन ईस्टर्न यूरोप, खंड-1 एं0 जॉन औडमार्क (एम्स्टर्डम : जॉन बेंजामिन्स बी.पी. 79), पृष्ठ 205.

स्पष्ट करता बतलाता है—अर्थ की बुनावट का आशय है, किसी निश्चित विशिष्ट अनुच्छेद, वाक्य, पदबन्ध या शब्द का अर्थ, जो अर्थ की बनावट (संरचना) के विरोध में है और जिसका आशय पूरी प्रोक्ति या पाठ या बृहत्तर इकाई पर निर्भर प्रकार्यगत अर्थ से है। फिर यहाँ अर्थ के ही दो प्रकार नहीं होते, बल्कि अर्थ की यह बुनावट भी दो प्रकारों की होती है—ध्वनिपरक और अर्थपरक अथवा ध्वनिगत बुनावट और अर्थगत बुनावट। ध्यानीय तथ्य यह है कि जब दो अर्थों में कोई अन्तर नहीं पड़ता है अथवा बहुत बड़ा अन्तर स्पष्ट होता है तब वहाँ शैली-वैभिन्न्य उपस्थित नहीं होता। यह तो वहाँ उपस्थित होता है, जहाँ अर्थगत अन्तर आनुपातिक रूप में सूक्ष्म होता है और अर्थ के प्राथमिक स्तर की मूल समानता के आधार पर उपस्थित होता है। ऐसी स्थिति में हम अर्थ के इस अन्तर को 'शैली' का अन्तर मानते हैं।[1]

चार्ल्स बॉली : 'शैली' भाषा का प्रभावी तत्व है। इन प्रभावी तत्वों को निर्धारित अर्थ के वैकल्पिक अभिवर्धन के रूप में समझा जाता है।[2]

मिखाइल रिफेतेअर : 'शैली' को कृति को भाषिक संरचना द्वारा सम्प्रेषित अभिसूचन में, बिना किसी अर्थ-परिवर्तन के उसमें जुड़ने वाले अभिव्यंजनात्मक, प्रभावी अथवा सौन्दर्यमूलक अर्थ-चाप के रूप में रेखांकित किया जाता है।[3]

एल0 डोलजेल : भाषा (शैली) केवल रूपाभिव्यक्ति नहीं है, वह सम्प्रेषण की एक अर्थपरक पद्धति है। अतः इसे रूपात्मक होने का पूर्वानुमान नहीं कर, साहित्यिक कृति में इसे प्राथमिक रूप में अर्थपरकता में ही देखना चाहिए।[4]

बी0 गोरनुंग : 'शैली अभिव्यक्ति के तथ्यों की वह अनिवार्य समग्रता है, जो उद्‌गार को उसकी मूलभूत अर्थीय संरचना से परे विशेष अर्थीय रंग प्रदान करती[5] है।

ग्राहम हॅफ : "शैली अर्थ का पहलू है।"[6]

---

1. मोनरो सी0 बर्डस्ले, ऐस्थेटिक्स : प्रोबलेम्स इन द फिलासफी ऑव क्रिटिसिज्म (न्यूयार्क, 1958), पृष्ठ 222-224
2. उद्धृत : ग्राहम हॅफ, स्टाइल ऐण्ड स्टायलिस्टिक्स (न्यूयार्क, 1969), पृष्ठ 6
3. मिखाइल रिफेतेअर, क्राइटीरिया फॉर स्टाइल एनालिसिस, बर्ड 15, 1959, पृष्ठ 154
4. एल0 डोलजेल, के0 हसन ब्लाख, 'पोयटिक्स ऐण्ड स्टायलिस्टिक्स,' पोयतिका (वार्सा, 1961), पृष्ठ 46
5. उद्धृत, मिखाइल खपचेनको, 'द पोयटिक्स, स्टाइल ऐण्ड द थिऑरी ऑव लिटॅरेचर,' आर्टिस्टिक क्रिएटिविटी, रियलिटी ऐण्ड मैन (मस्क्वा : रादुगा पब्लिशर्ज, अंग्रेजी अनुवाद, 1986), पृष्ठ 306
6. ग्राहम हॅफ, स्टाइल ऐंड स्टायलिस्टिक्स (लंडन : रूटलेज ऐंड कीगेन पॉल, 1969), पृष्ठ 4-8

लिओ हिक्की : शैली लक्ष्यार्थ या प्रतीयमान अर्थ है। यह परिभाषा अपने-आपमें भाषा के सांवेगिक और अभिव्यंजक अभिलक्षणों का समावेश कर लेती है। शैली-विषयक यह परिभाषा मूलतः इस विचार से व्युत्पन्न है कि भाषा की प्रत्येक अर्थपरक इकाई—शब्द, पद, वाक्य आदि का एक प्राथमिक, शाब्दिक, मूलभूत निर्देशी अर्थ—वाच्यार्थ होता है, जिसे अभिधेयार्थ कहते हैं। पर इस वाच्यार्थ से परे दूसरी ओर इसकी परोक्ष और आलंकारिक अर्थवत्ताएं भी होती हैं, जो इसका लक्ष्यार्थ हैं। इस प्रकार शैली अभिधेयार्थी स्तर से परे भाषा-प्रयोग के लक्ष्यार्थी स्तर पर सक्रिय दीखती है।[1]

ओएगा अखमनोवा : "भाषिक शैली भाषा का वह अंश है, जो सन्देश को निश्चित तौर पर अभिव्यंजक, सांवेगिक अभिलक्षण मुहैया करता है··· और अभिव्यंजक मूल्यांकक-सांवेगिक अधिस्वन प्रमुख वस्तु या प्रतिपाद्य पर अधिरोपित हो जाते हैं।"[2] लिओ हिक्की के अनुसार ओल्गा अखमनोवाने जिसे 'अभिव्यंजक-मूल्यांकक-सांवेगिक-अभिलक्षण' कहा है वह वास्तव में 'लक्षणा' (Connotation) ही है।

गोटि्ंगेन (GOTTINGEN): "शैली किसी पाठ में भाषिक साधनों से उपलब्ध निश्चित भावात्मक प्रभाव है।"[3] यह भावात्मक प्रभाव भी लक्षणा से उत्पन्न होता है।

क्वेतोश्लोव श्वातिक : 'शैली' किसी कृति के संयोजन-संघटन की रूपपरक सामग्री नहीं है, यह कोई सौन्दर्यात्मक अलंकरण नहीं है, जो किसी कृति की अन्तर्वस्तु और अर्थ से वियोज्य हो, बल्कि यह अन्तर्वस्तुं और कलात्मक अर्थ को संघटित करने की ठोस पद्धति है। शैली अतिरिक्त सौन्दर्यपरक सामग्री, अतिरिक्त कलात्मक अर्थों, मूल्यों और प्रकार्यों का कलात्मक रूप में चित्रित अर्थों और अन्तर्वस्तुओं में, किसी कृति के सौन्दर्यात्मक अर्थ की विशिष्ट संश्लेषी एकता में संक्रमण का माध्यम है।[4] श्वातिक ने 'शैली' को किसी कृति के उच्चतम अर्थ और अन्तर्वस्तु के संश्लेष की ऐसी सौन्दर्यपरक गुणवत्ता के रूप में देखा है, जो सौन्दर्यपरक वस्तु में गृहीता की ग्राही क्रियाशीलता द्वारा चरितार्थ होती है।

---

1. लिओ हिक्की, 'इन्ट्रोडक्शन,' द प्रैग्मेटिक्स ऑव स्टाइल (लंडन : रूटलेज, 1989), पृष्ठ 6-7
2. ओएगा अखमनोवा, लिंग्वोस्टायलिस्टिक्स : थिअॅरी ऐंड मेथॅड (द हेग : मूतन, 1976), पृष्ठ 3-15
3. गोटि्ंगेन, 1953, पृष्ठ-61, उद्धृत, एक्विस्ट, 'ऑन डिफाइनिंग स्टाइल,' लिंग्विस्टिक्स ऐंड स्टाइल, सम्पा0 स्पेंसर ऐंड ग्रेगॅरी (लंडन : ऑक्सफोर्ड यूनिवर्सिटी प्रेस, 1964), पृष्ठ 15
4. क्वेतोश्लोव श्वातिक, 'द प्रोब्लेम ॲव स्टाइल फ्राम द स्टैंड पोइंट ॲव जेनरल थिअॅरी ॲव आर्ट,' लिंग्विस्टिक ऐंड द लिटॅरेरी स्टडीज इन ईस्टर्न यूरोप, खंड-1 सम्पा0 जॉन ओडमार्क (एम्स्टर्डम : जॉन बेंजामिन्स बी0पी0 1979), पृष्ठ 204-205

एस० सेबोक : 'शैली' किसी कृति में अर्थीय अन्तरालों की व्यवस्था को एक विशिष्ट रूप में अनुस्थापित करती है, इसलिए यह कृति की अर्थीय संरचना का विशिष्ट कारक है, उच्चतर अर्थीय संश्लेष का कारक है।[1]

हॉसेन ब्लास : 'शैली' सम्प्रयोग का समाकलनकारी सिद्धान्त है। यह कला या कृति के सम्प्रेषण के सुस्पष्ट तत्त्वों का इसके सभी घटकों के प्रति, साकल्य की संरचना के तत्त्वों के बतौर, किया जाने वाला चयन-संयोजन है। साकल्य की संरचना के ये तत्त्व मानवीय क्रियाशीलता की सर्जनागत विशिष्टता से मुक्त होते हैं। शैली की यह अवधारणा भाषिक स्तर से चलकर कृति की साकल्यगत अर्थीय संरचना और कृति की महत्त्वपूर्ण अन्तर्वस्तु के बतौर उसकी थीम और अन्तर्वस्तु-संरचना के रचनात्मक सिद्धान्तों—दोनों का समावेश कर लेती है।[2]

आर० एस० शर्मा : 'शैली भाषा-व्यवहार का वह पहलू है, जो प्रोक्ति में नियोजित शब्दों और संरचनात्मक इकाइयों के प्रकार और वितरण को वास्तविकता के विशिष्ट प्रतीयमान अर्थ से व्याकरणिक नियम के बतौर नहीं, बल्कि चयन के बतौर विशेष रूप में सहसंबंधित करता है।[3]

1.5.2.17 शैली ऐच्छिक–तात्त्विक अभिलक्षणों की समष्टि का प्रकार्य है

दामोदर ठाकुर : ठाकुर ने शैली को परिभाषित करने के क्रम में शैली की स्वरूप-संभावना को दस रूपों में स्वीकार किया है। 1. शैली हमारे सामान्य व्यवहार का अभिलक्षण है। 2. शैली विचार का अभिलक्षण है। 3. शैली विचार और भाषा दोनों का अभिलक्षण है। 4. शैली विषय-वस्तु के संबंध में परिभाषेय है। 5. शैली प्रत्येक लेखक का विशिष्ट व्यवच्छेदक अभिलक्षण है। 6. शैली अलंकरण है। 7. शैली अन्तर-वाक्यीय कड़ी के रूप में परिभाषेय है। 8. शैली चयन है। 9. शैली विचलन है और 10. शैली सान्दर्भिक संभावनाओं का समुच्चय है। ठाकुर के शब्दों में, "शैली पाठ की भाषा की इन ऐच्छिक और तात्त्विक अभिलक्षणों (स्थितिगत परिवर्तनीयों के सहसंबंध योग्य) की समष्टि का प्रकार्य है, जिसके आधार पर पाठ को कुछ निश्चित पाठों से असाधारण

---

1. एस० सेबोक, 'आर्ट ऐंड ह्यूमन रोल्ज इन द ऐक्शन ऑव द वर्ल्ड' (मैन ऐंड आर्ट इन स्ट्रक्चर ऑव द वर्ल्ड (प्राग : 1974), पृष्ठ 184-185
2. हॉसेनब्लास (प्राग : चार्ल्स यूनिवर्सिटी, 1972), पृष्ठ 16
3. आर. एस. शर्मा, 'स्टाइल ऐज आर्टिफाइस,' स्टायलिस्टिक्स ऐंड टेक्स्ट एनालिसिस, सम्पा० सुरेश कुमार (नयी दिल्ली : बाहरी पब्लिकेशंज, 1987), पृष्ठ 150

रूप में समरूप और कुछ अन्य पाठों से साभिप्राय रूप में भिन्न वर्णित किया जाता है।''[1]

1.5.2.18 शैली विचार है

गोर्मोंट की दृष्टि में 'शैली' विचार है।

रेमी0डी0. गोर्मोंट (GOURMONT): 'शैली' स्वतः विचार ही है।[2]

1.5.2.19 शैली विषय–वस्तु का प्रस्तुति–मार्ग है

वेलेंडर ने 'शैली' को प्रस्तुति-मार्ग माना है।

एरिक वेलेंडर : भाषिक अर्थ में 'शैली' सामान्य के प्रति स्पष्ट तौर पर विरोध दिखाती प्रायः प्रत्येक विशेष भाषिक प्रयोग को व्यक्त करती है। अधिक नैकट्य से देखें, तो 'शैली' को किसी विषय-वस्तु को प्रस्तुत करने के उस मार्ग के बतौर परिभाषित किया जा सकता है जो कमोबेश औसत से भिन्नता दिखाता है, साथ ही जो विषय-वस्तु की प्रस्तुति के उद्देश्य, पाठक की योग्यता और लेखक के व्यक्तित्व की विशेषता से अभिप्रेरित होता है।[3]

उक्त परिभाषा में जहां 'शैली' को सामान्य बनाम विशेष के रूप में रेखाकिंत किया गया है, वहीं इसे विषय-वस्तु, प्रस्तुति के उद्देश्य, पाठकीय योग्यता और लेखकीय व्यक्तित्व की विशेषता से भी अभिप्रेरित माना गया है। इस प्रकार यह परिभाषा शैली-विषयक रचनाकार के दृष्टिकोण पर आधारित परिभाषा, शुद्ध रूप में पाठगत विशेषताओं पर आधारित परिभाषा और पाठक-भावक के प्रभाव पर आधारित परिभाषा–तीनों को अपने-आप में समाहित कर लेती है।

1.5.2.20 'शैली' रूपान्तरण–सामग्री की सक्रियता का विशिष्ट मार्ग है

फ्रीमैन ने 'शैली' को रूपान्तरण का विशिष्ट मार्ग बताया है।

डोनाल्ड सी0 फ्रीमैन : 'शैली' भाषा में रूपान्तरण-सामग्री को सक्रिय करने का विशिष्ट मार्ग है।[4]

1.5.2.21. 'शैली' अन्तर्वस्तु और सहृदय की संवेदना का प्रकार्य है

केलकर इस मान्यता के पक्षधर हैं।

---

1. दामोदर ठाकुर, 'टुआइर्स अ डिफ्रिनेशन ऑव स्टाइल,' इंडियन लिंग्विस्टिक्स (पूना : अखिल भारतीय भाषाविद् परिषद, वर्ष 33, अंक-1), पृष्ठ 31
2. उद्धृत, पी0 गेरो और पी0 कुंट्ज़, 'लॅ स्तिलसतीक : लेक्चर्स' (पेरिस : क्लिंकसिक, 1970), पृष्ठ 3
3. एरिक वेलेंडर, रिक्तिग स्वेंसका (स्टॉकहॉम : 1948), पृष्ठ 18
4. डोनाल्ड सी0 फ्रीमैन, 'द स्ट्रैटॅजी ऑव फ्यूजन : डायलन थॅमसंस सिंटैक्स,' स्टाइल ऐंड स्ट्रक्चर इन लिटॅरेचर, सम्पा0 रोजर फाउलर (न्यूयार्क : कॉर्नेल यूनिवर्सिटी प्रेस, 1975), पृष्ठ 19

अशोक राव केलकर : कविता का उपलब्ध प्रभाव परम्परा से प्राप्त अन्तर्वस्तु और भावक-गृहीता की संवेदना का प्रकार्य है : 'शैली' यही प्रकार्य है।[1]

1.5.2.22 'शैली' सभ्यता–संस्कृतिगत तत्त्व है

क्रोयबर ने 'शैली' को इस रूप में परिभाषित करने का प्रयास किया है।

क्रोयबर : 'शैली' सभ्यता या संस्कृतिगत तत्त्व है। यह निश्चित प्रकार के कार्य सम्पन्न करने का अथवा निश्चित व्यवहार प्रकट करने का एक सशक्त और आत्म-संगत मार्ग है।[2]

1.5.3 'शैली' : प्रस्तावित परिभाषांकन

मेरी दृष्टि में 'शैली' अपनी प्रकृति से कथ्य और रूप दोन। से सम्पृक्त होती है। इसका अस्तित्व कृति या पाठ में होता है। यह अर्थीय विच्छित्ति की—अर्थ की सूक्ष्म छायाओं की—सर्जिका होती है। 'शैली' रचयिता के द्वारा सृजित होती है और भावक-पाठक के द्वारा भावन या प्रतीति की प्रक्रिया में सहज रेखांकनीय होती है। अत: 'शैली' का परिभाषांकन सर्जक और भावक—दोनों के अलग-अलग पक्षों से करना समीचीन है।

1.5.3.1 सर्जक के पक्ष से प्रस्तावित परिभाषांकन

सर्जक के पक्ष से 'शैली' रचनाकार द्वारा किया गया भाषा का विशिष्ट चयन-संयोजन है। कहना न होगा कि अब तक 'शैली' को कभी चयन, तो कभी संयोजन और कभी चयन-संयोजन जैसे युगपत् रूप में परिभाषित किया जाता रहा है। पर 'शैली' सामान्य चयन-मंयोजन नहीं है। सामान्य चयन-संयोजन तो प्रत्येक प्रकार के भाषिक विधान में प्राप्त हो जाता है। इसके बिना भाषा का गठन ही नहीं हो सकता है। अत: 'शैली' विशिष्ट चयन-संयोजन ही है, ऐसा विशिष्ट चयन-संयोजन, जो भाषिक गठन की सहज प्रत्याशा को विफल करता चले, अर्थात् साभिप्राय चयन-संयोजन! 'शैली' की यह परिभाषा वास्तव में इसकी रचना-प्रक्रियाई परिभाषा है।

अपनी उक्त सोद्देश्यता के कारण विशिष्ट चयन-संयोजन कई रूपों में प्रस्तुत होता है : 1. विचलित चयन और विचलित संयोजन, 2. विपथित चयन और विपथित संयोजन, 3. समांतरित चयन और समांतरित संयोजन तथा 4. विरल चयन और विरल संयोजन।

1.5.3.2 भावक–पाठक के पक्ष से प्रस्तावित परिभाषांकन

भावक-पाठक के पक्ष से 'शैली' साभिप्राय भाषिक अग्रप्रस्तुति है। मेरी दृष्टि में प्राय:

---

1. अशोक आर० केलकर, 'स्टाइल ऐंड टेकनीक,' स्टायलिस्टिक्स ऐंड टेक्स्ट एनालिसिस, सम्पा० सुरेश कुमार (नई दिल्ली, बाहरी पब्लिकेशंज, 1987), पृष्ठ 6-7
2. क्रोयबर, उद्धृत, डेल एच० हाइम्स, 'फोनोलॉजिकल आस्पेक्टस ॲव स्टाइल : सम इंग्लिश सॉनेटॅस,' स्टाइल इन लैंग्वेज, सम्पा० टी० ए० सिवियोक (न्यूयार्क : द टेकनॉलॉजी प्रेस ॲव मस्साच्यूसट्स इंस्टीट्यूट ॲव टेकनॉलॉजी, 1960), पृष्ठ 109

भावक-पाठक किसी भी पाठ या कृति की वाचन-प्रक्रिया से गुजरते हुए जिन-जिन ऐसे भाषिक बिन्दुओं के प्रति आकर्षित होता चलता है, जिससे उसकी गहन संरचना का, अथर्वत्ता का उद्घाटन हो सके, वे-वे भाषिक बिन्दु साभिप्राय तौर पर अग्रप्रस्तुत होते हैं। यही साभिप्राय भाषिक अग्रप्रस्तुति 'शैली' है, जिसके मूल में अ-परिचयीकरण (De-familiarization), स्वचलेतरता (De-Automatization) और अवधान-केन्द्रण (Focus of attention) की सक्रियता देखी जाती है। 'शैली' की यह परिभाषा प्रभावपरक और वाचन-प्रक्रियाई परिभाषा है। इसे रचयिता-केन्द्रित मानना गलत होगा।

साभिप्राय भाषिक अग्रप्रस्तुति निम्नलिखित रूपों में क्रियाशील होती है। 1. विचलित अग्रप्रस्तुति, 2. विपथित अग्रप्रस्तुति, 3. समांतरित अग्रप्रस्तुति और 4. विरल अग्रप्रस्तुति।

1.6 शैली : क्षेत्र-स्पष्टीकरण

1.6.1 शैली का क्षेत्र अत्यंत व्यापक है—

कहा जाता है कि 'शैली' का क्षेत्र 'लांग' से 'पेरोल' तक, 'वाचिक' से 'लिखित' तक तथा 'साहित्यिक' से 'साहित्येतर' अभिव्यक्ति तक व्यापक है। यह सभी प्रकार के पाठों की विशेषता है। इस दृष्टि से ऐसी कोई प्रोक्ति या ऐसा कोई पाठ नहीं है, जो शैलीविहीन हो। पर शैली के कुछ विचारकों की दृष्टि में 'शैली' मुख्य रूप में साहित्यिक सन्दर्भ को निर्दिष्ट करती है। ऐसे शैलीविद् वस्तुतः साहित्येतर भाषिक वैविध्य को 'शैली' की अपेक्षा 'समाजभाषा' (Sociolect) जैसे पद के द्वारा निर्दिष्ट करने के पक्षधर हैं। इसी प्रकार कुछ अन्य शैलीविदों की दृष्टि में 'शैली' एक ऐसी वांछनीय गुणवत्ता है, जो केवल उत्तम पाठों में होती है। यहां तक कि 'शैली' को 'आकर्षक अभिव्यक्ति' के पर्याय-रूप में भी देखा जाता है। पर शैली के क्षेत्र को सीमित करने वाली इन मान्यताओं के विपरीत एंक्विस्ट का मत है कि 'शैली' को सभी प्रकार के पाठों के वैशिष्ट्य के बतौर निरूपित किया जाना चाहिए। उसके अनुसार ऐसा कोई पाठ या कोई प्रोक्ति नहीं हैं, जिसमें 'शैली' नहीं पायी जाती हो। इसी प्रकार हिक्की भी 'शैली' के क्षेत्र को अत्यंत व्यापक मानता है। उसके अनुसार 'शैली' सभी प्रकार के पाठ या उद्गार से संबंध रखती है। यह भाषा के सभी प्रकार के प्रयोग—सर्वाधिक औपचारिक भाषा से बोलचाल की सर्वाधिक चलती भाषा और सर्वाधिक साहित्यिक भाषा से सर्वाधिक गद्यात्मक भाषा—तक में विद्यमान होती है। रेमंड चैपमैन के अनुसार भाषिक विश्लेषण में 'शैली' को अलंकरण या सद्गुण (virtue) के रूप में ग्रहण नहीं किया जाता है। यह ऐसी वस्तु के रूप में भी नहीं उभरती है, जिसे उत्कृष्ट या निंकृष्ट रूप में ग्रहण किया जा सके, न ही इसका क्षेत्र केवल लिखित भाषा या साहित्य या भाषा के किसी पहलू-विशेष तक ही सीमित है। वास्तव में ऐसा कोई भाषा-व्यवहार नहीं है, जिसमें शैलिकीय पड़ताल के लिए अवकाश नहीं हो।

प्रायः भाषा-वैविध्य के आधार पर शैली के क्षेत्र को तीन प्रमुख प्राचलों के आधार

पर रेखांकित किया जा सकता है। ये प्राचल क्रमशः 1. औपचारिकता का प्राचल, 2. माध्यम का प्राचल और 3. साम्प्रेषणिक प्रकार्य का प्राचल हैं। इनमें पहले प्राचल के आधार पर 'स्लैंग', औपचारिक-अनौपचारिक तथा सामान्य और साहित्यिक शैली सामने आती है, तो दूसरे प्राचल के आधार पर वाचिक बनाम लिखित शैली उपस्थित होती है और तीसरे प्राचल के आधार पर वार्तालापीय, वैज्ञानिक-अवैज्ञानिक, विधिपरक जैसी शैलियाँ स्वरूपित होती हैं।

1.6.2 'शैली' का क्षेत्र 'पेरोल' है

इस धारणा के अनुसार 'शैली' का निजी क्षेत्र 'पेरोल' को माना जाता है। यहाँ भाषा एक प्रदत्त सन्दर्भ में किसी प्रदत्त व्यक्ति के द्वारा किसी प्रदत्त उद्देश्य के लिए व्यवहृत की जाती है। स्विस भाषाविद् सॅस्यूर के द्वारा निर्दिष्ट भाषा के दो पक्षों—'लांग' और 'पेरोल' में 'लांग' किसी वक्ता-लेखक के मस्तिष्क में संचित उसकी मातृभाषा/बोली के सामान्य नियमों की व्यवस्था है और 'पेरोल' इस व्यवस्था का व्यक्ति-विशेष के द्वारा सम्पन्न होने वाला विशेष व्यवहार-पक्ष है। दूसरे शब्दों में यह मस्तिष्कीय व्यवस्था से किया जाने वाला वह चयन है, जिसे वक्ता या लेखक अपेक्षित अवसर पर सम्पन्न करता है। इस प्रकार 'शैली' का निजी क्षेत्र व्यक्ति के द्वारा सम्पन्न होने वाला भाषा-व्यवहार का क्षेत्र—'पेरोल'—सिद्ध होता है। इसके अनुरूप हिन्दी में 'शैली' के कुछ पहलू औपचारिक हो सकते हैं, तो कुछ अनौपचारिक, कुछ पहलू कार्यालयीन हो सकते हैं; तो कुछ मौसम-विषयक अनुक्रिया प्रतिक्रिया की टिप्पणी के भी। इस दृष्टिकोण के अनुसार 'पेरोल' को शैली का स्वाभाविक क्षेत्र माना जाता है, क्योंकि वह 'पेरोल' ही है, जहाँ 'शैली' भाषिक रंगपटल के सम्पूर्ण खजाने से किये जाने वाले चयन के बतौर उपस्थित होती है।

1.6.3 'शैली' का क्षेत्र 'लांग' है

यदि रचयिता के पक्ष में 'शैली' 'पेरोल' से जुड़ी है, तो रचयिता और गृहीता—दोनों पक्षों से यह 'लांग' से भी जुड़ी है। इस दृष्टिकोण के अनुसार 'लांग' भी 'शैली' का क्षेत्र है। बाली की दृष्टि में 'शैली' 'अभिव्यंजक प्रभाव' है और उसका दावा है कि इन अभिव्यंजक प्रभावों का क्षेत्र 'लांग' है। उसके अनुसार बहुतेरे अभिव्यंजक भाषिक संकेत समाजीकृत हो चुके होते हैं। फलतः ये अभिव्यंजक प्रभाव किसी विशिष्ट स्थिति में किसी विशिष्ट व्यक्ति के द्वारा चेतन स्तर पर किये जाने वाले संकेतों के मौलिक प्रयोगवश उद्भूत नहीं होते हैं, बल्कि इसके विपरीत ये प्रभाव (श्रोता या पाठक में) सामाजिक परिपाटी के संकेतों से सम्बन्ध रखने के कारण उभरते हैं। इनकी अभिव्यंजक-वस्तु (एक्सप्रेसिव कान्टेंट) वक्ता-प्रति-वक्ता, व्यवहार-प्रति-व्यवहार, स्थिति-प्रति-स्थिति नहीं बदलती है। दूसरे शब्दों में यह शैलिकीय प्रभाव ऐसे संकेत से सहसंबंधित है, जो इसे 'अवधारणात्मक वस्तु' की तरह परिपाटीपरक, अपरिवर्त्य

रूप में प्रस्तुत करता है। अतः 'शैली' का क्षेत्र 'लांग' भी है।

बाली 'पेरोल' की अभिव्यंजकता और 'लांग' की अभिव्यंजकता के बीच अन्तर स्पष्ट करता है। पहली अभिव्यंजकता वक्ता के द्वारा किये गये भाषा के सर्जनात्मक प्रयोग से परिणामित होने वाले प्रत्यक्ष साहचर्य की है। इसके विपरीत दूसरी अभिव्यंजकता साहचर्यित विचारों की अन्योन्य क्रिया की है, जो प्रथा के द्वारा निश्चित रूप प्राप्त करती है। यह मूलतः अपने आवर्ती व्यवहार के कारण 'लांग' में परिपाटीकृत रहती है। इस अभिव्यंजक प्रभाव के कारण 'शैली' की स्थिति स्वाभाविक रूप में 'लांग' से जुड़ जाती है। वास्तव में किसी अभिव्यक्ति की 'अभिव्यंजक वस्तु' समाजीकरण के कारण भाषा का भाग बन जाती है। फलतः जब इसे किसी विशेष अभिव्यंजक प्रभाव के लिए व्यवहृत किया जाता है तब इसमें वक्ता या श्रोता की ओर से किसी प्रकार की मौलिकता या सर्जनात्मकता सम्मिलित नहीं रहती है। इतना ही नहीं, यह अन्तःशक्ति जिस मानसिक बिम्ब को उत्पन्न करती है, वह सन्दर्भ और संभाषी से मुक्त होता है। यह जिस अभिव्यंजक वस्तु को उत्पन्न करती है, वह उस तरह ही अपने-आप चली आती है, जिस तरह अवधारणा अपने-आप उभरती है। इनके बीच अन्तर केवल यह होता है कि जहाँ अभिव्यंजक रूप और प्रभावी वस्तु के बीच सम्बन्ध अभिप्रेरित होता है, वहाँ रूप और अवधारणा के बीच का सम्बन्ध यादृच्छिक होता है।

बाली एक दूसरे कारण से भी अभिव्यंजकता को 'लांग' में स्वीकार करता है। उसके अनुसार कोई भी विशेष संकेत, जो अभिव्यंजक प्रभाव मुहैया करता है वह वक्ता या श्रोता के मस्तिष्क में दूसरे वैसे संकेत का विरोधी होता है, जो संकेत बौद्धिक वस्तु के रूप में तो उसके समान होते हैं, पर उसमें अभिव्यंजक वस्तु बहुत कम होती है अथवा नहीं होती है। बाली के शब्दों में "किसी भी भाषिक संकेत को उसके आधार पर जाना-समझा नहीं जा सकता है, बल्कि उसे व्यवस्था के दूसरे संकेतों की तुलना में ही जाना-समझा जा सकता है।" इसलिए विशेष रूप में वक्ता के मस्तिष्क में 'अभिव्यंजक' और 'अनभिव्यंजक' के बीच लगातार प्रतिकूलता की स्थिति बनी रहती है। कहना न होगा कि भावात्मक प्रभावी भाषिक संकेत 'लांग' की व्यवस्था का ही अंग है।

बाली अभिव्यंजक संकेतों के बीच सम्बन्धों की व्यवस्था को 'सिस्टम एक्सप्रेसिव' कहता है। उसकी प्रबल मान्यता है कि यह व्यवस्था (सिस्टम एक्सप्रेसिव) 'लांग' का अनिवार्य भाग है। वह इस व्यवस्था को अपने शैलिकीय विश्लेषण की पद्धति के रूप में भी प्रस्तावित करता है। अतः 'शैली' और 'शैली के अध्ययन'—दोनों का क्षेत्र 'लांग' सिद्ध होता है।

1.6.4 शैली का क्षेत्र रचनाकार-विशेष के युग और काव्य-रूप तक विस्तृत है

'शैली' का क्षेत्र कभी रचनाकार-विशेष के भाषिक अभ्यास तक सीमित दीखता है,

जैसे कालिदास की शैली, शेक्सपियर की शैली, तुलसी की शैली, मिल्टन की शैली, प्रेमचन्द की शैली, तो कभी इसका क्षेत्र विशेष काव्यरूप, विशेष प्रवृत्ति और विशेष लेखन-निकाय तक व्यापक हो उठता है, जैसे—चम्पू शैली, नाट्य-काव्य की शैली, भारतेन्दु-मण्डल की शैली आदि।

यों तो इसे 'शैली' का परिवेशीय क्षेत्र (ऐम्बीयेंट डोमेन) कहा गया है, जिसके अन्तर्गत स्वयं रचनाकार से लेकर लेखन-युग तक का समाहार हो जाता है। पर इन सब में रचनाकार की शैली का क्षेत्र अधिकाधिक महत्त्वपूर्ण है, क्योंकि भाषा के विशिष्ट व्यवहार उसी के द्वारा रचे और प्रस्तुत किये जाते हैं। रचनाकार के इस क्षेत्र में 'शैली' एक सम्बन्धमूलक अथवा अनुपातात्मक पद के रूप में सामने आती है। प्रायः इसे एक सम्बन्धमूलक और अनुपातात्मक रूप में निर्दिष्ट किया जाता है और इन विशेषताओं को शैलीपरक क्षेत्र के रूप में ग्राह्य भाषेतर 'क्ष' के साथ सहसम्बंधित भी किया जाता है। यह 'क्ष' (लेखक, युग आदि) वैसे किसी भी लेखन-कार्य (कोर्पोस ऑव राइटिंग) को परिभाषित करता है, जिसमें भाषा-प्रयोग की विशेषताएँ प्राप्त हो सकें, लेकिन लेखन-कार्य जितना विस्तारपरक और वैविध्यमूलक होता है, उतना ही अधिक कठिन काम भाषिक अभ्यासों के एक सामान्य कुलक को अभिज्ञात करना होता है। यहाँ तक कि यह रचनाकार की शैली की अवधारणा तक पर अनुप्रयुक्त होता है। 'शैली' और उसके रचनाकार के व्यक्तित्व के बीच एक अन्तरंग सम्बन्ध देखा जाता है। इसका समर्थन लातिनी भरत-वाक्य—स्टीलस विरम आरगुइट (STILUS VIRUM ARGUIT) —भी करता है। इस भरत-वाक्य का सीधा अर्थ है कि 'शैली' व्यक्ति को उद्घोषित-द्योतित करती है। शैली के प्रदीर्घ अध्ययन में यह भरत-वाक्य भाषांतरित होकर अनेक रूपों में प्रस्तुत हुआ है। केवल भाषिक साक्ष्य के आधार पर लेखन के किसी अंश के रचयिता का अनुमान करने की चेष्टा और व्यवस्था सिद्ध-प्रसिद्ध है। इसे अधुनातन सांख्यिकीय शैलीविज्ञान ने और अच्छी तरह विकसित भी कर दिया है। यहाँ रचनाकार की पहचान प्रायः उस बहुत थोड़े-से विवरण के द्वारा प्राप्त हो जाती है, जो उसके विचार अथवा अभिव्यंजन की आदत को प्रतिबिम्बित करते हैं। इससे इस मान्यता की सम्पुष्टि तो हो जाती है कि प्रत्येक रचनाकार की भाषिक अभिव्यक्ति की अपनी एक अंगुष्ट छाप होती है, उसी भाषिक आदतों का एक वैयक्तिक संयोगीकरण होता है, जो किसी-न-किसी तरह उसके सारे लेखन में प्रकट होता रहता है। फिर भी किसी रचनाकार की शैली का सामान्यीकरण कर पाना कठिन है और जब यह कठिनता दीखने लगती है, तो किसी काव्यरूप, विधा और युग-काल की शैली का सामान्यीकरण करना तो और कठिन होगा ही। कहना न होगा कि जितना अधिक सामान्य शैली का यह क्षेत्र है, वहाँ शैली के विषय में किया जाने वाला बयान उतना ही अधिक सामान्य, सुझावपरक और कामचलाऊ है।

1.6.5 शैली का क्षेत्र 'पाठ' है

'पाठ' को शैली का महत्वपूर्ण क्षेत्र माना जाता है। यह पाठ एक पूरी रचना-कृति हो सकता है अथवा किसी रचना का अंश-मात्र भी। जब 'पाठ' को शैली के क्षेत्र के रूप में ग्रहण किया जाता है, वहाँ शैली के व्यापक और विस्तृत अध्ययन की गुंजाइश सामने आती है। इसके अन्तर्गत जहाँ 'पाठ' में प्रयुक्त शब्दों, वाक्यों, की संरचनाओं का अधिक व्यवस्थित अध्ययन किया जाता है वहीं विशेष गठन को दूसरे संदर्भ में संभावित विकल्पों की अपेक्षा अधिमानपूर्वक चुने जाने की साभिप्रायता का भी व्यवस्थित अध्ययन किया जाता है। यहाँ भाषा के एक चयन से दूसरे चयन के बीच के अन्तस्संबंध की परीक्षा की जाती है। इस प्रकार 'पाठ' को शैली के बृहत्तर क्षेत्र के रूप में ग्रहण करते हुए पर्यवेक्षण और प्रमाण के सुदृढ़ आधार पर शैली का अध्ययन सम्भव हो पाता है। यहाँ यह तथ्य भी ध्यानीय है कि लेखनीय शैली के विषय में किये जाने वाले बयानों की दृढ़ता भी अन्ततः पाठ-विशेष के सम्बन्ध में दिये जाने वाले बयानों पर ही निर्भर करती है। इतना ही नहीं, "अन्तर-काव्यरूपीय शैली को रेखांकित करने के लिए एक काव्य-रूप से दूसरे काव्य-रूपों के पाठों की तुलना अपेक्षित है। युगीन शैली की व्याख्या करने के लिए दूसरी स्थितियों में निःसृत होने वाले पाठों से उसका अन्तर स्पष्ट करना अभीष्ट है। वास्तव में किसी पाठ की शैली का समग्र प्रभाव ऐसी ही तुलनाओं के जटिल तंत्र से उभरता है, जहाँ एक पाठ की तुलना दूसरे पाठों के अनुभवों के समग्र समुच्चय-सन्दर्भों, स्थितियों और पृष्ठभूमियों के वर्णक्रम से निःसृत समान और असमान अनुभव-समुच्चय से सम्पन्न की जाती है।[1]

इस प्रकार शैली विशेषतः लिखित साहित्यिक पाठ के साथ सम्बद्ध रही है। शैली विज्ञान के ज्ञानानुशासन में लिखित साहित्य को ही शैली का क्षेत्र माना जाता है। अतः 'पाठ' शैली का सर्वाधिक महत्वपूर्ण क्षेत्र है।

1.6.6 शैली का क्षेत्र षट्-आयामी है

पाठ के सन्दर्भ में 'शैली' पर जहाँ मनोवैज्ञानिकों ने उद्भास-केंद्रण के दृष्टिकोण से, वाग्मिताशस्त्रियों ने अलंकार-शास्त्रीय दृष्टिकोण से, भाषाशास्त्रियों ने भाषाशास्त्र के दृष्टिकोण से, साहित्यलोचकों ने साहित्यिक दृष्टिकोण से और दार्शनिकों ने विवक्षात्मक दृष्टिकोण से विचार किया है वहीं भाषाविदों ने इसे विशिष्ट भाषा-रूप मानते हुए इस पर विचार किया है। इस प्रकार अब तक प्राप्त वैविध्यपूर्ण विचार-विवेचन की दृष्टि से 'शैली' का क्षेत्र षट्आयामी सिद्ध होता है। पर इन सभी क्षेत्रों में भाषाविज्ञान पर आधारित अपने समसामयिक, व्यवस्थित और वस्तुनिष्ठ चिंतन के कारण आज

---

1. निल्स एरिक एक्विस्ट, 'स्टायलिस्टिक्स ऐण्ड टेक्स्ट लिंग्विस्टिक्स,' करेंट ट्रेंड्ज़ इन टेक्स्ट लिंग्विस्टिक्स (बर्लिन : वाल्टर-डी-ग्रूटर, 1978), पृष्ठ 176

शैली-चिंतन और विवेचन का एकमात्र महत्वूपर्ण क्षेत्र 'शैलीविज्ञान' को माना जाता है।

1.7 शैली : प्रकार–निरूपण

1.7.1 जूस द्वारा निर्दिष्ट प्रकार

जूस ने अपनी पुस्तक 'द फाइव क्लाक' में तीन प्रकार की शैलियों का उल्लेख किया है :

1. वैयक्तिक शैली (प्राइवेट स्टाइल), 2. सार्वजनिक या आम शैली (पब्लिक स्टाइल), 3. कलात्मक साहित्यिक शैली (आर्टिस्टिक–लिटॅरेरी स्टाइल)।[1]

उसका यह वर्गीकरण सामान्य और व्यापक रूप में भाषा-प्रयोग को आधार बना कर किया गया है। ये शैलियाँ व्यक्ति के समाजीकरण के विभिन्न स्तरों को अनुरूपता प्रदान करती हैं।

1.7.1.1 वैयक्तिक शैली (प्राइवेट शैली) : 'प्राइवेट स्टाइल' अर्थात् वैयक्तिक शैली के अन्तर्गत जूस आत्मीय और अनौपचारिक शैली का उल्लेख करता है। इस प्रकार की शैली निकटस्थ मित्र अथवा पारिवारिक सदस्यों के बीच क्रियाशील होती है।

1.7.1.2 सार्वजनिक शैली (पब्लिक स्टाइल) : 'पब्लिक स्टाइल' अर्थात् सार्वजनिक शैली के अन्तर्गत जूस परामर्शिका (कंस्ल्टेटिव)और औपचारिक शैली की बात करता है। इसे वह क्रमशः 'व्यावसायिक शैली' और 'मंचीय' अथवा 'निबंध शैली' भी कहता है। व्यावसायिक शैली का व्यवहार विशिष्ट रूप में अर्ध-औपचारिक स्थितियों में किया जाता है। यह शैली प्रायः अपरिचितों के बीच अथवा मालिक और कर्मचारी के बीच व्यवहृत होती है, जबकि मंचीय अथव निबंध-शैली प्रायः औपचारिक वाचन या लेखन के लिए प्रयुक्त की जाती है।

1.7.1.3 कलात्मक–साहित्यिक शैली (आर्टिस्टिक–लिटॅरेरी स्टाइल) : जूस ने इसे 'फ्रोजेन स्टाइल' अर्थात् शिलीभूत शैली भी कहा है। पर कलात्मक-साहित्यिक शैली जहां एक ओर अत्यधिक स्तरीकृत और मानक होती है, वहीं दूसरी ओर यह मानक के नियमों को अतिक्रमित करने वाली अथवा अतिरिक्त नियमों को आरोपित करने वाली भी होती है। इतना ही नहीं, इस शैली में वैयक्तिक शैली और सार्वजनिक शैली के अन्तर्भूत होने की संभावना भी विद्यमान रहती है।

1.7.2 यू0बी0 बोरेव द्वारा निर्दिष्ट शैली के प्रकार

यू0बी0 बोरेव ने अपने आलेख 'द नेचर ॲव स्टाइल ऐंड स्टायलिस्टिक

---

1. रूडोल्फ जी, ट्रोइके, 'एलिमेंट्री ऐंड सेकेंडरी एजुकेशन,' करेंट ट्रेड्ज इन लिंग्विस्टिक्स, खण्ड-12, सम्पा0 टी0ए0 सिबियोक (पेरिस : मूतन, 1974), पृष्ठ 2120

एनालिसिस'[1] (1980) में -'शैली' के छह प्रकारों तथा अपने परवर्ती आलेख 'स्टाइल इन आर्ट'[2] (1985) में 'शैली' के दस प्रकारों का विवेचन किया है। उसके परवर्ती प्रकार-विवेचन में उसके द्वारा पूर्व विवेचित प्रकार भी सम्मिलित हैं।

1.7.2.1 प्रजननात्मक शैली : इस प्रकार की शैली संस्कृति से गहरे जुड़े होती है। यहाँ शैली की अस्मिता और भविता—दोनों ही को सांस्कृतिक इतिहास में और वैयक्तिक कृति की अस्मिता और सर्जना में प्रस्तुत किया जाता है। इस शैली को 1. प्रजननात्मक और 2. प्रजनित जैसे दो रूपों में देखा जाता है। प्रजननात्मक स्तर 'थीम' और 'इंटोनेशन' का स्तर होता है जबकि प्रजनित स्तर अर्थ और मूल्यवत्ता का स्तर।

1.7.2.2 राष्ट्रीय अभिलक्षणात्मक शैली : 'शैली' के इस वैविध्य को संस्कृति-विशेष के राष्ट्रीय शैलिकीय अभिलक्षण के बतौर देखा जाता है। यहाँ क्षेत्रीय शैली विषय, स्वर और लय (थीम, इंटोनेशन और रिद्म) के पृथक् भांडार की वह ठोस गुणवत्ता प्राप्त कर लेती है, जो इतिहास में किसी राष्ट्र के सांस्कृतिक अनुभव पर निर्भर होती है। कोई भी राष्ट्रीय शैली केवल भाषिक तत्त्वों तक सीमित नहीं रहती है। यही कारण है कि ऐसी शैली वाली रचना के अनूदित होने पर भी शैली की यह पहचान नष्ट नहीं होती है, क्योंकि उसके सम्यक् अनुवाद में भी विषय, स्वर और लय की शैलीगत विशेषता यथावत् बनी रहती है। किसी भी राष्ट्रीय शैली की पहचान करना सरल होता है। हिन्दी में माखनलाल चतुर्वेदी, दिनकर, नवीन और सुभद्रा कुमारी चौहान की कविताओं में यह शैली प्राप्त होती है।

1.7.2.3 विशेषकालिक राष्ट्रीय शैली : विशेषकालिक राष्ट्रीय शैली राष्ट्रीय अभिलक्षणात्मक शैली से केवल इस रूप में पृथक् होती है कि इसके अभिलक्षण एक विशेष कालिकता तक सीमित होते हैं। अपनी इस विशेष कालिकता में यह शैली राष्ट्र-विशेष के ऐतिहासिक-सांस्कृतिक विकास को प्रतिबिम्बित करने वाली होती है। हिन्दी में मैथिलीशरण गुप्त की 'भारतभारती' में इस विशेषकालिक राष्ट्रीय संस्कृति के दर्शन होते हैं।

1.7.2.4 रचना-प्रवृत्ति की निकायपरक या आन्दोलनात्मक शैली : इस शैली को निकाय और आन्दोलन-विशेष की प्रवृत्तिपरक शैली के रूप में रेखांकित किया जाता है, क्योंकि यह निकाय और आन्दोलन के माध्यम से स्वरूपित होती है। इनके अनुसार

---

1. यू0 बी0 बोरेव, 'द नेचर ऑव स्टाइल ऐंड स्टायलिस्टिक एनालिसिस', मार्क्सिस्ट-लेनिनिस्ट एस्थेटिक्स ऐंड द आर्ट्स, अनु0 ऐंगुस रोक्सबर्ग (मस्क्वा : प्रोग्रेस पब्लिशर्ज, 1980), पृष्ठ 295
2. यू0 बी0 बोरेव, 'स्टाइल इन आर्ट,' एस्थेटिक्स : अ टेक्स्ट बुक (मस्क्वा : प्रोग्रेस पब्लिशर्ज, 1985), पृष्ठ 152-154

ही यह परिवर्तनीय होती है। इस शैली की विशेषता यह है कि एक आन्दोलन या निकाय के अन्तर्गत अपनी पहचान बना लेने के कारण यह उसके अन्तर्गत आने वाले प्रत्येक रचनाकार की शैली–विशेषता बन जाती है। जैसे— हिन्दी में रीतिकालीन शैली, छायावादी शैली।

1.7.2.5 रचनाकार की वैयक्तिक शैली : रचनाकार की वैयक्तिक शैली उसकी लाक्षणिक-आलंकारिक सोच को प्रतिबिम्बित करती है। इसका मूल मनुष्य के व्यक्तित्व की अवधारणा, उसकी आत्म-अभिज्ञा तथा उसके आस्वाद, सिद्धान्त और क्रियाकलाप से जुड़ी उसकी वैयक्तिकता में निहित है। हिन्दी में सुमित्रानन्दन पन्त की काव्य-शैली को वैयक्तिक शैली के उदाहरण के बतौर देखा जा सकता है।

1.7.2.6 रचनाकार की विशेषकालिक वैयक्तिक शैली : रचनाकार की वैयक्तिक शैली काल-विशेष के परिवर्तन के साथ परिवर्तनीय भी होती है। रचनाकार काल के बदलाव के साथ-साथ अपने जीवन-क्रम में वैयक्तिकता, मानसिकता के स्वरूप और मूल्य के अभिविन्यास की दृष्टि से बदलता चलता है। इसके अनुरूप उसकी शैली भी परिवर्तित होती है। हिन्दी में 'निराला' की कविता की पूर्ववर्ती और परवर्ती शैली को इसके उदाहरण के रूप में देखा जा सकता है। यहाँ यह द्रष्टव्य है कि यद्यपि रचनाकार की शैली में काल की दृष्टि से भिन्नता आ जाती है, पर इस भिन्नता के बावजूद उसकी वैयक्तिक शैली को उसकी 'बीज-शैली' (Kernel style) के रूप मे उसकी सभी कृतियों में रेखांकित किया जा सकता है।

1.7.2.7 रचना की कृतिपरक शैली : रचना की कृतिपरक शैली की अवधारणा किसी भी प्रतिभा-सम्पन्न रचनाकार के आन्तरिक जीवन की शैली-द्रुतता में निहित होती है। यही कारण है कि उसकी प्रत्येक रचना अपनी निजी शैली के साथ उपस्थित होती है। एक ओर ऐसी कृति के प्रत्येक खंड में साकल्य-शैली का ऐसा कुछ-न-कुछ अवश्य होता है, जो उसे उसी कृति के दूसरे खंडों से जोड़ता है, तो दूसरी ओर अपनी सम्पूर्णता में यह कृति उस रचनाकार-विशेष की दूसरी कृति की शैली से पृथक्ता भी प्रदर्शित करती है। हिन्दी में तुलसीदास की 'रामचरितमानस' की शैली, प्रसाद की 'कामायनी' की शैली और 'निराला' की 'राम की शक्ति पूजा' की शैली को इसके उदाहरण के रूप में लिया जा सकता है।

1.7.2.8 रचना–कृति की तात्त्विक शैली : 'शैली' के वैविध्य-रेखांकन में रचना-कृति के तत्त्व की शैली को बीसवीं शताब्दी की देन माना जाता है। ऐसी शैली को पहले चित्रकला और संगीत कला में रेखांकित किया गया है। यह शैली एक प्रकार की 'कोलाज शैली' है, जो मणिकुट्टिमीय (mosaic) विशेषता से भरी होती है। साहित्य में अन्तर-पाठीय (Inter-textual) अंश को भी उद्धृत किया जाता है, साथ ही शैलिकीय

दृष्टि से एक-दूसरे से विलग दीखने वाले परस्पर विरोधी और असंगत भागों को भी समेकित कर लिया जाता है। इस प्रकार यह शैली कृति में बहुशैलिकीय रूप में उभरती है। हिन्दी कविता में 'निराला' की 'कुकुरमुत्ता' में तथा हिन्दी उपन्यास में विपिन कुमार अग्रवाल की 'बीती आप बीती आप' में इस शैली की झाँकी प्राप्त होती है।

1.7.2.9 देश-सीमातीत युगान्तर-शैली : इस प्रकार की शैली में जहाँ युगान्तरकारिता (Epoch) का तत्त्व प्रमुख होता है, वहीं यह शैली देश-सीमातीत भी होती है। उदाहरण के लिए क्लासिसिज्म की युगांतर शैली जर्मनी, फ्रांस और रूस में देश की सीमा से परे जाकर एक जैसी शैलीगत विशेषताओं को उपस्थापित करती दीखती है। क्लासिसिज्म की इस शैली में ऐतिहासिक-विकासात्मक चरण की वैसी सामान्य शैलिकीय विशेषताएँ प्राप्त होती हैं जो एक समान जीवन-शैलियों, प्रविधियों और क्रियाकलाप के रूपों को, परिणामतः संस्कृति की समानता को प्रस्तुत करती हैं। इस प्रकार यह शैली अन्तर-राष्ट्रीय सांस्कृतिक सम्प्रेषण को गति देती भी दीखती है।

1.7.2.10 युगान्तर शैली : इसके अन्तर्गत किसी युग-विशेष में प्रवर्तित कला के अन्तर्गत आने वाली सभी प्रकार की कृतियों के शैली-वैविध्य का समाकलन हो जाता है। भले ही वे सामान्य शैलिकीय दृष्टि से एक-दूसरे के विपरीत क्यों न हों। युगान्तर शैली के अस्तित्व का पता इस तथ्य से ही चल जाता है कि आज भी हम आधुनिक कला या आधुनिक साहित्य की चर्चा किये बिना नहीं रह पाते हैं, यद्यपि इसके अन्तर्गत विसदृश वैयक्तिक शैली-प्रवृत्तियाँ और कृतिपरक शैली-प्रवृत्तियाँ भी क्रियाशील होती हैं। वस्तुतः इसका सामान्य अभिलक्षण शैली की वैयक्तिक और वर्गगत अधिकता को एकीकृत करने के साथ-साथ किसी ऐतिहासिक युग-विशेष के प्रतिनिधि-तत्त्व को अंकित करना भी है।

1.7.3 आइ0आर0 गाल्प्रिन द्वारा निर्दिष्ट प्रकार

गाल्प्रिन ने शैली को भाषा की अन्तर्ग्रथित पद्धति मानते हुए, सम्प्रेषण के निश्चित उद्देश्य के आधार पर उसके निम्नलिखित प्रकार निर्दिष्ट किये हैं।[1]

1.7.3.1 ललित साहित्य की शैली (बेलेस-लेटर्स स्टाइल) : इसके अन्तर्गत काव्य, नाटक और सम्वेगात्मक गद्य-जैसी विधाओं की शैली आती है।

1.7.3.2 प्रचारात्मक शैली (पब्लिसिस्टिक स्टाइल) : इसके अन्तर्गत भाषण और निबन्ध की शैली आती है। पत्र-पत्रिकाओं में प्रकाशित लेख में भी यही शैली होती है।

---

1. आइ0आर0 गाल्प्रिन, स्टायलिस्टिक्स (मस्क्वा : हायर स्कूल पब्लिशिंग हाउस, 1971), पृष्ठ 18-19

1.7.3.3 समाचारपत्रात्मक शैली (न्यूजपेपर स्टाइल) : इसके अन्तर्गत समाचार, समाचार-शीर्षक, सूचना, विज्ञापन आदि की शैली आती है।

1.7.3.4 वैज्ञानिक गद्य–शैली (साइंटिफिक प्रोज स्टाइल) : इसके अन्तर्गत मानवीय विज्ञान और शुद्ध विज्ञान की लेखन-शैली आती है।

1.7.3.5 कार्यालयीन पत्र–शैली (द स्टाइल अॅव ऑफिशियल डाक्यूमेंट): इसके अन्तर्गत राजनयिक, वैधानिक, सैनिकीय और व्यापारिक पत्र-व्यवहार की शैली आती है।

1.7.4 रिचर्ड गुंटर द्वारा निर्दिष्ट प्रकार

रिचर्ड गुंटर ने साहित्यिक कृति में उपलब्ध शैली के दो प्रकारों का निर्देश किया है।[1]

1.7.4.1 वैयक्तिक शैली : इस रूप में शैली रचनाकार की उपस्थिति के अतिरिक्त और कुछ नहीं होती। यह उपस्थिति दुराग्रह-भरी या आत्मतुच्छता-भरी हो सकती है अथवा आह्लादक-प्रीतिकर या खिझानेवाली-कष्टकर हो सकती है, किन्तु यह स्वत: कृति के लिए परिसरीय या परिधिमूलक अस्तित्व ही रखती है।

1.7.4.2 प्रकार्यमूलक शैली (फंक्शनल स्टाइल) : इस रूप में शैली कृति का मूलभूत भाग बन जाती है। उदाहरण के लिए शैली इस रूप में किसी उपन्यास के आत्मालाप या संलाप में चरित्र की रचना तक को प्रभावित करती बहुत सख्त रूप में उपस्थित होती है।

1.7.5 रोबर्ट केवेल्सन द्वारा निर्दिष्ट शैली के प्रकार

रोबर्ट केवेल्सन ने व्याकरणिक वाक्य-रचना के आधार पर भाषिक शैली के तीन प्रकार निर्दिष्ट किये हैं।[2]

1.7.5.1 सकर्मक शैली (ट्रांजिटिव स्टाइल) : हिन्दी में इसे सकर्मक शैली कह सकते हैं। यह क्रिया के द्वारा विशेषीकृत शैली होती है, जो सक्रिय प्रतिभागी के परे तक विस्तृत होती है। यथा–वह पानी बिखेरता है। यहाँ वाक्य में कर्ता, क्रिया के अतिरिक्त कर्म भी उपस्थित है। इसी कारण इसे सकर्मक शैली कहेंगे।

1.7.5.2 क्रियात्मक शैली (एरगेटिव स्टाइल) : यह शैली क्रिया-मात्र के द्वारा विशेषीकृत होती है। यहाँ प्रतिभागी या कर्ता उपस्थित नहीं होता। यथा—पानी बिखरता है।

---

1. रिचर्ड गुंटर, ऐन0 एस0 रिव्यू अॅव 'द फंक्शनिंग अॅव सेंटेंस-स्ट्रक्चर इन द स्ट्रीम अॅव कंशसनेस टेकनीक अॅव विलियम फॉकनर्स द साउंड ऐंड द फ्यूरी,' अ स्टडी इन लिंग्विस्टिक स्टायलिस्टिक्स बाई अइरेना कालुजा, मिसिसिपी क्वार्टरली, पृष्ठ 264
2. रोबर्ट केवेल्सन, स्टाइल : सिम्बालिक लैंग्वेज स्ट्रक्चर ऐंड सिंटैक्टिक चेंज, (लिसे : द पेटर डि राइडर प्रेस, 1976), पृष्ठ 14

1.7.5.3 घटितिपरक अकर्मक शैली (इंट्रांजिटिव स्टाइल) : यह शैली प्रतिभागी के आन्तरिक संघटन के गुणात्मक क्रिया-व्यापार द्वारा विशेषीकृत होती है। यथा—निआग्रा झरता है।

'ट्रांजिटिव' शैली जहाँ कर्मकता से सम्बंध रखती है, वहाँ एरगेटिव क्रियात्मक प्रेरणार्थकता में परिणामित होती है और 'इंट्रांजिटिव' शैली घटित-मात्र होती है। हैलीडे ने सामाजिक प्रकार्यमूलकता की दृष्टि से इंट्रांजिटिव शैली को 'शिशुपरक निस्सहाय व्यवहार' के रूप में देखा है, जब कि 'ट्रांजिटिव शैली' को परिपक्व और उत्तरदायी व्यवहार के रूप में निरूपित किया है।[1]

हैलीडे के अनुसार 'सकर्मकता यथार्थ तौर पर अनुभव की अर्थपरक संघटना की आधारशिला है··· सकर्मकता विकल्पों का वह कुलक है, जिसके द्वारा वक्ता या प्रयोक्ता बाह्य संसार की प्रक्रियाओं के अनुभव और अपनी चेतना के आंतरिक संसार को संपुटित/कूटबद्ध (इनकोडेड) करता है'',[2] जबकि ''अकर्मकता ऐसी है मानो यहाँ करना उतना ही विधेयात्मक है, जितना देखना। यहाँ चीजें प्रत्यक्षीकरण की अपेक्षा क्रिया-व्यापार से अधिक प्रभावित नहीं होतीं। यहाँ व्यक्ति और कर्म के बीच कोई प्रभावी सम्बन्ध नहीं होता। अकर्मकता के प्रयोक्ता घटनाओं में अपने-आपके अथवा अपने शरीरी भाग के अलावा और किसी चीज को उपस्थित नहीं करते।''[3]

हिन्दी में डॉ0 रवीन्द्रनाथ श्रीवास्तव ने ऊपर निर्दिष्ट तीन शैलियों में से अकर्मक और सकर्मक—इन दो शैलियों की चर्चा की है। उन्होंने इन दोनों शैलियों के अन्तर को रचनाधर्मिता के सन्दर्भ में रेखांकित किया है।[4] उनके शब्दों में-''सकर्मक लेखन में लेखन (क्रिया) कुछ और कर्म (कर्म) की भी अपेक्षा रख कर चलता है (जैसे, 'लड़का आम खा रहा है', वाक्य में खाने की क्रिया अपने अर्थ-व्यापार में कर्म (आम) को भी साधे हुए है), जबकि अकर्मक लेखन में लेखन ही रचना की क्रिया भी है और कर्म भी (जैसे, 'लड़का दौड़ रहा है' वाक्य में 'दौड़ना' क्रिया का अर्थ है 'दौड़ (कर्म) दौड़ना'।) दोनों ही लेखन-प्रकार, सकर्मक और अकर्मक सामान्य, सहज हो सकते हैं अथवा बलार्थक, विपथित।''[5] बलार्थक सकर्मक लेखन-शैली उसे कहते हैं,

---

1. एम0 ए0 के0 हैलीडे, एक्सप्लोरेशंज इन द फंक्शन ऑव लैंग्वेज (लण्डन : एडवर्ड आर्नल्ड, 1973), पृष्ठ 126
2. वही।
3. वही।
4. रवीन्द्रनाथ श्रीवास्तव, 'पाठक की रचनाधर्मिता', अभिरुचि(नई दिल्ली : रधाकृष्ण प्रकाशन, मई 1981), पृष्ठ 79
5. वही।

जिसमें उसका बल लेखन के गुण-'धर्म' की अपेक्षा 'कर्म' पर अधिक होता है। यहाँ केन्द्रण का बिन्दु भी कर्म ही होता है। इससे प्रचार-साहित्य का जन्म होता है। इसके ठीक दूसरे छोर पर अकर्मक लेखन-शैली आती है। इसकी सहज शैली वह होती है, जिसमें कहानी 'कहानी' की तरह और कविता 'कविता' की तरह लिखी जाती है, पर बलार्थक हो जाने पर अकर्मक लेखन-शैली 'कला कला के लिए' सिद्धान्त को जन्म देती है। यहाँ ध्यानीय बिंदु यह है कि सहज अकर्मक लेखन की शैली उस साभिप्रायता से जुड़ी होती है, जिसे पाठक या आलोचक सह-सर्जना के धरातल पर खोलता है। वाग्मिताशास्त्र की दृष्टि से अकर्मक शैली तर्कतः यह सूचित करती है कि प्रत्यक्ष हो रहे कर्ता के साथ उसका योजक संबंध बना हुआ है, जब कि सकर्मक शैली अपने रूप (फॉर्म) पर आधारित तर्क के अनुरूप कर्ता का कर्म के साथ सम्बन्ध जताती है।[1] जेस्पर्सन ने सकर्मक शैली में अक्षक (थीमेटिक) प्रकार्य और अकर्मक शैली में वर्तक (रीमेटिक) प्रकार्य का उल्लेख किया है।[2] इन्हें क्रमशः अस्तित्वक (एक्जिस्टेट्स) और आविर्भावक (आकरेंटस) भी कहा गया है।[3] केवेल्सन ने उद्गम में अकर्मक संरचना को नवीन अभिसूचना प्रदान करने वाला शैलिकीय कौशल माना है। यह अपनी वर्तमान पृष्ठभूमि के विरोध में, जिसे प्रदत्त, ज्ञात अथवा अक्षक कहा जाता है, वर्तक के रूप में उपस्थित हुआ करता है।[4]

1.7.6 डॉ0 रवीन्द्रनाथ श्रीवास्तव द्वारा निर्दिष्ट शैली के प्रकार

डॉ0 रवीन्द्रनाथ श्रीवास्तव ने भाषिक चयन को नियंत्रित करने वाले तत्त्वों को दृष्टि में रखते हुए शैली के दो भेद निर्दिष्ट किये हैं :

1. बहिर्निष्ठ शैली (एक्सट्रिंसिक स्टाइल) और
2. अन्तर्निष्ठ शैली (इंट्रिंसिक स्टाइल) तथा उसे व्याख्यायित किया है।[5]

1.7.6.1 बहिर्निष्ठ शैली : बहिर्निष्ठ शैली उसे कहते हैं, जिसके चयन के नियंत्रक उपादान रचना-कृति के भीतर न होकर बाहर हुआ करते हैं। यहाँ कृति की भाषिक संरचनापरक विशेषताओं का अध्ययन-विश्लेषण रचनाकृति से बाहर करना संभव होता

---

1. रोबर्ट केवेल्सन, स्टाइल : सिम्बॉलिक लैंग्वेज़ : स्ट्रक्चर ऐंड सिंटेक्टिक चेंज (लिसे द पेटर डि राइडर प्रेस, 1976), पृष्ठ 29
2. ऑटो जेस्पर्सन, एनालिटिक सिंटैक्स (न्यूयार्क : हाल्टरिनेहार्ट ऐण्ड विंस्टन, 1969), पृष्ठ 127
3. रोमन याकोब्सन, सिग्ने जीरो, 1933, पुनर्मुद्रित, रीडिंग्ज इन लिंग्विस्टिक्स, भाग-2, सम्पा0 हैम्प, हाउसहोल्डर, ऑस्टरलित्ज़ (शिकागो : यूनिवर्सिटी ऑव शिकागो प्रेस, 1968), पृष्ठ 265
4. रोबर्टी केवेल्सन, वही, पृष्ठ 45
5. रवीन्द्रनाथ श्रीवास्तव, 'बहिर्निष्ठ और अन्तर्निष्ठ शैली,' संरचनात्मक शैली विज्ञान (दिल्ली : आलेख प्रकाशन, 1979), पृष्ठ 30

है। इस प्रकार की शैली में चयन के नियंत्रण-तत्व व्याकरण, रचनाकार का व्यक्तित्व, युग-विशेष की प्रवृत्ति और काव्य-रूप या विधा-विशेष पर आधारित होते हैं। इन आधारों पर क्रमशः संस्कृतनिष्ठ, प्रेमचन्दीय, रीतिकालीन या छायावादी और नाटक या गीत की शैली की बात की जाती है।

1.7.6.2 अन्तर्निष्ठ शैली : अन्तर्निष्ठ शैली उसे कहते हैं, जिसके चयन को कलात्मक संवेग निर्यंत्रित करता है। यह काव्यकृति की आन्तरिक सत्ता के रूप में स्थिर होती है। इसे आभिवैयक्तिक वैशिष्ट्य के रूप में रचनाकृति से बाहर नहीं लाया जा सकता। अन्तर्निष्ठ शैली कृति की संरचनात्मक विशेषता ही होती है। दूसरे शब्दों में यह कृति की काव्यवस्तु से अविच्छिन्न होती है। इसे सहेतुक भाषा-विधान के रूप में रेखांकित किया जाता है। लेखक के दो शब्दों में–"अन्तर्निष्ठ शैली उन सभी भाषिक विधानों का समुच्चय है, जो भाषा और कला के अनुबंधन-क्षेत्र के भीतर आते हैं। अपनी प्रकृति में ये 'परिवृत्ति-विमुख' होते हैं और पदनिवेश, निष्कम्पता अथवा पद-स्थैर्य के गुण से युक्त रहते हैं अर्थात् ये वे भाषिक तत्व हैं, जिनको पर्याय द्वारा स्थानान्तरित करना संभव नहीं होता।"[1]

1.7.7 एंक्विस्ट द्वारा निर्दिष्ट शैली के प्रकार

एंक्विस्ट ने 'शैली' को 'लांग' और 'पेरोल' के आधार पर दो प्रकारों में वर्गीकृत किया है।[2]

1.7.7.1 व्यक्ति शैली : यह वाक् (पेरोल)-क्षेत्रीय होती है।

1.7.7.2 वर्ग शैली : यह भाषा (लांग)-क्षेत्रीय होती है।

1.7.8 जोसेफ वाचेक (Josef Vachek) द्वारा निर्दिष्ट शैली के प्रकार

वाचेक ने 'DICTIONAIRE DE LINGVISTIQE DE I' ECOLE DE PRAGUE' में विशेष भाषाओं और प्रकार्यात्मक शैलियों के बीच अंतर स्पष्ट किया है।[3] यहाँ वह विशेष भाषाओं का स्थानीकरण 'लांग' के अंतर्गत तथा प्रकार्यात्मक शैलियों का स्थानीकरण 'पेरोल' के अन्तर्गत करता है। इससे यहाँ शैली के (1) समूह शैली तथा (2) व्यक्ति शैली जैसे दो प्रकार सामने आते हैं। पर वाचेक द्वारा निर्दिष्ट व्यष्टिपरक (Individualist) शैली से निर्वैयक्तिक (Impersonal) शैली—उस प्रकार का सम्प्रेषण

---

1. रवीन्द्रनाथ श्रीवास्तव, 'बहिर्निष्ठ और अन्तर्निष्ठ शैली', संरचनात्मक शैलीविज्ञान (दिल्ली : आलेख प्रकाशन, 1979), पृष्ठ 30-31
2. निल्स एरिक एंक्विस्ट, 'स्टाइल : लांग ऐंड पेरोल, लिंग्विस्टिक स्टायलिस्टिक्स (पेरिस : मूतन, 1973), पृष्ठ 38-39
3. जोसेफ वाचेक, डिक्सनेर द लिंग्विस्तीक द लॅ' इकोल द प्राग (अन्त्रेस्व्त : अमवेर्स, 1966), पृष्ठ 44

जहाँ व्यक्ति भाषिक मानक से बच निकलने के लिए संघर्ष करता है—के विवरण को अलगाने की अपेक्षा दीखती है।

1.7.9 लुबोमिर डोलजेल द्वारा निर्दिष्ट शैली के प्रकार

चेकभाषाविद् डोलजेल ने 'एकल (Single) प्रोक्ति' और 'प्ररूप (type) प्रोक्ति' जैसी शैलियों का निर्देश किया है तथा इनके पारस्परिक अन्तर को स्पष्ट किया है। इनमें 'एकल प्रोक्ति-शैली' सॅस्यूर की 'वाक्' (पेरोल) की अवधारणा के निकट है, क्योंकि यह व्यक्ति की उस क्षमता को समाविष्ट करती है, जिससे एक उद्‌गार या प्रोक्ति में कुछ अभिलक्षणों को व्यवस्थित किया जाता है। पर एँक्विस्ट के अनुसार प्रोक्ति या उद्‌गार के इस पहलू के अध्ययन के लिए प्रोक्ति की सैद्धान्तिकी को जानना अपेक्षित है।

डोलजेल प्रकार्यमूलक शैली को परिभाषित करते हुए ('le but ginerial du complex normalise' du linguintiques', DOLEZEL, 1960 : 196) शैली की चार प्रकार्यमूलक कोटियों का निर्देश करता है।[1]

1.7.9.1 वार्तालापीय (Conversational) **शैली**

1.7.9.2 प्रचार (Publicity) **शैली**

1.7.9.3 वैज्ञानिक (Scientific) **शैली**

1.7.9.4 कलात्मक (Artistic) **शैली**

यहाँ यह ध्यान देने योग्य है कि डोलजेल के इस प्रकार-निरूपण में कलात्मक शैली भी एक प्रकार की प्रकार्यात्मक शैली के बतौर ही उपस्थित होती है, न कि विशेष भाषिक व्यवस्था के बतौर, जैसा कि रूसी रूपवादियों ने इसे कला-इतर सम्प्रेषण के विपरीत प्रस्थापित किया था तथा इसे अपने-आपके प्रति अभिमुख भाषा माना था।

1.7.10 जेनकिन्स (JENKINS) द्वारा निर्दिष्ट शैली के प्रकार

जेनकिन्स ने शैली के दो प्रकार निर्दिष्ट किये हैं।[2] उसने इंडियाना यूनिवर्सिटी में अप्रैल, 1958 में शैली-विषयक आयोजित सेमिनार में चैटमैन की टिप्पणी को उद्धृत करते हुए शैली-1 और शैली-2 जैसे प्रकारों का निर्देश किया था। इस प्रकार-निर्देश के मूल में 'शैली' की स्थायी गुणवत्ता (Enduring Quality of style) को आधार बनाया गया

---

1. लुबोमिर डोलजेल, ऑन द स्टाइल ऑव मॉडर्न चेक प्रोज़ (प्राहा : चेकोस्लॉवेंस्का एकेदमी बेट, 1960), पृष्ठ 196
2. जेनकिन्स, 'कमेंट्स टु पार्ट ऐट' (साइकोलॉजिकल एप्रोचिज़ टु द प्रोब्लेम ऑव स्टाइल), स्टाइल इन लैंग्वेज, सम्पा० टी० ए० सिबियोक (न्यूयार्क : द टेकनॉलॉजी प्रेस ऑव मस्साच्यूसेट्स इंस्टीट्यूट ऑव टेक्नॉलॉजी, 1960), पृष्ठ 331-332

है। जेनकिन्स द्वारा किये गये शैली के इस प्रकार-निर्देश को प्राथमिक और द्वितीयक शैली-प्रकार के रूप में देखा जा सकता है :

1.7.10.1 प्राथमिक शैली–प्रकार (शैली–1) : चैटमैन ने विद्रूपिका (Burlesque) शैली की चर्चा की थी तथा बताया था कि इसे सरलता से पहचाना जा सकता है, पर यह व्यक्ति से संबद्ध नहीं है। जेनकिन्स इसे कला-रूप या काव्यरूप से संबद्ध शैली के बतौर रेखांकित करता है। उसके अनुसार शैली-1 कृति में होती है, व्यक्ति में नहीं। (It is in the work and not in the person) शैली की यह स्थायी गुणवत्ता उसे कलारूपों में प्रत्यक्ष होती दिखती है। इस व्यापक अर्थ में रोजर ब्राउन के परामर्श के अनुरूप एक पूरी भाषा एक शैली के रूप में सुविचारित हो सकती है। जैसे–उपन्यास-भाषा की शैली, काव्यभाषा की शैली, काव्य-प्रभेदों की भाषा की शैली, काव्य के उपप्रभेदों की भाषा-शैली। कहना न होगा कि इन शैलियों में एक प्रकार का संरचनात्मक अस्तित्व (Constructive existence) विद्यमान होता है। इस प्रकार प्राथमिक शैली ऐसी स्थायी और सुस्पष्ट गुणवत्ता का संवहन करती है, जो पहचान में आने योग्य होती है।

1.7.10.2 द्वितीय शैली–प्रकार (शैली–2) : शैली-2 काव्यरूप-प्रति-काव्यरूप अथवा कृति-प्रति-कृति जैसी शैलीपरक अवधारणा से संबंधित नहीं है। इसके प्रतिकूल यह शैली-प्रकार उस वैशिष्ट्य से संबंधित है जिसे रचनाकार (व्यक्ति) विशेष काव्यरूप या कलारूप की शैलीगत विशेषताओं के बतौर अपनी ओर से ढाल देता है। यहाँ शैली के रूप में व्यक्तिगत विशेषताओं को, रचनाकार की ऐसी स्थायी विशेषताओं को वर्णित-व्याख्यायित किया जाता है, जो उसकी कविताओं में, उसके उपन्यासों में, उसके व्याख्यानों में, उसकी भंगिमाओं में उसकी निजता के बतौर सहसा उजागर हो उठती है। व्यक्ति-शैली की ये विशेषताएं मानक काव्य-रूपों को अनुकूलित (घटाती-बढ़ाती), रूपांतरित और परिवर्तित तक करती पायी जाती हैं।

1.7.11ऑस्गुड (OSGOOD) द्वारा निर्दिष्ट शैली के प्रकार

ऑस्गुड ने स्वभाव की वैशिष्ट्यपरकता के आधार पर 'शैली' के दो प्रकार निर्दिष्ट किये हैं।[1]

1.7.11.1 वैयक्तिक (Individual) शैली और

1.7.11.2 स्थितिगत (Situational) शैली

1.7.11.1 वैयक्तिक शैली : ऑस्गुड के अनुसार वैयक्तिक शैली व्यक्ति-विशेष

---

1. ऑस्गुड, 'कमेंट्स टु पार्ट एट' (साइकोलॉजिकल एप्रोचिज टु द प्रोब्लेम ॲव स्टाइल), स्टाइल इन लैंग्वेज, सम्पा0 टी0 ए0 सिबियोक (न्यूयार्क : द टेकनॉलॉजी प्रेस ॲव मस्साच्यूसेट्स इंस्टीट्यूट ॲव टेकनॉलॉजी, 1960) पृष्ठ 333-334

की वह अभिव्यक्ति-शैली है जिसमें स्थिति-निरपेक्ष रूप में उसकी वैयक्तिकता सुरक्षित होती है। उदाहरण के लिए शेक्सपियर की नाट्यशैली अथवा किसी व्यक्ति-विशेष के भाषण अथवा लेखन की निजी शैली में इस वैयक्तिकता को रेखांकित किया जा सकता है। ऑस्गुड ने वैयक्तिक शैली की व्याख्या करते हुए बताया है कि यदि एक व्यक्ति स्थिति-निर्भर रूप में—चाहे वह दूरभाष पर बात कर रहा हो या आत्महत्या करने के पूर्व अपनी टिप्पणी लिख रहा हो अथवा कविता की रचना कर रहा हो—नये मानक के प्रति या नये साँचे के प्रति अन्तरण करता है, तो उसका यह अन्तरण व्यक्ति-रूप में उसकी निजी विशेषता है। वह किसी भी नयी स्थिति में अभिव्यक्ति करते समय दूसरे व्यक्तियों द्वारा की जाने वाली अभिव्यक्ति से विचलन करेगा तथा अपनी विशिष्ट अभिव्यक्ति-शैली उपस्थित करेगा। इस प्रकार एक व्यक्ति जब स्थिति-निरपेक्ष रूप में, जहाँ तक उसकी शैली की विचलित विशेषताओं का प्रश्न है, अपनी उन्हीं विचलित शैलियों को बार-बार दुहराएगा तो यह विशेषता उसकी व्यक्ति-शैली की विशेषता होगी। पर जब वह स्थिति-सापेक्ष रूप में एक स्थिति में एक प्रकार की अभिव्यक्ति-शैली और दूसरी स्थिति में दूसरे प्रकार की अभिव्यक्ति-शैली का सहारा लेगा तब यह उसकी व्यक्ति-शैली की विशेषता नहीं हो पाएगी। उदाहरण के लिए यदि एक व्यक्ति अत्यंत दूरी वाले किसी व्यक्ति से दूरभाष पर बातचीत करने की अपेक्षा 'नर्वस' हो जाता है तब गह उसकी व्यक्ति-शैली की विशेषता नहीं होकर स्थिति-शैली की विशेषता बन जाएगी।

1.7.11.2 स्थितिगत शैली : स्थितिगत शैली वह शैली है जिसे व्यक्ति/लेखक स्थिति से अभिप्रेरित, प्रभावित या परिणामित रूप में अभिव्यक्ति प्रदान करता है। ऑस्गुड ने इसके लिए बच्चों की परी-कहानियां और अठारहवीं शताब्दी के अंग्रेजी उपन्यासों का उदाहरण प्रस्तुत किया है।

अप्रैल, 1958 में इंडियाना यूनिवर्सिटी में आयोजित शैली-विषयक महत्त्वपूर्ण सेमिनार में ऑस्गुड ने 'सम इफ़ेक्ट्स ऑव मोटिवेशन ऑन स्टाइल ऑव इनकोडिंग' शीर्षक अपना आलेख पढ़ते हुए जब वैयक्तिक शैली और स्थितिगत शैली जैसे दो महत्त्वपूर्ण शैली-प्रकारों का उल्लेख किया था तब रोमन याकोब्सन ने अपनी प्रतिक्रियात्मक टिप्पणी में इस विभाजन को भ्रामक (Confusing) बताया था। ऑस्गुड ने याकोब्सन के आरोप का खंडन किया था। उसने कहा था कि जब लोग दूरभाष पर बातचीत करते हैं तब उसकी एक विशेष स्थिति होती है। यह स्थिति माध्यम की अपनी विशेषताओं के कारण होती है। यहाँ वह सम्बोधिती, जिससे बातचीत की जाती है, दैहिक रूप में प्रत्यक्ष नहीं होकर अनुपस्थित होता है वक्ता को उस स्थान-विशेष पर स्थिर रहना होता है, उसके चलने-फिरने पर स्थितिगत नियंत्रण होता है। वास्तव में यहाँ स्थितियों का ऐसा जमघट उपस्थित होता है जो सभी भाषिक स्तरों पर

कुछ-न-कुछ मात्रा में व्यक्ति की अभिव्यक्तिगत चयन-संभावनाओं को संशोधित, परिवर्तित, सीमित और प्रतिबंधित कर उठता है। यहाँ यह शैलीगत परिवर्तन कर्तृवाच्य से कर्मवाच्य तक में हो सकता है तथा दूसरी स्थितियों में सुनिश्चित, सामान्य बातचीत के बारम्बारी साँचे तक में हो सकता है। अब यदि इस उदाहरण को व्यक्ति-रचनात्मक, शाब्दिक जैसे अन्य भाषिक स्तरों तक विस्तारित कर दें तो यही स्थितिगत शैली का उदाहरण हो जाएगा।

कहना न होगा कि दूरभाष पर बातचीत की शैली स्थितिगत शैली का सटीक उदाहरण है। यह सामान्य या यादृच्छिक बातचीत से विचलित रूप में उपस्थित होती है। पर यह उस रूप में विचलित नहीं होती है जिस रूप में उपन्यास या कविता की शैली सामान्य अभिव्यक्ति से विचलित होकर सामने आती है। यहीं यह तथ्य भी ध्यान देने योग्य है कि स्थितिगत शैलियों के रूप में उपन्यास और कविता के भी अपने-अपने विशिष्ट ढाँचे हैं। फिर भी दूरभाष पर की जाने वाली बातचीत की शैली को अपवर्जक रूप में (Exclusively) स्थितिगत शैली का उदाहरण नहीं माना जा सकता है, क्योंकि उसमें न्यूनाधिक अनुपात में व्यक्ति-शैली के भी उपस्थित रहने की संभावना सुरक्षित होती है।

1.7.12 रूलों वेल्स (RULON WELLS) द्वारा निर्दिष्ट शैली के प्रकार

रूलों वेल्स ने शैली के प्रकार का निर्देश दो रूपों में किया है।[1] एक ओर वह पाठ की प्रकार्यमूलकता के आधार पर शैली का प्रकार-निर्देश करता है, तो दूसरी ओर पाठ में प्राप्त होने वाले वाग्भाग (Parts of speech) की प्रायिकता या बारम्बारिता के आधार पर।

1.7.12.1 प्रकार्यमूलकता के आधार पर वेल्स शैली के दो प्रकारों का निर्देश करता है : 1. वर्णनात्मक (Descriptive) शैली और 2. मूल्यांकनपरक (Evaluative) शैली।

1.7.12.1.1 वर्णनात्मक शैली : वर्णनात्मक शैली मूल्यांकनपरक शैली का पूर्व प्रकार है। वेल्स के अनुसार बिना शैली-मूल्यांकन के विवेक-सम्मत रूप में किया गया शैली-वर्णन तो संभव है, पर बिना शैली-विवरण के शैली-मूल्यांकन कतई संभव नहीं है। वर्णनात्मक शैली शैली का वह प्रकार है जिसमें तथ्यांकों, अभिलक्षणों का सांख्यिकीय विवरण प्रस्तुत किया जाता है। पर इसमें मूल्यांकन की सोद्देश्यता नहीं होती है। शैली के अध्ययन-क्रम में विवरण-प्रस्तोता और मूल्यांकनकर्ता—दोनों ही एक पाठ को भिन्न-भिन्न बिन्दुओं पर और भिन्न-भिन्न सोद्देश्यता से विश्लेषित करते हैं।

---

1. रूलों वेल्स,'नामिनल ऐंड बर्बल स्टाइल,' स्टाइल इन लैंग्वेज, सम्पा0 टी0ए0 सिबियोक (न्यूयार्क: द टेकनॉलॉजी प्रेस ऑव मस्साच्यूसेट्स इंस्टीट्यूट ऑव टेकनॉलॉजी, 1960), पृष्ठ 214-215

1.7.12.1.2 मूल्यांकनपरक शैली : मूल्यांकनपरक शैली यद्यपि वर्णनात्मक शैली पर आधारित होती है, तथापि यह उससे एक चरण अग्रोन्मुख होती है। मूल्यांकनपरकता इसका साध्य होती है और वर्णनात्मकता इसका साधन। निर्वचनात्मकता इस शैली की सोद्देश्यता होती है।

1.7.12.2 पाठ में प्राप्त होने वाली वाग्भागीय बारम्बारिता के आधार पर वेल्स पुनः शैली के दो प्रकारों का निर्देश करता है। 1. नामिक (Nominal) शैली, 2. क्रियात्मक (Verbal) शैली।

1.7.12.2.1 नामिक शैली : जहाँ वाक्य या पाठ में क्रिया की अपेक्षा नामिक के व्यवहार की प्रमुखता परिलक्षित होती है वहां नामिक शैली सक्रिय होती है। पर प्रश्न है कि नामिक क्या है? क्या इसके अंतर्गत सर्वनाम और विशेषण की भी गणना की जा सकती है, क्योंकि ये क्रिया से संज्ञा को अलगाने वाले कई वैशिष्ट्यों में अपनी साँझ रखते हैं! क्या पूरे संज्ञा पदबन्ध को एक संज्ञा-मात्र के रूप में लिया जा सकता है? उदाहरण के लिए 'पर्वत के चरण' को एक-संज्ञात्मक माना जाएगा या द्वि-संज्ञात्मक? वेल्स के यहाँ इन प्रश्नों का उत्तर नहीं है। उसके अनुसार नामिक शैली वाले वाक्यों की संरचना क्रियात्मक शैली वाले वाक्यों की अपेक्षा वर्णों और अक्षरों तक में दीर्घ और प्रलम्बित होती है। वैसे रचनाकार जो नामिक शैली में अभिरुचि रखते हैं उनकी पद-सज्जा दीर्घतर होती है, उनकी वाक्य-रचना में क्रिया के प्रति अनुकूलित संज्ञाएँ क्रिया से अधिक दीर्घतर होती हैं, क्योंकि संज्ञाएँ क्रिया-धातु में प्रत्यय के योग से ही निर्मित हो पाती हैं। अंग्रेजी से उदाहरण लें तो 'When we arrive' और at time of our arrival' जैसे क्रियात्मक और नामिक शैली के दो उदाहरणों से इस तथ्य को अच्छी तरह समझा जा सकता है। पहला उदाहरण क्रियात्मक शैली का है, जिसमें बारह वर्णों और चार अक्षरों (Syllables) के प्रयोग हुए हैं, पर दूसरा उदाहरण नामिक शैली का है, जिसमें इक्कीस वर्णों और आठ अक्षरों के प्रयोग हुए हैं। इनसे क्रियात्मक शैली की अपेक्षा नामिक शैली की दीर्घता-प्रलम्बता स्पष्ट होती है। इसके अतिरिक्त नामिक शैली में प्रतिवाक्य वाक्यांशों (Clauses) की संख्या क्रियात्मक शैली के अनुपात में कम होती जाती है। 'If he does that, he will be sorry' (यदि वह यह करता है, वह दुःखी होगा) जैसे क्रियात्मक शैली वाले वाक्य में दो वाक्यांश हैं, पर 'In the event of doing that he well be sorry' (वैसा करने की स्थिति में वह दुःखी होगा) में एक ही वाक्यांश (Clause) है। इसी तरह नामिक शैली में अलग-अलग प्रकार की वाक्य-रचना की संभावना भी क्षीण होती जाती है और संयुक्त वाक्य लुप्त होते जाते हैं।

नामिक शैली को कुछ शैलीविद् उत्कृष्ट शैली मानते हैं, तो कुछ निकृष्ट। इस शैली को उत्कृष्ट मानने के पक्ष में निम्नलिखित तर्क प्रस्तुत किये जाते है :

1. यह शैली लिखने में सुकर और सरल है। यह शैली 'कैसे कहा जाता है' की अपेक्षा 'क्या कहा जाता है' से अधिक सरोकार रखती है।

2. यह शैली निर्वैयक्तिकता और वस्तुनिष्ठता को उपस्थित करती चलती है। इसमें समापिका क्रिया का अभाव होता है। इसमें रचनाकार का व्यक्तित्व-पक्ष तिरोहित रहता है।

3. यह शैली वैज्ञानिक लेखन के लिए लाभप्रद होती है। समापिका क्रिया न केवल पुरुष से अनुबंधित होती है, अपितु वचन और काल से भी अनुबन्धित होती है। इन तीनों में काल से इसका सर्वाधिक बुनियादी सरोकार होता है। इस शैली में रचनाकार जिस सीमा तक समापिका क्रिया का निषेध करता है उस सीमा तक वह काल के प्रति प्रतिबद्धता का भी निषेध करने में समर्थ होता है।

4. नामिक शैली वार्तालापी शैली की सहजता के प्रतिकूल होती है। इस शैली का लेखन दीक्षणीय, विशेषीकृत और तकनीकी होता है।

पाणिनि की 'अष्टाध्यायी', बादरायण का 'वेदान्त सूत्र' जिस सूत्र-शैली में रचे गये हैं वह वस्तुतः नामिक शैली का ही श्रेष्ठ निदर्शन है। संक्षिप्ति नामिक शैली का वैशिष्ट्य है। इसमें समास का प्रभूत व्यवहार होता है। समास भी बह्वर्थिता से भरे होते हैं।

नामिक शैली को निकृष्ट मानने के पक्ष में निम्नलिखित तर्क दिये जाते हैं :

1. नामिक शैली क्रियात्मक की अपेक्षा कम स्पष्ट और अधिक स्थिर होती है।

2. लम्बी वाक्य-रचना छोटे वाक्यों की अपेक्षा अधिक अस्पष्ट और कम बोध-गम्य होती है।

3. नामिक शैली की वाक्य-रचना एक ही बुनियादी साँचे में ढली होने के कारण नीरस और उबाऊ हो जाती है।

1.7.12.2.2 **क्रियात्मक शैली** : जहाँ वाक्य या पाठ में नामिक की अपेक्षा क्रिया के प्रयोग की बहुलता होती है वहाँ क्रियात्मक शैली सक्रिय होती है। क्रियात्मक शैली के वाक्य छोटे होते हैं। इस शैली में अनेकता और विविधता होती है। इस वैविध्य के कारण इसमें उत्तम शैली की सृष्टि संभव हो पाती है। क्रियात्मक शैली में रचनाकार का आत्मतत्त्व और व्यक्तित्व प्रतिबिम्बित होता है। इसमें समापिका क्रिया और कृदन्त का व्यवहार होता है। फलतः पुरुष, वचन और काल के प्रति इसमें अनुबद्धता-प्रतिबद्धता होती है। क्रियात्मक शैली को अधिक प्रभावी माना जाता है। सर्जनात्मक लेखन में क्रियात्मक शैली का सहज विस्तार प्राप्त होता है।

वेल्स ने यह प्रश्न भी उठाया है कि कौन-कौन से भाषिक एकक क्रियात्मक

हैं? क्या असमापिकाएँ—क्रियात्मक विशेषण, समानाधिकरण—क्रियाएँ हैं अथवा नामिक अथवा दोनों ही? इसी तरह क्या संयोजक (COPULA) क्रियात्मक है? इसे शुद्ध क्रिया नहीं माना जाता है, क्योंकि इसका प्रकार्य तार्किक होता है। पर दूसरी ओर यह अन्य क्रियाओं की तरह पुरुष, काल आदि से अनुबंधित होता है।

1.7.13 ग्लीयसन (GLEASON) द्वारा निर्दिष्ट शैली के प्रकार

ग्लीयसन ने वाचिक और लिखित सन्दर्भ में शैली के पाँच-पाँच प्रकार निर्दिष्ट किये हैं।[1] उसका यह प्रकार-निर्देश मूलतः वक्ता और लेखक की अभिवृत्ति पर आधारित है।

1.7.13.1 वाचिक सन्दर्भ : इस सन्दर्भ में ग्लीयसन द्वारा निर्दिष्ट शैली के पाँच प्रकार निम्नलिखित हैं :

1.7.13.1.1 वक्तृतापरक (Oratonical) शैली,

1.7.13.1.2 विचारात्मक (Deliberative) शैली,

1.7.13.1.3 नैमित्तिक (Causal) शैली

1.7.13.1.4 मंत्रणात्मक (Casual) शैली,

1.7.13.1.5 आत्मीय (Intimate) शैली

1.7.13.2 लिखित सन्दर्भ : प्रस्तुत सन्दर्भ में ग्लीयसन ने 'शैली' के निम्नलिखित पाँच प्रकारों का उल्लेख किया है :

1.7.13.2.1 अति औपचारिक (Hyper-formal) शैली

1.7.13.2.2 औपचारिक (Formal) शैली

1.7.13.2.3 अर्ध-औपचारिक (Semi-formal) शैली

1.7.13.2.4 अनौपचारिक (Informal) शैली

1.7.13.2.5 आत्मीय (Intimate) शैली

लीच (LEECH) द्वारा निर्दिष्ट शैली के प्रकार

1.7.14 ज्योफ्री एन0 लीच के अनुसार 'शैली' 'अर्थ' की तरह ही एक ऐसा शब्द है, जिसे व्यापक और संकुचित अर्थ में प्रयुक्त किया जाता है। इस आधार पर लीच ने 'शैली' को शैली-1 और शैली-2 जैसे दो प्रकारों में वर्गीकृत किया है।[2]

---

1. एच0 ए0 ग्लीयसन, लिंग्विस्टिक्स ऐंड इंग्लिश ग्रामर (लंडन : हॉल्ट, रिने हार्ट ऐंड विंस्टन, 1965), पृष्ठ 353
2. ज्योफ्री एन0 लीच और मिखाइल एच0 शॉर्ट, 'स्टाइल ऐंड च्वाइस,' स्टाइल इन फिक्शन (लंडन : लौंगमैंन, 1981, चतुर्थ मुद्रण, 1985), पृष्ठ 39-41

1.7.14.1 शैली–1 : शैली-1 यह स्पष्ट करती है कि भाषा कैसे किसी प्रदत्त सन्दर्भ में व्यवहृत होती है। शैली का यह प्रकार भाषिक कोड (code) की पृष्ठभूमि में भाषिक व्यवहार को रेखांकित करता है। इसके अन्तर्गत सामान्य भाषिक चयन की अवधारणा का समावेश होता है। यह अवधारणा अपने-आप में अधिक सामान्य अवधारणा है, जो 'शैली' के अधिक व्यापक अध्ययन से संबद्ध है। किसी भी पाठ का शैलिकीय लक्षण-निरूपण शैली-1 के अन्तर्गत किया जाता है।

1.7.14.2 शैली–2 : शैली-2 शैली-वैविध्य का वह प्रकार है, जो शैलिकीय मूल्य की प्रकृति की छान-बीन करता है। शैली-2 यह स्पष्ट करती है कि कैसे भाषा किसी विषय-वस्तु को प्रस्तुत-निरूपित करती है। वस्तुतः यह सान्दर्भिक यथार्थ की पृष्ठभूमि में किया जाने वाला भाषिक व्यवहार है। इसके आधार पर ही शैलिकीय प्रभाव की सविस्तर क्रिया-प्रणाली संभव हो पाती है।

1.7.15 रेने वेलेक (RENE WELLEK) द्वारा निर्दिष्ट शैली के प्रकार

रेने वेलेक ने 'शैली' के पाँच प्रकार निर्दिष्ट किये हैं।[1]

1. वैयक्तिक (Personal) शैली, 2.आलंकारिक (Rhetorical) शैली, 3. युगीन (Period) शैली, 4. कृति (Work) शैली और 5. कलात्मक (Artistic) शैली।

1.7.15.1 वैयक्तिक शैली : इस शैली के मूल में वेलेक ने कवि के 'काव्यात्मक व्यक्तित्व' (The poetic self) को रेखांकित किया है। वेलेक के यहां याकोब्सन का वक्ता (Speaker) प्रेषक (Sender) ही 'काव्यात्मक व्यक्तित्व' में रूपान्तरित हो जाता है। वेलेक के अनुसार कवि के आत्माभिव्यंजन की कई श्रेणियाँ होती हैं। एक श्रेणी वह है जहाँ कवि की अस्मिता उसकी कृति में उपस्थित होती है। यहाँ कवि अपने काव्यात्मक व्यक्तित्व को सज्ञान रूप में पोषित करता है। दूसरी ओर ऐसे रचनाकार भी होते हैं जो अपनी रचना में अपने व्यक्तित्व को पूरी तरह छिपा लेते हैं और वस्तुनिष्ठता की सृष्टि कर डालते हैं। वे जीवन के खंड को यथावत् निरूपित करने का दावा करते हैं। वेलेक रचनाकार के इस द्वि-रूपी व्यक्तित्वाभिव्यंजन में वैयक्तिक शैली को निर्दिष्ट करता है।

1.7.15.2 आलंकारिक शैली : वेलेक का दूसरा शैली-प्रकार सम्बोधिती (Addresser) पर आधारित है। उसके अनुसार ऐसे लेखन की कमी नहीं है, जो पाठक को कुछ करने के लिए या किसी विषय में उसकी मानसिकता या वैचारिकता को बदलने के लिए सीधे आग्रह करता या समर्थन माँगता हो। उदाहरणार्थ प्रचार (प्रौपेगंडा)-साहित्य

---

1. रेने वेलेक, 'क्लोजिंग स्टेटमेंट,' स्टाइल इन लैंग्वेज, सम्पा0 टी0 ए0 सिबियोक न्यूयार्क : टेकनॉलॉजी प्रेस ऑव मस्साच्यूसेट्स इंस्टीट्यूट ऑव टेकनॉलॉजी, 1960), पृष्ठ 415

को लिया जा सकता है। इसके विपरीत दूसरी ओर ऐसा साहित्य भी है जहाँ कवि एकालाप (Monologue) करता दीखता है, वह स्वान्तः सुखाय लिखता है, अपने को ही अपनी रचना में सम्बोधित करता है और वर्षों तक अपनी रचना को अपनी डायरी की तरह अपनी दराज में छिपा कर रखता है। उसे प्रकाशित-प्रसारित तक नहीं करता है। वेलेक का मत है कि सर्जक चाहे पाठक के लिए लिखे या स्वयं अपने लिए, पर शैली की दृष्टि से दोनों प्रकार के लेखन में आलंकारिक शैली रेखांकनीय-उद्घाटनीय होती है।

1.7.15.3 युगीन शैली : वेलेक के इस प्रकार-निर्धारण का मूलाधार याकोब्सन की कोड (Code) की अवधारणा है, जिसे वह परम्परा (Convention or tradition) कहना अधिक युक्तियुक्त मानता है। यहाँ वह प्रत्याशा (Expectancy) और विफलीकरण (Dis-appointment) तथा चर्वित-चर्वण (Banality) और नवीनता (Novelty) जैसे पारिभाषिकों पर भी विचार करता है तथा सोल सपोर्टा की अव्याकरणिकता (Ungrammaticality) की धारणा को भी देखता है। वेलेक केवल नवीनता को मूल्य के रूप में स्वीकार करने का पक्षधर नहीं हैं, क्योंकि इसके आधार पर उसे मार्लो के शेक्सपियर से अधिक श्रेष्ठ होने का खतरा दीखने लगता है। वह ऐतिहासिक प्रतिभा, कालिक प्राथमिकता, नवीनता और सौन्दर्यात्मक मूल्य में अन्तर करना चाहता है। वेलेक परम्परावादिता और अतिशय नवीनता के दो ध्रुवों के बीच रचना में युगीन शैली को अभिहित-रेखांकित करता है।

1.7.15.4 कृति–शैली : वेलेक इस शैली-प्रकार के संदर्भ में दो प्रकार की कृतियों का उल्लेख करता है। पहले प्रकार की कृति वह है, जो अपनी बाह्य संरचना से, अपनी ध्वनियों और शब्दों से पाठकों का सहज ही ध्यान खींचती है। इसके विपरीत दूसरे प्रकार की कृति वह है, जिसकी बाह्य संरचना में कहीं कोई अनूठापन नहीं होता, क्योंकि उसकी भाषा अत्यन्त पारदर्शी होती है। यद्यपि ऐसी कृति अपनी बाह्य संरचना के प्रति पाठकों का ध्यान नहीं खींच पाती है, फिर भी यहाँ बाह्य संरचना पाठकों की अनुभूतियों और अंततः उसके मूल्यांकन तक को प्रभावित करती है। वेलेक ऐसी वैयक्तिक कृति की शैली की परख के लिए कृति-शैली जैसा प्रकार निर्धारित करता है।

1.7.15.5 कलात्मक शैली : रेने वेलेक कलात्मक शैली का मूलाधार यद्यपि याकोब्सन के 'REFERENT' में प्राप्त करता है, पर वह इसके ऐकांतिक अस्तित्व को नकारता है। वह वस्तु-जगत् कला-जगत्, कला-सृष्टि में निरूपित कलात्मक परम्पराओं से भी निर्धारित होता है। यथार्थपरक कला यथातथ्यात्मकता के साथ यथार्थ को प्रतिबिम्बित करती हुई केवल एक परम्परा-विशेष को उजागर करती है। यहाँ वह अनिवार्य रूप में दूसरी परम्पराओं से श्रेष्ठ हो ही, यह अपेक्षित नहीं है। उसकी दृष्टि में यथार्थवाद प्रायः वस्तुनिष्ठता, समसामयिकता आदि को अर्थायित भर नहीं करता है, बल्कि प्राचीनतर परम्पराओं का बहिष्करण भी करता है। वेलेक के अनुसार कलात्मक

शैली यथार्थ के साथ कृति के संबंध से उजागर होती है, क्योंकि ऐतिहासिक सन्दर्भ में प्रत्येक युग में इसे भिन्न रूप में निरूपित करने की आवश्यकता पड़ती है। उसकी दृष्टि से कलात्मक शैली के निरूपण का क्षेत्र चरम शैलीकरण से लेकर प्रतीयमान रूप में सहज अनुकरण तक के विस्तार को समेटता है।

1.7.16 श्रीवास्तव और गुप्त द्वारा निर्दिष्ट शैली के प्रकार

रवीन्द्रनाथ श्रीवास्तव और आर० एस० गुप्त ने 'शैली' के दो प्रकार निर्दिष्ट किये हैं[1]

1.7.16.1 प्रत्यक्ष (Overt) शैली, 1.7.16.2 प्रच्छन्न (Covert) शैली।

1.7.16.1. प्रत्यक्ष शैली : वैसे भाषिक घटक-तत्त्व, जो रूप और अन्तर्वस्तु दोनों को निर्दिष्ट करते हुए कलावस्तु का अंगभूत या अनिवार्य भाग बन जाते हैं प्रत्यक्ष शैली के रूप में सामने आते हैं। इसके अन्तर्गत वैसे अलंकारशास्त्रीय तत्त्वों का समावेश होता है, जिन्हें अस्तित्व के दो स्तरों पर सक्रिय देखा जाता है : 1. संकेतक (Signifier) का स्तर और 2. संकेतित (signified) का स्तर। संकेतक का स्तर जहां पृथक्करणीय रूप (Form) का स्तर होता है, वहां संकेतित का स्तर वियोज्य अन्तर्वस्तु का स्तर होता है। प्रत्यक्ष शैली को कलाकृति से वियोजित किया जा सकता है और उसे विभिन्न युगों तथा विभिन्न काव्यरूपों की भाषिक परम्पराओं, काव्यभाषाओं, मर्यादाओं, वक्तृताओं और शैलियों के बतौर विश्लेषित भी किया जा सकता है।

1.7.16.2 प्रच्छन्न शैली : प्रच्छन्न शैली उन शाब्दिक तत्त्वों में निहित होती है, जिनका संबंध काव्यात्मक प्रकार्य के क्षेत्र से होता है। यह शैली अपनी प्रकृति में वियोज्य नहीं होती है। इसकी विद्यमानता शाब्दिक अभिव्यंजना की रूप और वस्तुपरक द्वन्द्वात्मकता में देखी जाती है। इन सब कारणों से प्रच्छन्न शैली के तत्त्व-रूप में नियोजित भाषा को साहित्यिक प्रकार्य के परिप्रेक्ष्य में ही देखा जाता है।

1.7.17 आर० एस० शर्मा द्वारा निर्दिष्ट शैली के प्रकार[2]

आर० एस० शर्मा ने राजनीति के सन्दर्भ में भाषिक शैली के तीन प्रकार का निर्देश किया है–

1.7.17.1 अभिज्ञान (Style of Indentity) शैली, 1.7.17.2 एकता शैली (Style of Inteqrity) और 1.7.17.3 दूरता शैली (Style of Distance)।

---

1. आर० एन० श्रीवास्तव और आर. एस. गुप्त, 'लैंग्वेजिज इन लिटरेचर,' स्टायलिस्टिक्स ऐंड टेक्स्ट एनालिसिस, सम्पा० सुरेश कुमार (नई दिल्ली : बाहरी पब्लिकेशंज प्रा० लि०, 1987), पृष्ठ 32-33
2. आर० एस० शर्मा, 'स्टाइल ऐज आर्टिफाइस,' स्टायलिस्टिक्स ऐंड टेक्स्ट एनालिसिस, सम्पा० सुरेश कुमार (दिल्ली : बाहरी पब्लिकेशंज प्रा० लि० 1987), पृष्ठ 158-159

1.7.17.1 अभिज्ञान शैली : इस शैली के मूल में पहचान की संवेदनशीलता होती है। जब कोई नेता अपने आप को देश या राष्ट्र के साथ तदाकार करता हुआ भाषिक अभिव्यक्ति करता है तब अभिज्ञान शैली उपस्थित होती है। यथा—'अपने राष्ट्र की सुरक्षा को दाँव पर लगा कर हम किसी भी प्रकार का समझौता नहीं कर सकते।'

1.7.17.2 एकता शैली : इस शैली में वक्ता अपने-आप को सम्बोधिती से श्रोता से जोड़ कर एकरूप कर लेता है। इतना ही नहीं, वह अपने और सम्बोधिती के बीच ऐक्य-संबंध की सृष्टि करता उसे अपने विश्वास में लेता चलता है। यथा—'हमें सबसे पहले अपनी गरीबी मिटानी है, प्रत्येक भारतीय नागरिक के लिए रोटी, कपड़ा, और मकान का इन्तजाम करना है।'

1.7.17.3 दूरता शैली : इसमें वक्ता अपने और सम्बोधिती के बीच एक निश्चित दूरी की सृष्टि कर लेता है। यथा—'आज जो भारत पर आर्थिक दबाव पड़ा है उसको देखते हुए महंगाई जैसी समस्या का सन्तोषप्रद निदान संभव नहीं है।'

1.7.18 हैंड्रिक्स द्वारा निर्दिष्ट शैली के प्रकार[1]

हैंड्रिक्स ने शैली के दो प्रकार निर्दिष्ट करते हुए उनके बीच के पार्थक्य को भी स्पष्ट किया है। उसके अनुसार एक विशिष्ट शैली-प्रकार को किसी भाषा की रचना की ऐसी व्यवस्थापरक उपयोगिता के बतौर, जो किसी व्याकरणिक विवरण की प्रदत्त शैली के लिए सर्वाधिक संशोधनीय होती है, परिभाषित किया जा सकता है। उसके द्वारा निर्दिष्ट शैली के प्रकार निम्नलिखित हैं :

1.7.18.1 प्रकार्यात्मक समूह–शैली (Functional Group style) : यह शैली मुख्यतः अनियत किस्म की वाचिक प्रोक्तियों में अभिव्यक्त होने वाली है। यह रूढ़िबद्ध स्थितियों में सबसे अधिक प्रकट होती है। यहां भाषिक प्रयोग की वैयक्तिक सम्भावनाएँ कम होती हैं। शैली का यह प्रकार साम्प्रेषणिक स्थिति के समाज-शारीरिक विन्यास के प्रति व्यक्ति-विशेष की भाषा के अनुकूलन को निर्दिष्ट करने वाला है। पर प्रत्येक व्यक्ति के पास उसकी प्रकार्यात्मक शैलियों की एक श्रेणी होती है, जो उसके अधिकार में रहती है। इस प्रकार प्रकार्यात्मक शैली-वैविध्य का बिंदु-पथ व्यक्ति के भीतर ही रेखांकित होता है। हाँ, प्रकार्यात्मक समूह-शैली स्थितियों के वर्गीकरण पर निर्भर होती है।

1.7.18.2 साहित्यिक समूह शैली (Literary Group Style) : यह शैली लिखित साहित्यिक पाठ में निरूपित होती है। वास्तव में यह समाज-शारीरिक सन्दर्भ से निरपेक्ष

---

1. डब्ल्यू. ओ० हैंड्रिक्स, ग्रामर्स ऑव स्टाइल ऐंड स्टाइल्स ऑव ग्रामर (न्यूयार्क : एल्जेवियर नार्थ हॉलैंड, 1976), पृष्ठ 106

रूप में अभिव्यक्त होने वाली शैली है। यह माना जा चुका है कि साहित्यिक पाठों के रचयिता का अधिकार उस पाठ-विशेष में केवल एक प्रकार की शैली पर माना जाता है। यह शैली वहां आद्यन्त विद्यमान होती है। इसे व्यक्ति-वर्गीकरण सापेक्ष शैली माना जाता है। साहित्यिक पाठ की प्रकृति स्तरीकृत होती है। इसके परिणामवश साहित्यिक शैली का वर्णन वर्णनात्मक माध्यमों के दो समुच्चयों को समाविष्ट कर लेता है : 1. साहित्यिक या शैली वैज्ञानिक पद और 2. भाषावैज्ञानिक पद। इनमें प्रत्येक साहित्यिक पद को वाक्य-रचना के समूह में से किसी एक के द्वारा क्रियान्वित किया जा सकता है। वास्तव में यहाँ एक शैलिकीय पद और भाषिक अभिव्यक्तियों के समुच्चय के बीच एक-प्रति-अनेक का संबंध स्थापित होता है, जो तदर्थ वर्णनात्मक पदों को प्रत्येक व्यक्ति-शैलीकार के लिए संभव बनाता है और उसकी अद्वितीयता को मान्यता देने का कारण बनता है।

1.7.19 मैथेसियस द्वारा निर्दिष्ट 'शैली' के प्रकार

प्राग-भाषविद् मैथेसियस ने 'शैली' के तीन निर्धारकों के आधार पर 'शैली' के तीन प्रकारों का उल्लेख किया है।[1] मैथेसियस के अनुसार 'शैली' के ये तीन निर्धारक क्रमश: 1. भाषिक सामग्री, 2. रचनाकार का व्यक्तित्व और 3. प्रोक्ति का संलक्ष्य हैं। इनके आधार पर वह भाषिक सामग्री से 1. राष्ट्रीय शैली को, रचनाकार का व्यक्तित्व से 2. वैयक्तिक शैली को और प्रोक्ति का संलक्ष्य से 3. प्रकार्यात्मक शैली को प्रसूत मानकर इनका निरूपण करता है। प्रकार्यात्मक शैली को वह पुन: तीन उपप्रकारों में विभाजित करता है–1. व्याख्यात्मक (Expozitory) शैली। 2. अभिधानपरक/जातिवाची (Appellative) शैली और 3. भावात्मक (Emotive) शैली। उसके अनुसार ये उपप्रकार प्रोक्ति की अन्तर्वस्तु और उसके प्रकार्यात्मक व्यवहार से स्वरूपित होते हैं।

1.7.20 यूरी लोटमान द्वारा निर्दिष्ट 'शैली' के प्रकार

यूरी लोटमान ने 'शैली' के प्रकार-भेद के संदर्भ में पाठक या गृहीता के अनुभावन को आधार बनाया है। उसने अपनी इस दृष्टि के अनुसार पर 'शैली' के दो प्रकार निर्दिष्ट किये हैं[2] 1. प्रत्याशा-परिपूरिका शैली और 2. प्रत्याशा-बाधिका शैली। यहां 'शैली' का पहला प्रकार किसी भी पाठ में उसके साकल्य में पाठकीय प्रत्याशा की प्रतिपूर्ति करने वाला प्रकार है। इसे लोटमान ने 'Aesthetics of identity' कहा है। इसके विपरीत

---

1 मैथेसियस, 'स्पीच ऐंड स्टाइल', रीडिंग्ज ऑन लैंग्वेज ॲव लिटॅरेचर, सम्पा० वी० हैव्रनेक और जे० मुकारोव्स्की (प्राग : 1942), पृष्ठ 36-39

2. द्रष्टव्य, यूरी लोटमान, द स्ट्रक्चर ॲव द आर्टिस्ट टेक्स्ट, अनु० आर० ब्रून (ऐन आर्बर : मिशिगन स्लाविक पब्लिकेशंज, 1977)

'शैली' का दूसरा प्रकार वह है, जो किसी भी पाठ में एक सीमा के बाद पाठकीय प्रत्याशा को व्याहत और विफलीकृत कर देता है। यहाँ प्रत्याशाएँ परिपूरित नहीं हो पाती हैं, उसे बाधित किया जाता है। लोटमान ने इसे 'Aesthetics of Confrontation' कहा है।

1.7.21 क्वेतोश्लाव श्वातिक द्वारा निर्दिष्ट 'शैली' के प्रकार

शैलीविद् श्वातिक ने व्यक्ति और युग के आधार पर क्रमशः 1. व्यक्ति शैली और 2. युगीन शैली जैसे दो शैली-प्रकारों का विवेचन किया है।[1] उसके शब्दों में "'शैली' की समस्या इन दो छोरों के आसपास ही केन्द्रित रही है, आरम्भ से लेकर अब तक एक साथ उनके संघटक-तत्त्वों—एक युग और एक व्यक्ति के इर्द-गिर्द ही।"[2] ज्ञातव्य है कि शैली के इन दो ध्रुवों को अन्य नामों से भी अभिहित किया गया है। उदाहरणार्थ जूलियस वाल श्लोसॅर ने व्यक्ति शैली और युगीन शैली को क्रमशः 1. एकीय (Singular) अभिव्यक्ति और 2. सामान्य (Common) अभिव्यक्ति जैसे नामों से पुकारा है। श्वातिक के अनुसार जहाँ उन्नीसवीं शती में और उसके बाद व्यक्ति-शैली को प्रधानता प्राप्त हो गयी है, वहीं मध्यकाल में युगीन शैली को इतनी प्रधानता प्राप्त थी कि उसने व्यक्ति-शैली को निगरित कर लिया था। हिन्दी में रीतिकाल का रीतिबद्ध काव्य इसका उपयुक्त उदाहरण है।

1.7.22 रवीन्द्र गर्गेश द्वारा निर्दिष्ट शैली के प्रकार

रवीन्द्र गर्गेश ने एक ओर व्यापकता-गहनता के आधार पर तथा दूसरी ओर सम्प्रेषण-केन्द्रित अभिगम के आधार पर शैली के क्रमशः दो और चार प्रकार निर्दिष्ट किये हैं।[3]

1.7.22.1 व्यापकता-गहनता के आधार पर निर्दिष्ट शैली के प्रकार : निल्स एरिक एंक्विस्ट ने व्यापकता-गहनता को आधार बनाकर दो प्रकार के शैलीविज्ञान—व्यापक शैलीविज्ञान (Macro-Stylistics) और गहन शैलीविज्ञान (Micro-Stylistics) का निरूपण किया था।[4] गर्गेश ने इन दोनों प्रकार के शैलीविज्ञान के सन्दर्भ में एंक्विस्ट

---

1. क्वेतोस्लाव श्वातिक, 'द प्रोब्लेम ऑव स्टाइल फ्राम द स्टैंडपोइंट ऑव जेनरल थिअॅरी ऑव आर्ट', लिंग्विस्टिक ऐंड लिटॅरेरी स्टडीज़ इन ईस्टर्न यूरोप, खंड-1, सम्पा0 जॉन ओडमार्क (एम्स्टर्डम : जॉन बेंजामिन वी0पी0, 1979), पृष्ठ 209
2. रवीन्द्र गर्गेश, 'द पर्सपेक्टिब्ज़ ऑव स्टाइल,' लिंग्विस्टिक पर्सपेक्टिव ऑव लिटॅरेरी स्टाइल (दिल्ली : पब्लिकेशन डिवीजन, दिल्ली यूनिवर्सिटी, 1990), पृष्ठ 92
3. निल्स एरिक एंक्विस्ट, 'ऑन डिफ़ाइनिंग स्टाइल,' लिंग्विस्टिक्स ऐंड स्टाइल, सम्पा0 स्पेंसर ऐंड ग्रेगॅरी (लंडन : ऑक्सफोर्ड यूनिवर्सिटी प्रेस, 1964), पृष्ठ 45
4. रोजर फाउलर, लिंग्विस्टिक्स ऐंड द नावेल (लंडन : मैथुइन ऐंड कं0 लि0 1977), पृष्ठ 76

से हट कर दो प्रकार की शैली—व्यापक शैली (Macro-Style) और गहन शैली (Micro-Style) का स्वरूप स्पष्ट किया है।

1.7.22.1.1 व्यापक शैली : व्यापक शैली, प्रकार्य के बतौर, उस भाषिक वैविध्य की प्रस्तुति है, जो प्रकार्यतः अनुकूलित, सन्दर्भतः संवेदनशील और (अपने-आप में) व्यवस्थित रूप में सुव्यक्त होती है तथा प्रोक्ति के मूलार्थ में बिना हेरफेर किये उसे चाप का (अतिरिक्त) तत्त्व प्रदान करती है। गर्गेश के अनुसार 'शैली' की इस परिभाषा में एक प्रकार से सभी प्रकार की शैलियों का समावेश हो जाता है। यह वह सामान्य शैली है, जिसमें गहन शैली तक का सहज समावेश संभव है। यहां यह स्मरणीय है कि एंक्विस्ट द्वारा निरूपित 'व्यापक शैलीविज्ञान' का क्षेत्र जहाँ वाक्यातीत स्तर ('Macro-stylistics is the study of sentence sequences') का है, वहाँ 'व्यापक शैली' की व्याप्ति-सीमा भी वाक्यातीत स्तर तक ही सीमित है।

1.7.22.1.2 गहन शैली : गहन शैली किसी कल्पित प्रोक्ति में सौन्दर्यतः अनुकूलित और संदर्भतः संवेदनशील भाषिक प्रमुखता का प्रकार्य है। गर्गेश ने इस परिभाषा को संकेत-भाषावैज्ञानिक प्रतिमान के अन्तर्गत निर्दिष्ट किया है। उसके अनुसार इस परिभाषा में शाब्दिक कला के भाषिक-सौन्दर्यात्मक आयामों का समावेश होता है। वास्तव में यह साहित्यिक शैली है। पर एंक्विस्ट ने इसे वाक्य और वाक्य से छोटी भाषिक इकाइयों के बीच व्यापारित दिखाया है।

1.7.22.2 सम्प्रेषण-केन्द्रित अभिगम के आधार पर निर्दिष्ट शैली के प्रकार

गर्गेश ने सम्प्रेषण-केन्द्रित चार अभिगमों के आधार पर वक्ता-केन्द्रित, श्रोता-केन्द्रित, संकेतार्थ-केन्द्रित और कोड-केन्द्रित शैली जैसे चार प्रकार निर्दिष्ट किये हैं।

1.7.22.2.1 वक्ता-केन्द्रित शैली : जो शैली वक्ता की अनुभूति, उसके विचार और व्यक्तित्व को अभिव्यक्ति प्रदान करती है वह वक्ता-केन्द्रित शैली कहलाती है। वोसलर, क्रोचे और स्पित्जर की लेखन-शैली इसका दृष्टान्त है।

1.7.22.2.2 श्रोता/सम्बोधित-केन्द्रित शैली : जो शैली सम्बोधिती या श्रोता में भावात्मक प्रभाव उत्पन्न कर देती है वह श्रोता-केन्द्रित शैली कहलाती है। क्लासिकल वाग्मिता-परम्परा में इसके प्रभूत उदाहरण प्राप्त होते हैं। इसके आधुनिक प्रतिनिधि रिफेतेअर, जौस, आइसर और फिश हैं। रिफेतेअर ने याकोब्सन की वस्तुनिष्ठ प्रवृत्तियों के विरोध में 'औसत पाठक' (Average Reader) की धारणा उपस्थित की। पर इस प्रकार की शैली में पाठक/श्रोता की अनुक्रियाओं के प्रमाणीकरण को लेकर समस्या उत्पन्न होती है।

1.7.22.2.3 संकेतार्थ-केन्द्रित शैली : जो शैली प्रतिपाद्य और अभिव्यक्ति-स्वरूप के बीच की नातेदारी को ध्यान में रखती है उसे संकेतार्थ-केन्द्रित शैली कहते हैं। शैली के नियामक सिद्धान्त (Normative theory) ने शैलिकीय उच्चतम और सामाजिक

स्तरीकरण के बीच समानता को समर्थित किया था तथा शैली के निम्न, मध्य और उच्च जैसे प्रभेद स्थिर किये थे। सम्प्रति इसे प्रकार्यात्मक शैलीविज्ञान ने अपने अन्तर्गत समाविष्ट कर लिया है। इसके प्रस्तावक पूर्व योरोपीय शैलीविद् हैं, जो प्रेस, विज्ञान, साहित्य जैसे सामाजिक जीवन के अनेकानेक प्रतिनिधि अंगों के अनुरूप उनकी अलग-अलग शैली की बात करते हैं।

1.7.22.2.4 कोड/संकेत-पद्धति-केन्द्रित शैली : जो शैली भाषिक इकाइयों के बीच चयन-संयोजन के बतौर स्वरूपित होती है, उसे कोड-केन्द्रित शैली कहते हैं। इसके प्रतिनिधि शैलीविद् रोमन याकोब्सन, निल्स एरिक एंक्विस्ट, स्पेंसर, ग्रेगॉरी आदि हैं। यहाँ यदि चयन के संदर्भ में शैली को विरलता बनाम बारम्बारी आविर्भूति के बतौर निरूपित किया जाता है तो शैली को परिमाप्य गुणवत्ता के रूप में रेखांकित किया जाता है, जैसा डोलजेल और बेली के सांख्यिकीय अभिगम में मिलता है। यदि 'शैली' को स्थापित व्याकरणिक मानक के अतिक्रमण में निरूपित किया जाता है, तो शैली को विचलन के रूप में रेखांकित किया जाता है। इसी प्रकार यदि शैली को पाठ-विशेष की भाषिकता के विरोध में निरूपित किया जाता है, तो उसे सान्दर्भिक विपथन के रूप में रेखांकित किया जाता है। इनमें यदि कोड-केन्द्रित शैली के पहले दो प्रभेदों की आलोचना उनकी विकासमूलक और मूल्यांकनपरक स्थिति के अभाव के लिए की जाती है, तो सान्दर्भिक विपथन की शैली को प्रायः श्रोता और कोड-केन्द्रित जैसी मिली-जुली शैली के रूप में देखा जाता है।

ऊपर निरूपित शैली के चारों प्रभेद प्रायः सम्प्रेषण-व्यापार में शुद्ध रूप में एक-दूसरे से बिल्कुल विलग नहीं हो सकते हैं। यदि श्रोता-केन्द्रित शैली एकदम उपेक्षणीय नहीं हो सकती है, तो वक्ता-केन्द्रित शैली में संकेतार्थ-केन्द्रित शैली की भी उपेक्षा नहीं की जा सकती है और सांदर्भिक विपथित शैली में श्रोता-पाठक, कोड और प्रच्छन्न वक्ता तक को बाद नहीं दिया जा सकता है।

1.7.23 रोजर फाउलर एवं लीच-शॉर्ट द्वारा निर्दिष्ट शैली के प्रकार

'शैली' के एक विशेष प्रकार के रूप में रोजर फाउलर ने 'दृष्टिशैली' (Mind Style) का निरूपण किया है।[1] फाउलर से बीज-बिन्दु ग्रहण कर बाद में इस प्रकार-विशेष को लीच और शॉर्ट ने सविस्तर प्रस्तावित किया है।[2]

फाउलर के अनुसार भाषा इतना सशक्त और प्रतिबद्ध माध्यम है कि यह अभीष्ट को सम्प्रेषित करने की प्रक्रिया में अभीष्ट के प्रति हमारी अभिवृत्ति तक को दर्शा देती

---

1. लीच और शॉर्ट, 'माइंड स्टाइल,' स्टाइल इन फिक्शन (लंडन : लौंगमैन, 1981, चतुर्थ मुद्रण, 1985), पृष्ठ 187-207
2. रोजर फाउलर, लिंग्विस्टिक्स ऐंड द नावेल (लंडन : मैथुइन ऐंड कं0 लि0, 1977) पृष्ठ 76

है। जब हम बोलने या लिखने के क्रम में शब्दों को चुनते या वाक्यों को संघटित करते हैं, तो इनसे श्रोताओं और पाठकों को हमारी अभिवृत्ति की गूँज प्राप्त हो जाती है। इन्हें हम नियंत्रित नहीं कर पाते हैं। फाउलर के शब्दों में "समनुरूप संरचनात्मक विकल्प उपस्थित विश्व को एक अथवा दूसरे ढांचे में ब्योंतने की सहमति देते हुए एक विश्व-दृष्टिविचार का अविर्भाव करते हैं, जिसे मैं दृष्टि-शैली कहूँगा।"[1] आगे चलकर फाउलर पुन: कहता है, "हम वैयक्तिक-मानसिक आत्म की विशिष्ट भाषिक प्रस्तुति को निर्दिष्ट करने के लिए दृष्टि-शैली (Mind Style) जैसा पद गढ़ सकते हैं। दृष्टि-शैली किसी चरित्र के मानसिक जीवन को मूल रूप में विश्लेषित कर सकती है। यह मस्तिष्क के अपेक्षाकृत सतही और बुनियादी पहलुओं से सरोकार रख सकती है, उसके चेतन विचारों की संरचना और क्रम को नाटकीय बनाने का उपक्रम कर सकती है या ऐसे मजमून को पेश कर सकती है जिन पर कोई चरित्र प्रतिबिम्बित होता हो, अथवा चिन्ताओं, पूर्वग्रहों, परिप्रेक्ष्यों और मूल्यों को प्रदर्शित कर सकती है, जो मजबूती से किसी चरित्र की विश्वदृष्टि को पूर्वग्रस्त कर देते हैं, पर जिसके प्रति वह नितांत बेखबर हो सकता है। ऐसी विभिन्न प्रोक्ति-संरचनाएँ अपनी अभिव्यक्ति के लिए असंख्य भाषिक तकनीकों की दरकार रखती हैं।"[2]

लीच और शॉर्ट के लिए दृष्टि-शैली यद्यपि अनिवार्य रूप में अर्थ-विज्ञान (Semantics) का विषय है, फिर भी व्याकरण और शब्द के संदर्भ में भी इसे भाषा की औपचारिक संरचना के द्वारा पर्यवेक्षित किया जा सकता है।[3]

लीच और शॉर्ट ने इस दृष्टि-शैली को तीन उप-प्रकारों में वर्गीकृत किया है-1. सामान्य दृष्टि-शैली, 2. असामान्य दृष्टि शैली और 3. अति-असामान्य दृष्टि-शैली।[4] सामान्य दृष्टि-शैली में पर्यवेक्षण की सूक्ष्मता, कथन की तटस्थता आदि होती है। असामान्य दृष्टि-शैली में उसकी ऐसी अर्थपरक कोटियों में मुक्तता और स्वच्छन्दता पायी जाती है, जिन्हें विश्व को व्याख्यायित करने के लिए व्यवहृत किया जाता है, अति असामान्य दृष्टि शैली अधिक अनियमित (Eccentric) और विचलित (Diviated) होती है, जिसे प्राय: पुन: अर्थायित-निर्वचित करने की अपेक्षा होती है।

---

1. रोजर फाउलर, लिंग्विस्टिक्स ऐंड द नॉवेल (लंडन : मैथुइन ऐंड कं0 लि0, 1977), पृष्ठ 76
2. रोजर और फाउलर, लिंग्विस्टिक्स ऐंड द नॉवेल (लंडन : मैथुइन ऐंड कं0 लि0, 1977), पृष्ठ-103
3. लीच और शॉर्ट, 'माइंड स्टाइल,' स्टाइल इन फिक्शन (लंडन : लौंगमैन, 1981, चतुर्थ मुद्रण, 1985), पृष्ठ 189
4. वही पृष्ठ 191-207

1.8 शैली : आयाम – रेखांकन

शैली के आयाम पर जॉन बी0 केरोल ने विचार किया है।[1] उसने शैली के छह स्वतंत्र आयामों को रेखांकित किया है। ये छहों आयाम अपने-आप में द्वि-ध्रुवी (Bipolar) हैं : 1.8.1 उत्कृष्टता-निकृष्टता का आयाम, 1.8.2 वैयक्तिकता-निर्वैयक्तिकता का आयाम, 1.8.3 अलंकरणशीलता-सुस्पष्टता का आयाम, 1.8.4 अमूर्तता और मूर्तता का आयाम, 1.8.5 गम्भीरता और विनोदशीलता का आयाम तथा 1.8.6 चरित्रचित्रणात्मकता और वृत्तान्तमूलकता का आयाम।

1.8.1 उत्कृष्टता – निकृष्टता का आयाम : 'शैली' का यह आयाम वैयक्तिक मूल्यांकन का आयाम है। इसके अन्तर्गत उत्कृष्ट-निकृष्ट, प्रीतिकर-अप्रीतिकर, दृढ़-शिथिल, रुचिकर-अरुचिकर, अर्थपूर्ण-अर्थहीन जैसा मूल्यांकन किया जाता है। केरोल ने इस आयाम को सामान्य शैलीपरक मूल्यांकन के रूप में रेखांकित किया है।

1.8.2 वैयक्तिकता – निर्वैयक्तिकता का आयाम : शैली के इस आयाम में वैयक्तिक मूल्यांकन नहीं होता, पर वैयक्तिक मापक्रम होता है। इसके अन्तर्गत वैयक्तिक-निर्वैयक्तिक, अन्तरंग-दूरवर्ती, भावात्मक-बौद्धिक, ओजस्वी-शांत, तेजस्वी-मन्द, हठधर्मी-समदर्शी जैसी श्रेणियाँ होती हैं। केरोल इसे वैयक्तिक प्रभाव का आयाम कहता है। ध्यान देने योग्य है कि शैली के इस आयाम की क्रियाशीलता वैयक्तिक सकेतों, भावात्मक पदों और कौशलों तक ही सीमित है। इसमें मूल्यांकनपरक निर्णयात्मकता नहीं होती है।

1.8.3 अलंकरणशीलता – सुस्पष्टता का आयाम : 'शैली' का यह आयाम भी वैयक्तिक मापक्रम पर निर्भर है। इसके अन्तर्गत भड़कीला-सादा, सामासिक-शब्दाडम्बरी, संयमी-रसिक, प्रभावित-स्वाभाविक, जटिल-सरल, परिष्कृत-गंवार जैसी श्रेणियां आती हैं। इसके अतिरिक्त इसके अन्तर्गत दीर्घ, दीर्घतर और लघु, लघुतर वाक्य-संरचनाएं, लघु और दीर्घ अनुच्छेद, जातिवाची संज्ञाएँ और वर्णनात्मक विशेषणों के अल्प एवं प्रभूत प्रयोग भी विचारणीय होते हैं।

1.8.4 अमूर्तता – मूर्तता का आयाम : केरोल के अनुसार इस आयाम में अमूर्तता, अस्पष्टता और मूर्तता-स्पष्टता-प्रांजलता की द्वि-ध्रुवता होती है। केरोल ने इसे भी सामान्य मूल्यांकन के आयाम से अलग माना है। इस आयाम का परिमापन कई वस्तुनिष्ठ सूचकों के जरिये किया जाता है जिनमें संख्यावाची अभिव्यक्तियाँ, विशेषणों और सार्वनामिकों के निर्धारक, संज्ञात्मक वाक्यांश एवं कृदन्तों की भूमिका महत्त्वपूर्ण

1. जौन बी0 केरोल, 'वेक्टर्स ऑव प्रोज़ स्टाइल,' स्टाइल इन लैंग्वेज, सम्पा0 टी0ए0 सिबियोक (न्यूयार्क : द टेकनॉलॉजी प्रेस ऑव मस्साच्यूसेट्स इंस्टीट्यूट ऑव टेकनॉलॉजी, 1960), पृष्ठ 289-292

होती है।

1.8.5 गंभीरता–विनोदशीलता का आयाम : केरोल द्वारा निर्दिष्ट इस 'इ' कोटिक आयाम के दो वैयक्तिक मापक्रम हैं। 1.8.5.1 गंभीरता-चंचलता का मापक्रम और 1.8.5.2 गंभीरता-विनोदप्रियता का मापक्रम। केरोल ने स्त्रीवाची-उपक्रम को भी इस कोटि के अन्तर्गत स्वीकार किया है। इसके मूल में उसकी यह मान्यता सक्रिय दीखती है कि पुरुषवाची के अन्तर्गत गंभीरता और विचारशीलता समाहित हो जाती है, जबकि स्त्रीवाची के अन्तर्गत चंचलता और हासपरकता का समाहार हो जाता है। यहाँ गंभीरता के आयाम को सार्थक-निरर्थक तथा गूढ़-सतही रूप में रेखांकित किया जाता है।

1.8.6 चरित्रचित्रणात्मकता और वृत्तान्तमूलकता का आयाम : 'शैली' के उपर्युक्त पाँचों आयामों में जहां वैयक्तिक मापक्रम की क्रियाशीलता प्राप्त होती है वहाँ इसके विपरीत छठे आयाम में परिमापन का शुद्ध, वस्तुनिष्ठ आधार सक्रिय रहता है। यहाँ सकर्मक-अकर्मक क्रियाओं, संयोगात्मक क्रियाओं, व्यक्तिवाची संज्ञाओं, विशेषण-वाक्यांशों आदि की अल्पता-प्रभूतता के आधार पर शैली में चरित्र-चित्रणात्मक और वृत्तान्तमूलक आयाम को रेखांकित किया जाता है। प्राय: चरित्र-चित्रणात्मक आयाम में संयोगात्मक क्रियाओं, विशेषण-वाक्यांशों, अकर्मक क्रियाओं की प्रभूतता सक्रिय होती है, जबकि वृत्तांतमूलक आयाम में इनकी न्यूनता तथा सकर्मक क्रियाओं और व्यक्तिवाची संज्ञाओं की प्रयोग-बहुलता पायी जाती हैं।

केरोल ने इन छह आयामों पर विचार करते हुए अन्त में यह प्रश्न भी उठाया है कि क्या ये सभी आयाम 'शैली' को निर्दिष्ट करते हैं? क्या इनमें कुछ आयाम वस्तु-निर्भर नहीं हैं? क्या कुछ आयाम केवल विशेषण की अर्थवत्ता को निर्दिष्ट करने वाले नहीं हैं? और स्वयं इनका उत्तर भी यह कहकर दिया है कि वस्तु की अर्थवत्ता को भी विशेषण-निर्भर होने की आवश्यकता पड़ती है। इस प्रकार केरोल इन छहों को शैली के आयाम के रूप में स्वीकार करता है।

1.9 शैली : प्रकार्य–विवेचन

1.9.1. यू0 बी0 वोरेव द्वारा निर्दिष्ट प्रकार्य

वोरेव द्वारा शैली के प्रकार्य का रेखांकन करने के संदर्भ में इसकी समाज-सौन्दर्यशास्त्रीय प्रकृति और इसके कलात्मक अभिलक्षण के उद्घाटन पर बल दिया गया है। इस दृष्टि से वोरेव ने इसके चार प्रकार्य निर्दिष्ट किये हैं।[1]

---

1. यूरी वोरेव, 'द नेचर ऑव स्टाइल ऐण्ड स्टायलिस्टिक एनालिसस,' मार्क्सिस्ट लेनिनिस्ट एस्थेटिक्स ऐंड द आर्ट्स, अनुवादक, ऐंगुस रोक्सवर्ग, (मस्क्वा : प्रोग्रेस पब्लिशर्ज, 1980), पृष्ठ 272-273

1.9.1.1 पहला प्रकार्य : इसका पहला प्रकार्य यह सिद्ध करता है कि 'शैली' रचना-प्रक्रिया का ही एक अवयव है। यह इसे इस अकेली दिशा की ओर निर्दिष्ट करता है, साथ ही रचनाकार की पद्धति और जीवन-जगत् के प्रति उसकी प्रवृत्ति को भी प्रभावित करता है। यहीं इसे वैविध्यपूर्ण प्रभावों के प्रतिकूल 'कथ्य' और 'रूप' की एकमेक कलात्मक संरचना के रूप में रेखांकित किया जाता है।

1.9.1.2 दूसरा प्रकार्य : इसका दूसरा प्रकार्य कलात्मक परम्परा को नवीन और एक-मात्र आधार प्रदान करना है। इसका सरोकार कृति की निजी, वैयक्तिक संरचना को सुरक्षित रखते हुए कलात्मक अन्योन्य क्रिया अथवा प्रभाव से सरोकार रखना भी है, जो रचनाकार के व्यक्तित्व और युग-विशेष से प्रतिबंधित होता है। यहीं शैली को कला के विकास का अवयव माना जाता है।

1.9.1.3 तीसरा प्रकार्य : इसका तीसरा प्रकार्य कलात्मक एकता का रचाव करना भी है, जो किसी कृति की अस्तित्व-मीमांसा (आंटोलॉजी) को एक पूर्ण, विशिष्ट सामाजिक तत्त्व के रूप में सुनिश्चित करता है। शैली कृति के सामाजिक अस्तित्व का अवयव बन जाती है, जो सामाजिक संदर्भ में रचनाकार के स्थिति-निर्धारण को सुनिश्चित करती है।

1.9.1.4 चौथा प्रकार्य : इसका चौथा प्रकार्य उन तथ्यों में निहित है, जिनसे शैलिकीय पिष्टोक्ति (क्लिशे) द्वारा श्रोता या पाठक पर पड़ने वाले सौन्दर्यपरक स्वभाव का निर्धारण होता है। 'शैली' कला पर पड़ने वाले कलात्मक प्रभाव का अवयव है। यह विचारात्मक और सम्वेदनात्मक रूप में व्यंजनात्मक होती है। यह पाठक के साथ रचनाकार की स्थिति को भी निर्धारित करती है। शैली न केवल रचनाकार को निश्चित प्रकार के पाठक की ओर संकेतित करती है, अपितु पाठक को विशिष्ट कलात्मक मूल्यों के प्रति भी जागरूक बनाती है।

1.9.2 रोजर फाउलर द्वारा निर्दिष्ट प्रकार्य

'शैली' का प्रकार्य साहित्य के पृथक्-पृथक् भाषिक भागों को स्वीकृत करना अथवा कम-से-कम उन्हें एकीकृत करने के प्रयास के लिए पाठक को प्रोत्साहित करना है।[1]

1.9.3 डिलों (DILLON) द्वारा निर्दिष्ट प्रकार्य

'शैली' का प्रकार्य रचनाकार की सिसृक्षण-मानसिकता को भावक-पाठक तक सम्प्रेषित करना है। मूलतः यह समधर्मिता ही है जिसे शैली रचयिता और पाठक के बीच स्थापित करती है। इस क्रम में रचनाकार द्वारा विशिष्ट शैली का किया गया व्यवहार भावक-पाठक में मानसिक अनुक्रियाएँ जगाता है और शैली चरित्र, उत्तारक और सर्जक की मानसिक

1. रोजर फाउलर, लैंग्वेज़ ऑव लिटरेचर (लण्डन : रूटलेज ऐंड कीगॅन पाल, 1971) पृष्ठ 66

स्थिति को भावक-पाठक तक सम्प्रेषित करती है।[1]

1.9.4 डेविड बर्ख़ द्वारा निर्दिष्ट प्रकार्य[2]

डेविड बर्ख़ ने 'शैली' के तीन प्रकार्यों का निर्देश किया है।

1.9.4.1 शैली का पहला प्रकार्य विभिन्न प्रकार की प्रोक्तियों के संदर्भ में लिखित और वाचिक पाठ को और आंतरिक रूप में समंजस तथा बाह्य रूप में समाजतः प्रासंगिक पाठ को रच सकने की क्षमता प्रदान करना है।

1.9.4.2 शैली का दूसरा प्रकार्य पृथक् रहने वाले विभिन्न भाषिक तत्त्वों को एक एकीकृत पाठ में आबद्ध कर देना है, चाहे वह पाठ (टेक्स्ट) वार्तालाप का संक्षिप्त विनिमय हो, किसी चिकित्सा-सम्बन्धी दवा का या बैंक-पत्रक का विज्ञापन हो, कोई कविता हो, कोई उपन्यास हो, कोई क्लासिक साहित्य हो अथवा शैलिकीय विश्लेषण पर लिखा गया कोई आलेख ही क्यों न हो। ऐसा इसलिए नहीं है कि पाठ सीवनहीन है, बल्कि इसलिए है कि सूक्ष्म शैलीपरक विभिन्नताएँ सभी प्रकार के पाठों की वाकोपवाकी प्रकृति को बार-बार उद्घाटित कर देती हैं, चाहे पात्रों के दृष्टिकोण का संघर्ष हो अथवा अखबारी रपट या संघर्ष-स्तम्भ की अनुक्रिया के बीच आन्तरिक विरोध हो, अथवा तर्क-वितर्क के लिए पूर्व पाठों से उभरने वाली गूँजों की अन्योन्य क्रियाएँ हों। फिर भी वहाँ अधिशैली (मेटा-स्टाइल) उपस्थित होती है और शैलिकीय चयन का एक समुच्चय विद्यमान होता है। यह समुच्चय बिखरे हुएं स्वरों को एक अन्विति में आबद्ध कर देता है। इसी से पाठ-विशेष को समुचित विधागत अभिधान देना सम्भव हो पाता है।

1.9.4.3 शैली का तीसरा प्रकार्य पाठ में अभिव्यक्त वैयक्तिक भाषिक छाप तथा सामाजिक रूप में समीचीन मानकों से उभरने वाले भाषिक प्रभाव को उजागर करना है।

1.9.5 मिखाइल रिफेतेअर द्वारा निर्दिष्ट प्रकार्य

रिफेतेअर 'शैली' के प्रकार्य को शैलिकीय (Stylistic) मानता है। इस संदर्भ में मुकारोव्स्की-निरूपित भाषा का सौन्दर्यात्मक प्रकार्य और याकोब्सन-निरूपित भाषा का काव्यात्मक प्रकार्य—दोनों ही पूर्व उल्लेखनीय प्रकार्य रहे हैं। सौन्दर्यात्मक प्रकार्य (Aesthetic function) को मूलतः 'विचित्र विचलन' की सृष्टि करने वाले प्रकार्य के

1. टी0जे0 टेलर, लिंग्विस्टिक थिअॅरी ऐंड स्ट्रक्चरल स्टायलिस्टिक्स, (आक्सफोर्ड : पर्गमान प्रेस, 1981), पृष्ठ 99
2. डेविड बर्ख और माइकेल ओ' तूली, 'इंट्रोडक्शन', द पावर ऑव फंक्शनल स्टायलिस्टिक्स, फंक्शंज़ ऑव स्टाइल', सम्पादक, बर्ख और तूली, (लण्डन : पिंटर पब्लिशर्ज़, 1988), पृष्ठ 1

बतौर निरूपित किया गया था, जबकि काव्यात्मक प्रकार्य (poetic Function) उसके संशोधित रूप में सामने आया था। काव्यात्मक प्रकार्य का क्षेत्र जहाँ भाषिक संरचनात्मकता तक सीमित है, वहाँ सौन्दर्यात्मक प्रकार्य का क्षेत्र अधिभाषा (Metalanguage) तक व्याप्त है। इस दृष्टि से काव्यात्मक प्रकार्य शाब्दिक कला (Verbal art) की प्रकार्यात्मक श्रेणी को सीमित करने वाला है। यद्यपि याकोब्सन ने इसे स्पष्ट करते हुए कहा है कि "काव्यात्मक प्रकार्य पर विचार करते हुए भाषाविज्ञान अपने को केवल कविता के क्षेत्र तक सीमित नहीं कर सकता है,"[1] क्योंकि काव्यात्मक प्रकार्य दूसरी शाब्दिक क्रियाशीलताओं की भी संघटना है, फिर भी यहाँ शाब्दिक कला के गद्यात्मक प्रभेद की कीमत पर बल छन्द में बँधी कविता पर ही पड़ता है। इस धारणा के प्रति बुनियादी आपत्ति यह है कि जब शाब्दिक कला की बात की जाती है तब प्रायः यह पूर्वानुमान कर लिया जाता है कि विश्लेषण की वस्तु का चयन सौन्दर्यात्मक निर्णय के अनुरूप किया जाएगा। (वे भाषिक संकेत-पद्धति और साहित्यिक आस्वाद के साथ विकसित होते हैं) ऐसे में यदि विभिन्नता ने इसे प्रभावित नहीं किया हो, तो विशेषण को अधिक जटिल शैली-संरचनाओं के प्रति सीमित होना चाहिए। पर ऐसा सीमांकन याकोब्सन की अपनी आरम्भिक परिभाषा के प्रति न्याय नहीं कर पाता है। इसीलिए रिफेतेअर 'शैली' के 'प्रकार्य' को 'सौन्दर्यात्मक' और 'काव्यात्मक प्रकार्य' मानने की जगह 'शैलिकीय' मानता है। उसके अनुसार, "इसे शैलिकीय प्रकार्य (Stylistic Function) कहना मुझे अधिक समीचीन प्रतीत होता है, क्योंकि यह आरंभ में कहे गये सरलतर रूपों को भी अपने भीतर समेट लेता है।"[2]

रिफेतेअर इसे और स्पष्ट करता हुआ कहता है कि कोई भी रूप (Form) बिना विशिष्टता को ग्रहण किये अर्थात् बिना आवर्तित, स्मरणीय और उद्धरणीय हुए हमारा ध्यान नहीं खींच सकता है, अन्यथा अन्तर्कथ्य (Content) हमारे ध्यान का प्राथमिक विषय हो जाएगा और वह दूसरे समतुल्य वाक्यांशों में आवर्तित हो सकेगा। उसके अनुसार 'रूप' पूर्व प्रतिष्ठित हैं, क्योंकि यदि शाब्दिक एककों के क्रम और उनकी संरचना को परिवर्तित किया गया तो 'संदेश' और इसका 'कथ्य' दोनों ही अपनी अभिज्ञेय और अननुमोच्य विशिष्टता को खो देंगे।

रिफेतेअर के अनुसार भाषाविज्ञान किसी भी प्रकार के संदेश का विश्लेषण कर

---

1. रोमन याकोब्सन, 'क्लोजिंग स्टेटमेंट : लिंग्विस्टिक्स ऐंड पोयटिक्स,' स्टाइल इन लैंग्वेज, सम्पा० टी०ए० सिबियोक (न्यूयार्क : द टेकनॉलॉजी प्रेस ॲव मस्साच्यूसेट्स इंस्टीट्यूट ॲव टेकनॉलॉजी, 1960), पृष्ठ 356
2. मिखाइल रिफेतेअर, 'द स्टायलिस्टिक फंक्शन,' प्रोसीडिंग्ज़ ॲव द नाइन्थ इंटरनेशनल कांग्रेस ॲव लिंग्विस्ट्स (द हेग : मूतन, 1964), पृष्ठ 317

सकता है, पर शैलीविज्ञान केवल उस प्रकार की संरचना का विश्लेषण करता है जो किसी प्रकार की प्रतिस्थापनीयता के विरुद्ध है और जो केवल अपने-आप से और संयोजनात्मक नियमों से सरोकार रखने वाली है। ये संयोजनात्मक नियम कोड खोलने वाले को प्रायः बोध के लिए पर्याप्त, न्यूनतम विकोडीकरण करने से रोकते हैं, और रोकते हैं उस चयन को प्रतिस्थापित करने से भी, जो कोडीकृत करने वाले के कथ्य में महत्त्वपूर्ण हैं। यहाँ यह तथ्य ध्यान देने योग्य है कि शैलिकीय प्रकार्य अपने-आप की कोडीकरण की प्रक्रिया उस पहलू में व्यक्त करता है, जो पहलू विकोडीकरण की प्रक्रिया में अवबोध की स्वतंत्रता को और किसी साहित्यिक कृति की प्रदान-प्रक्रिया में निष्पादन की स्वतंत्रता को सीमित कर देता है।

वस्तुतः 'संदेश' का 'रूप' के प्रति 'सरकाव' तभी कार्यान्वित हो पाता है जबकि विकोडीकरण करने वाला अनुक्रम की संरचना को विशेषीकृत करने वाले प्रत्येक परिवर्तन तक का ध्यान रखे। स्पष्टतः ये परिवर्तन बिना किसी ऐसे ढाँचे के कभी सार्थकता नहीं प्राप्त कर सकते हैं, जो इन्हें किंचित् परिवर्तन करने वाले हों। याकोब्सन इन परिवर्तनों के सामान्य सिद्धान्त को 'विफलीकृत प्रत्याशा' (Defeated Expectancy) के रूप में देखता है। पर रिफेतेअर इस 'विफलीकृत प्रत्याशा' के लिए प्रतिमानमूलक अवयवों की प्रस्तावना करता है।

उसके अनुसार किसी शाब्दिक शृंखला में शैली-प्रभाव का उद्दीपन एक या एक से अधिक तात्कालिक घटकों में कोडीकृत मन्द कथनीयता के तत्त्वों, दूसरे घटक-तत्त्वों और संदर्भ से व्यतिरेक को संदर्भ बनाने वाले ढाँचों तक को समाहित कर चलता है। यहाँ मानक से अधिक सन्दर्भ की अवधारणा को स्वतः प्रासंगिक होने का लाभ मिला हुआ है। तभी यह प्रत्येक शैलीगत प्रभाव में विभिन्नता दिखाता है। वास्तव में यह सिर्फ वैविध्य ही है, जो यह व्याख्यायित कर सकता है कि क्योंकि वे ही (समान) भाषिक एकक अपनी स्थिति के अनुरूप शैलिकीय प्रभाव को प्राप्त करते, रूपांतरित करते और गँवा देते हैं, और इसे भी कि क्यों मानक से विचलन की अवधारणा अनिवार्य रूप में 'शैली' के साथ मेल नहीं खाती है। यहाँ यह मन्द पूर्वदृश्यता ही है, जिसके द्वारा कोडीकरण को रूप के प्रति बाध्य कर ध्यान के परिणाम के द्वारा धीमा किया जाता है। यह भी ध्यान देने योग्य है कि यह प्रतिमान सभी ज्ञात शैलीगत प्रभावों की गणना पर निर्भर नहीं होता है। परिणामतः इसे शाब्दिक कला के भविष्यकालीन विकास के द्वारा, विशेषतः अव्याकरणिक रूपों की रचना के द्वारा विपर्यस्त नहीं किया जा सकता है।

जहाँ तक ढाँचे को विघटित (Disrupt) करने वाले तत्त्वों का सरोकार है, शैलिकीय प्रकार्य कोड की सीमाओं में क्रियाशील होता है। (यहां अधिक सामान्य तत्त्वों का व्यवहार विशेष प्रकार के संदर्भ की अपेक्षा रखता है।)

रिफेतेअर के अनुसार प्रतिस्थापनीयता की बृहत्तर श्रेणी को सबसे अधिक बारम्बारी प्रतिपादनों की उत्पत्ति सौंपी जानी चाहिए। यहाँ उच्चतर कथनीय एककों की अपेक्षा 'लांग' के प्रति अपरिचित शब्दों (नव्यशब्द-सर्जना, आर्ष प्रयोग, आगत शब्द-प्रयोग) अथवा वाक्य-रचना के द्वारा अनुमत की गयी कोटि से भिन्न व्याकरणिक कोटि के एककों (किसी एक शब्द की जगह पर्यायोक्ति, विशेषण-प्रयोग की अधिकाधिक संभावनाओं की जगह संज्ञा) के प्रयोग द्रष्टव्य हैं। दूसरे प्रकार का प्रतिपादन परस्पर अपवर्जी एककों—व्युत्पत्तिपरक आँकड़ों, पर्यायों की श्रेणियों और परस्पर विरोधी आँकड़ों—को सान्निध्य-संसक्ति में उपस्थित करने वाला है। ऐसे प्रतिपादन अकेले, शैलिकीय व्यतिरेक की द्वि-ध्रुवता के बारे में बहुत कम कह पाते हैं, क्योंकि वे सन्दर्भ-विशेष को गहरा देने और इस प्रकार इसे अति कथनीय बना देने के कारण रद्द कर दिये जा सकते हैं। वास्तव में 'विफलीकृत प्रत्याशा' का सही कारक मन्दकथनीय विषय की आविर्भूति के पहले की 'अभिवर्धित प्रत्याशा' ही है। इस प्रत्याशा में बढ़ोत्तरी सन्दर्भ के प्रभावशाली ढाँचे से परिणामित होती है। इस प्रकार यह माना जा सकता है कि 'शैली' का प्रकार्य उच्चतम और निम्नतम संभावना की सीमा रेखा के साथ-साथ शाब्दिक अनुक्रम को विकसित करने की ओर अभिमुख होता है।

रिफेतेअर ने 'शैली' के इस शैलीकीय प्रकार्य को दो सन्दर्भों में विवेचित किया है :

1.9.5.1 लघुसन्दर्भ : लघु सन्दर्भों में समर्थ ढाँचा पूर्व विद्यमान हो सकता है जैसा 'कोड' में होता है, जैसे रूढ़िबद्धता में। यह पिष्टोक्ति (Cliche) के पुनर्नवीकरण के लिए प्रतिसम संरचनाओं—दीपक (Syllapsis), व्यतिक्रम (Chiasmus) के लिए और छान्दस् प्रतिमान में लय-वैविध्य के लिए जिम्मेदार होता है अथवा इसे वाक्य-प्रसार की संक्षिप्तता वाली अभिलाक्षणिक सघनता के द्वारा अवगम्य बनाया जा सकता है। यहाँ प्रत्येक शैलिकीय कौशल तत्काल पीछे आने वाले दूसरे कौशल के लिए सन्दर्भ के रूप में काम करता है।

1.9.5.2 बृहत्तर सन्दर्भ : बृहत्तर सन्दर्भों में सामान्य बनावट शिथिल रहती है बशर्ते कि आविर्भूति की संभावनाएँ व्याकरणिक संरचना से बहुतायत के द्वारा नियंत्रित नहीं की गयी हों। सूचक ऐसे सन्दर्भों की पहचान के लिए मानक के प्रति अपने अनुभव-सिद्ध विचार के साथ अभिमुख होते हैं। इसके अतिरिक्त नियंत्रण को मार्कोव शृंखला (MARKOV CHAIN) और व्याकरण (लेखिमिक कौशल, छन्दोबद्ध कविता, उद्गार का संतृप्तीकरण, लाक्षणिक प्रयोग, ऐसी विशेष शब्द-सम्पदा, जो कुछ निश्चित शब्दों से परहेज रखने वाली हो और इस प्रकार दूसरों की बारंबारिता को बढ़ाने वाली हो) के प्रति साहित्य-विधा के परम्परित संकेतकों के बतौर बढ़ाया जा सकता है। इस प्रकार विशेषीकृत, सन्दर्भ के स्थायी अभिलक्षण होते हैं, जो वाक्य-सीमा से परे

जाकर आवर्तित होते हैं और जिसके प्रति शाब्दिक शृंखला प्रत्येक व्यतिरेक के बाद पुनः-पुनः लौटती है। (जब कि सामान्य सन्दर्भों में यह असामान्य नहीं है कि विरोध समान घटनाओं की ऐसी शृंखला को स्थापित करें, जो बदले में दूसरे प्रकार के व्यतिरेकों के लिए सन्दर्भ बन जाए।) ऐसे जटिल मामलों में शैलिकीय प्रकार्य (Stylistic Function) निम्नलिखित रूपों में अभिलक्षित होता है।

1.9.5.2.1 दो सन्दर्भों का अध्यारोपण (Super imposition): इनमें एक सन्दर्भ सामान्य होता है। यह ढाँचों के बेतरतीब अनुक्रम से बना होता है और अपने साकल्य में, अपने पूरेपन में दूसरे से व्यतिरेक दिखाता है। दूसरा सन्दर्भ अपने पूरे ढाँचे में एक समान होता है। (सामान्य संदर्भ को शब्दों में व्यक्त होने की जरूरत नहीं पड़ती है।) उदाहरणार्थ काव्यात्मक भाषा सामान्य तौर पर स्वीकृत प्रयोगों के विरोध में पहचानी जाती है। सन्दर्भ भी शब्दों में तभी व्यक्त होता है जब गद्य के साथ काव्य या काव्यात्मक गद्य मिश्र रूप में उपस्थित होता है।

1.9.5.2.2 मूल्य-स्थिरीकरण : शब्दों या वाक्यांशों का मूल्य-स्थरीकरण भी शैलिकीय प्रकार्य के रूप में उपस्थित होता है। यद्यपि यह प्रायः ध्यान को विवश नहीं करता है (लेखन में अनियमित वाणी का साहित्यिक लिप्यंकन, काव्यात्मक सन्दर्भ में मानक या उपमानक शब्दों के प्रयोग), तथापि यह विशेष ढाँचे को तोड़ता अवश्य है। (उदाहरण के लिए अकेले सन्दर्भ में व्यतिरेक के प्रत्यावर्तन को लिया जा सकता है, जहाँ व्यतिरेकी तत्त्व रेखांकित—'मार्क्ड'—रूप में उपस्थित होते हैं।)

1.9.5.2.3 मनोवैज्ञानिक अनुकूलन : शैलिकीय प्रकार्य मनोवैज्ञानिक अनुकूलन से स्वरूपित होता है। यह मनोवैज्ञानिक अनुकूलन वाचिक शृंखला की निरन्तरता के विरोध में उभरता है, साथ ही भाषिक संकेत के नैरन्तर्यहीन वैशिष्ट्य को महत्त्व देता है। किसी भी ढाँचे में व्यतिरेक का यह पार्थक्य सम्बोधिती को उस भीतरी, स्थायी मूल्य में विश्वास करने के लिए प्रेरित करता है, जो किसी विलोम व्यवस्था से अनजुड़े रहने वाले संकेत के मूल्य होते हैं। (उदाहरण के लिए आर्ष प्रयोग, नवनिर्मित शब्द-प्रयोग, श्रुतिमधुर शब्द-प्रयोग को लिया जा सकता है। इस प्रकार शैलिकीय प्रकार्य बहुकालिकता, भाषा की समाज-बोली और ध्वनि तथा अर्थ के बीच अभिव्यंजक संबंधों के प्रति भी जागरूकता को विकसित करता है।) पर यहाँ 'शैली' की वास्तविक संरचना उस प्रभाव के कारण, जिसकी ओर यह एकाधिकारपूर्ण ध्यान देने का मौका देती है, धुँधली हो जाती है। इसकी पड़ताल करने की अपेक्षा है। संभवतः इससे वाग्मिताशास्त्रीय कौशलों की सारिणी के आविर्भाव, परंपरित साहित्यालोचन की स्वतंत्रता और मनोहर अभिव्यक्ति (Felicitous expression) जैसी सामान्य अवधारणाओं की व्याख्या हो पाएगी।

रिफेतेअर शैलिकीय प्रकार्य को स्पष्ट करता हुआ रोमन याकोब्सन की उस मान्यता को उद्धृत करता है जहाँ याकोब्सन किसी संदेश की संरचना को उसके प्रबल-प्रभावी

भाषिक प्रकार्य पर, साथ ही दूसरे भाषिक प्रकार्यों के सम्मेल की परस्पर आनुपातिक महत्ता पर निर्भर करता है। रिफेतेअर याकोब्सन की इस मान्यता पर आपत्ति करता है और बताता है कि भाषा में दो प्रकार्य—शैलिकीय और निर्देशात्मक—सदैव एक साथ उपस्थित रहते हैं। पर यहाँ यह केवल शैलिकीय प्रकार्य ही है, जो सन्देश के प्रति केन्द्रित रहता है, जबकि दूसरे प्रकार्य समान रूप में इससे बाहरी बिन्दु के प्रति अभिमुख होते हैं, साथ ही वे वाणी को वक्ता, श्रोता और कथ्यवस्तु के इर्द-गिर्द संघटित करते हैं। इसलिए यह कहना अधिक परितोषप्रद प्रतीत होता है कि यद्यपि भाषिक सम्प्रेषण को भाषा के पाँच दिशापरक प्रकार्यों के द्वारा संरचना प्राप्त हो पाती है, पर इसकी प्रबलता (अभिव्यंजना से शाब्दिक कला तक) शैलिकीय प्रकार्य के द्वारा ही नियंत्रित-व्यवस्थित हो पाती है।

इस प्रकार शैलिकीय प्रकार्य लगातार निर्देशात्मक प्रकार्य पर अभिभावी (हावी) होता रहता है। यद्यपि कोई सन्देश वास्तविक अभिदेशक (Referent) के प्रति आदर्शात्मक रूप में अभिमुख होता है, पर इसकी संज्ञानात्मक अथवा अभिधेयात्मक प्रभाविता सम्बोधिती पर पड़ने वाले संकेत के प्रभाव पर इसके द्वारा संवहन की जाने वाली सूचना पर निर्भर होती है, न कि यथार्थ के लिपिबद्धीकरण की सच्चाई और पूर्णता पर। यह अभिलेखन जब निस्संग होता है तब भी यह कोडक (Encoder) की सावधानी और अनुमान पर ही निर्भर करता है, जिसके बदले में अभिव्यंजकता प्रजनित होती और विकोडन नियंत्रित हो पाता है। ऐसे मे सम्बोधिती का अभिदेशक विषयक अपना ज्ञान शैली द्वारा निर्मित सरलतर और अपरिवर्तनीय संरचना के द्वारा खारिज होने की ओर झुकाव दिखाता है। कथा की विधा में अभिदेशक शुद्धतः शाब्दिकता की ओर अभिमुख होता है। दुरूह कविता इस क्रमविकास का अन्त होती है। वस्तुतः भाषा का निर्देशात्मक प्रकार्य उस क्षण-विशेष से ही बन्द हो जाता है जिस क्षण-विशेष में अस्पष्टताएँ समाधान पाने के बजाय सम्पोषित होने लगती हैं, क्योंकि यह वस्तु और निरूपण के बीच कड़ी को बनाये रखने की चेष्टा करती है। यहाँ यह शैलिकीय प्रकार्य ही है जो नियंत्रित करता है, क्योंकि विकोडक पर अधिकतम दबाव रखा जाता है। और उसके पलायनवाद पर अधिकतम अवरोध लागू किया जाता है। यहीं संदेश वस्तु/विषय के रूप में अधिकतम स्वायत्तता प्राप्त कर लेता है।

शैलिकीय प्रकार्य अधिभाषिक (Meta lingual) प्रकार्य को भी नियंत्रित करता है। यह सम्बोधक और सम्बोधिती—दोनों को यह जांच करने के योग्य बनाता है कि क्या वे एक ही कोड का व्यवहार कर रहे हैं। ऐसी जांच सन्देश के प्रति अभिमुख होती है, क्योंकि यह कोड की कार्यान्विति और इनकी संभावित अस्पष्टताएँ ही हैं, जो महत्त्व रखती हैं। किसी नियत वाणी में, विशेषतः लेखन में कोड के विषय में पूछना या व्याख्या करना विरल तौर पर एक वास्तविक आवश्यकता है। सम्बोधक को प्रभूत अवसर प्राप्त

रहता है कि वह कोड के अपने क्रियान्वयन से किसी भी प्रकार की अस्पष्टता को निकाल सके। तब अधिभाषिक प्रकार्य दबाव की दूसरी प्रक्रिया बन जाता है। यही बात भाषा के सम्पर्क-द्योतक प्रकार्य (Phatic function) के बारे में भी कही जा सकती है। सम्प्रेषण को आरंभ करने या बनाये रखने का कोई इशारा सन्देश पर अपने दबाव के बतौर काम करता है।

जहाँ तक भावनात्मक-संवेगात्मक (Emotive) और क्रियावृत्तिक (Conative) प्रकार्यों का प्रश्न है, ये भी ध्यान को आकर्षित करने का काम करते हैं। इनमें पहला प्रकार्य संज्ञानात्मक सूचनाओं में सांवेगिकता को शामिल करते हुए प्रभाव डालता है। दूसरे प्रकार्य में सम्बोधिती के प्रति की गयी सीधी अपील अपने-आप में पूर्णतर अवबोधन के लिए प्रस्तुत होने हेतु स्वतः कौशल बनकर उपस्थित होती है। भाषा के आकृतिवैज्ञानिक अभिलक्षण भी विषय के प्रति वक्ता की अभिवृत्ति को शैली-तत्त्व के रूप में स्वीकारने के कारण शैली के प्रकार्यों पर ही निर्भर होते हैं। पर बहुतेरे भाषाविद् इन्हें स्वतः सन्देश के रूप में स्वीकार करने की जगह सन्देश-प्रस्तुति (Message delivery) के रूप में स्वीकार करते हैं, जबकि याकोब्सन ने दिखाया है कि ये अभिलक्षण परम्परित हैं और व्यवच्छेक (distinctive) अभिलक्षण की तरह ही कोडित होने वाले हैं। पर यह लिखित भाषा ही है जिसमें उसकी शैलिकीय प्रकृति सबसे अधिक स्पष्टता से उजागर हो पाती है। चाहे झूठा हो चाहे सच्चा, पर भावावेश वहाँ एक व्यवस्था है, क्योंकि इसकी सीधी और शुद्ध तौर पर निर्देशात्मक अभिव्यक्ति प्रतीकात्मक निरूपण से रूपांतरित हो जाती है। पर लेखन अभिव्यंजक अभिलक्षणों को निरूपित करने में बहुत सहायता नहीं कर पाता है। इसलिए यहाँ शैलिकीय प्रकार्य एक आंशिक कोड को जोड़ देता है, जिसे रिफेतेअर क्षतिपूरकता (Compensation) कहता है। यह क्षतिपूरकता ऐसी शाब्दिक श्रृंखला को, जो सूचना-संवाहक एकिमों (Monemes) का अनुक्रम है, वितरण-अभिकल्प की सांगीतिक स्वर-लिपि (Score) के एक प्रकार के बतौर उपस्थित करती है। नियमित भाषा में एक अर्धमानक शब्द व्यतिरेक की सृष्टि करता है और किसी अभिव्यंजक लय की स्वर-लिपि के रूप में व्याख्या प्रस्तुत करता है। यह चाहे वास्तव में सम्पन्न हुई हो या नहीं, एक कोडित शैलिकीय संकेत है। अब अमेरिकी अंग्रेजी में व्यंग्योक्ति (Irony) को सूचित करने के लिए यिड्डिश (Yiddish) चढ़ाव-उतार वाले वाक्यों को ग्रहण कर लिया गया है। वास्तव में ये लिखित संदेहपूर्ण प्रश्नों में बिना स्थान बदले आने वाले प्रश्नात्मक शब्दों के क्रम हैं, जो प्रातिनिधिक तौर पर यिड्डिश होते हैं। (जैसे— यह गर्मी है? यही वह मौसम है जिसे आप गर्मी कहते हैं?) यह अपने-आप में एक साथ—व्यतिरेक और वितरण-अभिकल्प—दोनों हैं। यदि यह अभिकल्प क्रियान्वित होता है, तो यिड्डिश लयात्मक परिरेखा, अंग्रेजी लयात्मक सन्दर्भ से व्यतिरेक दिखाती हुई, गँवारू वितरण-दृष्टान्त के बतौर उपस्थित होती है, जो लिखित स्वर-लिपि में

व्यतिरेक को पूर्णता देती और प्रभावी बनाती है। क्षतिपूरकता वितरण-अभिलक्षणों को संज्ञानात्मक अभिलक्षणों के बतौर और आकृतिमूलक अभिलक्षणों को कोडित करने वाले कौशलों के बतौर दो बार व्यवहृत करती है। यहाँ लेखन को भाषा का असंसक्त प्रतिलेखन होने से परे शैलिकीय प्रकार्य द्वारा भाषा के सूचनात्मक निर्गत (Output) की अभिवृद्धि की खातिर व्यवहृत किया जाता है।

1.9.6 लीच और शॉर्ट द्वारा निर्दिष्ट शैली के प्रकार्य[1]

लीच और शॉर्ट ने शैली के प्रकार्य पर 'शैली' के अनेकतावादी दृष्टिकोण के अनुरूप विचार किया है। इनके अनुसार 'शैली' बहुस्तरीय होती है। यह जटिल और संश्लिष्ट भी होती है। ऐसा केवल चयन के विभिन्न स्तरों पर ही नहीं होता है, बल्कि चयन से संबद्ध, मूल्यों और साभिप्रायताओं में होता है। 'शैली' के प्रकार्य का संबंध, इनकी दृष्टि में, शैलीविषयक अनेकतावादी दृष्टिकोण के साथ जुड़ता है। अत: ये दोनों हैलीडे द्वारा निर्दिष्ट विचारात्मक (Ideational), अन्तर-वैयक्तिक (Inter-personal) और पाठात्मक (Textual) प्रकार्य को शैली के प्रकार्य के बतौर स्वीकार करते हैं। पर इनकी विशेषता शैली के इन विभिन्न प्रकार्यों को भाषा के भिन्न-भिन्न स्तरों से जोड़ने की है। इन दोनों के अनुसार अर्थ-स्तर का संबंध 'शैली' के विचारात्मक प्रकार्य से बैठता है, वाक्य स्तर का संबंध 'शैली' के अन्तर-वैयक्तिक प्रकार्य से बैठता है और लेखिम स्तर का संबंध पाठात्मक प्रकार्य से जुड़ता है। यहाँ यह तथ्य विशेष ध्यान देने योग्य है कि जहाँ भाषा के स्तर भाषा की संज्ञानात्मक कोड-व्यवस्था से जुड़े होते हैं वहाँ शैलीगत प्रकार्य सम्प्रेषणात्मक उद्देश्य के लिए व्यवहृत होने वाली भाषिक व्यवस्था से संबंध रखते हैं। सामान्य भाषा-व्यवहार में हैलीडे द्वारा निर्दिष्ट ये तीनों प्रकार्य अपने सहअस्तित्व को निरूपित करते हैं। यहाँ वे भाषाप्रयोक्ता की साम्प्रेषणिक आवश्यकताओं के अनुरूप होते हैं। सबसे पहले विचारात्मक प्रकार्य सामने आता है, जिसमें दुनियाभर के अनुभव के विषय में या सांसारिक यथार्थ के विषय में किसी सन्देश का सम्प्रेषण होता है। इसके बाद अन्तर-वैयक्तिक प्रकार्य उपस्थित होता है, जहाँ वक्ता-श्रोता के बीच वार्ता की स्थिति में इसे समीचीनतापूर्वक 'फिट' होने की आवश्यकता होती है। यहीं यह ध्यान भी रखा जाता है कि वक्ता की ओर से श्रोता के प्रति जिस विशेष सामाजिक उद्देश्य की अपेक्षा होती है उसे यह पूरा करता हो। इन दोनों के अतिरिक्त एक पाठात्मक प्रकार्य भी होता है, जो प्रोक्ति या पाठ के रूप में इस प्रकार सुरचित होता है कि वह श्रोता की विकोडन करने वाली आवश्यकताओं की पूर्ति कर सके। यहाँ यह अपेक्षित होता है कि ये प्रकार्य और वे जरूरतें जिनकी ये पूर्ति करते हैं परस्पर

---

1. ज्योफ्री एन0 लीच और मिखाइल एच0 शॉर्ट, स्टाइल इन फ़िक्शन (लंडन : लांगमैन ग्रुप लि0, 1981, चतुर्थ पेपरबैक अनुमुद्रण, 1985), पृष्ठ 136-138

अन्तस्संबद्ध हों। वास्तव में अन्तर-वैयक्तिक सम्प्रेषण की सफलता भी सन्देश भेजने की सफलता पर ही आधारित होती है, जो स्वत: पाठ-उत्पादन की सफलता पर निर्भर है। 'प्रकार्य' और 'अर्थ' की अवधारणा के बीच भी प्रभावी संबंध होता है। जब भी हम साकल्यपरक 'साभिप्रायता' के बृहत्तर अभिप्राय में 'अर्थ' की बात करते हैं हम उसमें वक्ता के मन्तव्य और श्रोता के प्रभाव-विषयक उद्‌गार के निहितार्थों को सम्मिलित कर लेते हैं। वस्तुत: जब शैलीपरक वैविध्य का निर्देश किया जाता है तब कोडन के तीनों भाषिक स्तरों से सरोकार बनता है, पर जब शैलीपरक मूल्य का निर्देश किया जाता है तब इन तीनों भाषिक प्रकार्यों से सरोकार बनने लगता है। इस प्रकार इन विचारकों की दृष्टि में 'शैली' के प्रकार्य का संबंध अनिवार्य तौर पर 'शैली' के मूल्य से जुड़ जाता है।

लीच और शॉर्ट ने ओहमैन और हैलीडे की शैली-विषयक मान्यता को स्पष्ट करने के लिए दोनों की निम्नलिखित रूप में तुलना प्रस्तुत की है :

तुलना

ओहमैन (1964)	हैलीडे (1970)
(अ) अन्तर्वस्तु	(अ) विचारात्मक प्रकार्य (पदबंध-संरचना)
(ब) अभिव्यक्ति	(ब) पाठात्मक प्रकार्य (विकल्पात्मक रूपांतरण)
(स)	(स) अन्तर-वैयक्तिक प्रकार्य

लीच और शॉर्ट के अनुसार जहाँ ओहमैन के लिए 'शैली' केवल (ब) में प्राप्त होती है वहाँ हैलीडे के लिए 'शैली' (अ), (ब) और (स)–तीनों में प्राप्त होती है। इस प्रकार ये तीनों भाषिक प्रकार्य 'शैली' के भी प्रकार्य सिद्ध होने लगते हैं।

यदि प्रकार्यमूलक साभिप्रायता और शैलीपरक साभिप्रायता को अलग-अलग देखा जाए तो दोनों ही समतुल्य अवधारणा के रूप में सामने आती हैं। अन्तर इतना है कि इनमें पहला अपनी व्याप्ति में सामान्य भाषा-क्षेत्र से संबद्ध होता है, तो दूसरा साहित्यिक भाषा-क्षेत्र से। यदि किसी असाहित्यिक पाठ के शैलीपरक मूल्य की बात की जाए तो भाषाविदों की दिलचस्पी उस मार्ग में होगी जिसमें भाषिक चयन साम्प्रेषणिक प्रकार्य के बतौर अनुकूलित हो जाते हैं। उदाहरण के लिए समाचार-पत्र, विज्ञापन और वैज्ञानिक प्रतिपादन के प्रकार्यों को लिया जा सकता है। इसके और साहित्य के बीच का प्रमुख अन्तर यह है कि साहित्य के शैलिकीय मूल्यों को भाषा के आवश्यकतापरक दृष्टिकोण के बतौर समुचित रूप में व्याख्यायित नहीं किया जा सकता है। साहित्य के प्रकार्य

के प्राथमिक रूप में सौन्दर्यात्मक होने के कारण शैलिकीय मूल्य की व्याख्या के लिए यह खोज की जानी चाहिए कि किसी शब्द की जगह उसके दूसरे संभाव्य विकल्प का क्यों चयन किया गया। पर ऐसी सारी विचारणा का संबंध साहित्य-कृति के आभ्यन्तर से ही बैठना चाहिए।

लीच और शॉर्ट के अनुसार वास्तविकता यह है कि ये तीनों व्यापक प्रकार्य (Macro functions) साहित्यिक और साहित्येतर–दोनों हीं प्रकार के भाषा-प्रयोगों में शैलिकीय चयन के नियंत्रण-सिद्धान्त हैं। इसलिए साहित्य में शैलीपरक मूल्यों की समझ की खातिर भाषा के उन प्रकार्यात्मक सिद्धान्तों पर, जो साधारण भाषा पर भी लागू होते हैं, ध्यान देने की अपेक्षा है। अत: 'शैली' के विद्यार्थियों के लिए 'शैली' के प्रकार्य के बतौर हैलीडे द्वारा इन तीनों भाषिक प्रकार्यों का आग्रहण अपेक्षित है।

2.0. शैली–विश्लेषण : सिद्धांत

2.1 शैली–विश्लेषण : दिशा–वैविध्य

शैली-विषयक किये जाने वाले विश्लेषणों में प्रायः स्वरूप और सोद्देश्यता का अंतर दीख पड़ता है। इस अंतर के कारण सभी विश्लेषण एक जैसे नहीं होते। चैटमैन ने इस अंतर को रेखांकित करते हुए शैली-विषयक दो भिन्न प्रकार के विश्लेषणों और उनके जरिये शैली की की जाने वाली पड़तालों के बीच विभेद करना महत्त्वपूर्ण और उपयोगी माना है।[1] इसी प्रकार मिलिक ने भी शैली-विषयक अध्ययन की ऐसी दो पद्धतियों के अंतर को स्पष्ट किया है।[2] शैलीविद् एस0आर0 लिविन ने भी शैली के अध्ययन-विश्लेषण को दो कोटियों में विभक्त किया है।[3] शैली-विश्लेषण के दिशा-वैविध्य के संदर्भ में इन अंतरों को ध्यानपूर्वक समझना अत्यंत आवश्यक है। प्रायः ऐसा मान लिया जाता है कि शैली-विषयक सारे अध्ययन शैलीविज्ञान के क्षेत्र में अंतर्भुक्त हो जाते हैं, पर ऐसा नहीं है। शैलीविज्ञान में शैली का अध्ययन विशिष्ट भाषिक प्रक्रिया के द्वारा कथ्योन्मीलन की सोद्देश्यता की दृष्टि से किया जाता है, जिसका अभाव शैली-विश्लेषण की अन्य प्रविधियों में देखने को मिलता है।

चैटमैन के अनुसार शैली-विश्लेषण और उसके अध्ययन की दो भिन्न दिशाएं निम्नलिखित हैं–

2.1.1 शैलीमापक्रमी (स्टाइलोमीट्रिक) विश्लेषण-दिशा और

2.1.2 शैलीवैज्ञानिक (स्टायलिस्टिक) विश्लेषण-दिशा।

2.1.1 शैलीमापक्रमी विश्लेषण-दिशा : यह 'शैली' के विश्लेषण की वह दिशा है, जिसमें विश्लेषक का उद्देश्य उन सभी प्रकार के अभिलक्षणों को खोजना और रेखांकित करना होता है, जिनसे रचनाकार-विशेष की भाषिक पहचान स्पष्ट करने में सहायता प्राप्त होती है। इस प्रकार के विश्लेषण की प्रकृति अपने-आप में आलोचनात्मक होने की अपेक्षा तालिकापरक होती है। इससे एक ओर तो कृतिकार के शैली-वैशिष्ट्य की

---

1. सेमूर चैटमैन, 'द सिमेंटिक्स ऑव स्टाइल', एसेज़ इन सिमिओटिक्स, सम्पा0 जूलिया क्रिस्तिवा (पेरिस : मूतन, 1971), पृष्ठ 413
2. एल0टी0 मिलिक, 'अनकॉनशस ऑर्डरिंग इन द प्रोज ऑव स्विफ्ट', द कम्प्यूटर ऐण्ड लिटॅरेरी स्टाइल (केंट : ओहियो, 1966), पृष्ठ 82
3. सैमुअल आर0 लिविन, रिव्यू ऑव स्ट्रक्चरल कांटिन्युइटी इन पोयट्री - ॲ लिंग्विस्टिक स्टडी इन फाइव प्रि-इस्लामिक अरेबिक ओड्स, **लिंग्वा** सम्पादक, रिश्लिंग, उहलेनबेक, एलेन (एम्स्टर्डम : नॉर्थ हॉलैण्ड पब्लिशिंग कम्पनी, खण्ड-28, संख्या-4, 1972), पृष्ठ 395

परिगणना उसकी वैयक्तिकता के आसंग में हो जाती है, दूसरी ओर इस कोटि के विश्लेषण से किसी अनिर्णीत रचनाकृति के कृतिकार के उलझे प्रश्न को भी समाधान दिया जाता है। उदाहरण के लिए यदि किसी रचनाकृति में विशेष आवर्तक शब्द-प्रयोग, विशेष पद्धतिमूला संरचना तथा विशिष्ट निपात-प्रयोगों का आनुपातिक रूप में एक विशिष्ट स्वरूप प्राप्त होता है और यह विशेषता तीन-चार संदिग्ध कृतिकारों में से किसी एक की अन्य कृतियों में भी परिलक्षित होती है, तो ऐसी स्थिति में अनिर्णीत कृति को इसी मिलते-जुलते शैली-वैशिष्ट्य वाले कृतिकार की कृति मान लिया जाता है। मिलिक ने शैलीमापक्रमी विश्लेषण-दिशा के लिए 'ऐट्रिब्यूटिव' शब्द का प्रयोग किया है,[1] जिसका हिंदी रूपांतर 'शैलीलाक्षणिक' किया जा सकता है। उसके अनुसार शैलीलाक्षणिक विश्लेषण का कार्य किसी प्रदत्त कृति का अभिज्ञान उस कृति के रचनाकार की निजता के रूप में उसकी शैली की वैयक्तिक छाप के आधार पर प्रस्तुत करना है। लिविन के अनुसार भी पहली विश्लेषण-दिशा वह है, जिसमें शैली के वर्णनात्मक प्रमाणों को उपस्थित करते चलने का ही लक्ष्य होता है, चाहे वह शैली किसी एक कृति की हो, या विधा-विशेष की। इस अध्ययन-पद्धति में उस तकनीक की प्रमुखता होती है, जिससे किसी साहित्य-कृति या पाठ के संरचनात्मक अभिलक्षणों का विवरण-वर्णन भर प्रस्तुत करना संभव हो पाता है। इसका शीर्ष सांख्यिकीय अध्ययन-प्रणाली में प्राप्त होता है।[2] लिविन के अनुसार शैली की इस अध्ययन-पद्धति के मूल में शैली-विश्लेषण की निम्नलिखित परिभाषा क्रियाशील रहती है : "वह शैली-विश्लेषण, जो स्वाभाविक भाषा-शृंखला के अंतर्गत भाषिक एककों के कुछ वितरणमूलक गुणों को उद्भाषित करता है, वस्तुतः अभिसूचन के भाषिक सम्पुटन (एन-कोडिंग) की प्रक्रिया में जो पद्धतियाँ बनती चलती हैं, उन्हीं का अध्ययन-मात्र हुआ करता है। ऐसी पद्धतियाँ प्रायः एक भाषा-प्रयोक्ता से दूसरे भाषा-प्रयोक्ता को तुलनात्मक रूप में अलगाने में सहायता करती हैं।"[3] यद्यपि लिविन ने शैली की इस अध्ययन-पद्धति वाली दिशा के लिए कोई नाम प्रस्तावित नहीं किया है, फिर भी उसके विवेचन को देखते हुए उसकी ओर से इसे **वर्णनात्मक-व्यवच्छेदक** (डिस्क्रिप्टिव-डिफेरेंशिएटिव) विश्लेषण-पद्धति का नाम दिया जा सकता है। पर शैली-विश्लेषण की इस दिशा को शैलीमापक्रमी और इसे

---

1. एल0टी0 मिलिक, 'अनकॉनशस आर्डरिंग इन द प्रोज ऑव स्विफ्ट', द कम्प्यूटर ऐण्ड लिटॅरेरी स्टाइल (केंट : ओहियो, 1966), पृष्ठ 82
2. सैमुअल आर0 लिविन, 'रिव्यू ऑव स्ट्रक्चरल कांटिन्यूइटी इन पोयट्री : ॲ लिंग्विस्टिक स्टडी इन फाइव प्रि-इस्लामिक अरेबिक ओड्स, **लिंग्वा**, सम्पा0 रिश्लिंग, उहलेनबेक, एलेन (एम्स्टर्डमः नॉर्थ हालैण्ड पब्लिशिंग कम्पनी, खण्ड-28, संख्या-4, 1972), पृष्ठ 395
3. एस0वाइ0 सेडेलो और डब्ल्यू0, ए0 सेडेलो, 'अ प्रिफेस टु कम्प्युटेशनल स्टायलिस्टिक्स', द कम्प्यूटर ऐण्ड लिटॅरेरी स्टाइल, सम्पा0 जेकोब लीड (ओहियो : केण्ट स्टेट यूनिवर्सिटी, 1966), पृष्ठ 1-2

प्रश्रय देने वाली अध्ययन-पद्धति को 'शैलीमापक्रमिकी' (स्टाइलोमीट्रिक्स) कहना अधिक समीचीन होगा। चैटमैन द्वारा प्रस्तावित इस नाम में विश्लेषण-पद्धति और उसकी सैद्धान्तिकी दोनों के लिए शब्द निर्मित करने की क्षमता है तथा यह नाम मिलिक और लिविन की अपेक्षा अपने उद्देश्य की अधिक अच्छी तरह पूर्ति भी करता दीखता है।

2.1.2 शैलीवैज्ञानिक विश्लेषण-दिशा

शैलीमापक्रमी विश्लेषण-दिशा यदि अभिव्यक्ति-मात्र का विश्लेषण करनें वाली है, तो शैलीवैज्ञानिक विश्लेषण-दिशा कृति की अभिव्यक्ति के विश्लेषण से प्रस्थान कर उसके कथ्य-सौंदर्य और अंतर्वस्तु तक को उन्मीलित करने वाली है। इस कोटि के विश्लेषण से प्राय: पाठ की गहरी समझ प्राप्त की जाती है। ऐसे विश्लेषण की प्रकृति निर्वचनात्मक-व्याख्यात्मक होती है।[1] वस्तुत: यह अंतर्निष्ठ शैली की पड़ताल करने वाली वह पद्धति या दिशा है, जिसमें शैलीपरक अभिलक्षणों को कथ्य की साभिप्रायता से जोडकर उपस्थित किया जाता है। लिविन के अनुसार यह वह प्रकार है, जिसमें शैली का विश्लेषण साहित्यिक कृति के सम्पूर्ण प्रभाव की व्याख्या को साथ लेकर चलता है। यहाँ सौन्दर्य-बोध और मूल्यवत्ता का विवेचन भी शैली-विश्लेषण में सिमट आता है। इस दिशा-विशेष में शैली का विश्लेषण साहित्यिक कृति की बहुस्तरीय अनुक्रिया को उजागर करने वाला होता है।[2] इस अध्ययन-पद्धति के मूल में लिविन के अनुसार निम्नलिखित शैली परिभाषा क्रियाशील रहती है : "'शैली' शब्द-विषयक विमर्श, यदि इसे वैज्ञानिक पड़ताल के कठिन अंश-रूप में जारी रखा गया, तो अनिवार्य तौर पर यह साहित्यालोचन और साहित्यिक सौन्दर्य-शास्त्र को अपनी समग्रता में समेटने वाला सिद्ध होगा।"[3] मिलिक ने इस प्रकार की विश्लेषण-दिशा को निर्वचनात्मक (इंटरप्रिटेटिव) नाम दिया है।[4] हिन्दी में इस अध्ययन-पद्धति को **शैलीविज्ञान** कहना ही समीचीन है, क्योंकि शैली-अभिलक्षणों के आधार पर रचना की निर्वचनात्मकता और उसके कथ्य-सौन्दर्य के उद्घाटन का भाव इस अध्ययन-पद्धति में स्वत: निहित भी है।

बोरेव ने शैली-विश्लेषण के संदर्भ में शैलीवैज्ञानिक पक्ष को ही महत्त्व दिया है। उसने विश्लेषण-संदर्भ में तीन भाषिकीय पदों के अन्तर्ग्रंथन को स्वीकार किया है।

---

1. सेमूर चैटमैन, 'द सिमेंटिक्स ऑव स्टाइल', एसेज इन सिमिओटिक्स, सम्पा० जूलिया क्रिस्तिवा (पेरिस : मूतन, 1971), पृष्ठ 413
2. सैमुअल आ० लिविन, रिव्यू ऑव स्ट्रक्चरल कांटिन्यूइटी इन पोयट्री, **लिंग्वा** (एम्स्टर्डम : नॉर्थ हालैंड पब्लिशिंग कंपनी, खंड-28, सं० 4, 72), पृष्ठ 395
3. मिडिल्टन मॅरी, द प्रोब्लेम ऑव स्टाइल (ऑक्सफोर्ड पेपर वैक, 1960), पृष्ठ 3
4. एल०टी० मिलिक, 'अनकॉनशस ऑर्डरिंग इन द प्रोज ऑव स्विफ़्ट', द कम्प्यूटर ऐंड लिटॅरेरी स्टाइल (केंट : ओहियो, 1966), पृष्ठ 82

इनमें पहला 'मैं' है, जो किसी कृति का विश्लेषक होता है, दूसरा वह 'पाठ-विशेष' है, जो शैलिकीय रूप में रेखांकित (मार्क्ड) होता है और तीसरा उस पाठ का 'शून्य-स्तरीय लेखन' है, जो रंग-हीन, निर्वैयक्तिक और शैलीपरक रूप में सर्वथा अरेखांकित अभिसूचनाएँ प्रस्तुत करता है। उसके अनुसार 'शैली इस विश्लेषण-कर्म में **साभिप्रायता के मुख्य भाग** (रिकेर्ट का पद) के रूप में उपस्थित होती है और विश्लेषण उस संज्ञान पर केन्द्रित हो जाता है, जिसे पाठ-मात्र प्रस्तुत करता है, न कि रचयिता या लेखक।[1] कहना न होगा कि बोरेव द्वारा निर्दिष्ट यह शैली-विश्लेषण शैलीमापक्रमिकी के क्षेत्र का न होकर **शैलीविज्ञान** के क्षेत्र का है, क्योंकि यहाँ रिकेर्ट की शब्दावली में 'बॉडी ऑव मीनिंग' की सोद्देश्य प्रमुखता बतायी गयी है। वस्तुतः शैली-विश्लेषण जब अर्थवत्ता या साभिप्रायता से संबद्ध होता है तभी शैलीविज्ञान उपस्थित होता है। एम0 ए0 के0 हैलीडे की निम्नलिखित पंक्तियाँ भी इस तथ्य को अच्छी तरह स्पष्ट कर देती हैं: ''शैली विज्ञान में हम अर्थ के उन सारे विविध स्तरों के सिलसिले में भाषा से संबंधित हैं, जो किसी भी कृति में प्राप्य हैं।''[2]

अतः शैली-विश्लेषण करते हुए विश्लेषक को शैली-विश्लेषण की दिशा और सोद्देश्यता को स्पष्ट रूप में समझने की अपेक्षा है। इसके आधार पर ही वह शैली-विश्लेषण की सोद्देश्य इच्छित पद्धति का आग्रहण कर सकता है। शैली-विश्लेषण की इन दोनों दिशाओं को देखते हुए इस क्षेत्र के अध्येता से इस तथ्य के परिज्ञान की भी पूरी अपेक्षा की जाती है कि वह **शैलीमापक्रमिकी (स्टायलोमीट्रिक्स)** और **शैलीविज्ञान (स्टायलिस्टिक्स)** की अलग-अलग दिशा और कार्यिकी से भी परिचित हो और दोनों ही कार्यिकियों को एक समझने की भूल न कर बैठे।

2.2 शैली-विश्लेषण : प्रकार-भेद

शैली-विश्लेषण के प्रकार-भेदों को स्पष्ट करने के क्रम में शैली-चिंतक एंक्विस्ट ने तीन प्रकार की शैली-परिभाषाओं को इन प्रकार-भेदों का आधार बनाया है। उसके अनुसार 'शैली' को कभी मानक से अतिक्रमण के रूप में परिभाषित किया गया है, तो कभी निस्संग, शैलीहीन और पूर्व-शैलिकीय अभिव्यक्तियों में वैशिष्ट्य-अभिवर्धक के रूप में और कभी ऐसे लक्ष्यार्थ के रूप में, जहाँ प्रत्येक भाषिक अभिलक्षण पाठ्य और स्थितिगत परिवेश से अपना शैलिकीय मूल्य प्राप्त करता है।

---

1. यू0बी0 बोरेव, 'द नेचर ऑव स्टाइल ऐंड स्टायलिस्टिक एनालिसिस', मार्क्सिस्ट- लेनिनिस्ट एस्थेटिक्स ऐंड आर्ट्स, अनुवादक ऐंगुस रोक्सवर्ग (मस्क्वा : प्रोग्रेस पब्लिशर्ज, 1980), पृष्ठ 298

2. एम0 ए0 के0 हैलीडे, 'लिंग्विस्टिक फंक्शन ऐंड लिटॅरेरी स्टाइल : एन इन्क्वायरी इन टु द लैंग्वेज़ ऑव विलियम गोल्डिंग्ज़ द इनहेरिटर्स', लिटॅरेरी स्टाइल : ॲ सिम्पोजियम, सम्पादक सेमूर चैटमैन (लंडन : ऑक्सफोर्ड यूनिवर्सिटी प्रेस, 1971), पृष्ठ 346

ऊपर निर्दिष्ट 'शैली' की इन तीन परिभाषाओं के आधार पर एंक्विस्ट शैली-विश्लेषण के तीन प्रकारों का निर्देश करता है—2.2.1 तुलनात्मक शैली-विश्लेषण, 2.2.2 वर्णनात्मक शैली-विश्लेषण और 2.2.3 परिवेशपरक शैली-विश्लेषण।[1]

2.2.1 तुलनात्मक शैली-विश्लेषण

जहाँ 'शैली' को मानक से अतिक्रमण के रूप में देखा जाता है वहाँ शैली-विश्लेषण पाठ-विशेष के गृहीत अभिलक्षणों और पाठ के मानक अभिलक्षणों के बीच तुलनात्मक रूप में सम्पन्न किया जाता है। इसे तुलनात्मक शैली-विश्लेषण कहते हैं। यहाँ मानक अभिलक्षणों को पृष्ठभूमि में रखा जाता है।

2.2.2 वर्णनात्मक शैली-विश्लेषण

जहाँ 'शैली' को शैलीहीन अभिव्यक्तियों में कुछ शैलिकीय वैशिष्ट्य के अभिवर्धन या योग के रूप में देखा जाता है वहाँ शैलिकीय विश्लेषण एक निरावरण-प्रक्रिया के रूप में उपस्थित होता है। यहाँ उन अभिवर्धक वैशिष्ट्यों को अलगाया जाता है, उद्घाटित किया जाता है और उनका वर्णन किया जाता है, जो निस्संग, अरेखांकित, आभ्यंतर मूल भाग को शैलिकीय रूप में घेरते हैं। इसे वर्णनात्मक शैली-विश्लेषण कहते हैं।

2.2.3 परिवेशपरक शैली-विश्लेषण

जहाँ 'शैली' को लक्ष्यार्थ माना जाता है वहाँ शैली-विश्लेषण विशिष्ट भाषिक एककों और उनके व्यवहृत होने के परिवेश—दोनों के बीच की नातेदारी के अध्ययन के रूप में उपस्थित होता है। इसे परिवेशपरक शैली-विश्लेषण कहते हैं।

पर उक्त तीनों ही प्रकारों को परस्पर विरोधी या निवारक मानने की अपेक्षा पूरक रूप में देखा जाना चाहिए। यदि हम किसी प्रासंगिक मानक को परिभाषित कर लेते हैं, जिसकी पृष्ठभूमि में हम पाठ का विश्लेषण करने चलते हैं और यदि हम इस मानक से उन अतिक्रमणों को अलगाने में सफल हो जाते हैं, जो शैलिकीय साभिप्रायता से युक्त हैं, तो हम उक्त विश्लेषण-प्रकारों में पहले प्रकार का व्यवहार करते होते हैं। पर यदि मानक शैलिकीय रूप में निस्संग या अ-रेखांकित होता है, तब भी वही तुलनात्मकता दूसरे विश्लेषण-प्रकार की अपेक्षा को परितुष्ट करती दीखती है। यहाँ वे ही अभिलक्षण, जिनके द्वारा मानक के अतिक्रमण को रेखांकित किया जाता है, शैलिकीय रूप में अ-रेखांकित, निस्संग, भाषिक एकक से शैलिकीय रूप में रेखांकित पाठ को साभिप्रायित करने लगते हैं। यदि मानक को सामान्य भाषिक प्रासंगिकता अथवा शैलिकीय निस्संगता के आधार पर परिभाषित/गृहीत नहीं कर निश्चित सांदर्भिकता के आधार पर देखा जाए, जो पाठ और मानक की तुलना को उचित सिद्ध कर रहा

---

1. निल्स एरिक एंक्विस्ट, लिंग्वस्टिक स्टाइल (पेरिस : मूतन, 1973), पृष्ठ 15

हो, तो यहाँ शैली को 'लक्ष्यार्थ' के रूप में ग्रहण किया जाता है और विश्लेषण सांदर्भिक, पाठात्मक, स्थितिगत परिवेश के बतौर साभिप्राय अभिलक्षणों को रेखांकित कर रहा होता है। इस प्रकार इन तीनों प्रकारों में पारस्परिक अंतस्संबंध देखने को मिलता है।

2.3 शैली–विश्लेषण : स्तर–स्पष्टीकरण

'शैली' की विश्लेषण-प्रक्रिया में भाषिक स्तरों के निर्धारण और आग्रहण के प्रश्न पर मीमांसकों में मतैक्य नहीं है। कहना न होगा कि 'शैली' का विश्लेषण करने के लिए जहाँ किसी निश्चित प्रतिमान की आवश्यकता पड़ती है, वहीं विश्लेषणकर्ता को भाषिक स्तर के स्वरूप को निकट से जानने की अपेक्षा होती है, क्योंकि उसे प्रतिमान को भाषा के उन एकाधिक स्तरों पर लागू करना होता है, जो परस्पर अंतर्ग्रथित होते हैं। वस्तुतः विश्लेषण-प्रक्रिया में हम भाषिक स्तरों पर उस पहलू का अध्ययन करते हैं, जिससे कृति की भाषा संघटित होती है। पर विश्लेषण के दौरान कौन-कौन से भाषिक स्तर लिए जाएँ और उनका क्रम क्या हो, इस पर शैली-विश्लेषकों के अलग-अलग विचार मिलते हैं।

डेरिक डेवी ने कृति के शैली-विश्लेषण में भाषिक स्तर के प्रश्न को उठाते हुए ध्वनिगत (स्वन-शास्त्रीय और लेखिम शास्त्रीय) व्याकरणिक, शाब्दिक और अर्थपरक स्तरों का उल्लेख किया है।[1] उसके अनुसार इन स्तरों पर किसी भी विश्लेषण-प्रतिमान को व्यापारित किया जा सकता है। यूँ तो भाषिक स्तरों की संख्या और इनका स्वरूप जहाँ विश्लेषण-कार्य के संदर्भ में विश्लेषण की विविधता, सुविधा और सोद्देश्यता के अनुरूप आकृत-स्वरूपित होता है, वहीं पाठ-विशेष या विश्लेष्य कृति-विशेष की प्रकृति के द्वारा भी नियंत्रित होता है। रचना की अपेक्षित माँग पर भाषाविदों के द्वारा निर्दिष्ट 'रूप-ध्वनिशास्त्रीय' (मॉर्फोफोनोलॉजिकल) जैसे दूसरे भाषिक स्तर भी ग्रहण किये जा सकते हैं अथवा ऊपर निर्दिष्ट स्तरों के बीच से भी दूसरे उपस्तर निकाले जा सकते हैं। विश्लेषण-प्रक्रिया में इन भाषिक स्तरों को वहाँ तक स्वतंत्र रखा जाता है, जहाँ तक ऐसा करना संभव हो पाता है। पर जहाँ आवश्यकता पड़ती है, वहाँ एक स्तर से दूसरे स्तर के बीच अनिवार्य रूप में सह-संबंध भी बनाये जाते हैं और अंत में इन सभी भाषिक स्तरों पर प्राप्त होने वाले तथ्यों का पारस्परिक रूप में एक संश्लेषण प्रस्तुत कर दिया जाता है।

यहीं यह प्रश्न उठता है कि किसी भी रचना की विश्लेषण-प्रक्रिया में प्रतिमान-विशेष का चयन करने के क्रम में विश्लेषण को किस भाषिक स्तर से आरंभ करना चाहिए? इस संदर्भ में कुछ शैलीवैज्ञानिकों की मान्यता है कि विश्लेषण में भाषा

---

1. डेविट क्रिस्टल और डेरिक डेवी, इंवेस्टिगेटिंग इंग्लिश स्टाइल (लंदन : लौंगमैन ग्रुप लि0, 1969, पंचम मुद्रण, 1976), पृष्ठ 13

के इन विविध स्तरों का निर्धारित क्रम-निर्वाह बहुत महत्त्वपूर्ण नहीं है। विश्लेषण के दौरान हम किसी भी स्तर से शैलिकीय अभिलक्षणों का रेखांकन शुरू कर सकते हैं। किसी विश्लेषण में वाक्य-रचनापरक नियम ही आरंभिक बिंदु बन सकता है, जैसा प्रजनक व्याकरण में होता है, फिर स्वन-शास्त्रीय और अर्थ-स्तरीय सूचनाएँ व्याकरण के अर्थायनपरक घटक के रूप में उपस्थित हो सकती हैं, तो कभी इसके विकल्प-रूप में ध्वनिशास्त्रीय और स्वनशास्त्रीय शैलीचिह्नकों से ही ध्वनि-स्तर पर किसी विश्लेषण का आरंभ किया जा सकता है, जैसा इस क्षेत्र के विद्वान् पारंपरीण भाषावैज्ञानिक सरणि पर चलते हुए करते भी रहे हैं। फिर इसके बाद व्याकरण और शब्द के स्तर लिये जा सकते हैं और सबसे अंत में अर्थ का स्तर। पर इन सबके विपरीत किसी विश्लेषण का आरंभ अर्थ-स्तर से भी किया जा सकता है और वहाँ से विपरीत दिशाओं में आया जा सकता है। यहाँ अधिक ध्यान देने योग्य तथ्य यह है कि विश्लेष्य पाठ या कृति की प्रकृति के आधार पर इस प्रश्न का समीचीन उत्तर ढूँढ़ा जाना चाहिए। जिस पाठ-विशेष या विश्लेष्य कृति-विशेष में जिस भाषिक स्तर पर सर्वाधिक शैलीपरक अभिलक्षण प्राप्त हों, उस पाठ-विशेष या कृति-विशेष में विश्लेषण का आरंभ समीचीन रूप में उस भाषिक स्तर से किया जा सकता है।

2.3.1 डेविड क्रिस्टल और डेरिक डेवी द्वारा निर्दिष्ट स्तर

डेरिक डेवी ने इस प्रश्न को उठाते हुए सबसे आरंभ में ध्वनि-स्तर को, फिर व्याकरण को, फिर शब्द को और अंत में अर्थ-स्तर को प्रस्तावित किया है।[1]

डेविड क्रिस्टल और डेरिक डेवी का विचार है कि एक शैलीवैज्ञानिक आलोचक किसी भी स्तर पर पड़ताल करते हुए आरंभ में उन सूचनाओं को ध्यान में रखता है, जो सामान्य रूप में उपस्थित और प्रायः अभिज्ञात होती हैं। पर शैलीवैज्ञानिक निरूपण उसके सामने तभी स्पष्ट होते हैं जब वह भाषा से अभिलक्षण-विशेष को चुनना शुरू करता है और उन्हें सांदर्भिक वैविध्य के बहुतेरे परिमाणन की तकनीकों के द्वारा जोड़ने लगता है। यहाँ पहला स्तर भाषा के कच्चे माल से जुड़ा होता है। यह सामग्री भी दो प्रकार की होती है। भाषा की अभिव्यक्ति दो माध्यमों के बीच एक प्राथमिक चयन को उपस्थित करती है। ये दो माध्यम क्रमशः वाचन और लेखन के होते हैं। इनमें एक मौलिक अंतर होता है। ध्वनिशास्त्र मूलतः मानवीय वाचिक स्वनों की उपयोगिता और विशेषताओं का अध्ययन करता है। इसकी तुलना में भाषा के लिखित और मुद्रित आकारों का अध्ययन उतना विकसित नहीं है। वाचिक भाषा में सुर की तानता, व्यक्ति के भाषण के स्थायी तौर पर वर्तमान पृष्ठभूमीय अभिलक्षण आदि आते हैं। वहाँ किसी विशिष्ट स्थिति में व्यक्त उद्गार को उपपारंपरीण रूप में व्यवहृत किया जा सकता है।

1. डेविड क्रिस्टल, डेरिक डेवी, इंवेस्टिगेटिंग इंग्लिश स्टाइल (लंडन : लौंगमैन ग्रुप लि0, 1969), पृष्ठ 16

जैसे 'सरमन' की उच्चारण-ध्वनियों को और कुछ विशिष्ट प्रकार के दूरदर्शन-विज्ञापनों को। भाषा के मूल ध्वनि-तत्त्व और लेखिम-तत्त्व का अध्ययन करने वाले ध्वनिशास्त्र और लेखिमशास्त्र के क्षेत्र में दूसरे स्तर पर किसी विशिष्ट भाषा के साँचे के अंतर्गत इस तत्त्व की संघटना का अध्ययन किया जाता है। मानवीय भाषा, जो ध्वनियों और उनके आकारों में स्पष्ट रूप में कहीं अधिक है, इस साँचे का रूप प्रदर्शित करती है। सभी प्राप्त ध्वनियाँ और उनके आकारों के बीच प्रत्येक भाषा उनमें से कुछ को चुनती है, जिससे सीमित कथनीय संयोजन-संस्थाओं का निर्देश होता है। इसी से वृहत्तर इकाइयाँ बनती हैं, जैसे शब्द और वाक्य। स्वन-शास्त्र (फोनालॉजी), जहाँ विचार्य भाषा की ध्वनि-पद्धति का अध्ययन प्रस्तुत करता है, वहीं लेखिम-शास्त्र सादृश्यमूलक भाषिक अध्ययन प्रस्तुत करता है, किसी भाषा की लिखित पद्धति का, वर्तनी-लेखन का अध्ययन, जो कई तरह की हस्तलिपियों में दीख पड़ता है और मुद्रण-कला में भी। इस क्षेत्र में शैलीविज्ञान उस ध्वनि के साँचे अथवा लेखन-साँचे का वर्णन करता है, जो भाषा की विविधता को विभेदीकृत करने में सहायता करने वाला सिद्ध होता है। इनके अतिरिक्त खंडित ध्वनियों की आवृत्ति, जो विशिष्ट वितरण में होती है, लयों के साँचे, सुरतानता, विरामांकन के विशिष्ट व्यवहार, अंतरालन और अंग्रेजी जैसी भाषा में बड़े वर्णों (कैपिटल लेटर्स) के प्रयोग पर यहाँ विचार किया जाता है। कहना न होगा कि इस स्तर पर उक्त साँचे की भौतिक विशेषताओं की अपेक्षा भाषिक पद्धति के बीच विरोधों पर बल दिया जाता है। इसका अध्ययन और विश्लेषण पहले स्तर का विषय है।

तीसरे स्तर पर ध्वनि-शास्त्रीय और लेखिम-शास्त्रीय संघटना के परिणाम का अध्ययन किया जाता है। ध्वनि और वर्ण अपने से वृहत्तर और संश्लिष्ट इकाइयों की रचना के लिए व्यवहृत होते हैं। कुछ उन पहलुओं के लिए, जो व्याकरण के विषय हैं, दूसरे वैसे पहलू हैं, जिन्हें शब्दकोश के अंतर्गत रखा जाता है। व्याकरणिक दृष्टिकोण से किसी भाषा में इकाई की आंतरिक संरचना का विश्लेषण करना ही मूल उद्देश्य है। वहाँ यह माना जाता है कि किस रूप में और किस अनुक्रम में ये कार्य करते हैं। व्याकरण का पारंपरीण वर्गीकरण रूपशास्त्र (मार्फोलॉजी) और वाक्य-रचनाशास्त्र (सिन्टेक्स) में किया जाता है, जो क्रमशः शब्दों और शब्द के वर्गों की आंतरिक संरचना और शब्द और शब्दों के बीच के बाहरी संरचनात्मक संबंधों का अध्ययन करता है। यह शैलीविज्ञान के लिए समीचीन भी है।

शब्द-वर्गों और वाक्य-संरचनाओं के अमूर्त बयानों के विरुद्ध शैलीवैज्ञानिक नजरिए से ऐसी महत्त्वपूर्ण चीजें भी हैं, जो वैयक्तिक व्यामोही शब्द और मुहावरों के रूप में विभिन्न भाषावैज्ञानिक संदर्भों में साँचा बनाती हैं। इसलिए शब्दगत गुणों का अध्ययन अलग से करना अपेक्षित हो जाता है। शब्द-स्तर के इस उप-शीर्षक के अंतर्गत विशिष्ट शाब्दिक एकक के चयन के विषय में सूचना दी जाती है कि किसी पाठ में उसके

कथ्य और विषय को देखते हुए कोई शाब्दिक चयन कितना उसके उपयुक्त हो पाता है। साथ ही एक-दूसरे के साथ उनका वितरण कहाँ तक समीचीन और उनका अर्थ कहाँ तक सम्प्रेष्य हो पाता है। एक शब्द रचनाकार के द्वारा विचित्र रूप में व्यवहृत होते हुए भी दूसरे शब्दों के साथ सुसंहत और शैलीवैज्ञानिक रूप में सुसंबद्ध किया जा सकता है। इसीलिए डेविड डेरिक के मत में शब्द-स्तर अंशतः एक औपचारिक और अंशतः एक धारणात्मक अवधारणा है। पारंपरीण अर्थ में साहित्यालोचन में इसे ही 'पदसज्जा' अथवा 'डिक्शन' कहकर पुकारा गया है।

विश्लेषण का अगला स्तर अर्थ का स्तर है। इसमें अकेले शाब्दिक एकक की अपेक्षा भाषा के दीर्घतर फैलाव का अध्ययन किया जाता है। वस्तुतः अर्थ का स्तर वह स्तर है, जहाँ केवल शाब्दिक एकक के आधार पर अर्थ का अध्ययन नहीं होता, बल्कि इसके अतिरिक्त अन्य भाषिक इकाइयों के आधार पर भी अर्थ का अध्ययन किया जाता है। यहाँ थीम के विकास के साँचे, पूरे पाठ में अवधारणाओं का वितरण, विशिष्ट लाक्षणिक प्रयोग (फिगर्ज ऑव स्पीच) का व्यवहार, अर्थस्तरीय विदग्धता आदि का भी अध्ययन किया जाता है। यदि शाब्दिक एकक और अर्थ के बीच किसी नियमित विकल्पक्रमी (पाराडिग्मेटिक) संबंध को रेखांकित किया जा सके अथवा यही संबंध वृहत्तर फैलाव में भी रेखांकित हो सके, तो इनका विभेदीकरण बहुत सहज नहीं हो पाएगा। एक शैली-विश्लेषक एक पाठ के प्रति अपने मस्तिष्क में भाषा के विविध स्तरों को रखते हुए ही अपना अभिगम लागू करता है और अपनी सामग्री को इस रूप में संघटित करने की कोशिश करता है, जिससे वह इस सामग्री के जरिए उन बिंदुओं को चिह्नांकित करते हुए, जिन्हें वह एक स्तर से दूसरे स्तर पर शैली की संदृष्टि से साभिप्राय मानता है, व्यवस्थित रूप में अपना विश्लेषण-कार्य संपन्न कर सके।

भाषिक स्तरों के आधार पर किया जाने वाला विश्लेषण सामान्यतः वैज्ञानिक प्रक्रिया को निर्दिष्ट करता है। यह प्रक्रिया हमारी सामग्री को संघटित करने में अधिक-से-अधिक निकटता से भाषिक संघटना के विशिष्ट पहलू पर हमारे ध्यान को केंद्रित करने में सहायता करती है। यदि कभी ऐसे अभिलक्षण उपस्थित हो पड़ते हैं, जो किसी एक स्तर के संदर्भ में व्याख्यायित नहीं किए जा सकते, तब एकाधिक स्तरों में निहित उनकी प्रासंगिक संबद्धता को अनिवार्य रूप में निर्दिष्ट करना पड़ता है। ऐसी स्थिति में एक स्तर के अभिलक्षण दूसरे स्तर के अभिलक्षणों को व्याख्यायित अथवा सम्मिलित कर सकते हैं और एक पाठ-विशेष शैलीवैज्ञानिक रूप में अंतर-स्तरीय अभिलक्षणों के द्वारा निरूपित हो सकता है। ऐसा अभिलक्षण, जो एक साथ ही एकाधिक स्तरों के संबंध की माँग करता है, उसे या तो उन स्तरों पर वर्णित किया जाना चाहिए अथवा इनमें से किसी एक स्तर पर इस प्रकार रेखांकित किया जाना चाहिए, जिसमें दूसरे स्तरों को भी संदर्भित किया जा सके। पर ऐसा करते हुए किसी एक स्तर को ज्यादा प्रमुखता

प्राप्त हो जाने का खतरा भी सामने आता है, जिसे वस्तुनिष्ठ रूप में निर्णीत करने की आवश्यकता पड़ती है। कभी-कभी यह स्पष्ट दीखता है कि किसी अभिलक्षण की व्याख्या में दो स्तर परस्पर अंतर्ग्रथित हैं और इन दोनों में से एक अत्यंत प्रमुख है। उदाहरण के लिए यदि किसी पाठ में विदेशी शब्दों की भरमार है और ये सभी शब्द वक्राकृति (इटैलिक्स) में मुद्रित किए गए हैं, तो ये लेखिम-स्तर और शब्द-स्तर—दोनों ही स्तरों पर विशिष्ट हो उठेंगे। लेकिन यह भी स्पष्ट है कि इनमें शाब्दिक स्तर ज्यादा महत्त्वपूर्ण होगा। इसलिए इसका रेखांकन शब्द-स्तर के अंतर्गत ही करना समीचीन होगा। यहाँ पर यह टिप्पणी की जा सकती है कि इसकी लेखिम-स्तरीय विशिष्टताओं का उद्‌घाटन आगे किया जाएगा। पर ऐसी विशिष्टता वहाँ जटिल हो जाती है, जहाँ अन्तर्ग्रथित विभिन्न स्तरों में परस्पर प्रमुखता का निर्धारण असंभव होने लगता है। उदाहरण के लिए जब किसी पाठ में शब्द-क्रम का विन्यास और लयात्मकता—दोनों ही शैली की दृष्टि से साभिप्राय हो उठते हों तब यह निश्चित करना असंभव-सा लगता है कि इनका वर्णन प्राथमिक रूप में ध्वनि-शास्त्रीय स्तर पर किया जाना चाहिए अथवा व्याकरणिक स्तर पर। एक दूसरी दृष्टि से यदि व्याकरणिक और शाब्दिक अभिलक्षण अर्थगत अभिलक्षण के साथ इकट्ठे होते हों, तो अर्थ-स्तर से इसकी विश्लेषण-चर्चा को उठाना समीचीन होगा। पर यदि व्याकरणिक और शाब्दिक अभिलक्षण साथ-साथ उपस्थित होते हैं, तो इनका निरूपण व्याकरणिक स्तर पर करना श्रेयस्कर होगा।

इस प्रकार चर्चित स्तरों पर शैली के अभिलक्षण की महत्ता की माप की अपेक्षित प्रक्रिया को स्पष्ट करने की दिशा में दो सिद्धांत स्पष्ट रूप में उभर कर सामने आते हैं–

1. किसी भी पाठ में ज्यादा महत्त्वपूर्ण शैली-अभिलक्षण वह है, जो विविधता के बीच बारंबारिता से उपस्थित होता है।
2. अधिक महत्त्वपूर्ण शैली-अभिलक्षण वह है, जो दूसरी विविधताओं के द्वारा न्यूनतम रूप में अथवा विरल रूप में उपलब्ध होता है।

2.3.2 जी0 एन0 लीच द्वारा निर्दिष्ट स्तर

लीच ने 'एनेटॉमी ऑव लैंग्वेज' शीर्षक निबंध में विश्लेषण के इन विविध भाषिक स्तरों पर विचार किया है। यहाँ उसका उद्देश्य भाषिक संघटना के विविध स्तरों को विखंडित रूप में रेखांकित करना है। साथ ही यह भी देखना है कि किस प्रकार ये विविध स्तरों पर परस्पर संश्लिष्ट या संयोजित होते हैं। लीच ने इस बात का उल्लेख किया है कि विश्लेषण-प्रक्रिया के लिए विविध स्तरों का रेखांकन विभिन्न भाषिक स्तरों पर आधारित है। भाषा के इन विविध स्तरों को भाषावैज्ञानिक निकायों और विभिन्न भाषावैज्ञानिक सिद्धांतों के आधार पर परिसीमित अथवा विस्तृत किया जां सकता है। लीच ने भाषा के विविध स्तरों का एक अविवादास्पद आरेख प्रस्तुत किया है, जिसमें

एकाधिक स्तर संश्लिष्ट रूप में प्राप्त होते हैं। भाषा के स्तर के विषय में पारंपरीण पद्धति प्रायः उसे दो घटकों–रूप (फॉर्म) और अर्थ (मीनिंग)–सें विभक्त करने की रही है। पर लीच उसे अपर्याप्त मानता है और उनकी जगह पर तीन स्तरों की प्रस्तावना करता है। लीच के अनुसार विश्लेषण की दृष्टि से भाषा के तीन स्तर लिये जा सकते हैं। इनमें **प्राथमिक स्तर** भाषान्वयन (रिलाइजेशन) का स्तर है, जिसे क्रियान्वयन-स्तर भी कहा जा सकता है। **दूसरा स्तर** अभिव्यंजनाकृति (फॉर्म का) का स्तर है। **तीसरा स्तर** अर्थ (मीनिंग) का स्तर है। भाषान्वयन के अंतर्गत **स्वनशास्त्र और लेखिमशास्त्र** आते हैं। अभिव्यंजनाकृति (फॉर्म) के अंतर्गत **व्याकरण और शब्द-भंडार** आते हैं। व्याकरण के अंतर्गत **रूप-रचना और वाक्य-रचना** आती है और अर्थ के अंतर्गत **अभिधेय** (डेनोटेटिव) तथा **प्रतीयमान** (काग्निटिव) अर्थ आते हैं।

आरेख

भाषान्वयन (रिलाइजेशन)	अभिव्यंजनाकृति (फॉर्म)	अर्थ (सिमेंटिक्स)
स्वनशास्त्र (फोनोलॉजी)	व्याकरण (ग्रामर)	अभिधेय अथवा प्रतीयमान अर्थ (डेनोटेटिव ऑर काग्निटिव मीनिंग)
लेखिमशास्त्र (ग्रैफॉलाजी)	शब्द (लेक्सिकन)	

भाषा का अभिव्यंजनाकृत (फॉर्म) पहलू शब्द और व्याकरण पर आधारित होता है, लेकिन शब्दों को कैसे उच्चरित करना चाहिए, कैसे उन भाषा-रूपों को लिखा जाना चाहिए–इसके लिए भाषान्वयन (रिलाइजेशन) के स्तर की प्रस्तावना अपेक्षित होती है। इसके बाद ही भाषा में अर्थ और कथ्य का स्तर आता है। कहना न होगा कि भाषा के ये तीनों स्तर भाषा की उत्पत्ति-प्रक्रिया और ग्रहण-प्रक्रिया–दोनों ही दिशाओं में अपना महत्व रखते हैं। वाचन और श्रवण तथा लेखन और पठन की परस्पर सह-निर्भरता इसके महत्त्व को स्वीकारती है। अंतर इतना-सा है कि वक्ता और गृहीता में इसकी ग्रहण-प्रक्रिया का स्वरूप एक दूसरे के विपरीत हो जाता है। वक्ता लेखक के लिए

---

1. जी0एन0 लीच, अ लिंग्विस्टिक गाइड टु इंग्लिश पोयट्री (लंडन : लौंगमैन ग्रुप लि0, 1969, चतुर्थ मुद्रण, 1974), पृष्ठ 37

पहले अर्थ है, फिर अभिव्यंजनाकृति, फिर ध्वनि-लेखिम, पर गृहीता-श्रोता के लिए पहले ध्वनि-लेखिम है, फिर अभिव्यंजनाकृति, फिर अर्थ है।[1]

← – – – – – – – – – – – – – – – वक्ता/लेखक
(भाषा–उत्पादन)

स्वनशास्त्र (फोनोलॉजी	अभिव्यंजनाकृति (फॉर्म)	अर्थ (सिमेंटिक्स)

श्रोता/पाठक – – – – – – – – – – – – – – – – – →
(कथ्य-परिज्ञान)

लीच के अनुसार साहित्य की भाषा में प्रायः चार स्थितियाँ देखने को मिलती हैं। पहली स्थिति वहाँ आती है, जहाँ अभिव्यंजनाकृति भिन्न होती है, किंतु उच्चारण एक ही होता है। जैसे अंग्रेजी का विशेषण 'लाइट' (light) और अंग्रेजी की संज्ञा 'लाइट'। इनका उच्चारण एक ही है, पर अभिव्यंजनाकृति में संज्ञा और विशेषण के रूप में ये भिन्न हैं। ऐसी स्थिति को **होमोफोनी** कहते हैं। दूसरी स्थिति में अभिव्यंजनाकृति एक ही रहती है लेकिन उच्चारण भिन्न-भिन्न हो जाते हैं। उदाहरण के लिए अंग्रेजी संज्ञा शब्द 'एनवेलेप' (envelope) को लें। इसका उच्चारण कहीं 'एनवेलप' जैसा होता है और कहीं 'आनवलेप' जैसा। इसे **'डिफरेंशिएशन'** कहते हैं। तीसरी स्थिति में अर्थ एक ही होता है, लेकिन अभिव्यंजनाकृति बदली हुई होती है। जैसे अंग्रेजी 'नेवर द लेस' (Never the less) और 'नॉन द लेस' (None the less) के रूप भिन्न हैं, लेकिन इनका अर्थ एक ही है। इसे **'सिनोनिमी'** या पर्याय कहते हैं। चौथी स्थिति में अभिव्यंजनाकृति एक ही रहती है, लेकिन उसके अर्थ भिन्न-भिन्न हो सकते हैं। उदाहरण के लिए अंग्रेजी शब्द 'लाइट' के दो अर्थ होते हैं–1. प्रकाश (अनडार्क) और 2. हल्का (अनहेवी)। इसे **'बह्वर्थता' (पोलिसिमी)** कहते हैं। यहाँ यह ध्यान देने योग्य है कि ये चारों स्थितियाँ ऐसी हैं, जो केवल शब्द के प्रति अनुप्रयुक्त नहीं होकर उससे भी बड़ी अभिव्यक्तियों में अनुप्रयुक्त होती हैं। लीच के अनुसार ऊपर की इन चारों स्थितियों से यह स्पष्ट हो जाता है कि विश्लेषण-प्रक्रिया में भाषिक स्तरों पर विचार करने के सिलसिले में इन तीनों स्तरों पर विचार करना कहीं अधिक समीचीन है।[1]

भाषा के जानकार विश्लेषक से प्रायः यह अपेक्षा की जाती है कि वह भाषिक उच्चारण और लेखिम-प्रणाली–दोनों से ही सुपरिचित हो। लेखिम-शास्त्र के लिए अंग्रेजी शब्द 'ग्रेफेलॉजी' का व्यवहार होता है, जिसमें विरामांकन, अनुच्छेदीकरण, वर्तनी आदि

1. जी0एन0 लीच, अ लिंग्विस्टिक गाइड टु इंग्लिश पोयट्री (लंडन : लौंगमैन ग्रुप लि0, 1969, चतुर्थ मुद्रण, 1974), पृष्ठ 38

का समाहार हो जाता है। वस्तुतः ध्वनिशास्त्र और लेखिमशास्त्र का पारस्परिक संबंध विरोधी प्रकृति का नहीं होकर सहभावी प्रकृति का संबंध है, जबकि व्याकरण और शब्द का संबंध वैकल्पिक प्रकृति (आइदर-ऑर) का संबंध नहीं होकर 'उभयता-तथापरकता' (बोथ-ऐंड) का संबंध है। अर्थ-स्तर पर संज्ञानात्मक-तार्किक (कॉग्निटिव-लॉजिकल) और अभिधेयात्मक (डेनोटेटिव) अर्थ की प्रायः चर्चा की जाती है, पर रचना में किसी पंक्ति, किसी शब्द, किसी ध्वनि से जो भी संप्रेषित होता है, वह सब-कुछ अर्थ है। इसे भाषिक खंड की संपूर्ण साभिप्रायता कहते हैं। इसीलिए रचना की अर्थवत्ता के संदर्भ में अंग्रेजी 'मीनिंग' के लिए 'सिग्निफिकेंस' शब्द का व्यवहार किया जाता है। किसी भी पाठ या अभिव्यक्ति का अर्थ उसकी संपूर्ण साभिप्रायता का ही भाग होता है। लेकिन यह अंश कितना महत्त्वपूर्ण है, यह संप्रेषणीय स्थिति पर निर्भर होता है। कविता में लेखक और पाठक के बीच संप्रेषण के इतने विशिष्ट मार्ग (एवेन्यूज) खुल जाते हैं कि संपूर्ण संप्रेषण का एक बहुत ही छोटा भाग संज्ञानात्मक अर्थ बन कर रह जाता है। यहाँ उस तथ्य पर भी ध्यान दिया जाना चाहिए कि कविता या काव्यांश का अन्वय नहीं किया जा सकता। निपट 'अर्थ' (मीनिंग) और महत्त्वपूर्ण 'साभिप्रायता' (सिग्निफिकेंस) के अंतर से इस तथ्य को अच्छी तरह स्थापित किया जा सकता है कि संज्ञानात्मक अर्थ के धरातल पर एक कविता का अन्वय किया जा सकता है, लेकिन साभिप्रायता के धरातल पर किसी कविता का अन्वय संभव नहीं है।

2.3.3 वर्णनात्मक भाषाविज्ञान के अंतर्गत आने वाले स्तर

वर्णनात्मक भाषाविज्ञान के आधार पर भाषा के विविध स्तरों में ध्वनि, लेखिम, शब्द, रूप-रचना, वाक्य-रचना और अर्थ जैसे स्तरों का आग्रहण किया जाता है। अलग-अलग व्याकरणों के द्वारा इन स्तरों को नियंत्रित-परिसीमित करने की चेष्टा भी की गई है। इनमें स्तर-विन्यासमूलक व्याकरण और रूपांतरक-प्रजनक व्याकरण भाषा के तीन स्तरों का उल्लेख करता है–1. ध्वनि, 2. वाक्य-रचना और 3. अर्थ। पर अमेरिका में ऐसे कई सम्प्रदाय हैं, जो भाषिक विश्लेषण के लिए कई स्तरों की बातें करते हैं। इनमें निम्नलिखित स्तर द्रष्टव्य हैं– 1. निम्न फोनिमिक स्तर, 2. फोनिमिक स्तर, 3. मॉर्फो-फोनिमिक स्तर, 4. शब्द-संयोगी मॉर्फोमिक स्तर, 5. वाक्य-संयोगी मॉर्फोमिक स्तर, और 6. अर्थ स्तर।

पर शैली-विश्लेषण के लिए सामान्यतः ध्वनि, शब्द, रूप, वाक्य और अर्थ जैसे पाँच भाषिक स्तरों का आग्रहण उपयुक्त है। ध्वनि में औच्चारिक और लेखिमिक–दोनों दिशाओं का समावेश संभव है।

2.3.4 प्रोक्ति अथवा वाक्यातीत स्तर

साहित्य-विश्लेषण के क्षेत्र में किसी सीमा में विधा-विशेष की प्रकृति को देखते हुए उक्त स्तरों की (क्रिस्टल-डेवी तथा लीच द्वारा निर्दिष्ट स्तरों की) उपयोगिता स्वीकारी

जा सकती है। पर साहित्य-भाषा के विश्लेषण के लिए प्रत्येक विधा में शैली की दृष्टि से जिस स्तर की सर्वाधिक अपेक्षा अनुभव की जाती है, उसकी चर्चा न क्रिस्टल और डेवी ने की है और न ही लीच ने। साहित्य-भाषा के विश्लेषण के लिए अब तक चर्चित विविध भाषिक स्तरों के अतिरिक्त **प्रोक्ति–स्तर** अथवा **वाक्यातीत–स्तर** (डिस्कोर्स लेवेल/इंटरसेटेंस लेवेल) की अपेक्षित महत्ता है। 'प्रोक्ति' एक पूर्ण सांदर्भिक कथन है, जिसका निवेश कई वाक्यों में होता है। हैलीडे ने 'प्रोक्ति' (डिस्कोर्स) को भाषा की परिचालित होने वाली इकाई (ऑपरेशनल यूनिट) कहा है।[1] हैलीडे के अनुसार प्रोक्ति की निजी संरचना होती है। ऊपर से जैसा लगता है, यह वाक्यों के संयोजन भर से प्रचित नहीं होती है, अपितु यह वाक्यों में कूटबद्ध होती है।[2] अर्थात् इनमें पारस्परिक संबद्धता और तार्किक संसक्ति होती है। जेड० एस० हैरिस के अनुसार यहाँ उस पृथक्-पृथक् पंक्तिबद्ध सामग्री को संयुक्त करने का प्रयास होता है, जिसमें कुल मिला कर एक पूर्ण उक्ति होती है। कहना न होगा कि बड़े फलक वाली साहित्य-कृति (उपन्यास, महाकाव्य) के विश्लेषण के लिए प्रोक्ति-स्तरीय विश्लेषण की अनिवार्य अपेक्षा होती है।

ऑर्किबाल्ड ए० हिल, सोल सपोर्टा, रोजर फाउलर और रेमंड चैपमैन द्वारा निर्दिष्ट वाक्यातीत स्तर

वाक्य को एच० वैनरिख ने 'हरक्यूलस कॉलम्ज ऑव लिंग्विस्टिक्स' अर्थात् 'भाषा-विज्ञान का हरक्यूलस स्तंभ' कहा है।[3] यह मान्यता इतनी जबर्दस्त रही कि भाषावैज्ञानिक सिद्धांतों ने वाक्य से बड़ी किसी इकाई की सत्ता को महत्त्व नहीं दिया। व्याकरण ने भी भाषा में स्वीकार्य सभी प्रकार के वाक्यों को संतोषप्रद रूप में प्रजनित करने की क्षमता दिखायी। यहाँ तक कि स्वनिमों और रूपिमों के प्रति भी अधिकाधिक ध्यान दिया गया, जिनसे वाक्यों की रचना होती है, किंतु वाक्यों के अनुक्रमों पर बहुत कम ध्यान दिया जा सका।

कहना न होगा कि अलग-अलग बिखरे वाक्यों के सहारे मानवीय भावों का संप्रेषण कभी संभव नहीं है। इसे भाषाविद् और गैर-भाषाविद् दोनों ही समान रूप से स्वीकारते हैं। साहित्यालोचन का संबंध विशेष रूप में एक पूर्ण पाठ से होता है, जिसमें कृतिकार की पूरी कृति आती है। यह कृति जापानी 'हाई-कू' की तरह लघुतम भी हो सकती

---

1. एम० ए० के० हैलीडे, लैंग्वेज ऐज सोशल सिमिओटिक (लंडन : एडवर्ड आर्नल्ड, 1978), पृष्ठ 109
2. एम० ए० के० हैलीडे, लैंग्वेज ऐज सोशल सिमिओटिक (लंडन : एडवर्ड आर्नल्ड, 1978), पृष्ठ 109
3. एच० वैनरिख, द टेक्स्चुएल फंक्शन ऑव द फ्रेंच आर्टिकल, लिटरेरी स्टाइल : ए सिम्पोजियम, सम्पादक सेमूर चैटमैन (लंडन : ऑक्सफोर्ड यूनिवर्सिटी प्रेस, 1971), पृष्ठ 221

है और 'वार एंड पीस' की तरह बृहत्तर भी। यह कबीर की एक 'साखी' भी हो सकती है और तुलसीदास का 'रामचरितमानस' भी। ऐसे में संपूर्ण पाठ के अभिसूचनों और प्रतिक्रियाओं को प्राप्त करने का महत्त्वपूर्ण जरिया उसके मूल संघटकों और उसके अंशों के अभ्यास पर निर्भर होता है।

पाठ का शैली-विश्लेषण एक ऐसा क्षेत्र है, जहाँ विश्लेषक को वाक्य से बड़े स्तर के प्रति भी विश्लेषण के लिए प्रवृत्त होना पड़ता है। यद्यपि पाँचवें दशक तक भाषाविदों के यहाँ सामान्य रूप में भाषिक विश्लेषण के आकारीय विस्तार (मैग्नीच्यूड) की सर्वोपरि सीमा वाक्य को ही माना जाता रहा है, किंतु शैली/भाषा-विश्लेषण के संदर्भ में छठे दशक से इससे बृहत्तर इकाई—वाक्यातीत/प्रोक्ति-स्तर पर ध्यान दिया जाने लगा है। वस्तुतः भाषा-विज्ञान और शैलीविज्ञान के बीच का एक महत्त्वपूर्ण अंतर भी इसी आधार पर किया गया है। सपोर्टा के अनुसार, "भाषाविज्ञान में जहाँ वाक्य बृहत्तर इकाई है, वहाँ शैलीविज्ञान में उससे बड़ी इकाई, प्रोक्ति की इकाई विश्लेषण के मूलाधार के रूप में उपस्थित होती है। वाक्यों के बीच के व्यवस्थित संबंधों पर किसी भी नैरन्तर्य-मूलक प्रोक्ति/पाठ में विचार किया जा सकता है।[1]"

आर्किबाल्ड ए० हिल भी वाक्यगत स्तर से आगे के वाक्यातीत स्तर को शैली-विश्लेषण का निजी और विशिष्ट क्षेत्र मानता है।[2] वाक्यातीत स्तर को भाषा-वैज्ञानिक संबंधों में मुक्त माना जाता है। यहीं यथार्थ तौर पर भाषिक वैविध्य का वह मसला सामने आता है, जो शैली-विश्लेषण का अत्यंत महत्त्वपूर्ण अध्येय स्तर हो जाता है। जे० एल० एम० ट्रिम के अनुसार "वाक्य के ऊपर अनुमत अनुक्रम उतना उन्मुक्त होता है कि इस दिशा में संभाव्यता को निरूपित करने का कोई प्रयास नहीं हो पाता। वाक्यों का कोई भी ठोस अनुक्रम एक अद्वितीय प्रोक्ति को संघटित करता है।"[3] इसीलिए रोजर फाउलर मानता है कि यदि वाक्यातीत-स्तर मुक्त चयन का क्षेत्र है, तो निश्चय ही शब्द-स्तर की तरह शैली-विश्लेषण के लिए यह महत्तर अभिरुचि और अधिलाभ का विषय है।[4]

शैली-विश्लेषण तब तक अपनी सोद्देश्य यात्रा में सार्थकता प्राप्त नहीं कर सकता

---

1. सोल सपोर्टा, अ प्रोग्राम फॉर द डिफिनिशन ऑव लिटरेचर, यूनिवर्सिटी ऑव टेक्साज, स्टडीज इन इंग्लिश, अंक 37 (1958), पृष्ठ 30
2. आर्किबाल्ड ए० हिल, कलेक्टेड एसेज इन लिटरेरी एनालिसिस (ऑस्टिन : टेक्साज, 1966), पृष्ठ 69
3. उद्धृत, रोजर फाउलर, 'लिंग्विस्टिक थिअरी ऐंड स्टडी ऑव लिटरेचर', एसेज ऑन स्टाइल ऐंड लैंग्वेज, सम्पादक रोजर फाउलर (लंदन : रूटलेज ऐंड कीगेन पॉल, 1965, पुनर्मुद्रण, 1979), पृष्ठ 17
4. वही, पृष्ठ 17

जब तक कि वहाँ वाक्य से आगे की इकाई को महत्त्व नहीं दिया जाए। भाषिकीय व्यवहार की इस वाक्यातीत इकाई को 'प्रोक्ति' कहा जाता है। हैलीडे के शब्दों में वाक्य को वाक्यीय इकाई कहते हैं, पर 'प्रोक्ति' को भाषा की 'ऑपरेशनल यूनिट' – परिचालित या व्यापारित होने वाली इकाई – कहते हैं। फिर भी यह नाम हमें उसकी साम्प्रेषणिक प्रकार्यपरकता के अतिरिक्त प्रोक्ति के आकार, प्रोक्ति की शैली अथवा प्रोक्ति की गुणवत्ता के विषय में अन्य सूचनाएँ मुहैया नहीं कर पाता है। एक ओर इस माप के निम्नतर अक्ष पर एक महज 'इंपेरेटिव' आ सकता है–'रुको', दूसरी ओर इसका उच्चतर अक्ष, इसकी योजना के घटकों और स्थायिता के घटकों पर निर्भर हो सकता है। एक 'प्रोक्ति' प्रभावमय होती है। इसकी संघटना-प्रक्रिया में संप्रेषण के तात्कालिक और सीमित मूल्य से अधिक परिणामी होने के लिए एक वाक्य का दूसरे वाक्यों के संदर्भ में जुड़ना अपेक्षित होता है। यहाँ वाक्य केवल सैद्धांतिक इकाई नहीं रहता है। हम प्रोक्ति की पूर्णता तक पहुँचते हैं, चाहे वह कितनी ही दीर्घ क्यों न हो। इसका जरिया वक्ता या लेखक के द्वारा बनाये गये क्रम में वाक्यों का पंक्तिबद्ध अनुसरण होता है।

जेलिग हैरिस ने प्रोक्ति-स्तरीय विश्लेषण की निम्नलिखित परिभाषा दी है – "प्रोक्ति-विश्लेषण एक पद्धति है, जो किसी भी पृथक्-पृथक् पंक्तिबद्ध सामग्री को संयुक्त करने का प्रयास करती है। यह भाषा और भाषा-सदृश होती है, जो एक से अधिक प्राथमिक वाक्यों को संयुक्त करती है तथा कुछ स्थानिक संरचना को एक पूर्ण प्रोक्ति के रूप में निरूपित करती है।[1]"

एक प्रोक्ति उस अर्थवत्ता और साभिप्रायता को उजागर करती है, जो बिखरे हुए वाक्यों में कभी उजागर नहीं हो सकती है। शब्दों का ऐसा अनुक्रम, जो अस्वीकार्य वाक्य का अभिव्यंजन होता है, एक संपूर्ण संरचना में ही स्वीकार्य हो सकता है। लियो स्पित्जर ने छात्र-पाठकों को यह सलाह दी थी कि एक पाठ को वे कई-कई बार पढ़ें, तब तक, जब तक कि वे एक या एकाधिक बार आवर्तित होने वाली शैलीपरक विशेषताओं को पहचान न लें। बाद में वे उन्हें लेखकीय मनोविज्ञान के सहारे विश्लेषित करने की कोशिश करें। यद्यपि यह ऐसी पद्धति है, जो शायद पाठक के निजी मनोवैज्ञानिक अनुमानों के लिए ज्यादा-से-ज्यादा अवकाश छोड़ती है, फिर भी यह पद्धति पूरी प्रोक्ति के प्रति निकटवर्ती और आवर्तित ध्यान की माँग भी करती है, जिसके बिना कोई भी आलोचनात्मक निष्कर्ष मूल्यवान नहीं हो सकता।

किसी शब्द-विशेष की पड़ताल अथवा प्रोक्ति के जरिए किसी पदबंध या बिंब की की जाने वाली पड़ताल दो रूपों में मूल्यवान हो सकती है। पहले तो यह हमें रचनाकार

1. उद्धृत, रेमण्ड चैपमैन, 'बियोंड द सेंटेंस', लिंग्विस्टिक्स ऐंड लिटरेचर (लंडन : एडवर्ड आर्नाल्ड लि०, 1973), पृष्ठ 101

की पूर्ण उपलब्धि की बेहतर समझ की ओर ले चलती है। येट्स एक विरल शब्द 'GYRE' का अपनी एकाधिक कविताओं में व्यवहार करता है। उसका यह प्रयोग अकाव्यात्मक बयानों से जुड़ जाता है, जो उसकी निजी 'माइथोलाजी' के बयान हैं। इसमें चाक्रिक अवधारणाएँ महत्त्वपूर्ण भमिका अदा करती हैं। शेक्सपियर की चतुष्पदियों में 'स्वीट' शब्द तीस से अधिक बार आता है। यह न केवल उसके जीवन के प्रति प्रभावी प्रतिक्रिया की ओर हमें ले जाता है, बल्कि उसके 'स्वीट मिस्टर शेक्सपियर' के वर्णन की ओर भी संकेत करता है, जो 'रिटर्न फ्राम पारनेसस' में आता है। आवर्तित अभिलक्षणों की भीतरी साभिप्रायता प्रोक्ति के प्रति तब शुद्ध रूप में सक्रिय हो सकती है, जब चरित्र को कोई उन्मीलक शब्द और निबद्ध पद प्रदान कर दिया जाता है, जिससे उसकी पहचान बनती है और उसके विश्वसनीय व्यक्तित्व का अभिवर्द्धन भी होता है।

इस प्रकार के विश्लेषण के लिए साँख्यिकीय पद्धति उपयोगी होती है, जो विवादास्पद कृतिकार के विषय में उभर रहे प्रश्नों को परीक्षित करने के प्रयासों के लिए विशेष रूप में इस्तेमाल की जाती है। शब्दों के आवर्तन के संदर्भ में यह ध्यान देने योग्य है कि 'प्लिरीम्ज' (Pleremes) अर्थात् पूर्ण शब्द–संज्ञा, क्रिया, विशेषण और क्रिया-विशेषण जैसे शब्द मुख्य महत्त्व के माने जाते हैं। यहाँ विशेषण को दूसरे वर्ग के शब्दों 'केनीम्ज' (Kenemes) में रखा जाता है। इसके आवर्तन से, जिनका प्रकार्य मुख्यतः वाक्यों को कड़ी के रूप में सुश्रृंखल करना होता है, बहुत अधिक आशा नहीं रखनी चाहिए। फिर भी कुछ विशेषणों में इनकी साभिप्रायता सुरक्षित रहती है। जार्ज रोस्तरेवर हैमिल्टन ने आधुनिक काव्य के अपने अध्ययन 'The Teltate Article' में यह सिद्ध किया है कि अधिकाधिक बारंबारिता से निश्चित आर्टिकल (Definite article) का व्यवहार विशेषीकरण की इच्छा अथवा सामान्य से विशिष्ट होने की सोद्देश्यता को निर्दिष्ट करता है।

प्रोक्ति-स्तर शब्दों और पदबंधों के आवर्तन के साथ-साथ वाक्य-रचनाओं और वाक्यीय आवर्तनों पर भी विचार करता है। इनमें पहले का उदाहरण जार्ज हार्बर्ट के द्वारा एक कविता में 'फर्स्ट पर्सन डेफिनिट' का बार-बार किया गया व्यवहार है। उसकी कविता 'The Temple' की पहली पंक्ति के कुछ शब्दों को देखने से यह बात संपुष्ट हो जाती है। वर्षों के विवाद से हार्बर्ट इस 'डिवोशनल सेरीनिटी'—भक्तिमयता या धार्मिक स्वच्छता या प्रशान्ति तक पहुँचा था, जहाँ उसे पवित्र आदेश शिरोधार्य करने थे। वह लगातार अपने को विद्रोहियों के बीते कर्म, श्रद्धा के अभाव और अवहेलना के रूप में देखता है।

एक प्रोक्ति की रचना के लिए अनुक्रम में वाक्यों के परस्पर जुड़े रहने की अपेक्षा होती है। वाक्यों की सीमा से आगे गद्य में जिस इकाई को महत्त्व देते हुए इसका नामकरण किया गया है,उसे अनुच्छेद कहते हैं। कविता में इसे चरण कहते हैं। इससे

भी परे कई प्रकार के साहित्यिक रूपों में इसके विभाजन किये जाते रहे हैं। इन्हीं को अध्याय, दृश्य, अंक, पर्व, सर्ग और पाठ के रूप में भी रेखांकित किया गया है। अतः पाठ या साहित्यिक कृति के शैली-विश्लेषण में प्रोक्ति-स्तर की अपनी विशिष्ट महत्ता और उपयोगिता है।

2.3.5 शैली–विश्लेषण के लिए प्रस्तावित भाषिक स्तर

स्तर-विषयक उपर्युक्त मान्यताओं और अपेक्षाओं को देखते हुए शैली-विश्लेषण के लिए ध्वनि, शब्द, रूप, वाक्य, प्रोक्ति और अर्थ जैसे छह भाषिक स्तरों को ग्रहण किया जाना चाहिए। इनमें ध्वनि को पाठ की स्वरूपगत अपेक्षा को देखते हुए औच्चारिक और लेखिमिक जैसी दो दिशाओं में वर्गीकृत किया जा सकता है। विश्लेषक चाहे तो लेखिमिक स्तर को अंत में अलग से भी ले सकता है। पर विश्लेषण में किस स्तर को पहले लिया जाना चाहिए और किस स्तर को बाद में, इसका निर्णय पाठ की विधागत प्रकृति और संरचनागत प्रकृति को देखकर ही किया जा सकता है। एक औपन्यासिक पाठ में प्रोक्ति-स्तर से विश्लेषण आरंभ करना समीचीन सिद्ध हो सकता है, तो एक गीतात्मक पाठ में ध्वनि-स्तर से। अतः इसका अंतिम निर्णय इन सब तथ्यों के तथा अपने निकाय की मान्यताओं के आलोक में विश्लेषक को स्वयं करना पड़ता है।

2.4 शैली–विश्लेषण : प्रतिमान–निरूपण

'शैली' का विश्लेषण करने के लिए प्रतिमान-निरूपण की अपेक्षा होती है। प्रतिमान शैली-विश्लेषण को यादृच्छिकता से बचाता है और उसे वस्तुनिष्ठता प्रदान करता है।

प्रतिमान वह प्रविधिगत साँचा है, जिसके आधार पर किसी कृति या पाठ का वस्तुनिष्ठ, क्रमिक और व्यवस्थित विश्लेषण संभव हो पाता है। किसी भी प्रतिमान को निर्धारित या उपस्थापित करने के क्रम में चार बुनियादी अपेक्षाओं का ध्यान रखना पड़ता है। 1. प्रतिमान को भाषिकीय वैविध्य (Linguistic Variation) का रेखांकन करने में समर्थ होना चाहिए। उसमें व्यवस्थित वर्णन और सांदर्भिक कोटियों के वर्गीकरण को स्वीकार कर चलने की क्षमता होनी चाहिए। 2. प्रतिमान में संसक्ति (cohesion) और समंजसता (coherence) की अपेक्षा होनी चाहिए, जिससे पाठ और मानक दोनों को समान तौर पर संसक्त रूप में वर्णित-विवेचित किया जा सके। ऐसा न हो कि इस क्रम में दोनों अलग-थलग पड़ जाएँ। 3. प्रतिमान की तीसरी अपेक्षा उपयुक्तता (Adequecy) की होनी चाहिए। जिस प्रतिमान को विश्लेषक ग्रहण करे और पाठगत विश्लेषण के आधार-रूप में उसे लागू करे उसमें सभी सांदर्भिक शैली-चिह्नकों (Style-Markers) को निरूपित करने की शक्ति-सामर्थ्य होनी चाहिए। 4. प्रतिमान में व्यापकता होनी चाहिए। उसे सुस्पष्ट और संभाव्य (Categorical and Probablistic) नियमों को वर्णित करने में भी समर्थ होना चाहिए।

'शैली' के विश्लेषण-संदर्भ में हिंदी में अब तक प्रतिमान-विषयक गंभीर चिंतन मनन नहीं हो पाया है। बिना किसी प्रतिमान को आधार बनाये किसी कृति या पाठ का शैली-विश्लेषण करने चलने या शैलीवैज्ञानिक आलोचना का दम भरने का क्या कुफल होता है, इसे हिंदी में डा0 रवीन्द्रनाथ श्रीवास्तव द्वारा व्यक्त इस चिंता से समझा जा सकता है : ''कई विद्वानों ने इस पर न केवल पुस्तकें लिखने का काम आरंभ कर दिया, बल्कि उस पर डॉक्टरेट उपाधि के लिए शोध-निर्देशन का उत्तरदायित्व भी ले लिया, बिना यह ध्यान दिये कि शैलीविज्ञान के वस्तुपरक चिंतन, भाषावादी दृष्टि, संक्रियात्मक प्रणाली और विश्लेषणात्मक तकनीक की प्रकृति क्या है? उन्होंने शैलीविज्ञान को कभी 'भाषावैज्ञानिक अध्ययन' का पर्याय बना दिया और कभी 'कथ्य से असम्पृक्त रूप' के विवेचन का समानार्थी घोषित कर दिया।[1] स्पष्ट है कि यदि इनके सामने प्रतिमान का खाका होता और ये इसकी संक्रियात्मक प्रविधि से परिचित होते, तो इनसे 'लिखत सुधाकर लिखगा राहू' वाली भयानक त्रुटियाँ नहीं हुई रहतीं। पर 'शैली' के प्रमुख हिंदी चिंतकों और विश्लेषकों ने भी विश्लेषण-कर्म संपादित करते हुए विश्लेषण के लिए प्रतिमान की अपेक्षा पर बल नहीं दिया और न ही अपने विश्लेषण के क्रम में प्रतिमान को सामने रखा। हिंदी में पहली बार इसी लेखक ने 'शैली विज्ञान: प्रतिमान और विश्लेषण' पुस्तक (1984) में इस प्रश्न को उठाते हुए एक विशेष प्रतिमान का स्वरूप-निर्धारण और तात्त्विक प्रतिपादन किया तथा उसके आधार पर कविताओं और उपन्यास का सम्यक् विश्लेषण प्रस्तुत किया। तब तक अंग्रेजी में भी किसी प्रतिमान के विवेचन और निरूपण का प्रयास देखने में नहीं आया था। दूसरी बार पुनः इसी लेखक ने अपनी 'शैलीविज्ञान : प्रकार और प्रतिमान' पुस्तक (1987) में एक साथ पाँच वर्गों के अंतर्गत अट्ठारह ऐसे प्रतिमानों का विवेचन किया जिनके आधार पर 'शैली' का विश्लेषण संभव है। प्रतिमानों की सम्यक् प्रतिष्ठापना की दृष्टि से इतना सविस्तर और सांगोपांग विवेचन अब तक अंग्रेजी में भी किसी एक स्थल पर सुलभ नहीं है।

शैली-विश्लेषण की दिशाओं से परिचित होते ही और अपनी विश्लेषण-दिशा की सोद्देश्यता को स्पष्ट करते ही विश्लेषक को प्रतिमान की अपेक्षा होती है। यहीं रचना या पाठ के विश्लेषण-क्रम में यह प्रश्न सामने आ उपस्थित होता है कि 'रचना' या 'पाठ' के शैली-विश्लेषण के लिए भला किस प्रतिमान का चयन या ग्रहण किया जाए? सुझाया गया है कि इस संबंध में निर्णय पाठ की प्रकृति, विश्लेषक का अपना ज्ञान, उसकी क्षमता और शक्ति-सीमा—इन सबके आधार पर किया जाना चाहिए। पर शैली-विश्लेषण के ऐसे प्रतिमान भी हैं जिनके आधार पर प्रत्येक प्रकार के पाठ का सम्यक् विश्लेषण किया जा सकता है। यहाँ विश्लेषण-क्रम में पाठ-पाठ के बीच आने

---

1. रवीन्द्रनाथ श्रीवास्तव, 'शैलीविज्ञान : कुछ तथ्य : कुछ कथ्य', शैलीविज्ञान और आलोचना की नयी भूमिका (आगरा : केंद्रीय हिंदी संस्थान, 1981), पृष्ठ 6

वाले अंतर से प्रत्येक पाठ की विशिष्टता और सार्थकता का ज्ञान होता रहता है। ऐसी व्यवच्छेदकता की गुंजाइश इन प्रतिमानों में बनी रहती है। शैली-विश्लेषण के ये दो महत्त्वपूर्ण प्रतिमान क्रमश: 2.4.1 अग्रप्रस्तुति प्रतिमान (Foregrounding Model) और 2.4.2 शैलीचिह्नक प्रतिमान (Style Marker Model) हैं।

'अग्रप्रस्तुति' को पश्चिम में 'शैली' की अवधारणा और अभिलक्षण के रूप में ही विवेचित किया गया था। इसके प्रवर्तक मुकारोव्स्की ने इसे 'विचित्र विचलन' के रूप में प्रस्तुत किया था। लीच ने अपनी पुस्तक 'अ लिंग्विस्टिक गाइड टु इंग्लिश पोयट्री' (1969) में 'अग्रप्रस्तुति' और 'समांतरता' की अवधारणा को समान रूप में प्रस्तुत किया था, जब कि 'समांतरता' 'अग्रप्रस्तुति' का ही अभिलक्षण है। बाद में लीच ने 'समांतरता' को 'विचलन' में ही समाविष्ट कर लिया। (1985) यह अंतर्भावन कितना समीचीन है, इस पर बाद में विचार किया जाएगा। फाउलर ने 'लिटॅरॅरी टर्म्ज' के अपने शब्दकोश (1965) में तथा केटी वेल्स ने अपने शैलीविज्ञान-विषयक कोश (1989) में इसे पुन: 'शैली' की अवधारणा अथवा उसके अभिलक्षण के रूप में ही निरूपित किया। पहली बार 'अग्रप्रस्तुति' को एक अच्छादक/छत्र-पद (UMBRELLA TERM) के रूप में प्रस्तुत करते हुए 'शीतांशु' (इन पंक्तियों के लेखक) ने उसे प्रतिमान के रूप में प्रतिष्ठापित किया। (1979, 1984) बाद में वान पीअर ने अपने शोध-प्रबंध (1986) में 'अग्रप्रस्तुति' को प्रतिमान के रूप में निरूपित किया, पर उसने 'अग्रप्रस्तुति' के घटक-तत्त्वों की संभावना को मुक्त छोड़ दिया, जबकि इन पंक्तियों के लेखक ने उसे निर्धारित करते हुए अपने द्वारा प्रस्तावित चार घटक-तत्त्वों में ही सभी प्रकार के अग्रप्रस्तुत घटकों का अंतर्भावन कर दिया।

'शैली-चिह्नक' की मूल अवधारणा भी पश्चिमी है। निल्स एरिक एंक्विस्ट इस अवधारणा का प्रवर्तक है। हिंदी में डॉ0 कृष्ण कुमार शर्मा ने इस अवधारणा को अभिलक्षण के रूप में ग्रहण किया। (1979) पर डॉ0 शर्मा ने इसको प्रतिमान के रूप में निरूपित नहीं किया। ऐसा करने के लिए इसको अंग-उपांग सहित, तत्त्वों और घटकों सहित विवेचित करने की अपेक्षा थी। पर ऐसा स्वयं एंक्विस्ट भी नहीं कर सका था। उसने केवल वाक्योपरि स्तर के शैली-चिह्नक को निरूपित किया था। (1971) शेष स्तरों के शैली-चिह्नकों को मुक्त छोड़ दिया था। पर प्रतिमान के निर्णायक तत्त्वों को निश्चित और सुस्पष्ट होना चाहिए। इस दृष्टि से शैली-चिह्नक के घटक-तत्त्वों को भी यहाँ पहली बार विवेचित कर उसे प्रतिमान के रूप में स्थापित किया जा रहा है।

2.4.1 अग्रप्रस्तुति प्रतिमान

इस प्रतिमान को 1. अग्रप्रस्तुति : अवधारणा तथा अन्य समान अवधारणाएँ, 2. अग्रप्रस्तुति : परिभाषांकन, 3. अग्रप्रस्तुति : स्वरूप-स्पष्टीकरण, 4. अग्रप्रस्तुति : आधार-तत्त्व, 5. अग्रप्रस्तुति : प्रत्यालोचन और 6. अग्रप्रस्तुति : प्रतिमान और अभिलक्षण

जैसे उपशीर्षकों के अंतर्गत समीचीन रूप में विवेचित किया जा रहा है।

2.4.1.1 अग्रप्रस्तुति : अवधारणा तथा अन्य समान अवधारणाएँ

2.4.1.1.1 अग्रप्रस्तुति : अवधारणा

'अग्रप्रस्तुति' (FOREGROUNDING) शैलीविज्ञान का एक अत्यंत लोकप्रिय शब्द है। मुकारोव्स्की ने 1930 में इस अवधारणा को चेक शब्द 'AKTUALISACE' के अंतर्गत प्रस्तुत किया था। इस चेक शब्द का मूल शाब्दिक अर्थ AKTUALIZATION है। गार्विन ने इसे ही अंग्रेजी में 'FOREGROUNDING' कहा है। हिंदी में इसके लिए 'पेशबंदी' (मिश्र, 1973), अग्रगामिता (श्रीवास्तव, 1979) और 'अग्रप्रस्तुति' (शर्मा, 1974 तथा शीतांशु, 1984) जैसे रूपांतर किये गये। पर इनमें अधिक प्रचलन 'अग्रप्रस्तुति' का ही रहा। सम्प्रेषणीयता की दृष्टि से भी 'अग्रप्रस्तुति' रूपांतर हिंदी में अधिक स्वीकृत हुआ।

मुकारोव्स्की और हैव्रॅनेक, दोनों की ही रूसी रूपवादियों की तरह यह मान्यता रही है कि मूलतः यह काव्यभाषा का ही प्रकार्य है, जो अपने भाषिक माध्यम की तरोताजा और गत्यात्मक जागरूकता के द्वारा सामान्यतः भाषा के चिर-स्वीकृत, परम्परित प्रयोगों से अलग स्वचलेतर प्रयोगों के द्वारा और सौंदर्यात्मक रूप में भाषा के महाकार्य (exploit) के द्वारा पाठकों को चकित-विस्मित कर देता है। अग्रप्रस्तुति में स्वचल (Automatlized) भाषिक एकक पृष्ठभूमि में चले जाते हैं और स्वचलेतर भाषिक एकक हमारे सामने ध्यानाकर्षी रूप में उभर पड़ते हैं। वास्तव में रचना-विशेष को पढ़ते हुए प्रायः पाठक को ऐसे भाषिक तत्त्व प्राप्त होते हैं जो स्वचल या रूढ़ नहीं होकर स्वचलेतर (De-Automatlized) होते हैं। ये अपनी वक्रभंगी तथा प्रस्तुति-नवता के कारण पाठकों का ध्यान खींचते हुए अपनी अन्तर्हित सार्थकता-साभिप्रायता को संकेतित कर जाते हैं। ये भाषिक तत्त्व अग्रप्रस्तुत होते हैं।

प्राग निकाय के भाषाविदों में ओ0 जिश ने संरचना के निष्पादक तत्त्वों पर विचार किया था। उसने इनका निरूपण घटकों के गतिशील ऊर्ध्वाधर क्रम के बतौर किया था। इसी निकाय के सिद्धान्तविद् मुकारोव्स्की ने चैपलिन पर अपना आलेख तैयार किया था। अपने इस आलेख में उसने 'वस्तु' को एक संरचना के बतौर देखा था, जो अपने-आप में घटकों की व्यवस्था है। यह व्यवस्था सौंदर्यबोधीय रूप में कार्यान्वित और जटिल ऊर्ध्वाधर क्रम में समूहित होती है। उसने यह स्पष्ट किया कि यहाँ उपस्थित सभी घटकों में एक घटक शेष सारे घटकों पर प्रमुखता प्राप्त कर लेता है। यहीं मुकारोव्स्की उन साधनों को परीक्षित करने की दिशा में अग्रसर हुआ, जिनके कारण चैपलिन अपने विषय में निष्पादन के सहायक घटकों की क्रम-व्यवस्था करता स्वयं संरचना के शीर्ष पर बना रह जाता है। कहना न होगा कि मुकारोव्स्की को अग्रप्रस्तुति की मूल अवधारणा यहीं प्राप्त हुई।

2.4.1.1.1.1 अग्रप्रस्तुति : चित्रकला के क्षेत्र की मूल अवधारणा

अग्रप्रस्तुति चित्रकला के क्षेत्र का चाक्षुष रूपक है। यहाँ यह एक ऐसी अवधारणा है, जो प्रकाश के विरोध में तथा पंक्तिबद्ध सुस्पष्टता के महत्त्वपूर्ण विवरण आदि के विरोध में उपस्थित होती है। यह वस्तुतः क्रम-निर्धारण की सहजता वाली पृष्ठभूमि के विरोध में सामने आती है। चित्रकला में एक पृष्ठभूमि (Back Ground) की अवधारणा है, दूसरी मध्यभूमि (Middle Ground) की और तीसरी अग्रभूमि (Fore Ground) की। चित्रकला की यह अग्रभूमि (ForeGround) ही अग्रप्रस्तुति (Foregrounding) की अवधारणा का उत्स है। यदि एक कमरे में एक कुर्सी पर एक व्यक्ति बैठा है और उसका चित्रांकन करना है, तो कमरे की दीवार या कुर्सी के पीछे लटकता परदा पृष्ठभूमि है, स्वतः कुर्सी मध्यभूमि है और उस पर बैठा व्यक्ति अग्रभूमि में अग्रप्रस्तुत है। यही नहीं, उस व्यक्ति ने जो वेशभूषा धारण कर रखी है, यदि चित्रकार को उसका गंभीरता से अंकन करना है, तो अब व्यक्ति पृष्ठभूमि में, पूरी वेशभूषा मध्यभूमि में और लकदक, चमकती, चितकबरी 'नेकटाई' अग्रभूमि में अग्रप्रस्तुत हो उठेगी। हाँ, चित्रकला में सर्वत्र 'मध्यभूमि' की उपस्थिति हो यह आवश्यक नहीं है। पर पृष्ठभूमि बनाम अग्रभूमि का तनाव सदैव विद्यमान रहता है। यहाँ अग्रप्रस्तुति का दायरा अर्थीय अंतः क्षेत्र (Semantic Enclave) का दायरा होता है। अब यदि चित्रकार ने आसमान में उड़ती चिड़ियों को पेड़ों की ओर आते हुए दर्शाना है, तो आसमान पृष्ठभूमि बन जाएगा और उड़ती चिड़ियों का समूह अग्रप्रस्तुत हो उठेगा। इसी प्रकार यदि पेड़ की डाल पर बने घोंसले में माँ पक्षी के द्वारा शावक की चोंच में दाना डालने का दृश्यांकन हो, तो दाना डालने का यह दृश्याकन अग्रप्रस्तुत हो उठेगा। इस प्रकार चित्रकला में अग्रप्रस्तुति की अवधारणा सार्थक उभार की ऐसी अवधारणा है, जहाँ द्रष्टा का ध्यान आकर्षित होकर टिक जाता है। यहाँ चित्र में सोद्देश्य अर्थवक्ता अथवा सार्थकता भी निहित होती है।

चित्रकला में 'अग्रप्रस्तुति' की अवधारणा रंग और प्रकाश के व्यतिरेक, बृहत्तर विवरण या रेखीय सुस्पष्टीकरण, परिप्रेक्ष्य के परिचालन, रंगलेप की बुनावट या ऐसे किसी भी प्रस्तुतीकरण के लिए व्यवहृत होती है, जो चित्र के कुछ भाग को, किसी भी कम सुस्पष्ट पृष्ठभूमि के विपरीत, उभरे रूप के बतौर, दर्शाने का कारण बनती है।

2.4.1.1.1.2 अग्रप्रस्तुति : गेस्टाल्ट मनोविज्ञान की आकृति-भूमि अवधारणा

अग्रप्रस्तुति की अवधारणा गेस्टाल्ट (Gestalt) मनोविज्ञान की आकृति-भूमि संबंधी विरोधिता की अवधारणा पर आधारित है। आकृति-भूमि संबंध में भूमि (Ground) की पृष्ठभूमि में अग्रप्रस्तुत आकृति का प्रत्यक्ष संभव हो पाता है। आकृति-भूमि संबंध की उत्कृष्ट व्याख्या किसी सामान्य आकृति को उलटते-पलटते हुए उसमें से भूमि को अलगाकर विशेष आकृति को खोज निकालने की क्रिया में प्राप्त हो पाती है। जब किसी भूल-भुलैया वाले रेखाचित्र में से छिपे हुए आकार को सहसा ढूंढ़ निकाला जाता

है तो वहाँ उसके सिवा अन्य सभी रेखाएँ भूमि-मात्र रह जाती हैं। इस प्रक्रिया में आकृति भूमि से एक उन्मुक्ति के रूप में पृथक् छिटक कर अपना महत्त्व सिद्ध कर जाती है। इसी प्रकार साहित्य में उक्त भूमि की तरह स्थान रखने वाली सामान्य भाषा सिर्फ वहाँ तक प्रासंगिक सिद्ध हो पाती है, जहाँ तक अगप्रस्तुति के लिए उसके संरचित विन्यास और फैलाव के लिए वह पृष्ठभूमि मुहैया कर पाती है। आकृति की ही तरह भाषिक अग्रप्रस्तुत प्रयोग इस पृष्ठभूमि से उन्मुक्ति की तरह छिटकते और पाठक-भावक के ध्यान को आकर्षित कर अपनी साभिप्रायता को गहराने लगते हैं।

2.4.1.1.1.3 अग्रप्रस्तुति : भाषा/साहित्य-क्षेत्रीय अवधारणा

भाषिक अग्रप्रस्तुति तब सामने आती है जब कोई अप्रत्याशित भाषिक प्रयोग स्वतः पाठक का ध्यान आकर्षित करने लगे, उसे असामान्य रूप में गृहीत होने लगे और अपना नोटिस लेने को बाध्य करने लगे। हैव्रॅनेक ने 1932 में यह स्पष्ट कर दिया था कि 'अग्रप्रस्तुति' से हमारा आशय भाषा के कौशलों के ऐसे व्यवहार से है जो व्यवहार ध्यान को आकर्षित करे और असामान्य रूप में प्रत्यक्षीकृत हो उठे।''[1] गार्विन ने 1964 में लिखा कि स्वचलता सामाजिक स्थिति में सामान्यतः प्रत्याशित उद्दीपनों को निर्दिष्ट करती है, जबकि अग्रप्रस्तुति दूसरी ओर ऐसे उद्दीपन को निर्दिष्ट करती है जो किसी सामाजिक स्थिति में सांस्कृतिक रूप में प्रत्याशित नहीं है। इसीलिए यह विशेष ध्यान को उद्दीप्त करने में समर्थ है। मुकारोव्स्की के अनुसार अग्रप्रस्तुति ऐसे भाषिक तत्त्व को द्रष्टा की आँखों के सामने उपस्थित कर देती है जो संप्रेषण की भाषा में चुपचाप अनदेखी रह जाती है। अग्रप्रस्तुति भाषिक संघटकों की सौंदर्यपरक, सोद्देश्य विरचना से पैदा होती है। बर्टन के अनुसार 'अग्रप्रस्तुति' की अवधारणा निश्चयात्मक रूप में बहुस्तरीय सैद्धांतिक अवधारणाओं पर अनुप्रयुक्त होती है।[2] उदाहरण के लिए नाटक के संदर्भ में मोड़ (Turn-taking) की अवधारणा, अभिवादन (Greetings) की अवधारणा, शीर्षकीकरण (Topicality) की अवधारणा, प्रश्नोत्तर की अनुक्रमिकता (Question&Answer Sequencing) की अवधारणा, आरंभण और अनुक्रिया (Imitiation&Response Feedback) की अवधारणा, पूर्वानुमान (Pre-Supposition) की अवधारणा, पार्श्व-अनुक्रम (Side-Sequencing) आदि की अवधारणा को लिया जा सकता है। बर्टन के अनुसार विसंगतोत्तर नाटकों में ऐसे कई भाषिक और सांस्कृतिक एकक प्राप्त होते हैं, जो निधड़क प्रत्याशाओं को तोड़ते हैं। इससे सौंदर्यपरक सोद्देश्यता की सिद्धि होती है। यदि रोजमर्रे की भाषा वाले संलाप में तकनीकी भाषा अथवा विज्ञान

1. बी. हैव्रॅनेक, 'द फंक्शनल डिफेरेंसिएशन ऑव द स्टैंडर्ड लैंग्वेज', अ प्राग स्कूल रीडर ऑन एस्थेटिक्स, सम्पादक पाल एल0 गार्विन (वाशिंगटन : जॉर्ज टाउन यूनिवर्सिटी प्रेस, 1964), पृष्ठ 10
2. डिआड्रे बर्टन, डॉयलॉग ऐंड डिस्कोर्स (लंडन : रूटलेज ऐंड कीगेन पॉल, 1989), पृष्ठ

की भाषा का व्यवहार होने लगे, तो वह भाषा अग्रप्रस्तुत हो उठेगी। आयनेस्को के नाटक 'द बाल्ड प्रिमाडोना' में वार्ता के कुछ अंश विदेशी भाषा सीखने वाली पाठ्य पुस्तक की अभ्यास-संरचना पर आधारित हैं। फलतः ये अंश अग्रप्रस्तुत हो उठे हैं। हैव्रॅनेक ने एक परामर्श दिया है कि एक निश्चित क्षेत्र की स्वचलता का अंतरण जब एक नितांत असामान्य परिवेश में उपस्थित होता है, तब उससे जो बहुतेरे भाषिक परिहास की सृष्टि होने लगती है, वह सृष्टि भी अग्रप्रस्तुति का दृष्टांत बन जाती है।

मुकारोव्स्की की मान्यता है कि अग्रप्रस्तुति की अवधारणा का मूल्य वास्तव में अग्रप्रस्तुति-रहित भाषा के नियमों को स्पष्ट करने में निहित है। उसके अनुसार यद्यपि साहित्य की सभी विधाओं में अग्रप्रस्तुति सक्रिय होती है, पर इन सब में अधिक अग्रप्रस्तुति कविता में पायी जाती है।

साहित्यिक अग्रप्रस्तुति की यह विशेषता है कि वह भावक-पाठक को कल्पनाशील निर्वचन के लिए आमंत्रित करती है। जब कोई भी भाषिक असामान्यता पाठक के ध्यान-केंद्र में चेतन या अचेतन रूप में उपस्थित होती है, वह इसकी साभिप्रायता पर विचार करने को विवश हो जाता है। ऐसी स्थिति में वह यह जानने के लिए कि पाठ में क्यों इस प्रकार के भाषिक प्रयोग उपस्थित हुए हैं अपनी कल्पना का सहारा लेता है। वस्तुतः यहाँ वह यह जानना चाहता है कि आखिर कवि इसके द्वारा क्या कहना चाहता है? भावक-पाठक के इस अर्थोन्मुखी कल्पनाशील व्यापार में ही साहित्य-पाठ का अपना विशेष मूल्य निहित होता है। यही अग्रप्रस्तुति की साभिप्रायता है, जो उसकी अवधारणा की अनिवार्य विशेषता है। वह केवल उदग्रता (Prominance) नहीं है, बल्कि साभिप्राय उदग्रता है। अग्रप्रस्तुति का स्वरूप स्पष्ट करते हुए हैलीडे ने इस पर विस्तार से विचार किया है।

2.4.1.1.2 अग्रप्रस्तुति : अन्य समान अवधारणाएँ

2.4.1.1.2.1 अपरिचयीकरण (Defamiliarization) की अवधारणा

प्रसिद्ध रूपवादी चिंतक विक्टर श्क्लोवस्की ने कला का प्रकार्य जीवन-जगत् को नये रूप में प्रस्तुत करना माना था। उसने उस कौशल को 'अपरिचयीकरण' (Defamiliarization) नाम दिया था जिसके द्वारा इसे उपलब्ध किया जाता है। इस अवधारणा का मूल रूसी शब्द 'OSTRANENIE' है। उसके अनुसार "कला इसलिए अस्तित्वमय है कि जीवन के संवेदन को पुनः प्राप्त किया जा सके, वह इसलिए अस्तित्वमय है कि वस्तु का अनुभावन किया जा सके, प्रस्तर की प्रस्तरता स्पष्ट की जा सके। कला का उद्देश्य वस्तु की संवेदना को उस रूप में बताना है, जिस रूप में

---

1. विक्टर श्क्लोव्स्की, 'आर्ट ऐज टेक्नीक', रशॅन फॉर्मेलिस्ट क्रिटिसिज्म : फोर एसेज, संपादक एल० टी० लेमन और एम० रीस (लिंकोन : लेब्रास्का यूनिवर्सिटी प्रेस, 1965), पृष्ठ 12

वह प्रत्यक्षीकृत हो सकती है, न कि जिस रूप में वह जानी जाती है। 'कला' का उद्देश्य पदार्थ का 'अपरिचयीकरण' करना है, उसके रूप को कठिन बनाना है, प्रत्यक्षीकरण को दीर्घायित और दुर्बोध करना है, क्योंकि प्रत्यक्षीकरण की प्रक्रिया अपने-आप में एक सौंदर्यात्मक प्रयोजन है, जिसे प्रवर्धित किया जाना चाहिए।''[1]

कहना न होगा कि श्क्लोवस्की का यह सिद्धांत प्रकार्यात्मक है। उसके अनुसार कवि का काम स्वचालित प्रत्यक्षीकरण तथा संचयित अनुक्रियाओं और पिष्टोक्तियों (cliches) के प्रति पाठक के लगाव की लीकबद्धता को प्रभावहीन कर देना है। इसके लिए वह परिचित वस्तुओं और घटनाओं को उसके स्वाभाविक संदर्भ से अलग करता हुआ उसे इस रूप में निरूपित करता है मानो वे पहली बार चित्रित हो रहे हों और इस प्रकार वह संसार के प्रति गहरी सजगता लेकर उपस्थित होता है। यहाँ श्क्लोवस्की प्रत्यक्षायमानता के आधार पर स्वचलता का विरोध करता है। वस्तुतः यह प्रत्यक्षायमानता की विशेषता है जिसके लिए कलाकार को होड़ लेनी पड़ती है। इसके फलस्वरूप सघनता (Density) उपस्थित होती है। यह संप्रेषण की सरलता को बाधित और विलंबित करती है, जिससे प्रत्यक्षीकरण और अवबोध की प्रक्रिया धीमी हो जाती है। पर प्रत्यक्षीकरण नवीन और सौंदर्यमय हो उठता है।

'अपरिचयीकरण' की अवधारणा में 'परिचित' बनाम 'अपरिचित' अथवा 'स्वचल' बनाम 'स्वचलेतर' (De-automatized) की भूमिका को श्क्लोवस्की ने एक उदाहरण से सुस्पष्ट किया है। उसके अनुसार समुद्र तट पर रहने वाले व्यक्ति लहरों की ध्वनियों के इतना अधिक अभ्यस्त हो जाते हैं कि वे कभी भी समुद्र को नहीं सुन पाते हैं। पर समुद्र-तट पर बाहर से आये व्यक्ति इन ध्वनियों के प्रति आकर्षित होते और इन्हें सुनते हैं। इसी तरह हम (परिचित या अभ्यस्त हो जाने के कारण) शायद ही उन ध्वनियों को सुन पाते हैं, जिन्हें हम उच्चरित करते हैं। हम एक दूसरे को देखते हैं, पर हम एक दूसरे को प्रायः नहीं देख पाते हैं। संसार के प्रति हमारा प्रत्यक्षीकरण या अवबोध अवज्ञापूर्ण हो चुका है, जो शेष रह गया है वह केवल पहचान-भर है।

इस प्रकार 'अपरिचयीकरण' की अवधारणा में जो 'परिचित' बनाम 'अपरिचित' और 'स्वचल' बनाम 'स्वचलेतर' की भूमिका है वह 'अग्रप्रस्तुति' की अवधारणा में भी सक्रिय है। दोनों ही अवधारणाएँ प्रकार्यमूलक हैं। पर 'अग्रप्रस्तुति' की अवधारणा अधिक समृद्ध अवधारणा है, क्योंकि साहित्य में अपरिचयीकरण किस रूप में प्रस्तुत होता है, यह उसका स्वरूप-निर्देश (अग्रप्रस्तुति के रूप में) करने के साथ-साथ उसके अभिलक्षणों (Features)–विचलन, विपथन, समांतरता, विरलता–का भी निर्देश करती है।

2.4.1.1.2.2 अजनबीकरण (Alienation) की अवधारणा

'अजनबीकरण' की अवधारणा प्रसिद्ध पश्चिमी नाटककार बर्टोल्ड ब्रेख्ट की अवधारणा है। उसने 1937 ई0 में यह बीज-अवधारणा प्रस्तुत की थी, जिसे

'VERFREMD UNGSEFFEKT' कहा जाता है। इसका अंग्रेजी अनुवाद 'ALIEN-ATION' है। यह अवधारणा अलगाव के प्रभाव को केंद्र में रखती है। ब्रेख्ट ने स्वयं इसे परिभाषित करते हुए बताया है कि "यह किसी वस्तु के प्रति अपने या किसी दूसरे के ध्यान को आकर्षित करने का वह तरीका है, जो अवगम्य वस्तु को मोड़ने की प्रक्रिया से बना है। यहाँ कुछ भी ऐसा, जो साधारण, परिचित और तत्काल सुगम्य है, वह विचित्र, असाधारण और अप्रत्याशित प्रभाव में रूपांतरित होकर ध्यान को आकर्षित कर उठता है।"[1] उसके अनुसार यदि 'समानुभूति' (apathy) किसी विशेष घटना को सामान्य बना देती है, तो 'अजनबीकरण' (Alienation) किसी साधारण घटना को विशेष बना देता है। प्रतिदिन के जीवन की ऐसी घटनाएँ, जो प्रायः अतिशय घिसी-पिटी होती हैं, जब पूर्ण रूप में विशेषीकृत कर दी जाती हैं तब वे अपनी एकरसता से मुक्त हो उठती हैं। ऐसा 'अजनबीकरण' के द्वारा ही संभव हो पाता है।

ब्रेख्ट ने 'अजनबीकरण' की अवधारणा को केवल भाषिक अभिव्यक्ति तक सीमित नहीं रखकर उसे सामाजिक-सांस्कृतिक दृष्टिकोण और संबंध से जोड़ा है। इस प्रकार उसकी इस अवधारणा का क्षेत्र व्यापकतर हो उठा है। वह 'अजनबीकरण' की अपनी अवधारणा और दूसरे ज्ञानानुशासनों के लोगों द्वारा अभिव्यक्त ऐसी अवधारणा के बीच एक मजबूत सूत्र-शृंखला को देखता और रेखांकित करता है। ब्रेख्ट के अनुसार प्रतिदिन के जीवन की जो प्रक्रिया है वह प्रभावहीनता की है। प्रभावहीनता की यह उपलब्धि नितांत सामान्य किस्म के दोहराए जाने वाले प्रभाव को संघटित करती है। वास्तव में यह अधिकाधिक लोगों के द्वारा व्यवहार में बरती जाने वाली, एक दूसरे का ध्यान आकृष्ट करने वाली रूढ़ प्रक्रिया है, जिसे शिक्षा-क्षेत्र से लेकर व्यापार के क्षेत्र तक में निरंतर देखा जा सकता है। वास्तव में जिस वस्तु की ओर ध्यान दिया जाना है, जो सामान्य और परिचित है, उससे विचित्र और अप्रत्याशित की ओर मुड़ने में 'अजनबीकरण' के प्रभाव को परिलक्षित किया जाता है। यहाँ जो 'सुबोध' हो उसे 'दुर्बोध' बनाकर भी प्रस्तुत किया जाता है। इस प्रकार 'अजनबीकरण' को सदैव विशिष्ट सोद्देश्यता और प्रभावमयता की दृष्टि से व्यवहार में लाया जाता है। ब्रेख्ट के अनुसार ये 'अजनबीकरण' सामाजिक रूप में सह-संबंधित तत्त्वों को परिचयीकरण की छाप से मुक्त करते हुए नये रूप में नम्य किये जाते हैं। डिआड्रे बर्टन ने नाटक के संदर्भ में 'अजनबीकरण' की अवधारणा की उपयोगिता और महत्ता को समीचीनता पूर्वक उपस्थापित किया है।

उसके अनुसार इस अवधारणा के तहत नाट्य विधा की कृतियों पर अच्छी तरह विचार किया जा सकता है, क्योंकि नाटक तो विशेष रूप में अजनबीकृत रूप में प्रस्तुत किये जाने का सशक्त माध्यम है। इसी तरह आधुनिक साहित्य भी आत्म-सचेत

---

1. बर्टोल्ट ब्रेख्ट, ब्रेख्ट ऑन थियेटर, संपादक जॉन विलेट (लंडन : आग्रे मेथुइन, 1964), पृष्ठ 143

अजनबीकरण की परंपरा से जुड़ा है। ब्रेख्ट के अनुसार 'अजनबीकरण' का केंद्रीय उद्देश्य श्रोता/दर्शक-दीर्घा के उन सदस्यों को झटके देना और विचलित कर देना है, जो अपने मस्तिष्क को टोप और कोट की तरह सामान-घर में छोड़ आते हैं।

यहाँ यह महत्त्वपूर्ण रूप में द्रष्टव्य है कि यह 'अजनबीकरण' केवल भाषा का नहीं होता या भाषा के स्तर-मात्र पर घटित नहीं होता, बल्कि यह परिचित रीति-रिवाजों, आचारों, व्यवहारों, प्रतिमानों और मूल्यों का भी होता है। अजनबीकरण इनको भी झटके देकर अप्रत्याशित नव्याचारों को उपस्थित करता है। यहाँ 'अजनबीकरण' भाषिक भूमिका से आगे आकर समाज-सांस्कृतिकता से घनिष्ठ रूप में जुड़ता है। अतः यह अवधारणा जीवन को नये रूप में ग्रहण करने की, तीव्रता से उसका अवबोध करने की एक ऐसी महत्त्वपूर्ण अवधारणा है, जिसका मूल समाजशास्त्रीय संदृष्टि में निहित है।

2.4.1.2.3 मनोवैज्ञानिक एकाग्रीकरण (FOCUSSING) की अवधारणा[1]

'एकाग्रीकरण' (Focus & Focussing) की अवधारणा को विभिन्न अर्थों में व्यवहृत किया गया है। इसलिए यहाँ यह निर्धारित करने की आवश्यकता है कि उसे किस तरह सैद्धांतिक रूप में प्रासंगिक बनाया जा सकता है तथा किस तरह परितोषपरक रूप में परिभाषित किया जा सकता है।

मनोवैज्ञानिक सदर्भ में यहाँ दो पद ग्रहण किये गये हैं-1. केंद्रबिंदु (Focus) और 2. एकाग्रीकरण (Focussing)। 'एकाग्रीकरण' के कर्म की वस्तु (object) के रूप में केंद्रबिंदु (फोकस) को निर्दिष्ट किया जाता है। यहाँ ऐसी वस्तु का चयन किया जाता है जिसके प्रति ध्यान का विशेष झुकाव हो। ऐसे कर्म अथवा ऐसी प्रक्रिया को संज्ञानात्मक पद के रूप में परिभाषित किया गया है। 'केंद्रबिंदु' में रहने वाली वस्तु दूसरी ऐसी वस्तुओं से अपने को अलगाकर प्रस्तुत करती है, जो केंद्रबिंदु में नहीं हैं। यही नहीं, यह केंद्रबिंदु में उपस्थित होने वाली वस्तु के पार्श्व और परिप्रेक्ष्य से भी अपने को अलग-थलग रखकर विशिष्ट रूप में उपस्थित करती है। 'केन्द्रबिन्दु' के अन्तर्गत आने वाली वस्तुएँ चेतन रूप में संसाधित की जाती हैं, जबकि पार्श्ववर्ती वस्तुओं के प्रति चेतना का यह संसाधन संभव नहीं हो पाता है। 'एकाग्रीकरण' के अंतर्गत वस्तुओं का संज्ञानात्मक प्रतिनिधित्व विस्मरण के प्रति कहीं अधिक प्रतिरोधी होता है। 'केंद्रबिंदु' अथवा उसके कारण उत्पन्न 'एकाग्रीकरण' मूलतः विस्मरण की पृष्ठभूमि में स्मरण की विशेष अवधारणा है। यहाँ विस्मरण बनाम स्मरण का तनाव सामने आता है। इसीलिए जिन वस्तुओं के प्रति 'एकाग्रीकरण' हो जाता है वे वस्तुएँ बहुत देर तक स्मृति में बनी रहती हैं तथा वहाँ बेहतर रूप में संघटित-सुरक्षित रहती हैं। इसके विपरीत जिन वस्तुओं का प्रत्यक्ष 'एकाग्रीकरण' के बिना किया जाता है वे न तो बेहतर रूप में संघटित-सुरक्षित हो पाती हैं और न ही देर तक स्मरण में बनी रह पाती हैं। 'एकाग्रीकरण' के इस कर्म

---

1. वी0 डिज्क, स्टडीज इन द प्रैग्मेटिक्स ऑव डिस्कोर्स (द हेग : मूतन पब्लिशर्ज, 1981), पृष्ठ 144-152

में वस्तु के चेतन प्रत्यक्ष का चयन-मात्र सम्मिलित नहीं होता है, अपितु गुणात्मकता का निर्धारण और वस्तुओं के प्रति इनका संबंध भी सुरक्षित रहता है। इस प्रकार 'एकाग्रीकरण' के अंतर्गत आने वाली वस्तु स्वतः वस्तु अथवा एक या एक से अधिक वस्तुओं को प्रदत्त गुणात्मकता या नातेदारी के बतौर उपस्थित होती है। 'एकाग्रीकरण' की प्रक्रिया की कसौटी भिन्न-भिन्न हो सकती है। यह वस्तुओं के अभिज्ञान अथवा उनकी सदृशता पर आधारित हो सकती है अथवा विरोधिता पर अथवा संघटना के दूसरे अभिलक्षणों पर। उदाहरण के लिए यदि किसी के 'ड्राइंग रूम' में केंद्रीय मेज पर एक 'ऐश ट्रे' (Ash tray) पड़ा हो और वह द्रष्टा के 'केंद्रबिंदु' (Focus) में हो अथवा द्रष्टा का उसके प्रति 'एकाग्रीकरण' हो रहा हो तो इसके मूल में अनेक कारण संभव हो सकते हैं। एक कारण यह हो सकता है कि अपनी बनावट में यह 'ऐश्ट्रे' सामान्य 'ऐश्ट्रे' की बनावट से भिन्न और आकर्षक हो, इस सीमा तक कि ऐसा 'ऐश्ट्रे' पहले कहीं भी देखा नहीं गया हो। दूसरा कारण यह हो सकता है कि इसमें राख भरी पड़ी हो और इसे खाली करने और साफ करने की आवश्यकता हो। तीसरा कारण यह हो सकता है कि यह टूट गयी हो जिसकी जानकारी इसके स्वामी-द्रष्टा को पहले नहीं रही हो। चौथा कारण यह भी हो सकता है कि इसका स्वामी-द्रष्टा इसे मेज पर से हटा देना चाह रहा हो, क्योंकि उसने अपने सिक्ख मित्रों को उस समय आमंत्रित कर रखा हो और वे लोग आने ही वाले हों। इस प्रकार 'एकाग्रीकरण' एक ऐसे चयनात्मक प्रकार्य के बतौर सामने आता है, जिसके मूल में प्रत्यक्षीकरण, इच्छा, ज्ञान, अभिरुचि, तर्क और विशेष तथ्यों तथा मूल्यों की क्रियाशीलता विद्यमान होती है।

'एकाग्रीकरण' की भूमिका शाब्दिक / भाषिक सम्प्रेषण में भी सक्रिय होती है। यहाँ वाक्यों अथवा संसक्त वाक्य-अनुक्रमों के द्वारा जिन वस्तुओं को निर्दिष्ट किया जाता है, उन वस्तुओं को परिभाषित रूप में संज्ञानात्मक 'केंद्रबिंदु' अथवा 'एकाग्रीकरण' की अवधारणा को सांदर्भिक कर्म और संदर्भ के स्तर पर स्थलीकृत (localized) होना चाहिए। यहाँ जो विषय 'केंद्रबिंदु' में आकर ध्यान को एकाग्रीकृत करता है वही 'निर्दिष्ट विषय' भी होता है। पर 'एकाग्रीकरण' की क्रिया को यहाँ समग्रता में लिया जाता है, उसे रूपात्मक, वाक्यात्मक जैसे स्तर-भेद पर व्यापारित नहीं मानकर उपयोगी अर्थीय या 'तथ्यीय' अवधारणा के रूप में सक्रिय माना जाता है। यहाँ 'एकाग्रीकरण' का कर्म निर्देशन-कर्म को भी निर्धारित कर उठता है। यही नहीं, 'एकाग्रीकरण' का यह कर्म निर्दिष्ट किये जाने की निम्नलिखित सोद्देश्यता को भी अग्रप्रस्तुत कर देता है–

1. प्रोक्ति-वार्तालाप की समग्रता को अथवा संलाप के प्रतिपाद्य को।

2. वाक्य-विशेष में अभिव्यक्त विषय-वस्तु को।

3. वार्ता की वस्तु अथवा वाक्य-विशेष की वस्तु के विषय में निवेदित कथन-टिप्पणी या दृढ़ कथन को।

4. विधेय या टिप्पणी को निर्दिष्ट करने वाले सभी विषयों को नहीं, बल्कि किसी भी रूप में 'प्रमुख' पाये जाने वाले अथवा वार्ता के संदर्भ में विशेषत: 'प्रासंगिक' रूप में उभरने वाले कथन को।

इस प्रकार 'केंद्रबिंदु' अथवा 'एकाग्रीकरण' (Focussing) की अवधारणा को निम्नलिखित रूप में स्वरूपित किया जा सकता है–

1. 'अर्थीय' और 'तथ्यीय' 'एकाग्रीकरण' में अंतर होता है।

2. 'एकाग्रीकरण' की स्थलीय' (Local) और 'व्यापक' (Global) अवधारणा में अंतर होता है।

3. 'एकाग्रीकरण' निर्देश की सैद्धांतिकी का विवेच्य है, न कि व्याकरण का।

4. 'एकाग्रीकरण' विधेय जैसी अवधारणा का निर्देशीय प्रतिरूप है।

5. 'एकाग्रीकरण' अनिवार्य तौर पर प्रतिज्ञप्तिमूलक (Propositional) होता है, क्योंकि 'एकाग्रीकरण' तथ्यों के प्रति होता है, न कि वस्तुओं अथवा मात्र उसकी गुणवत्ताओं के प्रति।

6. 'एकाग्रीकरण' वाक्य द्वारा प्रदत्त सूचना के उपसमुच्चय के प्रति होता है, जो कि अनुगत वाक्यों का अनिवार्य घटक है।

निष्कर्षत: कहा जा सकता है कि इस मनोवैज्ञानिक अवधारणा की इकाई प्रोक्ति है। यहाँ भी सामान्य बनाम महत्त्वपूर्ण तथा विस्मरण बनाम स्मरण का तनाव सक्रिय होता है। 'एकाग्रीकरण' भी कुछ परिवर्तनों और अंतर के साथ एक प्रकार का 'अग्रप्रस्तुतीकरण' ही है।

2.4.1.2 अग्रप्रस्तुति : परिभाषांकन

'अग्रप्रस्तुति' को परिभाषित करने वाले दो विद्वान हैं : 1. मुकारोव्स्की और 2. हैव्रॅनेक। इनके द्वारा की गयी अग्रप्रस्तुति की परिभाषाएँ विचरणीय हैं।

2.4.1.2.1 **मुकारोव्स्की** : अग्रप्रस्तुति बाह्य स्तर पर वैसी भाषिक घटना को उपस्थित करती है, उसे द्रष्टा की आँखों के सामने ले आती है, जो प्राय: साम्प्रेषणिक भाषा में छिपी रहती है, यद्यपि वह भाषा का महत्त्वपूर्ण अवयव होती है। काव्यभाषा में अग्रपस्तुति संप्रेषण को पृष्ठभूमि में खिसका देने की हद तक अधिक-से-अधिक तीव्रता प्राप्त करती है। ऐसा वह अभिव्यंजना के लक्ष्य के बतौर और स्वत: अपने हित में व्यवहृत होने के बतौर करती है। यह संप्रेषण की तामील के लिए व्यवहृत नहीं होती, बल्कि अभिव्यक्ति-कर्म को, स्वत: भाषिक कर्म को अग्रप्रस्तुत करने के क्रम में व्यवहृत होती है।[1]

2.4.1.2.2 **हैव्रॅनेक** : भाषिक अग्रप्रस्तुति वहाँ उपस्थित होती है जहाँ कोई भी

1. जे0 मुकारोव्स्की, 'स्टैंडर्ड लैंग्वेज ऐंड पोयटिक लैंग्वेज', अ प्राग स्कूल रीडर ऑन एस्थेटिक्स, संपादक पॉल एल0 गार्विन (वाशिंगटन : जार्ज टाउन यूनिवर्सिटी प्रेस, 1964), पृष्ठ 18-19

अप्रत्याशित भाषिक प्रयोग अचानक श्रोता या पाठक को कथ्य के साथ चल रहे स्वचल सरोकारों को बनाये रखने की अपेक्षा भावपूर्ण अभिव्यक्ति पर ध्यान देने के लिए विवश कर देता है। भाषिक कौशलों के इस रूप में किये गये प्रयोग श्रोता/पाठकों का स्वतः ध्यान आकर्षित करने लगते हैं, साथ ही अपनी स्वचलता से वंचित होकर स्वचलेतर और असामान्य रूप में अनुभूत होने लगते हैं, जैसे कोई जीवंत काव्यात्मक रूपक।[1]

2.4.1.3 अग्रप्रस्तुति : स्वरूप–स्पष्टीकरण

हैव्रॅनेक (Havranek) ने अग्रप्रस्तुति के स्वरूप को स्पष्ट करने के क्रम में मानक भाषा के प्रकार्यात्मक विभेदीकरण की तीन प्रविधियों का उल्लेख किया है-1. बौद्धिकीकरण (Intellectualization), 2. स्वचलीकरण (Automatization) और 3. अग्रप्रस्तुतीकरण (Making Foregrounding)।[2] उसके अनुसार बौद्धिकीकरण में वैज्ञानिक भाषा का व्यवहार होता है। यहाँ भाषिक प्रयोग के ठीक होने, सही होने का, उसकी समीचीनता का पक्ष सामने आता है। स्वचलीकरण में प्रति दिन की भाषा का व्यवहार होता है। इसमें परंपरित साम्प्रेषणिक सोद्देश्यता होती है। अग्रप्रस्तुतीकरण काव्यात्मक भाषा में होता है। यहाँ स्वचलता टूटती है और स्वचलेतर भाषिक प्रयोग सामने आते हैं। यह प्रविधि ऐसे कौशलों के व्यवहार के कारण पाठकों/श्रोताओं का ध्यान आकर्षित करती है।

हैव्रॅनेक की इस माप-श्रेणी में एक धुर अक्ष पर वैज्ञानिक भाषा है, तो दूसरे धुर अक्ष पर वह काव्य-भाषा है, जो विशिष्ट रूप में अग्रप्रस्तुत कौशलों को प्रदर्शित करने वाली है और बीच के बिंदु पर प्रतिदिन के जीवन में व्यवहार की जाने वाली साम्प्रेषणिक भाषा है।

मुकारोव्स्की के अनुसार काव्यभाषा का सत्व मानक भाषा के मानक प्रयोगों के अतिक्रमण में निहित होता है। मानक भाषा के निश्चित-निर्धारित रूप और उसके अतिक्रमण के बीच की यह नातेदारी स्वतः कविता की अपनी अस्मिता के लिए अनिवार्य दीखती है। दूसरी ओर कविता में स्वरूपित मानक का अतिक्रमण स्वतः मानक भाषा को भी समृद्ध सिद्ध करने वाला होता है। मुकारोव्स्की इस संदर्भ में अग्रप्रस्तुति को

---

1. बी0 हैव्रॅनेक, 'द फंक्शनल डिफेरेंसिएशन ऑव द स्टैंडर्ड लैंग्वेज', अ प्राग स्कूल रीडर ऑन एस्थेटिक्स, संपादक पाल एल0 गार्विन (वाशिंगटन : जॉर्जटाउन यूनिवर्सिटी प्रेस, 1964), पृष्ठ 10

2. उद्धृत, विली वान पिअर, 'द थिअॅरी ऑव फोरग्राउंडिंग : द स्टेट ऑव द आर्ट', स्टायलिस्टिक्स ऐंड सायकोलॉजी : इनवेस्टिगेशन ऑव फोरग्राउंडिंग (लंडन : क्रूमहेल्म, 1986), पृष्ठ 5

स्वरूपित करता हुआ कहता है कि "अग्रप्रस्तुति तब उत्पन्न होती है जब कोई प्रदत्त भाषिक घटक सुस्पष्ट रूप में प्रचलित भाषिक प्रयोग से किसी तरह, न्यूनाधिक रूप में विचलन दिखाता है। पर यदि किसी कृति के सभी भाषिक घटक इस प्रकार के अंतरण का दावा करें तब यह भाषिक वैभिन्न्य या अंतरण नहीं रह पाएगा। इसलिए सभी भाषिक स्तरों का युगपत्, एक साथ अग्रप्रस्तुत होने का प्रश्न अचिंतनीय है।"[1]

अग्रप्रस्तुति की उच्चतमता को मुकारोव्स्की ने दो बलों के परिणाम के बतौर स्वरूपित किया है। इनमें एक बल अग्रप्रस्तुति के संबंधात्मक वैशिष्ट्य में निहित होता है और दूसरा इसके समनुरूप व्यवस्थित वैशिष्ट्य में निहित रहता है। इससे सहज ही साहित्यिक कलाकृति की संरचना में एक तनाव उभरता है, जो एक जटिल, संश्लिष्ट, किंतु एकीकृत सौंदर्यात्मक संरचना के रूप में उपस्थित होता है। इसका निर्देश कृति में अग्रप्रस्तुत होने वाले भाषिक एककों और कृति की पृष्ठभूमि में पड़े रहने वाले भाषिक एककों—दोनों की आपसी नातेदारी के द्वारा किया जाता है।

अग्रप्रस्तुति के संबंधात्मक वैशिष्ट्य का यह परिणाम साहित्यिक कलाकृति की अविभाज्यता में निहित होता है। यदि कृति की संरचना अग्रप्रस्तुत और पृष्ठस्थित घटकों के संतुलन पर निर्भर होती है, तो ऐसे संतुलन में किया गया कोई भी परिवर्तन इस नातेदारी के सारे तंत्र को बदल देने वाला सिद्ध होता है। इसीलिए मुकारोव्स्की स्रष्टा कवि के द्वारा रचना-प्रक्रिया के दौरान किये जाने वाले अग्रप्रस्तुतीकरण अथवा भावन-प्रक्रिया के दौरान पाठक-भावक के द्वारा अग्रप्रस्तुत हो रहे अनुभावन के सौंदर्यबोधीय प्रभाव पर बल देता है। अग्रप्रस्तुति के ऐसे निदर्शन को प्रचलित, भाषिक प्रयोग अथवा मानक भाषा-प्रयोग अथवा किसी ऐतिहासिक काल के काव्यात्मक नियम से बँधे सामान्य नियम-समुच्चय से अतिक्रमण के बतौर देखा जाता है। इस तरह अग्रप्रस्तुति किसी व्यापार की योजनापरकता का उल्लंघन है।

मुकारोव्स्की ने अग्रप्रस्तुति की अन्य स्वरूपगत विशेषताओं को भी रेखांकित-निर्दिष्ट किया है। इन विशेषताओं में **असामान्यता** (Uncommonness), **नवीनता** (Novelty), **अप्रत्याशितता** (Unexpectedness), **अरीतिकता** (Unusualness) और **विचित्रता** (Uniqueness) प्रमुख हैं।

अग्रप्रस्तुति का स्वरूप निर्दिष्ट करने के क्रम में मुकारोव्स्की इस तथ्य को भी स्पष्ट करता है कि अग्रप्रस्तुति न केवल कविता या साहित्य की भाषा में, बल्कि साहित्येतर भाषा में भी अपनी समनुरूपता दिखाती है। उसके अनुसार साहित्य से इतर

---

1. जे0 मुकारोव्स्की, 'स्टैंडर्ड लैंग्वेज ऐंड पोयटिक लैंग्वेज' तथा 'द एस्थेटिक्स ऑव लैंग्वेज', अ प्राग स्कूल रीडर ऑन एस्थेटिक्स, सम्पादक गार्विन (वाशिंगटन : जॉर्जटाउन यूनिवर्सिटी प्रेस, 1964), पृष्ठ 44 एवं 65

साधारण भाषा-प्रयोग में भी अग्रप्रस्तुति उच्चतर अनुपात में पायी जाती है। उसने इसके उदाहरण-स्वरूप—भाषा-क्रीड़ा, बच्चों के खेल, आनुप्रासिकता, असामान्य और नितांत निजी उपमा और रूपक, अपशब्द और भर्त्सना, समान्य शब्दों के पूर्ण चयन, विदेशी शब्दों अथवा विभाषिक अभिव्यक्तियों के प्रयोग और विज्ञापन तक में अग्रप्रस्तुति के अनेक कौशलों को निर्दिष्ट किया है। ऐसे में इस प्रश्न का उठना अत्यंत स्वाभाविक है कि अग्रप्रस्तुति को सामान्यतः साहित्य का और विशेषतः कविता का प्रमाण-चिह्न (Hall mark) भला कैसे मान लिया जाए? पर मुकारोव्स्की स्वयं इसका तर्कपर्ण उत्तर देता है कि साहित्य से अलग सामान्य भाषिक प्रयोग वाले मामलों में अग्रप्रस्तुति के कौशलों का नियोजन साम्प्रेषणिक स्थिति के प्रतिपाद्य-विषय के प्रति ध्यान को खींचने की दृष्टि से किया जाता है, जबकि कविता या साहित्य में ये कौशल स्वतः भाषिक विषय के प्रति ध्यान को आकर्षित करने की दृष्टि से अनुकूलित होते हैं। इस प्रकार साहित्य के भीतर और बाहर की स्थिति और क्रियाशीलता के बीच अग्रप्रस्तुति का अनिवार्य अंतर उस मापदंड से जाहिर हो पाता है, जिसे अग्रप्रस्तुति की विशेष स्थिति के प्रभाव को परिभाषित करने के लिए व्यवहृत किया जाता है।

कहना न होगा कि साहित्य के क्षेत्र के बाहर यह मापदंड समाज के द्वारा मुहैया किये जाने वाले सौंदर्यबोधीय मानक का समुच्चय होता है। इसके विपरीत साहित्य या काव्य-क्षेत्र के भीतर यह मानदंड कृति की पूरी संरचना या उसके साकल्य में अग्रप्रस्तुति के समाकलन के अनुपात में होता है। मुकारोव्स्की साहित्य-क्षेत्रीय अग्रप्रस्तुति को 'संरचित सौंदर्यात्मक' (Structured Aesthetic) और साहित्य से इतर प्रतिदिवसीय प्रयोग की अग्रप्रस्तुति को 'अ-संरचित सौंदर्यात्मक' (Un-Sturctured Aesthetic) कहता है। इनमें पहली अग्रप्रस्तुति स्थायिता और निर्विशेष सामान्यता (इस अर्थ में कि यह निश्चित साम्प्रेषणिक स्थिति और वक्ता के साथ बँधी रहने वाली स्थिति-विशेष से मुक्त है) को प्राप्त करने की चेष्टा करती है, जबकि दूसरी अग्रप्रस्तुति व्यावहारिक और सीमांकित संदर्भ की होने के कारण अस्थायिता की दिशा में क्रियाशील होती है। फिर भी 'असंरचनात्मक' और 'संरचनात्मक' सौंदर्यपरकता के बीच, साथ ही मानक भाषा और उसके काव्यात्मक प्रयोग के बीच जो नातेदारी प्राप्त होती है वह नितांत स्थिर और गतिहीन किस्म की नातेदारी नहीं है। एक मामले में यहाँ इनकी पारस्परिक अंतर्व्याप्ति को भी देखा जा सकता है, जहाँ मानक भाषा ही उस पृष्ठभूमि को रचती है, जिसके आधार पर अग्रप्रस्तुति कविता में व्यवहृत भाषिक प्रयोगों पर नियंत्रण के द्वारा उपस्थित हो पाती है। दूसरी ओर काव्यभाषा स्वतः मानक भाषा को स्वरूपित-आकृत करती है। ऐसा तब होता है जब भाषा में अपशब्द-प्रयोग, स्वरलयात्मक तथा वाक्य-रचनात्मक ढाँचे तक कविता से आकर मानक भाषा को समृद्ध करते हैं। यही नहीं, मानदंड का मानक भी लगातार परिवर्तित होता रहता है और यही वह पृष्ठभूमि

है, जिसमें अग्रप्रस्तुति स्वतः कृति की संरचना में प्रक्षेपित होती है। इसीलिए जैसे-जैसे समय बीतता है इसकी ग्रहणशीलता और निर्वचनात्मकता में भी परिवर्तन आता-जाता है।

ज्योफ्री एन. लीच ने अग्रप्रस्तुति को दो रूपों में स्वरूपित किया है।[1] उसके अनुसार अग्रप्रस्तुति विकल्पक्रमी (PARADIGMATIC) और विन्यासक्रमी (SYNTAGMATIC)— दो रूपों में स्वरूपित होती है। विकल्पक्रमी अग्रप्रस्तुति विचलन (DEVIATION) है और विन्यासक्रमी अग्रप्रस्तुति समांतरता (PARALLELISM) है। वस्तुतः विकल्पक्रमी और विन्यासक्रमी दो भाषिक संबंध-स्तर हैं। जब भाषा-व्यवस्था के किसी एक बिंदु पर कई संभाव्य विकल्पों में से अथवा इसके लिए उपस्थित इन विकल्पों के समुच्चय (SETS) में से किसी एक विकल्प का चयन किया जाता है तब विकल्पक्रमी संबंध उभरता है। इस संबंध-दृष्टि से इस स्तर पर होने वाली अग्रप्रस्तुति को विचलित (DEVIATED) अग्रप्रस्तुति (FORGROUNDING) कहा जाता है। पर जब भाषा-व्यवस्था में उपस्थित भाषिक एकक आनुक्रमिक शृंखला में आपस में सहभावी होकर विन्यस्त होते हैं तब विन्यासक्रमी संबंध क्रियाशील होता है। इस स्तर पर व्यापारित होने वाली अग्रप्रस्तुति में भाषा में सामान्य गठन की सतह से कम-से-कम एक और अधिक सतह सक्रिय होती है। सतह की यह अधिकता अतिरिक्त नियमितता को जन्म देती है, जो भाषा के प्रत्येक स्तर पर संभव है। इस प्रकार इस संबंध-दृष्टि से उभरने वाली अग्रप्रस्तुति 'समांतरित अग्रप्रस्तुति' (PARALLEL FOREGROUNDING) कहलाती है। याकोब्सन के शब्दों में यहीं 'चयन के अक्ष से संयोजन के अक्ष तक समतुल्यता के सिद्धांत का प्रक्षेपण होता है।'[2] लीच द्वारा निर्दिष्ट अग्रप्रस्तुति के दोनों रूप निम्नांकित आरेख में द्रष्टव्य हैं—

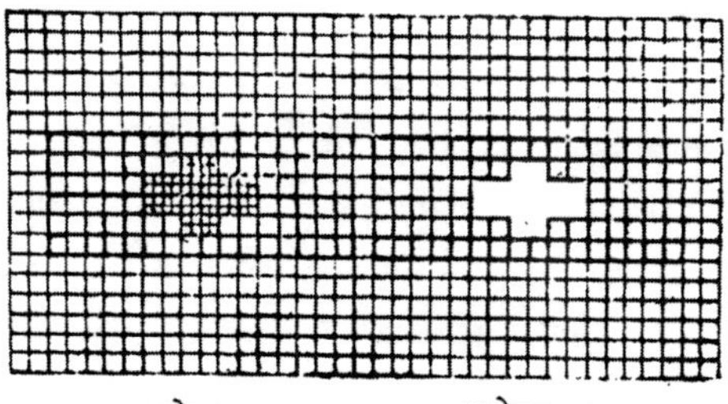

आरेख–1 आरेख–2

ऊपर के आरेखों से यह स्पष्ट होता है कि आरेख-संख्या 1 के बीच में रेखाओं की अतिरिक्त नियमितता है। यह समांतरित अग्रप्रस्तुति है। इसे ही विन्यासक्रमी

1. ज्योफ्री एन0 लीच, 'लिंग्विस्टिक्स ऐंड द फिगर्ज ऑव रेटोरिक', एसेज ऑन स्टाइल ऐंड लैंग्वेज, संपादक रोजर फाउलर (लंडन : रूटलेज ऐंड कीगेन पॉल, 1979), पृष्ठ 145-146

2. रोमन याकोब्सन, 'लिंग्विस्टिक्स ऐंड पोयटिक्स', स्टाइल इन लैंग्वेज, संपादक टी0एए0 सिबियोक (केम्ब्रिज-न्यूयार्क : मास : एम0आई0 टी0 प्रेस, 1960), पृष्ठ 358

अग्रप्रस्तुति बताया गया है। पर आरेख-संख्या 2 में रेखाओं की मानक स्थिति से विचलन हुआ है। बीच का खाली स्थान इसकी सूचना देता है। इस प्रकार लीच ने अग्रप्रस्तुति की इन दो दिशाओं को स्पष्ट किया है।

एम0 ए0 के हैलीडे 'अग्रप्रस्तुति' (FOREGROUNDING) को एक ऐसी उदग्रता (PROMINENCE) के रूप में देखता है, जो सप्रयोजन और साभिप्राय होती है।[1] उसके अनुसार किसी भी सृजनात्मक साहित्य-पाठ में ऐसे उदग्र (PROMINENT) भाषिक साँचे देखे जा सकते हैं। वहाँ ध्वनियों, शब्दों या संरचनाओं में नियमितता मिलती है, जो या तो स्वत: बहुत स्पष्ट दिखाई देती है अथवा पाठकों के सावधान वाचन के क्रम में उभरकर सामने आती है। यह भाषिक नियमितता पाठ के संदर्भ में एक नयी सूझ या अंतर्दृष्टि का उन्मीलन कर जाती है। इस प्रकार यह रचनाकार की रचना की समग्र अर्थवत्ता को अपना महत्त्वपूर्ण योगदान दे जाती है। पर जब तक नियमितता इस रूप में क्रियाशील नहीं होती, भाषिक उदग्रता अपनी प्रयोजनशील सार्थता और साभिप्रायता के अभाव में महत्त्वपूर्ण नहीं हो पाती है। इस प्रकार स्पष्ट है कि किसी भी भाषिक अभिलक्षण को, जो उदग्र रूप में सामने आता है, तभी अग्रप्रस्तुत माना जा सकता है, जबकि उसका संबंध पाठ की अर्थवत्ता से जुड़ता हो, अर्थात् वह साभिप्राय हो। कहना न होगा कि यह संबंध अपने मूल रूप में प्रकार्यात्मक है। यदि भाषिक अभिलक्षण-विशेष ऐसा योगदान कर पाता है, तो यह उदग्र और अग्रप्रस्तुत है, अन्यथा नहीं। वस्तुत: सप्रयोजन 'उदग्रता' या 'अग्रप्रस्तुति' वहीं सामने आती है, जहाँ भाषिक प्रकार्य कृति या रचना की गहन संरचना के, उसके अर्थायन-निर्वचन के संदर्भ में प्रासंगिक हो पाता है।

हैलीडे स्पष्ट करता है कि 'उदग्रता' का स्वरूपांकन करते हुए कभी उसे प्रतिमान से विचलन के रूप में निर्दिष्ट किया जाता है, तो कभी प्रतिमान की सिद्धि या उपलब्धि के रूप में। कभी उसे एक ऐसे आनुपातिक प्रभाव के बतौर रेखांकित किया जाता है, जिसे सांख्यिकी उद्घाटित करती है, तो कभी विषय-वस्तु के द्वारा उपस्थित होने वाली उदग्रता और अन्य साधनों के जरिए उभरने वाली उदग्रता के बीच अंतर की वास्तविकता पर प्रश्नचिह्न लगता है।

हैलीडे स्वयं 'उदग्रता' (PROMINENCE) पद का व्यवहार भाषिक विशिष्टीकरण जैसे तत्त्व के लिए एक सामान्य अभिधान के रूप में करता है। पर इस पद को चुनता हुआ हैलीडे उस मान्यता से बचता दिखता है, जिसमें अवधान-केंद्रित भाषिक वैशिष्ट्य

1. एम0 ए0 के. हैलीडे, 'लिंग्विस्टिक फंक्शन ऐंड लिटॅरेरी स्टाइल', लिटॅरेरी स्टाइल : अ सिम्पोजियम, सम्पादक, सेमूर चैटमैन (लंडन : ऑक्सफोर्ड यूनिवर्सिटी प्रेस, 1971), पृष्ठ 339

को सदैव विचलन के रूप में रेखांकित किया जाता है। उसके अनुसार यह बहुत स्वाभाविक है कि 'उदग्रता' को प्रतिमान से विचलन के रूप में निर्दिष्ट किया जाए, क्योंकि यह अपनी ध्यानीयता की व्याख्या करता है, विशेषतः तब जब ध्यानीय प्रभाव की वैयक्तिक प्रकृति पर बल दिया जाता है।[1] पर ऐसी स्थितियों में दूसरी ओर यह पक्ष भी स्पष्ट होने लगता है कि भाषा के सामान्य रूप या अविचलित रूप भाषा के सर्जनात्मक उपयोग में महत्वहीन हैं, जो समीचीन नहीं है।

हैलीडे, उदग्रता (PROMINENCE) के दो प्रकार निर्दिष्ट करता है। **पहले प्रकार** के अंतर्गत उसके अनुसार 'उदग्रता' के पुनः दो प्रकार हैं 1. निषेधात्मक और 2. विधेयात्मक। निषेधात्मक दिशा में प्रतिमान से अतिक्रमण होता है, पर विधेयात्मक में प्रतिमान की प्रस्थापना या उपलब्धि होती है। **दूसरे प्रकार** के अंतर्गत वह विचलन को सांख्यिकीय (STATISTICAL) मानता है। यहाँ 'उदग्रता' का सरोकार केवल विचलन या अव्याकरणिकता से नहीं होता, बल्कि विपथन (DEFLECTION) से भी होता है। हैलीडे के अनुसार इसमें बारंबारिता की प्रत्याशित पद्धति से अतिक्रमण होता है।[1] हैलीडे जिसे निषेधात्मक 'उदग्रता' कहता है उसे लीच ने विचलन और नियमितता के रूप में रेखांकित किया है। यहाँ लीच 'भाषिक और समाज-स्वीकृत मानक से साभिप्राय विचलन' के रूप में उभरने वाली अग्रप्रस्तुति को तथा 'प्रतिमुख' स्थिति में, जहाँ सामान्यतः विभेदकता हो सकती है, वहाँ भी एकरूपता को पेश करते हुए रचनाकार द्वारा अपनी अनुमत चयन-स्वतंत्रता को अस्थायी तौर पर छोड़ने से उभरने वाली अग्रप्रस्तुतिं को आमने सामने रखता है।[2] कहना न होगा कि लीच ने इसी को बाद में और स्पष्ट करते हुए विन्यासक्रमी और विकल्पक्रमी अग्रप्रस्तुति के रूप में निर्दिष्ट किया है।

हैलीडे ने इस पर टिप्पणी करते हुए लिखा है कि उक्त दो प्रकार की अग्रप्रस्तुतियों की स्थिति प्रतिमुख (OPPOSITE) नहीं है, क्योंकि यदि वैविध्य सामान्य है, तो एकरूपता ही 'विचलन' बन जाएगी। पर जहाँ एकरूपता है वहाँ तो नियमितता या आवर्तन है (समांतरता है) और इसे प्रतिमान की स्थापना के तौर पर विधेयात्मक अभिलक्षण के रूप में ग्रहण किया जाएगा। हाइम्ज के अनुसार कुछ स्रोतों में, विशेषतः कवियों में, शैली प्रतिमान से विचलन के रूप में नहीं, बल्कि प्रतिमान की उपलब्धि या स्थापना के रूप में उपस्थित होती है।[3] हैलीडे इसे 'उदग्रता' के दो प्रकार के रूप में स्वीकार

1. एम0 ए0 के0 हैलीडे, ' लिंग्विस्टिक फंक्शन ऐंड लिटॅरेरी स्टाइल', लिटॅरेरी स्टाइल, : अ सिम्पोजियम, संपा0 सेमूर चैटमैन (लंडन : ऑक्सफोर्ड यूनिवर्सिटी प्रेस, 1971), पृष्ठ 340
2. जी0एन0 लीच, ' दिस ब्रेड आइ ब्रेक : लैंग्वेज ऐंड इंटरप्रिटेशन', अ रिव्यू अव इंग्लिश लिटॅरेचर, अंक-6 अप्रैल, 1965), पृष्ठ 70
3. डेल0एच0 हाइम्ज, फोनोलॉजिकल आस्पेक्ट्स ॲव स्टाइल : सम इंग्लिश सॉनेट्स', स्टाइल इन लैंग्वेज, सम्पादक टी0ए0 सिबियोक (केम्ब्रिज : मस्साच्यूसेट्स : एम0आई0टी0 प्रेस, 1960), पृष्ठ 109-10

नहीं कर इसे 'उदग्रता' को देखने की दो भिन्न दृष्टियां मानता है। उसके अनुसार भाषा का कोई एक सार्वभौम प्रासंगिक मानक नहीं है, न ही प्रत्याशाओं का कोई एक निश्चित समुच्चय है, जिनसे सभी उदाहरण संदर्भित हो सकें। एक ओर इनमें परिप्रेक्ष्य का अंतर है। पाठ को एक बृहत्तर साकल्य के अंश-रूप में देखा जा सकता है, जैसे रचनाकार की समग्र रचना के अंश रूप में उपस्थित पाठ अथवा उस परंपरा के अंश रूप में उपस्थित पाठ, जिस परंपरा में वह पाठ आता है। इस प्रकार देखने पर जो व्यापक रूप में कभी विचलन रहा होता है, वह अनुभाग के स्थानिक उपयोग में मानक भी बन सकता है। इसी प्रकार प्रत्याशाएं समग्र भाषिक संदर्भ में उपस्थित होती हैं, कहीं प्रयुक्ति (REGISTER), कहीं विशिष्ट साहित्यिक विधा और कहीं साम्राज्ञी के क्रिसमस-संदेश का संदर्भ सामने आ सकता है। हैलीडे 'उदग्रता' को कभी 'मानक से अतिक्रमण' के रूप में और कभी 'मानक की उपलब्धि' के रूप में स्वरूपित करता है। पर वह यह स्पष्ट कर देता है कि ये दोनों ही एक प्रकार के तत्त्व को देखने की दो स्थितियां हैं, ये दो भिन्न प्रकार नहीं हैं। निश्चय ही इसके मूल में भाषिक मानक की स्थिति को रेखांकित करने का तथ्य सक्रिय है।

यदि किसी कविता या उपन्यास में एक अव्याकरणिक वाक्य व्यवहृत हुआ हो, तो इसे केवल 'विचलन' का उदाहरण माना जाता है। वास्तव में साहित्य की भाषा में अव्याकरणिक रूपों का प्रयोग 'विचलन' है, जिसने पाठकों और साहित्य-चिंतकों का ध्यान आकृष्ट किया है और जिसे 'उदग्रता' (PROMINENCE) के एक प्रमुख रूप में रेखांकित किया जाता है। हैलीडे इसे मानक नियमों के वर्जक के रूप में तो देखता है, पर इसे सर्जनात्मक काव्य-भाषा के लिए सीमित महत्व का ही सिद्ध करना चाहता है। इसके लिए वह मैक्-इंटोश को उद्धृत करता हुआ लिखता है, "बहुधा किसी समग्र कृति का प्रभाव विशाल होता है। फिर भी शब्द-प्रति-शब्द, वाक्यांश-प्रति-वाक्यांश, उपवाक्य-प्रति-उपवाक्य, और वाक्य-प्रति-वाक्य वहाँ कुछ भी शब्द या व्याकरण की दृष्टि से असामान्य अथवा आकर्षक नहीं होता है।"[1] इस तरह वह 'उदग्रता' को एक और संभाव्य प्रकार की दृष्टि से हमारे सामने लाने का प्रयत्न करता है। बर्नार्ड ब्लाख ने जिसे 'किसी समग्र भाषा की प्रकृति से बारंबारी वितरण और अंतर्वर्ती संभाव्यता के रूप में भिन्नता या अंतर दिखलाने वाला'[2] कहा है, हैलीडे उसी को 'विपथन' (DEFLECTION) कहता है।[3] इसे भी वह पूर्ववत् मानक से अतिक्रमण और मानक

---

1. एंगुश मैक्इंटोश, 'सेपिंग', अ रिव्यू ऑव इंग्लिश लिटॅरेचर (अंक-6 अप्रैल 1965), पृष्ठ 19, उद्धृत, एम०ए०के० हैलीडे, पूर्व आलेख, पूर्व संपादित पुस्तक, पृष्ठ 341
2. बर्नार्ड ब्लाख, 'लिंग्विस्टिक स्ट्रक्चर ऐंड लिंग्विस्टिक एनालिसिस', रिपोर्ट ऑव द फोर्थ एनुअल राउंड टेबल मीटिंग ऑन लिंग्विस्टिक्स ऐंड लैंग्वेज स्टडी, संपा० ए०ए० हिल (वाशिंगटन : डी०सी०, 1955), पृष्ठ 40-44
3. एम०ए०के० हैलीडे, पूर्व आलेख, पूर्व संपादित कृति, सम्पा० सेमूर चैटमैन, पृष्ठ 342

की उपलब्धि दोनों ही रूपों में निर्दिष्ट करता है। उसके अनुसार यदि किसी एक ही विशिष्ट व्याकरणिक संरचना का सात बार आवर्तन होता है, तो इसका एक मानक बन जाता है और इस संदर्भ में यह सहज प्रत्याशा होती है कि आठवीं बार भी यह विशिष्ट व्याकरणिक संरचना आवर्तित होगी, पर यह प्रत्याशा तब खंडित हो उठती है जब यहाँ उससे अतिक्रमण हो जाता है। इसी से 'विपथन' (DEFLECTION) उपस्थित होता है।

उदग्रता (PROMINENCE) को सांख्यिकीय पद्धति पर भी स्पष्ट किया गया है। हैलीडे ने 'विपथन' (DEFLECTION) के रूप में इसके व्यापक स्वरूप की परिकल्पना करते हुए इसे रेखांकित किया है। पर ध्यान देने से यह तथ्य स्पष्ट होता है कि हैलीडे के यहाँ सांख्यिकीय पद्धति पर की जाने वाली इस गणना को जो 'विपथन' (DEFLECTION) नाम दिया गया है, उसका मूलभूत कारक तत्त्व गणना नहीं होकर युगधारा, वाद-विशेष, कृतिकार या कृतिकार की सीमा में उसके अपने प्रत्याशित प्रयोग अर्थात् स्वनिर्मित मानक से होने वाला अतिक्रमण है। हैलीडे का ध्यान इस सूक्ष्मता की ओर नहीं जा पाया है। वस्तुस्थिति यह है कि 'विपथन' को रचनाकार के निजी मानक से किये गये अतिक्रमण के रूप में देखा जाना चाहिए, न कि रचनाकार के मानक की उपलब्धि के रूप में। हैलीडे जब यह कहता है, "यही वह है जिसे मैंने ऊपर 'विपथन' (DEFLECTION) कहा है। इसे भी मानक से अतिक्रमण और मानक की उपलब्धि के रूप में देखा जाना चाहिए"[1] तब वह यह नहीं समझ पाता है कि मानक की उपलब्धि के रूप में यह 'समांतरता' का अभिलक्षण बन जाएगा। हैलीडे लीच द्वारा निर्दिष्ट निषेधात्मक (विचलनमूलक) और विधेयात्मक (समांतरतामूलक) उदग्रता (PROMINENCE) के बीच प्रतिसम (opposite) स्थिति को अस्वीकार करता है और कहता है कि यह प्रतिसम स्थिति नहीं है, क्योंकि यदि वैविध्य सामान्य रूप में उपस्थित है, तो एकरूपता या बारंबारिता इस मानक से 'विचलन' के रूप में उपस्थित होगी।[2] ध्यान देने योग्य है कि यहाँ प्रतिसमता लीच के अनुसार व्याकरणिक नियमितता को तोड़ने और अतिरिक्त नियमितता को उपस्थापित करने के बीच है। यहाँ स्पष्ट तौर पर दो तथ्य विचारणीय बन जाते हैं। पहली बात यह है कि जिस मानक की यहाँ चर्चा की गयी है वह केवल सामान्य वैविध्य का मानक है या विचलित प्रयोगों के वैविध्य का अथवा वैविध्यमूलक विचलित प्रयोगों का मानक है। यदि यह केवल सामान्य वैविध्य का मानक है और इस पृष्ठभूमि में विधेयात्मक उदग्रता उपस्थित होती है, तो यहाँ सामान्य वैविध्य रचनाकार का मानक होगा और इससे अतिक्रमण होने के कारण 'विचलन' (DEVIATION) के प्रश्न की जगह विपथन का प्रश्न ही सामने आएगा।

---

1. एम0ए0के0 हैलीडे, पूर्व आलेख, पूर्व सम्पादित कृति, सम्पादक, सेमूर चैटमैन, पृष्ठ 342
2. वही0 पृष्ठ 341

पर यदि यह वैविध्य अनेक प्रकार के 'विचलन' का है, जिसमें भाषा के मानक (व्याकरणिक और स्वीकार्य) से अतिक्रमण प्राप्त होता है, तो भी बाद में उभरने वाली एकरूपता या समांतरता उससे विपथित (DEFLECTED) रूप में ही सामने आएगी, न कि 'विचलन' के रूप में। ऐसे में एक दूसरा महत्त्वपूर्ण प्रश्न भी उभरता है जिस ओर हैलीडे का ध्यान नहीं जा सका है। वास्तव में ऐसी स्थिति की मुख्य समस्या उदग्रता के दो-दो अभिलक्षणों के एक साथ उभरने की समस्या है। जैसे उक्त स्थिति में 'विपथित समांतरता' सामने आएगी। विपथित इसलिए कि वह जिस पृष्ठभूमि में उदग्र हो रही है वह पृष्ठभूमि विपथन (DEFLECTION) की है और समांतरता तो अतिरिक्त नियमितता के कारण उसमें है ही। पर ऐसी स्थिति सर्जनात्मक काव्यभाषा में अग्रप्रस्तुति के अन्य अभिलक्षणों के बीच भी संभावित है।

'उदग्रता' (PROMINENCE) को सांख्यिकीय पद्धति पर रेखांकित करने की मान्यता अब तक पूरी तरह स्वीकृत नहीं हो पायी है। हैलीडे इसके प्रति प्रायः किये जाने वाले दो आरोपों का उल्लेख करता है तथा इन आरोपों को अपनी दृष्टि से निस्सार भी घोषित करता है।[1] इनमें पहला आरोप 'शैली' के वैयक्तिक अभिव्यंजना होने के आधार पर खड़ा है। आरोपकर्ताओं का कथन है कि शैली वैयक्तिक अभिव्यंजना है, अतः उसे गणना में रूपांतरित नहीं किया जा सकता। दूसरे आरोप में भाषिक एकक या उसकी उपस्थिति-संख्या को अप्रासंगिक बताते हुए नकारा गया है। आरोपकर्ता के अनुसार पाठक-भावक भाषा में उभरने वाली प्रायिकता या बारंबारिता से परिचित नहीं होता है। फलतः वह इसके प्रति अनुक्रिया दिखाता उन्मुख नहीं हो सकता है। हैलीडे ने इन दोनों ही आरोपों का खंडन करते हुए उदग्रता को सांख्यिकीय पद्धति पर रेखांकित किये जाने का समर्थन किया है। पहले आरोप के उत्तर में वह कहता है कि 'शैली' अभिज्ञानात्मक है, तो इसकी विभेदक विशेषता को तुलनात्मक बारंबारिता के आधार पर ही उद्घाटित किया जा सकता है। यहाँ ऐसे भाषिक अभिलक्षण, जो साभिप्राय वैविध्य दिखलाते हैं, सरल और स्पष्ट अथवा जटिल और संश्लिष्ट दोनों ही प्रकार के हो सकते हैं। हैलीडे दूसरे आरोप का भी खंडन करता हुआ कहता है कि पाठक-भावक प्रायः ऐसे व्याकरणिक और शाब्दिक साँचों की तुलनात्मक बारंबारिता से परिचित होता है। वास्तव में वह उसके प्रति संवेदनशील होता है, जो अर्थ की अंतःशक्ति का एक पहलू है। कहना न होगा कि पाठक के रूप में इसकी प्रत्याशा यहाँ आंशिक तौर पर भाषा में निहित संभावनाओं के प्रति उसकी जागरूकता पर आधारित होती है।

हिंदी में डा० रवीन्द्रनाथ श्रीवास्तव ने सांख्यिकी-पद्धति पर रेखांकित की जाने वाली उदग्रता के विषय में 'विचलन' (DEVIATION) के अंतर्गत चर्चा करते हुए बताया है कि "आवृत्ति-परक संदर्भ शैली को विभेदक (DIFFERENTIAL) शैली के रूप में

1. एम०ए०के० हैलीडे, पूर्व आलेख, पूर्व सम्पादित कृति, सम्पा० सेमूर चैटमैन, पृष्ठ 343

तो अपनाता है, पर उसे प्रतिमान से विभेद के रूप में सिद्ध करने में पर्याप्त कठिनाई इसलिए है कि प्रतिमान की संकल्पना को निरुपाधि या निरपेक्ष रूप में स्थापित करना कठिन है।''[1]इसलिए डा0 श्रीवास्तव के अनुसार ''शैली' का आवृत्तिपरक संदर्भ सापेक्षता की धारणा पर आधारित होता है और वह तुलनीयता के परिप्रेक्ष्य में साहित्यिक विशिष्टताओं का उद्‌घाटन करता है।''[2] पर इस स्थापना को स्वीकार करने के पहले यह विचारणीय है कि विभेद को दर्शाने वाला आवृत्तिपरक संदर्भ क्या केवल सापेक्ष विचलन जैसे अभिलक्षण को ही उपस्थित करता है। वस्तुतः सांख्यिकीय गणना कोई अभिलक्षण नहीं है, बल्कि एक ऐसी पद्धति है, जिसके जरिये किसी भी विभेद-वैविध्यमूलक, आवर्तक या विरल निष्कर्ष को रेखांकित किया जा सकता है। यह प्रक्रिया इतनी व्यापक है कि यह केवल सापेक्ष विचलन जैसे अभिकरण-मात्र को रेखांकित नहीं करती, बल्कि मानक से होने वाले विचलन का भी रेखांकन करती है। पाठ में पाठ की सामान्य भाषिक संरचना के, एक सीमा तक, बारंबारी या आवर्तित रूप में उपस्थित होने के बाद इसका निषेध करने वाली उस दूसरी भाषिक संरचना को भी रेखांकित करती है, जिसके मूल में 'विपथन' (DEFLECTION) सक्रिय होता है। यह पाठ में भाषा की सामान्य या विशिष्ट संरचना के बारम्बारी आवर्तन अर्थात् समांतरता (PARALLELISM) जैसे अभिलक्षण को भी रेखांकित करती है, साथ ही यह प्रक्रिया पाठ में उपस्थित विविध भाषिक प्रयोगों के संदर्भ में अ-विचलित अ-विपथित और अ-समांतरित, परंतु 'विरल' भाषिक एकक का भी रेखांकन करती है। अतः शैली के आवृत्तिपरक संदर्भ को केवल सापेक्ष विचलन तक सीमित करना उचित नहीं है। साथ ही मानक से होने वाले विचलन के समांतर इसे 'विचलन' का एक और प्रभेद मानना भी समीचीन नहीं है। इस रूप में इसे सुनिश्चित नहीं किया जा सकता है। वस्तुतः यह एक प्रक्रिया है, शैलीपरक अभिलक्षण या अभिकरण नहीं है, जिसे सर्जनात्मक काव्यभाषा का हेतु माना जाता है।

हैलीडे ने 'उदग्रता' (prominence) के संदर्भ में दो और प्रश्न खड़े किये हैं, जिनका संबंध अग्रप्रस्तुति तथा उदग्रता के भाषिक स्तर से है। यों तो वह मानता है कि उदग्रता भाषा के सभी स्तरों पर क्रियाशील हो सकती है, पर वह यह प्रश्न उठाता है कि क्या 'अग्रप्रस्तुति' या 'उदग्रता' विषयवस्तु के कारण नहीं होती है अथवा क्या यह 'दृश्य' या 'दृष्टि' (विजन) की लयमयता के कारण नहीं होती है? वह मानता है कि दृष्टि (विजन) 'उदग्रता' के लिए प्रयोजनशीलता या साभिप्रायता भी मुहैया करती है। उसके अनुसार वास्तविकता यह है कि 'विषयवस्तु' और 'दृष्टि' अर्थ के ही दो भिन्न स्तर

1. डा0 रवीन्द्रनाथ श्रीवास्तव, संरचनात्मक शैलीविज्ञान (दिल्ली : आलेख प्रकाशन, 1979), पृष्ठ 58
2. वही0 पृष्ठ 58

हैं, जिन्हें किसी साहित्यिक रचना में तलाश किया जाता है और इनमें से प्रत्येक आंतरिक या बाह्य या इनका अंतरमाध्यमिक स्तर वाक्य-रचना में अपनी अभिव्यक्ति प्राप्त करता है। इस आधार पर हैलीडे का मत है कि वाक्यगत उदग्रता के साँचे किसी कृति की अर्थवत्ता के विभिन्न पहलुओं को प्रक्षेपित (Reflect) करते हैं।[1] पर मेरी दृष्टि में 'विषयवस्तु' और 'दृष्टि' की इस 'अग्रप्रस्तुति' को प्रोक्ति (Discourse) के स्तर पर अच्छी तरह व्याख्यायित किया जा सकता है। जब हैलीडे 'Inheritors'. से उदाहरण देता हुआ यह स्पष्ट करता है कि इस पुस्तक के दस भागों में से नौ भाग जनसामान्य के दृष्टिकोण से लिखे गये हैं और शेष एकमात्र भाग जनजाति (Tribe) के दृष्टिकोण से लिखा गया है, तब यहाँ प्रोक्ति-स्तर पर क्रियाशील 'विपथन' 'उदग्रता' को रेखांकित करता है। इस प्रकार मेरी दृष्टि में हैलीडे-निरूपित विषयवस्तु या दृष्टिकोण का समावेश प्रोक्ति-स्तर में हो जाता है।

ऊपर के विवेचन से यह निष्कर्ष निकलता है कि अग्रप्रस्तुति, जो सर्जनात्मक काव्य-भाषा का कौशल है, सांख्यिकीय गणना और तुलनात्मक पद्धति से स्वरूपित होती है। पर सांख्यिकीय गणना अपने-आप में कोई लेखकीय कौशल नहीं है। वास्तव में इसके कौशल विचलन (deviation) विपथन (deflection) समांतरता (parallelism) और विरलता (rarity) के अभिलक्षण हैं, जिनके रेखांकन के लिए तुलनात्मकता की पद्धति लागू की जाती है।

2.4.1.4. अग्रप्रस्तुति : आधार-तत्त्व (Postulates)

अग्रप्रस्तुति के आधार-तत्त्वों के अंतर्गत कुछ चरों (Variables) को लिया जाता है। इन्हें साहित्यिक पाठों में अग्रप्रस्तुति के प्राचल के बतौर अथवा अग्रप्रस्तुति को ठीक रूप में रेखांकित करने की दृष्टि से व्यवहृत किया जाता है। अग्रप्रस्तुति के ये अधार-तत्त्व क्रमश: 2.4.1.4.1 स्मरणीयता (Memorability), 2.4.1.4.2. असाधारण प्रभावशीलता (Strikingness), 2.4.1.4.3 महत्त्वपूर्णता (Importance) और 2.4.1.4. 4 विमर्श-मूल्य (Discussion-Value) हैं।

2.4.1.4.1 स्मरणीयता (Memorability)

स्मरणीयता एक प्रकार का अग्रप्रस्तुत प्रभाव है।[2] इसे अग्रप्रस्तुति के प्रथम आधार तत्त्व के रूप में स्वीकार किया गया है। इसके मूल में 'अग्रप्रस्तुति' के समांतर 'वान रेस्टॉर्फ इफेक्ट' (VAN RESTOREFF EFFECT) का प्रभाव सृजित करने वाला सिद्धांत सक्रिय है। कीले (KEELE) ने अपने आलेख 'अटेंशन ऐंड ह्यूमन पर्फार्मेंस' (1973) में इस प्रभाव की प्रकृति और पहचान पर विस्तार से विचार किया है। इस सिद्धांत के

---

1. एम0ए0के0 हैलीडे, पूर्व आलेख, पूर्व सम्पादित कृति, सम्पा0 सेमूर चैटमैन, पृष्ठ 345
2. एस0डब्ल्यू0 कीले, 'अटेंशन ऐंड ह्यूमन पर्फार्मेंस', पैसिफिक पेलिसेड्स (कैलीफोर्निया : गुड ईयर कंपनी, 1973), पृष्ठ 36-38

अनुसार चालू रंग से हटकर दूसरे रंग में लिखे गये शब्द अथवा पूर्व व्यवहृत आकार/टाइप से अलग दूसरे आकार/टाइप में मुद्रित शब्द अथवा किसी पाठ की सामान्य प्रस्तुति के विपरीत उससे विचलित रूप में प्रस्तुत किये गये शब्द सामान्य रूप में प्रस्तुत सहयोगी शब्दों की अपेक्षा अधिक स्मरणीय होते हैं। इनको स्मरण रखने में अपेक्षाकृत आसानी होती है। वान रेस्टोर्फ के प्रयोग वाले शब्दों की ही तरह साहित्यिक पाठ में भी कोई भी चरण या अनुच्छेद अथवा कोई भी भाषिक एकक अपने चालू संदर्भ से भिन्नता दिखाकर याद हो जाता है। यही कारण है कि किसी भी पाठ के किसी भी अग्रप्रस्तुत भाषिक अंश में सामान्य भाषिक अंश की अपेक्षा पाठकों द्वारा याद कर लिये जाने की सहज क्षमता मानी जाती है। प्रयोग और सांख्यिकी दोनों के द्वारा इस पर प्रामाणिकता की मुहर लगायी जा चुकी है। अतः अग्रप्रस्तुति का यह पहला महत्त्वपूर्ण आधार-तत्त्व है कि अग्रप्रस्तुत भाषिक एकक पाठकों के स्मरण में बस जाएंगे। दूसरे शब्दों में पाठक पाठ के पृष्ठप्रस्तुत भाषिक अंशों और एककों की अपेक्षा अग्रप्रस्तुत अंशों और एककों को अधिक सरलता, शुद्धता और परिपूर्णता से स्मरण कर लेगा। इससे यह निष्कर्ष निकलता है कि पाठ के जो अंश अथवा एकक स्मरण में बस जाते हैं अथवा सरलता से स्मरण हो जाते हैं वे अंश अथवा एकक साभिप्राय अग्रप्रस्तुत एकक होते हैं। इसी दृष्टि से इसे पहला आधार तत्त्व-माना गया है।

2.4.1.4.2 असाधारण प्रभावशालिता (Strikingness)

यह 'अग्रप्रस्तुति' का दूसरा आधार-तत्त्व है। प्राय: किसी भी पाठ में उसके जो भी भाषिक एकक या अंश अ-परिचयीकृत अथवा स्वचलेतर रूप में उभरते या वैचित्र्य की सृष्टि करते हुए अग्रप्रस्तुत हो उठते हैं वे अपनी असाधारणता के कारण ही पाठकों को प्रभावित करते और उनका ध्यान आकृष्ट करते हैं। इस दृष्टि से 'अग्रप्रस्तुति' के मुख्य आयामों को उभारने में 'असाधारण प्रभावशीलता' अच्छी तरह समर्थ है। वास्तव में किसी भी पाठ में जो भी भाषिक अंश अग्रप्रस्तुत होता है वह असाधारण, अप्रत्याशित, विलक्षण, विरल आदि होता ही है। पर इन सारे पदों की तुलना में 'अग्रप्रस्तुति' के दूसरे आधार-तत्त्व के रूप में 'असाधारण प्रभावशीलता' जैसे पद की अवधारणा अधिक समीचीन है। इस पद में एक ओर प्रकृतिगत तटस्थता है, तो दूसरी ओर पाठक-वर्ग की व्यापकता भी। यह पद 'विलक्षण', 'अनोखे' जैसे पदों की तुलना में वैयक्तिक मूल्य-पद्धति के प्रति कहीं कम परजीवी भी है। वस्तुस्थिति यह है कि आधार-तत्त्व जहाँ अग्रप्रस्तुति की अग्रवर्ती, प्रमुख विशेषता को उजागर करता है, वहीं पाठकों को अपनी पाठकीय अनुक्रिया में सही अनुपात तक वैयक्तिकता के लिए अनुमत भी कर देता है। इस आधार-तत्त्व के अंतर्गत पाठक किसी भी साहित्यिक पाठ के ऐसे सर्वाधिक असाधारण, प्रभावशाली एकक या अंश को अपनी दृष्टि से निर्दिष्ट कर सकता है। कहना न होगा कि ये अंश अग्रप्रस्तुत पाठ के ही अंश होंगे, पृष्ठप्रस्तुत अथवा सामान्य पाठ के नहीं। इस प्रकार यह आधार-तत्त्व पृष्ठप्रस्तुत भाषिक अंशों

या एककों से अग्रप्रस्तुत भाषिक अंशों या एककों को सहज ही अलगा देता है, जहाँ यह अंतर सांख्यिकी और साभिप्रायता दोनें ही दृष्टियों से महत्त्वपूर्ण हो उठता है।

2.4.1.4.3 महत्त्वपूर्णता (Importance)

'महत्वपूर्णता' का आधार-तत्त्व यह स्पष्ट करता है कि किसी भी अग्रप्रस्तुत भाषिक अंश या एकक को अपने-आप में महत्त्वपूर्ण होना चाहिए। इसीलिए अग्रप्रस्तुति के पूर्व आधार-तत्त्वों की अपेक्षा इसे अधिक संज्ञानात्मक रूप में अभिविन्यस्त माप के रूप में देखा गया है। वास्तव में किसी पाठ के साकल्यपूर्ण निर्वचन में 'अग्रप्रस्तुति' जिस रूप में योगदान करती है, उसकी पड़ताल करने के क्रम में 'महत्वपूर्णता' के प्राचल को प्रस्तावित किया गया है। यहाँ यह माना गया है कि अग्रप्रस्तुत अंश को पाठ के निर्वचन में सबसे अधिक प्रमुख रूप में उपस्थित होना चाहिए। इस तथ्य को, जांच कर रहे सूचकों (informats) की 'महत्वपूर्णता' जैसे आधार-तत्त्व के प्रति व्यक्त प्रतिक्रिया के द्वारा भी परीक्षित किया जा चुका है। कहना न होगा कि यहाँ पाठकों से यह प्रत्याशा रखी जाती है कि वे सामान्य या पृष्ठप्रस्तुत पाठीय अंश या एकक की अपेक्षा अग्रप्रस्तुत अंश को अधिक महत्त्वपूर्ण रूप में निर्दिष्ट करेंगे। इस प्रकार यदि कोई किसी विशेष पाठ के अग्रप्रस्तुत अभिलक्षणों का उर्ध्वाधर-क्रम प्रस्तुत करता है तब अग्रप्रस्तुति के अनुपात को जाहिर करने वाले सांतत्यकों के साथ एककों की व्यवस्था में महत्त्वपूर्णता जैसा आधार-तत्त्व पाठकीय प्रत्यक्ष में उभर आता है। इस प्रकार इस आधार-तत्त्व से यह स्पष्ट हो जाता है कि पाठ के विश्लेषक पूरे पाठ के विभिन्न भागों में स्थित महत्वपूर्णता के मापक्रम के स्तर-भेद से सहमत होते हैं, साथ ही उनका औसत श्रेणीक्रम पाठ के शैली-विश्लेषण से रेखांकित अग्रप्रस्तुत तत्त्वों की ऊर्ध्वाधरता से मेल खाता है। स्पष्ट है कि अग्रप्रस्तुत अंश सामान्य अंश या पृष्ठप्रस्तुत अंश की अपेक्षा महत्वपूर्ण होते हैं। पर इनकी महत्वपूर्णता का कारण इन्हीं में स्थित होता है।

2.4.1.4.4 विमर्श–मूल्य (Discussion-Value)

यह आधार-तत्त्व यह स्पष्ट करता है कि किसी भी पाठ के अग्रप्रस्तुत भाषिक अंश या एकक में कहीं-अधिक विमर्श-मूल्य विद्यमान होता है, जबकि सामान्य पृष्ठप्रस्तुत भाषिक अंश में विमर्श-मूल्य बहुत कम अनुपात में प्राप्त होता है। इस प्रकार इस आधार-तत्त्व के अनुसार किसी भी पाठ के अग्रप्रस्तुत भाषिक अंश वे ठहरते हैं, जो टिप्पणी, विमर्श, व्याख्या और विश्लेषण की अपेक्षा रखते हैं। उदाहरण के लिए 'कामायनी' के 'लज्जा' सर्ग की निम्नलिखित प्रोक्ति को लें-

"नारी तुम केवल श्रद्धा हो
विश्वास-रजत नग पग तल में।
पीयूष-स्रोत सी बहा करो
जीवन के सुंदर समतल में।।"

यह प्रोक्ति कई कारणों से अग्रप्रस्तुत है। इनमें अर्थ-स्तर का अस्वीकार्य विचलन

सर्वोपरि है। इसके उप अभिलक्षणों में यहाँ रूपक और उपमा अलंकार की सक्रियता है। पर यह प्रोक्ति इन अभिलक्षणों का चामत्कारिक समुच्चय-मात्र नही है, अपितु इसमें विमर्श-मूल्य केंद्रित है। 'नारी' को 'श्रद्धा' और 'पुरुष' को 'विश्वास' मानते हुए उनकी परस्पर-निर्भरता को रेखांकित करना तथा 'नारी' की समर्पणमयी, संजीवनी भूमिका को जीवन के सुंदर समतल में उजागर करना ऐसे तथ्य हैं, जो विश्लेषण, व्याख्या, टिप्पणी और विमर्श-मूल्य की सविस्तर अपेक्षा रखते हैं।

निष्कर्षतः स्पष्ट होता है कि 'अग्रप्रस्तुति' केवल अपने घटक-तत्वों या अभिलक्षणों के द्वारा चामत्कारिक रूप में सृजित नहीं हो जाती है, अपितु स्मरणीयता, असाधारण प्रभावशालिता, महत्वपूर्णता और विमर्श-मूल्य से भरकर साभिप्राय रूप में उपस्थित होती है। 'अग्रप्रस्तुति' के ये चारों आधार-तत्व जहाँ उसकी सार्थकता और साभिप्रायता को निर्दिष्ट करते हैं, वहीं 'अग्रप्रस्तुति' को पाठक की सहज भावन-प्रक्रिया से जोड़कर प्रस्तुत करते हैं।

2.4.1.5 अग्रप्रस्तुति : प्रत्यालोचन

रोजर फाउलर ने 'अग्रप्रस्तुति' की अवधारणा में मुकारोव्स्की और याकोब्सन की सूझ को गंभीर और रचनात्मक मानते हुए भी उनके तर्कों की सामान्य सोद्देश्यता से अपनी असहमति दिखायी है तथा 'अग्रप्रस्तुति' की काव्यात्मक अवधारणा अथवा साहित्य-संदर्भित अवधारणा की आलोचना की है।

फाउलर के अनुसार "वें दोनों" यह दावा करते हैं कि अग्रप्रस्तुति और/या समांतरता काव्यभाषा की ऐसी विशिष्ट गुणवत्ताएं हैं जो इसे सामान्य भाषा से अलगाती हैं। पर मैं दृढ़तापूर्वक कहता हूं कि काव्य-भाषा कोई वास्तविक, सुनिश्चित सत्ता नहीं है, बल्कि यह प्रकाशन, समीक्षण, आलोचन, सिद्धांत-निरूपण और अध्यापन के रूप में साहित्य-व्यापार के द्वारा प्रस्तुत एक काल्पनिक अवधारणा है।"[1] फाउलर की दृष्टि में 'अग्रप्रस्तुति' और 'समांतरता' उन असंख्य भाषिक तकनीकों का आधार है, जिनके जरिये 'पाठ' 'प्रोक्ति' में गठित होता है। आधुनिक साहित्य में यद्यपि कुछ प्रभावी शैलियां इन तकनीकों पर बेतरह निर्भर करती हैं, पर साहित्य के अलावा दूसरे प्रकार की प्रोक्तियों में भी इनका व्यापक व्यवहार पाया जाता है। उदाहरण के लिए विज्ञापन, राजनीतिक वाग्मिता, नियम और अधिनियम, अदालती पूछताछ आदि को लिया जा सकता है।

फाउलर इस संदर्भ में मुकारोव्स्की और याकोब्सन की मान्यता को उद्धृत करता है, फिर उन मान्यताओं पर अपनी टिप्पणी प्रस्तुत करता है :

---

1. रोजर फाउलर, 'एक्स्ट्रा स्ट्रक्चर, एक्स्ट्रा मीनिंग', लिंग्विस्टिक क्रिटिसिज्म (लंडन : ऑक्सफोर्ड यूनिवर्सिटी प्रेस, 1986), पृष्ठ 72

मुकारोव्स्की की मान्यता : "यह (अग्रप्रस्तुति) संप्रेषण की तामील के लिए व्यवहृत नहीं होती, बल्कि अभिव्यक्ति-कर्म को, स्वतः भाषिक कर्म को अग्रप्रस्तुत करने के क्रम में व्यवहृत होती है।"[1]

याकोब्सन की मान्यता : "संदेश के प्रति अभिव्यक्ति उसी रूप में संदेश को अपने निमित्त संकेद्रित करती है। यह भाषा का काव्यात्मक प्रकार्य है। यह प्रकार्य संकेतों की इंद्रिय-गोचरता को समर्थित करने के द्वारा संकेतों (signs) और वस्तुओं (objects) के बुनियादी द्विभागीकरण को गहराता है"।[2]

उपर्युक्त दोनों उद्धरणों पर टिप्पणी करते हुए रोजर फाउलर का कहना है कि इन दोनों विचारकों की दृष्टि में साहित्य की भाषा में पाठकों का ध्यान उसके रचनात्मक कौशलों के प्रति आकर्षित होता है। यहाँ संसक्ति (cohesion) या सन्निधान (collocation) केवल संप्रेषण को दी जाने वाली सहायता के बतौर अपना प्रकार्य संपादित नहीं करते, बल्कि 'अग्रप्रस्तुति के तहत स्वतः स्वतंत्र रूप में ध्यानाकर्षण का पैटर्न बन जाते हैं। यहाँ संकेत इंद्रियगोचर हो उठते हैं। जबकि इनसे निर्दिष्ट वस्तुएं गौण महत्त्व प्राप्त कर पृष्ठभूमि में चली जाती हैं। यहाँ माध्यम अर्थ की अपेक्षा अधिक प्रमुख हो उठता है और मुकारोव्स्की तथा याकोब्सन का यह सिद्धांत सामान्य संप्रेषण की प्राथमिकताओं के विपरीत चला जाता है।"[3]

फाउलर 'अग्रप्रस्तुत' अथवा 'अपरिचयीकरण' वाले संप्रेषण को, बिना इस भेद-भाव के कि वह साहित्य-क्षेत्रीय है या सामान्य-क्षेत्रीय एक ऐसी प्रोक्ति मानता है-जिसमें कुछ निश्चित पाठीय संरचनाएं (असंख्य विविधताओं-भरी) अपनी असामान्य नियमितता (अग्रप्रस्तुति) के कारण प्रमुख बन गयी होती हैं। फाउलर इस संदर्भ में किसी भी प्रकार के ऐसे सामान्य नियम को निरूपित करने की आत्यन्तिक कठिनाई का उल्लेख करता है, जिससे संरचनाओं की आवृत्ति और पुनरावृत्ति के उस स्तर को रेखांकित किया जा सके, जहाँ अग्रप्रस्तुति जन्म ले पाती है, क्योंकि ऐसी कोई भी विशिष्ट संरचना जो प्रमुख रूप में दीख पड़ती है वास्तव में उस प्रोक्ति-संदर्भ पर निर्भर करती है जिसमें वह उपस्थित होती है। फाउलर के अनुसार अग्रप्रस्तुति अपने प्रयोजन

---

1. जे० मुकारोव्स्की, 'स्टैंडर्ड लैंग्वेज ऐंड पोयटिक लैंग्वेज', प्राग स्कूल रीडर ऑन एस्थेटिक्स : लिटॅरेरी स्ट्रक्चर ऐंड स्टाइल, अनु० पॉल एल० गार्विन (वाशिंगटन : जॉर्ज टाउन यूनिवर्सिटी प्रेस, 1964), पृष्ठ 19
2. रोमन याकोब्सन 'क्लोजिंग स्टेटमेंट : लिंग्विस्टिक्स ऐंड पोयटिक्स', स्टाइल इन लैंग्वेज, संपा० थॉमस ए० सिबियोक (केम्ब्रिज, मैस : एम०आई०टी० प्रेस, 1960), पृष्ठ
3. रोजर फाउलर, 'एक्स्ट्रा स्ट्रक्चर, एक्स्ट्रा मीनिंग', लिंग्विस्टिक क्रिटिसिज्म (ऑक्सफोर्ड : ऑक्सफोर्ड यूनिवर्सिटी प्रेस, 1986), पृष्ठ 73

और प्रकार्य के विषय में (यह तथ्य ध्यातव्य है कि) जो भी बोधात्मक प्रमुखता प्रस्तुत करती है वह अपने लिए अभिव्यक्ति-माध्यम की भौतिक प्रमुखता (भर) नहीं होती है, बल्कि वह एक ऐसी प्रोक्ति-संरचना होती है जो निर्वचन को आमंत्रित करने वाली होती है। यह साभिप्रायता प्रतिज्ञप्तिमूलक अर्थ के अतिरिक्त उपस्थित होती है। फाउलर की दृष्टि में मुकारोव्स्की की अग्रप्रस्तुति को श्क्लोव्स्की के 'बाधक प्रत्यक्षीकरण' (Inpeding perception) के बतौर देखा जा सकता है। इसमें अवबोध और वाचन की प्रक्रिया के बीच जो बाधा डालता है वह 'भाषिक' तकनीक है।

वस्तुतः फाउलर ने अग्रप्रस्तुति और काव्यात्मक प्रकार्य-विषयक मुकारोव्स्की और याकोब्सन की मान्यताओं का जिस आधार पर खंडन कर अपने नये सिद्धांत को (काव्यभाषा और सामान्य भाषा की एकता के सिद्धांत को) प्रस्तावित करने का प्रयत्न किया है वह असंगत है। मुकारोव्स्की जब संकेत को संप्रेषण के लिए व्यवहृत नहीं मानकर स्वयं अपने लिए व्यवहृत और अभिव्यक्ति-कर्म को अग्रप्रस्तुत करने वाला मानता है या याकोब्सन जब संकेत को इंद्रियगोचर और अभिव्यक्ति को संदेश को अपने निमित्त संकेंद्रित करने वाली मानता है तब वैसे ही ये दोनों साभिप्रायता की बात करने लगते हैं, क्योंकि ये रेखीय सांप्रेषणिक अर्थ को नकारते हैं। बह्वर्थता और अर्थ-विच्छित्ति जो साभिप्रायता के अंग हैं, रेखीय, मोटी साम्प्रेषणिकता के नकार-अस्वीकार से ही उभरती है। ऐसे में फाउलर को अधिक-से-अधिक इस बिंदु को और उभारने का श्रेय तो अवश्य प्राप्त हो जाता है, पर अग्रप्रस्तुति की काव्यात्मक सत्ता को नकारने और इसकी भ्रांत व्याख्या करने की उसकी पक्षधरता उभरकर हमारे सामने आ जाती है। कहना न होगा कि ऐसा उसने ब्रितानी दृष्टिकोण से अग्रप्रस्तुति का खंडन करने के लिए ही किया है। फाउलर की कठिनाई यह भी है कि वह मुकारोव्सकी द्वारा सामान्य-क्षेत्रीय अग्रप्रस्तुति और साहित्य-क्षेत्रीय अग्रप्रस्तुति के बीच किये गये अंतर को नजरअंदाज कर देता है। दूसरे, वह अभिव्यक्ति-कर्म या भाषिक कर्म की अग्रप्रस्तुति का निषेध कर समाज-भाषिक दृष्टि से सामान्य भाषा और साहित्य-भाषा की एकता को प्रतिपादित करने वाले अपने सिद्धांत को उपस्थित करने का फतवा भी दे डालता है।

कहना होगा कि फाउलर का उक्त दृष्टिकोण बुरी तरह पूर्वग्रस्त है। वह न तो मुकारोव्स्की के 'being used for its own sake' वाले कथन को पूरे संदर्भ में देखना चाहता है, न ही अभिव्यक्ति-कर्म के, स्वतः भाषिक कर्म के अग्रप्रस्तुत हो उठने, का सही अर्थ ग्रहण करना चाहता है और न मुकारोव्स्की द्वारा सामान्य भाषा की अग्रप्रस्तुति और काव्यभाषा की अग्रप्रस्तुति के बीच किये गये अंतर को समझना चाहता है। इसी प्रकार वह याकोब्सन द्वारा उल्लिखित 'संदेश को अपने निमित्त संकेंद्रित करने' और 'संकेतों' की इंद्रियगोचरता (palpability of sign) को समर्थित करने का अर्थ भी ग्रहण

करना नहीं चाहता है। इस संदर्भ में याकोब्सन के द्वारा 1933 के आलेख 'Co je poesie' में किया गया स्पष्टीकरण अच्छी तरह ध्यान देने योग्य है-

"The function of poetry is to point out that the sign is not identical with its referent, why do we need this reminder? Because, alongwith the awareness of the identity of the sign and the referent (A is A_1), we need the consciousness of the inadequacy of this identity (A is not A_1), this antinomy is essential, since without it the connection between the sign and the object becomes automatized and the perception of reality withers away"[1]

इसको पढ़ने के साथ ही फाउलर का 'अर्थ' की जगह माध्यम के प्रमुख हो उठने' का आरोप अपने-आप दम तोड़ देता है। फउलर ने तो मुकारोव्स्की और याकोब्सन की मान्यताओं के अर्थायन का द्वार बंद करते हुए भ्रांत आरोप की मायिक सृष्टि करने का कूटनीतिक प्रयास किया है। पर यहाँ कोई भी प्रबुद्ध पाठक उसे उसके ही तर्क से परास्त कर दे सकता है। इसी मुद्दे पर विन्फ्रेड नॉथ याकोब्सन के उक्त कथन के चालीस वर्षों बाद पुन: यह स्वीकार करता है कि , " The normal function of a sign is to denote something beyond itself. The sign is not identical with its referent. In contradistinction, the `focus on the message for its own sake,' which characterizes the poetic sign, means that the poetic sign is identical with its referent."[2].

अपने यहाँ भी 'शब्दार्थ-स्पर्धा' से प्रस्फुट होने वाली 'विच्छित्ति' या 'छाया-व्यतिकर' या 'अशेष नवता' की जो बात कही गयी है वह 'अभिव्यक्ति-कर्म, भाषिक कर्म' के अग्रप्रस्तुत हो उठने या 'संकेतों की इंद्रियगोचरता' से समर्थित होने पर ही संभव हो पाता है। आचार्य रामचंद्र शुक्ल ने जो कविता में 'अर्थ' की जगह 'बिंब' को महत्त्व दिया है वह मुकारोव्स्की और याकोब्सन की काव्यभाषिक संकेत-विषयक अग्रप्रस्तुति की अवधारणा से मेल खाता है।

इस प्रकार मुकारोव्स्की और याकोब्सन द्वारा क्रमश: विवेचित 'अग्रप्रस्तुति' और उसके अभिलक्षण 'समांतरता' में 'अर्थ' की जगह 'माध्यम' प्रमुख नहीं होता, बल्कि 'अर्थ-विच्छित्ति' और 'साभिप्रायता' की ही प्रमुखता रहती है। यही कारण है कि भाषा के सौंदर्यात्मक-काव्यात्मक प्रकार्य में अग्रप्रस्तुत संकेत 'स्थायिता' और 'नि:शेषता' प्राप्त कर लेते हैं। इस तथ्य को 'प्राग लिंग्विस्टिक सर्किल' ने अपने आंशिक मैनिफेस्टो'

---

1. रोमन याकोब्सन, 'को जी पोसी', वोल्ले स्मॅरी (प्राग 1933-34 अंक), पृष्ठ 229
2. विन्फ्रेड नॉथ, 'द सिमिओटिक फ्रेमवर्क ऑव टेक्स्ट लिंग्विस्टिक्स', करेंट ट्रेंड्ज इन लिंग्विस्टिक्स, संपा० वूल्फगैंग ई० ड्रेसलर (न्यूयार्क : वाल्टर डी ग्रूटर, 1978), पृष्ठ 31

में ही उजागर कर दिया था कि "केवल कविता हमें पूरेपन में वचन-कर्म के अनुभावन के योग्य बनाती है। वह भाषा को हमारे लिए बनी-बनायी, स्थिर व्यवस्था के रूप में नहीं, बल्कि सर्जनात्मक ऊर्जा के रूप में उद्‌घाटित करती है।"[1] यही नहीं, स्वयं मुकारोव्स्की ने भी यह घोषित कर रखा था कि "कलाकृति में , बाहरी दुनिया के प्रति नातेदारी में प्रत्येक वस्तु को संकेत और उसकी अर्थवत्ता के बतौर विवेचित किया जा सकता है।"[2] ऐसे में 'अर्थवत्ता' की जगह 'माध्यम' के प्रमुख हो उठने का निस्सार आरोप अपने-आप खंडित हो जाता है।

2.4.1.6 अग्रप्रस्तुति-प्रतिमान : अभिलक्षण-निर्देश

'अग्रप्रस्तुति' प्रतिमान को प्रतिमान के रूप में भारत में पाण्डेय शशिभूषण 'शीतांशु' ने 1984 में तथा पश्चिम में वान पिअर ने 1986 में स्थापित किया। 1984 और 1986 क्रमशः उक्त दोनों विद्वानों की स्थापनाओं के लोकार्पित होने के वर्ष हैं, जिनमें इस प्रतिमान को सैद्धांतिक और आनुप्रायोगिक दोनों रूपों में विवेचित करने वाली दोनों की कृतियां प्रकाशित हुईं।[3] पर 'शीतांशु' ने इससे पांच वर्ष पूर्व गुरुनानक देव विश्वविद्यालय के 'स्कूल ऑव पंजाबी स्टडीज' द्वारा 9 मई 79 को आयोजित राष्ट्रीय सेमिनार में 'साहित्यालोचन अते शैलीविज्ञान : रचना दी समझ दे बाधे दा इक होर आयाम' शीर्षक जो अपना शोधालेख पढा था उसमें ही उसने अग्रप्रस्तुति को प्रतिमान के रूप में स्थापित कर दिया था। 1980 में उसका यह शोध-आलेख लुधियाना से निकलने वाली पंजाबी शोध-पत्रिका 'आलोचना' में भी प्रकाशित हुआ।[4] इस स्थापित प्रतिमान के आधार पर 'शीतांशु' के निर्देशन में 'कामायनी' नामक एम0फिल शोध छात्रा ने 1979-80 सत्र में 'शैलीविज्ञान में अवधारणा-आधारित अग्रप्रस्तुति प्रतिमान : सिद्धांत और विश्लेषण (कनुप्रिया' के संदर्भ में)' शीर्षक अपना शोध-प्रबंध प्रस्तुत कर 1981 में एम0फिल0

---

1. स्लावो अ स्लोवेस्नास्त-1. (1935), 5
2. मुकारोव्स्की, 'द सेस्केम् प्लेकलादू रक्लोवस्केहो तेयरी प्रोजी', सिन (बपद), VI, 1934, पृष्ठ 123
3. (क) पाण्डेय शशिभूषण शीतांशु, शैलीविज्ञान : प्रतिमान और विश्लेषण (दिल्ली : देवदार प्रकाशन, 1984), पृष्ठ 1-160

   (ख) विली वान पिअर, स्टायलिस्टिक्स ऐंड सायकोलॉजी : इनवेस्टिगेशंज ऑव फोरग्राउंडिंग (लंडन : क्रूमहेल्म, 1986), पृष्ठ 1-220
4. पाण्डेय शशिभूषण शीतांशु, 'साहित्यालोचन अते शैलीविज्ञान : रचना दी समझ दे वाधे दा इक होर आयाम', आलोचना (पंजाबी) (लुधियाना : पंजाबी साहित्य अकादमी, 1980), पृष्ठ

की उपाधि भी प्राप्त की।[1] वान पिअर ने भी 1980 में अग्रप्रस्तुति के सैद्धांतिक और आनुप्रायोगिक विवेचन पर लंकास्टर विश्वविद्यालय के भाषाविज्ञान विभाग से पी-एच0डी0 उपाधि प्राप्त की। 1986 में प्रकाशित उसकी पुस्तक इस प्रबंध का ही संशोधित रूप है, जबकि 1984 में प्रकाशित 'शीतांशु' की पुस्तक उसकी एक 'पी-एच0डी0-उत्तर' निरुपाधि शोध-पुस्तक है। 1984 में ही वान पिअर का एक शोधालेख - "Pulp and purpose : Stylistic analysis as an aid to a thory of texts"- "Tilburg papers in language & liturature" के पैंतालीसवें (45) अंक में प्रकाशित हुआ।

'अग्रप्रस्तुति' को साहित्य-सिद्धांत या प्रतिमान के रूप में विवेचित करने वाले ये ही दो ज्ञात शैलीविद् हैं। इनमें वान पिअर ने जहाँ अग्रप्रस्तुति के दो अभिलक्षणों-विचलन और समांतरता का विवेचन किया है वहाँ 'शीतांशु' ने अग्रप्रस्तुति' के चार अभिकरणों-विचलन, विपथन, समांतरता और विरलता का विवेचन किया है। वास्तव में पिअर के अभिलक्षण लीच वाले ही हैं। केटी वेल्स ने भी अपने 'अ डिक्शनरी ऑव स्टायलिस्टिक्स' में 'अग्रप्रस्तुति' के दो ही अभिलक्षण निर्दिष्ट किये हैं :

'Foregrounding is achieved by a variety of means, which are largely grouped under two main types : deviation or repetition, or paradigmatic and syntagmatic foregrounding respectively.[2]

पर शीतांशु की दृष्टि में कोई भी भाषिक एकक चार कारणों से अग्रप्रस्तुत हो सकता है : 1. व्याकरणिक मानक का साभिप्राय उल्लंघन, 2. पाठ के मानक का साभिप्राय उल्लंघन, 3. अतिरिक्त, अनपेक्षित नियमों का आरोपण और 4. उल्लंघन-आरोपण-इतर विरल सृजन। ये चारों कारण ही 'अग्रप्रस्तुति' के चार अभिलक्षणों-विचलन, विपथन, समांतरता और विरलता को निर्दिष्ट करते हैं।

इस संदर्भ में शीतांशु को अमरीकी शैलीविद् एस0आर0 लिविन द्वारा निर्दिष्ट विचलन के 'आंतर' और 'बाह्य' जैसे भेद स्वीकार नहीं है, न ही 'सांख्यिकीय' (stalistical) जैसा प्रभेद ही उसे मान्य है। पिअर ने यह स्पष्ट करने की चेष्टा की है कि सांख्यिकीय विचलन में 'विरलता' (Rarity) का समावेश संभव है तथा यह साक्ष्य दिया है[3] कि स्वयं मुकारोव्स्की ने भी ओर संकेत किया है - "It may by interesting to note that Mukarovsky (1977 : 48) has come to a similar conclusion, when claiming that not only 'marked' sentences, but also an excessive use of

1. कामायनी, शैलीविज्ञान में अवधारणा-आधारित अग्रप्रस्तुति प्रतिमान : सिद्धांत और विश्लेषण (कनुप्रिया' के संदर्भ में) (अमृतसर : गुरु नानक देव विश्वविद्यालय के भाषा-संकाय की एम0फिल0 उपाधि हेतु स्वीकृत प्रबंध, 1981), पृष्ठ 1
2. केटी वेल्स, डिक्शनरी ऑव स्टायलिस्टिक्स (लंडन : लौंगमैन, 1989), पृष्ठ 182
3. विली वान पिअर, 'द स्टेट ऑव द आर्ट', स्टायलिस्टिक्स ऐंड सायकोलॉजी : इनवेस्टिगेशंज ऑव फोरग्राउडिंग (लंडन : क्रूम हैल्म, 1986), पृष्ठ 18

"unmarked* sentence types could serve aesthetic purposes."[1] पर ध्यान देने योग्य तथ्य यह है कि यहाँ मुकारोवस्की ने अरेखांकित वाक्य-प्ररूपों के सर्वातिशायी प्रयोग की बात की है', 'विरलता' की नहीं। 'विरलता' न्यूनतम प्रयोग से सृजित होती है, सर्वातिशायी प्रयोग से नहीं, न ही उसका संबंध 'अरेखांकित' होने मात्र से होता है। मुकारोव्स्की का उक्त उद्धरण 'अरेखांकित' वाक्य-प्ररूपों के आवर्तन से सौंदर्यात्मक सोद्देश्यता की सिद्धि पर प्रकाश डालता है, न कि 'विरलता' की स्थिति पर। स्पष्ट है कि 'सांख्यिकी' एक पद्धति है, विचलन का प्रभेद नहीं और विरलता वहाँ उपस्थित होती है, जहाँ 'विचलन', 'विपथन' और 'समांतरता' की सक्रियता निश्शेष हो जाती है। 'शीतांशु' की आरंभ से ही यह मान्यता रही है कि "विचलन की अवधारणा को इतनी व्यापकता देना, जिससे 'विपथन' और 'विरलता' को (सांख्यिकीय तुलनात्मक विभेदकता के आधार पर) उसके अंतर्गत कर लिया जाए, उचित नहीं है, क्योंकि ये दोनों अवधारणाएं उसके प्रभेद-रूप में स्वरूपित नही होकर समांतर चलती है।"[2]

'अग्रप्रस्तुति' प्रतिमान के अभिलक्षण-निर्देश के क्रम में यह भी ध्यान देने योग्य है कि जिन शैलीचिंतकों ने 'विचलन' को व्यापक संकल्पना के रूप में लिया है उन्होंने उसके समांतर चलने वाली संकल्पनाओं को भी उसी के भेदोपभेद के रूप में निरूपित कर दिया है। ऐसे शैलीचिंतकों में एस0आर0 लिविन और ज्योफ्री एन0 लीच प्रमुख हैं। लिविन ने 'अग्रप्रस्तुति' पर अलग से पिचार नहीं किया है। उसने 'युग्मन' (Coupling) और 'विचलन' (deviation) पर विचार किया है। अतः स्वाभाविक है कि वह 'विचलन' को व्यापक रूप में विवेचित-प्रतिष्ठित करे। पर लीच 'अग्रप्रस्तुति' पर विचार करता है। 'अग्रप्रस्तुति'-विषयक उसकी पहली मीमांसा 1966 में प्रकाशित 'Linguistics and Figures of Speech शीर्षक आलेख[3] में देखने को मिलती है। यहाँ उसने 'अग्रप्रस्तुति' के दो प्रभेद किये हैं-1. विन्यासक्रमी (syntagmatic) अग्रप्रस्तुति' और 2. विकल्पक्रमी (paradigmatic) अग्रप्रस्तुति। उसके ये दोनों प्रभेद ही क्रमशः समांतरता' (Parallelism) और 'विचलन' (Deviation) हैं। इस संदर्भ में उसकी दूसरी विवेचना 1969 में उसकी प्रकाशित पुस्तक 'A Linguistic Guide to English Poetry'' में

---

1. जे0 मुकारोव्स्की, 'द वर्ड ऐंड वर्बल आर्ट', सिलेक्टिड एसेज (येल : येल यूनिवर्सिटी प्रेस, 1977), पृष्ठ 48
2. पाण्डेय शशिभूषण 'शीतांशु', शैलीविज्ञान : प्रतिमान और विश्लेषण (दिल्ली : देवदार प्रकाशन, 1984), पृष्ठ 32
3. जी0एन0 लीच, 'लिंग्विस्टिक्स ऐंड फिगर्ज ॲव रेटोरिक', एसेज ऑन स्टाइल ऐंड लैंग्वेज, सम्पा0 रोजर फाउलर (लंडन : रूटलेज ऐंड कीगेन पॉल, 1966, पुनर्मुद्रन, 1979), पृष्ठ 146

प्राप्त होती है। यहाँ 'अग्रप्रस्तुति'-विषयक उसका विवेचन पूर्ववत् सुपरिचित नही है। यहाँ वह 'अग्रप्रस्तुति' के अभिलक्षण-अभिकरण-प्रारूप के बतौर 'विचलन' और 'समांतरता' को विवेचित नहीं कर पाता है। अपनी इस पुस्तक में जहाँ वह तीसरे अध्याय में 'Varition of Poetic Licence' शीर्षक के अंतर्गत 'विचलन' पर विचार करता है, वहीं चौथे अध्याय में 'Foregrounding and Interpretation' पर और पांचवें अध्याय में 'Repetition and Parallelism' पर।[1] इससे यह भ्रांति (?) सृजित होती है कि उसके लिए 'विचलन' और 'समांतरता' 'अग्रप्रस्तुति' की अवधारणा में समाविष्ट नहीं है, अपितु ये तीनों उसके लिए सहवर्तिनी अवधारणाएं हैं। इस प्रकार यहाँ वह 'अग्रप्रस्तुति' को एक आच्छादक पद (Umbrella Term) के रूप में प्रस्तुत नहीं कर पाता है।

'अग्रप्रस्तुति' के विषय में उसकी तीसरी विचारणा उसके 'STYLISTICS'[2] आलेख में प्राप्त होती है। यह आलेख 1985 में टी0ए0 फाइन डिज्क द्वारा संपादित Discourse and Literature में संकलित है। इस आलेख में लीच यद्यपि 'अग्रप्रस्तुति' का उल्लेख और विवेचन तो करता है, पर वह 'विचलन' को प्रतिमान के रूप में स्थापित कर देता है :

"Deviation provides us with a working criterion (though not an exclusive criterion) for the selection of those linguistic features which are of literary significance.[3]

यहां दूसरा द्रष्टव्य तथ्य यह है कि वह 'विचलन' के अंतर्गत 'समांतरता' को भी अंतर्भुक्त कर देता है :

"Primary deviation takes two main forms :

(a) When the language allows a choice, the poet goes outside the normally occurring range of choice and

(b) when the language, allows a choice, the same item in successive position."[4]

ऊपर 'b' के अंतर्गत वह जिस प्रकार के 'विचलन' की व्याख्या की व्याख्या करता है वह मूलतः 'आवृत्तिमूलता समांतरता' ही है। 'शीतांशु' ने 1984 में ही इस

---

1. जी0एन0 जीच, अ लिंग्विस्टिक गाइड टु इंग्लिश पोयट्री (लंडन : लौंगमैन, 1969, चतुर्थ मुद्रण 1974), पृष्ठ 42-86
2. ज्योफ्री लीच, 'स्टायलिस्टिक्स', डिस्कोर्स ऐंड लिटॅरेचर, सम्पा0 फाइन डिज्क (एम्स्टर्डम : जॉन बेंजामिन्स पब्लिशिंग कम्पनी, 1985), पृष्ठ 39-57
3. ज्योफ्री लीच, 'स्टायलिस्टिक्स', डिस्कोर्स ऐंड लिटॅरेचर, संपा0 फाइन डिज्क (एम्स्टर्डम : जॉन बेंजामिन्स पब्लिशिंग कंपनी, 1985), पृष्ठ 45
4. वही

खतरे की ओर संकेत कर दिया था : "'विचलन' और 'विपथन' दोनों को विचलन की अवधारणा के प्रभेद-रूप में निरूपित करना समीचीन नहीं है। दोनों की अपनी-अपनी स्वरूपगत विशेषताएं हैं और दोनों के बीच पार्थक्य की स्पष्टता भी है। फिर भी समाहारी दृष्टिकोण के आत्यंतिक आग्रह के यहाँ अपने खतरे भी हैं। ऐसे में 'समांतरता' को भी हमें एक प्रकार का 'विचलन' मानना पड़ेगा।"[1]

लीच के द्वारा 'विचलन' के अंतर्गत 'समांतरता' को अंतर्भुक्त कर लेना ठीक वैसा ही है जैसे कुंतक ने 'वक्रोक्ति' के अंतर्गत अनुप्रासों और शब्दालंकारों को 'वर्ण-वक्रता' के रूप में समाविष्ट कर लिया था। यहाँ लीच 'अग्रप्रस्तुति' का विवेचन करता है, पर इसे वह प्रतिमान (model) में रूप में विवेचित नहीं कर प्रक्रिया (process) के रूप में विवेचित करता है। इसके लिए वह 'अग्रप्रस्तुति की समंजसता' (Coherence of Foregrounding) का उल्लेख करता है तथा इसके पुनः दो प्रभेद निरूपित करता है : 1. अग्रप्रस्तुति की संसक्ति (Cohesion of Foregrounding) और 2. अग्रप्रस्तुति की समनुरूपता (Congruence of Foregrounding)। पहले प्रभेद के अंतर्गत जहाँ पाठ के विभिन्न भागों मे उपस्थित होने वाले 'विचलन' पर विचार किया जाता है, वहाँ दूसरे के अंतर्गत विभिन्न भाषिक स्तरों पर उभरने वाले 'विचलन' पर विचार किया जाता है। निष्कर्ष यह कि 'अग्रप्रस्तुति' लीच के यहाँ प्रतिमान के रूप में प्रस्तावित-प्रतिष्ठापित नहीं हो पाती है। वह 'विचलन' को ही व्यापक संकल्पना के रूप में ग्रहण कर लेता है। अतः स्वाभाविक है कि वह 'समांतरता' का अंतर्भाव 'विचलन' में ही कर डाले।

'शीतांशु' 'अग्रप्रस्तुति' को व्यापक संकल्पना के रूप में ग्रहण करता है। उसके लिए 'अग्रप्रस्तुति' एक छत्रपद (Umbrella Term) है। इसके कारक तत्त्व अग्रप्रस्तुति के अभिलक्षण हैं। 'शीतांशु' के द्वारा स्थापित अभिलक्षणों पर विचार करते हुए हिंदी के शैली-चिंतक कृष्ण कुमार शर्मा ने लिखा था कि "डा0 'शीतांशु' ने 'विपथन' और 'विचलन' को दो पृथक् धारणाओं के लिए प्रयुक्त कर इनके प्रयोग को निश्चित बना दिया है। इस दृष्टि से 'विचलन' (deviation) सदैव ज्ञात मानक से ही होता है। यहाँ सामान्य गद्य-भाषा के मानक (Norm) से अतिक्रमण होता है। 'विपथन' (Deflection) में मानक रचनाकार द्वारा स्व-स्वीकृत है, उसी के द्वारा निर्धारित है। वह अपने द्वारा स्वीकृत और सुस्थिर मानक की प्रत्याशा से अतिक्रमण करता है। डा0 'शीतांशु' ने भाषा के सभी स्तरों पर 'विचलन' और 'विपथन' का सोदाहरण विवेचन किया है। अग्रप्रस्तुति के प्रकार के रूप में आलोचना में इसका सम्यक् प्रयोग उपादेय है। इस रूप में 'विरलता'

1. पाण्डेय शशिभूषण 'शीतांशु' 'कृति-पूर्वा', शैलीविज्ञान : प्रतिमान और विश्लेषण (दिल्ली : देवदार प्रकाशन, 1984), पृष्ठ 7

की पहचान डा0 'शीतांशु' की मौलिकता है।''[1] 'शीतांशु' के आधार पर ही हिंदी में अन्यत्र भी 'अग्रप्रस्तुति' के चार अंगों का उल्लेख किया गया है : 'अग्रप्रस्तुति के चार अंग है-1. विचलन (डिविएशन), 2. विपथन (डिफ्लेक्शन), 3. समांतरता (पैरलेलिज्म) और 4. विरलता (रेयरनेस)[2]''। कहना न होगा कि 'शीतांशु' की दृष्टि मे 'विचलन' की अपेक्षा 'अग्रप्रस्तुति' की संकल्पना कहीं-अधिक व्यापक है। 'विचलन' और 'विचलन'-सरीखे अन्यान्य अभिलक्षणों का अंतर्भाव 'अग्रप्रस्तुति' के अंतर्गत सहज संभाव्य है। पर 'अग्रप्रस्तुति' को विचलन' के अंतर्गत किसी भी रूप में समाविष्ट नहीं किया जा सकता है, न ही उसे 'अग्रप्रस्तुति' को पर्याय-रूप में प्रस्तुत किया जा सकता है। 'अग्रप्रस्तुति' रचनाकार की दृष्टि से उसकी सिसृक्षा या रचना-प्रक्रिया का 'परिणाम' है और भावक-पाठक की दृष्टि से उसकी पाठ-प्रक्रिया में प्राप्त होने वाला 'प्रभाव' है। अतः **'अग्रप्रस्तुति' एक ओर सिसृक्षा–आधारित प्रतिमान के रूप में उपस्थित होती है, तो दूसरी ओर पाठकीय सहयात्रा पर आधारित प्रतिमान के रूप में भी प्रस्तुत होती है। 'विचलन' न तो रचना–प्रक्रिया का 'परिणाम' है और न ही पाठ–प्रक्रिया का 'प्रभाव', बल्कि यह दोनों को उपस्थित करने वाला अभिलक्षण या कारक–तत्त्व है। अतः 'अग्रप्रस्तुति' प्रतिमान के अभिलक्षण के रूप में ही इसे ग्रहण करना उचित है।** हाँ, किसी भी अभिलक्षण का स्वरूप निर्धारित करने के लिए यह निश्चित कर लेना अधिक उपयुक्त होता है कि वह 'क्या है' और 'क्या नहीं' है। यदि इसे निकष मान लें तो 'विचलन' को 'विपथन' और 'समांतरता' तक विस्तारित करने की अनपेक्षित आवश्यकता नहीं होगी। 'विचलन' की साम्राज्यशाही प्रवृत्ति को विस्तार प्राप्त नहीं हो पाएगा। पर यदि शैली-मीमांसा के क्षेत्र में ऐसा होता भी है, तो इससे चिंतित होने की आवश्यकता नहीं है। अपने-अपने सिद्धांत और संप्रदाय के आग्रही चिंतक प्रायः बहुत व्यवस्थित सिद्धांत को भी अपने सिद्धात के अंतर्गत समाविष्ट करने का प्रयास आरंभ से ही करते आये हैं। संस्कृत काव्यशास्त्र का 'काव्यात्मा-प्रसंग' इसका प्रत्यक्ष दृष्टांत है।

निष्कर्षतः 'अग्रप्रस्तुति' एक व्यवस्थित और परीक्षित प्रतिमान है। इसके चार 'अभिलक्षण' है। ये चारों अभिलक्षण इसके 'घटक-तत्त्व' या 'अभिकरण' भी हैं। इनको कभी-कभी 'अग्रप्रस्तुति' का 'प्रकार' या 'अंग' भी कहा जाता है। आगे इनका क्रमशः विवेचन किया जा रहा है। इस विवेचन में 'अभिलक्षण' के विषय में पूर्व प्राप्त सारे विचारों, विवेचनों को प्रस्तुत करने के बाद उसकी ग्राह्य मीमांसा की गयी है। 'अग्रप्रस्तुति'

---

1. कृष्णकुमार शर्मा, 'शैलीविज्ञान : प्रतिमान और विश्लेषण' की समीक्षा, **भाषा** (नयी दिल्ली : केंद्रीय हिंदी निदेशालय, मार्च 1986), पृष्ठ 96
2. बच्चन सिंह, 'शैलीविज्ञान', भारतीय एवं पाश्चात्य काव्यशास्त्र का तुलनात्मक अध्ययन (चंडीगढ़ : हरियाणा साहित्य अकादमी, 1987), पृष्ठ 245-46

प्रतिमान के चारों अभिलक्षणों की यह ग्राह्य मीमांसा 'शीतांशु' की मान्यता के अनुरूप है।

2.4.1.6.1 विचलन

अग्रप्रस्तुति के पहले अभिलक्षण **विचलन (Deviation)** की मीमांसा 2.4.1.6.1.1 विचलन : अवधारणा, 2.4.1.6.1.2 विचलन : स्वरूप-निरूपण, 2.4.1.6.1.3 अव्याकरणिकता और अस्वीकार्यता, 2.4.1.6.1.4 व्यवहारवादी-संरचनावादी, 2.4.1.6.1.5 रूपांतरणवादी, 2.4.1.6.1.6 व्याकरणिकता का मापक्रम, 2.4.1.6.1.7 विचलित पाठ के वर्णन-रेखांकन की पद्धति, 2.4.1.6.1.8 विचलन : प्रकार-निरूपण और 2.4.1.6.1.9 विचलन: स्तर-स्पष्टीकरण जैसे शीर्षकों के अंतर्गत द्रष्टव्य है।

2.4.1.6.1.1 विचलन : अवधारणा : विचलन भाषा के मानक प्रयोग से किया जाने वाला अतिक्रमण, उल्लंघन या व्यतिक्रम है। जर्मनी में लियो स्पित्जर, चेकोस्लोवाकिया में मुकारोव्स्की, फ्रांस में पी0 गेरो तथा अमेरिका में चॉमस्की और एस0आर0 लिविन इस संकल्पना के समर्थक और हिमायती रहे हैं। विचलन की यह संकल्पना अपने विकसित-परिवर्धित स्वरूप में बीसवीं शती के तीसरे-चौथे दशक से सातवें दशक के बीच सुस्थापित हुई है।

'शैली' के अध्ययन के लिए 'विचलन' (Deviation) की संकल्पना महत्त्वपूर्ण है। इसका अनुप्रयोग व्यापक रूप में होता है। यह 'शैली' की परिभाषा से लेकर 'शैली' के अभिलक्षण और प्रतिमान तक में सक्रिय दीखने वाली संकल्पना है। इसका व्यवहार ऐसे भाषिक एकक को निर्दिष्ट करने के लिए किया जाता है, जो अव्याकरणिक अथवा अप-गठित होता है, साथ ही जो भाषा के नियम के समनुरूप प्रयुक्त नहीं हो पाता है। यद्यपि लीच और शॉर्ट जैसे शैलीविदों ने Deviation और Deviance जैसे पदों के बीच सूक्ष्म अंतर करने का प्रयत्न किया है, पर भाषाविज्ञान में ये दोनों ही पद प्रायः पर्याय के बतौर समानार्थक रूप में ही व्यवहृत हो रहे हैं।

मानक को सामान्य दिनचर्या में व्यवहृत होने वाले सामान्य वाचिक और लिखित भाषा-व्यवहार के आधार पर पहचाना जाता है और काव्यभाषा को इस मानक के अतिक्रमण के रूप में। पर ऐसी स्थिति में केवल मानक के अतिक्रमण या विचलन के रूप में काव्य-भाषा को रेखांकित करने के अपने खतरे भी हैं। तब प्रत्येक ऐसी समशील प्रोक्ति विचलन बन जाएगी और मानक सभी प्रोक्तियों का समुच्चय बन जाएगा। तोदोरोव का कहना है कि यह अस्पष्ट है कि हमें क्यों एक सामान्य भाषिक मानक की बात करनी चाहिए, क्योंकि भाषा तो वस्तुतः वह मिलन-स्थल है, जहाँ सैकड़ों मानक और सही अर्थ में मानकहीन मानक भी परस्पर मिलते हैं।[1]

---

1. तोदोरोव, 'द प्लेस ऑव स्टाइल इन स्ट्रक्चर', लिटॅरेरी स्टाइल : अ सिम्पोजियम, संपा0 सैमूर चैटमैन (लंडन : ऑक्सफोर्ड, 1977), पृष्ठ 31

मानक की पहचान तो एक विशिष्ट प्रकार की प्रोक्ति के सहारे भी की जा सकती है। इस दृष्टि से जीन कोहीन (Coheen) उन्नीसवीं शती के प्रतीकवादियों की कविताओं की तुलना उसी युग के विद्वान्-समीक्षाविदों के गद्य से करता है। निस्संदेह वहाँ दोनों में अंतर है। पर प्रश्न है कि आखिर ऐसा क्या है, जो हमें एक को मानक और दूसरे को उसका विचलन मानने के लिए अनुमत करता है। इतना ही नहीं, उक्त संदर्भ में यदि हम किसी तीसरे प्रकार की प्रोक्ति को लें, उदाहरण के लिए पत्रकारिता की प्रोक्ति को, तो पूर्व निर्दिष्ट दोनों ही प्रोक्तियां इससे विचलित दीखेंगी।

विवेच्य 'विचलन' की संकल्पना की मान्यता को लेकर समस्या उठायी गयी है। अंतर्हित शैलीविज्ञान के अनुयायी इस संकल्पना को इसलिए खारिज करना चाहते हैं, क्योंकि इसे एक मानक से तुलना की स्थिति में ही स्वरूपित किया जा सकता है और मानक प्रायः पाठ से बाहरी होता है। अतः वह चुनौती का आलंबन है। मुकारोव्स्की और ऐरो ने इस प्रकार के विचलन में विस्मय और अभिसूचन के तत्त्वों की प्रमुख भूमिका को महत्त्व दिया है। प्रश्न है कि क्या मानक एक पद्धति है या यह अधिकाधिक या सर्वाधिक बारंबारी संप्रयोगों का कुल योग है? पद्धति के रूप में इससे अतिक्रमण करने पर गुणात्मक विचलन उपस्थित होता है तथा संप्रयोग के स्तर पर आनुपातिक विचलन।

2.4.1.6.1.2 विचलन : स्वरूप–निरूपण : यदि यह मान लिया जाता है कि व्याकरण की रचना भाषा के व्याकरणिक वाक्यों को प्रजनित करने के लिए ही की जाती है तब विचलनगत तथ्यों को, संदिग्ध विचलनमूलकता को, व्याकरण से तुलना करते हुए स्पष्ट किया जा सकता है। विशेषतः इस तथ्य को स्थापित करते हुए कि विचलित वाक्य व्याकरण का स्वचालित परिणाम नहीं है। पर इस संदर्भ में शैलीविदों की मान्यता है कि यदि अभी हमारे साधन अपर्याप्त या अविकसित हैं, तो भी हमें विचलन की व्याख्या के संदर्भ में विचलन की कल्पना का त्याग नहीं करना चाहिए, बल्कि हमें अपनी तकनीकों को विचलन जैसी संकल्पना को व्याख्यायित करने की दिशा में और विकसित करना चाहिए, क्योंकि उसकी वास्तविकता और महत्ता उन व्याख्याओं की अपेक्षा निश्चय ही बड़ी है जिन्हें हम सुगमता से करने के अभ्यस्त हैं। तोदोरोव भाषा के व्याकरण को, मानक की संभावना को स्वीकार करता है, साथ ही इस मानक का अतिक्रमण करने वाले वाक्यों को विचलन-मूलक स्वीकार करता है।[1]

विचलन के मूलाधार–अव्याकरणिकता के विषय में सोल सपोर्टा ने यह प्रश्न उठाया है[2] कि आखिर यह किस तरह जाना जा सकता है कि कोई अनुक्रम व्याकरणिक न

1. डिस्कशंज ऑन तोदोरोव्स पेपर, लिटॅरेरी स्टाइल ऐंड सिंपोजियम, संपा0 सेमूर चैटमैन (लंडन: ऑक्सफोर्ड यूनिवर्सिटी प्रेस, 1973), पृष्ठ 41
2. सोल सपोर्टा, 'द एप्लिकेशन ऑव लिंग्विस्टिक्स टु द स्टडी ऑव पोयटिक लैंग्वेज', स्टाइल इन लैंग्वेज, सपा0 थामस ए0 सिबियोक (केम्ब्रिज : मस्साच्यूट्स, 1960), पृष्ठ 84

होकर अव्याकरणिक है। क्या केवल इसलिए कि कोई अनुक्रम कविता में उपस्थित हुआ है? फिर तो प्रश्न यह भी उठ सकता हैं कि यह कैसे जाना गया है कि यह कविता है? क्या केवल इसलिए कि वहीं एक अव्याकरणिक अनुक्रम प्राप्त किया जा सकता है?

इसका उत्तर यह कह कर दिया जाता है कि प्रायः कविता में सामान्य से परे एक विशिष्ट अनुक्रम की आविर्भूति होती है। वही इसे अव्याकरणिक रूप में वर्गीकृत करने के लिए या कि किसी-न-किसी रूप में इसे न्यूनतम व्याकरणिक सिद्ध करने के लिए पर्याप्त भूमि उपस्थित कर देती है।

व्यवहारवादी भाषाविदों के यहाँ विचलनमूलकता की समस्या कुछ-कुछ कष्टकर है, क्योंकि यह मूल पद्धति की एक प्रमुख नस को लगभग काटती है। सिद्धांत यह है कि किसी भी पाठ को आगमनात्मक विधि से वर्णित किया जाना चाहिए। वह भी स्वतः पाठ के संदर्भ में ही। अतः बाहर से किन्हीं कोटियों को आयातित करना यहाँ पूरी तरह वर्जित है। ऐसी स्थिति में डॉयलान थॉमस और कमिंग्स के पाठ में उनके व्याकरण में ही 'A grief ago' और 'He danced his did' जैसी पंक्तियां निहित हैं और वे वर्णन का अंग हैं। अतः गैर-विचलनमूलक हैं। यदि कमिंग्स और थॉमस की पंक्तियों को सामान्य गैर-विचलित अंग्रेजी से विलगा दिया जाता है और एक भिन्न व्याकरण के जरिए इन्हें वर्णित-व्याख्यायित किया जाता है तब यह भिन्न व्याकरण अविचलित पाठों के व्याकरण के साथ, बिना स्वाभाविक रूप गें अच्छी तरह संबद्ध हुए, एक स्वतः निर्भर व्याकरण होने का जोखिम या खतरा उठाता है।[1] यही नहीं, यह हमारी अंतर्बुद्धि के प्रतिकूल भी जाता है। ऊपर निर्दिष्ट अविचलित अनुक्रम केवल अपनी विचलित संरचना के कारण प्रभावी नहीं है। उनका प्रभाव तो स्पष्ट तौर पर हमारे द्वारा उन विचलनों के किए जाने वाले रेखांकन और विश्लेषण में निहित होता है, हमारे द्वारा की जाने वाली उन तुलनाओं में निहित होता है, जो उनकी संरचना की अविचलित संरचनाओं के साथ की जाती है। इस प्रकार ये विचलित संरचनाएं अंग्रेजी की पद्धति की जगह एक उप-पद्धति से संबंध रखती दिखती है। कहना न होगा कि विचलित संरचनाओं से, सत्व को वर्णित-व्याख्यायित करने के लिए, ऐसी स्थिति में तुलना अनिवार्य तौर पर अपेक्षित हो जाती है। पर प्रश्न यह उठता है कि विचलन के अध्ययन-क्रम में किसकी, किससे और किस प्रकार तुलना की जाए? यहाँ यह ध्यान देने योग्य है कि विचलनमूलकता की निजी परिभाषा निश्चय ही सुगठित, व्याकरणिक और सामान्य की संकल्पना पर निर्भर है। व्यवहार में असंख्य व्याकरणों ने अपने पात्रों को सांदर्भिक

---

1. निल्स एरिक एक्विस्ट, 'स्टाइल इन सम लिंग्विस्टिक थिअॅरीज', लिटॅरेरी स्टाइल : सिम्पोजियम, संपा0 सेमूर चैटमैन (लंडन : ऑक्सफोर्ड यूनिवर्सिटी, प्रेस, 1971), पृष्ठ 53

या समाजभाषा-वैज्ञानिक पद्धतियों के द्वारा और संदिग्ध संरचनाओं की स्वीकार्यता-विषयक प्रश्न के द्वारा अथवा स्वतः अपने विवेक के द्वारा सही, गलत का निर्णय करते हुए इस गोर्डियन ग्रंथि को खोला है।

रूपांतरक-प्रजनक-व्याकरण ने व्याकरणिकता और सुघड़ता की संकल्पना को अधिकाधिक व्याख्यायित किया है। फलतः यह विचलन की संकल्पना पर भी सम्यक् रूप में प्रकाश डाल पाता है। इसके द्वारा व्याकरणिकता के विभिन्न स्तरों की पहचान हो पाती है और इस पहचान से विचलन की पहचान संभव हो पाती है। यह व्याकरण प्रजनक-प्रक्रिया की गहराई में जा कर यह बताता है कि कोई भी संरचना किस प्रकार सामान्य संरचना से अतिक्रमण कर विचलित हो जाती है। निश्चय ही यहाँ शैलिकीय विचलन को रेखांकित करने वाले नये औजार मुहैया हो पाते हैं। यह व्याकरण विचलन के रेखांकन-वर्णन के दो तरीके पेश करता है : 1. पहली पद्धति में सामान्य, अविचलित भाषा के उपलब्ध व्याकरण के आधार पर यह रेखांकित किया जाता है कि किन नियमों को व्युत्पत्ति की प्रक्रिया में परिवर्तित किया जाना है, जिससे विचलित पाठ व्युत्पन्न हो सके। 2. दूसरी पद्धति में विचलित पाठ के लिए एक पूरा नया व्याकरण लिखने की अपेक्षा होती है, जिससे विचलित व्याकरण तथा सामान्य अविचलित भाषा के व्याकरण की तुलना की जा सके। कहना न होगा कि यहाँ इन दोनों व्याकरणों की पारस्परिक तुलना की संभावना को स्वीकृति प्राप्त है। इन प्रश्नों पर लिविन, थॉर्न आदि ने अच्छी तरह विचार भी किया है। यहाँ ध्यान देने योग्य तथ्य यह है कि यदि व्याकरणिक विचलन एक शैलिकीय कौशल है और यदि विचलित भाषा भी सामान्य अविचलित भाषा की एक उपपद्धति ही है, तो शैली नियमों के रूप और चयन को दिशा देने वाले कार्यक्रमों की ओर मुड़ जाती है, बजाय इसके कि प्रजनक नियमों के अनुक्रम के, विशेष स्थल पर बिल्कुल नियम-कुलक की सृष्टि की जाए।

1963 ई0 में स्टेट्स एम0आई0टी0 की एक अंग्रेजी कक्षा में नोअम-चॉमस्की ने कमिंग्स की एक कविता की वाक्य-रचना में स्वाभाविक शब्दानुक्रमण के अतिक्रमण का उदाहरण प्रस्तुत किया था। यह कविता 'Me up at does' थी, जो उसी सप्ताह की 'द न्यू वर्कर' में प्रकाशित हुई थी। प्रोफेसर चॉमस्की ने श्रोताओं का ध्यान इस ओर आकृष्ट किया था कि यह कविता जिस अनुक्रम में लिखी गयी है, वह अनुक्रम मानक अंग्रेजी में अनुमत नहीं है। कमिंग्स की कविता का यह उदाहरण वाक्य-रचनागत विचलन का स्पष्ट उदाहरण है। इसे नियम-अतिक्रमण (Rule-Violation) का श्रेष्ठ उदाहरण माना जाएगा। कमिंग्स के इस प्रति-व्याकरणिक कौशलों ने विचलन की सुस्पष्टता के कारण लोगों का महत्त्वपूर्ण ध्यान आकर्षित किया। वस्तुतः 'me up up at does' कविता में सुश्री ई0ई0 कमिंग्स ने वाक्यगत विचलन को संरचना-परक कौशल के रूप में उपस्थित किया है, जो बहुत साभिप्राय रूप में सामने आता है। वह me up at does, में कविता के 'टॉपिक' 'poisoned house' को केंद्रीय स्थल में रखना चाहती है। इसीलिए वह वाक्य-रचनापरक तथा लेखिपरक रूपों में विचलन उपस्थित करती है।

रूपकों के विवरण को जब विचलित, पर निर्वचित भाषिक संरचना के रूप में प्रस्तुत किया जाता है तब उसे नियमोल्लंघन (Rule violation) की केंद्रीय अवधारणा के आधार पर व्याख्यायित किया जाता है। इससे यह औपचारिक रूप में स्पष्ट हो जाता है कि जब हम किसी संरचना के विचलित होने की बात करते हैं तब उसका क्या आशय होता है। वाक्यीय या अर्थीय व्याकरणिकता प्रतिबंधनों के आधार पर विशेषीकृत की जाती है। इसे चयनपरक नियम (Selectional rule) कहते हैं। इन चयनपरक नियमों के उल्लंघन के चॉमस्की कई उदाहरण पेश करता है[1] एक उदाहरण द्रष्टव्य है –

''Colourless green ideas sleep furiously''. चॉमस्की का कहना है कि यह देखना आवश्यक है कि इन्हें किस प्रकार निर्वचित किया जाए। वास्तविकता यह है कि यह हमारे लिए एक ऐसा पाठ है, जो हर उदाहरण के साथ कठिनाई या चुनौती में बदल जाता है। केवल वाक्यस्तर पर सुगठित वाक्यों के संदर्भ में ऐसे निर्वचन आरोपित करने की न तो स्थिति होती है और न ही प्रश्न उठता है। ऐसे वाक्य जो रूपकात्मक तौर पर या सांकेतिक तौर पर एक या दूसरे रूप में चयनात्मक नियम को तोड़ते है, यदि उनका समीचीन संदर्भ दिया गया हो, तो उन्हें निर्वचित किया जा सकता है।

यहाँ यह भी द्रष्टव्य है कि कोई एक वाक्य पूरी तरह व्याकरणिक हो सकता है। फिर भी वह अस्वीकार्य हो सकता है या उसके विषय में यह प्रश्न खड़ा हो सकता है कि यह कहाँ तक स्वीकार्य हो सकता है और कहाँ तक अस्वीकार्य? वास्तविकता यह है कि ऐसी स्थिति में भी विचलन उपस्थित होता है और ऐसा विचलन साहित्यिक शैलीविज्ञान के साथ घनिष्ठ रूप में संबद्ध है। कहना न होगा कि ये वैसे वाक्य हैं, जो व्याकरणिक दृष्टि से सुगठित होकर भी स्वीकार्य नहीं हो पाते हैं। अतः इन्हें अर्थस्तर का विचलन कहना उपयुक्त है। विचलन के संदर्भ में इस 'अस्वीकार्यता' (Unacceptability) पद का पहला प्रयोग रास ने 1967 में किया। (रास, 1967)[2]

चॉमस्की ने अस्वीकार्यता के अनुपात पर प्रकाश डाला है–

1- the horses are asleep,

2-asleep children the are.

---

1. नोअम् चामस्की, आस्पेक्ट्स ऑव द थिअरी ऑव सेंटेंस (कैम्ब्रिज : एम0आई0टी0 प्रेस 1965), पृष्ठ 148-149

2. जे0पी0 थॉर्न, जेनेरेटिव ग्रामर ऐंड स्टायलिस्टिक एनालिसिस, न्यू होराइजंस इन लिंग्विस्टिक्स (पेंगुइन : 1970, पुनर्मुद्रण 1972), पृष्ठ 187

चॉमस्की के अनुसार इन दोनों वाक्यों में दूसरा वाक्य जितना अस्वीकार्य है, उतना पहला नहीं।

कात्ज का प्रस्ताव है कि भाषाविदों को केवल ऐसे व्याकरण की संरचना को उद्घाटित नहीं करना चाहिए, जो केवल सुघड़ वाक्यों को प्रजनित और निर्वचित करें, बल्कि उन्हें एक ऐसे प्रति-व्याकरण (Counter-grammer) का भी निर्माण करना चाहिए, जो भाषा के अर्धवाक्य (Semi-sentences) को भी प्रजनित और निर्वचित कर सके।

इस प्रकार विचलन के लिए अव्याकरणिक या किसी नियम के विरुद्ध होना ही अपेक्षित नहीं है। यह वाक्य-रचना की सामान्य अपेक्षित दीर्घता से अधिक प्रलम्बतर रूप में शृंखल होने के कारण भी उद्भूत हो सकता है। ऐसे स्थल पर दीर्घता को आनुपातिक रूप में रेखांकित किया जाता है। इस प्रकार के विचलन के मूल में यह अवधारणा सक्रिय होती है कि किसी भी वाक्य को विन्यासक्रमी अक्ष (Syntagmatic Axis) पर सीमाहीन विस्तृति प्रदान की जा सकती है। व्याकरण वाक्य में समानाधिकरण वाक्यांशों (Co-ordinate clauses) की अधिकतम संख्या के संयोजन के विषय में कोई नियम मुहैया नहीं करता है, जिससे क्रमशः वाक्यांशों के एक-दूसरे को अनुगत कर सकने का सीमांकन किया जा सके। वाक्यों में प्रायः 'और' जैसे योगात्मक निपात के लिये जाने वाले दीर्घकालिक और आवर्तक प्रयोग को बेढंगा और भद्दा माना जाता है। पर यही प्रयोग जब शेक्सपियर के छयासठवें सॉनेट (चतुष्पदी) में स्थान पाता है, तब समसामयिक जीवन में उपस्थित बुराइयों के विस्तृत अभियोग-पत्र के सिलसिले में कहीं-अधिक प्रशंसनीय और साभिप्राय हो उठता है। हिंदी में इस प्रकार के विचलनों के प्रयोग 'अज्ञेय' के यहाँ देखने को मिलते हैं। इस प्रकार के विचलन में वाक्य में सीमाहीन विशेषण-शृंखला का व्यवहार भी किया जा सकता है। ऐसे विचलन के मूल में भाषा की वह मूल प्रकृति विद्यमान होती है, जिसे भाषाविदों ने मुक्तांत (Open ended) होने की प्रकृति कहा है। यह भाषा-विशेष की सामान्य और प्रचलित मानक-रचना की पृष्ठभूमि में विचलित रूप में उभरता है। आनुपातिक विचलन से आशय सामान्य प्रचलित मानक से अपेक्षया कमोबेश अंतरण दिखाना है। यहाँ भाषा में कम स्वीकृत प्रयोगों का उपस्थापन और स्वीकरण भी विचलन के रूप में उपस्थित होता है। यदि हाउसमैन उन्नीसवीं शताब्दी के अंत में व्यवहृत हो रही मार्जित अंग्रेजी समूह में 'टेल मी नाट हेयर' जैसे न्यूनतम अल्पसंख्यक प्रयोग को प्रश्रय देता है, तो यह भी विचलन के रूप में सामने आ जाता है। यहाँ विचलित अभिलक्षण को भाषा के बहुतेरे स्तरों पर अपनी पूर्णता में विरल एकक के रूप में रेखांकित किया जाता है।[1]

---

1. रेमंड चैपमैन, लिंग्विस्टिक्स ऐंड लिटॅरेचर (लंडन : एडवर्ड आर्नल्ड, 1973), पृष्ठ 26

ऐसे विचलन की साभिप्रायता उस सुस्पष्टता और सूक्ष्मता पर आधारित होती है, जो प्राचल-विशेष से निर्धारित होती है।

किसी भी रचनाकार द्वारा किसी भी भाषिक स्तर पर व्यवहृत नवीनतम और विशिष्ट भाषिक प्रयोग उस विशेष रचनाकार द्वारा किए गये विचलन के रूप में ही पाठकों का ध्यान आकृष्ट करते हैं। उदाहरण के लिए शेक्सपियर के द्वारा 'स्पेनियलेड' (Spanieled) जैसा किया गया क्रियात्मक प्रयोग आज एलिजाबेथन युग की सुलभ अंग्रेजी में कहीं भी प्राप्त नहीं होता है। सांख्यिकीय तौर पर यह शेक्सपियर द्वारा किया गया एक विशुद्ध, निहंग प्रयोग है। यहाँ जो तथ्य अधिक परिलक्षित किये जाने योग्य है, वह यह कि यह एक ऐसा भाषिक एकक है, जिसे एक विशेष संदर्भ के लिए प्रयुक्त किया गया है। इस शब्द-रचना में अलग-अलग रूप में शाब्दिक और रूपिमिक, मानक व्यवहार भी दीखता है। पर इनके पारस्परिक संयोजन में वह नावीन्य है, जिसे इसके पूर्व कभी भी किसी ने इस रूप में संयोजित नहीं किया था। इस प्रकार संज्ञा `Spaniel' में भूतकालिक क्रियात्मक प्रत्यय `ed' का संयोजन और वह अपेक्षित वाक्य-स्थिति, जो सामान्यत: सकर्मक क्रिया को ही प्रदान की जाती है, शेक्सपियर के इस नवीन प्रयोग की विशेषता है—

The hearts
That Spanieled me at heels, to whom I gave
Thier wishes
(Antony and Cleopatra, IV, XII)

हिन्दी में कवि पंत के द्वारा 'पैरती' शब्द के प्रयोग—'पैरती परी-सी जल में कल'—में इसी प्रकार का विचलन प्राप्त होता है।

निल्स एरिक एंक्विस्ट ने विचलन के प्रश्न को मानक के स्थिरीकरण (Fixation of norm) की समस्या से जोड़ कर देखा है।[1] एरिक वेलेंडर ने भी इसे सामान्य की अपेक्षा न्यूनाधिक रूप में विभेदकता सिद्ध करने वाले कौशल के रूप में रेखांकित किया है[2]। जब तक मानक (NORM) को उस रूप में परिभाषित किया जा सकता है, जिस रूप में वह विश्लेषण-क्रम के अन्तर्गत उभरने वाले अभिलक्षण और पाठ के लिए सार्थक पृष्ठभूमि उत्पन्न कर सके और जब तक इसे प्रभावी स्पष्ट प्रक्रियाओं द्वारा सीमित किया जा सकता है, शैली की, मानक से विचलन-विषयक परिभाषा शैलिकीय तुलना के लिए महत्त्वपूर्ण प्राथमिक आधार पर मुहैया करती रहेगी।[3] इस दृष्टि से विचलन के रेखांकन

1. एंक्विस्ट, 'ऑन डिफाइनिंग स्टाइन', लिंग्विस्टिक्स ऐंड स्टाइल, संपा0 जान स्पेंसर (लंडन: ऑक्सफोर्ड यूनिवर्सिटी, प्रेस, 1964, पुनर्मुद्रण 1971), पृष्ठ 22
2. एरिक वेलेंडर, रिं कलिंग स्वेंस्का (स्टॉक हॉल्म : 1948), पृष्ठ 18
3. एंक्विस्ट, पूर्ववत्, पृष्ठ 24

के लिए सामान्य और असामान्य (usual and unusual) के बीच तथा मानक और पाठ के बीच तुलना की अपेक्षा होगी। यहाँ विचलन को रेखांकित करने के लिए सांख्यिकीय विश्लेषण को, साथ ही बारम्बारिता की अनुप्रवर्तक भूमिका को भी स्पष्ट करने की आवश्यकता होगी।

जान स्पेंसर और ग्रेगॅरी ने अपने एक लेख 'ऐन एप्रोच टु द स्टडी ॲव स्टाइल' में जहाँ कॉलोकेशन (सन्निधान) की चर्चा करते हुए साहित्यिक भाषा में सामान्य (प्रत्याशित) और असामान्य (अप्रत्याशित) सन्निधान की पारस्परिक क्रिया से उत्पन्न प्रभाव की चर्चा की है, उसके मूल में वस्तुतः विचलन का ही कौशल सक्रिय है।[1] डायलान थॉमस की प्रसिद्ध और बारम्बार उद्धृत काव्य-पंक्ति 'ए ग्रीफ एगो' में जहाँ 'ग्रीफ' और 'एगो' के बीच असामान्य सन्निधान की चर्चा की जाती है, वहीं यह बताना भी काम्य ठहरता है कि इसके मूल में भी विचलन का ही कौशल सक्रिय है। यहाँ विचलन अस्वीकार्य कोटि का भी है और व्याकरणिक कोटि के समनुहार को भंग करने वाला भी है। इसी प्रकार सुश्री कमिंग्स की काव्य-पंक्ति 'ही डांस्ड हिज डिड' (He danced his did) में भी जो असामान्य सन्निधान है, उसके मूल में व्याकरणिक कोटि के समनुहार-भंग से उत्पन्न विचलन के साथ-साथ अस्वीकार्य विचलन भी क्रियाशील है। ऐसे स्थलों पर विचलन द्विस्तरीय रूप में संघटित-सक्रिय होता है। उसका एक स्तर वाक्यगत होता है और दूसरा स्तर अर्थगत।

2.4.1.6.1.3. अव्याकरणिकता और अस्वीकार्यता

विचलन के सन्दर्भ में व्याकरणिकता से आशय उस सीमा का निर्देश या संकेत करना है, जिस सीमा तक कोई वाक्य-रचना या रूपिम-रचना या शब्द-संरचना व्याकरणिक नियमों के अनुरूप गठित होती है। इसके अभाव में या इसकी आनुपातिक न्यूनता से विचलन अविर्भूत होता है। यदि व्याकरण→'व्या' वाक्य→'वा' को प्रजनित करता है, तो 'वा' व्याकरणिक है अथवा 'वा' व्याकरण के अनुरूप सुगठित है। यदि व्याकरण→'व्या' ऊर्ध्वाधर क्रम में सुस्थापित हैं, जिससे इसे एक क्रमिक नियमावली प्राप्त हुई है, तो उसमें अन्यों की अपेक्षा कुछ अधिक ऐसा है, जो बुनियादी और गहनतर है। यहीं व्याकरणिकता का मापक्रम सुस्थिर किया जा सकता है। ऐसे वाक्य, जो अधिक बुनियादी और गहनतर नियमों का अतिक्रमण करते हैं, वे कम बुनियादी नियमों को भंग करने वाले वाक्यों की अपेक्षा कम व्याकरणिक या अव्याकरणिक सिद्ध होते हैं।

दूसरी ओर यह कहा जाता है कि अस्वीकार्यता की अवधारणा व्याकरण से सम्बन्ध नहीं रख कर सूचकों या गृहीता या पाठक-भावक वर्ग की राय से सम्बंध रखती है। इसलिए यहाँ यह संभव है कि वाक्य व्याकरणिकता की दृष्टि से सुगठित हों, पूरी तरह

---

1. स्पेंसर और ग्रेगॅरी, 'ऐन एप्रोच टु स्टडी ॲव स्टाइल : लिंग्विस्टिक्स ऐंड स्टाइल, पृष्ठ 75

नियमानुरूप हों, पर सूचकों या गृहीता या पाठक-भावक वर्ग की दृष्टि से अस्वीकार्य हों। इसके विपरीत सूचकों के लिए ऐसे वाक्य भी स्वीकार्य हो सकते हैं, जो व्याकरण द्वारा प्रजनित नहीं हों। पर ये वाक्य सूचकों द्वारा स्वीकार्य होने के बावजूद अव्याकरणिक हो सकते हैं। ऐसे में यहाँ यह ध्यान देने योग्य है कि व्याकरणिकता की ही तरह स्वीकार्यता का भी मापक्रम बनाया जा सकता है। दृष्टांत के लिए, यदि सौ चुने हुए सूचकों में से सभी शत-प्रतिशत रूप में किसी प्रदत्त या विचार्य वाक्य को स्वीकार्य मान लेते हैं, तो उस प्रदत्त वाक्य में वैसे किसी प्रदत्त वाक्य की अपेक्षा, जिसे सौ में से सिर्फ पचास सूचकों ने स्वीकार्य माना है, उच्चतर स्वीकार्यता रेखांकित की जाएगी।

यह ध्यान देने योग्य है कि स्वीकार्यता सांदर्भिक शून्य में न तो उद्भूत हो सकती है और न ही अस्तित्वमय रह सकती है। सूचक यदि एक वाक्य को एक संदर्भ और स्थिति में स्वीकार कर सकता है, तो उसी वाक्य को दूसरे सन्दर्भ और दूसरी स्थिति में अस्वीकृत भी कर सकता है। आधुनिक अंग्रेजी कविता के संदर्भ में 'Any one lived in a pretty how town' को स्वीकार्य माना जा सकता है, पर सामान्य अंग्रेजी व्याकरण के मानक के आधार पर अव्याकरणिक ठहरने के कारण इसे सामान्य तथ्यपरक गद्य के संदर्भ में स्वीकार नहीं किया जा सकता है। ऐसे ही आधुनिक हिन्दी कविता में 'निराला' की–'आज प्रथम गायी पिक पंचम' को स्वीकार्य माना जा सकता है, पर आधुनिक हिन्दी व्याकरण के मानक के आधार पर इसे हिन्दी गद्य के सन्दर्भ में स्वीकार्य नहीं माना जा सकता है। इससे यह स्पष्ट हो जाता है कि प्रत्येक संदर्भ एक सहनशील श्रेणी द्वारा स्वरूपित होता है। विभिन्न सन्दर्भों में यह सहनशील श्रेणी संकुचित से प्रसारित तक अलग-अलग रूप में देखी जा सकती है।

इस प्रकार विचलनमूलकता भाषा-विशेष के सम्पूर्ण व्याकरणिक मानक और प्रदत्त पाठ में गृहीत मानक के बीच के अन्तर को स्पष्ट करती है तथा अस्वीकार्यता का कुलयोग बन कर उपस्थित होती है। वस्तुतः यह उक्त दो अन्तर्निहित वैभिन्न्य भरे परिभाषिकों का अपने-आप में एक आच्छादक पद है।[1]

2.4.1.6.1.4. व्यवहारवादी–संरचनावादी

व्यवहारवादी-संरचनावादी की दृष्टि में विचलन की संकल्पना एक अनुपयुक्त संकल्पना है। उनके अपने कारण हैं। वे स्पष्ट तौर पर निरूपित पाठ-काया पर अपने भाषिक वर्णनों को आधारित करते हैं और वे पाठ की सतह पर वास्तविक रूप में विद्यमान सर्वव्यापी कोटियों के व्यवहार पर जोर देते हैं। यहाँ वे शुद्धता और व्याकरणिकता के अनुपातपरक निर्णय को बिल्कुल अनुमत नहीं करते। इस प्रकार उनके अनुसार यदि विचलित अभिव्यंजनों को समाकलित करने वाला एक समूह या पाठ प्रस्तुत होता है,

---

1. निल्स एरिक एंक्विस्ट, लिंग्विस्टिक स्टायलिस्टिक्स (द हेग : मूतन, 1973), पृष्ठ 101

तो वहाँ ऐसे अभिव्यंजन को भी पाठ में उसी प्रकार समाकलित कर लिया जाता है, जिस प्रकार प्रायः एक अविचलित अभिव्यंजन समाकलित होता है। इस दृष्टि से यदि एक वैयाकरण सुश्री ई.ई. कमिंग्स की काव्य-पंक्तियों को समाकलित करना चाहता है, तो उस प्रोक्ति या पंक्तियों की संरचना भी आधुनिक अंग्रेजी का ही भाग बन जाती है और इस प्रकार वह भी अविचलित ही रहती है। हां, यदि वैयाकरण इसे हटाने और अलग से निरूपित करने का निर्णय करता है, तो वह इसे 'कमिंग्जियन व्याकरण' जैसे भिन्न व्याकरण-नाम के अन्तर्गत प्रस्तुत कर सकता है। यद्यपि इस व्याकरण को सर्वव्यापी होने की आवश्यकता पड़ती है, पर यह 'गैर-कमिंग्जियन' अंग्रेजी की कोटियों पर आधारित नहीं होता है, बल्कि केवल कमिंग्जियन की पहचान को ही सामने रखता है। अब यदि 'कमिंग्जियन व्याकरण' एक नयी और भिन्न भाषा के रूप में उपस्थित होता है तो इसकी कोटियां भी सामान्य अंग्रेजी की अपेक्षा बहुत भिन्न रूप में सामने आती हैं, विशेषतः तब जब वैयाकरण कमिंग्जियन भाषा के विवरण में अधिकतम वर्णनात्मक व्यवस्था की कसौटी का ही व्यवहार करता है। इस प्रकार 'कमिंग्जियन व्याकरण' सामान्य अंग्रेजी व्याकरण की तुलना-प्रक्रिया में कठिनाई का जोखिम पेश करता है। फिर भी यहाँ यह तथ्य ध्यान देने योग्य है कि कमिंग्स की कविता किसी शून्य में प्रभावी नहीं होती। हमारी अन्तर्बुद्धि कहती है कि उसका प्रभाव केवल उसके अपने रूपाकार से उद्भूत नहीं होता, बल्कि हमारे यह जानने से ही उद्भूत और प्रभावी हुआ करता है कि वह अविचलित अंग्रेजी अभिव्यक्तियों से कितना अलग है। अतः कहना होगा कि विचलित अभिव्यक्ति वाली कविताओं का प्रभाव भाषा के सामान्य अभिव्यंजन और विचलित अभिव्यंजन—दोनों के बीच की एक साथ की गई तुलनात्मकता पर आधारित होता है।[1]

2.4.1.6.1.5. रूपान्तरणवादी

रूपांतरणवादी दृष्टि के अनुरूप व्याकरण-सम्मत और व्याकरण-असम्मत प्रयोगों को 'सही' और 'गलत'—मात्र के रूप में जानने की आवश्यकता नहीं है, बल्कि अव्याकरणिकता और अस्वीकार्यता के अनुपात का ज्ञान भी समीचीन और अपेक्षित है। प्रजनक व्याकरण से जुड़े सभी व्यापारों में हमें निर्गत (Output) को परीक्षित करने के लिए बाध्य होना पड़ता है। व्याकरण को लिखते हुए वहाँ नियमों के वैसे कामचलाऊ प्रारंभिक अनुक्रम को स्थापित-प्रतिष्ठित करना पड़ता है, जो वाक्यों के एक कुलक को प्रजनित कर सकें। इसके बाद यह निर्णय करना पड़ता है कि ये वाक्य वांछित हैं या नहीं। यदि ये वांछित हैं, तो हमारे नियम उन्हें संपुष्ट करते हैं, यदि ऐसा नहीं है, तो हमें अपने नियमों को संशोधित करने की अपेक्षा होती है, उन्हें बदलना होता

---

1. निल्स एरिक एंक्विस्ट, लिंग्विस्टिक स्टायलिस्टिक्स (द हेग : मूतन, 1973), पृष्ठ 102-103

है। व्यवहारतः एक प्रजनक व्याकरण का लेखन-कर्म ऐसे अधिसंख्यक निर्णयों को सम्मिलित कर लेता है। इस तरह की प्रक्रियाओं ने विचलित अभिव्यंजनों और उनकी व्याकरणिकता तथा स्वीकार्यता-विषयक हमारी दृष्टि को शाणित करने में बहुत दूर तक सहायता प्रदान की है। प्रकट है कि स्वीकार्यता और सहृदयता का प्रश्न व्याकरणिकता की तुलना में अधिक बुनियादी प्रश्न है। व्याकरण भाषाविदों के द्वारा तैयार किए जाते हैं, जो व्याकरणिकता के मापक्रम को अपने ढंग से मोड़ सकते या तैयार कर सकते हैं, पर स्वीकार्यता या सहृदयता सामूहिक ग्राह्यता (Sprachfuhl) में निवसित होती है और अप्रत्यक्ष तौर पर ही प्रभावित हो सकती है, वह भी सम्प्रयोग, चलन और शैली में तब्दीली लाने के बाद। निःसन्देह एक वैयाकरण को अपने व्याकरण के निर्गत को स्वीकार्यता और सह्यता के कड़े नियमों की पृष्ठभूमि में परीक्षित करना चाहिए, भले ही ये उसकी निजी व्यक्ति-बोली की बानगी हो अथवा भाषिकीय या शैलिकीय समीचीनता का व्यक्तिनिष्ठ भाव हो।[1]

2.4.1.6.1.6. व्याकरणिकता का मापक्रम

रूपकों की सघनता की तरह विचलित संरचना की सघनता भी शैली-चिह्नक बन कर उपस्थित हो सकती हैं। पर जिस तरह एक कवि की शैली दूसरे की शैली से भिन्न होती है—रूपकों की समस्त सघनता के कारण नहीं, बल्कि रूपकों के विभिन्न प्रकारों की सघनता के कारण—उसी प्रकार एक विचलित पाठ दूसरे विचलित पाठ से, विभिन्न प्रकारों के विचलन की स्थिति उपस्थित होने के कारण, भिन्न हो सकता है। कमिंग्स की कविता में उपस्थित विचलन वैसा ही नहीं है, जैसा लिविक केरोल की कविता में प्राप्त होता है। इसलिए विचलन के विभिन्न प्रकारों के वर्गीकरण—विवेचन की अपेक्षा है।

इस प्रकार के वर्गीकरण का एक आरंभिक बिन्दु व्याकरणिकता के मापक्रम पर विचलित अभिव्यंजनों की श्रेणीबद्धता को माना जा सकता है। पर यह तभी सम्भव हो सकता है, जब हमारे पास व्यवस्थित नियमों वाला एक प्रजनक व्याकरण हो। रूपांतरक-प्रजनक व्याकरण के संदर्भ में `a who the of today' जैसी पंक्ति व्याकरण के बहुत बुनियादी नियम को भंग करने वाली होगी और इस प्रकार अत्यंत ही अव्याकरणिक सिद्ध होगी। पर `I thermometer you' जैसे वाक्य में जो विचलन उपस्थित होगा वह एक अपेक्षित क्रियापद की जगह संज्ञात्मक के किए गए प्रयोग के कारण उद्भूत होगा। उसी प्रकार `I elapsed the book to her' में `elapse' क्रिया को `give' जैसी क्रिया के लिए सुरक्षित संरचना में व्यवहृत किया गया है, जिससे `Strict Subcategorization rule' खंडित हुआ है। इसी प्रकार `The Stone

---

1. निल्स, एरिक एक्विस्ट, लिंग्विस्टिक स्टाइलिस्टिक्स, (द हेग : मूतन 1973), पृष्ठ 101-102

Shores' में जो अव्याकरणिकता उपस्थित होती है, वह चयनपरक नियम का उल्लंघन करने के कारण। इसके मूल में अप्रत्याशित सन्निधान की सक्रियता परिलक्षित होती है। ऐसी स्थिति में रूपकात्मकता (Metaphoricality) उत्पन्न होने लगती है। इसके अतिरिक्त `Both of Johns parents are married to aunts of mine' जैसा वाक्य भी हमारे सामने उपस्थित हो सकता है, जहाँ समस्या अव्याकरणिकता की नहीं है, बल्कि अर्थवत्ता की है। पर इसे तभी अव्याकरणिक माना जा सकता है, जब अर्थपरक घटक का समावेश व्याकरण में संभव हो पाए।

2.4.1.6.1.7. विचलित पाठ के वर्णन–रेखांकन की पद्धति

विचलित पाठों के रेखांकन-विश्लेषण की प्राय: तीन प्रकार की पद्धतियां देखने को मिलती हैं। ये पद्धतियां क्रमश: सेमुअल आर. लिविन (1963, 1965), थॉर्न (1965, 1969, 1970) और हैंडरिक्स (1969), द्वारा निरूपित पद्धतियां हैं।

2.4.1.6.1.7.1. पहली रेखांकन–पद्धति

यदि हमारे पास हमारी भाषा या सम्बद्ध भाषा का एक सम्पूर्ण प्रजनक व्याकरण उपलब्ध है तो सुगमता से यह निर्दिष्ट किया जा सकता है कि प्रदत्त पाठ में किस बिन्दु पर विचलित संरचना प्रजनक नियमों के सामान्य अनुक्रम से अन्तरण करती है। इस रेखांकित-पद्धति के अनुरूप यदि ऊपर निर्दिष्ट विचलित उदाहरणों को ही लें तो `I elapsed the book to her' जैसे वाक्य को `The stone shores' जैसे वाक्य की अपेक्षा कम अव्याकरणिक माना जाएगा।

2.4.1.6.1.7.2. दूसरी रेखांकन–पद्धति

दूसरे, इस विचलित पाठ को एक भिन्न भाषा में लिखा हुआ भी माना जा सकता है। ऐसी स्थिति में इस नयी भाषा के व्याकरण की रचना करने का भी प्रयास करना होगा। यदि ऐसा किया जाता है, तो यह नया व्याकरण न केवल पाठ में प्रदत्त विचलित पाठ को प्रजनित करेगा, बल्कि अधिसंख्य दूसरे पाठों को भी उसी तरह प्रजनित कर सकेगा। इस प्रकार को किसी भी रूप में अहितकर नहीं माना जा सकता। यहाँ मूल विचलन का अनुकरण किया जाता है। दृष्टांत के लिए यदि कमिंग्स के लिए `He danced his did' को अनुमत करने वाला प्रजनक नियम बनाया जाता है तो उसके आधार पर केवल वैसे वाक्यों को ही अनुमति नहीं प्रदान की जाएगी, जैसे वाक्य कमिंग्स लिखा करता था, बल्कि ऐसे अनेक वाक्यों को भी अनुमत किया जाएगा, जिन्हें कमिंग्स ने कभी नहीं लिखा, पर जो लिखे जा सकते थे। जैसे `He ran his ate' या He wrote his slept'। इसी प्रकार एक प्रजनक-नियम डायलन थॉमस के वाक्य `a grief ago' को अनुमत करते हुए `a cigarette ago' और `three husbands ago' जैसे संभावित वाक्यों को भी अनुमत करेगा। जितना बुनियादी विचलन-विषयक यह नियम होगा अधिप्रजनित संरचनाओं की संख्या उतनी ही अधिक होगी। विचलित पाठों के

इस दूसरे प्रकार की वर्णन-पद्धति का जोखिम यह है कि विचलित पाठों के लिए तैयार किया गया वह व्याकरण अविचलित भाषा के सामान्य व्याकरण से बहुत दूर खिसक जाएगा। इसलिए हम सबको विचलित व्याकरण की रचना करने की विवश स्थिति में उस प्रतिबंधन को भी प्रतिपादित करना चाहिए, जिससे यह व्याकरण अविचलित या सामान्य भाषा के व्याकरण के अधिक-से-अधिक निकट और समनुरूप रहे। कहना न होगा कि ऐसे प्रतिबंधनों या नियंत्रणों के लिए भी एक सिद्धांत की अपेक्षा होगी।

2.4.1.6.1.7.3 तीसरी रेखांकन-पद्धति

यह तीसरी पद्धति एक अर्थ में अधिकाधिक रोचक है, क्योंकि यह विचलित संरचनाओं को निर्वचित करने या उसकी व्याख्या करने की वास्तविक प्रक्रिया को समेकित-सम्मिलित करने की चेष्टा करती है। यहाँ पुन: हम यह मान कर चलते हैं कि हमारे अधिकार में अविचलित भाषा के व्याकरण की पूरी सुविधा प्राप्त है। अत: जब हमें एक विचलित संरचना प्राप्त होती है, तब हम इसका निर्वचन एक अविचलित संरचना की तरह या अविचलित भाषा के व्याकरण में इसके सर्वाधिक समकक्षी संरचना की तरह करने का प्रयास करते हैं। फोडर और कात्ज़ के अनुसार-"विचलित अर्थ-वाक्यों के विषय में वक्ता की समझ अपनी अविचलित या सामान्य वाक्यों की समझ के अतिरिक्त और कुछ नहीं है, जिससे अर्ध-वाक्य सम्बद्ध हैं[1]।" इस प्रकार विचलित वाक्यों के विषय में वर्णन सामान्य वाक्यों के एक कुलक को समेकित करने वाला बनता है, जिसे इसका व्यापक समावेशी कुलक (काम्प्रिहेंशन सेट) कहा जा सकता है। यही नियमों का वह कुलक होता है, जो यह स्पष्ट तौर पर व्याख्यायित करता है कि विचलित वाक्य किस प्रकार व्यापक समावेशी कुलक के वाक्यों से जुड़ा हुआ है।

2.4.1.6.1.8. विचलन: प्रकार-निरुपण

2.4.1.6.1.8.1. एस.आर. लिविन द्वारा निर्दिष्ट विचलन के प्रकार

लिविन ने विचलन के प्रकार पर मानक की बाह्यता बनाम आन्तरिकता, भाषिक एककों की गुणात्मकता बनाम आनुपातिकता और विभिन्न भाषिक स्तरों पर इनकी क्रियाशीलता जैसी तीन दृष्टियों से विचार किया है। सबसे पहले वह आन्तरिक बनाम बाह्य मानक के आधार पर विचलन के दो प्रकारों को निर्दिष्ट करता है-1. आन्तरिक (Internal) विचलन और 2. बाह्य (External) विचलन। पुन: वह बाह्य विचलन को गुणात्मकता बनाम आनुपातिकता के आधार पर दो प्रकारों में वर्गीकृत कर देता है-2.1. सुस्पष्ट (Determinate) विचलन और 2.2. सांख्यिकीय (Statistical) विचलन। इसके बाद वह चार मुख्य भाषिक स्तरों-ध्वनि (लेखिमिक और औच्चारिक), शब्द,

---

1. जे0एए0 फोडर और जे0जे0 कात्ज, संपा0, द स्ट्रक्चर्ज ऑव लैंग्वेज, रीडिंग्ज इन द फिलॉसफी ऑव लैंग्वेज, (न्यू जर्सी : प्रेटिसहॉल, 1964), पृष्ठ 411

वाक्य और अर्थ—पर आन्तरिक और बाह्य—दोनों प्रकार के विचलन की स्वरूप-स्थिति को उद्‌घाटित करने का प्रयास करता है।

2.4.1.6.1.8.1.1. आन्तरिक विचलन

लिविन के अनुसार आन्तरिक विचलन वह है, जो किसी रचना की अपनी पृष्ठभूमि के विरोध में उभरता है। यहाँ मानक को विश्लेष्य रचना या कविता में ही प्राप्त किया जाता है। यह मानक सर्जकीय मानक होता है और रचना-विशेष या कविता-विशेष की पाठीय पृष्ठभूमि में पहले से विद्यमान होता है। सर्जक पहले से विद्यमान इस मानक से जब अन्तरण कर उठता है तब आन्तरिक विचलन उपस्थित होता है।

2.4.1.6.1.8.1.2. बाह्य विचलन

इस प्रकार का विचलन रचनेतर या कवितेतर मानक की पृष्ठभूमि में उपस्थित होता है। यहाँ मानक रचना या कविता में नहीं होकर उससे बाहर होता है। मूलतः यह भाषा-विशेष के व्याकरण का या बोलचाल के स्वीकृत भाषिक प्रयोगों का मानक होता है। रचना या कविता जब इस मानक से अन्तरण करती है तब बाह्य विचलन स्वरूपित हो उठता है।

2.4.1.6.1.8.1.2.1. सुस्पष्ट विचलन

सुस्पष्ट विचलन मूलतः रचना की आधार-भाषा के व्याकरण अथवा स्वीकृत भाषिक प्रयोग के मानक से अतिक्रमण करता है। दूसरे शब्दों में यह अव्याकरणिकता और अप-प्रयोगों पर आधारित होता है।

2.4.1.6.1.8.1.2.2. सांख्यिकीय विचलन

सांख्यिकीय विचलन किसी भाषिक एकक के प्रयोग-अनुपात से निर्धारित होता है। यहाँ सामान्य भाषा में होने वाले भाषिक एकक-विशेष के प्रयोग से रचना या कविता में किये गये उस भाषिक एकक के प्रयोग की तुलना करते हुए उसकी आनुपातिकता निकाली जाती है। आनुपातिकता का ऐसा उद्‌घाटन दो रचनाकारों की अलग-अलग रचनाओं में किसी भाषिक एकक-विशेष के किये गये प्रयोग की तुलना करते हुए भी किया जा सकता है।

यहाँ यह स्पष्ट तौर पर समझ लेना चाहिए कि ऊपर निर्दिष्ट विचलन के दोनों प्रकार—'आंतरिक' और 'बाह्य' मिखाइल रिफतेअर द्वारा शैलिकीय सन्दर्भ में निरूपित दोनों प्रकारों के विरोध से सर्वथा भिन्न हैं। रिफेतेअर द्वारा निर्दिष्ट विरोध रिफेतेअर के शैली-विश्लेषण के 'गहन' (माइक्रो) और 'व्यापक' (मैक्रो)—दोनों संदर्भ-प्रकारों से प्रभावित हैं[1] और इन दोनों का समान रूप से समावेश ऊपर निर्दिष्ट **आन्तरिक विचलन**

---

1. एम० रिफेतेअर, 'स्टायलिस्टिक कांटेक्स्ट', वर्ड (जयोर्ग ओल्म्स : अंक 16, 1960), पृष्ठ 207-218

की कोटि में ही हो जाता है। इतना ही नहीं, लिविन द्वारा निर्दिष्ट ये दोनों प्रकार वाल्टर अल्फ्रेड कोच की 'शैली'-विषयक आन्तरिक और बाह्य अवधारणाओं से भी भिन्न हैं। कोच के अनुसार 'शैली' तब आन्तरिक हो जाती है जब उसके विशिष्ट भाषिक एकक को वर्णित करने का आधार रूपिमिक (Morphemic) होता है और तब बाह्य हो जाती है जब उसको वर्णित करने का आधार वाक्य-रचनात्मक (Syntactic) या विवरणात्मक (Descriptive) होता है[1]। हां, लीच ने लिविन द्वारा निर्दिष्ट 'सुस्पष्ट' और 'सांख्यिकीय' विचलन को ही क्रमश: 'समाचयी' (Descrete) और 'आनुपातिक' (Relative) या 'सापेक्षिक' विचलन के नाम से पुकारा है।[2]

2.4.1.6.1.8.1.3 भाषिक स्तरों पर आधारित विचलन

लिविन यद्यपि प्रत्येक भाषिक स्तर पर अपने द्वारा निर्दिष्ट 'आन्तरिक' और 'बाह्य' विचलन की संघटना को स्पष्ट करता हैं तथापि इसे भी उसने प्रकार के रूप में ही विवेचित किया है, पर वास्तव में ये उसके द्वारा पूर्व-निर्दिष्ट प्रकार के स्तर-स्पष्टीकरण हैं।

2.4.1.6.1.8.1.3.1. ध्वनि: लेखिमिक स्तर

2.4.1.6.1.8.1.3.1.1. आन्तरिक विचलन

ध्वनि के स्तर पर लेखिम-पद्धति का आंतरिक विचलन तब उत्पन्न हो सकता है, जब कविता में आरंभ से काफी दूरी तक लेखिम-पद्धति का अपना एक मानक बनता हो और बाद में उसी कविता में रचनाकार द्वारा उससे अन्तरण उपस्थित किया जाता हो।

2.4.1.6.1.8.1.3.1.2. बाह्य विचलन

लिविन ने बताया है कि अंग्रेजी में (या किसी भी बायें से दायें लिखी जानी वाली लिपि में) बायें हाशिये से दायें हाशिये तक आकर समाप्त होने की अपेक्षा कविता की लेखिम-पद्धति का बीच में ही समाप्त होना और पुन: बीच से ही आरंभ होना बाह्य विचलन का उदाहरण (होगा) है। इसी प्रकार चरणों के बीच का स्थानिक अन्तराल भी बाह्य विचलन के अन्तर्गत ही ग्राह्य है। यही नहीं, ब्रितानी अंग्रेजी में कविता की प्रत्येक पंक्ति के आरंभ में आने वाला वर्ण (ALPHABET) 'कैपिटल लेटर' से लिखा जाता है। यह भी एक प्रकार का बाह्य विचलन है। ई.ई. कमिंग्स अपनी कविता में

---

1. वाल्टर अल्फ्रेड कोच, 'ऑन द प्रिंसिपल्ज ऑव स्टायलिस्टिकस', **लिंग्वा** (अंक 12, 1963), पृष्ठ 418
2. ज्योफ्र एन0 लीच, 'लिंग्विस्टिक्स ऐंड द फिगर्ज ऑव रेटोरिक', एसेज ऑन स्टाइल ऐंड लैंग्वेज (लंडन : रूटलेज ऐंड कीगेन पॉल, 1979), पृष्ठ 146

कविता की इस पारंपरीण लेखिम-पद्धति को तोड़ती हुई 'स्मॉल लेटर' का व्यवहार करती है। साथ ही वह अपनी कविता में कहीं-कहीं किसी एक पंक्ति को कभी-कभी 'केपिटल लेटर' से आरंभ कर देती है। जब कभी वह ऐसा करती है, तब वह आन्तरिक विचलन को उपस्थित कर देती है।

2.4.1.6.1.8.1.3.2. ध्वनिः औच्चारिक स्तर

2.4.1.6.1.8.1.3.2.1. आन्तरिक विचलन

जहाँ तक ध्वनि-स्तर के आन्तरिक विचलन का प्रश्न है, यह विचलन रचना के अपने मानक से अलग होने, अन्तरित होने के क्रम में उपस्थित होता है।

2.4.1.6.1.8.1.3.2.2. बाह्य विचलन

किसी भी कविता में ध्वनि-स्तर पर किसी ऐसे स्वनिम का प्रयोग अथवा किसी ऐसे ध्वनि-शास्त्रीय अनुक्रम का प्रयोग, जो सामान्य तौर पर सामान्य भाषा में सम्भव नहीं हो, बाह्य विचलन की सृष्टि करता है। लिविन ने सपीर से उदाहरण देते हुए बताया है कि इस प्रकार का ध्वनिस्तरीय बाह्य विचलन कुछ अमरीकी भारतीय भाषाओं के संगीत में भी पाया जाता है।[1]

2.4.1.6.1.8.1.3. शब्द–स्तर

2.4.1.6.1.8.1.3.1. आन्तरिक विचलन

शब्द स्तर पर आन्तरिक विचलन बहुतेरे रूपों में उपस्थित हो सकता है। पर प्रत्येक रूप में यह किसी कविता में निरूपित शाब्दिक मानक की पृष्ठभूमि से अन्तरण दिखला कर ही उभर सकता है। यदि किसी कविता में काव्यात्मक शब्दावली या प्रयुक्ति का मानक बन रहा हो, तो वहाँ आंचलिक या विभाषिक शब्दों के सहारे इस प्रकार का विचलन उपस्थित हो सकता है। कहना न होगा कि ऐसी सारी स्थितियों में विचलन उन प्रत्याशाओं के समुच्चय के विरुद्ध उभरता है, जो प्रत्याशाएं कविता-विशेष में शब्द-मानक के रूप में स्थापित हो चुकी रहती हैं। ऐसा करते हुए हमारे ध्यान का संकेन्द्रण 'विचलन' की ओर हो जाता है।

आन्तरिक विचलन का मूलाधार भीतरी मानक से होने वाला विचलन है। यदि एक विशिष्ट प्रकार के शब्द-मानक के स्थापित होने के बाद उससे भिन्न अर्थ-प्रयोग में वही शब्द या दूसरी भाषा के शब्द अपर्याप्त रूप में उस कविता में व्यवहृत हों, तो भी वह लिविन के अनुसार आंतरिक विलचन का ही उदाहरण होगा।

---

1. एडवर्ड सपीर, एबनॉर्मल टायप्स ॲव स्पीच इन नूटका', सेलेक्टिड राइटिंग ॲव एडवर्ड सपीर इन लैंग्वेज, कल्चर ऐंड पर्सनालिटी, संपा० डेविड जी० मेंडबॉम (बर्कले केलिफोर्निया : 1949), पृष्ठ 188

2.4.1.6.1.8.1.3.2. बाह्य विचलन

इस स्तर पर वैसे सभी विचलनों को बाह्य विचलन माना जाता है जो काव्यात्मक पद-सज्जा के प्रयोग से प्रसूत होते हैं, क्योंकि वे सामान्य भाषा के मानक से भिन्न होते हैं। यहाँ बाह्य विचलन की वे दोनों कोटियां क्रियाशील होती हैं, जिन्हें निश्चित और सांख्यिकीय (डेटरमिनेट एण्ड स्टेटिस्टिकल) विचलन कहा गया है।

2.4.1.6.1.8.1.4. वाक्य स्तर

2.4.1.6.1.8.1.4.1. आन्तरिक विचलन

वाक्य स्तर पर आन्तरिक विचलन को रेखांकित और व्याख्यायित करना अपेक्षाकृत सुगम है। यदि किसी पाठ में उसकी वाक्य-रचना का मानक औपचारिक घोषणात्मक (Declarative) वाक्यों का बनता हो, वहाँ यदि प्रश्नात्मक वाक्य या आज्ञार्थक (Interogative / Imperative) वाक्य आए, तो वहाँ वाक्यस्तरीय आंतरिक विचलन उपस्थित होगा। इसी प्रकार यदि कविता में वाक्य 'निर्देशात्मक क्रियार्थ' में चल रहा हो और इस मानक से वाक्य हठात् 'संभाव्य क्रियार्थ' में आ जाए, तो भी इस प्रकार का विचलन उपस्थित होगा। ऐसे ही यदि सरल वाक्यों के गुच्छों से बन रहे मानक को जटिल वाक्य द्वारा बाधित किया जाए, तो वहाँ भी इस प्रकार का वाक्य-रचनागत विचलन उपस्थित होगा। वस्तुतः वाक्य-रचना का ऐसा कोई भी कौशल, जिससे प्रत्याशाओं की एक स्पष्ट पद्धति विकसित होने लग जाए, पर बाद में इससे इतर दूसरा कौशल उपस्थित होकर इसे अवरुद्ध, बाधित या भंग कर डाले, तो वहाँ बाधित करने वाला नया कौशल इस प्रकार के विचलन का दृष्टांत बन जाएगा। इस दृष्टि से वाक्य-रचना में सहसा उत्पन्न क्रम-विपर्यय या असामान्य वाक्यांश का स्थिरीकरण भी इस प्रकार के विचलन की सृष्टि करने लगेगा। पर यहाँ इस बात की भी संभावना शेष रहती है कि इस प्रकार उत्पन्न होने वाला विचलन एक साथ आन्तरिक और बाह्य दोनों ही रूपों में क्रियाशील हो। लिविन के अनुसार इस बात की बहुतायत-भरी संभावना है कि एक प्रदत्त वाक्य आंतरिक और बाह्य दोनों ही रूपों में विचलित हो। ऐसा उस प्रकार के शब्दों के क्रम-नियोजन में सम्भव है, जो न तो व्याकरण का 'निर्गत' है, न ही व्याकरण से समर्थित है, पर वह उस पाठ में पूर्वागत पद्धति के विरोध में उपस्थित हो जाता है।[1]

2.4.1.6.1.8.1.4.2. बाह्य विचलन

वाक्य स्तर के बाह्य विचलन के लिए यह आवश्यक है कि वाक्य-रचना का

1. एस0आर0 लिविन, 'एक्स्टर्नल ऐंड इंटर्नल डिविएशन इन पोयट्री', वर्ड (जयोर्ग ओल्म्स : अंक 21, 1965), पृष्ठ 231

व्याकरणिक मानक अत्यंत सुनिश्चित हो। प्राय: विचारकों ने सामान्य भाषा के मानक-निर्धारण में आने वाली कठिनाइयों का उल्लेख किया है, क्योंकि यहाँ शब्द की तरह की कोशीय मर्यादा या ध्वनिस्तरीय वर्णनात्मकता की तरह की सुनिश्चिति नहीं पायी जाती है। जो कुछ भी सुनिश्चित आधार सामने आ पाता है, वह प्रजनक-व्याकरण के आधार पर ही। पारम्परीण और संरचनात्मक व्याकरण तक इसके लिए ठोस आधार मुहैया नहीं कर पाते हैं। अत: यहाँ यह तय करने की आवश्यकता है कि क्या अव्याकरणिकता और वाक्य-स्तरीय विचलन एक ही है? ऐसी कोई भी अभिव्यक्ति, जिसे व्याकरण प्रजनित नहीं कर सकता है, उसे `Ipso facto deviant' माना जाएगा। दूसरे, वाक्य-स्तरीय विचलन अव्याकरणिकता के अनुपात के प्रश्न से भी बंधा हुआ है। लिविन ने वाक्य-स्तरीय और अर्थ-स्तरीय—दोनों प्रकार के विचलन को अव्याकरणिकता से सम्बद्ध करने का भ्रान्त प्रयास भी किया है, जबकि अर्थ-स्तरीय विचलन अस्वीकार्यता के साथ सम्बद्ध होता है न कि अव्याकरणिकता के साथ। उसके अनुसार विचलन की एक स्थिति वह है, जबकि विशेष प्रकार के वाक्य व्याकरण के द्वारा प्रजनित नहीं हो पाते, पर विचलन की दूसरी स्थिति वह है जबकि वाक्य व्याकरण के अनुसार प्रजनित तो हो जाते हैं, फिर भी अर्थ की घटकीयता के कारण विचलित रह जाते हैं। इस दूसरी स्थिति वाले विचलन को ही अर्थ-स्तर का विचलन माना जाता है, क्योंकि यहाँ वाक्य-स्तर की व्याकरणिकता शत-प्रति-शत सुरक्षित होती है। अत: ऐसे विचलन का आधार अर्थ की घटकीयता की दृष्टि से 'अस्वीकार्यता' है, न कि अव्याकरणिकता।

सामान्यत: एक वाक्य-अनुक्रम तीन कारणों से विचलित हो सकता है–(1) इसमें शब्दों का संयोजन-क्रम विपर्यस्त हो सकता है, (2) इसमें गलत शब्दों का चयन किया गया हो सकता है। (3) इसमें दोनों का संश्लेष प्राप्त हो सकता है। पारिभाषिक शब्दावली में कहना चाहें, तो यह 'पदबंध-संरचना नियम' का और 'शब्द-कोटि नियम' का उल्लंघन कर सकता है।

लिविन ने वाक्य-स्तर पर विकल्पक्रमी (Paradigmatic) और विन्यासक्रमी (Syntagmatic) दोनों ही प्रकार के विचलन की बात की है। उसने 'कमिंग्स' की– `Anyone lived in a pretty how town' का उदाहरण प्रस्तुत करते हुए यह बताया है कि यहाँ विचलन 'हाउ' जैसे क्रिया-विशेषण के सहारे उत्पन्न हुआ है, जबकि यहाँ एक विशेषण की अपेक्षा थी। अत: यहाँ व्याकरणिक कोटि का विचलन है, क्योंकि समनुहार भंग हो गया है। इसके अतिरिक्त विकल्प के अन्यथा-चयन के कारण भी यहाँ विचलन विकल्प-क्रमी स्तर पर उपस्थित हुआ है। इसी प्रकार जब वाक्य-रचना के किसी अत्यंत अपेक्षित अंश का अध्याहार होता है या जब वहाँ क्रम-विपर्यय होता है तब वहाँ विन्यासक्रमी (Syntagmatic) कोटि का विचलन उभरता है।

लिविन ने कुछ ऐसे विचलन-समुच्चय की भी चर्चा की है, जो विन्यासक्रमी रूप में वाक्यों में 'असंसक्ति' से उत्पन्न होते हैं। उसने इन्हें विशिष्ट अलंकारिक प्रभाव उत्पन्न करने वाला विचलन बताया है। क्रेन की 'What words can strangle this deaf moon light' पंक्ति का उदाहरण देते हुए उसने बताया है कि 'Strangle' गला दबाने के अर्थ में सदैव प्राणिवाचक कर्त्ता के साथ ही आता है और 'deaf' भी प्राणिवाची संज्ञा के साथ ही सहभावी है। पर यहाँ 'क्रिया' और 'विशेषण' दोनों ही अप्राणिवाचक संज्ञा के लिए प्रयुक्त हुए हैं। फलतः 'विचलन' उभरा है। पर लिविन इस प्रकार के 'विचलन' को 'अस्वीकार्य विचलन' (अन-ऐक्सेप्टेबल) जैसा नाम देने से रह गए हैं। वस्तुतः इस प्रकार के विचलन का आधार 'अस्वीकार्यता' ही है, जिसका स्तर मुख्यतः अर्थ का स्तर है।

2.4.1.6.1.8.1.5. अर्थ-स्तर

लिविन ने रॉबर्ट लॉवेल की कविता 'सेलिंग होम फ्रांस रेपेलो' का उदाहरण देते हुए कथ्यगत विचलन को स्पष्ट करने का प्रयास किया है। इस कविता के पूर्वार्ध में लॉवेल यह बताता है कि किस प्रकार भूमध्यसागर की तटरेखा जीवंत (गर्म) और सरसब्ज (हरी-भरी) थी, जबकि इटली से उसकी मां के शव को दफनाने लाने के लिए जलपोत (जहाज) चला था। पर कविता के उत्तरार्ध में नये इंगलैण्ड में पारिवारिक षड्यंत्र के ठण्डे अंधेरे का वर्णन आता है। लिविन के अनुसार इस मोड़ की पंक्तियों में कथ्यगत विचलन उपस्थित होता है।

यहाँ अर्थ-स्तर से लिविन ने आंतरिक और बाह्य विचलन के उदाहरण नहीं दिये हैं। पर जहाँ अर्थ अस्वीकार्यता पर आधारित हो वहाँ बाह्य विचलन माना जाएगा। हिन्दी से उदाहरण लें, तो 'निसि-दिन बरसत नैन हमारे' में जो 'नैन के बरसने' और रात-दिन बरसते रहने की उक्ति है यह सामान्य भाषिक मानक से अतिक्रमित है। फलतः यह अस्वीकार्य है। अतः यहाँ बाह्य विचलन है। पर जहाँ पाठ या कविता में प्रयुक्त अर्थ-कोटियों के मानक का अतिक्रमण होगा वहाँ आंतरिक विचलन उपस्थित होगा। उदाहरण के लिए यदि किसी कविता में 'विरोधी अर्थवत्ता' जैसी अर्थ-कोटि का आंतरिक मानक स्थापित हो चुका है और वहाँ अंत में यदि इस स्थापित मानक के विरुद्ध कवि 'पर्यायी अर्थवत्ता' जैसी अर्थ-कोटि का प्रयोग कर देता है, तो मानक से अन्तरण उपस्थित होता है। फलतः यहाँ अर्थ-स्तर का आंतरिक विचलन उपस्थित हो पड़ता है।

लिविन ने यद्यपि विचलन के आंतरिक और बाह्य जैसे दो प्रकार स्पष्ट किये हैं, तथापि मेरी दृष्टि में आंतरिक विचलन को विपथन (Deflection) नाम से अलग प्रकार के रूप में ग्रहण करना ही अधिक उपयुक्त है। इसके अंतर्गत व्याकरणिक मानक को छोड़कर काव्यशास्त्रीय मानक या काव्य नियमों के मानक, विधागत मानक, रचनाकार के मानक और पाठ या रचना-विशेष के मानक से होने वाले अतिक्रमण का एकत्र अन्तर्भाव हो जाता है।

2.4.161.8.2. ज्योफ्री एन. लीच द्वारा निर्दिष्ट विचलन के प्रकारः

2.41.6.1.8.2.1 पूर्ववर्ती प्रकार–निर्देशः

लीच ने अपने पूर्ववर्ती चिन्तन (1969) में विचलन के निम्नलिखित प्रकारों का निर्देश किया था–

2.4.16.1.8.2.1.1. शाब्दिक (Lexical) विचलन

2.4.16.1.8.2.1.2. व्याकरणिक (Grammatical) विचलन

2.4.16.1.8.2.1.3. स्वनवैज्ञानिक (Phonological) विचलन

2.4.16.1.8.2.1.4. लेखिम-वैज्ञानिक (Graphological) विचलन

2.4.16.1.8.2.1.5. अर्थीय (Semantic) विचलन

2.4.16.1.8.2.1.6. विभाषिक (Dialect-based) विचलन

2.4.16.1.8.2.1.7. प्रयुक्तिमूलक (Register-based) विचलन

2.4.16.1.8.2.1.8. ऐतिहासिक कालमूलक (Historical period-based) विचलन।

इनमें एक से पांच तक के पहले पांच प्रकार मूलतः भाषिक स्तर पर आधारित हैं। अतः इन्हें प्रकार के रूप में ग्रहण करना संभव नहीं है। प्रकार के सन्दर्भ में इनका निर्देश भ्रान्ति की सृष्टि अधिक करता है। शेष छह से आठ संख्या तक के अन्तिम तीन प्रकार मूलतः लिविन द्वारा निर्दिष्ट आंतरिक (Internal) विचलन की कोटि में आ जाते हैं। वैसे इन्हें विपथन (Diflection) की संकल्पना के अन्तर्गत ग्रहण किया जा सकता है। लीच ने जहाँ अपने द्वारा निर्दिष्ट पूर्व पांच प्रकारों को भाषिक स्तरों पर आधारित किया है वहाँ उसने प्रोक्ति (Discourse) स्तर या वाक्यातीत (Beyond-Sentence) स्तर का कोई उल्लेख नहीं किया है। पर उसके अन्तिम तीन प्रकार प्रोक्ति के विचलन के तहत परिगणित हो सकते हैं।

2.4.16.1.8.2.2. परवर्ती प्रकार–निर्देश

लीच ने अपने परवर्ती चिन्तन (1985) में विचलन के तीन प्रकारों का विवेचन किया है : 1. प्राथमिक विचलन (Primary Deviation), 2. द्वितीयक विचलन (Secondary Deviation) और 3. तृतीयक विचलन (Teritary Deviation)।

2.4.16.1.8.2.2.1. प्राथमिक विचलन

प्राथमिक विचलन दो रूपों में उपस्थित होता है–1. जहाँ भाषा किसी चयन को अनुमत करती है, पर कवि सामान्यतः इस निर्धारित श्रेणी के बाहर जाकर प्रयोग करता है। इसके अन्तर्गत 'सन्निधानात्मक विचलन' को लिया जाता है। 2. जहाँ भाषा किसी चयन को तो अनुमत करती है, पर कवि स्वतः चयन की इस मुक्तता को अस्वीकार करता हुआ किसी विशेष भाषिक एकक का प्रयोग क्रमिक, आवर्तित स्थितियों में कर डालता है। इसके अन्तर्गत 'समान्तरता' को लिया जाता है। लीच ने इस प्रकार-भेद

को स्पष्ट करते हुए लिखा है कि संक्षेप में विचलन असामान्य अनियमितता (Abnormal Irregularity, Hyperbeton) अथवा असामान्य नियमितता (Abnormal regularity) के रूप में स्वरूपित हो सकता है।

2.4.1.6.1.8.2.2.2. द्वितीयक विचलन

द्वितीयक विचलन में सामान्य तौर पर भाषिक अभिव्यक्ति के निश्चित-निर्धारित मानकों से अतिक्रमण नहीं होता, बल्कि साहित्यिक रचना के मानकों से, काव्यात्मक सिद्धान्त से अतिक्रमण होता है। इस मानक में रचनाकार-विशेष और विधा-विशेष के मानकों का भी समावेश होता है। इसे परम्परा से होने वाले विचलन (Conventional Deviation) के अथवा विफलीकृत प्रत्याशा के रूप में भी अभिहित किया जाता है। इसके उत्कृष्ट उदाहरण 1. छान्दस् वैविध्य और 2. 'एनजैबमेंट' अथवा 'रन ऑन लाइन्ज' के उदाहरण हैं। 'एनजैबमेंट' में छान्दस् और वाक्यीय इकाइयों के बीच अनुरूपता का अभाव होता है। यदि किसी पंक्ति का समापन उस बिन्दु पर हो जाए जहाँ किसी प्रकार का प्रमुख व्याकरणिक सीमान्त नहीं हो, तो वहाँ 'एनजैबमेंट' का दृष्टान्त सामने आता है। हिन्दी में 'निराला' अपनी कविता में इस प्रकार के विचलन के स्रष्टा हैं।

यहाँ यह तथ्य ध्यान देने योग्य है कि जो भाषिक एकक प्राथमिक विचलन के स्तर पर विचलित है वही द्वितीयक विचलन के लिए मानक के रूप में प्रस्तुत हो सकता है। इस रूप में कविता में विभिन्न स्तरों के विचलन क्रियाशील देखे जा सकते हैं। जैसे द्वितीयक विचलन मानक के रूप में प्राथमिक विचलन की अपेक्षा रखता है वैसे ही तृतीयक विचलन भी मानक की पृष्ठभूमि में स्वरूपित होता है।

2.4.1.6.1.8.2.2.2. तृतीयक विचलन

तृतीयक विचलन वह विचलन है जिसमें पाठ के आन्तरिक मानक से विचलन होता है। यही कारण है कि इसे 'आन्तरिक विचलन' के नाम से भी जाना जाता है। द्वितीयक विचलन की ही तरह इसके मूल में भी एक प्रकार की 'विफलीकृत प्रत्याशा' क्रियाशील होती है। यहाँ ऐसी प्रत्याशा का विफलीकरण होता है, जो प्रत्याशा पाठ/ कविता में पूरी तरह स्थापित हो चुकी होती है। पर प्राथमिक और द्वितीयक विचलन के विपरीत तृतीयक या आन्तरिक विचलन एक ऐसा गतिशील 'फेनोमेनन' है, जो अपने पूर्व पाठ और पूर्व सन्दर्भ के व्यतिरेक में भी अपनी पहचान बना पाता है। इसलिए जो भाषिक तत्त्व आन्तरिक विचलन के रूप में एक बिन्दु पर उपस्थित होता है वह और कहीं नहीं उपस्थित हो सकता है। तथ्य यह है कि इस प्रकार का विचलन प्राय: चरम-सीमा के बिन्दु को संकेतित करता है। कवि शैले के 'ओड' में जहाँ पूर्व पर्यवेक्षित शब्द-वाक्यात्मक समान्तरता के साँचे से सहसा नाटकीय परिवर्तन होता है, वहीं मुक्तिबोध की 'भूल गलती' कविता में मानक के बतौर अपनी स्थापित उर्दू-फारसी

बहुल शब्द-संरचना से अन्त में आकर अचानक नाटकीय रूप में संस्कृत तत्सम शब्द-संरचना में परिवर्तन घटित होता है। 'ओड' का अन्तिम चरण 'If' क्लॉज से आरम्भ होता है:

"If I were a dead leaf.....

If I were a Swift cloud"

पर इसकी चरम-सीमा इस चरण की ग्यारहवीं-बारहवीं पंक्तियों में उपस्थित होती है जहाँ इस बिन्दु तक चार अतिशय जटिल वाक्य-रचनाओं के बाद तीन लघु-लघु वाक्य केवल दो पंक्तियों में उपस्थित हो पड़ते हैं:

"Oh, lift me as a wave, a leaf, a cloud!

I fall upon the thorns of life! I bleed!"

कहना न होगा कि यहाँ आकर वाक्य-रचनात्मक स्तर पर प्रत्याशा विफलीकृत हो जाती है। पर यह वाक्य-रचना उसी 'फेनोमेनन' का छान्दस् उदाहरण है। एक लगातार छान्दस् वैविध्य के बाद ये पंक्तियां 'इयाम्बिक' (iambic) लय के प्रति और पंक्ति-सीमान्त तथा वाक्य-सीमान्त—दोनों के बीच के जोड़ के प्रति वापस मुड़ती हैं। इस प्रकार जो द्वितीयक विचलन के मानदंड के रूप में सामान्य है वह तृतीयक विचलन के मानदंड के अनुरूप विचलित सिद्ध होता है।

इसी प्रकार मुक्तिबोध की 'भूल-ग़लती' कविता, जो आरंभ से ही लगातार उर्दू-फारसी शब्द-संरचना को लेकर चलती है—

"भूल-गलती

आज बैठी है ज़िरह बख़्तर पहन कर तख़्त पर दिल के

चमकते हैं खड़े हथियार उसके दूर तक;

आंखें चिलकती हैं नुकीले तेज़ पत्थर-सी;

खड़ी हैं सिर झुकाये

सब कतारें

बेजुबां, बेबस सलाम में,

अनगिनत खम्भों व मेहराबों—थमे

दरबारे-आम में।"—अन्त की तीन पंक्तियों में आकर नाटकीय रूप में तत्सम शब्द-रचना में परिवर्तित हो जाती है—

"संकल्पधर्मा चेतना का रक्तप्लावित स्वर

हमारे ही हृदय का गुप्त स्वर्णाक्षर

प्रकट होकर विकट हो जाएगा!!''–यहाँ यह रूपान्तरण केवल रूपात्मक नहीं रहकर संवेदनात्मक और सोद्देश्यतापरक सिद्ध होने लग जाता है।

इस आंतरिक विचलन का एक महत्त्वपूर्ण प्रभाव यह होता है कि यह किसी ऐसे भाषिक एकक को अपने पूर्व सन्दर्भ की–जो अपने-आप में संदर्भविहीन और घिसा-पिटा प्रतीत हो सकता है–विरोधिता में आश्चर्यजनक रूप में साभिप्राय और अभिव्यंजनात्मक बना देता है।

2.4.1.6.1.8.3. लोमैन द्वारा निर्दिष्ट विचलन के प्रकार

लोमैन ने विशद वाक्योक्ति (Macro Syntagm) को केन्द्र में रखकर विचलन का प्रकार-निर्देश किया है। पहले विशद वाक्योक्ति को उसने तीन भागों में वर्गीकृत किया है–1. उद्‌गारपरक, 2. वाक्यपरक और 3. सम्बोधनपरक। पुन: वाक्यपरक के उसने दो भेद किये हैं–1. वाक्यांश और 2. वाक्य। उसके द्वारा निर्दिष्ट विचलन-प्रकारों में 1. वाक्यांशपरक विचलन, 2. अपूर्ण वाक्य-परक विचलन, 3. पूर्ण वाक्य-परक विचलन–3.1. अप-गठित वाक्य-परक विचलन और 3.2. सु-गठित वाक्य-परक विचलन विचारणीय हैं।

2.4.1.6.1.8.3.1. वाक्यांशपरक विचलन

विचलन का यह प्रकार वहाँ उपस्थित होता है जहाँ मुख्य उपवाक्य में सकर्मक क्रिया का अभाव होता है।

2.4.1.6.1.8.3.2. अपूर्ण वाक्यपरक विचलन

जब वाक्य के अन्त में सन्दर्भत: प्रासंगिक अंग का अभाव होता है तब अपूर्ण वाक्यपरक विचलन उपस्थित होता है।

2.4.1.6.1.8.3.2. पूर्ण वाक्यपरक विचलन:

पूर्ण वाक्यपरक विचलन अप-गठित वाक्यों में तथा अस्वीकार्य सुगठित वाक्यों में स्वरूपित होता है।

2.4.1.6.1.8.3.2.1. अप–गठित पूर्ण वाक्यपरक विचलन

इस प्रकार का विचलन अपवाक्यों (Anacolutons), वाक्यस्तरीय आत्म-संशोधनों, वाक्यांश के संरचनात्मक प्रासंगिक अंशों के अध्याहारों, पूर्ण हो चुके वाक्यों के अनपेक्षित अभिवर्धनों और क्रमभंगों के जरिये स्वरूपित होता है।

2.4.1.6.1.8.3.2.2. सुगठित वाक्यपरक विचलन

सुगठित वाक्यों में सहायता के मापक्रम के आधार पर स्वीकार्यता निर्धारित होती है। व्याकरणिक दृष्टि से सुगठित होकर भी वाक्य अस्वीकार्य हो सकते हैं। ऐसी अस्वीकार्यता के उभरने पर सुगठित वाक्यपरक विचलन उपस्थित होता है।

लोमैन ने जहाँ अपने विचलन-प्रकारों को वाक्य-स्तर को केन्द्र में रखकर निर्दिष्ट किया है वहाँ वह वाक्येतर विचलन को रेखांकित नहीं कर सका है। दूसरे, उसने सुगठित वाक्यपरक विचलन को वाक्य-स्तर का विचलन माना है। पर अस्वीकार्यता से संबंद्ध होने के कारण यह वाक्य से अधिक अर्थ-स्तर का विचलन हो जाता है।

2.4.1.6.1.8.4. वान पिअर द्वारा निर्दिष्ट विचलन के प्रकार

वान पिअर ने अपनी पुस्तक 'स्टायलिस्टिक्स ऐंड साइकोलॉजी: इनवेस्टिगेशन ऑव फ़ोरग्राउंडिंग' में विचलन के तीन प्रकारों का निर्देश किया है। उसने लिविन के बाह्य विचलन के दोनों प्रकारों को स्वतंत्र रूप में उपस्थित किया है तथा आन्तरिक विचलन की अस्मिता को भी स्वीकार किया है। इस प्रकार उसके द्वारा निर्दिष्ट विचलन के प्रकार क्रमशः 1. आन्तरिक विचलन, 2. सुस्पष्ट विचलन और 3. सांख्यिकीय विचलन जैसे प्रकार हैं। यद्यपि उसने स्वयं कविता के विश्लेषण-संदर्भ में इन तीनों प्रकार के विचलन को रेखांकित-विवेचित किया है, पर सांख्यिकीय विचलन की सीमा उसको अच्छी तरह विदित है। तभी वह कहता है कि "The statistical data can only tell us part of the importance of a particular pattern of prominency; its relevance in the total organization of the work cannot be revealed by numerical data alone; the study of foregrounding must include other factors as well."[1] अर्थात् सांख्यिकीय आंकड़े किसी विशिष्ट 'पैटर्न' या उदग्रता के महत्त्व को हमें आंशिक रूप में ही बता सकते हैं। (सो) कृति की पूरी संघटना में इसकी प्रासंगिकता को केवल सांख्यिकीय आंकडों के द्वारा उद्घाटित नहीं किया जा सकता है। अग्रप्रस्तुति के अध्ययन में दूसरे अवयवों का समावेश अनिवार्य है। पर वान पिअर यह नहीं समझ सका है कि सांख्यिकीयता अपने-आप में अध्ययन-विश्लेषण की पद्धति भर है, जिसका उपयोग 'विचलन' के सन्दर्भ में ही नहीं, 'समान्तरता' के सन्दर्भ में भी किया जा सकता है।

2.4.1.6.1.8.5. केटी वेल्स द्वारा निर्दिष्ट विचलन के प्रकार

केटी वेल्स ने 'विचलन' का प्रकार-निर्देश प्रत्यक्ष रूप में नहीं कर परोक्ष रूप में किया है। उसने 'विचलन' को स्वरूपित करने के क्रम में उसे जिन द्विकोटिक तत्त्वों पर निर्भर बताया है वे ही निर्भरता-परक कोटियां 'विचलन' का प्रकार बन जाती हैं। केटी वेल्स लीच से सहमत दीखता है तथा 'विचलन' को **नियमों के उल्लंघन** तथा **नियमों के अधिप्रयोग**–दोनों ही में स्वरूपित करता है। अतः केटी वेल्स के अनुसार विचलन के दो प्रकार हैं[2]

---

1. विल्ली वान पिअर, स्टायलिस्टिक्स ऐंड सायकोलॉजी : इन्वेस्टिगेशन ऑव फोरग्राउंडिग (लंडन : क्रूम हेल्म, 1986), पृष्ठ 18
2. केटी वेल्स, डिक्शनरी ऑव स्टायलिस्टिक्स (लंडन : लौंगमैन, 1989), पृष्ठ 116-117

1. नियमोल्लंघक विचलन और 2. नियमाधिप्रयोगी विचलन।

2.4.1.6.1.8.5.1. नियमोल्लंघक विचलन

यह विचलन लिविन द्वारा निर्दिष्ट सुस्पष्ट, सांख्यिकीय और आन्तरिक—तीनों प्रकार का विचलन है, जहाँ मानक से अतिक्रमण किया जाता है। वेल्स मानक को सापेक्ष अवधारणा के रूप में स्वीकार करता है तथा बताता है कि विचलन कभी सम्पूर्ण भाषा की मानकीय पृष्ठभूमि में अव्याकरणिक रूपों में उपस्थित होता है, तो कभी मानक भाषा की पृष्ठभूमि में विभाषिकीय रूप में सामने आता है और कभी गद्य के मानक को तोड़ता हुआ उपस्थित होता है। वह साहित्यिक मानक की भी बात करता है तथा मानक की अनेकता का पक्ष ग्रहण करता है। यद्यपि वह स्वीकार करता है कि रोज़मर्रे की वार्तालापीय भाषा को प्रायः मानक के रूप में मान्यता प्राप्त है, फिर भी वह प्रस्तावित करता है कि मानक और विचलन के सन्दर्भ में किसी 'माप' या अनुपात के रूप में सोचना अधिक बेहतर होगा।

2.4.1.6.1.8.5.2. नियमाधिप्रयोगी विचलन

केटी वेल्स के अनुसार यह विचलन वहाँ स्वरूपित होता है जहाँ नियमों के उल्लंघन की जगह नियमों का अधिरोपण या अधिप्रयोग होता है। ऐसी स्थिति में सांख्यिकीय असामान्यता प्रयोग की आवर्तिता के कारण उपस्थित होती है। मूलतः यह 'समान्तरता' (Parallelism) की स्थिति है। पर वेल्स लीच की तरह 'समान्तरता' को भी 'विचलन' के 'छत्रपद' में अन्तर्भावित कर लेता है। वेल्स इस अधिप्रयोगी विचलन के उदाहरण में निम्नलिखित वाक्य उद्धृत करता है—"This is the dog **that** worried the cat **that** ate the rat **that** ate the malt....etc."[1] यहाँ तक तो किसी तरह ठीक है। पर आश्चर्य तो तब होता है जब वेल्स इसी अतिप्रायोगिक, आवर्तक प्रयोग वाले उदाहरण को **'विपथन'** (Deflection) का भी उदाहरण बना डालता है और बिना पाठीय मानक की पृष्ठभूमि का उल्लेख किये अथवा बिना आन्तरिक सन्दर्भ की चर्चा किये सीधे यह कह डालता है कि—"Halliday (1971) calls this category deflections."[2] मेरी दृष्टि में वेल्स का ऐसा घोषित करना सर्वथा अनुचित ही नहीं, साहित्यिक बे-ईमानी भी है। हैलीडे 'विपथन' (Deflection) की संकल्पना वहाँ करता है जहाँ कोई भी भाषिक एकक अपने पाठ के आंतरिक मानक से अन्तरण करता है, वहाँ नहीं जहाँ पाठ का कोई भी भाषिक एकक अपने प्रयोग में अतिशय बारम्बारी (Excessive recurrent)अभिलक्षण दिखाता है। रिफ़ेतेअर ने भी इसे शैलिकीय सन्दर्भ के रूप में रेखांकित करते हुए स्पष्ट किया है कि इसका निर्माण पाठ के भाषिक ढांचे को किसी अप्रत्याशित एकक या तत्त्व के द्वारा सहसा तोड़ दिये जाने से होता है। रिफ़ेतेअर हैलीडे

---

1. केटी वेल्स, डिक्शनरी ऑव स्टायलिस्टिक्स (लंडन : लौंगमैन, 1989), पृष्ठ 117
2. वही

के 'विपथन' को 'शैलिकीय सन्दर्भ' मानता है:

"The stylistic context is a linguistic pattern suddenly broken by an element which was unpredictable and the context resulting from this interference is the stylistic stimulus."[1] अतः केटी वेल्स की इस भ्रान्ति से शैली-विश्लेषक को सावधान रहने की अपेक्षा है।

2.4.1.6.1.8.6. विद्यानिवास मिश्र द्वारा निर्दिष्ट विचलन के प्रकार

विद्यानिवास मिश्र ने अपनी पुस्तक 'रीतिविज्ञान' में काव्यभाषा के गठन के सन्दर्भ में साभिप्राय विचलन के कई प्रकारों का उल्लेख किया है। यूँ लेखक ने 'प्रकार' शब्द की जगह 'स्तर' का प्रयोग किया है—"विचलन की अभिव्यक्ति कई स्तरों पर देखी जा सकती है।" पर हैं ये 'प्रकार' ही, जो मूलतः वाक्य जैसे भाषिक स्तर पर क्रियाशील हैं। लेखक यदि 'विचलन' को भाषा के अन्य स्तरों के सन्दर्भ में उजागर नहीं कर पाता है, तो इसके मूल में उसकी यह मान्यता विद्यमान दीखती हैं, "वस्तुतः विचलन मुख्यतः सर्जनात्मक कृति के निजी वाक्यविन्यास का ही एक आवश्यक उपकरण है।"[2]

विद्यानिवास मिश्र ने विचलन के चार प्रकार निर्दिष्ट किये हैं—1. क्रमभंगपरक विचलन, 2. समनुहार (Agreement of Category) भंगपरक विचलन, 3. स्थानापन्नता-परक विचलन और 4. सतही तौर पर वाक्य के अधूरेपन से उत्पन्न विचलन।

2.4.1.6.1.8.6.1. क्रमभंगपरक विचलन

वाक्य में जब कर्ता, क्रिया, कर्म की मानक क्रम-संरचना को तोड़ते हुए किसी अपेक्षित कोटि को पहले, मध्य में या बाद में कर दिया जाता है तब इस प्रकार का विचलन उपस्थित होता है। यहाँ जिस शब्द को अनपेक्षित रूप में पहले लाया जाता है उसे शिवेन्द्र के० वर्मा की भाषा में 'शीर्षित' (Topicalized) कर दिया जाता है।[3] इसकी सोद्देश्यता ध्यान के केन्द्र में शब्द को स्थापित करने की होती है।

2.4.1.6.1.8.6.2. समनुहारभंगपरग विचलन

जब वाक्य में प्रत्याशित समनुहार टूटता है; वचन, पुरुष, लिंग, काल आदि की अन्विति टूटती है, तब इस प्रकार का विचलन सामने आता है। उदाहरण के लिए 'आज प्रथम पिक गायी पंचम' में इस प्रकार का विचलन सक्रिय है। यहाँ 'ने' और गाया' का समनुहार सोद्देश्य रूप में खण्डित हुआ है।

2.4.1.6.1.8.6.3. स्थानापन्नता-परक विचलन

इस प्रकार का विचलन तब उपस्थित होता है जब रचयिता एक कोटि के पद

---

1. रिफेतेअर, स्टायलिस्टिक कांटेक्स्ट, वर्ड-16 (1960), पृष्ठ 207
2. विद्यानिवास मिश्र, रीति विज्ञान (दिल्ली : राधाकृष्ण प्रकाशन, 1974), पृष्ठ 72

का प्रयोग दूसरी कोटि के पद के स्थान पर कर उठता है। इसकी सोद्देश्यता ऐसा करते हुए अर्थ को आकस्मिक मोड़ देने की रहती है। अंग्रेजी में डायलन थॉमस की प्रसिद्ध पंक्ति `He danced his did' और कमिंग्स की पंक्ति A grief ago' का विचलन इसी प्रकार का विचलन है।

2.4.1.6.1.8.6.4. वाक्य के अधूरेपन से उत्पन्न विचलन

इस प्रकार के विचलन में रचयिता वाक्य को सोद्देश्य और सारगर्भित रूप में अधूरा छोड़ देता है। हिन्दी से उदाहरण लें तो 'निराला' की 'नहीं छायादार पेड़ वह/जिसके तले बैठी हुई स्वीकार' अथवा भारती की 'अकस्मात् गीतों के मंडप की लहरी/फिर गहरा सन्नाटा हो जाना' जैसे वाक्यों में अधूरेपन से उत्पन्न विचलन दीख पड़ता है।

2.4.1.6.1.8.7. 'शीतांशु' द्वारा निर्दिष्ट विचलन के प्रकार

अब तक शैलीविदों द्वारा प्रस्तावित-निर्धारित विचलन के जितने प्रकारों पर विचार किया गया है वे प्रकार या तो भाषा के विभिन्न स्तरों पर आधारित हैं या विचलन के समांतर चलने वाले किसी अन्य अभिलक्षण पर आधारित हैं। इस रूप में विपथन (Deflection) के अभिलक्षण को लिविन द्वारा आन्तरिक विचलन (Internal Deviation) के रूप में प्रतिपादित किया गया है। एक अन्य प्रकार-निर्देश सांख्यिकीय विचलन (Statistical Deviation) का भी किया गया है। पर सांख्यिकीयता अपने-आप में एक पद्धति है, जिसके अन्तर्गत समांतरता, विचलन तथा अन्य अभिलक्षणों का आनुपातिक अध्ययन किया जा सकता है।

'शीतांशु' की दृष्टि में विचलन के कुछ ऐसे महत्त्वपूर्ण प्रकार हैं जिन पर अब तक किसी भी शैलीविद् द्वारा विचार नहीं किया जा सका है। ऐसे प्रकारों में 1. समांतरित विचलन (Parallel Deviation) और 2. विपथित विचलन (Deflected Deviation) जैसे प्रकार द्रष्टव्य हैं।

2.4.1.6.1.8.7.1 समांतरित विचलन

इसके पुन: दो प्रकार होते हैं–1. समतामूलक समांतरित विचलन और 2. विरोध मूलक समांतरित विचलता।

2.4.1.6.1.8.7.1.1 समतामूलक समांतरित विचलन

जब किसी भी पाठ या कविता में सुस्पष्ट विचलन–व्याकरणिक मानक का अतिक्रमण करने वाला विचलन--प्राप्त होता है, पर वह प्रायिकता और आवर्तिता में स्वरूपित होने लगता है तब ऐसी स्थिति में समांतरित विचलन उपस्थित होता है। यद्यपि यहाँ समांतरता और विचलन–दोनों की एकत्र स्थिति होती है, पर यहाँ मुख्य शैली-अभिलक्षण के बतौर विचलन ही अग्रप्रस्तुत होता है, समान्तरता विचलन की प्रकृति

को स्पष्ट करती होती है। समांतरित विचलन एक साथ भाषा के विशेष स्तर पर क्रियाशील हो सकता है और अलग-अलग भाषिक स्तरों पर भी अपनी सक्रियता दिखा सकता है। सूरदास का निम्नलिखित पद समान्तरित विचलन का सुन्दर उदाहरण है:

"अदभुत एक अनूपम बाग।

जुगल कमल पर गजवर क्रीड़त ता पर सिंह करत अनुराग।।"

भारतीय (संस्कृत) काव्यशास्त्र की दृष्टि से यह पूरा पद 'रूपकातिशयोक्ति' अलंकार का सुन्दर उदाहरण है। इसमें केवल उपमान का कथन किया गया है और उपमेय को निगरित कर लिया गया है। उपमेय को निगरित कर उपमान के द्वारा उसका अभेद-कथन करने के कारण जहाँ इस पद में रूपकातिशयोक्ति अलंकार का कौशल प्राप्त होता है वहीं अस्वीकार्यता के आधार पर अर्थ-स्तर का विचलन भी क्रियाशील दीखता है। दो कमलों पर श्रेष्ठ गज का क्रीड़ा करना और गज की क्रीड़ा पर सिंह का अनुरक्त होना सर्वथा अस्वीकार्य हैं। अतः यहाँ सुस्पष्ट विचलन की स्थिति है। पर उक्त पूरे पद में अर्थ की यह अस्वीकार्य संरचना बार-बार दुहरायी गयी है, जिससे समांतरता उत्सृजित हो उठी है। इस प्रकार इस पद में विचलन के साथ-साथ समांतरता की स्थिति भी प्राप्त होती है। पर समांतरता और विचलन दोनों में यहाँ प्रमुख अभिलक्षण विचलन का ही है। वही मुख्य रूप में अग्रप्रस्तुत है। समांतरता तो विचलन की स्वरूप-स्थिति को उजागर करती है। अतः यहाँ 'समांतरित विचलन' की स्थिति है। 'समांतरित विचलन' की यह स्थिति 'सांग रूपक' अलंकार में भी देखी जा सकती है, क्योंकि 'रूपक' की स्थिति जहाँ अस्वीकार्यता पर आधारित अर्थ-स्तरीय विचलन को उपस्थित करती है वहाँ 'सांगता' या 'सावयवता' आवृत्तिमूलक निरन्तरता के कारण 'समांतरता' को उजागर करती है। 'सांग रूपक' में जिस प्रकार रूपकत्व प्रमुख होता है और सांगता उसकी विशेष संरचना को दर्शाने वाली होती है उसी प्रकार यहाँ 'विचलन' प्रमुख होता है और 'समांतरता' 'विचलन' की प्रकृति को प्रकाशित करने वाली होती है। 'समांतरित विचलन' की ऐसी स्थिति में 'समांतरता' सदैव 'समतामूलक' रूप में उपस्थित होती है।

2.4.1.6.1.8.7.1.2. विरोधमूलक समांतरित विचलन

जब किसी पाठ या कविता में स्वरूपित होने वाला विचलन मानक से होने वाले अतिक्रमण के साथ-साथ समांतरता पर आधारित होता है और यह समांतरता समता पर आधारित न होकर विरोध पर आधारित होती है तब विरोधमूलक समांतरित विचलन उपस्थित होता है। इसके उदाहरण-स्वरूप 'साकेत' का निम्नलिखित काव्यांश द्रष्टव्य है:

"रुदन का हंसना ही तो गान।

गा-गाकर रोती है मेरी हृत्तंत्री की तान।।''

यहाँ मुख्य रूप में विचलन का अभिलक्षण ही अग्रप्रस्तुत है। रुदन के हंसने में अस्वीकार्यता है। फलतः अर्थस्तर का विचलन है। भारतीय काव्यशास्त्रीय दृष्टि में 'रुदन' का 'हंसना' में 'विरोधाभास' है। यहाँ भी 'विचलन' की स्थिति स्पष्ट है। इसी प्रकार 'हृत्तंत्री की तान के गा-गाकर रोने' में भी विरोधाभासी अस्वीकार्यता है। फलतः अर्थ-स्तर का विचलन है। पर यहाँ पहले वाक्यार्थ और दूसरे वाक्यार्थ की जो पारस्परिक प्रतीपार्थता है—'रुदन' के 'हंसने' के 'गान बन जाने' और 'हृत्तंत्री की तान के गा-गा कर रोने लग जाने' की प्रतीपार्थता—वह विरोधी समांतरता को जन्म देती है। अतः यहाँ विरोधमूलक समांतरित विचलन की स्थिति है।

2.4.1.6.1.8.7.2. विपथित विचलन

जब पाठ में या कविता में सुस्पष्ट विचलन—व्याकरणिक मानक से अतिक्रमण करने वाला विचलन—प्राप्त होता है, पर वहाँ वह रचनाकार की अपनी रचना के मानक का भी अतिक्रमण कर रहा होता है तब ऐसी स्थिति में विपथित विचलन उपस्थित होता है। यहाँ एक ओर विचलन (Deviation) की स्थिति होती है और दूसरी ओर विपथन (Deflection) की। पर नाभिकेन्द्रीय अभिलक्षण के रूप में विचलन ही सक्रिय होता है, वही प्रमुख होता है, विपथन तो विचलन की प्रकृति और स्थिति-मात्र को उजागर कर रहा होता है। इसका सुन्दर और समीचीन उदाहरण सर्वेश्वर का निम्नलिखित कवितांश है:

''चार नयन मुस्काये, खोये, भीगे फिर पथराये।

कितनी बड़ी विवशता जीवन की, कितनी कह पाये?''

यहाँ 'चार नयनों के मुस्काने, खोने, भीगने और पथराने' को संसक्त किया गया है। यहाँ मुस्काना, खोना, भीगना और पथराना—चारों क्रियाएं प्राणिवाची हैं, जो सीधे अंगी से जुड़कर ही सार्थक होती हैं, पर यहाँ उन्हें अंगी से न जोड़कर अंग से जोड़ा गया है। यही नहीं, अर्थ स्तर के विचलन के अतिरिक्त यह उपप्रोक्ति परिमाणसूत्र के खंडन के कारण प्रोक्ति-स्तरीय विचलन का भी उदाहरण बन जाती है। यहाँ 'नयन' कर्त्ता के साथ एक ही 'क्रिया' की अपेक्षा थी। पर कवि ने एक साथ चार-चार क्रियाओं का प्रयोग कर परिमाण-सूत्र के मानक का अतिक्रमण कर दिया है। फलतः परिमाण-सूत्र खंडित हुआ है और प्रोक्ति स्तर का विचलन उभरा है। यदि पूरी कविता में इस उप प्रोक्ति की स्थिति को देखें (दस पंक्तियों की कविता में नवीं पंक्ति) तो इस पंक्ति के अतिरिक्त शेष सभी पंक्तियों की संरचना में 'कितना/कितनी/कितने' का प्रयोग आरंभिक स्थिति में प्राप्त होता है—'कितना चौड़ा पाट नदी का', 'कितने खोये-खोये से हम', 'कितनी बहकी-बहकी सी', 'कितनी टूटी-टूटी सी', 'कितनी

सहमी-सहमी-सी', 'कितनी सिमटी-सिमटी सी', 'कितनी चुपचुप गयी रोशनी', 'कितनी सिहर-सिहर कर' और 'कितनी बड़ी विवशता'। कविता की यह नवीं पंक्ति ही ऐसी अकेली पंक्ति है, जिसके आरंभ में प्रश्नवाची सार्वनामिक विशेषण 'कितना/कितने/कितनी' का प्रयोग नहीं किया गया है। साथ ही यही वह अकेली पंक्ति है, जिसमें एक साथ ही क्रिया के चार-चार प्रयोग तक किये गये हैं, अन्यथा अधिकांश पंक्तियों में क्रिया का एक बार भी प्रयोग प्राप्त नहीं होता है, जहाँ कहीं क्रिया व्यवहृत हुई भी है वहाँ एक वाक्य में एक ही क्रिया का प्रयोग हुआ है। इस प्रकार कविता की यह नवीं पंक्ति पूरी कविता के मानक से दो कारणों से विपथित है। पहले तो इसके आरंभ में प्रश्नवाची सार्वनामिक विशेषण का प्रयोग नहीं किया गया है। दूसरे, इस एक वाक्य में लगातार चार-चार क्रियाओं के प्रयोग किये गये हैं। पहला विपथन वाक्य-संरचना के स्तर का है। दूसरा विपथन एक दृष्टि से वाक्य-संरचना के स्तर का है और दूसरी दृष्टि से प्रोक्ति के स्तर का। पूरी कविता के वाक्यों में या तो क्रियाहीनता का मानक है अथवा एक कर्त्ता एक क्रिया के समीकरण का मानक। इस मानक का अतिक्रमण कर एक कर्त्ता के साथ चार क्रियाओं का समीकरण उपस्थित करने के कारण यह वाक्य-संरचना के स्तर का विपथन है। इसी को यदि प्रतिज्ञप्तियों (Propositions) की दृष्टि से देखें, तो पूरी कविता में एक उपप्रोक्ति के साथ एक प्रतिज्ञप्ति का समीकरणात्मक संबंध ही सामने आता है। पर नवीं पंक्ति की उपप्रोक्ति चार प्रतिज्ञप्तियों का समीकरण उपस्थित करती है। फलतः यह कविता के प्रोक्ति-मानक से अंतरण करने के कारण प्रोक्ति स्तर पर विपथित हो जाती है। इस प्रकार यह उदाहरण विपथित विचलन का अत्यन्त सशक्त उदाहरण है—यद्यपि यहाँ विपथन वाक्य और प्रोक्ति दोनों ही भाषिक स्तरों पर उपस्थित होता है, तथापि केन्द्रीय अभिलक्षण के रूप में विचलन ही क्रियाशील रहता है। इस प्रकार विपथन विचलन को विशेषीकृत करता उसकी स्वरूप-स्थिति का उद्घाटन कर देता है।

2.4.1.6.1.8.8. प्रकार–विवेचनः ग्राह्य प्रकार

ऊपर विवेचित 'विचलन' के विविध प्रकारों पर विचार करने से लिविन, लीच, पिअर और वेल्स द्वारा निर्दिष्ट 'विचलन' के प्रकार अतिशयतावादी धारणा से अभिप्रेरित प्रतीत होते हैं। इन प्रकारों के निरूपण-क्रम में 'विचलन' को 'अग्रप्रस्तुति' के अभिलक्षण के रूप में ग्रहण करने की अपेक्षा समांतर संकल्पना के रूप में ग्रहण करने पर बल दीखता है। दूसरे, लीच द्वारा निर्दिष्ट पूर्ववर्ती प्रकार प्रायः भाषिक स्तरों पर आधारित हैं। ऐसी ही स्थिति लोमैन और विद्यानिवास मिश्र द्वारा निर्दिष्ट प्रकारों की भी है। इन दोनों के द्वारा निर्दिष्ट प्रकार वाक्य-स्तर पर आधारित हैं। पर इन प्रकारों की विशेषता यह है कि ये प्रकार प्रायः 'बाह्य विचलन' को ही 'विचलन' के रूप में स्वरूपित-प्रतिष्ठित करते हैं। मेरी दृष्टि में 'अग्रप्रस्तुति' के 'विचलन' जैसे अभिलक्षण को इस सीमा में

तिवेचित-निरूपित करना ही अधिक समीचीन है। अत: 'विचलन' का स्तर-स्पष्टीकरण 'विचलन' की इस वास्तविक इयत्ता के आधार पर किया जा रहा है। तथाकथित 'आन्तर विचलन' 'विपथन' के अन्तर्गत ही विवेचनीय है।

2.4.1.6.1.9. विचलन : स्तर–स्पष्टीकरण

2.4.1.6.1.9.1. ध्वनिस्तर:

जब शब्द-विशेष में मानक रूप में प्रयुक्त होने वाली ध्वनियां अपनी सामान्य व्यवहृति से भिन्न रूप में उपस्थित होती हैं तब वहाँ ध्वनिस्तरीय विचलन होता है। ''निराला'' की ''कुकुरमुत्ता'' की निम्नलिखित पंक्तियों में ''केपीटलिस्ट'' के प्रयोग में ध्वनिस्तरीय विचलन प्राप्त होता है:

''अबे, सुन बे, गुलाब,
भूल मत जो पायी खूशबू, रंगोआब,
खून चूसा खाद का तूने अशिष्ट,
डाल पर इतराता है केपीटलिस्ट।''

यहाँ कवि ने 'कैपिटलिस्ट' की आरम्भिक 'ऐ' और इसके बाद की 'इ' ध्वनि को, जो इस शब्द की मानक ध्वनियां हैं, विरूपित कर क्रमश: 'ए' और 'ई' में विचलित कर दिया है, जो यहाँ अत्यंत साभिप्राय रूप में उपस्थित हुई हैं। यहाँ इन ध्वनियों का साभिप्राय विचलन गुलाब के प्रति हिकारत-भरे व्यंग्य को निर्दिष्ट करता है। इसी प्रकार 'निराला' की 'मास्को डायलाग्स' की निम्नलिखित पंक्तियो में ध्वनिस्तरीय साभिप्राय विचलन प्राप्त होता है–

''–देखा उपन्यास मैंने,
श्रीगणेश में मिला–
पृय असनेहमयी स्यामा मुझे प्रैम है''

वहाँ 'प्रिय' की जगह 'पृय', 'स्नेहमयी' की जगह 'असनेहमयी', 'श्यामा' की जगह 'स्यामा' और 'प्रेम' की जगह 'प्रैम' लिखकर कवि ने व्यंजन 'र' से संयुक्त 'ई' की जगह 'ऋ' ध्वनि, 'स्ने' की जगह निषेधात्मक 'अ' और पृथक्-पृथक् 'स' तथा 'न' ध्वनि, तालव्य 'श' की जगह दन्त्य 'स' ध्वनि और 'ए' स्वर ध्वनि की जगह 'ऐ' स्वर-ध्वनि में अन्तरण किया है, जिससे ध्वनिस्तरीय विचलन उपस्थित हुआ है। इस विचलन की साभिप्रायता एक ओर गिडवानी जी के दरिद्र भाषा-ज्ञान का परिचय प्रस्तुत करना है, तो दूसरी ओर 'स्नेहमयी' के 'अस्नेहमयी' के प्रतिकूलार्थ में बदल जाने के व्यंग्य को भी रेखांकित करना है।

2.4.1.6.1.9.2. शब्द–स्तर

आधार भाषा में मानक रूप में व्यवहृत होने वाला शब्द जब विरूपित, विकृत होकर प्रयुक्त होता है तब वहाँ शब्दस्तरीय विचलन उपस्थित होता है। इस प्रकार किसी

मार्जित शब्द के विभाषिक रूप में भी वह विचलन रेखांकनीय होता है। 'निराला' की 'गर्म पकौड़ी' और 'प्रेम-संगीत' कविता में 'ब्राह्मण' जैसे मानक शब्द के लिए 'बम्हन' शब्द के व्यवहार में इसी स्तर का विचलन प्रस्तुत हुआ है। 'गर्म पकौड़ी' में कवि ने लिखा है:

"अरी, तेरे लिए छोड़ी

बम्हन की पकाई

मैंने घी की कचौड़ी"

यहाँ 'बम्हन' की साभिप्रायता विभाषिक प्रयोग के साथ-साथ कचौड़ी पकाने के व्यापार के साथ भी नियोजित है। निश्चय ही इस व्यापार के सम्पादन में 'ब्राह्मण' शब्द उपयुक्त और समीचीन नहीं ठहर पाता है। इसी प्रकार 'प्रेम-संगीत' में कवि लिखता है:

"बम्हन का लड़का

मैं उसको प्यार करता हूं।"

यहाँ भी 'ब्राह्मण' शब्द का मानक प्रयोग उपयुक्त नहीं ठहर पाता है। वस्तुत: 'ब्राह्मण' शब्द में जो ज्ञान और कर्म का प्रगुणात्मक उत्कर्ष है, उसको संचरित करना ऊपर के दोनों दृष्टांतों में से किसी में कवि का अभीष्ट नहीं है। उसका अभिप्रेत तो 'बम्हन' के विचलित प्रयोग के द्वारा उसका मात्र जातिगत अर्थ सम्प्रेषित करना है। यह साभिप्रायता दोनों ही कविताओं में सुरक्षित है।

2.4.1.6.1.9.3. रूप–स्तर

जब रूप-स्तर पर भाषा में किसी प्रकार का अध्याहार हो अथवा किसी स्वीकृत मानक रूप की जगह उसका कोई ऐसा दूसरा स्थानापन्न आ जाए, जो विहित नहीं हो, तो वहाँ इस स्तर का विचलन उपस्थित होता है। व्याकरणिक कोटियों से सम्बद्ध ऐसी प्रत्येक अध्याहृति या स्थानापन्नता रूपस्तरीय विचलन को जन्म देती है। 'निराला' की 'प्यासों मरने वाली मृग की मरीचिका है' और 'शाख-शाख किसलयों तुली है'–जैसी पंक्तियां रूपस्तर के अध्याहृत विचलन का उदाहरण हैं : 'प्यास (से) मरने वाली' और 'किसलयों' (से) तुली' इस विचलन की साभिप्रायता 'प्यास' और 'किसलय' की असीमता और असंख्यता का, उसके बहुवचनत्व का द्योतन करने में निहित है। 'से' का प्रयोग करने पर बहुवचनत्व का यह काम्य द्योतन संभव नहीं था। इसी प्रकार अंग्रेजी 'फ्रेम' शब्द में अंग्रेजी 'ed' की जगह हिन्दी का 'इत' प्रत्यय लगाकर इसे 'फ्रेमित' बनाने में भी रूप-स्तर का विचलन क्रियाशील होगा।

2.4.1.6.1.9.4. वाक्य–स्तर

वाक्य-स्तरीय विचलन को लोमैन और उसके सहयोगियों द्वारा बृहद् वाक्यिम

(मैक्रोसिंटैग्ज) के किए गए दो अनुप्रकारों में रेखांकित किया जा सकता है। इनमें वाक्यांश और वाक्य के अनुप्रकार आते हैं।

2.4.1.6.1.9.4.1 वाक्यांश (फ्रैग्मेंट्स) गत विचलन

इस प्रकार का विचलन वहाँ होता है, जहाँ मुख्य वाक्य में सहायिका क्रिया का अभाव हो। इस प्रकार के साभिप्राय विचलन का उदाहरण 'राम की शक्तिपूजा' के निम्नलिखित अंशों में प्राप्त होता है–

"आज का तीक्ष्ण-शर-विधृत-क्षिप्रकर वेग-प्रखर
शतशेल-संवरणशील, नील नभ गर्जित-स्वर
प्रतिपल-परिवर्तित-व्यूह-भेद कौशल-समूह
राक्षस-विरुद्ध-प्रत्यूह, क्रुद्ध कपि-विषम-हूह
विच्छुरितवह्नि-राजीव-नयन हत-लक्ष्य-बाण
लोहितलोचन रावण-मदमोचन-महीयान"

इन पंक्तियों में पूरी तरह समापिका क्रिया का अभाव है। फलत: यहाँ 'वाक्यांशगत विचलन' (डिविएशन आव फ्रैग्मेंट्स) है।

2.4.1.6.1.9.4.2. वाक्यगत विचलन

वाक्यगत विचलन को अपूर्ण वाक्यगत विचलन और पूर्ण वाक्यगत विचलन दो रूपों में रेखांकित किया गया है।

2.4.1.6.1.9.4.2.1. अपूर्ण वाक्यगत विचलन

अपूर्ण वाक्यगत विचलन वहाँ होता है, जहाँ वाक्य के अंत में कोई संदर्भत: अपेक्षित अवयव अप्राप्त हो और उसके अभाव में वाक्य बाह्य संरचनात्मक स्तर पर अपूर्ण हो। जैसे–

"नहीं छायादार पेड़ वह,
जिसके तले बैठी हुई स्वीकार"

यहाँ 'स्वीकार' के बाद का अभीष्ट अन्त अप्राप्त है। न तो कवि ने 'स्वीकार' के बाद 'किए', 'करती' का प्रयोग किया है और न ही 'कर रही थी' का। यह अपूर्णता बाह्य संरचनात्मक स्तर की है। पर इसी विचलन से मजदूरनी की त्रैकालिक स्वीकारपरक स्थिति का बोध होता है। यहाँ 'स्वीकार' एक उद्भासक (फोकट) बन जाता है, जो मजदूरनी के कर्म, स्थिति सब-कुछ स्वीकारने का अर्थ-बोध कराने लगता है। यहाँ तक कि मजदूरनी के आत्मपक्ष में 'स्वीकार' का अभिप्राय ही इस सम्पूर्ण कविता का मूल अभिप्राय बन जाता है, जिससे उसके प्रति करुणा और उसकी सर्जक परिस्थितियों

के प्रति आक्रोश उत्पन्न होता है।

2.4.1.6.1.9.4.2.2. पूर्ण वाक्यगत विचलन

पूर्ण वाक्यगत विचलन के दो रूप होते हैं–इन्हें क्रमशः 2.4.1.6.1.9.4.2.2.1. विघटित वाक्य-रचना (इल-फॉर्म्ड सेंटेंस)-परक विचलन और 2.4.1.6.1.9.4.2.2.2. सुघटित वाक्य-रचना (वेल-फार्म्ड सेंटेंस)-परक विचलन कहा जाता है।

2.4.1.6.1.9.4.2.2.1. विघटित वाक्यरचना–परक विचलन

विघटित वाक्य-रचना-परक विचलन प्रमुखतः तीन रूपों में दृष्टिगत होता है, 1. क्रमभंग विचलन, 2. समनुहार-भंग विचलन और 3. वाक्य में अपेक्षित उपवाक्य या अंश का अध्याहार-परक या अध्याहृत विचलन।

2.4.1.6.1.9.4.2.2.1.1. क्रमभंगपरक विचलन

क्रमभंगपरक विचलन में आधारभाषा की मानक क्रम-नियोजन-पद्धति से अतिक्रमण किया जाता है। उदाहरणार्थ 'निराला' की 'मौन रही हार' कविता की तीसरी पंक्ति–'सब कहते श्रृंगार' ली जा सकती है। यहाँ 'सब' 'श्रृंगार' के सार्वनामिक विशेषण-रूप में व्यवहृत है। अतः मानक पद्धति पर इस क्रम-नियोजन को 'सब श्रृंगार कहते' के रूप में होना चाहिए था। पर कवि ने इस संयोजन–पद्धति से विचलन किया है और इसे विपर्यस्त रूप में उपस्थित किया है।

2.4.1.6.1.9.4.2.2.1.2. समनुहार–भंगपरक विचलन

समनुहार-भंगपरक विचलन वहाँ होता है जहाँ वाक्य में व्याकरणिक समनुहार (एग्रीमेंट), जो मानक के रूप में स्वीकृत-प्रचलित है, भंग हो उठे। दृष्टान्ततः 'निराला' की 'आज प्रथम गायी पिक पंचम' पंक्ति ली जा सकती है। यहाँ कारक और लिंग के वाक्यगत समनुहार की दृष्टि से विचलन हुआ है। इस पंक्ति को अपने समनुहारी रूप में 'आज प्रथम (बार) पिक ने पंचम गाया' होना चाहिए था। पर तब इस विचलित पंक्ति में जो कोमल और तीव्रतर संवेदना है, उसका पूरा अभाव हो जाता। इसकी जिस गूंज से बाद की पंक्ति में मरु, विपिन के मनोरम हो उठने की उक्ति कही गई है, वही निष्प्रभाव हो जाती।

2.4.1.6.1.9.4.2.2.1.3. अध्याहारपरक विचलन

अध्याहारपरक विचलन तब उपस्थित होता है जब वाक्य में अपेक्षित उपवाक्य या अन्य अपेक्षित अंश का अध्याहार कर दिया जाता है। उदाहरण के लिए 'निराला' की '(प्रिय) यामिनी जागी' और 'मौन रही हार' पंक्तियां ली जा सकती हैं! यहाँ पहली पंक्ति को अपनी मानकी पूर्णता में 'प्रिय (वह) यामिनी (भर) जागी (हुई है)' होना चाहिए था। ऐसा नहीं रहने से ही कुछ आलोचकों-पाठकों ने, जिनका प्रवेश इस वाक्य

की गहन-संरचना तक नहीं हो पाया, इसका अर्थबोध भ्रान्त रूप में 'रात्रि के जगने' से ले लिया। इसी प्रकार दूसरे वाक्य को अपने मानक के अनुरूप' (वह (हार) कर (मौन) हो रही' होना चाहिए था। पर यहाँ कवि ने 'वह', 'कर' और 'हो' का अध्याहार कर इसे विचलित रूप में प्रस्तुत किया, जिससे गहन संरचनात्मक स्तर पर अर्थ-पर-अर्थ की कई विच्छित्तियां उजागर हो सकीं।

2.4.1.6.1.9.4.2.2.1.3.1. विचलन में अध्याहार-प्राप्ति की समस्याएं

सेमुअल आर. लिविन ने 'सम यूसिज अॅव द ग्रामर इन पोयटिक एनालिसिस' नामक अपने शोध-पत्र में यह सिद्ध किया है कि अध्याहार के दो प्रकार होते हैं। पहला प्रकार तो सहज प्रकार होता है। यहाँ पाठक अध्याहार को सहज ही उपलब्ध कर लेता है, किन्तु दूसरा प्रकार वह है जहाँ अध्याहार को प्राप्त करने के लिए पाठक को अतिरिक्त प्रयास करना पड़ता है। लिविन ने इसी आधार पर इन्हें क्रमशः 1. उपलभ्य (Recoverable) और 2. अनुपलभ्य (Non-Recoverable) अध्याहार कहा है। लिविन ने डिकिंसन की कविता से तीन उदाहरण देते हुए इसे स्पष्ट किया है:

1. It's such a little thing to weep,
So short a thing to sigh,
And yet by trades the sighs of these,
We men and women die.

इस काव्यांश की दूसरी पंक्ति के आरम्भ में `It's' शब्द का अध्याहार हुआ है। इसी तरह तीसरी पंक्ति में `Die' और `We' शब्दों का अध्याहार हुआ है। ऐसे अध्याहार को उपलभ्य या प्रतिलभ्य अध्याहार के बतौर रेखांकित किया जाता है। इसे उपलब्ध करने में कठिनाई नहीं हुई है।

2. Not what we did shall be the test,
When act and will are done,
But what our lord infers we would,
Had we diviner been.

प्रस्तुत काव्यांश में अध्याहार तीसरी और चौथी पंक्तियों में हुआ है। इसकी तीसरी पंक्ति को गहन संरचना के अनुरूप इस प्रकार होना चाहिए था–But what our lord infers we would (have done) इसी प्रकार चौथी पंक्ति को इस रूप में होना चाहिए था–Had we diviner been (then we are divine) (Shall be the test) (When act and will are done).

यहाँ भी यदि तीसरी और चौथी पंक्ति के पुनः प्रतिष्ठित अंश पर ध्यान दें, तो प्रतीत होगा कि प्रतिलभ्यता की शर्तों को ये किसी-न-किसी रूप में पूरी करते हैं।

यही कारण है कि इन्हें यदि सहजतम नहीं, तो सहज रूप में अवश्य प्रतिलब्ध कर लिया गया है।

3. Follow wise orion,
Till you loose your eye,
Dazzingly Decamping,
He is just as high.

इस काव्यांश की तीसरी और चौथी पंक्ति में अध्याहार हुआ है, जिसे हम इस रूप में पुनः स्थापित कर पा सकते हैं–(Though he at that point is) Dazzingly Decamping. He is just as high (as he even wise).

यहाँ तीसरी और चौथी पंक्ति की प्रतिलभ्यता को देखने से यह पता चलता है कि यहाँ सहज प्रतिलभ्यता की शर्तों को परितुष्ट नहीं किया जा पा रहा है। वस्तुतः काव्यांश–तीन में तीसरी और चौथी पंक्ति के लिए जो प्रतिलभ्यता दिखाई गई है, वह कई रूपों में सामने आ सकती है। तीसरी पंक्ति की निम्नांकित प्रतिलभ्यता संभव है–

1. (At the point where He is) Dazzingly Decamping

अथवा 2. (Despite the fact that he is then) Dazzingly Decamping.

अथवा 3. (When he is) Dazzingly Decamping.

इसी तरह चौथी पंक्ति को निम्नलिखित रूप में पुनः स्थापित किया जा सकता है– 1. He is just as high (even though he does not appear to be) or 2. He is just as high as he was (as he was when you first looked at him) or 3. He is just as high (even though you don't think so).

यहाँ प्रतिलभ्यता की संभावनाएं और भी हैं। इस प्रकार हम पाते हैं कि काव्य-प्रोक्ति संख्या–एक और दो के अध्याहार सहज प्रतिलभ्य अध्याहार हैं, जब कि काव्य-प्रोक्ति संख्या–तीन का अध्याहार अप्रतिलभ्य अध्याहार है। यहीं यह बात भी स्पष्ट हो जाती है कि इन सभी स्थलों पर वास्तव में यह व्याकरण का व्यवहार ही है, जो हमें इस प्रकार का अन्तर करने की शक्ति मुहैया करता है।

लिविन कहता है कि डिकिंसन की सभी कविताओं की परीक्षा करते हुए उन्हें कई कोटियों में वर्गीकृत किया जा सकता है। एक कोटि उनकी वैसी कविताओं की हो सकती है, जिसमें कहीं अध्याहार या विलोपन नहीं है। पर पूरी तरह इसे नहीं माना जा सकता है। दूसरी कोटि उन कविताओं की होगी, जिनमें अध्याहार अनिवार्य रूप से प्रतिलभ्य है और तीसरी कोटि ऐसी कविताओं की होगी, जिनमें अनिवार्य रूप से अध्याहार अप्रतिलभ्य है। समीक्षक विभिन्न कवियों की तुलना करता हुआ उनके काव्यगत अध्याहारों को समझने और इससे उत्पन्न विभिन्न प्रकार की शैलियों को सूचीकृत करने की ओर भी ध्यान दे सकता है।

पर अप्रतिलभ्य अध्याहार और संक्षिप्ति की प्रक्रिया के बीच एक सह-सम्बन्ध होना चाहिए। यदि हम प्रतिलभ्य और अप्रतिलभ्य अध्याहारों की तुलना विभिन्न निर्वचनात्मक कौशल के दृष्टिकोण से करें, तो हम पायेंगे कि सहज प्रतिलभ्य अध्याहारों के सन्दर्भ में विलुप्त अंशों की आपूर्ति पाठ की समझ में हमें कुछ भी नया प्रदान नहीं करती है, जबकि दूसरी ओर अप्रतिलभ्य अध्याहारों के सन्दर्भ में ऐसी आपूर्ति कविता के कथ्य और मर्म के सम्बन्ध में कुछ न-कुछ अवश्य जोड़ती है। यहाँ यह अनिर्वचित सामग्री कविता की व्याख्या के लिए अनिवार्य भी बन जाती है। लेकिन अप्रतिलभ्य अध्याहार की प्रकृति ऐसी है, जिससे अध्याहृत विचलन वाले पाठ की विभिन्न व्याख्याएं संभव हैं। इस प्रक्रिया में जो भी भाषिक सामग्री हम आपूर्त्त करते हैं और जो भी अर्थायन और निर्वचन उस आपूर्त्त भाषिक सामग्री के आधार पर होता है वह वास्तव में उपलक्षित अथवा अनकहा अभिज्ञान होता है। अध्याहार बताता है कि यहाँ कथ्य का कोई अंश खोया हुआ है, पर यह अनुक्त अभिज्ञान नहीं है। यह तो रचना-प्रक्रियागत विचलित संक्षिप्ति और हमारी भाषिक समझ की प्रक्रिया में निहित है।

इस समस्या पर विचार करते हुए Richard Gunter ने अपने आलेख 'Sentence and Poem' में लिखा है कि अनुभवी पाठक को आसामान्य शब्द-क्रम से सामान्य शब्द-क्रम को प्रतिलभ्य करने की व्याकरणिक अपेक्षा की आवश्यकता नहीं पड़ती है। वह इसका सीधा प्रत्यक्ष कर लेता है। लेकिन कुछ कवि ऐसे होते हैं कि वे भाषिक घटकों के बीच तत्त्वों की हेराफेरी करते हैं, उनका क्रमांतरण और अध्याहार करते हैं। गुंटर ने Cummings की एक कविता का उदाहरण देते हुए उसके प्रतिलब्ध अंश को समीक्षित भी किया है। मूल कविता इस प्रकार है–

"Nonsun blob a
cold to
skylessness
Sticking fire

My are your
are birds our all
and one gone
away the they

Leaf of ghosts some
few creep there
here or on unearth."

आर्किबाल्ड ए.हिल ने इस कविता को निम्नलिखित रूप में प्रतिलब्ध किया था–

"Nonsun-(a) blob, cold fire, sticking to skylessness. The birds are mi/ne are your (s), are our (s).

They are one and all gone away.

Some few ghosts of leaf creep here or there on unearth."

यहाँ प्रतिलब्धता को प्राप्त करने के सन्दर्भ में विरामांकन को महत्त्व दिया गया है और शब्दों की पुनर्व्यवस्था को भी उपस्थित किया गया है।

सिर्फ My, Your और Our of को Mine Yours और ours में परिवर्तित किया गया है, जिसे हिल ने कोष्ठकों में रखा है। लेकिन यह एक अटल और अनम्य तथ्य है कि इस प्रतिलब्धता में कोई आशय या कोई अर्थवत्ता निहित नहीं है। यह सच है कि उनके द्वारा उपस्थित ऐसे सभी वाक्यांश जो एक समय में एक के हिसाब से लिए गए हैं, बोधगम्य हैं। हां, इस प्रतिलब्धता से पाठक के लिए यह अवश्य सुविधाजनक हो गया है कि वह प्रत्येक वाक्यांश की व्याकरणिक संरचना को ठीक-ठीक पहचान सके। लेकिन क्या सचमुच Cummings को भी यही अभिप्रेत था? क्या यहाँ हिल (Hill) प्रजनक व्याकरण के निहितार्थ (विवक्षा) को परोक्षित-सा करता नहीं दीखता है? हिल द्वारा प्रतिलब्धता की प्रक्रिया में कोई संसक्ति नहीं आ पाती है और संसक्ति के अभाव में कोई अर्थ भी स्पष्ट नहीं हो पाता है। यहाँ ध्यान देने से यह स्पष्ट हो जाता है कि Cummings की इस कविता में जो अध्याहारगत विचलन है और जिसे Hill ने प्रतिलब्ध करने की चेष्टा की है, उससे कोई निहित आशय इसलिए नहीं निकल पाता है, क्योंकि यहाँ जिस अप्रतिलब्ध कोटि का विलोपन या अध्याहार है, वहाँ तक हिल की पहुंच नहीं हो सकी है।

Richard Gunter ने विवेच्य कविता को इस रूप में प्रतिलब्ध करने का प्रयास किया है–

Nonsun blob, a cold fire sticking to skylessness,

Our (Your, My, The) birds are away,

They are one and all gone,

Some few ghosts of leaf creep there,

Here or there on unearth.

यथार्थतः यह रूपान्तरण हिल की प्रतिलब्धता से अलग है और इसमें कुछ शैलीगत विशेषताएं हैं। GUNTER के अनुसार इसकी दूसरी पंक्ति सभी पंक्तियों की मूल कुंजी है और सब से अधिक वह अन्तिम भाग, जो देर से शुरू होता है। इस प्रतिलब्धता में संसक्ति का पूरा ख्याल रखा गया है। इस कविता में 'Your', 'My' और 'The' की समांतरता है। ये सभी एक ही व्याकरणिक रूप में कार्य करते हैं। इनकी व्याख्या इस रूप में भी की जा सकती है–

अंग्रेजी Our = अंग्रेजी Your + My + The

Gunter ने यहाँ तिहरी व्यवस्था की खोज की है–

Nonsun	Yours Birds	There (One your nonsum)
(Expoet?)	My birds	Here (in my being)
Unearth	The birds	On unearth.

इस प्रकार यहाँ यह पूरा सन्दर्भ अग्रप्रस्तुत हो उठता है। वस्तुतः अप्रतिलभ्य अध्याहार वाले सन्दर्भ में जो प्रतिलब्धता उपस्थित की जाती है, उसके लिए भी भाषिक कौशल ही कार्य करते हैं। इन भाषिक कौशलों के रेखांकन से ऐसी प्रतिलब्धता प्राप्त हो जाती है। अप्रतिलब्ध स्थलों की आपूर्ति में जिस एक और बड़े तथ्य का ख्याल रखना पड़ता है, वह संसक्ति है। किसी भी प्रतिलब्धता को आपूर्त्त करते हुए इस ओर विश्लेषक का ध्यान जाना ही चाहिए।

हिन्दी में अनुपलभ्य अध्याहृत विचलन की इस उपलभ्यता का सुन्दर उदाहरण 'अज्ञेय' की निम्नांकित लघु कविता में द्रष्टव्य है–

जीवन–मर्म

"झरना :
झरता पत्ता
हरी डाल से
अटक
गया।"

इस कविता की सहज पाठ-प्रक्रिया में कविता को पढ़ते हुए ही यह स्पष्ट हो जाता है कि इसकी पहली पंक्ति अपूर्ण है, क्योंकि इसका अपेक्षित अंश अध्याहृत है। यहाँ सामान्य भाषा-व्यवहार स्थगित हो गया है। अतः भावक-विश्लेषक को इस अध्याहृत अंश को उपलब्ध करना होगा। वस्तुतः यहाँ जो बाह्य संरचनात्मक रूपांतरण हुआ है, उसकी गहन संरचना को उकेरने, प्राप्त करने की अपेक्षा है। एक ओर इस अध्याहृत विचलित संरचना की उपलभ्यता शेष वाक्यांश की सार्थकता से जुड़ी है, तो दूसरी ओर इस अध्याहृत विचलित संरचना के उपलब्ध होने पर ही शेष वाक्य के अध्याहृत अंश की उपलभ्यता सुकर हो जाती है। इस प्रकार अध्याहृत रूपांतरण से अस्तित्वमयी यह कविता अपनी पहली पंक्ति में वाक्य-स्तर के 'अपूर्ण वाक्यगत विचलन' का कौशल प्रस्तुत करती दीखती है।

डॉ० शीतांशु के अनुसार यहाँ पाठ-प्रक्रिया में भावक-विश्लेषक के लिए यह अपेक्षित है कि वह यह निर्णय करे कि यहाँ अपूर्ण वाक्यगत विचलन के अंतर्गत अध्याहार किस प्रकार का है:

(1) सहज उपलभ्य अध्याहार वाली वाक्य-संरचना का? अथवा

(2) अनुपलभ्य अध्याहार वाली वाक्य-संरचना का?

किसी भी रचना की गहन संरचना में जब कोई भी भाषिक एकक दो या अधिक बार आता है, पर बाह्य संरचना के स्तर पर वह एक ही बार अभिव्यक्ति प्राप्त कर पाता है, तो उसे सर्वाधिक रूप में उपलब्ध किया जा सकता है। यही उपलभ्य अध्याहृत विचलन वाली वाक्य-संरचना है। इसका सहज उपलभ्य अंश प्राय: निश्चित और निर्विवाद होता है। यहाँ अध्याहृत विचलन ऊपरी समांतरता प्रस्तुत करता लयवत्ता की सृष्टि तो कर सकता है, पर रचना की मूल सम्वेदना और समझदारी को प्रकट करने में अपनी भागीदारी या भूमिका नहीं निभा पाता है।

अनुपलभ्य अध्याहार वाली वाक्य-संरचना का महत्त्वपूर्ण पहलू यह होताहै कि यहाँ अध्याहृत संरचना की कोई एक निश्चित उपलभ्यता नहीं होती है, बल्कि इसकी कई संरचनाएं सामने आती हैं, जो अपने-अपने ढंग से अध्याहृत अंश को उजागर करती हैं। अत: यहाँ अध्याहृत अंशों की अनेक संभाव्य उपलभ्यता और निर्वचन की अनेकता को अनदेखा नहीं किया जा पाता है। आरंभ में यहाँ स्थिति अस्पष्ट और अनिर्दिष्ट-सी होती है कि इसमें से किसे ग्रहण किया जाए और किसे छोड़ा जाए? यहीं यह देखने की भी आवश्यकता पड़ती है कि अध्याहृत विचलित संरचना का कौन-सा रूप पाठ-विशेष की समझ को स्पष्ट करने में अपनी महत्त्वपूर्ण भूमिका अदा करता है और पाठ की मूलभूत संवेदना से संपर्कित दीखता है। साथ ही यहाँ यह भी विचार्य होता है कि अध्याहृत विचलित संरचना किस संभाव्य भाषिक एकक द्वारा उपलब्ध की जाती है। वस्तुत: रचनाकार बाह्य संरचना के स्तर पर कथ्य के जिस अनिवार्य अंश को अनकहा छोड़ देता है, उपलभ्यता उसी की या उसके आसपास की होनी चाहिए। अध्याहृत अंश को उपलब्ध करने की प्रक्रिया में इस ओर ध्यान रखना अत्यंत अपेक्षित होता है। एक तरह से अनुपलभ्य अध्याहार की स्थिति अनेकार्थता (Multiplicity of Meaning) की स्थिति की तरह होती है, जो वास्तव में वाक्य-संरचना के संभाव्य नियमों से कहीं भिन्न नियमों की अपेक्षा रखती है। अन्तर्हित गहन संरचना, जो अध्याहृत होती है, उसे यद्यपि कविता की पाठ-प्रक्रिया में उसके अन्वयन (Paraphrasing) की चेष्टा में अन्तर्बुद्धि के आधार पर भी प्राप्त किया जा सकता है, पर यह भावक की क्षमता पर निर्भर होता है। विचलन जैसे सर्जनात्मक भाषिक कौशल के निकष पर कसने से उसकी वस्तुनिष्ठ सम्पुष्टि हो जाती है। गहन संरचना की अनेकश: संभाव्य उपलभ्यता की स्थिति में वस्तुत: संदर्भ (Context) का सही रेखांकन ही वह केन्द्र बनता है, जो अध्याहृत विचलित अंश की अनेकता-उपलभ्यता को सीमित करता है। परिसीमित संदर्भ होने के बाद भी उपलभ्यता की एकाधिक संभाव्यता से इंकार नहीं किया जा सकता है।

'अज्ञेय' की प्रस्तुत लघु कविता अनुपलभ्य अध्याहृत वाक्य-संरचना का श्रेष्ठ उदाहरण है। इसके मूल में अध्याहृत विचलन का सर्जनात्मक कौशल क्रियाशील है। अत: बिना इसकी अनुपलभ्य गहन संरचना को उपलब्ध किये इसको समझने का प्रयास व्यर्थ होगा। एक आलोचक ने यद्यपि इस कविता की समझदारी को स्पष्ट करने का प्रयास किया है, पर उसने इसकी एकाधिक संभाव्य अध्याहृत विचलित संरचना को उपलब्ध करने की शर्त पूरी नहीं की है। फलत: वह इसकी साभिप्राय गहन संरचना को उजागर करने में पूरी तरह समर्थ नहीं हो सका है। उसके अनुसार, इस कविता की गहन संरचना को निम्नलिखित (एक) रूप में उपलब्ध किया जा सकता है :

'झरना अटक गया झरता पत्ता हरी डाल से अटक गया।'

इस गहन संरचना के अनुरूप उसने यहाँ 'झरना' को व्याकरणिक कर्त्ता के रूप में लिया है तथा 'झरता पत्ता' की अपनी क्रिया-सन्निधि की तरह ही इसे भी 'अटक गया' क्रिया के साथ जोड़ दिया है।[1]

मेरी दृष्टि में प्रस्तुत 'जीवन मर्म' कविता की गहन संरचना को निम्नलिखित कई संभाव्य रूपों में उपलब्ध किया जा सकता है:

1. (जीवन की नियति) झरना (है)
(जीवन) झरता पत्ता (है)
(पर देखो एक पत्ता)
हरी डाल से
अटक
गया (है)

2. (जीवन : एक) झरना
(ठहरा नहीं, बह गया)
(जीवन :) झरता पत्ता (भी)
(जो) हरी डाल से
अटक
गया।

---

1. रवीन्द्रनाथ श्रीवास्तव, 'काव्य-विश्लेषण और जीवन-मर्म', अज्ञेय : संपादक विश्वनाथ प्रसाद तिवारी (दिल्ली : नेशनल पब्लिशिंग हाउस, 1977), पृष्ठ 79

3. (यूँ तो सबको ही) झरना (है) :

(पर देखो, यह) झरता पत्ता

हरी डाल से

अटक

गया (है)।

4. झरना (ठहर गया) :

झरता पत्ता

हरी डाल से

अटक

गया।

5. (ऐसा/ऐसे) झरना :

(जैसे) झरता पत्ता

हरी डाल से

अटक

गया (है/हो)।

इस प्रकार विवेच्य कविता की अध्याहृत गहन संरचनाओं की उपलब्धि के आधार पर पांचों रूपांतरण अपने-आप में पूर्ण प्रतीत होते हैं। सहसा यह निर्णय करना कठिन लगता है कि इन उपलब्ध गहन संरचनाओं में से कौन-सा रूपांतरण कवि-संवेदन से एकतान है। वास्तव में कविता के पांचों रूपांतरणों के मूल में 'विरोधों के समेकन' का कौशल काम कर रहा है। पर इन रूपांतरणों की पारस्परिक तुलना करने से निम्नलिखित तथ्य स्पष्ट होते हैं–

1. रूपांतरण-संख्या 1, 2 और 5 में 'झरना' झरने की क्रिया (Verbal act) के अर्थ में प्रयुक्त है। यहाँ 'झरने' और 'अटकने' की प्रतिज्ञप्ति (Proposition) में विरोधिता है। 'झरने' और 'अटकने' की इस विरोधिता में विरोधी समांतरता के सहारे जीवन की नश्वरता पर अमरता को रेखांकित किया गया है।

2. रूपांतरण-संख्या 2 में 'बहता झरना' और 'अटकता पत्ता' सामान्य नश्वरता बनाम विशिष्ट अमरता के रूप में जीवन के दोनों पक्षों को तटस्थ तौर पर निर्दिष्ट करते हैं। पर यहाँ 'झरना' नामिक (Nominal) के रूप में व्यवहृत है, वह क्रियात्मक (Verbal) नहीं है।

3. रूपांतरण-संख्या 4 में भी 'झरना' नामिक (Nominal) के रूप में ही व्यवहृत है। यहाँ यह सम्प्रेषित होता है कि व्यक्ति की अमरता गतिशील समय को भी स्थिर कर देती है।

4. रूपांतरण-संख्या 1 में अध्याहृत गहन संरचना की उपलब्धि 11 संभाव्य शब्दों के सहारे हुई है, रूपांतरण-संख्या 2 और 3 में 9 संभाव्य शब्दों के सहारे। इसी प्रकार रूपांतरण-संख्या 4 और 5 में कम से कम 2/3 संभाव्य भाषिक एकक के सहारे गहन संरचना को उपलब्ध किया गया है।

5. 'झरना' इस कविता का श्लिष्ट या बह्वर्थी शब्द है। वह नामिक भी है और क्रियात्मक भी। अतः इस कविता की भाषिक संरचना दोनों दिशाओं में अपनी साभिप्रायता उजागर करती दीखती है। संदर्भ झरते पत्ते के अटकने का है, जो नामिक और क्रियात्मक—दोनों में जुड़ता लगता है।

6. इस काव्य-प्रोक्ति में 'विचलन' एक ओर वाक्य-स्तर पर अध्याहृत वाक्य-संरचना के कारण उभरता है, तो दूसरी ओर अर्थ-स्तर पर 'झरना', 'झरता पत्ता', 'हरी डाल' और 'अटक गया' के सामान्य अर्थ को अतिक्रांत कर इनके क्रमशः 'गत्यात्मक काल-प्रवाह', 'नश्वर मनुष्य', 'प्रेम/सेवा/कीर्ति-कर्म' के कारण 'चेतना के जीवंत आधार' और 'अमरता' के प्रतीयमान अर्थ के रूप में स्पष्ट होता है। यहाँ इसकी सक्रियता अस्वीकार्यता के धरातल की है।

7. रूपान्तर-4 में इसीलिए पूर्व-प्रोक्ति 'झरना (ठहर गया)' का संकेतित अर्थ प्रवहमान गत्यात्मक समय के ठहरने, स्थिर हो रहने से है। 'झरना' यहाँ नामिक के रूप में काल-प्रवाह का प्रतीक है। पर यह झरना क्यों ठहर गया? इसका उत्तर कविता की उत्तर-प्रोक्ति में निहित है—'झरता पत्ता (जो) हरी डाल से अटक गया।' झरना इसीलिए ठहरा। काल इसीलिए स्थिर हो गया कि नश्वर मनुष्य ने प्रेम-सेवा-महान-कर्म-आत्मिक उन्नयन आदि के आधार पर अमरता का वरण कर लिया। वह मर कर भी अमर हो गया। अमरता ही काल को जीत सकती है। अमरता समय की प्रकृत गति को रोक देती है। काल वहाँ थम जाता है, स्थिर हो जाता है। चाहे ईसा हों या बुद्ध, गुरुनानक हों या महर्षि अरविन्द, कीट्स हों या भारतेंदु, इनकी अमरता काल-प्रवाह को स्थिर कर देती है। ये अपने वर्तमान से बंधे न रह कर समयातीत हो जाते हैं। निर्मल की 'परिंदे' कहानी की लतिका के लिए 'गिरीश नेगी' ऐसा ही 'झरता पत्ता' सिद्ध होता है, जो गहन प्रेमी होने के कारण लतिका की चेतना की हरी डाल से अटक जाता है। इसलिए लतिका के निमित्त समय ठहर जाता है। वह अपने भूत को सातत्यमूलक वर्तमान में परिवर्तित कर लेती है: 'झरता पत्ता/हरी डाल से/अटक/गया।'

8. रूपान्तर-5 में पूर्व-प्रोक्ति है—'ऐसा/ऐसे झरना।' यहाँ झरने की क्रिया के—मरण-व्यापार के पर्यवेक्षित और काम्य—दोनों ही रूप उभर कर सामने आ रहे हैं। पर्यवेक्षित रूप में कविता अपना अभीष्ट कहती है—'ऐसी मृत्यु! नाशवान मनुष्य ने अमरता का वरण कर लिया!' काव्य-रूप में कविता का सम्प्रेष्य है 'मृत्यु हो, तो ऐसी हो! शरीर त्यागता मनुष्य अमरता का वरण कर ले।' निश्चय ही यह अमरता महान् कर्म, सेवा, गहरे प्रेम और आत्मिक उन्नयन से प्राप्त होती है। 'झरना' की क्रियात्मकता से निष्पन्न यह अर्थ या काव्य-सन्देश (Poetic Message) भाषा की सर्जनात्मकता के कारण अत्यंत कलात्मक रूप में अभिव्यक्त होता है।

9. इस प्रकार इस लघु कविता में अध्याहृत अंश की प्रामाणिक उपलभ्यता के बतौर पांचों रूपांतरणों में रूपांतर-4 और 5 युक्तियुक्त सिद्ध होते हैं। ये दोनों ही रूपांतरण अध्याहृत विचलित अंशों को क्रमशः दो ओर तीन शब्दों के द्वारा इस तरह उपलब्ध करते हैं, जिससे गहन संरचना की संदर्भित आकांक्षा पूरी हो जाती है।

प्रस्तुत विवेचन के आधार पर वाक्य-स्तरीय अनुपलभ्य अध्याहारपरक विचलन की प्रकृति को अच्छी तरह समझा जा सकता है।

2.4.1.6.1.9.4.2.2 सुघटित वाक्य–रचना परक विचलन :

इस कोटि का विचलन वास्तव में अर्थ-स्तर का विचलन है। अतः इसका विवेचन अर्थ-स्तर के अंतर्गत द्रष्टव्य है।

2.4.1.6.1.9.5. प्रोक्ति–स्तर

प्रोक्ति-स्तर पर विचलन ग्राइस (Grice) द्वारा निर्दिष्ट विवक्षा-सूत्र (Maxim of Implicature) के चार प्रकारों में तीन प्रकारों के खंडन से उत्पन्न होता है। ये तीन प्रकार क्रमशः परिमाण-सूत्र (Maxim of Quantity), गुण-सूत्र (Maxim of Quality) और संबंध-सूत्र (Maxim of Relation) के प्रकार हैं। इनके खंडन से प्रोक्ति-स्तरीय विचलन उपस्थित होता है।

2.4.1.6.1.9.5.1. परिमाण–सूत्र के खंडन से उत्पन्न विचलन

परिमाण-सूत्र की अपेक्षा होती है कि सन्दर्भ के अनुरूप उतना ही कहा जाए जितना अपेक्षित हो। ग्राइस के अनुसार इस अपेक्षा से अधिक बढ़-चढ़ कर अनावश्यक और अनपेक्षित कहने से परिमाण-सूत्र टूट जाता है। पर मेरी दृष्टि में परिमाण-सूत्र तब भी टूटता है जब अपेक्षा से बहुत कम कहा जाए अथवा जहाँ अभिव्यक्ति की अपेक्षा हो वहाँ अपेक्षित को भी नहीं कह कर मौन रह जाया जाए। इसकी ओर ग्राइस ने संकेत नहीं किया है। पर विचलन परिमाण-सूत्र के दोनों ही रूपों में खंडित होने से उपस्थित होता है।

2.4.1.6.1.9.5.1.1. अपेक्षा से अधिक कहने से परिमात्र–सूत्र का खंडन और उससे उत्पन्न विचलन

'गोदान' के इक्कीसवें अध्याय में झुनिया को अपने साथ शहर ले जाने के सन्दर्भ में धनिया और गोबर के बीच–मां और बेटे के बीच–जो वार्तालाप होता है वहाँ अपेक्षा से अधिक और अनावश्यक कहने के कारण परिणाम-सूत्र खंडित होता है। फलतः प्रोक्ति-स्तर का विचलन उपस्थित होता है:

'ले जाने को मैं नहीं रोकती, लेकिन परदेश में बाल-बच्चों के साथ रहना, न कोई आगे, न पीछे, सोचो कितना झंझट है।'

'परदेश में संगी-साथी निकल ही आते हैं अम्मा और यह तो स्वारथ का संसार है, जिसके साथ चार पैसे गम खाओ वही अपना। खाली हाथ तो मां-बाप भी नहीं पूछते।'

'मां-बाप को भी तुमने उन्हीं पैसे के यारों में समझ लिया।'

'आंखों देख रहा हूं।'

'नहीं देख रहे हो। मां-बाप का मन इतना निष्ठुर नहीं होता। हां, लड़के अलबत्ता जहाँ चार पैसे कमाने लगे कि मां-बाप से आंखें फेर लीं। इसी गांव में एक-दो नहीं, दस-बीस परतोख दे दूं। मां-बाप करज-कवाम लेते हैं, किसके लिए? लड़के-लड़कियों ही के लिए कि अपने भोग-विलास के लिए?'

'क्या जाने तुमने किसके लिए करज लिया? मैंने तो एक पैसा भी नहीं जाना।'

'बिना पाले ही इतने बड़े हो गये?'

'पालने में तुम्हारा लगा क्या? जब तक बच्चा था दूध पिला दिया। फिर लावारिस की तरह छोड़ दिया। जो सबने खाया वही मैंने खाया। मेरे लिए दूध नहीं आता था, मक्खन नहीं बंधा था। और तुम भी चाहती हो और दादा भी चाहते हैं कि मैं सारा करजा चुकाऊं, लगान दूं, लड़कियों का ब्याह करूं, जैसे मेरी ज़िन्दगी तुम्हारा देना भरने के लिए ही है। मेरे भी तो बाल-बच्चे हैं।'' (पृष्ठ 213-214)

यह प्रोक्ति धनिया के कथन से आरंभ होती है, जहाँ वह गोबर को अपनी पत्नी को अपने साथ परदेश ले जाने के लिए मना करती है। इसके उत्तर में गोबर अनपेक्षित और अनावश्यक कहता है तथा वार्ता के बढ़ने के क्रम में वह बढ़-चढ़कर बोलने लगता है। इससे परिमाण-सूत्र टूटता है और इस टूटने से प्रोक्ति-स्तर का विचलन उभरता है। गोबर के उत्तर के अन्तिम वाक्यांश–'खाली हाथ मां-बाप भी नहीं पूछते–को लेकर धनिया उससे प्रतिप्रश्न करती है। यहाँ वह गोबर द्वारा दिये गये उत्तर के कई भागों को छोड़ देती है, उनके विषय में वह मौन रह जाती है। पर जिस अन्तिम वाक्यांश

का वह उत्तर देती है वहाँ वह भी अनपेक्षित कह जाती है। इससे पुनः परिमात्र-सूत्र टूटता है और विचलन उभरता है। यहाँ गोबर धनिया द्वारा कही प्रोक्ति से विचलन करता हुआ अपनी आंखों देखने की बात करता है। तब धनिया एक वाक्य में इसका उत्तर देकर 'नहीं देख रहे हो' आगे जो और बातें करती है—वह सारा-कुछ परिमाण-सूत्र के निर्वाह की दृष्टि से अनावश्यक और अनपेक्षित सिद्ध होता है। फलतः यहाँ पुनः परिमाण-सूत्र के खंडन से विचलन उत्पन्न होता है। धनिया की इस प्रोक्ति का उत्तर गोबर पुनः अनावश्यक और अनपेक्षित रूप में प्रश्न और निषेध की वृत्तिकता के माध्यम से देता है। धनिया पुनः प्रतिप्रश्न करती है और उसके इस प्रतिप्रश्न का जो उत्तर गोबर देता है उससे पुनः परिमाण-सूत्र खंडित होता है और विचलन प्रस्तुत होता है।

कहना न होगा कि प्रोक्ति में निर्दिष्ट विचलन गत्यात्मक प्रकृति का है। यह अत्यन्त सोद्देश्य और सप्रयोजन है। इसी से 'गोदान' की कथावस्तु में अगला मोड़ आ पाता है। इसी से धनिया और गोबर दोनों की सोच ओर मानसिकता का पार्थक्य उभरता है और दोनों को एक-दूसरे को नहीं समझ पाने की विडम्बनात्मक स्थिति भी सामने आती है। इसीसे पारस्परिक उलझाव और कलह अपने शीर्ष पर पहुंचता है, जहाँ गोबर अपनी मां को बिना प्रणाम किये ही अपनी पत्नी और बेटे के साथ शहर चला जाता है।

2.4.1.6.1.9.5.1.2. अपेक्षित को नहीं कहने, उसे अध्याहृत कर देने से परिमाण–सूत्र का खंडन और उससे उत्पन्न विचलन

'निराला' की 'अणिमा' के 'बांधो न नाव इस ठांव बन्धु' गीत में पहली प्रोक्ति में आये चार व्यापारों में से एक ही क्रिया-व्यापार का अगले चरण में उल्लेख किया जाता है और गीत समाप्त हो जाता है। शेष तीन क्रिया-व्यापारों के विषय में कवि मौन रह जाता है। अतः यहाँ अपेक्षित को नहीं कहने, इस सन्दर्भ में मौन रह जाने के कारण परिमाण-सूत्र टूटता है और विचलन प्रस्तुत होता है।

कवि ने गीत के आरंभ में नायिका के बहाने के दो क्रिया-व्यापारों और द्रष्टा के भी दो क्रिया-व्यापारों का उल्लेख किया है:

''बांधो न नाव इस ठांव, बंधु!
पूछेगा सारा गांव बंधु!
यह घाट वही जिस पर हंसकर
वह कभी नहाती थी धँसकर
आंखें रह जाती थीं फँसकर
कंपते थे दोनों पाँव, बंधु!''

पर गीत के अगले और अंतिम चरण में कवि बताता है:

"वह हँसी बहुत-कुछ कहती थी
फिर भी अपने में रहती थी
सबकी सुनती थी, सहती थी
देती थी सबके दाँव, बंधु!"

स्पष्ट है कि कवि नायिका के हँसने की क्रिया की गुणात्मकता पर तो प्रकाश डालता है, पर उसकी धँसने की क्रिया, द्रष्टा की आँखों के फँसने की क्रिया और पाँव के कँपने की क्रिया के विषय में मौन रह जाता है। इस प्रकार धँसने, फँसने की कोई व्याख्या प्रस्तुत नहीं किये जा सकने, उसे अध्याहृत कर दिये जाने के कारण परिमाण-सूत्र खंडित होता है और विचलन उपस्थित होता है। कहना न होगा कि यहाँ 'धँसना' नायिका के शारीरिक रूप में पुष्ट-नितम्बा होने, स्वस्थ, मांसल होने और 'फँसना' उसके पीन, उन्नत उरोज़ों के सौन्दर्य से जुड़ी हुई क्रियाएं हैं तथा 'कँपना' द्रष्टा के चित्त में उत्पन्न सात्त्विक भाव का प्रकार-विशेष है।

2.4.1.6.1.9.5.2. गुण–सूत्र के खंडन से उत्पन्न विचलन

गुण-सूत्र वैसी हर अभिव्यक्ति में टूटता है जहाँ प्रोक्ति स्तर पर मिथ्या कथन किया जाता है या ऐसी उक्ति उपस्थित करने से टूटता है जिसको प्रमाणित नहीं किया जा सकता है।

'गोदान' में एक सन्दर्भ आता है, जहाँ हीरा होरी की गाय को जहर दे देता है और गाय मर जाती है। होरी गाय को जहर देने वाले के बारे में धनिया से बातचीत करता हुआ हीरा पर अपना सन्देह व्यक्त करता है:

"मेरा सन्देह हीरा पर होता है – मैंने अपनी आँखों देखा। सच, तेरे सिर की सौंह।" पर जब सवेरे धनिया यह कहती है कि 'इसके भाई ने गाय को माहुर खिलाकर मार डाला' और इसके लिए होरी की गवाही पेश करती है तब होरी उसे मारता-पीटता है और इस तथ्य से इन्कार कर जाता है कि उसने कुछ भी अपनी आँखों देखा। जब धनिया उससे बेटे की कसम खाने को कहती है तब वह कहता है, "हां, मैंने नहीं देखा, कसम खाता हूं।" पुनः गोबर के माथे पर अपना काँपता हाथ रखता हुआ काँपते स्वर में कहता है–"मैं बेटे की कसम खाता हूँ कि मैंने हीरा को नांद के पास नहीं देखा।" (पृष्ठ 105) यहाँ होरी मिथ्या कथन करता है। पहली बार जब वह हीरा पर सन्देह व्यक्त करता है तब भी गुण-सूत्र टूटता है, क्योंकि वह इस आरोप को प्रमाणित नहीं कर सकता है। दूसरे, जो होरी अपना सन्देह धनिया से व्यक्त करता है और अपनी 'आँखों देखने' की बात करता है वही बाद में अपने इस कथन पर दृढ़ नहीं रह पाता

है और पुलिस द्वारा की जा रही जाँच-पड़ताल के समय झूठ बोलकर अपने इस पूर्वकथन को मिथ्या सिद्ध कर देता है। इस प्रकार पुनः गुण-सूत्र खंडित होता है और विचलन उपस्थित होता है। यहाँ विचलन की साभिप्रायता होरी की अपनी और अपने परिवार-विषयक मर्यादा को अग्रप्रस्तुत करने की दृष्टि से है। वह नहीं चाहता है कि पुलिस उसके भाई के घर की तलाशी ले। गाय के मरने और उसके मरने के कारण हुए घाटे की स्थिति पृष्ठभूमि में चली जाती है और संयुक्त परिवार की मर्यादा का प्रश्न अग्रप्रस्तुत हो उठता है। विवेच्य विचलन की साभिप्रायता इसी दृष्टि से है।

2.4.1.6.1.9.5.3. संबंध-सूत्र के टूटने से उत्पन्न विचलन

संबंध-सूत्र प्रोक्ति में वहाँ खंडित होता है जहाँ प्रोक्ति की प्रासंगिक और सन्दर्भापेक्षी मांग उपेक्षित कर दी जाती है। इस प्रकार प्रोक्ति की तात्कालिक असंबद्धता से विचलन प्रसूत होता है।

'गोदान' का आरंभ होते ही होरी धनिया से कहता है–"गोबर को ऊख गोड़ने भेज देना। मैं न जाने कब लौटूं? ज़रा मेरी लाठी दे दे।" (पृष्ठ-7) इस प्रोक्ति में काल-आधारित करणीयता के दो पक्ष हैं–(1) तात्कालिक और (2) भविष्यकालिक। तात्कालिक करणीयता होरी को लाठी लाकर देने की है, तो भविष्यकालिक करणीयता गोबर को ऊख गोड़ने के लिए भेजने की है। इस प्रोक्ति की एक तात्कालिक प्रयोजनशीलता भी है और वह है होरी के जाने की। पर धनिया तात्कालिक करणीयता और तात्कालिक प्रयोजनशीलता दोनों को स्थगित करती हुई कहती है–'अरे, कुछ रस-पानी तो कर लो। ऐसी जल्दी क्या है?' (पृष्ठ-7) इस प्रकार इस संदर्भ में तीन-चार बार दोनों के बीच प्रोक्ति का आदान-प्रदान चलता है, और इस बीच पूर्व निवेदित प्रोक्ति की दोनों ही तात्कालिक मांगें स्थगित-विलंबित हो जाती हैं। बाद में धनिया जब परास्त होकर उस तात्कालिक करणीयता की पूर्ति करती भी है तब भी वह मांग के अनुरूप केवल लाठी नहीं लाती, उसके साथ और सामान भी ले आती है–'उसने परास्त होकर होरी की लाठी, मिरजई, जूते, पगड़ी और तामखू का बटुआ लाकर सामने पटक दिये। होरी ने उसकी और आँखें तरेर कर कहा–'क्या ससुराल जाना है जो पाँचों पोसाक लायी है?' (पृष्ठ-7-8) कहना न होगा कि होरी की निवेदित प्रोक्ति के उत्तर में धनिया द्वारा निवेदित प्रोक्तियों से संबंध-सूत्र टूटता है। फलतः विचलन उपस्थित होता है। यही नहीं, जब होरी की पूर्व प्रोक्ति के अनुरूप वह लाठी लाकर देती भी है तब वह सन्दर्भ की मांग का, उसकी अपेक्षा का ध्यान तक नहीं रखती है और लाठी के साथ-साथ मिरजई, जूते, पगड़ी और तमाखू का बटुआ तक ले आती है। इससे पुनः संबंध-सूत्र टूटता और विचलन उभरता है। यहाँ यह प्रोक्ति-स्तरीय साभिप्राय विचलन ही है, जो दोनों (पति-पत्नी) की भिन्न-भिन्न चारित्रिकता, दोनों के संबंध की पारस्परिक जीवंतता, पति के लिए पत्नी के मन में उभर आयी चिन्ता, होरी के नहीं मानने पर

धनिया के मन की खीझ-भरी मानसिकता, दोनों की पारस्परिक विनोदप्रियता और होरी की व्यावहारिकता को सोद्देश्य रूप में उद्घाटित-प्रकाशित कर देता है।

2.4.1.6.1.9.6. अर्थ–स्तर

सुघटित वाक्य-रचनापरक विचलन वस्तुतः वाक्यस्तर का विचलन नहीं है। यह अर्थ-स्तर का विचलन है, क्योंकि इसकी सत्ता अस्वीकार्यता पर आधारित है। ऐसे विचलन में बाह्य संरचनात्मक स्तर पर वाक्य पूरी तरह व्याकरणिक और सुगठित होता है, किन्तु अर्थस्तर पर वह प्राथमिक रूप में सहज स्वीकार्य नहीं हो पाता। इसीलिए एंक्विस्ट ने अस्वीकार्यता को व्याकरण से संबद्ध नहीं मानकर सूचक और सूचित समुदाय की मान्यता से संबद्ध माना है। रचना में वह स्वीकार्यता सन्दर्भ-निर्भर होती है। स्वीकार्यता कभी सान्दर्भिक शून्य में नहीं बनती, वह सन्दर्भ-सापेक्ष्य होती है। इसलिए पाठक, श्रोता, गृहीता एक सुघटित वाक्य को किसी एक स्थल पर तो स्वीकार्य मान सकता है, पर दूसरे स्थल पर उसे ही अस्वीकृत भी कर सकता है। उदाहरण के लिए कोई ऐसा वाक्य जो कविता में तो स्वीकार्य हो सकता है, पर दूकान पर सामान खरीदने की साम्प्रेषणिक भाषा में नहीं। सुघटित वाक्य-रचनापरक विचलन का क्षेत्र अत्यंत व्यापक है। मुक्तिबोध की 'ज्वालाओं की आंत लपलपाए' या दुष्यंत की 'अपाहिज व्यथा को वहन कर रहा हूं' जैसी काव्य-पंक्तियां इसी प्रकार के विचलन का दृष्टांत है। मुक्तिबोध ने 'दिमागी गुहान्धकार का ओरांग-उटांग' में लिखा है:

"स्वयं की ग्रीवा पर
फेरता हूं हाथ कि
करता हूं महसूस
एकाएक गरदन पर उगी हुई
सघन अयाल और
शब्दों पर उगे हुए बाल तथा
वाक्यों में ओरांग-उटांग के
बढ़े हुए नाखून।"

यहाँ मनुष्य द्वारा 'गरदन पर उगी हुई सघन अयाल', 'शब्दों पर उगे हुए बाल' और 'वाक्यों में ओरांग-उटांग के बढ़े हुए नाखून' का महसूस किया जाना अस्वीकार्य लगता है। अतः यहाँ अर्थस्तरीय विचलन है। पर यहाँ मनुष्य के भीतर छिपे 'ओरांग-उटांग'-रूपी अचेतन या प्रतिक्रियावादी तत्त्व को प्रतीकित करने में इस विचलन की सार्थकता है। ग्राइस के अनुसार ऐसा विचलन प्रविधि-सूत्र (Maxim of Modes) के टूटने से उभरता है।

2.4.1.6.1.2.7. लेखिम–स्तर

लेखिम-स्तरीय विचलन का उदाहरण वहाँ प्राप्त होता है जहाँ विहित विरामांकन का प्रयोग नहीं कर, उससे अन्तरण करते हुए किसी मुक्त विरामांकन का प्रयोग किया जाए अथवा विरामांकन की वैधता का सर्वथा परित्याग ही कर दिया जाए। विरामांकन के अतिरिक्त कविता की लेखन-पद्धति के मानक से सर्वथा मुक्त होकर नई लेखिम पद्धति बनाने में भी इस स्तर का विचलन उपस्थित होता है। लेखिम-स्तरीय विचलन का सर्वाधिक समर्थ और शक्त उदाहरण हिन्दी में राजकमल चौधरी की लम्बी कविता 'मुक्ति-प्रसंग' है। इस पूरी कविता में कवि ने विरामांकन-प्रयोग के मानक का निषेध किया है। अन्त में केवल एक पूर्ण विराम आ पाता है। इसके पहले कहीं कोई विरामांकन नहीं है। यह विचलन वहाँ अत्यंत साभिप्राय हो उठा है। पूरी कविता में विरामांकन के अभाव ने शब्द-शब्द की संयोजन-परकता को भी मुक्त कर दिया है, जिससे अनेकविधता और अनेकार्थता की स्थिति संभव हो पायी है। इससे इस कृति की गहन संरचना अत्यंत घनीभूत और समृद्ध हो गई है। अंग्रेजी में 'कैपिटल लेटर' की जगह 'स्मॉल लेटर' के प्रयोग में या 'इटैलिक प्रिंटिंग' में भी लेखिम-स्तर का विचलन रेखांकनीय होता है।

लेखिम-स्तर के विचलन को अन्य अनेक रूपों में भी रेखांकित किया जा सकता है। कई बार रचनाकार एक भाषा की वर्ण-लिपि में दूसरी भाषा की वर्ण-लिपि का प्रयोग कर बैठता है और कई बार वर्ण-लिपि में अंक-लिपि और भाषिक लेखिम-पद्धति में चित्रकला की रंगलेखिम-पद्धति का प्रयोग कर बैठता है। भारतेन्दु हरिश्चंद्र की निम्नलिखित पंक्तियों में ऐसे तीनों प्रकार के विचलन द्रष्टव्य हैं :

एक भाषा की वर्णलिपि में दूसरी भाषा की वर्ण–लिपि के प्रयोग से उत्पन्न विचलन :

–जीवहुँ Eश सCल बल, हरहुँ प्रजन की Pर।

हिन्दी भाषा की वर्ण–लिपि में हिन्दी अंक–लिपि के प्रयोग से उसका विचलन :

– करि वि४ देख्यो बहुत, जग विधु दोष न १.

भाषिक लेखिम–पद्धति में चित्रकला की लेखिम–पद्धति के प्रयोग से उत्पन्न विचलन :

(पीला रंग) दुति करि बैठी झट (■■■) मुख मास लाय।

द्रष्टव्य है कि ऊपर के उदाहरण में 'पीली' और 'काले' शब्द के लिए क्रमश: इन रंगों का ही प्रयोग कर दिया गया है।

लेखिम-स्तर पर विचलन की अनेकरूपी क्रियाशीलता संस्कृत की चित्रकाव्य-परंपरा

में भी देखने को मिलती है। वहां कविता की पंक्तिपरक लेखिम-पद्धति को तोड़कर विभिन्न रूपाकारों में लेखिम-प्रयोग किये गये हैं। इनमें चित्रात्मक लेखिम-पद्धति का सर्वातिशायी प्रयोग प्राप्त होता है।

पश्चिम में भी कविता से जुड़े आंदोलनों में लेखिम-स्तरीय विचलन का स्वरूप प्राप्त होता है। 'ठोस कविता' (Concrete Poetry) के आंदोलन में लेखिम-स्तरीय विचलन के अधिकाधिक प्रयोग प्राप्त होते हैं। पर इससे यह समझने की भ्रांति भी नहीं होनी चाहिए कि लेखिम-स्तरीय विचलन केवल आधुनिक काव्यान्दोलनों में ही देखने को मिलता है। साहित्य के इतिहास में बहुत पहले से ऐसे विचलित प्रयोग दर्ज हैं। उदाहरण के लिए RABELAIS की 'GARGANTUA ET PANTAGRUEL' की पांचवीं किताब के पैंतालीसवें प्रकरण में 'Ode To The Bottle' नामक कविता मिलती है, जो 'ठोस कविता' के आन्दोलन से पांच सौ वर्ष पहले की कविता है :

o
Bouteille
Pleine toute
De mistères.
D'une oreille
Je t'escoute:
Ne diffèrez
Et le mot profères
Auquel pend mon cueur!
En la tant divine licqeur,
Qui est dedans tes flans reclose,
Bachus, que fut d'Inde vaincqueur,
Tient toute vèritè enclose.
vin tant divin, loing de toy est forclose
Toute mensonge, et toute tromperye,
En joye soit lame de Noè close,
Lequel de toy nous fist la tempèrye.
Sonne le beau mot, je t' en prye,
Qui me doibt oster de misère.
Ainsi ne se perde une goutte
De toy, soit blanche, ou soit vermeille,
O Bouteille
Plenine toute
De mistères!

यह कविता लेखिम-स्तरीय विचलन का सुंदर दृष्टांत है। यहां जो कविता का विचलित रूपाकार है वह उसके कथ्य के अनुरूप है। कविता की लेखिम-पद्धति केवल

बायें-दायें की लिपि-व्यवस्था से नहीं जुड़कर ऊपर-नीचे की लिपि-व्यवस्था से भी जुड़ी है। यहां न केवल परंपरित लेखिम-पद्धति के नियमों से विचलन स्पष्ट होता है, बल्कि उससे जो बिम्ब बनता है वह कविता के कथ्य पर, उसकी अंतर्वस्तु पर प्रकाश डालता है। यहां पूरी कविता एक बोतल के रूपाकार में अभिव्यक्त होती है। इसके शीर्ष पर अंग्रेजी वर्णमाला का 'O' वर्ण है, जो बोतल का काग प्रतीत होता है। यहां द्रष्टव्य यह है कि ऐसा विचलन कभी वाचिक स्तर पर उपस्थित नहीं हो सकता है, अपितु यह तो लेखिम-स्तर का ही विचलन है, जिसका चाक्षुष् प्रत्यक्ष संभव है।

RABELAIS से भी कहीं पहले ईसा-पूर्व तीसरी-चौथी शताब्दी में यूनानी ब्यूकॉलिक काव्य (Bucolic Poetry) में लेखिम-स्तर के विचलन के उदाहरण प्राप्त होते है। SIMIAS OF RHODES के द्वारा दुहरे गड़ांसे (double axe) के रूपाकार में लिखी गयी निम्नांकित कविता इसकी प्रतिनिधि कविता है :

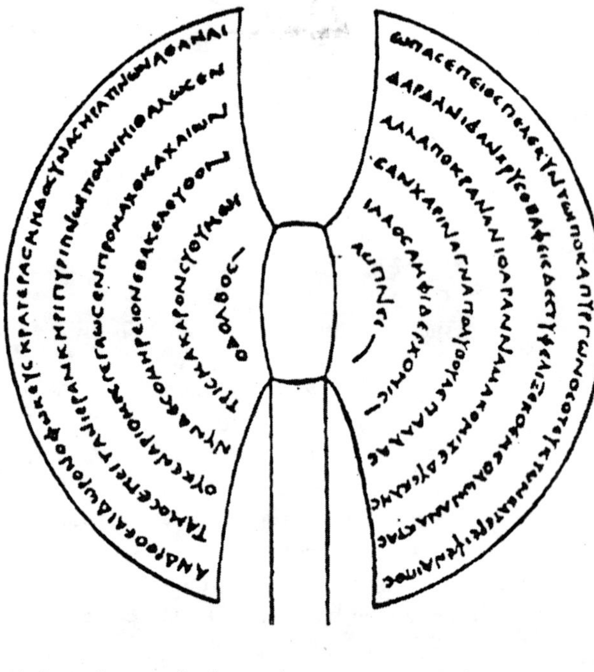

यहां भी इस विचलन को श्रौत रूप में प्राप्त नहीं किया जा सकता है। लेखिम-स्तर के इस विचलन की विशेषता यह है कि यह RABELAIS के विचलन से भी कहीं-अधिक विचलित है, क्योंकि क्षैतिजीय रेखीयता (Horizontal lining) में नहीं लिखी जाकर एक हल्की वक्राकृति में नीचे से ऊपर और पुनः ऊपर से नीचे की ओर लिखी गयी

है। लेखिम-स्तर के ऐसे विचलित प्रयोग रोमी साहित्य में भी प्राप्त होते हैं। कहा जाता है कि सोलहवीं और सत्रहवीं शताब्दी में लेखिम-स्तर के ऐसे विचलन अधिक लोकप्रिय थे। साहित्यशास्त्रियों के युग में विनोदप्रियता के प्रति व्यक्त होने वाले सामान्य प्रेम के साथ इसका सह-संबंध देखने योग्य है। फ्रांस की साम्राज्ञी-मां की गंभीर रुग्णता के बाद स्वस्थ होने के अवसर पर MELIN DE SAINT-GEAIS के द्वारा 1506 ई० के आस-पास लिखी गयी 'Aelles' शीर्षक कविता ऐसी ही प्रसन्न लय को प्रस्तुत करती है :

A la guèrison de Madame, mère de Francois/[er]
AElles

O heureuse nouvelle, ô desireux rapport
De la santè de qui la maladie
Estoit fin de plus d'une vie!
O aggreable port,
Dont les plaisirs
Sont ègaux
Aux travaux!
Des longs desirs
O Favorable sort!
Et toy, ô mon ame assouvie,
Qu 'entends-tu plus? as-tu encore envie
D' avoir un plus grand bien ca bas avant la Mort?

इस कविता को देखने से यह स्पष्ट होता है कि पूरी काव्य-प्रोक्ति दो डैनो के रूप में प्रस्तुत की गयी है। यहाँ यह कविता अपनी विचलित लेखिम-स्थिति में साम्राज्ञी-मां के रुग्ण से स्वस्थ होने की स्थिति को प्रतीकित करती है। दसवीं पंक्ति में आये 'ame' के रूप में 'डैनों' से 'आत्मा' का संकेत आसानी से लगाया जा सकता है। पर इसके अतिरिक्त इस कविता की अन्य साहचर्यमूलक साभिप्राय अर्थवत्ता को रेखांकित-विवेचित करने में पर्याप्त कठिनाई प्रतीत होती है। हां, यदि भारतीय दृष्टि से देखें तो यह कविता डमरू के आकार की कविता है। इससे यहां रोग पर विजय प्राप्त करने का आह्लादात्मक डमरू-स्वर मुखर होता दीखता है। सामान्य रूप में कविता की दीर्घ-लघु पंक्तिबद्धता और पुनः लघु-दीर्घ पंक्तिबद्धता से स्वस्थ से अस्वस्थ और अस्वस्थ से पुनः स्वस्थ होने की अभिव्यंजना प्रकट होती है। इस कविता के अतिरिक्त FREDERIC DE CHAVIRE, RENE CHAVERTON और JEHAN GRISEL द्वारा भी पंखों के आकार में कविताएं लिखी गयी हैं। संभवतः इस प्रकार की लेखिम-स्तरीय विचलित कविता लिखने की लोकप्रियता मानववादियों द्वारा ग्रीक और रोमन पाठों के

पुनरन्वेषण से जुड़ी हुई है। 1509 ई0 में STEPHEN HAWES इस परंपरा को पुनरुज्जीवित करने वालों में पहला कवि है। 1589 में लिखित PUTTENHAM की 'The Arte of English Poesie' में ऐसी अनेक विचलित रूपाकारीय कविताएं सर्वेक्षित हुई हैं। WILLIAM BROWN (1590-1645) और GEORGE WITHER (1641) ने भी ऐसी लेखिम-स्तरीय विचलित चित्राकारीय कविताओं (Figure Poems) की रचना की है। सत्रहवीं शताब्दी में अपने युग की सर्वाधिक लोकप्रिय पुस्तकों में एक पुस्तक फ्रांसिस की QUARLES'S EMBLEMS (1635) रही है, जिसमें ऐसी पचास चित्राकारीय कविताएं संकलित हैं। परवर्ती काल में ऐसी लेखिम-स्तरीय विचलित कविताओं की रचना करने वालों में ROBERT HERRICK, THOMAS TRAHERNE और GEORGE HERBERT अग्रगण्य हैं। लेखिम-स्तरीय विचलन की एक समांतर धारा जर्मनी के बैरोक (BAROQUE)-साहित्य में भी देखने को मिलती है। इंग्लैंड में जार्ज हर्बर्ट (GEORGE HERBERT) की 1633 ई0 में प्रकाशित 'EASTER WINGS' कविता लेखिम-स्तर के विचलन का महत्वपूर्ण उदाहरण है :

Easter wings

Lord, who createdst man in wealth and store,
though foolishly he lost the same.
Decaying more and more.
Till he became
Most poore:
With thee
O let me rise
As larks, harmoniously.
And sing this day thy victories:
Then shall the fall further the flight in me.

My tender age in sorrow did beginne:
And still with sicknesses and shame
Thou didst so punish sinne.
That I became
Most thinne.
With thee
Let me combine,
And feel this day thy victorie
←For, if I imp my wing on thine;
Affliction shall advance the flight in me.

कहना न होगा कि Rabelais और Bucolics की क्रीड़ापरक रचनाओं की अपेक्षा हर्बर्ट की कविता निर्भ्रांत रूप में एक धार्मिक कविता है। यह हर्बर्ट की 'THE TEMPLE'

का सर्वाधिक धार्मिक काव्य-पाठ है जो चर्च के प्रति उसके भक्तिपरक उद्‌गार को व्यक्त करता है। हर्बर्ट की 'Easter Wings' में 'पंख' मनुष्य के 'उन्नयन' को संकेतित करते हैं। इसके साथ ही 'प्रकाशना' (Revelation) में उसका विश्वास भी अभिव्यक्त होता है। यही नहीं, ये दिव्य पंखों को निर्दिष्ट करते हैं, साथ ही पंख के अभिप्राय के शीर्षकीकरण के रूप में 'लार्क' को भी संकेतित करते हैं। यहां अधिक महत्त्वपूर्णता इस तथ्य में निहित है कि इस कविता का प्रत्येक चरण एक ऐसे रूपाकार को प्रस्तुत करता है जो बहुत निकट से अंतर्वस्तु के विकास को प्रतिबिंबित करने वाला है। इसे बहुत स्पष्ट तौर पर काव्य-पंक्तियों में नियोजित 'क्रियात्मक' और उसकी वितरण-स्थिति में परिलक्षित किया जा सकता है। प्रत्येक बार जब पंक्ति की दीर्घता संकुचित होती जाती है, तब 'क्रियात्मक' ऐसे उपस्थित होते हैं मानो वे 'ह्रास' की प्रक्रिया को निर्दिष्ट कर रहे हों। दूसरी पंक्ति में 'lost', तीसरी पंक्ति में 'decaying', चौथी-पांचवीं' पंक्ति में 'became poore' तथा चौदहवीं-पंद्रहवीं पंक्ति में 'became... thinne' जैसे क्रियात्मक को ऐसे साभिप्राय अर्थ-घटक के रूप में लिया जा सकता है। ठीक इसके विपरीत जब-जब कविता-पंक्ति को दीर्घता, व्यापकता और प्रलंबतरता प्राप्त होती जाती है तब-तब उसमें 'अभिवर्धन' या 'विकास' को द्योतित करने वाले 'क्रियात्मक' उपस्थित होने लगते हैं। सातवीं पंक्ति में 'rise', दसवीं पंक्ति में 'further', सत्रहवीं पंक्ति में 'combine', उन्नीसवीं पंक्ति में 'imp' और बीसवीं पंक्ति में 'advance' ऐसे ही साभिप्राय अर्थ-घटक के रूप में उपस्थित होते हैं। यही नहीं, इस रूपाकारीय पंक्ति-परिवर्तन के तालमेल की समतुल्यता काल-प्रयोग के परिवर्तन में भी पर्यवेक्षित की जा सकती है। कवि प्रत्येक चरण के पूर्वार्ध में वहां भूतकाल का प्रयोग करता है, जहां पंक्तियों का लघुतर होना आरंभ हो जाता है। पंक्ति-1 में 'Credest', पंक्ति-2 में 'lost', पंक्ति-4 में 'became', पंक्ति-11 में 'did', पंक्ति-13 में 'didst', और पंक्ति-14 में 'became' का प्रयोग इसी रूप में किया गया है। इसी प्रकार कवि इस कविता में तब-तब वर्तमानकालिक क्रिया का प्रयोग करने लगता है जब-जब पंक्तियां दीर्घतर होने लगती हैं। सातवीं पंक्ति में 'let', नवीं पंक्ति में 'sing', सत्रहवीं पंक्ति में 'let', अठारहवीं पंक्ति में 'feel' और उन्नीसवीं पंक्ति में 'imp' इस कविता की रूपाकारीय अर्थवत्ता को गहराते हैं।

निश्चय ही लेखिम-स्तर के ऐसे विचलनों में नवीनता, चमत्कारपरकता, विस्मयपरकता और क्रीड़ापरकता देखने को मिलती है। संभवतः इसी कारण भारतीय आचार्यों ने इसे 'चित्रकाव्य' या 'अवर काव्य' कहकर इसे श्रेष्ठ काव्य मानने से इंकार कर दिया था। पर इतना तो मानना ही होगा कि जहां लेखिम-स्तर पर विचलित अग्रप्रस्तुति अपने कथ्य-संवेदन और अभिप्राय से एकतान हो उठती है वहां यह साभिप्राय और सार्थक भूमिका अदा करने लगती है।

2.4.1.6.2 विपथन (DEFLECTION)

अग्रप्रस्तुति के दूसरे अभिलक्षण की मीमांसा 2.4.1.6.2.1. विपथन: अवधारणा, 2.4.1.6.2.2. विपथन: प्रकार-निरूपण और 2.4.1.6.2.3. विपथन: स्तर-स्पष्टीकरण जैसे शीर्षकों के अन्तर्गत द्रष्टव्य है।

2.4.1.6.2.1. विपथन : अवधारणा

'विपथन' मूल अंग्रेजी शब्द `DEFLECTION' का हिन्दी रूपान्तर है। इसके मूल में 'विफलीकृत प्रत्याशा' (DEFEATED EXPECTANCY) की भूमिका सक्रिय होती है। आशय यह है कि पाठ को पढ़ते हुए जो प्रत्याशा साहित्य-सिद्धान्त के सन्दर्भ में पाठक के मन में अनेक कारणों से बनी रहती है वह सहसा वहाँ पूरी नहीं होकर विफलीकृत हो जाती है और पाठक को झटके दे जाती है। इस प्रकार का विफलीकरण जहाँ पाठ के मानक की प्रत्याशा से होता है, वहीं साहित्य-विधा की परम्परा अथवा परिपाटी के मानक से भी, साहित्य-विशेष के सर्जक और उपभोक्ता समाज के सांस्कृतिक और सौन्दर्यात्मक मानक से भी तथा साहित्य की परम्परित विषय-वस्तु के मानक से भी। जब-जब रचनाकार ऐसे स्वीकृत और स्थापित मानक की प्रत्याशा से अतिक्रमण कर जाता है तब-तब वहाँ विपथन (Deflection) उपस्थित होता है। 'विचलन' और 'विपथन' के अन्तर-निर्देश के सन्दर्भ में यह स्मरणीय है कि **जहाँ व्याकरण के मानक से होने वाला अतिक्रमण 'विचलन' है वहाँ साहित्यिक पाठ, साहित्यकार और साहित्य–शास्त्र के मानक से होने वाला अतिक्रमण 'विपथन' है।**

लीच, वान पिअर और केटीवेल्स ने जहाँ 'पाठ' के अपने मानक से होने वाले अतिक्रमण को 'आन्तरिक विचलन' कहा है; वहीं साहित्यकार के, साहित्य-विधा के और साहित्य-सिद्धांत से संबद्ध मानक से होने वाले अतिक्रमण को व्याकरणिक मानक से होने वाले अतिक्रमण के साथ एक ही वर्ग में निरूपित करते हुए उसे 'बाह्य विचलन' माना है। पर 'विपथन' के सन्दर्भ में यह विभाजन समीचीन नहीं है। मेरी दृष्टि में 'विचलन' व्याकरणिक मानक से होता है। व्याकरणिक मानक नियम-निर्भर (Rules-based) होते हैं। पर 'विपथन' में व्याकरण के नियमों के मानक से नहीं, बल्कि साहित्य के ढाँचों, सिद्धांतों के मानक से अतिक्रमण होता है। चाहे पाठ का मानक हो या साहित्यकार का अपना मानक या साहित्य-विधा का मानक हो, या साहित्य के समाज का सांस्कृतिक–सौन्दर्यात्मक मानक अथवा साहित्य की परम्परित विषय-वस्तु का मानक—इनमें से कोई भी व्याकरणिक नियमों पर आधारित मानक नहीं है। ये ढाँचों या सिद्धांतों के मानक ही हैं। ऐसे में ज्ञातव्य तथ्य यह है कि 'विचलन' जहाँ सदैव नियमों (Rules) से होता है, वहाँ 'विपथन' सदैव सिद्धांतों (Theories) या ढांचों (Patterns) से होता है।

2.4.1.6.2.2. विपथन : प्रकार–निरूपण

विपथन दो प्रकार के होते हैं : 2.4.1.6.2.2.1. **मुक्त विपथन** और 2.4.1.6.2.2.2.

संश्लिष्ट विपथन। मुक्त विपथन के पुनः पाँच प्रकार होते हैं: 2.4.1.6.2.2.1.1. पाठ के मानक के अतिक्रमण से उत्पन्न विपथन, 2.4.1.6.2.2.1.2. साहित्यकार के मानक के अतिक्रमण से उत्पन्न विपथन, 2.4.1.6.2.2.1.3. साहित्यिक रूप-विधा के मानक के अतिक्रमण से उत्पन्न विपथन, 2.4.1.6.2.2.1.4. साहित्य के सर्जक-उपभोक्ता समाज द्वारा स्वीकृत सांस्कृतिक-सौन्दर्यात्मक मानक के अतिक्रमण से उत्पन्न विपथन और 2.4.1.6.2.2.1.5. साहित्य की परम्परित विषय-वस्तु या शिल्प के मानक के अतिक्रमण से उत्पन्न विपथन। **संश्लिष्ट विपथन** के तीन प्रकार होते हैं: 2.4.1.6.2.2.2.1. विचलित विपथन, 2.4.1.6.2.2.2.2. समान्तरित विपथन और 2.4.1.6.2.2.2.3. विचलित-समांतरित विपथन।

2.4.1.6.2.2.1. मुक्त विपथन

'मुक्त विपथन' केवल अपनी अभिलाक्षणिक विशेषताओं के अनुरूप स्वरूपित होता है। इसमें 'अग्रप्रस्तुति' के किसी दूसरे अभिलक्षण का संश्लेष नहीं होता है। यह प्रत्येक प्रकार के ढाँचा या सिद्धांत की प्रत्याशा को विफल करता हुआ उभरता है। ढाँचा या सिद्धांत के प्रभेद के आधार पर ही इसके प्रभेद सामने आते हैं।

2.4.1.6.2.2.1.1. पाठ के मानक के अतिक्रमण से उत्पन्न विपथन

यह 'मुक्त विपथन' का सर्वाधिक प्रमुख प्रकार है। जब रचनाकार अपने किसी पाठ-विशेष—उपन्यास, कहानी, नाटक, कविता, ललित निबंध—में अपने ढाँचे, अपनी संरचना के मानक का भाषा के किसी भी स्तर—ध्वनि, रूप, शब्द, वाक्य, प्रोक्ति (Discourse) यहाँ तक कि लेखिम के स्तर—पर अतिक्रमण करता है तो वहाँ इस प्रकार का 'मुक्त विपथन' स्वरूपित होता है। यह विपथन का सर्वाधिक ज्ञात और स्वीकृत प्रकार है। सामान्य रूप में इसी प्रकार को 'विपथन' के रूप में जाना-पहचाना जाता है। इस प्रकार के मूल में यह मान्यता निहित है कि रचनाकार अपनी किसी भी रचना में भाषिक स्तर पर उसके ढाँचे के द्वारा एक मानक का निर्माण करता है। फलतः उस रचना की सृजन-प्रक्रिया में उससे यह अपेक्षा की जाती है कि रचना-विशेष के इस भाषिक मानक का निर्वाह वह अन्त तक करे। इसी को भारतीय काव्यशास्त्र में गुण-विवेचन के क्रम में 'समता' नाम का गुण कहा गया है। पर रचनाकार अपनी संवेदना और अभिव्यक्ति के दबाव और तनाव में उसका आद्यन्त निर्वाह करने से रह जाता है। वह इस 'प्रत्याशित माँग' को विफल करता पाठ के बने मानक से एक विशेष बिन्दु पर आकर अतिक्रमण कर जाता है। फलतः 'साभिप्राय विपथन' उपस्थित होता है। यह 'प्रत्याशा' भावकीय-पाठकीय प्रक्रिया में भी अपने पूरेपन में विफलीकृत होती है और पाठक का ध्यान आकर्षित करती है। भारतेन्दु हरिश्चन्द्र के निम्नलिखित सवैये को देखें—

> "रोकहिं जौ तो अमंगल होय औ प्रेम नसै
> जो कहैं प्रिय जाइए।

जौ कहैं जाहु न तौ प्रभुता जो कछू न कहैं
तो सनेह नसाइए।
जौ हरिचंद कहैं तुमरे बिन जीहैं न तो
यह क्यों पतिआइए।
तासों पयान समै तुमरे हम का कहैं
आपै हमें समुझाइए।''

इस काव्य-प्रोक्ति की आरंभिक तीन उप प्रोक्तियाँ अपने ढाँचे के आधार पर एक मानक का निर्माण करती हैं। इसमें प्रवास पर जा रहे प्रिय के प्रति प्रिया का विह्वल कथन है। इन तीनों उप-प्रोक्तियों की वाक्य-संरचना 'जो-तो संरचना' है : 'यदि मैं यह कहूँ तो यह होता है।' यह संरचना तीन बार दुहरायी जाती है। इससे इस प्रोक्ति का अपना मानक तैयार हो जाता है और चौथी उपप्रोक्ति में भी 'जो-तो संरचना' प्रत्याशित हो जाती है। पर कवि चौथी उपप्रोक्ति में इस मानक के अनुरूप उभरने वाली प्रत्याशा को विफल करता इससे अतिक्रमण करता है। फलतः यहाँ साभिप्राय रूप में मुक्त कोटि का पाठपरक विचलन उपस्थित होता है। इस चौथी उपप्रोक्ति में न तो नायिका के करणीय के विफल होने की आशंका है, जैसी आशंका पूर्व उपप्रोक्तियों में है और न ही इस उपप्रोक्ति की वाक्य संरचना 'जो-तो संरचना' है। इस प्रकार पहली तीन उपप्रोक्तियों की पृष्ठभूमि में यह उपप्रोक्ति मानक का अतिक्रमण कर विपथित हो गयी है। प्रिया कहती है कि हे प्रिय! तुम्हारी इस प्रस्थान वेला में मैं तुम्हें क्या कहूँ? यह तुम स्वयं ही मुझे समझाओ। इससे एक ओर उसकी वाणी की असमर्थता का, दूसरी ओर उसकी वाक्विदग्धता का, तीसरी ओर प्रिय को प्रवास पर जाने से रोकने की उसकी अंतिम चेष्टा का अनुभावन हो पाता है।

2.4.1.6.2.1.2 साहित्यकार के निजी मानक के अतिक्रमण से उत्पन्न विपथन

पाठ-विशेष के ढाँचे के मानक की तरह ही साहित्यकार की सर्जना का भी अपना ढाँचा होता है। इससे उसकी सर्जना का सिद्धांत-पक्ष सामने आता है। जब साहित्यकार अपने ऐसे ढाँचे या अपनी सर्जना के द्वारा स्थापित ऐसे सिद्धांत पक्ष के मानक से अतिक्रमण करता है तब इस प्रकार का 'साभिप्राय विपथन' उपस्थित होता है। 'निराला' ने अपनी कविताओं में अधिकाधिक गीति-तत्त्व और संगीत का समावेश करते हुए भी उसे कहीं भी शब्दार्थ-विरहित नहीं किया है। यद्यपि उनके अधिकांश गीतों में शब्दों के अपेक्षित अनुपात से कहीं कम शब्द-प्रयोग देखने को मिलते हैं, वे अंडर-लेक्सिकेलाइजेशन (Under lexicalization) के कवि के रूप में हमारे सामने आते हैं, पर उनके शब्द कहीं भी अर्थ की कांक्षा से विरहित होकर उपस्थित नहीं होते हैं। इस प्रकार उनके गीतों की, उनकी कविताओं की संघटना के सैद्धांतिक आधार पर उनका शब्दार्थ-सहभावी मानक निर्मित होता है। पर जब 'निराला' 'ताक कमसिन वारि' जैसी कविता

लिखते हैं तब वे अपने उक्त मानक का आप अतिक्रमण करते हैं और इस प्रकार का 'साभिप्राय विपथन' उपस्थित करते हैं। कविता द्रष्टव्य है–

"ताक कमसिनवारि,
ताक कम सिनवारि,
ताक कम सिन रवारि।
ता ककमसि नवारि,
ताक कमसि नवारि
ताक कमसिन वारि,
कमसिन कमसिनारि।
इरावनि समक कात्,
इरावनि सम ककात्,
इराव निसम ककात्,
सम ककात् सिनवारि।"

इस कविता के पहले चरण में तो किसी प्रकार शब्दार्थ को भावक-पाठक रेखांकित कर सकता है। यहाँ एक आग्रह है कि 'ऐ कम उम्र वाली, ताको (देखो)', फिर इसी में थोड़ा परिवर्तन करके कि 'ऐ उम्रवाली (चढ़ती) कम ताको (देखो) और पुनः थोड़ा परिवर्तन करके कि 'हे (यौवन की) सुगंधवाली (वारि), (चढ़ती) उम्र वालों को कम देखो।' लेकिन दूसरे और तीसरे चरण में कहीं कोई अर्थ-नियोजन नहीं है। शब्द अर्थ से विरहित है। यहाँ केवल पूर्व कथन का ध्वनि-तरंगित आनंद है, जिसे रूसी रूपवादियों ने 'ZAUM'–'विवेकोत्तर भाव-समाधि–की स्थिति कहा है। यहाँ वही पूर्व आग्रह विह्वलता की स्थिति में ध्वनि की लहरियों पर तरंगित है। 'निराला' के पूरे कविता-संसार में ऐसी कोई दूसरी कविता नहीं है। शब्दावर्तन और 'भंगिमा' (Gesture) की मुद्रा वाली कई और कविताएँ उनके यहाँ मिलती है। इनमें उक्त कविता से अपने ध्वनि-संघात में कुछ-कुछ साम्य रखने वाली एक कविता 'वारि वन वनवारि' है। पर उस कविता में भी पूरी तरह शब्द अर्थ से विरहित नहीं हो पाते हैं। अतः 'ताक कम सिनवारि' उनके शब्दार्थ-सहभावी मानक का एक बड़ी सीमा तक अतिक्रमण कर इस कोटि का साभिप्राय विपथन उपस्थित करने वाली कविता है। इसके साथ-साथ इस कविता में पाठ के मानक का अतिक्रमण कर उपस्थित होने वाला 'विपथन' भी प्राप्त होता है। इस प्रकार के 'विपथन' को ध्वनि-संरचना के स्तर पर देखा जा सकता है। कविता के दो चरणों की ध्वनि-संरचना को निम्नलिखित रूप में व्यवस्थित किया गया है–

'त् + आ + क् + क् + अ + म् + अ + स् + इ + न् + व् + आ + र् + इ''

पर अंतिम चरण की ध्वनि-संरचना इस मानक से अतरण-अतिक्रमण करती निम्नलिखित रूप में स्वरूपित होती है–

"इ + र् + आ + व् + न् + इ + स् + अ + म् + अ + क् + क् + आ् + त"

अतः यहाँ पाठ के मानक से उत्पन्न 'विपथन' भी है।

2.4.1.6.2.2.1.3 साहित्यिक रूप-विधा के मानक के अतिक्रमण से उत्पन्न विपथन

साहित्य की प्रत्येक रूप-विधा का अपना मानक होता है। 'शोकगीति' का भी अपना मानक है। साहित्य की रूप-विधा संबंधी आलोचना-पुस्तकों, शोकगीति-विषयक सैद्धांतिक पुस्तकों से लेकर 'इनसायक्लोपीडिया ब्रिटेनिका' तक में 'शोकगीति' को आकार में संक्षिप्त माना गया है। पर 'निराला' जब 'सरोज-स्मृति' शीर्षक अपनी 'शोकगीति' की रचना करते हैं' तब 'संक्षिप्ति' के मानक का अतिक्रमण करते हुए उसे लंबी कविता की स्वरूपात्मकता और गुणात्मकता से संयोजित कर देते हैं। इस प्रकार यहाँ साहित्यिक रूप-विधा के मानक के अतिक्रमण से उत्पन्न विपथन क्रियाशीलता दीखता है।

2.4.1.6.1.2.2.1.4 साहित्य के समाज–स्वीकृत सांस्कृतिक–सौंदर्यात्मक मानक के अतिक्रमण से उत्पन्न विपथन

प्रत्येक समाज का साहित्य अपने समाज द्वारा स्वीकृत सांस्कृतिक-सौंदर्यात्मक मानक का निर्वाह करता है। पर जब कभी इसके स्वीकृत-सांस्कृतिक मानक या सौंदर्यात्मक मानक का अतिक्रमण होता है तब दोनों प्रकारों के अतिक्रमण की स्थिति में इस प्रकार का 'विपथन' स्वरूपित होता है। हिंदी में सांस्कृतिक मानक के अतिक्रमण से उत्पन्न इस प्रकार का 'विपथन' प्रेमचंद की 'कफन' कहानी के उस अंश में स्वरूपित हुआ है जहाँ घीसू और माधव 'कफन' के लिए गाँव के जमींदार तथा अन्य लोगों से रुपये इकट्ठे कर लेने के बाद उसे खाने-पीने में फूँक देते है, और पत्नी के लिए कफन नहीं खरीदते हैं तथा कफन की निस्सारता और निरर्थकता पर दार्शनिक विमर्श करते हैं। यहाँ भारतीय हिंदू समाज का सांस्कृतिक मानक अतिक्रमित होता है और प्रोक्ति के स्तर पर इस कोटि का सार्थक विपथन उभरता है।

इसी प्रकार साहित्य में उस समाज द्वारा स्वीकृत सौंदर्यात्मकता का, सौंदर्यपरक अभिरुचि का अपना मानक होता है। जब कभी साहित्यकार इस मानक का अतिक्रमण कर देता है तब भी इस अतिक्रमण के कारण इस कोटि का विपथन उपस्थित होता है। 'निराला' की कुकुरमुत्ता' कविता अपने-आप में तत्कालीन समाज के सौंदर्यपरक मानक का अतिक्रमण करती है। कुकुरमुत्ता द्वारा गुलाब को यह कहना कि–

"अबे, सुन, बे, गुलाब,
भूल मत जो पायी खुशबू, रंगोआब

खून चूसा खाद का तूने अशिष्ट,

डाल पर इतराता है केपीटलिस्ट।''—

समाज के परंपरित सौंदर्यबोध को, और इसी आधार पर साहित्य में स्वीकृत सौंदर्यबोध को गहरा आघात पहुँचाता उसका अतिक्रमण कर जाता है। फलतः यहाँ इस कोटि का विपथन प्रस्तुत होता है। डॉ0 रामविलास शर्मा की प्रतिक्रिया इस 'विपथन' के अस्तित्व को और सबलता तथा गहनता प्रदान कर उठती है जब वे यह कहते हैं कि ''शास्त्र में वीभत्स और भयानक को रस मानने पर भी काव्य-रचना में जिन्होंने आदिरस को प्रधानता दी, उनके भाव-बोध की सीमाएँ तोड़कर 'निराला' ने सड़ते हुए पानी और सेल्हरों की गड्डियों का चित्रण किया, बहुत अच्छा किया। किंतु इससे यह सिद्ध नहीं होता कि सुगंध से दुर्गंध अच्छी है और शृंगार से वीभत्स श्रेष्ठ है। गुलाब को वैभव और रूप-गंध का प्रतीक मानकर कुकुरमुत्ता जब उसे गाली देना शुरू करता है, तब वह वास्तव में कुतर्क करता है कि सफाई से गंदगी श्रेष्ठ है।''[1]

2.4.1.6.2.2.1.5 साहित्य की परंपरित विषय-वस्तु या शिल्प के मानक के अतिक्रमण से उत्पन्न विपथन

इस प्रकार का 'विपथन' तब आविर्भूत होता है जब साहित्य में परंपरा से चली आ रही प्रतिष्ठित विषय-वस्तु के मानक या परंपरापोषित और परंपरा-समर्थित शिल्प के मानक का साहित्यकार अतिक्रमण कर देता है। 'निराला' के द्वारा 'कुकुरमुत्ता' पर और गिरिजा कुमार माथुर द्वारा 'चूड़ी का टुकड़ा' पर लिखी गयी कविताएँ परंपरित विषय-वस्तु के मानक का अतिक्रमण करने वाली इसी प्रकार, इसी कोटि की विपथित कविताएँ हैं। प्रयोगवादी कवियों के द्वारा यह घोषित करना कि–

''चाँदनी चंदन-सदृश हम क्यों कहें?

मुख हमें कमलों-सरीखे क्यों दिखें?

हम कहेंगे चाँद उस सिक्के की तरह है

जिसमें चमक है, पर खनक गायब है।''

अथवा यह कहना कि-

''अगर मैं यह कहूँ-

बिछली घास हो तुम

लहलहाती हवा में कलगी छरहरी बाजरे की?

---

1. रामविलास शर्मा, निराला की साहित्य-साधना, खंड-2 (नयी दिल्ली : राजकमल प्रकाशन, द्वितीय पेपरबैक संस्करण, 81), पृष्ठ 225

आज हम शहरातियों को

पालतू मालंच पर सँवरी जुही के फूल से

सृष्टि के विस्तार का—ऐश्वर्य का—

औदार्य का—

कहीं सच्चा, कहीं प्यारा

एक प्रतीक

बिछली घास है,

या शरद की साँझ के सूने गगन की पीठिका पर

दोलती कलगी अकेली

बाजरे की''....

परंपरित शिल्प के मानक का चुनौतीपूर्ण अतिक्रमण है। अतः अजित कुमार और अज्ञेय की उपर्युक्त काव्य पंक्तियाँ/प्रोक्तियाँ इस कोटि के साभिप्राय विपथन को उपस्थित करने वाली हैं। शिल्प के मानक के चुनौतीपूर्ण अतिक्रमण के रूप में मैथिलीशरण गुप्त द्वारा रचित 'यशोधरा' में भी इस कोटि का विपथन प्राप्त होता है।

2.4.1.6.2.2.2 संश्लिष्ट विपथन

'संश्लिष्ट विपथन' 'अग्रप्रस्तुति' के दूसरे अभिलक्षणों के संयोग से उत्पन्न होता है। जहाँ विपथन है वहीं यदि 'विचलन' या 'समांतरता' के भी अभिलक्षण साथ-साथ सक्रिय हैं, तो 'संलिश्ष्ट विपथन' उपस्थित होगा। यहाँ ध्यानीय तथ्य यह है कि जब इन अभिलक्षणों के संयोग में प्रमुखता 'विपथन' की होगी तथा अन्य अभिलक्षण-वैशिष्ट्य इसके चिह्नक के रूप में उपस्थित होंगे तभी इस कोटि का 'विपथन' स्वरूपित हो पाएगा।

2.4.1.6.2.2.2.1 विचलित विपथन

यह संश्लिष्ट कोटि का पहला प्रकार है। इसमें प्रधान अभिलक्षण 'विपथन' का होता है। पर इसके अतिरिक्त इसमें 'विचलन' की सक्रियता भी विद्यमान होती है। 'विचलन' की यह स्थिति जब 'विपथन' को विशेषीकृत करती है तब 'विचलित विपथन' उपस्थित होता है। कुँवर नारायण की कविता 'घर रहेंगे' का एक वाक्य है—'जिनसे कहीं गहरा, कहीं सच्चा,/मैं समझता—प्यार'। यह वाक्य पूरी कविता के भाषा-मानक से विपथित है। पूरी कविता व्याकरणिक रूप (morph)-संरचना के स्तर पर भविष्यकालिक है, जिसके लिए कवि ने 'पाएँगे', 'जाएँगे', 'होगी', 'जगेगी', 'होंगे', 'देंगे', 'लेगा', 'दुहराएगी', जैसे भविष्यकालिक क्रियारूप का व्यवहार किया है। पर उल्लिखित वाक्य में इस भविष्यकालिक क्रिया-प्रत्यय का पूरा-पूरा अभाव है। फलतः यह 'विपथन' का उदाहरण है। यहाँ 'विपथन' साभिप्राय है। द्रष्टव्य है कि भविष्यकाल

के क्रिया-रूप से रहित 'समझता' क्रिया का प्रयोग यहाँ केवल वर्तमान काल में नहीं हुआ है, अपितु भूत और भविष्य कालों के लिए भी इस प्रयोग की अपनी समीचीनता है : 'समझता (था/हूँ/रहूँगा)।' केवल भविष्यकाल के क्रिया-प्रत्यय 'गा' वाले ढाँचे को छोड़कर 'विपथित' होते ही इस क्रिया में, इसकी आंतर संरचना में तीनों काल की अर्थवत्ता-साभिप्रायता उजागर होने लगती है। इस प्रकार प्रस्तुत पंक्तियों में साभिप्राय विपथन की स्थिति है। पर इन्हीं पंक्तियों में विचलन भी क्रियाशील है। विचलन की यह क्रियाशीलता भी दो रूपों में है। अपने पहले रूप में यह क्रमभंगपरक विचलन के रूप में उपस्थित है। इस दृष्टि से विवेच्य वाक्य को इस गद्य-रूप में होना चाहिए था—'मैं जिनसे कहीं गहरा, कहीं सच्चा 'प्यार' को समझता था, समझता हूँ और समझता रहूँगा'। पर इसका क्रम-भंग करता हुआ कवि इसे इस रूप में प्रस्तुत करता है—'जिनसे कहीं गहरा, कहीं सच्चा/मैं समझता—प्यार'। अपने दूसरे रूप में यह अध्याहृत विचलन का उदाहरण भी है : 'प्यार' (को) मैं समझता (था), समझता (हूँ) और समझता (रहूँगा)' की जगह 'मैं समझता प्यार', की अभिव्यक्ति अध्याहृत विचलन का ही परिणाम है। 'विपथन' इस कविता के शेष वाक्यों के ढाँचे से विवेच्य वाक्य की तुलना करने की स्थिति में उद्घाटित होता है और 'विचलन' व्याकरण के नियम के निकष पर उक्त वाक्य के सही नहीं उतर पाने, उसे अतिक्रमित कर जाने के कारण उपस्थित होता है। यहाँ 'विपथन' मुख्य अभिलक्षण है और 'विचलन' उसे विशेषीकृत कर रहा है। अतः गृहीत वाक्य 'विचलित विपथन' का उदाहरण बन जाता है।

2.4.1.6.2.2.2.2 : समांतरित विपथन

यह संश्लिष्ट कोटि के विपथन का दूसरा प्रकार है। इसके भी दो उपभेद हैं : 2.4.1.6.2.2.2.1 समतामूलक समांतरित विपथन और 2.4.1.6.2.2.2.2.2 विरोधमूलक समांतरित विपथन।

2.4.1.6.2.2.2.2.1 समतामूलक समांतरित विपथन

यहाँ प्रधान रूप में 'विपथन' का अभिलक्षण ही सक्रिय होता है। पर जब यह 'विपथन केवल 'विपथन' की स्थिति में उपस्थित नहीं होकर समतामूलक समांतरता' से विशेषीकृत होने लगता है तब 'समतामूलक समांतरित विपथन' सामने आता है। लीलाधर जगूड़ी की एक कविता है 'अकेला' :

1. "तारीखें भी तीस
   और आदमी अकेला
2. हफ्ते भी चार
   और आदमी अकेला
3. महीने भी बारह

और आदमी अकेला

4. ॠतुएँ भी छह

और आदमी अकेला

5. वर्ष भी अनेक

और आदमी अकेला

6. काम भी बहुत-से

और आदमी अकेला।

इस कविता में एक ओर काल-तत्त्व की अधिकता की और दूसरी ओर आदमी के अकेले होने की छह उपप्रोक्तियाँ हैं। इनमें आरंभिक पाँच उपप्रोक्तियों के आधार पर काल-तत्त्व की अधिकाधिकता और आदमी के अकेले होने के उपप्रोक्तिगत ढाँचे के आधार पर एक मानक सुस्थिर हो जाता है। पर कविता की अंतिम, छठी उपप्रोक्ति में काल तत्त्व की अधिकाधिकता का स्थापित प्राचल खंडित होता है। 'तारीख', हफ्ता', —'महीना', 'ॠतु', और 'वर्ष'—ये सब काल-तत्त्व के प्राचल के शब्द हैं। पर 'काम', काल-तत्त्व के प्राचल का शब्द नहीं है। अतः यहाँ 'काम' का शब्द-चयन काल-तत्त्व के प्राचल के शब्द-चयन की प्रत्याशा को विफल करता हुआ उपस्थित होता है। शब्द-चयन के क्षेत्र के इस अतिक्रमण से उपप्रोक्ति की पूर्ववत् प्रत्याशा भी यहाँ तक आते-आते विफलीकृत हो जाती है। फलतः शब्द और उपप्रोक्ति दोनों ही स्तरों पर यहाँ 'विपथन' उपस्थित होता है। पर द्रष्टव्य है कि विवेच्य कविता में भाषा के एकाधिक स्तरों पर उपस्थित 'विपथन' का यह अभिलक्षण 'समतामूलक समांतरता' के अभिलक्षण से भी विशेषीकृत हो रहा है। यह 'समतामूलक समांतरता' यहाँ वाक्य-संरचना के स्तर पर क्रियाशील है। गृहीत कविता की वाक्य-संरचना इस प्रकार है–

संज्ञा + बलात्मक निपात + संख्यानिर्देशी विशे0 + योगात्मक निपात + सं0 + विशे0

तारीखें + भी + तीस + और + आदमी + अकेला

काम + भी + बहुत-से + और + आदमी + अकेला

इस प्रकार वाक्य-संरचनात्मक आवृत्ति या दोहराव के कारण यहाँ समतामूलक समांतरता की स्थिति स्पष्ट हो जाती है। यह स्थिति 'विपथित' उपप्रोक्ति वाले वाक्य में भी विद्यमान है। अतः यहाँ 'समतामूलक समांतरित विपथन' उपस्थित होता है।

2.4.1.6.2.2.2.2.2 विरोधमूलक समांतरित विपथन

'समतामूलक समांतरित विपथन' की ही तरह यहाँ भी 'विपथन' प्रमुख अभिलक्षण के रूप में उभरता है। पर जब यह 'समतामूलक' की जगह 'विरोधमूलक समांतरता'

से विशेषीकृत होने लगता है तब 'विरोधमूलक समांतरित विपथन' उपस्थित होता है। डॉ0 रामदरश मिश्र की छोटी कविता 'वसंत' इस दृष्टि से द्रष्टव्य है–

1. "कोयल से मैंने कहा–गाओ
कुछ सन्नाटा कटे
वह चुप रही।

2. मैंने कहा–
मेरे पास आओ
कुछ सन्नाटा कटे
वह डाल पर बैठी रही।

3. मैंने कहा–
अच्छा सुनो, मैं ही गाता हूं
उसने सहमी निगाहों से चारों ओर देखा–
और उड़ गयी।"

यह पूरी कविता तीन चरणों में लिखी गयी है। इसके पहले और दूसरे चरण–दोनों मिलकर दोनों उपप्रोक्तियों के ढाँचे के आधार पर अपना मानक तैयार करते हैं। इन दोनों उपप्रोक्तियों में वाचक कोयल से सक्रिय होने का आग्रह करता है, पर कोयल न तो गाना गाती है और न ही उसके पास आती है। इस प्रकार वह निष्क्रिय रह जाती है। यहाँ कोयल को सक्रियता के लिए अभिप्रेरित करने पर भी उसके निष्क्रिय रह जाने का प्रोक्ति-मानक स्थापित हो जाता है। फलतः यह प्रत्याशा बनती है कि तीसरी उपप्रोक्ति में भी वाचक कोयल को सक्रिय होने की दिशा में कुछ और आग्रह करेगा और कोयल पूर्ववत् निष्क्रिय रहेगी। पर यह प्रत्याशा यहाँ तब खंडित और विफलीकृत होती है जब वाचक उससे केवल श्रोता की भूमिका में आने को कहता है और स्वयं गाने को तैयार हो जाता है। पर कोयल सहमी निगाहों से चारों ओर देखती और उड़ जाती है। प्रत्याशा के विफलीकृत होने और पूर्व उपप्रोक्ति-मानक का अतिक्रमण करने के कारण यहाँ 'विपथन' प्रमुख अभिलक्षण के रूप में उभरता है। पर यहीं एक और अभिलक्षण 'विपथन' के वैशिष्ट्य-रूप में संश्लिष्ट होता दीखता है। पहली और दूसरी उपप्रोक्तियों के मानक के विरुद्ध तीसरी उपप्रोक्ति में 'कोयल' से सक्रिय होने का आग्रह करने की जगह 'वाचक' के स्वयं सक्रिय हो उठने, गाना सुनाने का आग्रह करने की जगह स्वयं गाने को तैयार हो उठने, कोयल के चुप रहने और डाल पर बैठी रहने की जगह उसके उड़ पड़ने और कोयल की उपस्थिति की जगह कोयल की अनुपस्थिति को रेखांकित करने से प्रोक्ति-स्तर की विरोधी समांतरता भी उपस्थित हो पड़ती है।

इस प्रकार विरोध की इस स्थिति के उभरने के कारण 'विपथन' विरोधी समांतरता पर आधारित होकर विरोधमूलक समांतरित 'विपथन' बन जाता है।

2.4.1.6.2..2.2.3 विचलित–समांतरित विपथन

यह 'संश्लिष्ट विपथन' का तीसरा प्रकार है। जब पाठ में 'विपथन' प्रमुख अभिलक्षण के रूप में उभरता है, पर उसके साथ-साथ विचलन' और 'समांतरता'—दोनों के अभिलक्षण भी 'विपथन' को विशेषीकृत करते होते हैं तब विचलित-समांतरित विपथन उपस्थित होता है। इस प्रकार के 'विपथन' के लिए अज्ञेय की 'कतकी पूनो' शीर्षक एक छोटी कविता को देखें—

1. "छिटक रही है चाँदनी
   मदमाती उन्मादिनी—
2. कलगी मौर सजाव ले
   काँस हुए हैं बावले—
3. पकी ज्वार से निकल शशों की जोड़ी गयी फलांगती।
4. सन्नाटे में बाँक नदी की जगी चमक कर झाँकती।
5. कुहरा झीना और महीन
6. झर-झर पड़े अकासनीम
7. उजली-लालिम मालती
   गंध के डोर डालती
8. मन में दुबकी है हुलास ज्यों परछाईं हो चोर की,
9. तेरी बाट अगोरते ये आँखें हुईं चकोर की।"

पूरी कविता नौ उपप्रोक्तियों में पूरी होती है। इसकी अंतिम दो उपप्रोक्तियाँ—आठवीं और नौवीं उपप्रोक्तियां अथवा दोनों उपप्रोक्तियों की एक पूर्णसंश्लिष्ट उपप्रोक्ति ऊपर की सात उपप्रोक्तियों के मानक से अतिक्रमण करती है। पहली सात उपप्रोक्तियाँ व्याकरण के पुरुष स्तर (Level of Person) पर अन्य पुरुष (Third Person) विषयक उपप्रोक्तियाँ हैं। पर आठवीं-नवीं की एक पूर्ण उपप्रोक्ति उत्तम-मध्यम पुरुष-विषयक उपप्रोक्ति है। आठवीं-नवीं उपप्रोक्तियों से संबद्ध प्रत्याशा भी अन्य पुरुष-विषयक प्रोक्ति की ही है। पर यह प्रत्याशा विफलीकृत होती है, इससे मानक से अतिक्रमण होता है और उत्तम-मध्यम पुरुष प्रोक्ति 'विपथन' को उजागर कर देती है। यहाँ प्रोक्ति-स्तर का यह 'विपथन' अर्थ-स्तर पर अस्वीकार्य होने के कारण विचलित है। 'हुलास' जैसे अमूर्त भाव का 'दुबकना'-जैसा मानवीय कर्म संपादित करना, उसका चोर की परछाईं

होना और 'बाट अगोरती' आँखों का चकोर की आँख बन जाना—ये सारे व्यापार अस्वीकार्य हैं। अतः यहाँ अर्थ-स्तर का 'विचलन' भी क्रियाशील है। इतना ही नहीं, पहली सात उपप्रोक्तियों में बाहर छिटकी चाँदनी का परिवेश है। उसकी मादकता है। यहाँ यह मादकता एकाकीपन और युग्मीकरण दोनों ही में है। पर अंतिम दो उपप्रोक्तियों में चाँद और चाँदनी अनुपस्थित है। यहाँ परिवेश बाह्य प्रकृति का नहीं होकर आंतर प्रकृति का है, मानसिकता का है। बाहर चाँदनी छिटकती है तो मन में हुलास दुबकती है। एक चाँद की चाँदनी बाहर छायी है। कवि ने इसकी मादकता का विस्तारपूर्वक वर्णन किया है। दूसरा चाँद भीतर अनुपस्थित है, पर मन में उसकी प्रतीक्षा चल रही है। प्रकृति में 'जगी' और 'नदी' का मिलन है, इनकी देखा-देखी है, शशों की जोड़ी की उपस्थिति है। इस प्रकार बाहर छिटकी चाँदनी के परिवेश और विपथित उपप्रोक्ति वाले मन के परिवेश में 'विरोधी समांतरता' भी सक्रिय है। कहना न होगा कि इसी कारण यहाँ 'विपथन' अपनी संश्लिष्ट प्रकृति में दो-दो अन्य अभिलक्षणों के वैशिष्ट्य से भरकर 'विचलित-समांतरित विपथन' के रूप में उजागर हो उठा है।

कुँवर नारायण की कविता 'घर रहेंगे, हमीं उनमें रह न पाएँगे' में निम्नलिखित अंश विपथित है—

> "तुम ताजी नयी घटा नील मोर रंग की
> जाल के चँदोबे, साड़ी-कसी नीची, तंग-सी।"

इस कविता की अन्य उपप्रोक्तियों में हर कहीं क्रिया की उपस्थिति क्रियात्मक ढाँचे का मानक निर्मित करती है। पर उपर्युक्त उपप्रोक्ति इस क्रियात्मक प्रत्याशा को विफलीकृत कर देने और कविता के भाषिक मानक से अंतरण करने के कारण 'विपथित' हो उठती है। इसके अतिरिक्त उपर्युक्त उपप्रोक्ति अर्थ-स्तर के 'विचलन' जैसे अभिलक्षण से भी संश्लिष्ट है। प्रेयसी को 'नील, मोर रंग की ताजी घटा' कहना यहाँ अस्वीकार्य है। अतः यहाँ अर्थ-स्तरीय विचलन भी है। इतना ही नहीं, कवि/वाचक के वर्ष के छूँछे, आखिरी, उदास होने, देह के 'खोखली' होने, आँखों में रुग्ण जालों के छाने और उपचार के हर प्रयास के असाध्य होने की उपप्रोक्तियों की पृष्ठभूमि में प्रेयसी-विषयक उपर्युक्त उपप्रोक्ति का कथ्य विरोधी समांतरता की भी सृष्टि करता है। अतः यहाँ 'विचलित समांतरित विपथन' क्रियाशील है।

2.4.1.6.2.3. विपथन : स्तर स्पष्टीकरण

2.4.1.6.2.3.1. ध्वनि-स्तर

जब रचनाकार या कवि अपनी कविता में एक निश्चित प्रकार की ध्वनि-संरचना का या विशेष भाषिक अभिलक्षण वाली ध्वनियों (घोष, अघोष, अल्पप्राण, महाप्राण नासिक्य) का व्यवहार करता हुआ अचानक अपने द्वारा स्वीकृत-व्यवहृत इस मानक

का अतिक्रमण कर जाता है तब वहाँ ध्वनिस्तरीय विपथन प्राप्त होता है। उदाहरण के लिए रामधारी सिंह दिनकर की 'उर्वशी' की ध्वनि-संरचना मूलत: गीतात्मक है। इस कृति की यह ध्वनि संरचना ही है, जो इसके छंद को गेय रूप में उपस्थित करती है। पहले और दूसरे अंक की ध्वनि-संरचना पूरी तरह गीतात्मक है, पर तीसरे अंक में इस गीतात्मक ध्वनिसंरचना का प्रयोग करता हुआ भी कवि इससे अतिक्रमण करता है। यह अतिक्रमण बड़े साभिप्राय रूप में दो स्थलों पर होता है। एक बार पुरूरवा के प्रदीर्घ कथन में और दूसरी बार उर्वशी के प्रदीर्घ कथन में। इसके बाद पुन: चतुर्थ और पंचम अंक की ध्वनि-संरचना पूर्ववत् गीतात्मक ही रहती है। पुरूरवा के कथन की विपथित ध्वनि-संरचना द्रष्टव्य है—

"और तब सहसा
न जाने, ध्यान खो जाता कहाँ पर,
सत्य ही, रहता नहीं यह ज्ञान,
तुम कविता, कुसुम या कामिनी हो।"

इसी प्रकार की विपथित ध्वनि-संरचना उर्वशी की उक्ति में भी प्राप्त होती है:

"मैं.नहीं सिन्धु की सुता
तलातल-अतल-वितल, पाताल छोड़
नीले समुद्र को फोड़ शुभ्र,
झलमल फेनांशुक में प्रदीप्त
नाचती ऊर्मियों के सिर पर
मैं नहीं महातल से निकली।"

वस्तुत: इस प्रकार के ध्वनिस्तरीय विपथन वाले अंश ही पुरूरवा और उर्वशी के वैशिष्ट्य का अभिज्ञान करा पाते हैं।

इसी प्रकार 'राम की शक्तिपूजा' की आरम्भिक सामासिक पंक्तियाँ ध्वनिस्तर पर विपथित हैं। यद्यपि ये पंक्तियाँ आरंभ में ही आती हैं। पर पूरी कविता की शेष पंक्तियों की ध्वनिसंरचना ही कवि की मानक ध्वनि-संरचना है। फलत: इन पंक्तियों की ध्वनिसंरचना विपथित हो जाती है। न केवल 'शक्तिपूजा' की पृष्ठभूमि में, बल्कि समग्र 'निराला' काव्य की पृष्ठभूमि में भी देखें, तो भी निम्नलिखित पंक्तियाँ ध्वनिस्तर पर विपथन उपस्थित करती हैं—

"आज का, तीक्ष्ण, शर-विधृत-क्षिप्र कर वेग-प्रखर
शतशेल संवरणशील, नीलनभ-गर्ज्जित-स्वर

प्रतिपल-परिवर्तित-व्यूह, भेद-कौशल-समूह
राक्षस-विरुद्ध प्रत्यूह, क्रुद्ध कपि-विषम हूह
दिच्छुरितवह्नि-राजीवनयन-हत लक्ष्य-बाण
लोहित लोचन-रावण मदमोचन-महीयान''

कथाभाषा में यदि ध्वनिस्तरीय विपथन का रेखांकन करना चाहें तो इसे डॉ0 शिव प्रसाद सिंह के उपन्यास 'अलग-अलग वैतरणी' के एक उदाहरण से अच्छी तरह स्पष्ट किया जा सकता है। इस उपन्यास की दो पात्राएँ 'चन्दा' और 'पुष्पा' हैं। रचनाकार ने इनके नामों का 'चन्दा' और 'पुष्पा' के रूप में ही सदैव मानक व्यवहार किया है। उसने कहीं भी इन नामों की ध्वनि-संरचना में कोई विरूपण या अतिक्रमण नहीं किया है। पर एक स्थल पर ये दोनों नाम जब उसके एक पात्र विपिन के चिंतन में उभरते हैं तब 'चन्दा पुष्पा... पुष्पा... चन्दा, चन्दा... पुष्पा' की रचनाकार-व्यवहृत मानक ध्वनि-संरचना का अनायास अतिक्रमण हो उठता है और ध्वनि-संरचना इस रूप में विपथित हो उठती है—''पु न्दा ष्पा—च''। यहाँ यह विपथन ध्वनियों के अनूठे संश्लेष के सहारे इन दोनों ही पात्रों की पूरी नियति-स्थिति की संश्लेषणात्मक एकता पर प्रकाश डालता हुआ साभिप्राय और सार्थक हो उठता है।

2.4.1.6.2.3.2. शब्द–स्तर

जब कवि अपनी रचना में अपने द्वारा गृहीत-व्यवहृत मानक से अलग कोई ऐसा शब्दस्तरीय प्रयोग करता है, जो उस रचना में उसके स्वीकृत मानक का अतिक्रमण कर उठे तब वहाँ शब्दस्तरीय विपथन होता है। यह अतिक्रमण सहज प्रत्याशा को बाधित करने वाला भी सिद्ध होता है। उदाहरण के लिए 'निराला' की निम्नलिखित पंक्तियाँ लें—

''कण-कण कर कंकण
प्रिय किण-किण रव किंकिणी
रणन-रणन नूपुर, उर लाज, लौट रंकिणी
और मुखर पायल स्वर करें बार-बार।''

यहाँ ऊपर की तीन पंक्तियों में प्रत्येक आभरण के साथ उसके ध्वनिद्योतक अनुरणात्मक शब्द क्रमशः 'कण-कण', 'किण-किण', 'रणन-रणन' का व्यवहार हुआ है, किन्तु अंतिम पंक्ति में 'पायल' जैसे आभरण के लिए कवि ऐसे अनुरणात्मक शब्द 'छम्-छम्' का व्यवहार नहीं कर शब्दस्तरीय विपथन उपस्थित करता है। यदि वह चाहता तो अंतिम पंक्ति को इस अनुरणात्मक शब्द-विवक्षा के साथ पूर्णता प्रदान कर सकता था—''छम-छम-छम पायल स्वर करें बार-बार''। पर ऐसा समांतरित प्रयोग करने पर

भी इन काव्य-पंक्तियों को वह उत्कर्ष नहीं प्राप्त हो पाता, जो उसे इस विपथित प्रयोग के कारण प्राप्त हो गया है। शब्दस्तरीय विपथन को कवि द्वारा वैसी सहज गृहीत संयोजनमूलकता के अतिक्रमण में भी रेखांकित किया जा सकता है, जिसका उस रचना में उसने अपने मानक के रूप में व्यवहार नहीं किया हो। उदाहरण के लिए 'राम की शक्तिपूजा' में 'निराला' ने 'मकरन्द' और 'बिन्दु' का संयोजन कर 'मकरन्दबिन्दु' शब्द का प्रयोग किया है—"पार्वती कल्पना है इसकी मकरन्दबिन्दु।' मकरन्द वनस्पति-जगत् का शब्द है और 'बिन्दु' तंत्र का। इसके पूर्व कवि ने 'शक्तिपूजा' में दो विभिन्न क्षेत्रीय शब्दों का ऐसा कोई संयोजन नहीं किया है। अतः यह शब्दस्तरीय विपथित अग्रप्रस्तुति का उदाहरण है। यह शब्द अपने-आप में अत्यंत साभिप्राय है और इसका कारण दोनों शब्दों के अलग-अलग क्षेत्र की विशिष्टता ही है। 'मकरबिन्दु' में 'मकरन्द' (सौन्दर्य) और 'बिन्दु' (उर्वरता) का अर्थ-संश्लेष है, जिसकी साभिप्रायता पार्वती के व्यक्तित्व में सौन्दर्य और उर्वरा जीवनी शक्ति को रेखांकित करना है।

2.4.1.6.2.3.3. रूप-स्तर

जब रचनाकार अपनी कृति में अपने द्वारा व्यवहृत रूपस्तरीय मानक को सहसा अतिक्रमित कर उससे भिन्न दूसरा प्रयोग कर बैठता है तब वहाँ रूपस्तरीय विपथन उपस्थित होता है। 'परिन्दे' में भूतकालिक क्रिया का व्यवहार करते हुए निम्नलिखित सन्दर्भ में सहसा वर्तमान कालिक लिङन्त 'है' के प्रयोग से रूपस्तरीय विपथन उपस्थित होता है... "लतिका को पहला साल याद आया, जब डॉक्टर के संग पिकनिक के बाद वह क्लब गई थी डॉक्टर बार में बैठे थे। बालरूम कुमाऊँ रेजीमेंट के अफसरों से भरा हुआ था। कुछ देर तक विलियर्ड का खेल देखने के बाद जब वे वापस बार की ओर आ रहे थे। तब उसने दायीं ओर क्लब की लाइब्रेरी में देखा—मगर उसी समय डॉक्टर मुकर्जी पीछे से आ गए थे, "मिस लतिका यह मेजर गिरीश नेगी हैं"। विलियर्ड रूम से आते हुए हँसी-ठहाकों के बीच वह नाम दब-सा गया था, वह किसी किताब के बीच में उँगली रखकर लाइब्रेरी की खिड़की से बाहर देख रहा था। "हलो डॉक्टर"...वह पीछे मुड़ा तब उस क्षण...।" यहाँ भूतकाल का रचनाकार द्वारा व्यवहृत मानक यद्यपि एक लघु संदर्भ का ही मानक है, तथापि यहाँ 'है' का विपथित प्रयोग अत्यंत साभिप्राय हो उठा है। यह 'है' जैसे नेगी के नहीं रहने पर भी, उसके गुजर जाने पर भी, लतिका के मन में उसकी स्थायिता को, वर्तमानता को निरूपित कर रहा है।

यदि दुष्यंत की ग़ज़ल को देखें, तो वहाँ प्रत्येक ग़ज़ल में क्रिया-प्रयोग का रचनाकार द्वारा व्यवहृत मानक दीख पड़ता है। पर उसकी एक ग़ज़ल में क्रिया का बिल्कुल ही प्रयोग नहीं हुआ है—

"हालाते जिस्म, सूरते-जां और भी खराब,
चारों तरफ खराब, यहाँ और भी खराब।"

रूपस्तर के इस क्रिया-प्रयोग वाले ग़ज़लगो के निजी मानक से निश्चित रूप में ऊपर के उदाहरण में विपथन उपस्थित हुआ है, जो अपने कथ्य को कालातीत विस्तार में अग्रप्रस्तुत कर रहा है।

2.4.1.6.2.3.4. वाक्य-स्तर

जब रचनाकार या कवि/उपन्यासकार अपनी रचना की आधार-भाषा को छोड़कर किसी दूसरी आधार-भाषा में वाक्य-रचना प्रस्तुत करता है अथवा अपनी रचना की आधार-भाषा में ही किसी कूट भाषा को प्रश्रय देता हुआ वाक्य-रचना करता है तब वहाँ वाक्यस्तरीय विपथन उपस्थित होता है। इसी से वाक्य-स्तरीय विपथित अग्रप्रस्तुति उद्भूत होती है। टी0 एस0 एलियट की प्रसिद्ध कविताकृति 'वेस्टलैंड' में 'ओम् शान्तिः शान्तिः' जैसे वाक्य के प्रयोग या अन्यान्य संस्कृत अथवा फ्रांसीसी वाक्यों के प्रयोग में इसी प्रकार का विपथन उपस्थित हुआ है। हिन्दी में श्रीलाल शुक्ल के उपन्यास 'रागदरबारी' में—'कर्फोन है सर्फाला'? और 'मर्फर गर्फये सर्फाले, गर्फोली चर्फ लाने वाले'—जैसे वाक्यों के प्रयोग में वाक्यस्तरीय विपथन प्राप्त होता है। ऐसे स्थलों पर रचनाकार अपने द्वारा गृहीत भाषा की अपनी मानक पद्धति से अन्तरण कर जाता है। 'रागदरबारी' में इस प्रकार के विपथित प्रयोग की चरित्रगत साभिप्रायता है, जिससे जोगनथवा की विशेषताएँ स्पष्ट होती हैं। निर्मल वर्मा की कहानी 'परिन्दे' में 'लीड काइंडली लाइट' और 'इन ऐ बैक लेन अब द सिटी, देयर इज ए गर्ल हू लब्ज मी' जैसे दोनों वाक्य अलग-अलग संदर्भ में विपथित रूप में उपस्थित हुए हैं। यहाँ इन वाक्यस्तरीय विपथनों के मूल में 'इंटर-टेक्सचुएलिटी' है, तो 'कोड-मिक्सिंग' भी। 'परिन्दे' में ये विपथित वाक्य स्थिति, संदर्भ और चरित्र—तीनों ही दृष्टियों से अपनी साभिप्रायता स्पष्ट करते हैं।

2.4.1.6.2.3.5. प्रोक्ति-स्तर

जब कोई प्रोक्ति किसी रचना में या कविता में कवि द्वारा पूर्ण अभिव्यक्त बाह्य संरचना के मानक से अन्तरण करती है और इस कौशल से अपना अभिज्ञान स्पष्ट करती हुई अपनी साभिप्रायता स्पष्ट करती है तब वहाँ प्रोक्ति-स्तर का विपथन होता है। इसी से प्रोक्तिस्तरीय विपथित अग्रप्रस्तुति उत्सृजित होती है। मुक्तिबोध की प्रसिद्ध कविता 'भूल गलती' में प्रोक्तिस्तरीय साभिप्राय विपथन का उदाहरण प्राप्त होता है। पूरी कविता पढ़ने के बाद यह स्पष्ट हो जाता है कि कवि ने इस कविता में उर्दू-फारसी बहुल शब्दावली और रूप-रचना के प्रयोग का अपना निजी मानक उपस्थित किया है। पर अन्त की तीन पंक्तियों में उसकी भाषिक बाह्य संरचना अनायास परिवर्तित हो उठती है। यहाँ प्रत्येक शब्द तत्सम है और सन्धि तथा समासमूलक रूप-रचना भी संस्कृत परम्परा की है। अन्तिम चरण को देखें—

"हमारी हार का बदला चुकाने आएगा

1. संकल्पधर्मा चेतना का रक्तप्लावित स्वर,

2. हमारे ही हृदय का गुप्त स्वर्णाक्षर

3. प्रकट होकर विकट हो जाएगा।"

यहाँ वस्तुतः कवि यह स्पष्ट करना चाहता है कि जो 'कैद' कर लाया गया 'ईमान' था और जो 'भरे दरबारे आम' से निकल भागा, वह 'अंडरग्राउंड' होकर लश्कर मुहैया करेगा, जो हमारी हार का बदला चुकाने आएगा। यह प्रतिशोध अवश्यम्भावी है, क्योंकि उस व्यक्तित्व में संकल्पधर्मा चेतना है, उसका रक्तप्लावित स्वर है, उससे हमारे हृदय का तार मिला है। वह जनता के, प्रजा के हृदय का ही गुप्त स्वर्णाक्षर है, जब वह प्रतिशोध लेने हेतु प्रकट होगा, तब निश्चय ही वह विकट हो जाएगा। इस प्रकार ये अन्तिम पंक्तियाँ हमें सक्रिय भूमिका में लाती हैं, 'हम' से 'उस' का सम्बंध स्थापन करती हैं अपनी भूल के सुधार और आतंक तथा कदाचार के प्रतिशोध का विश्वास पैदा करती है। यह विश्वास ही इस कविता का मूल स्वर है, जहाँ 'उस' के साथ 'हम' की सक्रिय भूमिका उपस्थित होती है। इस तथ्य-कथ्य के महत्त्व को यह विपथन अच्छी तरह रेखांकित कर देता है।

2.4.1.6.2.3.6. अर्थ-स्तर

अर्थ-स्तर का विपथन उन विशेष परिस्थितियों में परिलक्षित होता है जब रचना के मूल अर्थ को अथवा उससे सम्बद्ध अर्थ को व्यक्त करने वाले वाक्य या वाक्य-गुच्छ से भिन्न कोई सर्वथा अलग वाक्य या वाक्य-गुच्छ बाह्य संरचना के स्तर पर उपस्थित हो, पर गहन संरचना के स्तर पर वह मूल अर्थ से जुड़ा हुआ हो। यहाँ मूल अर्थ अथवा सम्बद्ध अर्थ के व्यवस्थित मानक अभिव्यंजन से अतिक्रमण होता है। एक दूसरी दृष्टि से जब रचनाकार पर्याय, विरोधिता, आवर्तन, उच्चावच अर्थवत्ता (हिपोनिम), अवयवभूतार्थता (कम्पोनेंशियल एनालिसिस) जैसे अर्थगत कौशलों में से किन्हीं कौशल का व्यवहार अपनी कृति में मानक के रूप में करता है और बाद में सहसा उससे अन्तरण उपस्थित कर किसी दूसरे अर्थगत कौशल का व्यवहार कर उठता है, तब वहाँ भी अर्थ-स्तर का विपथन उपस्थित होता है।

डॉ0 शिवप्रसाद सिंह की कहानी 'मुरदासराय' का मूल प्रतिपाद्य मृत्यु के भय और जीवन के स्वीकार को मानने वाली मानवीय नियति या अस्मिता है। इस अर्थ को ज्ञापित करने की दृष्टि से हरिचरण इस कहानी में अपनी कथा बताता हुआ सूरदास और सुलक्खी के जीवन की आनुषंगिक कथा का भी वर्णन करता है। पर उपान्त में आकर वह बाह्य संरचनात्मक स्तर पर इस मानवीय कथा से कटता हुआ लिखता है—"कई महीने बीत गए, धरती कभी ऋतुमयी बनी थी, बीज पड़ा था, अँखुवे उगे थे, फसलों में हवा के

साँप लहराये थे और आज तो खेत-के-खेत दुधिया बालों की मोर बाँधे खिलखिला रहे हैं। भौरे और मधुमक्खियाँ एक फूल से दूसरे फूल पर उड़-उड़ कर पराग का वितरण कर रहे हैं।''

उल्लिखित संदर्भ में अर्थस्तर पर ऊपर का अंश विपथित लगता है। इसके पूर्व अपनी इस कहानी में रचनाकार ने कहीं भी प्रकृति को अपने वर्णन का केन्द्र नहीं बनाया है। अतः इसके द्वारा मानवीय चित्रण के स्वीकृत-गृहीत मानक से अतिक्रमण होने के कारण यहाँ अर्थ-स्थर का विपथन उपस्थित हो पड़ता है। पर ये विपथित पंक्तियाँ अत्यंत साभिप्राय और सार्थक हैं। प्रकृति की यह विपथित वर्णना मूलतः इस कहानी में मुमूर्षा पर, मृत्यु-भय पर जिजीविषा का विश्वास उत्पन्न करने की प्रेरिका, संकेतिका और संदेश-वाहिका बनी दीखती है।

दूसरे प्रकार के अर्थस्तरीय विपथन के रेखांकन के लिए 'शीतांशु' की निम्नलिखित कविता-पंक्तियों को देखें—

''कैसे भूलूँ प्रेयसि, तेरा वह सुमनोहर रूप?
वह मुखड़ा, वे आँखें,
वे पुतलियाँ चमकती काली।
उन पुतली में श्याम झलक
वाली तसवीर निराली।

x x x x x x

मुखमंडल से छिटका करती, स्वर्णिम, पावन धूप।
वे आँखें हैं, गहरी काली गुफा-सरीखी,
वे आँखें हैं, लाल नशीली मदमस्ती-सी,
वे आँखें हैं श्वेत, शुभ्र पूजा-पुष्पों-सी,
वे आँखें द्रष्टा-निमित्त तीरथ-संगम-सी।
आँखों में छायी वे आँखें, ऐसे नयन अनूप।
कैसे भूलूँ प्रेयसि, तेरा वह सुमनोहर रूप?''

चार चरणों वाली इस कविता के ऊपर दो चरण दिये गए है। ये दोनों चरण क्रमशः प्रथम और अन्तिम चरण हैं। इस कविता में कवि ने जिस अर्थगत कौशल को अपने मानक के रूप में ग्रहण किया है वह कौशल अंश-अंशी अर्थवत्ता (Meronymy) का कौशल है। इस कौशल में एक बड़े अर्थ-समवाय के अन्तर्गत आने वाले कई छोटे-छोटे अर्थ-अनुभाग का सहोल्लेख होता है। ऊपर के उदाहरण में 'मुखड़ा' एक ऐसा ही अर्थ-समवाय है, जिसके अन्तर्गत आँखें, आँखों के अन्तर्गत पुतली और पुतली

के अन्तर्गत श्याम झलक का विशिष्ट अर्थ सन्निहित है। वस्तुतः ये अर्थभाग उस एक बड़े अर्थ में ही समाहित है। पर तीन चरणों तक इस अर्थगत कौशल के स्वयंकृत मानक का व्यवहार करने के बाद कवि सहसा इससे अतिक्रमण करता है और अन्तिम चरण में अवयवभूतार्थता (ऐटम अब मीनिंग/कम्पोनेन्शियल एनालिसिस) का अर्थगत कौशल ग्रहण कर लेता है, जिससे अर्थस्तरीय विपथन उपस्थित होता है। अन्तिम चरण में आँखें विपथित रूप में अग्रप्रस्तुत हो उठती हैं, जिसकी अवयवभूत-अर्थवत्ता को निम्नलिखित रूप में उपस्थित किया जा सकता है—

आँखें=

+ गहरी, काली गुफा-सरीखी
+ लाल, नशीली, मदमस्ती-सी
+ श्वेत, शुभ्र, पूजा-पुष्पों-सी
+ द्रष्टा के लिए तीरथ-संगम-सी
+ आँखों में छाने वाली
+ अनूप

इस प्रकार एक अर्थगत कौशल के मानक का अतिक्रमण कर किसी और अर्थगत कौशल का व्यवहार कर लेने पर भी अर्थस्तरीय विपथन उत्सृजित होता है।

2.4.1.6.2.3.7. लिपि–स्तर

जब रचनाकार अपनी एक कृति में अपने द्वारा गृहीत और स्वीकृत लेखिम-पद्धति को सहसा छोड़कर किसी साभिप्रायतावश दूसरी लेखिम-पद्धति का आग्रहण करता है तब वहाँ अपने द्वारा स्वीकृत मानक से हटने के कारण लेखिमस्तरीय विपथन उपस्थित होता है। निर्मल वर्मा अपनी कहानी 'परिन्दे' में गद्य की पूरी पंक्ति की बाएँ-से-दाएँ लिखी जाने वाली अपने द्वारा स्वीकृत मानक-व्यवस्था से जब अतिक्रमण करते हैं और कुछ पंक्तियाँ और शब्द आगे लिखी लेखिम-पद्धति में लिखते हैं तब वहाँ लिपि-स्तर का विपथन उपस्थित होता है—

"बुरूस का लाल फूल
लाये हो
न
झूठे
छिः सारा मुरझा गया

x x x

अभी खिला कहाँ?
(हाउ क्लम्जी)

x x x

देखो

लतिका''

x x x

2.4.1.6.3. समांतरता

अग्रप्रस्तुति के तीसरे अभिलक्षण समांतरता (Parallelism) का विवेचन 2.4.1.6.3.1 समांतरता : अवधारणा, 2.4.1.6.3.2 समांतरता : स्वरूप-निरूपण, 2.4.1.6.3.3 समांतरता: युग्मन का संदर्भ, 2.4.1.6.3.4 समांतरता : प्रतिसमता का संदर्भ, 2.4.1.6.3.5 समांतरता : प्रकार-निरूपण और 2.4.1.6.3.6 समांतरता : स्तर-स्पष्टीकरण जैसे शीर्षकों के अंतर्गत द्रष्टव्य है।

2.4.1.6.3.1. समान्तरता : अवधारणा

शैलीविज्ञान में समान्तरता (Parallelism) की अवधारणा के पुरस्कर्ता रोमन याकोब्सन रहे हैं। पर काव्य-भाषा की इस विशिष्ट गुणवत्ता के उपस्थापक के रूप में याकोब्सन ने गेरार्ड मेनली हॉपकिन्स का बार-बार स्मरण किया है। वास्तव में यह हॉपकिन्स द्वारा विवेचित समांतरता ही है, जो बाद में रोमन याकोब्सन द्वारा समुतल्यता और समांतरता, एस0 आर0 लिविन द्वारा युग्मन (Coupling) और शेपिरो द्वारा प्रतिसमता (Symmetry-Asymmetry) जैसे विविध रूपों में कहीं-अधिक विस्तार से विवेचित-व्याख्यायित हुई है। अतः हिन्दी में 'समांतरता' का उल्लेख करते हुए डॉ0 भोलानाथ तिवारी ने जो यह लिखने का दुस्साहस दिखाया है कि ''वस्तुतः पारिभाषिक के रूप में इस शब्द का प्रयोग रोमन याकोब्सन आदि कुछ पश्चिमी विचारकों ने काव्यभाषा के प्रसंग में किया तो है, किन्तु कहीं भी इस पर विस्तार से विचार, कम-से-कम मेरे देखने में, नहीं आया,''[1] वह उनके अज्ञान का परिचायक होने के साथ-साथ अपने-आप में अत्यन्त भ्रांतिकर भी है।

'समांतरता' (Parallelism) शब्द का पहला प्रयोग आज से दो सौ वर्ष पहले किया गया था। बाइबिल की प्रसिद्ध छंदोयोजना में उसके पादों की द्विपदी (Couplets)-संघटना के संदर्भ में उसकी वर्णना-व्याख्या के लिए 'समांतरता' (Parallelism) का मूल पद पहली बार प्रस्तुत हुआ था। ठीक उसके समनुरूप प्राप्त फिन्निश (Finnish) महाकाव्यों की समांतरता की भी प्रायः इससे तुलना की जाती रही है। इतना ही नहीं, रूसी कविता की समांतरता भी इन पद्धतियों का बहुत निकट से अनुगमन करती दीखती है। पर यह उससे मुक्ततर और अधिक भिन्न भी है।

गेरार्ड मेनली हॉपकिन्स ने 1865 के अपने छात्र-जीवन के आलेख में 'कविला की संरचना' के विषय में अपनी अनोखी अन्तर्बुद्धि का परिचय देते हुए लिखा था कि ''कविता का कलात्मक भाग, बल्कि यह कहना अधिक समीचीन होगा कि इसके सारे

1. भोलानाथ तिवारी, शैलीविज्ञान (दिल्ली : शब्दकार, 1977) पृष्ठ 88

कौशल समांतरता के सिद्धांत में ही रूपांतरित हो जाते हैं। कविता की संरचना लगातार जारी समांतरता (Parallelism) और गिरजाघर के संगीत की प्रतिध्वनि (Antiphones) की संरचना है। यह हिब्रू कविता वाली तकनीकी तथाकथित समांतरता से यूनानी अथवा इतालवी अथवा अंग्रेजी छन्दोबद्ध कविता तक की दूरी तय करने वाली समांतरता है।''[1]

2.4.1.6.3.2. समान्तरता : स्वरूप-निरूपण

समांतरता अनिवार्यतः एक ओर समता या विरोधिता में स्पष्ट तौर पर रेखांकनीय होती है, तो दूसरी ओर वहाँ जहाँ वह एक से दूसरी स्थिति में परिवर्तित होती दीखती है अथवा अर्ध-सुरों के अनुक्रम में उपस्थित होती है। इनमें पहली स्थिति की समांतरता–**रेखांकित समांतरता**–, छन्दोबद्ध कविता की संरचना के लिए अनेक प्रकार से महत्त्व रखती है : लय में अक्षरों के निश्चित अनुक्रम के आवर्तन के बतौर, छन्द में लय के निश्चित आवर्तन के बतौर और साथ ही आनुप्रासिकता में, श्रुतिसाम्य में और तुकान्तता अथवा अन्त्यानुप्रासिकता में भी इस आवर्तन की शक्ति, शब्दों या विचारों में प्रत्युत्तरित होने वाली समांतरता या आवृत्ति को भी अस्तित्व प्रदान करती है। मोटे तौर पर निरपवादी परिणाम के रूप में जितनी अधिक रेखांकित संरचना की समांतरता होगी—चाहे वह विस्तारणमूलक हो या बलाघातमूलक—उतनी ही अधिक वह शब्द या अर्थ की समांतरता को भी अस्तित्व प्रदान करेगी। यह समांतरता वस्तुओं के बीच की सादृश्यमूलक प्रभाविता में यदि रूपक, तुलना, दृष्टांत-कथा आदि से सम्बन्ध रखती है, तो वस्तुओं की असादृश्यमूलक प्रभाविता में विरोधालंकार, वैषम्य आदि से सहज ही संबंधित हो उठती है। याकोब्सन की टिप्पणी है कि ध्वनि की समतुल्यता मूलभूत सिद्धांत-रूप में जब एक अनुक्रम में प्रक्षेपित होती है तब यह अनिवार्य रूप में अर्थीय समतुल्यता को भी समाविष्ट कर लेती है। यहाँ ऐसे अनुक्रम का कोई भी संघटक किसी भी भाषिक स्तर पर दो सह-संबंधित अनुभवों में से किसी एक को सुझाने का काम करने लगता है। इन दो सह-संबंधित अनुभवों को हॉपकिन्स ने बहुत स्पष्ट तौर पर **सदृशता के लिए तुलना** (Comparison for likeness sake) और **अ-सदृशता के लिए तुलना** (Comparison for unlikeness) के रूप में निर्दिष्ट और परिभाषित किया है। याकोब्सन के अनुसार जब हम किसी कविता में दिखाई पड़ने वाली ध्वनिपरक, व्याकरणिक संरचना को मिलाते हैं, तब दो एककों को एक अर्थपरक सम्बन्ध-सूत्र में जोड़ देते हैं। यह युग्मन या तो समतामूलक या व्यतिरेकी अर्थ देता है। इस प्रकार समांतरता के संदर्भ में याकोब्सन ने यह स्पष्ट किया कि कविता की स्वानिमिक समतुल्यता और अर्थगत समतुल्यता के बीच पारस्परिक सम्बन्ध विद्यमान है। उसने हॉपकिन्स की कविता से उदाहरण देते हुए अपनी इस स्थापना को संपुष्टि भी प्रदान की। याकोब्सन

---

1. उद्धृत, डॉयलाग्स : रोमन याकोब्सन एवं क्रिस्तिना पोमोर्स्का (लंडन : कैम्ब्रिज यूनिवर्सिटी प्रेस, 1980), पृष्ठ 102

के शब्दों में "कविता में सदृशता (Similarity) सन्निधि (Contiguity) पर अधिआरोपित होती है। इसीलिए समतुल्यार्थता के अनुक्रम को संघटक-कौशल के रूप में समर्थन प्राप्त होता है।"[1]

याकोब्सन 'समांतरता' की व्यापकता और गहनता से पूरी तरह परिचित है। उसने 'समांतरता' पर क्रिस्तिना पोमोर्सका को साक्षात्कार देते हुए यह स्पष्ट तौर पर स्वीकार किया है कि "मेरे सम्पूर्ण वैदुषिक–अकादमिक जीवन में जितना समांतरता के प्रश्न ने मुझे लगतार अपनी गिरफ्त में बाँध रखा है उतना किसी भी दूसरे विषय ने नहीं।"[2] याकोब्सन ने 1917 में किर्थ डेनिलोव के संकलन के लिए 'समांतरता' पर एक विश्लेषणात्मक आलेख लिखना आरंभ किया था। इसके लिए याकोब्सन ने इक्कीस पंक्तियों की 'मिस्फार्च्यून' (Misfortune) नामक एक कविता का चयन भी कर लिया था। उन्हीं दिनों 'ओपयाज' (Opojaz) 'काव्य-भाषा का सिद्धान्त' (Theory of Poetic Language) नाम से एक संकलन निकालने वाला था। याकोब्सन ने इस संकलन के लिए भी उक्त विषय पर अपना आलेख देने की स्वीकृति दे दी थी। वह अंक 1919 में प्रकाशित भी हुआ। पर वह याकोब्सन के इस प्रतिश्रुत आलेख के बिना ही छपा। याकोब्सन ने क्रिस्तिना को दिये गये साक्षात्कार में स्पष्ट किया है कि "वह अंक 1919 में प्रकाशित हुआ, पर मेरे आलेख के बिना ही। तब मैंने अपने उस आलेख को ठीक ही अपरिपक्व खाका भर समझा, जो भाषिक विश्लेषण के और अधिक स्पष्ट सिद्धांतों के आलोक में मुझ से विस्तारण और पुनरीक्षण की माँग कर रहा था। मैंने इस 'मिसफार्च्यून' कविता में इक्कीस पंक्तीय विश्लेषण को आगामी अर्धशती तक परिपक्व होने दिया। इसके बाद ही मैंने इसे अमरीकी जर्नल 'लैंग्वेज' (Language) में 1966 में 'ग्रामेटिकल पैरेलेलिज्म ऐण्ड इट्स रशन फेसेट' शीर्षक से प्रकाशित होने दिया। पर मेरी दृष्टि में मेरा यह एकालेख भी इस विषय की एक प्राथमिक रूपरेखा भर ही है।"[3] 'समांतरता' की व्यापकता को याकोब्सन अपने 'पोयट्री ऑव ग्रामर ऐण्ड ग्रामर ऑव पोयट्री' में रेखांकित करता है : "किसी भी कविता में निहित विपरीत रूपवैज्ञानिक वर्गों और वाक्यीय प्ररचनों के अन्तस्संबंधों और उनके चयन-वितरण का पूर्वग्रहहीन, एकाग्र और सर्वांगपूर्ण कुल वर्णन स्वयं विश्लेषक-परीक्षक को भी अप्रत्याशित, असाधारण संतुलन, प्रति-संतुलन, संतुलित संरचनाओं, समतुल्य रूपों और प्रमुख विरोधों के सक्षम संचय के द्वारा और अंततः कविता में व्यवहृत रूपवैज्ञानिक और वाक्यीय संघटकों के संग्रह के बतौर

---

1. रोमन याकोब्सन, 'पोयट्री ऑव ग्रामर ऐंड ग्रामर ऑव पोयट्री', **लिंग्वा** (एम्सटर्डम : नार्थ हालैंड पब्लिशिंग, अंक 21, 1968), पृष्ठ 602
2. उद्धृत, 'पैरेलेलिज्म', डायलॉग्स, रोमन याकोब्सन एवं क्रिस्तिना पौमोर्स्का (लंडन : कैम्ब्रिज यूनिवर्सिटी, 1980), पृष्ठ 100
3. वही, पृष्ठ 102

प्रतिबंधनों के द्वारा, साथ ही कौशलपूर्ण पारस्परिक प्रभाव का पीछा करने के लिए अनुगमन करने वाले विलोपन या अध्याहार के द्वारा आश्चर्यित कर देता है।''[1]

याकोब्सन ने समांतरता के किसी भी रूप को अपरिवर्तनीय और परिवर्तनीय भाषिक एककों का समविभाजन माना है। याकोब्सन ने कविता में 'समांतरता' की भूमिका को बड़ी व्यापक और गहन दृष्टि से रेखांकित किया है। उसके अनुसार ''कविता में एक अक्षर (Syllable) उसी अनुक्रम के दूसरे अक्षर से समतुलित होता है, शब्द-चाप समान शब्द-चाप को ग्रहण करता है, बलाघात-हीनता समान बलाघात-हीनता को अपनाती है, छान्दस्-दीर्घता छान्दस्-दीर्घता के साथ, छान्दस्-लघुता छान्दस्-लघुता के साथ, शब्द-सीमा समान शब्द-सीमा के साथ, सीमाहीनता सीमाहीनता के साथ, वाक्यीय-यति समान वाक्यीय यति के साथ और यतिहीनता समान यतिहीनता के साथ बराबरी करती है।''[2] अक्षर-माप की इकाइयों में समांतरता की स्थिति को याकोब्सन भाषा के काव्यात्मक प्रकार्य और अधिभाषात्मक प्रकार्य दोनों में देखता हुआ उनका पारस्परिक अन्तर भी स्पष्ट करता है। इसके अनुसार यह आरोप किया जा सकता है कि अधिभाषा (Meta-language) समतुल्य वाक्य में पर्यायी अभिव्यक्ति को संयोजित करती हुई समतुल्यार्थक इकाइयों का आनुक्रमिक व्यवहार करती है—जैसे 'घोड़ी घोड़ा का स्त्री रूप है।' पर काव्य-भाषा और अधिभाषा—दोनों में परस्पर व्यासीय (Diametrical) विरोधिता है। अधिभाषा में अनुक्रम या पूर्वापरता का व्यवहार समता के लिए किया जाता है, जबकि काव्य-भाषा में समता का व्यवहार अनुक्रम या पूर्वापरता के लिए किया जाता है। वास्तव में कविता में आनुक्रमिकता की माप कौशल के रूप में उपस्थित होती है। यह कौशल काव्यात्मक प्रकार्य के बाहर की भाषा में कहीं भी प्रयुक्त नहीं हो पाता है।

यहाँ ध्यान देने योग्य है कि काव्यभाषा-विज्ञान के उत्कृष्ट अन्वेषक गेरार्ड मेनली हॉपकिन्स ने छन्दोबद्ध कविता को ऐसी भाषा के रूप में स्वीकार किया है, जो संपूर्णतः या अंशतः काव्य-पाठ में पूर्व व्यवहृत ध्वनि-प्रतिमा को आवर्तित करती चलती है। याकोब्सन ने हॉपकिन्स द्वारा छन्दोबद्ध कविता के मूलभूत सिद्धांत के रूप में रेखांकित इस पुनरावर्ती ध्वनि-प्रतिमा का और भी विवरण प्रस्तुत किया है। ऐसी ध्वनि-प्रतिमा हर स्थिति में कम-से-कम एक द्विध्रुवी वैषम्य का इस्तेमाल करती है। यह वैषम्य स्वानिमिक अनुक्रम के विभिन्न अंशों के द्वारा प्रभावित होता है और आनुपातिक तौर पर यह तीव्र और मन्द विशिष्टता का वैषम्य हुआ करता है। अक्षरों में अधिक प्रमुख और नाभिकीय अक्षरीय भाग, जो अक्षर के शीर्षकों को संघटित करता है, अपने से

---

1. रोमन याकोब्सन, 'पोयट्री ऑव ग्रामर ऐंड ग्रामर ऑव पोयट्री', लिंग्वा (अंक 21 : 1968) पृष्ठ 603
2. वही

कम प्रमुख, न्यूनतम अनाक्षरिक स्वनिमों के विरोध में उपस्थित होता है। कोई भी अक्षर आक्षरिक स्वनिम का और दो आनुक्रमिक आक्षरिकी के बीच के अन्तराल का संवहन करता है, जो कुछ भाषाओं में सदैव और अन्य भाषाओं में बहुतायत से न्यूनतम अनाक्षरिक स्वनिमों के द्वारा कार्यान्वित होता है।

याकोब्सन के अनुसार रचना में बहुतेरे, भिन्न-भिन्न स्तरों पर नियमित समनुरूपता की व्यवस्था और अवयवों की कुछ व्यवस्था होती है। यह व्यवस्था वाक्य-रचनाओं, व्याकरणिक रूपों, व्याकरणिक कोटियों, शाब्दिक पर्यायों, पूर्ण शाब्दिक अभिज्ञानों और ध्वनि-संयोजनों तथा छान्दस्-विन्यासों में उजागर होती है। यह व्यवस्था स्पष्ट समुनरूपता और विशद् विभिन्नता वाली समांतरता के द्वारा संयोजित रचनाओं में दीख पड़ती है। आन्तरिक साँचे की पृष्ठभूमि के विरोध में स्वनिक, व्याकरणिक और शाब्दिक रूपों और अर्थों के वैभिन्य का प्रभाव भावपूर्ण रूप में उपस्थित होता है।

याकोब्सन ने वूल्फगैंग स्तेनित्ज (Wolfgang Steinitz 1905-67) द्वारा लिखित फिनो-केरेलियन लोक-कविता में 'समांतरता' की समीक्षा करते हुए इस विषय पर नये परिदृश्य को सामने रखने में सफलता प्राप्त की थी। यहीं याकोब्सन ने यह लक्षित किया था कि प्रतीयमानत: असंबद्ध पंक्ति-युग्म बहुधा वैसे विशिष्ट समांतरित संबंधन को उजागर करते देखे जाते हैं, जिसे अन्वेषक ने तब तक नहीं देखा या पाया होता है। वास्तव में लगातार बनी रहने वाली विभिन्नता की पृष्ठभूमि में दुहराये जाने वाले भाषिक एकक अतुलनीय रूप में अधिक ध्यानाकर्षी हो उठते हैं। जब पंक्ति-युग्मों में समांतरता और 'समता' पर केन्द्रण किया जाता है तब किसी भी संसक्त द्विपदी या दोहा के बीच और यहाँ तक कि एक पंक्ति में भी अर्द्धालियों के बीच प्रत्येक समानता और प्रत्येक विभिन्नता पर ध्यान देना सरल-सहज हो जाता है। दूसरे शब्दों में समांतरता का ऐसा अभिगम प्रत्येक समानता और प्रत्येक विषमता को विशिष्ट महत्त्व प्रदान कर उठता है। यहीं विश्लेषक भाषा के बाहरी रूप और उसकी निगूढ़ साभिप्रायता के बीच जुड़ रही कड़ी का अनुभव कर पाता है। किसी भी द्विपदी में समांतरता के द्वारा स्वीकृत 'समानता' और 'सन्निधि' का प्रत्यक्षीकरण विश्लेषक के अनेक अचेतन प्रश्नों का उत्तर प्राप्त करने की दिशा में भी अपने-आप ले चलता है: 1. वह कौन-सा तत्त्व है, जो दोनों पंक्तियों को जोड़ता है? 2. क्या यह समानता पर आधारित साहचर्य है अथवा विरोध पर आधारित? 3. अथवा क्या यह 'सन्निधि' पर आधारित साहचर्य है? 4. यदि ऐसा है, तो क्या यह सन्निधि काल-आधारित है अथवा स्थल-आधारित? 5. समांतरित इकाइयों के बीच किस तरह का ऊर्ध्वाधर (Hierarchical) सम्बन्ध है? 6. इनमें कौन-सी इकाई किसके अधीन है? 7. कैसे प्रश्नोत्थित सम्बन्ध बनाये जाते हैं? क्या केवल द्विपदी की अन्तर्वस्तु के द्वारा या एक पंक्ति के दूसरी पंक्ति पर छा उठने की क्रिया द्वारा अथवा द्विपदी द्वारा समग्रता में ग्रहण की गई स्थिति के द्वारा?

छन्दोबद्ध कविता में समांतरता की व्यवस्था की एकरसता और रंकता के विषय में प्राप्त सभी खोखली टिप्पणियों को अंश और सम्पूर्ण के समृद्ध आर्केस्त्रीकरण पर अंतिम रूप में आधारित होना चाहिए। समानता और विरोध के निकटवर्ती काव्य-संयोजन में जो महत्त्वपूर्ण संभावनाएँ निहित होती हैं, वे सभी प्रकार की वाचिक और लिखित कविताओं में समांतरता की व्यवस्थाओं के दूर तक फैले हुए अनावश्यक विस्तार का और शायद उसकी प्रमुख भूमिका का भी स्पष्टीकरण देती हैं। याकोब्सन ने इस संदर्भ में अनेक शताब्दियों तक चीनी, छन्दोबद्ध कविता में समांतरता के आधिपत्य का हवाला दिया है। यही नहीं, आज सारी दुनिया में समांतरता के अन्वेषियों को धर्मवैधानिक (Canonic) किस्म की समांतरता पर आधारित शाब्दिक कला की नयी व्यवस्थाएँ भी बराबर प्राप्त हो रही हैं। यही वह संदर्भ है, जहाँ तक एक ओर मिथक-शास्त्रों, पुराणों, कर्मकाण्डों की और दूसरी ओर कविता की समांतरता के बीच नजदीकी सूत्रों के अस्तित्व की तलाश जारी है। मिथक की परम्परा और रचना में समांतरता की अभिनीत भूमिका समांतरता की संरचनात्मक विशेषताओं में सदैव नयी और अप्रत्याशित संभावनाओं को उजागर करती है। यह भूमिका सांस्कृतिक नृतत्व-शास्त्र के विभिन्न स्तरों पर द्विध्रुवी संरचनाओं की साभिप्रायता को स्पष्ट करती है। इस तरह समांतरता के अध्ययन का अन्तर-ज्ञानानुशासनात्मक परिदृश्य भी हमारे सामने आ उपस्थित होता है।

याकोब्सन चीनी पद्यात्मकता में समान्तरता की प्रमुखता के शताब्दियों तक चलते रहने का स्मरण करता-कराता है। प्रायः अन्वेषक सारे विश्व में धर्मवैधानिक समान्तरता पर आधारित शाब्दिक कला की नयी पद्धतियों अथवा व्यवस्था को लगातार प्राप्त करते रहे हैं। याकोब्सन के अनुसार कविता और मिथकशास्त्र के बीच यहाँ तक कि कर्मकांड के बीच भी समांतरता की निकटवर्ती नातेदारी के अस्तित्व की खोज की जा रही है। मिथक की सर्जना और परम्परा में समांतरता के द्वारा जो भूमिका अदा की गयी है वह समांतरता की सर्जनात्मक विशेषताओं में सर्वथा नयी और अप्रत्याशित संभावनाओं को उन्मीलित करती है। यह भूमिका विशेष रूप में सांस्कृतिक नृतत्त्व-शास्त्र के विभिन्न स्तरों पर द्विध्रुवी संरचनाओं की सार्थकता-साभिप्रायता को उजागर करती है। इस प्रकार समान्तरता के अन्तर-ज्ञानानुशासनात्मक अध्ययन के लिए यह नये संदर्श और परिदिर्श्य उपस्थित करती है।

हॉपकिन्स ने समांतरता के अधिक सामान्यीकृत अध्ययन की बात की थी। उसने समांतरता को वहाँ रेखांकित-विवेचित किया था जहाँ कविता की पद्धतियों में धर्मवैधानिक समांतरता नहीं मिलती है, अपितु जहाँ काव्यकृतियों में समांतरित संरचनाओं के प्रच्छन्न सिद्धांत क्रियाशील होते हैं। यहीं यह स्मरणीय है कि सॅस्यूर ने 'एनेग्राम' (Anagram) पर अपना महत्त्वपूर्ण लेखन करते हुए विषयांतर से स्वनिक काव्यशास्त्र (Phonetic Poetics) की बात उठायी थी। सॅस्यूर के इस विवेचन ने स्पष्ट तौर पर

यह दिखा दिया था कि सामान्य भाषा अथवा धर्मवैधानिक समांतरता के विपरीत ये काव्यात्मक संरचनाएँ समयाधारित और क्रमाधारित निरंतरता के सिद्धांत को तोड़ती हैं, जिससे स्वनिक और व्याकरणिक संवादी समनुरूपताएँ और विशेषत: द्विध्रुवी समनुरूपताएँ बहुत ही मुक्त रूप में वितरित हो सकें। सॅस्यूर के अनुसार प्रस्थान से ही इस तथ्य को स्वीकार कर लिया जाना चाहिए कि हम रचना में युग्म के एक सदस्य से दूसरे की ओर आगे छलाँग लगा सकते हैं और इसकी सहसंबंधिता, समनुरूपता की प्राप्ति कभी अगली पंक्ति में तो कभी कई पंक्तियों के बाद तक जाकर कर सकते हैं। ऐसी स्थितियों में युग्म-इकाइयों और वैसी इकाइयों के बीच, जिनमें वास्तव में संगति का अभाव होता है, एक विपक्षीयता उभरती है। यहाँ संगति का अभाव इकाइयों की विलक्षणता-विशिष्टता के आधार पर उभरता है। ये इकाइयाँ पाठ को प्रमुखता प्रदान करने वाले युग्म तत्त्वों की पृष्ठभूमि के विरोध में असाधारण रूप में उभरकर सामने आती हैं।

याकोब्सन के अनुसार समांतरता की भूमिका काव्यभाषा के सीमांत के परे जाकर भी क्रियाशील रहती है। याकोब्सन मानता है कि साहित्यिक गद्य के अगणित रूपों में भी समांतरता सुनिश्चित सिद्धांत के अनुरूप रची जाती है। हॉपकिन्स ने कहा था कि विद्वान् यह जानकर आश्चर्यित होंगे कि गद्य-कृतियों की अपेक्षा मुक्त रचना में भी अन्तर्हित और प्रच्छन्न समांतरता की उपस्थिति को रेखांकित किया जा सकता है। यहाँ समांतरित संरचनाएँ अनियमित प्रत्यक्षता लेकर उपस्थित होती हैं और पंक्तियों के अनुक्रम के प्राथमिक सिद्धांत से विचलन दिखाती हैं। कहना न होगा कि काव्यात्मक समांतरता और गद्यात्मक समांतरता के बीच एक प्रकार का ध्यानाकर्षी ऊर्ध्वाधर अन्तर द्रष्टव्य होता है। कविता में तो यह छन्दोबद्ध कविता ही है, जो समांतरता की संरचना को स्वत: आदिष्ट करती है। कविता की छान्दस् संरचना अपनी सम्पूर्णता में, कविता के स्वर-माधुर्य की इकाई में, पंक्तियों की आवृत्ति में और इसकी छान्दस् संघटना में व्याकरणिक और शाब्दिक अर्थीय तत्त्वों के समान्तरित वितरण को निर्धारित करती है। यहाँ अपरिहार्य रूप में ध्वनियाँ अर्थ को संघटित करती हैं। पर इसके विपरीत गद्य में अर्थीय इकाइयाँ समान्तरित संघटना को संघटित करने में अपनी प्राथमिक भूमिका में अन्तर उपस्थित करती हैं। ऐसे मामलों में इकाइयों की समांतरता, जो समानता, विरोध (व्यतिरेक) और सन्निधि से प्रचित होती है, कथानक के संयोजन को, क्रिया-व्यापार में कर्ता और कर्म के चरित्रीकरण को और कथाओं में प्रतिपाद्य के अनुक्रम तक को प्रभावित करती है। याकोब्सन का मानना है कि स्वनिक संरचनाएँ और छान्दस् साधन जहाँ विशेष रूप में काव्यात्मक समांतरता के प्रत्यक्ष में अनुकूल स्थिति का सृजन करते हैं वहीं कई बार ये इसकी प्रेरकता को छिपाते भी हैं। वह स्वीकार करता है कि जब उसने किर्श दानिलोव के संग्रह में 'मिस्फार्च्यून' (Misfortune) कविता को पहली

बार पढ़ा तब तत्काल वह उसकी समांतरित पंक्तियों और द्विपदियों की प्रविधि को नहीं देख सका, जो उस कविता के पाठ को विशिष्टता प्रदान कर रही थी। याकोब्सन के अनुसार इस कविता के पूर्वार्ध में संसक्त द्विपदियों की विरोधिता है, जबकि कविता के उत्तरार्ध में संसक्त छन्दों की। इस कविता का पूर्वार्ध निर्वैयक्तिक अभिव्यंजनाओं से रचा गया है, जिससे द्विपदियों के बीच एक नियमितं प्रत्यावर्तन उपस्थित होता है। इसमें दो आरंभिक अवरोही तालों में एक ताल अन्तिम चाप वाले शब्द और द्विपदियों के अक्षर पर बिना शाब्दिक स्वराघात के गिरता है। दूसरा भाग वैयक्तिक अभिव्यंजनाओं वाला है। यहाँ पंक्तियों के बीच में प्रत्यावर्तन होता है, जिसमें पहला अवरोही ताल अन्तिम स्वराघात वाले अक्षर और पंक्तियों पर गिरता है। यहाँ बलाघात उपान्त्य (Last but one) स्वराघाती अक्षर पर घटित होता है। यहीं याकोब्सन ब्लादिमिरोविच शेरबा की इस धारणा से भी अपनी सहमति दिखाता है कि किसी भी रचना का भाषापरक अध्ययन तथ्यतः मन्द गति से और आवर्ती रूप में किया जाने वाला अध्ययन है। स्पष्टतः स्वाराघातों और शब्द-सीमाओं का व्यवस्थित और व्यतिरेकी वितरण ध्वनि और अर्थ-समांतरता के नानारूप अभिव्यंजनों पर ध्यान केन्द्रित करता है। बदले में काव्यात्मक समांतरता भाषा के भाषावैज्ञानिक विश्लेषण के लिए महत्त्वपूर्ण सहायता मुहैया करती है।

याकोब्सन मानता है कि व्याकरणिक समान्तरताओं का अध्ययन महत्वपूर्ण है। ऐसी समान्तरता उन विद्वानों के लिए कीमती सहायता के बतौर उपस्थित होती है, जो काव्यात्मक समांतरता का अध्ययन भाषाई व्यवस्था के रूप में करना चाहते हैं। व्याकरणिक समांतरताएं उन्हें बुनियादी व्याकरणिक अभिलक्षणों को निर्धारित करने की दिशा में अनुमत करती हैं। ये अभिलक्षण व्यवस्था में अन्तर्हित होते हैं, जो पहले संवलित-कुंडलित प्रतीत होते हैं। अर्थ-स्तरीय वैसी तुलनाएँ, जो प्रदत्त-समांतरित व्यवस्था में अनुप्रयोज्य होती हैं, न केवल प्रश्नोत्थित भाषा के अर्थीय मोड़ की समझ के लिए स्वर प्रस्तुत करती हैं, बल्कि समुदाय के भाषिक विचारों की विशेषताओं को समझने के लिए भी सामने आती हैं। पर यहीं याकोब्सन सावधान भी करता है कि जब भाषिक तथ्यों से विचार के संबंध में अनुमान निकाले जाएँ, तब उन्हें बड़ी सजगता के साथ पर्यवेक्षित किया जाना चाहिए।

2.4.1.6.3.3. समांतरताः युग्मन (कॉपुलिंग) का सन्दर्भ

लिविन समतुल्यता के दो प्रकार मानता है–

2.4.1.6.3.3.1. स्थितिगत समतुल्यता और 2.4.1.6.3.3.2. स्वाभाविक समतुल्यता।[1]

---

1. एस0आर0 लिविन, लिंग्विस्टिक स्ट्रक्चर्स इन पोयट्री (द हेग : मूतन पब्लिशर्ज, 1962, पंचम मुद्रण, 1977), पृष्ठ 29

2.4.1.6.3.3.1. स्थितिगत समतुल्यता

कोई भी दो रूप (फॉर्म्ज) अपने उन भाषिक परिवेशों के सन्दर्भ में, जिनमें वे पाये जाते हैं, प्राय: समतुल्य कहे जा सकते हैं। इस प्रकार की समतुल्यताओं को प्रस्तुत करने वाले रूपों को लिविन **स्थितिगत (पोजीशनल) समतुल्यता बनाम प्रथम कोटिक समतुल्यता कहता है।**

2.4.1.6.3.3.2. स्वाभाविक समतुल्यता

दो रूप (फॉर्म्ज) कुछ भाषिकेतर अवयवों के संदर्भ में भी समतुल्य हो सकते हैं। इस सिलसिले में प्राय: सामान्य अर्थगत निरंतरता और 'सामान्य ध्वन्यात्मक शरीर-क्रियात्मक निरंतरता' की चर्चा की जाती है। भाषिकेतर मापदण्ड के द्वारा ऐसे समतुल्य रूपों को दूसरे प्रकार की समतुल्यता माना जाता है। लिविन ने सुविधा के लिए **प्राथमिक समतुल्यता के लिए स्थितिगत समतुल्यता और द्वितीयक समतुल्यता के लिए स्वाभाविक समतुल्यता** जैसे पदों का व्यवहार किया है। उसके अनुसार **'नैचुरल'** पद अनिवार्य रूप में इसके सिवा और कोई अर्थ नहीं देता कि वह द्वितीयक समतुल्यता का पर्यायी पद है।[1]

एक कविता अपने विन्यासक्रमी अक्ष पर भाषिक तत्त्वों को संयोजन के रूप में प्रस्तुत करती है। इनका आधार स्वाभाविक समतुल्यता (Natural Equivalence) का होता है। इनसे समतुल्य वर्गों अथवा प्राचल (पैराडाइम) की रचना होती है। जैसा याकोब्सन ने कहा है, "काव्यगत प्रकार्य समतुल्यता के सिद्धांत को चयन के अक्ष से संयोजन के अक्ष तक प्रक्षेपित करता है।"[2] स्वाभाविक (नैचुरल) और स्थितिगत (पोजिशनल) समतुल्यताओं का अन्तर यह है कि पहली समतुल्यता में छोटे-छोटे वर्गों की सदस्यता होती है और इन्हें संरचनात्मक परिवेश के सन्दर्भ में परिभाषित नहीं कर विशिष्ट शब्द और रूपगत परिवेश के आधार पर परिभाषित किया जाता है। इस समस्या को और व्याख्यायित करने के लिहाज से लिविन ने ब्राउनिंग की Rabbi Ben Ezra कविता की दो पंक्तियाँ ली हैं–

"Irks care the crop-full bird'
Frets doubt the maw-crammed beast?"

यहाँ दोनों पंक्तियों में पहले दोनों शब्द 'Irks' और 'Frets' अर्थगत रूप में समतुल्य हैं। इसके अतिरिक्त यहाँ ये स्थान की दृष्टि से भी समतुल्य रूप में प्रस्तुत हुए हैं,

---

1. एस0आर0 लिविन, लिंग्विस्टिक स्ट्रक्चर्स इन पोयट्री (द हेग : मूतन पब्लिशर्ज, 1962, पंचम मुद्रण, 1977), पृष्ठ 29
2. रोमन याकोब्सन, लिंग्विस्टिक्स ऐंड पोयटिक्स, स्टाइल इन लैंग्वेज, संपादक टी0 ए0 सीबियोक (न्यूयार्क : एम.आइ.टी. प्रेस 1960), पृष्ठ 358

पर सामान्य भाषा के व्याकरण में Irks और Frets उन उपवर्गों में नहीं आते, जिनके सदस्य इन स्थानों पर प्रायः उपस्थित होते हैं। लिविन के अनुसार इस स्थिति (पोजीशन) को अंग्रेजी `Have' के प्रयोग द्वारा और किसी सत्तासूचक क्रिया (Substantive Verb) के सहारे ही भरा जा सकता है। इस प्रकार यहाँ व्याकरण से हमें ऐसा कोई साधन नहीं प्राप्त होता, जिससे हम यह कह सकें कि इन दोनों वाक्यों में `Irks' और `Frets' दोनों ही अर्थ के स्तर पर समतुल्य हैं। व्याकरण काव्यगत रूपों की अर्थगत समतुल्यता को निर्धारित भी नहीं कर सकता है। हमें इसके लिए व्याकरणेतर सन्दर्भ में जाना पड़ता है और उसका सहारा लेना पड़ता है। यहीं हम यल्मस्लव के 'थॉट मास' को इस उद्देश्य के लिए ग्रहण करते हैं। इस दृष्टि से अभिबिन्दुता (कनवर्जेंस) को वैसी प्रक्रिया माना जा सकता है, जिसमें मुक्त अर्थगत घटक मुक्त स्थानगत घटक के रूप में प्रस्तुत होते हैं।[1]

लिविन के अनुसार कोई भी दो रूप जो समतुल्य स्थिति (पोजीशन) में पाए जाते हैं, केवल तब अभिसरणशीलता के युग्म को उपस्थित करने वाले होते हैं, जब वे रूप स्वाभाविक तौर पर समतुल्य होते हैं। यहाँ जो युग्म प्राप्त होता है, उसे लिविन 'कोपुलिंग' कहना पसन्द करता है। इस कौशल को वह संरचना के लिए अत्यन्त महत्त्वपूर्ण मानता है।

स्थितियाँ (पोजीशन्स) कई तरीकों से समतुल्य मानी जा सकती हैं। ऐसी समतुल्यताओं के दो ऐसे प्रकार हैं, जहाँ स्थितियाँ (पोजीशन्स) अपनी संरचनाओं में समान्तर या तुलनीय होती हैं। वि+नि+वि+सं0 (ACAN) जैसी संरचना में जो दो 'विशेषण' हैं मानो दोनों उसी शीर्ष को विशेषीकृत करने वाले हैं, वे स्थितियाँ (पोजीशन्स) हैं और परस्पर तुलनीय हैं। इस प्रकार **'लम्बी, पर काष्ठनिर्मित इमारतें'** में 'लम्बी' और 'काष्ठनिर्मित' विशेषण तुलनात्मक स्थिति में उपस्थित होते हैं।

दूसरा प्रकार उस मार्ग का है, जिसमें स्थितियाँ अपनी संरचना में समांतरित होने के कारण समतुल्य हो सकती हैं। उदाहरण के लिए वि+सं+नि+वि+सं0 (ANCAN) जैसी संरचना में **'उत्तम भोजन और मसृण संगीत'** में 'उत्तम' और 'मसृण' दोनों ही अलग-अलग विशेष्यों के विशेषण हैं। स्पष्ट तौर पर 'भोजन' और 'संगीत' एक जैसी ही समतुल्य स्थिति में उभरते हैं, पर ये दोनों ही भिन्न-भिन्न विशेषक के शीर्ष हैं। इस तरह की दुहरी युग्मता सदैव समान्तरित समतुल्य स्थितियों में पायी जाती हैं। समांतरित संरचना में समतुल्य के अन्य उदाहरण सं+क्रि+नि+सं0+क्रि0 जैसी संरचना में द्रष्टव्य है–**'लड़का पहुँचा, परन्तु निराशा बनी रही'**। समान्तरित संरचनाएँ दूसरे प्रकारों की संरचना के भाग के बतौर भी उपस्थित होती हैं। इस प्रकार **'बिल अदा**

---

1. एस0आर0 लिविन, लिंग्विस्टिक स्ट्रक्चर्स इन पोयट्री (द हेग : मूतन पब्लिशर्ज, 1962, पाँचवां पुनर्मुद्रण, 1977), पृष्ठ 33

किया और रेस्तराँ छोड़ दिया' में सं0 + संयुक्त क्रिया + नि + सं0 + संयुक्त क्रि0 की समान्तरित संरचना है।

लिविन के विचार से समतुल्य स्थिति (पोजीशन) जो समान्तरित संरचनाओं में बनती है, केवल वाक्य अथवा वाक्यांश तक सीमित नहीं होती, बल्कि उसे पूरी कविता तक में ढूँढ़ा जा सकता है। लिविन ने विलियम कार्लोस विलियम्स की एक कविता-प्रोक्ति ली है

If the Muses
choose the young ewe
you shall receive
a stall-fed lamb
as your reward, but if
they prefer the lamb
you shall have the ewe for
second prize.

इस काव्यांश में `choose' और `prefer' की `young ewe' और `lamb' के साथ समांतरित संरचना है। इसी प्रकार `shall receive' और `shall have' की `stall-fed lamb' और `ewe' के साथ समान्तरित संरचना है और अन्ततः `as your reward' और `for second prize' की `with stall-fed lamb' और `ewe' के साथ समांतरित संरचना है।

इस प्रकार यह पूरा काव्य-संदर्भ ही एक संश्लिष्ट समांतरता का उदाहरण है। यदि हम ऐसे वास्तविक रूपों की जो ऊपर की समतुल्य स्थिति से उभरती है, तुलना करें, तो हम पाएँगे कि हर स्थिति में वे अर्थ के स्थर पर समतुल्य हैं: `choose' और `prefer'. और `young wew' और `lamb'. `receive' और `have'. `reward' और `second prize' दूसरे शब्दों में यह काव्य-संदर्भ युग्मन (Coupling) का भी सुन्दर दृष्टांत है, जहाँ समतुल्य रूपों की संरचनाएँ समतुल्य स्थितियों में उभरती हैं। ऐसी संरचना, जिसमें स्वाभाविक (नैचुरल) समतुल्य युग्म, समान्तरित स्थितियों (पोजीशन्स) में उभरते हैं, वे उनकी तुलनीय स्थितियों पर उभरने वाले युग्म की अपेक्षा अधिक सशक्त होते हैं। वहाँ एक अधिक या अतिरिक्त स्थितिगत समतुल्यता होती है। इस प्रकार इन अतिरिक्त स्थितियों में हमें दूसरे स्वाभाविक (नैचुरल) समतुल्य युग्म मिल सकते हैं। कई स्थितियों में एक युग्म के वैसे सदस्य, जो समतुल्य स्थितियों (पोजीशन्स) में उभरते हैं, प्रायः एक समान्तरित संरचना में स्वाभाविक रूप में समतुल्य (नैचुरली इक्वीलैण्ट) होते हैं। यह तथ्य उन ध्वनिगत और अर्थगत नजदीकी रिश्तों में, जहां संरचना में दूसरे जोड़े की समतुल्य स्थिति (पोजीशन) से उभरने वाले युग्म के सदस्यों के बीच

के रिश्ते होते हैं, अग्रप्रस्तुति को उपस्थित करता है। इस प्रकार 'Call my nephew and get my neice' जैसे वाक्य में `Nephew' और `Nice' युग्मन की आनुप्रासिक अग्रप्रस्तुति का उदाहरण बनते हैं। यहाँ `Call' में 'क' का उच्चारण अघोष (Non-voiced) है, लेकिन `get' में 'ग' का उच्चारण घोष (Voiced) है। अतः यहाँ ये दोनों इस रूप में युग्मन का उदाहरण नहीं बन पाते हैं, बल्कि ये दोनों ही कण्ठ्य स्पर्श होने के कारण युग्मन का उदाहरण बन जाते हैं। पर इस प्रकार का व्यवस्थित चाप `find' और `arrest' जैसे युग्म के लिए कोई विशेष महत्त्व नहीं रखता, क्योंकि इन शब्दों की आरंभिक ध्वनि थोड़ी भी एक जैसी नहीं है। इस प्रकार जहाँ कहीं ऐसी समानता का आधार है वहीं ध्वनिगत अग्रप्रस्तुति के लिहाज से ऐसी समतुल्यताएँ महत्त्व रखती हैं। ऐसी समतुल्य अग्रप्रस्तुति को अर्थ-स्तर पर भी रेखांकित किया जा सकता है। यदि एक ऐसा वाक्य लें- `He painted the house and whitewashed the garage' तो इसके `house' और `garage' में कोई अर्थगत अन्तर नहीं है, क्योंकि दूसरे युग्मन में `painted' और `Whitewashed' में अर्थीय समानता है, जो उसे अग्रप्रस्तुत करती है। इसलिए पहले युग्मन में भी अर्थ का अंतर नहीं, बल्कि साम्य ही अग्रप्रस्तुत हो उठता है।

किसी भी कविता में युग्मन की योजना पूरी तरह से छायी हो सकती है। वास्तव में यह वह युग्मन-योजना है, जिसमें तुलनात्मक और समान्तरित संरचनाएँ आती हैं और जिनमें स्वाभाविक (नेचुरली) समतुल्य रूप (फार्म्ज) उभरते हैं।

इस सन्दर्भ में एक अति प्रसिद्ध कथन बहुधा आलोचकों द्वारा उद्धृत किया जाता रहा है, कि 'कविता में रूप और अर्थ संश्लिष्टतः एकमेक हुए रहते हैं।' लिविन ऐसे कथन में अन्तर्हित संरचनात्मक तथ्यों को देखने की बातें करता है। यदि बयान को काव्यालोचन के संदर्भ में सार्थक होना है तो इसे उस परम्परागत भाषिक दृष्टि से अधिक अर्थवान् होना होगा, जिसमें यह कहा जाता है कि किसी भी बयान का अर्थ रूप के द्वारा ही सम्प्रेषित होता है। तथ्यतः काव्यशास्त्र की कोई भी सैद्धान्तिकी, जो रूप और अर्थ की संश्लिष्ट एकमेकता पर आधारित होगी, यदि इसमें कोई व्याख्यात्मक शक्ति निहित है, तो उसे कुछ भाषिक रूप-मात्र में सीमित नहीं होना होगा। इसे गृहीत कविता के बड़े खण्डों (जैसे-प्रोक्ति) को एकीकृत करने के लिए अनुमत करना पड़ेगा और अन्ततः गृहीत कविता को उसकी सम्पूर्णता में एकीकृत करना होगा।

2.4.1.6.3.4. समांतरताः प्रतिसमता का सन्दर्भ

काव्यात्मक अभिव्यक्ति के तत्त्व प्रायः एक-दूसरे के संदर्भ में प्रतिसम होते हैं। 'प्रतिसमता' को स्पष्ट तौर पर गाणितिक सम्बन्ध में परिभाषित किया जाता है। इस प्रकार यह गाणितिक प्रतिसमता ही है, जो काव्यात्मक संरचना को अनुप्राणित करती है।

काव्यात्मक अभिव्यक्ति के तत्त्व समधर्मी संरचनाओं (Homologous Constructions) की पद्धति में आवर्तित होते हैं। इस आवर्तन में अन्तर्हित सिद्धांत ही समांतरता (Parallelism) है, जो प्रतिसमता (Symmetry) की व्यापक गाणितिक, पर सौन्दर्यात्मक प्रकरण की तात्कालिकता (Instantiation) है। इस दृष्टि से 'समांतरता' को कविता के औसत उत्कर्ष की संरचनात्मक योजना माना गया है।

'प्रतिसमता' की गाणितिक धारणा की उत्पत्ति ज्यामितिक आरेख के चिंतन में निहित है।[1] गाणितिक प्रतिसमता की सामान्य परिभाषा यह बताती है कि एक प्रतिसम आरेख वह है, जो समतुल्य और समान रूप में व्यवस्थित भागों से बनता है।[2] यह परिभाषा स्पष्ट तौर पर निम्नलिखित तीन अवधारणाओं की विशिष्ट, पर परम्परित समझ पर आधारित है-(1) आरेख (Figure), (2) आरेखों के बीच समतुल्यता (equality between figures) और (3) उनकी व्यवस्था में एकवत् समानता। आरेखों की तुलना करते हुए, जिसकी प्रतिसमता सुनिश्चित की जाती है, प्राप्ति की वह प्रक्रिया प्रतिसमता या प्रतिसम रूपांतरण की सुस्पष्ट गाणितिक संक्रिया से तुलना करने योग्य होती है। यदि हम अपने को त्रि-आयामीय आरेख तक सीमित करें, तो गाणितिक रूप में अनुकूल केवल तीन प्रतिसम रूपान्तरणों को माना जा सकता है, जो क्रमश: 1. किसी समतल पर पर प्रक्षेपण (Reflection in a plane) 2. प्रतिसमता के अक्ष के चारों ओर चक्रानुक्रमण (Rotation around an axis of symmetry) और 3. दर्पण-चक्रानुक्रमण (Mirror-rotation) हैं। ये रूपान्तरण प्रतिसमता के तीन सामान्य वर्गों को परिभाषित करते हैं। स्पष्टता और प्रस्तुतीकरण की व्यवस्था के हित में समतल पर प्रक्षेपण के रूप में प्रतिसमता को निम्नांकित प्रकार से रेखांकित किया जा सकता है। जर्मन गणितज्ञ हर्मन वेल ने अपनी सुप्रसिद्ध पुस्तक 'सिमेट्री' में इसे द्विपक्षी प्रतिसमता के रूप में परिभाषित किया है-'कोई भी ढाँचा प्रदत्त समतल 'ई' के सन्दर्भ में तब प्रतिसम होता है, जब यह स्वत: 'ई' में प्रक्षेपण के रूप में कार्यान्वित हो।'

आगे एक प्रदत्त रेखा 'ल' है जो, 'ई' के प्रति प्रलम्ब (Perpendicular) के रूप में उपस्थित है—

इस 'ल' रेखा पर कोई 'प' बिन्दु अस्तित्वमय है। पर इसके दूसरी ओर भी मात्र 'ल' रेखा पर 'प' बिन्दु अस्तित्मवय है और 'ई' से उसकी इतनी ही दूरी है। यहाँ 'प'

---

1. (क) द्रष्टव्य: हर्मन वेल : सिमेट्री, (प्रिंक्टन : प्रिंक्टन यूनिवर्सिटी प्रेस, 1952)
   (ख) ए0वी0 सबनिकोव और वी0ए0 कोर्पाशक, सिमेत्रिया व नाउके इ इस्कुरतवे (मस्क्वा: नाउका, 1972, द्वितीय संस्करण)
2. एम0 शेपिरो, 'सिमेट्री, एसिमेट्री ऐंड पैरेलेलिज्म', एसिमेट्री : ऐन इन्क्वायरी इन टु द लिंग्विस्टिक स्ट्रक्चर ऑव पोयट्री (न्यूयार्क : नार्थ हॉलैंड पब्लिशिंग कंपनी, 1976), पृष्ठ 62

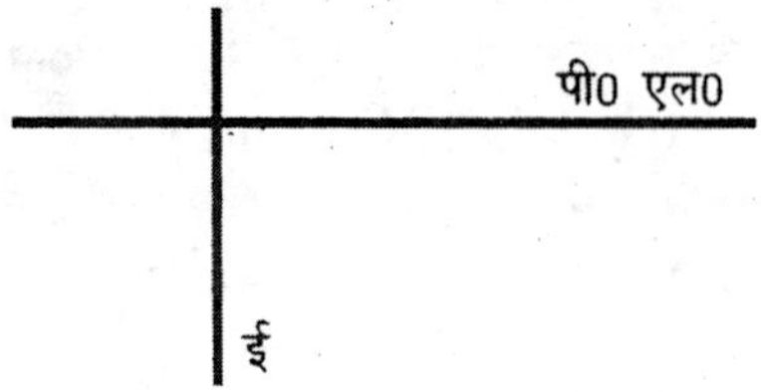

बिन्दु 'प' के साथ तभी मेल खाता है यदि 'प' प्रलम्ब ऊर्ध्व रेखा 'ई' पर उपस्थित है। 'ई' पर इसका प्रक्षेपण स्वतः इस पर स्थल (Space) का मानचित्रण है। इस परिभाषा को, विशेषतः समतल पर इसके प्रक्षेपण के उद्भास को, सामान्य तौर पर यूँ समझा जा सकता है कि यह दर्पण-बिम्बों के साथ द्विपक्षी प्रतिसमता को समतुलित करता है। दर्पण-बिम्ब का एक बहुप्रचलित उदाहरण दाहिने और बायें के बीच का है।

सामान्यतः वैज्ञानिक और विशेषतः विज्ञान के दार्शनिक गाणितिक प्रतिसमता के रूप में बायें और दाहिने को प्रतिसम मानने के अनुमान पर अग्रसर हुए हैं। इस प्रकार बायें और दाहिने को प्रतिसम मानते हुए निश्चय ही वैज्ञानिक भीतरी गुणात्मक अन्तर को नकारते रहे हैं, दार्शनिक दृष्टि में उस 'तत्त्व' की सत्ता को, जिसके सहारे मनुष्य सामान्यतः बायें और दायें का अन्तर कर पाता है। यह स्पष्ट है कि प्रतिसम के रूप में बायें और दायें की गणितिक समझ उस परिपाटी पर निर्भर है, जिसके अन्तर्गत उनकी विभिन्न ध्रुवता वाले सम्बन्ध की अपेक्षा केवल उन दोनों के बीच का सम्बन्ध ही उपयुक्त और संगत माना जाता है।

वैज्ञानिकों के लिए प्रतिसमता का अर्थ ज्यामितिक सीमा द्वारा आरोपित अर्थ से कुछ अधिक व्यापकतर है। वहाँ प्रतिसमता निश्चरता या स्थिरता (invariance) की अवधारणा का पर्याय है। यह एक ऐसी अवधारणा है, जो आधुनिक विज्ञान के संदर्भ में अपनी प्रमुखता दिखाती है तथा नियंत्रण बनाए रखती है। वस्तुतः हम आइंस्टाइन के सापेक्षता-सिद्धांत के प्रति ऋणी हैं कि हम स्थिरता के इस सिद्धांत की प्रत्ययाश्रित प्रासंगिकता की आधुनिक अन्तर्दृष्टि, उसकी सामान्य साभिप्रायता और मान्यता की पहचान कर पाते हैं। आइंस्टाइन की विश्वदृष्टि निश्चरता के रूप में प्रतिसमता की समझ को उपस्थित करती है। यह समझ क्रमशः ब्रह्माण्ड की (Holistic) व्याख्या के रूप में अग्रसारित होती है।

अलग-अलग रूप में लिए गए 'ब' और 'द' अप्रतिसम लगते हैं। इनमें प्रतिसमता का कोई तत्त्व नहीं दीखता है। पर जब ये दोनों ('ब' और 'द') एक युग्म के रूप में ग्रहण किए जाते हैं तब ये एक-दूसरे के प्रति बिम्ब और दर्पण-बिम्ब के रूप में प्रस्तुत हो पड़ते हैं। गाणितिक रूप में तब इनका युग्म प्रतिसमता के एक वर्ग को निर्देशित करने लगता है। कहना न होगा कि तब इस प्रकार का 'क्रिस्टल' एक 'क्रिस्टल-विज्ञानी'

के अनुसार 'एनेनटियोमॉर्फिज्म' (Anantiomorphism) कहलाता है।[1]

समतल के प्रक्षेपण को 'ऑटोमॉर्फिज्म' कहते हैं।[2] गणित के विद्वानों के अनुसार 'आटोमार्फिज्म' (Automorphism) एक ऐसा रूपान्तरण है, जिसमें दूरी और अन्तराल की संरचना सुरक्षित रहती है। उदाहरण के लिए दो समनुरूप (Congruent) आरेखों को 'ऑटोमॉर्फिक' कहा जा सकता है, यदि वहाँ पहले युग्म को दूसरे युग्म में संवहित करने वाला रूपान्तरण हो रहा हो।

2.4.1.6.3.4.1. प्रतिसमता और काव्यात्मक संरचना

काव्य-संरचना का विश्लेषण—पारम्परीण और अद्यतन दोनों रूपों में—ज्ञानमीमांसात्मक कौशल में इतनी गहनता से न्यस्त है कि इसे सर्वाधिक उपयुक्त रूप में 'कालवाची का स्थलीकरण' (Spatialization of Temporal) कहा जा सकता है।

स्थलीकरण को कई अन्य सादृश्यमूलक पदों से भी पुकारा जा सकता है। जे0 डेरिडा ने (1967 : 35) इसे 'मेटाफर ज्योमेट्रीक' कहा है, तो सूरी लोटमान (1970) ने इसे 'कलात्मक स्थल की समस्या' (Problem of artistic space) कहा है और वह इतनी दूरी तक निकल गया है, जहाँ लोबास्वेवस्की की 'नॉन-यूक्लीडियन ज्यामिति' को साहित्य-कृति के लिए प्रतिमान के रूप में आह्वानित किया गया है। रोमन याकोब्सन (1970 : 6) ब्लेक की कविता में कुछ निश्चित संज्ञाओं की स्पष्टतः स्थलीय व्यवस्था की बात करता है। वस्तुतः यह याकोब्सन का ही काव्य-सिद्धांत है, जहाँ स्थलीयता का सादृश्य अपनी पराकाष्ठा पर उपस्थित हुआ है। यहाँ यह आधुनिक भाषावैज्ञानिक आलोचना के विशेष 'इडियोलेक्ट' के रूप में हमारे सामने आया है। याकोब्सन ने काव्य-प्रकार्य को अपने लिए संदेश पर केन्द्रण के रूप में परिभाषित किया है और इस धारणा को निम्नलिखित रूप में प्रस्तुत किया है–'The poeic function projects the principle of equivalence from the axis of selection into the axis of combination."[3] याकोब्सन के इस कथन को प्रतिसमता-विषयक गाणितिक धारणा से सम्बद्ध किया जा सकता है, बशर्ते हम किसी कविता को मूलभूत आटोमॉर्फिज्म के एक वर्ग द्वारा आंशिक रूप में विशेषीकृत एकक के रूप में मान लें, जहाँ याकोव्सन द्वारा निर्दिष्ट काव्यात्मक प्रकार्य में समतुल्यता का निदर्शन तो सम्मिलित हो, पर वहीं तक सीमित नहीं हो।

---

1. एम0 शेपिरो, 'सिमेट्री एसिमेट्री ऐंड पैरेलेलिज्म', एसिमेट्री : ऐन इन्क्वायरी इन टु द लिंग्विस्टिक स्ट्रक्चर ॲव पोयट्री (न्यूयार्क : नार्थ हॉलैंड पब्लिशिंग कंपनी, 1976), पृष्ठ 65
2. वही, पृष्ठ 67
3. रोमन याकोब्सन, 'लिंग्विस्टिक्स ऐंड पोयटिक्स', स्टाइल इन लैंग्वेज, संपा0 टी0ए0 सिबियोक (न्यूयार्क : एम0आई0टी0 प्रेस, 1960), पृष्ठ 358

यहाँ एक अक्षर उसी अनुक्रम के दूसरे अक्षर के साथ, शाब्दिक बलाघात समतुल्य शाब्दिक बलाघात के साथ, बलाघात-हीन बलाघातहीन के साथ, छान्दस् प्रलम्बता छान्दस् प्रलंबता के साथ और छान्दस् संक्षिप्ति छान्दस् संक्षिप्ति के साथ, शब्द सीमा समतुल्य शब्दसीमा के साथ, निर्बन्धता निर्बन्धता के समतुल्य, वाक्यीय उपराम वाक्यीय उपराम के समतुल्य और यतिहीनता यतिहीनता के साथ समतुलित होती है।

काव्यात्मक प्रोक्ति में भाषिक संरचना के कई स्तर होते हैं। इसका प्रतीकात्मक स्तर-विन्यास इसकी सोपानक्रमिक ऊर्ध्वाधर प्रकृति के अनुरूप होता है। परिणामतः जब हम कविता पर संरचना-संपन्न सत्ता के रूप में विचार करते हैं, तब हम वास्तव में एक साथ 'ऑटोमार्फिज्म' की कई शृंखलाओं पर कुछ मुलभूत और अखंडित, दूसरे, जटिल और वैविध्यमूलक पर विचार करते होते हैं। फिर भी इन सभी प्रकार के 'ऑटोमॉर्फिज्म' को केवल चार प्रकारों में वर्गीकृत किया जा सकता है। जैसे ही हम गणित में व्यवहृत, संकेत (sign) और अनुक्रम (sequence) से परिचित हो लेते हैं, इन दोनों विरोधी चरों का अस्तित्व हम पहचान लेते हैं।[1]

2.4.1.6.3.4.1.1 प्रतिसमताएं (ध्रुवी विपर्यय–मुक्त) :–

2.4.1.6.3.4.1.1.1. समान्तरता की यथातथ्य सर्वांगसमता (Proper Congruence of Parallelism) (ध्रुवी और आनुक्रमिक विपर्यय का अभाव)

$(af)_1$, $(af)_2$...$(af)_n$–$(aF)_1$, $(aF)_2$...$(aF)_n$

2.4.1.6.3.4.1.1.2 प्रतिवर्तात्मक सर्वांगसमता या दर्पण–प्रतिसमता (अनुक्रमिक विपर्ययमात्र)(Reflexive congruence or mirror-symmetry)

$(aF)_1$, $(aF)_2$....$(aF)_n$—$(aF)_n$, $(aF)_2$, $(aF)_1$.

2.4.1.6.3.4.1.2 विरोधी प्रतिसमताएं (ध्रुवी विपर्यय–युक्त) :–

2.4.1.6.3.4.1.2.1 यथातथ्य विरोधी सर्वांगसमता (केवल ध्रुवीय विपर्यय)

$(aF)_1$, $(aF)_2$,....$(aF)_n$—$(-aF)_1$, $(-aF)_2$,...$(-aF)_n$.

2.4.1.6.3.4.1.2.2. प्रतिवर्त विरोधी–सर्वांगसमता (ध्रुवीय और आनुक्रमिक विपर्यय) (REFLEXIVE ANTI-CONGRUENCE)

$(aF)_1$, $(aF)_2$,....$(aF)_n$—$(aF)_n$........ $(-aF)_2$, $(-aF)_1$.

ज्यामितिक अर्थ में ऊपर प्रस्तुत ये चार ऐसे माप-चित्रण हैं, जहां हमें इसके अनुक्रम का पता चलता है। a एक चर है। यह धनात्मक या ऋणात्मक है। F द्विचर है अथवा

1. डेनियल लेफेरियर, 'आटोमार्फ़िज्म स्ट्रक्चर इन द पोयम्ज ग्रामेटिक्स स्वेस', सीमियोटिक्स, अंक-10, पृष्ठ 333-50

अभिलक्षण का व्यवस्थांश है, जो ध्वनि, रूप, वाक्य या अर्थस्तर पर उभरता है। यहां इस तथ्य को अच्छी तरह समझ लेने की अपेक्षा है कि विरोधी प्रतिसमता (Anti-Symmetry) और अप्रतिसमता (Asymmetry)--दोनों एक नहीं हैं, न ही ये परस्पर एक दूसरे के पर्याय हैं। इनमें तात्विक अन्तर है। विरोधी प्रतिसमता में प्रतिसमता का अभाव नहीं होता, बल्कि यहां प्रतिसमता विरोधी होती है, जबकि अप्रतिसमता में प्रतिसमता का अभाव होता है। इसी अर्थ में रोमन याकोब्सन (1970) ने चीनी भाषा की नियमित काव्य-पंक्तियों का निर्वचन प्रस्तुत किया था।[1] उदाहरण के लिए सप्त-आक्षरिक द्विपदी में दीर्घ और लघुस्पन्दन का वितरण द्रष्टव्य है–

– –। ˘ ˘ । – – ˘ ।

˘ ˘ । – – । ˘˘ – ।।

यह यथातथ्य विरोधी प्रतिसमता का उदाहरण है। यह ध्यान देने योग्य है कि याकोब्सन प्रतिसमता की खोज के दौरान संकेत की अपेक्षा अनुक्रम को अधिमानता देता है। इसी रूप में याकोब्सन ने प्रतिवर्तात्मक विरोधी सर्वांगसमता तथा विरोधी प्रतिसमता की अपेक्षा प्रतिवर्तात्मक सर्वांगसमता (Reflexive Congruence) और प्रतिसमता के रूप में एक रूसी लोकगीत 'A coin appeared' में 'ऑटोमॉर्फिज्म का विश्लेषण किया है।[2]

रोमन याकोब्सन ने 1975 में इस सन्दर्भ में कुछ और पारिभाषिकों के प्रयोग किए हैं। उसने 'ऑटोमॉर्फिज्म' को 'इण्ट्रोवर्सिव सिमियोसिस' के सहारे रेखांकित किया है।[3] इस 'इंट्रोवर्सिव सिमियोसिस' को उस आरोपित सादृश्य की स्थिति के रूप में परिभाषित किया जाता है, जिसे संकेत (Sign or signa) के दो संयुग्मी घटकों --

1. सिग्नेन्स (Singnans)

2. सिग्नेटम (Signatum) के बीच उपलभ्य किया जाता है। प्रसंगवश, जैसा याकोब्सन ने बताया है, कविता के सामान्य प्रभेदों में 'इण्ट्रोवर्सिव सिमियोसिस' सदैव विभिन्न प्रकार के 'एक्स्ट्रोवर्सिव सिमियोसिस' के साथ विद्यमान होता है। इसके अतिरिक्त सौन्दर्यात्मक विकृति के वर्ग में, जिसे 'ग्लासौलेलिक पोयट्री' (Glossolalic Poetry) भी कहा जाता है, 'इण्ट्रोवर्सिव सिमियोसिस' का एक-मात्र व्यवहार प्राप्त

---

1. रोमन याकोब्सन, सब्लिमिनल वर्बल पैटर्निंग इन पोयट्री, स्टडीज इन जेनेरल ऐंड ओरियंटल लिंग्विस्टिक्स, संपा0, रोमन याकोब्सन और एस0 कावामातो (तोक्यो : तेक, 1970) पृष्ठ 302-8
2. रोमन याकोब्सन, 'ग्रामेटिक पैरेलेजिज्म ऐंड इट्स रशन फेसेट', लैंग्वेज, अंक 42, पृष्ठ 412-413
3. रोमन याकोब्सन, सिलेक्टिड राइटिंग्ज, खंड-2, (मूतन : वर्ड ऐंड लैंग्वेज 1971), पृष्ठ 704-705

होता है, जैसा सामान्य तौर पर गैर-सादृश्यमूलक कला और स्थापत्य में होता है।

2.4.1.6.3.4.1.3 अप्रतिसमता और भाषिक मूल्य (Asymmetry and Linguistic value) :

शेपिरो के अनुसार कविता में भाविक समतुल्यता-विषयक याकोब्सन की धारणा को 'ऑटोमॉर्फिज्म' के एक वर्ग के रूप में निश्चर (invariant) के संदर्भ में समझा जाना चाहिए, क्योंकि 'प्रतिसमता' और 'निश्चरता' को गणितज्ञों और भौतिक-विज्ञानियों द्वारा संरचना के एक ही मूलभूत नियम के दो पर्यायी पहलू के रूप में समझा जाता है। याकोब्सन की धारणा—जो हमारे प्रथम हेत्वाभास को संघटित करती है—समतुल्यता की गाणितिक समझ को भाषिक समतुल्यता के साथ समीकृत करती है। इस समीकरण (equation) की भ्रांति को परखने की होड़ में हमें प्राचल (Paradigm) की शुद्ध भाषिक अवधारणा की कुछ निश्चित और अपेक्षित विशेषताओं पर सहज ही विश्वास नहीं करना चाहिए। शेपिरो के अनुसार समतुल्यता का गाणितिक व्यवहार एक स्रोत के रूप में काव्यशास्त्र के संदर्भ में व्यर्थ है, क्योंकि इससे काव्यशास्त्र कुछ ग्रहण नहीं कर पाता है। उसके अनुसार इसका मूलभूत कारण यह है कि गाणितिक परिपाटी शब्द के अर्थ को उसके समतुल्य की व्युत्पत्तिमूलक प्राक्तनता को पद्धतिबद्ध रूप में विरूपित कर देती है।[1]

गणित स्वयं-सिद्ध पद्धतियों और उनके अवकलन (derivatives) की एक शृंखला के द्वारा संघटित होता है। इसमें आद्यन्त उपस्थित होने वाली इकाइयों, उनकी संबंध-प्रकृति और उन पर लागू होने वाली संक्रिया संघटित होकर इस कठिन ज्ञानानुशासन और इसके संरचनात्मक तत्व को निर्दिष्ट करती है। ध्यातव्य है कि गणित में कोई संदर्भ नहीं प्रस्तुत किया जाता है, न ही वहां इसकी अपेक्षा होती है कि ऐसा कोई मूल्यपरक घटक प्रस्तुत किया जाए, जो मानवीय अनुभूति में मूल्यों की पद्धति कहलाती हो।

गणित के तीव्र विरोध में भाषा एक विशिष्ट मूल्य-पद्धति के रूप में सामने आती है, जिसे सभी मानवीय सांस्कृतिक संरचनाओं के मानक के रूप में आह्वानित किया जा सकता है। मूल्य-मीमांसापरक अधिसंरचना को, जो भाषिकीय आनुक्रमिकता के तले संबंधों के जाल (तंत्र) को सूचित करती है, बड़े प्रभावी तौर पर न्यनूतम प्राचल के उदाहरण—ध्वनि शास्त्रीय विरोधों—के द्वारा व्याख्यायित किया जा सकता है। उदाहरण के लिए यदि हम ध्वनि के नासिक्य अभिलक्षण का परीक्षण करते हैं, तब तर्कतः जो न्यूनतम प्राचल विरोधों को संघटित करता है, वह ध्रुवीय होता है : नासिक्य बनाम

---

1. मिखाइल शेपिरो, एसिमेट्री : ऐनइन्क्वायरी इन टु द लिंग्विस्टिक स्ट्रक्चर ऑव पोयट्री (न्यूयार्क: नार्थ हॉलैंड पब्लिशिंग कंपनी, 1976), पृष्ठ 73

नासिक्यहीन। पर विरोधों के दो पदों के बीच विकल्पक्रमी (Paradigmatic) संबंध का सार उस तथ्य में विद्यमान होता है, जहां एक पद तो उपस्थित होता है, पर दूसरा अनुपस्थित होता है। एक ध्वनि एक साथ (नासिक्य) और (अनासिक्य) दोनों नहीं हो सकती। वास्तव में किसी प्राचल के दो पदों की पारस्परिक अपवर्जकता स्पष्ट तौर पर उत्तरवर्ती पद की व्यवच्छेद-विभिन्नता है। मूलभूत रूप में भाषिक पद्धति की यह विकल्पक्रमी प्रकृति केवल ध्वनिशास्त्रीय संबंधों तक सीमित नहीं है। वास्तव में यह संपूर्ण व्याकरण को व्याप्त करने वाली है। यदि व्याकरण या भाषा को सभी मानव-संस्कृति की पद्धतियों के लिए एक प्रतिमान के रूप में ग्रहण किया जाए, तब विकल्पक्रमिकता (Paradigmaticality) सभी मानव-व्यवहारों के विकास और संरचनाओं को सूचित करने वाले अनपहार्य (inalienable) सिद्धांत के रूप में उपस्थित होती है।

दो प्रभेदी अभिलक्षण वाले पदों के बीच की विरोधी ध्रुवीयता काव्यशास्त्र में प्रतिसमता के हेत्वाभास-विषयक किए जाने वाले विवेचन के संदर्भ में स्वतः शोधी अवधारणा के स्तर पर उभर सकती है। मिथकीय चिंतन की प्रभेदी विरोधिता में वैज्ञानिक चिंतन ने अप्रासंगिक, अनुक्रियात्मक और घुसपैठी धारणा के रूप में ध्रुवीयता से बचने की प्रवृत्ति दिखाई है। हर्मन वेल के शब्दों में 'वैज्ञानिक मस्तिष्क के लिए दाहिने और बायें में कोई ध्रुवता, कोई भीतरी अंतर नहीं है।'[1]

वैज्ञानिक चिंतन लायब्नीज के साथ है। मिथकीय चिंतन ने सदैव विरोधी विचार व्यक्त किए हैं : प्रतीकों के रूप में दाहिने और बायें के व्यवहार द्वारा वैसा ही, जैसा सही और गलत के ध्रुवीय विरोधों के द्वारा प्रदर्शित होता है।[2]

शेपिरो के अनुसार उपर्युक्त उद्धरण बहुत-कुछ सूचित करने वाले हैं, क्योंकि ये प्रतिसमता की गाणितिक अवधारणा और अंतर्हित भाषिकीय अवधारणा के बीच के अनिवार्य अंतर पर प्रकाश डालते हैं।[3]

गणित में समतुल्यता स्थल और स्थलीय संबंधों की संरचना के अनुरक्षण के प्रति तुलनीय या बराबर है। उसकी दृष्टि में स्थल (Space) का प्रत्येक बिंदु दूसरे प्रत्येक बिंदु के बराबर है। गाणितिक शब्दावली में शब्द और अवधारणा के रूप में मूल्य को अनिवार्य रूप में आनुपातिक तौर पर संख्यात्मक सहसंबंधी या प्राचल के संदर्भ में व्याख्यायित किया जाना चाहिए। पर व्याकरण में मूल्य गाणितिक अभिप्राय को झुठला देता है। वहां जहां प्रतिसमता है, भाषिकीय संबंध अनिवार्य तौर पर केवल द्वि-आधारी

---

1. हर्मन वेल, सिमिट्री (प्रिंकटन : प्रिंक्टन यूनिवर्सिटी प्रेस, 1952), पृष्ठ 16-17
2. वही0 पृष्ठ 22
3. एम0 शेपिरो, 'एसिमेट्री' : ऐन इन्क्वायरी इन टु द लिंग्विस्टिक स्ट्रक्चर ऑव पोयट्री, (न्यूयार्कः नार्थ हालैंड पब्लिशिंग कंपनी, 1976) पृष्ठ 75

नहीं है, अपितु वहां अनिवार्य तौर पर ध्रुवीय और गुणात्मक भी है, जहां मूलभूत प्रतिसमताहीनता है। भाषा में प्रत्येक विकल्पक्रमी संबंध के अथवा बाह्य अभिव्यक्ति के संकेतार्थी दृष्टि से सुस्पष्ट जोड़े (Signantia/Sign Vehicles) ही नहीं होते हैं, बल्कि इसके, अनुवाद्य अभिव्यक्ति (Signanta/meaning) के जोड़े भी होते हैं। एक बार जब अर्थ का समावेश हो जाता है—स्वाभाविक भाषा इसके बिना नहीं रह सकती है—तब एक सहगामी मूल्यमीमांसापरक घटक पद्धति के ऊपर स्वतः अध्यारोपित होता है। ज्ञातव्य है कि ऐसा केवल उस घटक के जरिये होता है जहां अर्थ (साभिप्रायता), ध्वनि और अर्थ के बीच का संबंध एक संरचित, संसक्त प्रकार्यमूलक साकल्य की विशेषता को ग्रहण कर लेता है।

समतल में परावर्तन के द्वारा परिभाषित और गणितज्ञों द्वारा द्विपक्षी प्रतिसमता के रूप में अभिहित दर्पणबिंब को सुस्पष्ट तौर पर प्रतिसमता की तात्कालिकता के रूप में ग्रहण किया जाता है, क्योंकि गणित ध्रुवीयता (दिशापरकता-कालिकता, दक्षिण-वाम) को कोई पद्धतिबद्ध स्तर प्रदान नहीं करता। साहित्य के विद्यार्थी के रूप में एक ऐसे तत्व को, जिसका उपादान भाषा है—भाषिक प्राचल के ध्रुवीय वैशिष्ट्य और इसके पदों के परिणाम-मूलक स्थिरीकरण को—उपेक्षित नहीं किया जा सकता है। इसके अलावा यहीं सन्निधान (Juxtaposition) और विरोध (Opposition) के मूलभूत अंतर पर भी बल देने की आवश्यकता है।

शेपिरो के अनुसार व्याकरणिक संबंधों की मूलभूत अप्रतिसमता और उनके मूल्यांकन को महज विपथगमन के रूप में उतार फेंकना उचित नहीं है। इसकी अपेक्षा इस पद्धतिबद्ध सिद्धांत की व्याप्त संपन्नता से लाभ उठाने का प्रयास किया जाना चाहिए और एक साहित्यालोचक के रूप में आलोचना की भूमिका में इसकी शुद्ध भाषिकीय प्रशासनमूलकता की, साथ ही अभाषिकीय काव्यात्मक संरचना की समझ प्राप्त करने के लिए इसके पूरे परिणामों की, छानबीन की जानी चाहिए।

प्रतिसमता की गाणितिक धारणा के प्रति जो स्लावी संसक्ति मिलती है, वह अंततः असहनीय प्रविधि और ज्ञानमीमांसा-परक विरोध की ओर ही उन्मुख होती दीखती है। कहना न होगा कि काव्य की संरचना विधाई तौर पर इस संरचना से भिन्न है। इसकी एक प्रजाति नहीं है।

2.4.1.6.3.5 समांतरता : प्रकार–निरूपण :

'शीतांशु' के अनुसार समांतरता का प्रकार-निरूपण प्रायः तीन आधारों पर किया जा सकता है। पहला आधार संघटना-आधारित है, दूसरा प्रकार्य-आधारित और तीसरा पाठ-आधारित।

2.4.1.6.3.5.1. संघटना–आधारित प्रकार–निरूपण :

संघटना के आधार पर समानता के दो प्रकार स्पष्ट होते हैं : 1. शुद्ध समान्तरता

और 2. विचलित समान्तरता।

2.4.1.6.3.5.1.1. शुद्ध समान्तरता :

इस प्रकार की समान्तरता 'समान्तरता' के अभिलक्षण के पूरी तरह उपस्थित होने पर और अपनी व्यवच्छेदकता (दूसरे अभिलक्षणों से अपना अंतर) को बनाये रखने पर आविर्भूत होती है। इस प्रकार की समान्तरता में अग्रप्रस्तुति के किसी भी दूसरे अभिलक्षण का समावेश नहीं होता है। कहना न होगा कि यहां समांतरता की अवधारणा अपने मूल रूप में सुरक्षित होती है। यह समांतरता भाषा के सभी स्तरों पर क्रियाशील होती है। एक उदाहरण द्रष्टव्य है : "मेरे अधरों पर हो अंतिम

वस्तु **न तुलसीदल, प्याला**
मेरी जिह्वा पर हो अंतिम
वस्तु **न गंगाजल, हाला**
मेरे शव के पीछे चलने वालो, याद इसे रखना—
राम नाम है सत्य न कहना,
कहना सच्ची **मधुशाला**।"

ऊपर बच्चन की 'मधुशाला' के काव्यांश की पहली चार पंक्तियों में वाक्य-संरचना की शुद्ध समांतरता है। यहां पहली और तीसरी पंक्ति में सार्वनामिक (संबंधवाची उत्तम पुरुष, एकवचन) + संज्ञा + अधिकरण परसर्ग + क्रिया + क्रमनिर्देशी विशेषण की आवर्ती संरचना प्राप्त होती है तथा दूसरी और चौथी पंक्ति में संज्ञा + निषेधवाची निपात + संज्ञा + संज्ञा की आवर्ती संरचना मिलती है। संरचना का यह आवर्तन, जो अपने-आपमें व्यवच्छेदक है, शुद्ध समांतरता की सृष्टि करता है। अर्थ के स्तर पर निषेध और विधेय का क्रमिक आवर्तन दूसरी, चौथी, सातवीं और आठवीं पंक्तियों में देखने को मिलता है, जिससे अर्थ स्तर पर भी शुद्ध समांतरता की स्थिति उत्पन्न होती है। शुद्ध समान्तरता प्रकार्य की दृष्टि से समतामूलक, विरोधमूलक और मिश्र—तीनों प्रकार की हो सकती हैं। ऊपर के काव्यांश में तुलसीदल और गंगाजल की निषेधात्मकता तथा प्याला और हाला की विधेयात्मकता के कारण अर्थस्तर की विरोधी समांतरता भी है तथा समतामूलक और विरोधमूलक समांतरता की एकत्र स्थिति होने के कारण मिश्र समांतरता भी।

2.4.1.6.3.5.1.2. विचलित समान्तरता :

इस प्रकार की समान्तरता की स्थिति शुद्ध समान्तरता के ठीक विपरीत होती है। यहां अग्रप्रस्तुति के 'विचलन' जैसे अभिलक्षण की संघटना भी 'समांतरता' की संघटना में सन्निविष्ट होती है। यद्यपि प्रमुखता 'समान्तरता' की ही होती है, पर 'विचलन' उसकी स्थिति-प्रकृति को विशेषीकृत कर रहा होता है। ऐसे में प्रायः विचलन किसी एक भाषिक स्तर पर सक्रिय होता है और समांतरता किसी दूसरे भाषिक स्तर पर क्रियाशील

रहती है। उदाहरण के लिए यदि समान्तरता वाक्य-संरचना के स्तर पर विद्यमान होती है, तो विचलन शब्द या अर्थ जैसे स्तर पर उपस्थित होता है। पर इनमें प्रमुखता समांतरता की ही रहती है। पर दोनों अभिलक्षण किसी एक भाषिक स्तर पर भी क्रियाशील हो सकते हैं। निम्नलिखित काव्यांश इस प्रकार की समान्तरता का सुंदर उदाहरण है :

"मैंने देखा फिर मेरे सूने जीवन में
आयी एक किरण मधु ले अपनी चितवन में!
मैंने देखा प्राण भरे मेरे सौरभ से
मैंने देखा हृदय भरा मेरा कलरव से!
मैंने देखा प्रात हुई मेरे आंगन में
मैंने देखी एक किरण अपने जीवन में!"

ऊपर चंद्रकुंवर बर्त्वाल की रेखांकित पंक्तियों में एक ओर अर्थस्तर की समान्तरता है, तो दूसरी ओर अर्थ स्तर का विचलन भी। 'मैंने देखा' की चार बार आवृत्ति "मैं" के द्वारा देखे जाने की क्रिया के दुहराव के कारण अर्थ-स्तर की वाक्यांश आधारित समांतरता का सुंदर उदाहरण है। वाक्यांशगत आवृत्ति के कारण इसे वाक्य स्तर की समांतरता का भी उदाहरण माना जा सकता है। तीसरी और चौथी पंक्ति में संज्ञा + गुणात्मक विशेषण + सार्वनामिक विशेषण + भाववाचक संज्ञा + करण परसर्ग की संरचनागत आवृत्ति के कारण वाक्य स्तर की समांतरता भी है। इसी प्रकार पहली पंक्ति, दूसरी पंक्ति, पांचवीं पंक्ति और छठी पंक्ति के अंत में संज्ञा + अधिकरण परसर्ग की संरचनागत आवृत्ति के कारण वाक्य स्तर की समांतरता सक्रिय है। पर दूसरी, तीसरी और चौथी पंक्ति में क्रमशः किरण के अपनी चितवन में मधु लेकर आने, प्राण के सौरभ से भर उठने और हृदय के कलरव से भर पड़ने की उक्तियां अस्वीकार्य होने के कारण अर्थ स्तर पर विचलित हैं। अतः उपर्युक्त काव्यांश में **विचलित समांतरता** उपस्थित होती है।

विचलित समांतरता वहां भी स्वरूपित होती है जहां प्रोक्ति स्तर का विचलन ग्राइस-निर्दिष्ट विवक्षा-सूत्रों (परिणाम, गुण, संबंध सूत्र) के खंडनवश उत्पन्न होने के साथ-साथ पाठ या रचना-विशेष में आवर्तित होता चले। 'लहरों के राजहंस' में **संबंध-सूत्र के खंडन से उद्भूत** प्रोक्ति-विचलन के आवर्तन से उत्पन्न इस प्रकार की समांतरता द्रष्टव्य है।

संबंध-सूत्र के खंडन के आवर्तन से उद्भूत विचलित समांतरता :

प्रथम खंडनात्मक प्रोक्ति :

"श्यामांग : अच्छा तुम बताओ, तुम नहीं सोच रहे कि क्यों आज ही वर्षों बाद

यहां कामोत्सव का आयोजन किया गया है?

श्वेतांग : (अत्यधिक गंभीर)

तुम फिर बहक रहे हो। तुमसे कहा है न, दीपक जलाओ।''

द्वितीय खंडनात्मक प्रोक्ति :

''सुंदरी : जानना चाहती हूं कि दर्पण का टूटना क्या अकारण ही था या आप उस समय कोई और बात सोच रहे थे।

नंद : क्रोध मन से निकाल दो। मैं अभी अपने हाथ से तुम्हारे माथे पर विशेषक बना देता हूं।''

ऊपर दो प्रोक्तियां ऐसी हैं, जिनमें संबंध-सूत्र का खंडन हुआ है। प्रथम प्रोक्ति के पूर्वार्ध में श्यामांग श्वेतांग से यह जिज्ञासा करता है कि आज ही कामोत्सव क्यों आयोजित किया गया है। पर श्वेतांग इसका उत्तर नहीं देता है। वह उसे दीपक जलाने को कहता है। इस प्रकार यहां पूर्व उपप्रोक्ति और द्वितीय उपप्रोक्ति परस्पर असंबद्ध बन जाती है। इससे संबंध-सूत्र टूट जाता है। संबंध-सूत्र के खंडन की यह स्थिति, उपर्युक्त संदर्भ में वार्तालाप की प्रत्यक्ष असंबद्धता 'लहरों के राजहंस' में अकेली नहीं है, अपितु इसका आवर्तन होता है। जब आगे चलकर सुंदरी दर्पण के टूटने का कारण नंद से जानना चाहती है, तब नंद भी इसका उत्तर नहीं देता है और प्रत्यक्ष प्रश्न से हटकर असंबद्ध उत्तर देता है कि वह क्रोध नहीं करे। नंद स्वयं विशेषक बना देता है। इस प्रकार सम्बद्ध सूत्र के खंडन की प्रोक्ति-स्थिति के आवर्तनवश **विचलित समांतरता** स्वरूपित होती है।

2.4.1.6.3.5.2. प्रकार्य–आधारित प्रकार–निरूपण

प्रकार्य के आधार पर समांतरता के तीन प्रकार परिलक्षित होते हैं। प्रकार्य की पहली दिशा एकध्रुवीय पर आवर्तनमूला है और दूसरी दिशा द्वि-ध्रुवी (Bipolar)। तीसरी दिशा दोनों के संयोग की है। पहली प्रकार्यगत दिशा के आधार पर 'समतामूलक समांतरता' जन्म लेती है, तो दूसरी प्रकार्यगत दिशा के आधार पर 'विरोधमूलक समांतरता' आविर्भूत होती है। तीसरी प्रकार्यगत दिशा दोनों के सुमेल की, दोनों के एकत्र उपस्थित होने की है। इससे 'मिश्र समांतरता' उद्भूत होती है।

2.4.1.6.3.5.2.1. समतामूलक समांतरता

इस प्रकार की समांतरता में समानतापरक आवृत्ति होती है। यह आवृत्ति भाषा के किसी भी स्तर पर हो सकती है। आवृत्ति सीमाहीन तक हो सकती है और विविधरूपी भी। श्रीराम वर्मा की निम्नलिखित पंक्तियों में समतामूलक समांतरता की क्रियाशीलता देखें :

"**फिर वही हरियर** हवा, **हरियर** सितारे,
फिर वही हरियर नदी, **हरियर** किनारे।"

इन पंक्तियों में शब्द-स्तर और वाक्य-स्तर—दोनों स्तरों पर समतामूलक समांतरता प्राप्त होती है। 'हरियर' शब्द के आवर्तन और 'फिर वही' शब्द-युग्म के आवर्तन के कारण जहां समतामूलक समांतरता शब्द-स्तर पर सक्रिय है, वहीं आवर्तक निपात (फिर)+बलात्मक सार्वनामिक विशेषण (वही) + रंगवाची विशेषण (हरियर) + संज्ञा (हवा) + रंगवाची विशेषण (हरियर) + संज्ञा (किनारे) की संरचना के आवर्तन के कारण वाक्य-स्तर की समांतरता भी क्रियाशील है।

2.4.1.6.3.5.2.2. विरोधमूलक समांतरता :

इस प्रकार की समांतरता भाषा के प्रत्येक स्तर पर अपनी प्रकृति की द्वि-ध्रुवीयता को उपस्थित करने वाली होती है। इसमें भाषिक प्रकृति का विरोध निहित होता है। अतः इसे विरोधमूलक समांतरता कहते हैं। उदाहरण द्रष्टव्य है :

"एक वह : जिससे मैं
खुद बंधा, और
दूसरा वह : जिससे
मैं बांधा गया।"

यहा अर्थस्तर पर स्वेच्छा से बंधने और विवशता-बाध्यतावश बांधे जाने की विरोधी स्थिति के कारण विरोधमूलक समांतरता है।

अर्थ की प्रकृतिगत विरोधिता से उत्पन्न विरोधमूलक समांतरता निम्नलिखित काव्य-पंक्तियों में पूरी तरह सक्रिय है :

"**सुख–दुःख** दोनो सम करि जानो अउर **मान–अपमाना।**
हरख–सोक ते रहे अतीता तिनि जगु तत्तु पछाना।।
उसतति–निन्दा दोऊ तिआगै खोजै पद निरवाना।
जन नानक इहु खेल कठिन है किनहू गुरमुखि जाना।।"

गुरु तेग बहादुर की वाणी की इन पंक्तियों में सुख-दुख, मान-अपमान, हरख-सोक, उसतुति-निन्दा जैसी द्विध्रुवीयता के कारण अर्थ की विरोधमूलक समांतरता प्राप्त होती है।

2.4.1.6.3.5.2.3 मिश्र समांतरता :

'मिश्र समान्तरता' समतामूलक और विरोधमूलक दोनों प्रकार की समांतरता की एकत्र स्थिति में उपस्थित होती है। ऐसे स्थल पर इन्हें समतामूलक और विरोधमूलक समातरता के रूप में निरूपित करने से भी काम चल जाता है। पर शास्त्रीय दृष्टि से

मिश्र स्थिति होने के कारण इसे मिश्र समांतरता के नाम से वर्गीकृत करना समीचीन है। मिश्र समांतरता का उदाहरण द्रष्टव्य है :

"अगली **दुनिया** के अन्वेषको,
हमारी **दुनिया** तो यही है
प्रभुता से नियंत्रित, **दासता** से अभिशप्त
बर्बर, अमानवीय ताकतों से अनुशासित
अनियामक जनता की **दुनिया**, इसे तोड़ो
जो शोषित रहकर भी
शास्ता और **शासक** के अटूट संबंध की
मूलभूत चक्राकार अवस्थिति को
चाहे अनचाहे जाने अनजाने
पोसती और **पालती** है।"

राजकमल चौधरी के इस कवितांश में सभी उभार वाले शब्दों में समांतरता की स्थिति है। पहली, दूसरी और पांचवीं पंक्ति में 'दुनिया' शब्द के आवर्तन के कारण शब्द-स्तर की समतामूलक समांतरता है। इसी प्रकार अर्थ के स्तर पर 'बर्बर' और 'अमानवीय', 'शास्ता' और 'शासक' तथा 'पोसती' और 'पालती' के बीच समतामूलक समांतरता की स्थिति है। रूप के स्तर पर 'अ' उपसर्ग के प्रयोगवश 'अमानवीय' और 'अनियामक' के बीच तथा 'अन' उपसर्ग के प्रयोगवश 'अनचाहे' और 'अनजाने' के बीच समतामूलक समांतरता को देखा जा सकता है। वाक्य-संरचना के स्तर पर संज्ञा + करण परसर्ग + विशेषण की संरचना के आवर्तनवश 'प्रभुता से नियंत्रित', 'दासता से अभिशप्त' और 'ताकतों से अनुशासित' में समतामूलक समांतरता सक्रिय है। समतामूलक समांतरता की इस व्यापकता के प्रतिकूल इस काव्यांश में अर्थ-स्तर की विरोधी समांतरता भी क्रियाशील है। 'प्रभुता' और 'दासता' तथा 'चाहे' 'अनचाहे' और 'जाने' 'अनजाने' के बीच अर्थ-स्तर की इस विरोधिता को देखा जा सकता है। इस प्रकार यहां समतामूलक और विरोधमूलक—दोनों प्रकार की समांतरता की एकत्र स्थिति होने के कारण 'मिश्र समांतरता' प्राप्त होती है।

2.4.1.6.3.5.3. पाठ–आधारित प्रकार–निरूपण

इस आधार पर समांतरता के दो प्रकार दृष्टिगत होते हैं : 1. पाठीय समांतरता (Textual Parallelism) और 2. अंतर-पाठीय समांतरता (Inter-Textual Parallelism)।

2.4.1.6.3.5.3.1 पाठीय समांतरता

पाठीय समांतरता वहां प्राप्त होती है जहां एक प्रदत्त पाठ की सीमा में भाषा के

विभिन्न स्तरों पर उसकी समांतरित क्रियाशीलता उजागर होती हो। उदाहरण के लिए 'राम की शक्ति पूजा' कविता या 'गोदान' जेसे उपन्यास की अपनी-अपनी पाठ-सीमा में विभिन्न भाषिक स्तरों पर जो समतामूलक या विरोधमूलक समांतरता प्राप्त होती है वह पाठीय समांतरता की कोटि की ही समांतरता है। पाठीय समांतरता को पुन: दो उपप्रकारों में वर्गीकृत किया जा सकता है : 1. स्थानिक (local) पाठीय समांतरता और 2. व्यापक (Global) पाठीय समांतरता।

2.4.1.6.3.5.3.1.1 स्थानिक पाठीय समांतरता

जब किसी प्रदत्त या गृहीत पाठ या कृति में किसी भी भाषिक स्तर पर किसी भी प्रकार की–समतामूलक या विरोधमूलक–समांतरता अपनी निरंतरता में सक्रिय दीखती है तब वहां इस कोटि की स्थानिक पाठीय समांतरता होती है। यह समांतरता ध्वनि और ध्वनि की, शब्द और शब्द की, रूप और रूप की, वाक्य और वाक्य की, प्रोक्ति और प्रोक्ति की तथा अर्थ और अर्थ की स्थानिक सन्निकटता में स्वरूपित होती है। एक उदाहरण लें : ''उस्तरा और कैंची

कलावे और हथकड़ियां

फीते और गुब्बारे, कबूतर और अजगर

बुखार और पिकनिक, नौकरी और संगीत

बच्चे, कुछ किताबें, औरत, एक टपकती छत!''

अवधेश कुमार के उक्त कविताांश में वाक्य-संरचना की स्थानिक पाठीय समांतरता है। यहां पहले से छठे वाक्यांश तक एक स्थानिक निरंतरता में **संज्ञा + योगात्मक निपात + संज्ञा** का आवर्तन होने के कारण स्थानिक पाठीय समांतरता प्राप्त होती है।

2.4.1.6.3.5.3.1.2 व्यापक पाठीय समांतरता

जब किसी प्रदत्त या गृहीत पाठ या रचना-विशेष में किसी भी भाषिक स्तर पर समतामूलक या विरोधमूलक —किसी भी प्रकार की समांतरता सन्निकटता और निरंतरता में उपस्थित नहीं होकर एक निश्चित अंतराल के बाद उपस्थित होती है तब व्यापक कोटि की पाठीय समांतरता स्वरूपित होती है। ऐसे में पाठ या कृति के आरंभ में उपस्थित समांतरित अभिलक्षण एक अंतराल के बाद पाठ या कृति के मध्य में अथवा अंत में उपस्थित होते हैं। राजकमल चौधरी की एक कविता है : 'सुनील गांगुली की यमुना क्यों मुझे अलकनंदा के प्रति भय से चंचल कर देती है?' इसका आरंभिक वाक्य है, ''**इससे अधिक कोई सार्थकता नहीं होती है नींद की।**' पूरी कविता 32 पंक्तियों की है। इस बत्तीस पंक्तियों की कविता का आखिरी वाक्य है : '**नींद के लिए, इससे अधिक जिसकी कोई नहीं होती है सार्थकता।**' इस प्रकार कविता का प्रारंभिक

वाक्य किंचित् परिवर्तन के साथ कविता के अंत में आवर्तित होकर वाक्य स्तर की समतामूलक समांतरता की सृष्टि करता है। यह आवर्तन सन्निकटता और निरंतरता का आवर्तन नहीं होकर एक अंतराल के बाद उपस्थित होने वाला आवर्तन है। अतः यह व्यापक पाठीय समांतरता का उदाहरण है।

'नदी के द्वीप' के आरंभ में 'भुवन' शीर्षक अध्याय में उन्नीसवें पृष्ठ पर (तीसरा संस्करण) एक प्रोक्ति आती है :

"भुवन सांस लेने के लिए तनिक-सा रुका और फिर बोला, अंग्रेजी की कविता है, **'द पेन ऑव लविंग यू इज आलमोस्ट मोर दैन आइ कैन बेयर'**—तुम्हारे प्रेम की व्यथा दुस्सह है।" उसे याद आया अंग्रेजी का जो काव्य-पद उसने सुनाया था, वह वास्तव में यों आरंभ होता था, 'डीयरेस्ट द पेन ऑव लविंग यू', पर उद्धरण देते समय वह पहला संबोधन शब्द छोड़ गया था—अवश्य ही जानबूझकर और संकोचवश, यद्यपि उस समय उसे यह भी ध्यान न हुआ था कि वह कोई शब्द छोड़ रहा है।"

ऊपर उभार वाली अंग्रेजी कविता की यह प्रोक्ति पुनः 'अंतराल' शीर्षक अध्याय में 269 पृष्ठ पर आवर्तित होती है : "और तुमने एक संदर्भ दिया था—**'द पेन ऑव लविंग यू इज आलमोस्ट मोर दैन आइ कैन बेयर'**..... उस दिन पहली पंक्ति में से तुम 'डीयरेस्ट' शब्द छोड़ गये थे, चाहूं तो मान सकती हूं कि वह छूट जाना भी विधि का संकेत था, पर नहीं, वह नहीं, इतना जरूर है कि आज मैं एक शब्द और छोड़ जाऊं 'आलमोस्ट'—क्योंकि सचमुच यह दर्द मेरी सहन-शक्ति से परे है..." यहां प्रोक्ति के आवर्तन से, ढाई सौ पृष्ठों के बाद हुए आवर्तन से, एक अंतराल के बाद 'अंतराल' में हुए आवर्तन से, जो पाठीय समांतरता स्वरूपित होती है, वह व्यापक (Global) कोटि की पाठीय समांतरता है।

2.4.1.6.3.5.3.2 अंतर-पाठीय समांतरता

अंतर-पाठीय समांतरता पाठ-विशेष की स्वायत्तता में स्वरूपित नहीं होकर पाठ और पाठ की सांदर्भिक तुलनात्मकता में आवर्तित होने से स्वरूपित होती है। इसे पाठ और पाठ के बीच के साम्य और विरोध के आधार पर निरूपित किया जाता है। अंतर-पाठ और अंतर-पाठीयता (Inter-textuality) की अवधारणा उत्तर-संरचनावादी फ्रांसीसी विचारिका जूलिया क्रिस्तिवा की अवधारणा है।[1] उसकी मान्यता है कि प्रत्येक पाठ अपने पहले के पाठ-संदर्भों के मणिकुट्टिम (मोजेक) के रूप में स्वरूपित होता है। इस दृष्टि से यह अपने पहले के पाठों का अंतर्लयन या रूपांतरण हुआ करता है। इस प्रकार अंतर-पाठीयता पहले रचे गये साहित्य के पाठांशों के पुट प्रयोग अथवा चुने हुए संदर्भित

---

1. जूलिया क्रिस्तिवा, उद्धृत, रोजर फाउलर, लिंग्विस्टिक्स ऐंड नॉवेल (लंडन : मैथुइन 1977), पृष्ठ-69

प्रयोग से उद्‌भूत होती है। रूपकात्मक भाषा में कहना चाहें, तो यह एक चर्म-फलक (पैलिम्पसेस्ट) की तरह है, एक पुनः व्यवहृत हो रहे चर्मपत्र (पार्चमेंट) की तरह, जिस पर पहले लिखी सामग्री के बीच से आधी सामग्री मिटा दी गयी होती है और उसकी जगह नयी सामग्री लिख दी गयी होती है।

अंतर-पाठीय समांतरता के सात उप प्रकार माने जा सकते हैं : 1. भावहृत (प्लैगिअरिज्म बेस्ड) अंतरपाठीय समांतरता, 2. अनुकूलित (Adapted) अंतर-पाठीय समांतरता, 3. पुनर्कथित (Re-told) अंतर-पाठीय समांतरता, 4. विद्रूपिका (Parodies based) रूप अंतर-पाठीय समांतरता, 5. प्रत्यालोचनात्मक (Criticism-based) अंतर-पाठीय समांतरता, 6. संशोधनात्मक (Revisions-based) अंतर-पाठीय समांतरता और 7. विस्तारणमूलक (Expansions based) अंतर-पाठीय समांतरता।

2.4.1.6.3.5.3.2.1 भावहृत अंतर-पाठीय समांतरता

जब रचनाकार अपने द्वारा रचे जा रहे पाठ में किसी पूर्व रचित या पूर्व विश्रुत पाठ का भावहरण कर लेता है तब इस प्रकार की अंतर-पाठीय समांतरता उपस्थित होती है। पंत की निम्नलिखित कविता-प्रोक्ति में इस प्रकार की समांतरता पायी जाती है:

"नवोढ़ा बाल लहर, अचानक उपकूलों के
प्रसूनों के ढिग रुककर, सरकती है सत्वर।"

इन पंक्तियों में रवींद्रनाथ ठाकुर की निम्नलिखित पंक्तियों का भाव-हरण किया गया है :

"श्यामल आमार दुइ टी कूल
माझे माझे ताहि फूटिबे फूल
खेला छले काछे आसिया लहरी
चकिते चुमिया पलाये वेजा।"

अतः पंत की उपर्युक्त कविता-प्रोक्ति में भावहृत कोटि की समांतरता है।

2.4.1.6.3.5.3.2.2 अनुकूलित अंतर-पाठीय समांतरता

जब रचनाकार अपने पाठ में पूर्व पाठ की अभिव्यक्ति को तद्‌वत् ग्रहण नहीं कर उसे अनुकूलित कर ग्रहण करता है तब इस प्रकार की समांतरता स्वरूपित होती है। पंत जी की ही निम्नलिखित कविता-प्रोक्ति को देखें :

"मां, मेरे जीवन की हार
तेरा मंजुल हृदय-हार हो
'अश्रु-कणों का यह उपहार,
तेरे मस्तक का हो उज्ज्वल

श्रम जलकण मुक्तालंकार।''

इस प्रोक्ति में रवींद्रनाथ ठाकुर की 'उर्वशी' कविता की अभिव्यक्ति का अनुकूलन प्राप्त होता है :

''तोमार सोनार थालाय साजाबो आज

दुखेर अश्रुधार

जननी गो गांथबो तोमार

गलार मुक्ताहार

* * * * *

तोमार बुके शोभा पावे आमार,

दुखेर अलंकार।''

पंत ने रवींद्र की कविता की 'जननी' को 'मां' के रूप में 'गलार मुक्ताहार को 'मंजुल हृदय-हार' के रूप में 'दुखेर अश्रुधार' को 'जीवन की हार' के रूप में और 'तोमार बुके शोभा पावे आमार दुखेर अलंकार' को 'तेरे मस्तक का हो उज्ज्वल श्रम-जलमय मुक्तालंकार के रूप में अनुकूलित कर उक्त कविताांश में अनुकूलित अंतर-पाठीय समांतरता की सृष्टि की है।

2.4.1.6.3.5.3.2.3 पुनर्कथित अंतर–पाठीय समांतरता

जब रचनाकार पूर्व कथित प्रोक्ति का अपनी रचना में प्रायः उसी रूप में आवर्तन करता है तब समांतरता का यह प्रकार स्वरूपित होता है। कवि भूषण की बादल-विषयक एक पूर्व कथित प्रोक्ति को कवि पंत ने प्रायः तद्वत् रूप में अपनी कविता में निरूपित कर इस प्रकार की समांतरता की सृष्टि की है। कवि भूषण ने लिखा था-'ये आये वीर बादर बहादर मदन के।' पंत ने इसका पुनर्कथन इस रूप में किया-'मदन राज के वीर बहादुर'। इससे इस प्रकार की अंतर-पाठीय समांतरता की सृष्टि हो गयी।

2.4.1.6.3.5.3.2.4 विद्रूपिका–रूप अंतर–पाठीय समांतरता

जब पूर्व-प्राप्त मूल पाठ में विनोद, परिहास और व्यंग्य की दृष्टि से उलटफेर या परिवर्तन कर उसकी पैरोडी बना ली जाती है तब पूर्व प्राप्त पाठ की तुलनात्मकता में विद्रूपिका-रूप अन्तर-पाठीय समान्तरता स्वरूपित होती है। विपिन कुमार अग्रवाल ने एक उपन्यास लिखा है-'बीती आप बीती आप'। इसमें प्रसाद की 'कामायनी' की निम्नलिखित पंक्तियों के मूल पाठ के आधार पर इसकी 'विद्रूपिका'-रूप समांतरता प्रस्तुत की गयी है :

''नीचे जल था, ऊपर हिम था,

एक तरल था, एक सघन।

एक तत्व की ही प्रधानता,

कहो उसे जड़ या चेतन।

स्तब्ध उसी के हृदय समान।''

विपिन कुमार अग्रवाल ने इसकी अन्तर-पाठीय समांतरता निम्नलिखित रूप में प्रस्तुत की है :

''नीचे कवि, ऊपर आलोचक,

एक तरल, एक चट्टान।

एक अक्ल की ही प्रधानता,

कहो उसे जड़ या शैतान।

दूर-दूर तक साहित्य पड़ा था,

स्तब्ध उसी के हृदय समान।।''

इसी प्रकार 'कामायनी' की प्रसिद्ध पंक्तियों वाले पूर्व पाठ की तर्ज पर उसमें उलट-फेर करते हुए विपिन ने दूसरी गद्यात्मक विद्रूपिका-रूप अन्तर-पाठीय समान्तरता की भी सृष्टि की है :

''एक लड़की मेरे जीवन में आयी। **मैं रहा किये मुख नीचा कमल समान प्रथम उपन्यासकार का ज्यों सुन्दर परिच्छेद।** मुझे पता नहीं चला। वह जानबूझ कर आयी। **मेरा कुतूहल रह न सका फिर मौन.....** उसका नाम कामिनी था। **वह काम गोत्र की बालिका थी। आह! वह मुख! पश्चिम के व्योम बीच जब घिरते हों घनश्याम। दारागंज की करुण कामना-मूर्ति।.....** खाली हाथ जेब में झोला **बना रहता जीवन निरुपाय।** राह में मिलते आते-जाते तमाम आगंतुक जीव-जन्तु। कभी मन होता किसी से कहूं **कौन हो तुम वसंत के दूत विरस वनस्पति में अति दुनियादार।** पर हिम्मत न पड़ती। एक दिन की बात है। लगा चूड़ियां खनखनाती **मंद पवन प्रेरित सौरभ साकार रचित परमाणु पराग शरीर खड़ा हो ले मधु का आधार और पड़ती हो उस पर शुभ्र नवल मधु राका मन की साध।** कामगोत्रजा।''

2.4.1.6.3.5.3.2.5 – प्रत्यालोचनात्मक अन्तरपाठीय समांतरता

प्रत्यालोचनात्मक अंतर-पाठीय समांतरता वहां होती है जहां पूर्व पाठ की आलोचना-प्रत्यालोचना में उत्तर पाठ की रचना की जाती है। शब्द-स्तर पर इसका एक उदाहरण लें। बंकिम चंद्र ने बंगला में अपना प्रसिद्ध उपन्यास 'आनंदमठ' लिखा। इसकी प्रत्यालोचना में रांगेय राघव ने 'विषमठ' नामक उपन्यास की रचना की। यह 'विषमठ' एक प्रकार का अंतर-पाठीय शब्द है और 'आनंदमठ' की प्रत्यालोचना में प्रस्तुत होने के कारण प्रत्यालोचनात्मक अंतर-पाठीय समांतरता को स्वरूपित करने वाला

है। यहां यह समांतरता समतामूलक नहीं होकर विरोधमूलक रूप में उपस्थित हुई है।

2.4.1.6.3.5.3.2.6 संशोधनात्मक अंतर-पाठीय समांतरता

संशोधनात्मक अंतर-पाठीय समांतरता वहां होती है जहां पूर्वपाठ को संशोधित करते हुए रचनाकार अपने उत्तर पाठ की रचना करता है। सत्य हरिश्चंद्र की कथा का वह पौराणिक पाठ अत्यंत प्रसिद्ध है जहां परीक्षा में सफल होने के बाद हरिश्चंद्र को स्वर्ग जाने का सौभाग्य प्राप्त होता है। संस्कृत में आर्यक्षेमीश्वर कवि के 'चंड कौशिक' नामक नाटक तथा हिन्दी में भारतेंदु हरिश्चंद्र के 'सत्य हरिश्चंद्र' नामक नाटक में यह पूर्व पाठ प्राप्त होता है। नीचे 'सत्य हरिश्चंद्र' नाटक का पाठ द्रष्टव्य है :

"हरिश्चंद्र : (प्रणाम करके गद्‌गद् स्वर में) प्रभु! आपके दर्शन से सब इच्छा पूर्ण हो गयी, तथापि आपकी आज्ञानुसार यह वर मांगता हूं कि मेरी प्रजा भी मेरे साथ वैकुंठ जाए और सत्य सदा पृथ्वी पर स्थिर रहे।"

डा0 लक्ष्मीनारायण लाल ने अपने 'एक सत्य हरिश्चंद्र' नाटक में इस पूर्व पाठ को निम्नलिखित रूप में संशोधित किया है :

"हरिश्चंद्र : नहीं चाहिए मुझे झूठा स्वर्ग। मैं मरूंगा इसी धरती पर सबके साथ। हर समय तूने हमें बेचा है झूठे शब्दों के बाजार में स्वर्ग का लालच दिखा के।

देवधर : बंद करो बकवास! सत्य की परीक्षा में सफल होकर हरिश्चंद्र स्वर्ग गया। नाटक खत्म हुआ।

लौका : सुनो हरिश्चंद्र का संवाद। ना मैं अमर हूं ना ही मैं स्वर्ग गया। जीवन भर नरक की आग में जलकर दी अपने चरित्र की परीक्षा। तुम कहते हो मैं सफल हो गया सत की परीक्षा में! पर मुझे कल फिर परीक्षा देनी होगी अपने सत की। और आज का परीक्षाफल कल नहीं आएगा काम। इसलिए मुझे यहीं रहना होगा कल की परीक्षा के लिए।"

कहना न होगा कि डा0 लाल द्वारा रचित इस उत्तर पाठ में पूर्व पाठ का संशोधन किया गया है। यह संशोधन विपरीत दिशा में होने के कारण अपनी प्रकृति में विरोधमूलक है। इस प्रकार विवेच्य उत्तर पाठ में संशोधनात्मक अंतरपाठीय समांतरता प्राप्त होती है।

'निराला' की 'राम की शक्तिपूजा' का पूर्व पाठ बंगला के कवि कृत्तिवास की रामायण के लंकाकाण्ड का पाठ है। पर 'निराला' ने शक्तिपूजा के संदर्भ में हनुमान के महाकाश गमन की जो भव्य बिंबात्मक प्रस्तुति की है वह इस दृष्टि से पूर्व-पाठ में किया गया संशोधन है। यहां इस संशोधन की प्रकृति अभिवर्धक है। पर पूर्व पाठ में इसके अभाव और 'निराला' के पाठ में इसके नियोजन की भावात्मकता को देखते हुए इसे विरोधमूलक भी माना जा सकता है। इस रूप में 'निराला' की 'शक्ति-पूजा'

की इस प्रोक्ति में संशोधनात्मक अंतर-पाठीयता स्वरूपित हुई है।

2.4.1.6.3.5.3.2.7 विस्तारणमूलक अंतर–पाठीय समांतरता–

जब पूर्व रचित पाठ का सूत्र-सार या पाठांश लेकर सर्जक-रचनाकार अपने पाठ में अपनी कल्पना से उसका विस्तार करता है तब विस्तारणमूलक अंतर-पाठीय समांतरता स्वरूपित होती है। छान्दोग्य उपनिषद की संक्षिप्त कथा के पूर्व प्रसिद्ध पाठ को ग्रहण करते हुए आचार्य हजारी प्रसाद द्विवेदी ने 'अनामदास का पोथा उर्फ रैक्व आख्यान' नामक अपने उपन्यास को काल्पनिक विस्तार प्रदान कर विस्तारणमूलक अंतर-पाठीय समांतरता की सुंदर सृष्टि की है।

2.4.1.6.3.6 समांतरता : स्तर–स्पष्टीकरण

2.4.1.6.3.6.1 ध्वनि–स्तर

ध्वनि-स्तर पर समतामूलक और विरोधमूलक—दोनों प्रकार की समांतरताएं प्राप्त होती हैं।

2.4.1.6.3.6.1.1 समतामूलक समांतरता– ध्वनि स्तर की समतामूलक समांतरता वहां उपस्थित होती है जहां किसी विशेष व्यंजन या स्वर-ध्वनि का साभिप्राय आवर्तन हो। यह समांतरता घोष / अघोष, अल्पप्राण / महाप्राण, विवृत / संवृत जैसी ध्वनि-कोटियों में सजातीय ध्वनियों के आवर्तन में भी उपस्थित होती है। 'निराला' की बादल राग-1, कविता की निम्नलिखित आरंभिक पंक्तियां ध्वनि-स्तर की समांतरता का सुंदर उदाहरण प्रस्तुत करती हैं :

"झूम-झूम मृदु गरज-गरज घनघोर।
राग अमर। अम्बर में भर निज रोर।
झर-झर झर निर्झर-गिरि-सर में,
घर, मरू तरू-मर्मर, सागर में

इन पंक्तियों में 'ग', 'घ', 'झ', 'म' और 'र' ध्वनियों की आवृत्ति से समांतरता उत्पन्न हुई है। यहां समांतरता 'न' और 'म' जैसी नासिक्य ध्वनियों के आवर्तन के कारण भी उभरती है, पर सबसे बड़ी समांतरता इन पंक्तियों में घोष ध्वनियों के आवर्तन के कारण उपस्थित होती है। उपर्युक्त चार पंक्तियों में कुल 78 ध्वनियों (स्वर-व्यंजन) के प्रयोग किए गए हैं। इनमें 18 ध्वनियां स्वर हैं और 60 ध्वनियां व्यंजन। इन 60 व्यंजन ध्वनियों में कुल 57 ध्वनियां घोष हैं। फलतः इनके निरंतर आवर्तन से ध्वनि-स्तर की वह उत्कर्षपूर्ण समांतरता उपस्थित होती है, जो अग्रप्रस्तुत रूप में बादल के गर्जन-तर्जन और अनवरत वर्षण का श्रौत बिंब उजागर कर देती है। घोष ध्वनियों की इस समांतरता के अभाव में वर्षा का यह गंभीर, गहन और त्वरित व्यापार-चित्र उपस्थित नहीं हो पाता।

2.4.1.6.3.6.1.2 विरोधमूलक समांतरता—ध्वनि-स्तर पर घोष-अघोष, अल्पप्राण-महाप्राण, विवृत-संवृत के परस्पर विरोधी प्रयोग के द्वारा विरोधमूलक समांतरता उत्सर्जित होती है। विवृत और संवृत ध्वनियों की विरोधमूलक समांतरता इन पंक्तियों में द्रष्टव्य है :

> "चलता है तूफान उड़ाता ता-ता-ता अंगारा,
> चलती नदी उमगती, गहरी देती रस की लहरी।"

यहां 'आ' विवृत और 'ई' संवृत ध्वनि है। फलतः यहां विरोधी समांतरता उपस्थित हुई है।

2.4.1.6.3.6.2 शब्द स्तर

शब्द स्तर पर भी समांतरता के समतामूलक और विरोधमूलक-दोनों प्रकारों की स्थिति प्राप्त होती है।

2.4.1.6.3.6.2.1. समतामूलक समांतरता—शब्दस्तर की समतामूलक समांतरता वहां होती है जहां कृति में किसी शब्द-विशेष का आवर्तन हो, उसे दुहराया जाए। श्रीलाल शुक्ल के उपन्यास 'राग दरबारी' के निम्न अवतरण में शब्दस्तरीय समांतरता के सुंदर उदाहरण प्राप्त होते हैं : "व्याख्यान दे चुकने के बाद वे एकदम से शांत नहीं हुए। थोडी देर **भुनभुनाते** रहे। अफसर भी विनम्रता के बावजूद **भुनभुनाता** रहा। फिर दूसरे लो भी **भुनभुनाने** लगे। सनीचर का जलसा पहले ही खत्म हो चुका था। इसलिए इस **भुनभुनाहट** ने उसकी सफलता पर कोई असर नहीं डाला, पर अंत में बोलबाला **भुनभुनाहट** का ही रहा। इस तरह की **भुनभुनाहट** शहर में रहते हुए उसने हर समय, हर जगह सुनी थी। वह जानता था कि हमारा देश **भुनभुनाने** वालों का देश है। दफ्तरों और दुकानों में, कल-कारखानों में, पार्कों और होटलों में, अखबारों में, कहानियों और अकहानियों में, चारों तरफ लोग **भुनभुना** रहे हैं। यही हमारी युगचेतना है और इसे वह अच्छी तरह से जानता था। यहां गांव में भी उसने यही **भुनभुनाहट** सुनी थी, किसान अमला-अहलकारों के खिलाफ **भुनभुनाते** थे। अहलकार अपने को जनता से अलग करके पहले जनता के खिलाफ भुनभुनाते थे।" यहां 'भुनभुनाना' क्रिया के विविध व्याकरणिक रूपों की, यथा—'भुनभुनाते', 'भुनभुनाता', 'भुनभुनाने, 'भुनभुनाहट' की आवृत्ति हुई है। इस प्रकार की आवृत्ति को अंग्रेजी में 'पोलियपटोटन' कहा जाता है। यहां यह शब्दस्तरीय समांतरता पूरी प्रोक्ति को संसक्त कर रही है तथा 'भुनभुनाहट' को अग्रप्रस्तुत कर रही है। इससे न केवल आये दिन समाज में सामान्य अभिलक्षण के रूप में इसके विद्यमान होने की स्थिति स्पष्ट होती है, बल्कि इससे समाज-विशेष की मानसिकता का भी द्योतन होता है।

शब्द-स्तर की समतामूलक समांतरता के इस प्रकार के अतिरिक्त आवृत्ति की विभिन्नता पर आधारित निम्नलिखित प्रकार भी द्रष्टव्य हैं :

2.4.1.6.3.6.2.1.1 सामान्यवृत्तिमूलक (पैलीलाजिआ) समांतरता–इसमें शब्द वीप्सा अलंकार की तरह आवृत्त होता है, निर्मल वर्मा की जलती झाड़ी का यह वाक्य ''**लाल–लाल** से गढ़े, **छोटे–छोटे** चांद से गढ़े' इस प्रकार की समतामूलक समांतरता की सुंदर उदाहरण है। पंत की 'नौका विहार' की पंक्ति 'मृदु, **मंद–मंद मंथर–मंथर**, लघु तरणि हंसिनी-सी सुंदर' के रेखांकित अंश में भी यह समांतरता प्राप्त होती है।

2.4.1.6.3.6.2.1.2 आद्यावृत्ति (एनेफोरा) मूलक समांतरता–इस प्रकार की समांतरता में आवृत्ति वाक्यांश या वाक्य के प्रारंभ में होती है। 'जलती झाड़ी' संकलन की निम्नलिखित पंक्तियों के रेखांकित अंश में इस प्रकार की समांतरता द्रष्टव्य है : ''**जैसे** मैं एक बहुत पेचीदा रहस्यमय ढंग से उस पर आश्रित होऊं, **जैसे** उसके जाने भर से ही कुछ खो दूंगा-**जैसे** उसका यहां रहना खुद मेरे रहने से जुड़ा है।'' 'निराला' की प्रसिद्ध कविता 'विधवा' की निम्नलिखित पंक्तियों के रेखांकित अंश में भी इस प्रकार की समांतरता प्राप्त होती है :

''**वह** इष्टदेव के मंदिर की पूजा-सी,
वह दीपशिखा-सी शांत भाव में लीन
वह क्रूर काल-तांडव की स्मृति-रेखा-सी,
वह टूटे तरु की छुटी लता-सी दीन...''

2.4.1.6.3.6.2.1.3 अन्ताद्यावृत्ति (एनेडिपलोसिस) मूलक समांतरता–इस कोटि की समतामूलक समांतरता में एक वाक्यांश या वाक्य के अंत में जो शब्द आता है, वह शब्द पुनः दूसरे वाक्यांश या वाक्य के आरंभ में आता है। इसके बाद यह शब्द अगले वाक्यांश या वाक्य के अंत में आवृत्त होता है। इस प्रकार अंत और आदि में इनके आवर्तन का क्रम चलता रहता है। 'जलती झाड़ी' की निम्नलिखित पंक्तियों में इसका सुंदर उदाहरण प्राप्त होता है : फिर चुनचुनाता-सा **दर्द, दर्द** को काटती एक **सांस, सांस** पर मरती हुई एक निहायत बेचैन **सिसकी** (और) **सिसकी** को रास्ते में ही तोड़ती वह चीख।'' यहां वाक्यांशों की अंतिम और आरंभिक स्थितियों में **दर्द, सांस** और **सिसकी** की अन्ताद्यावृत्ति मूलक समांतरता मिलती है।

2.4.1.6.3.6.2.1.4 आंतिक आवृत्ति (एपिस्ट्रोफे) मूलक समांतरता–यह समांतरता वहां उपस्थित होती है, जहां वाक्यांशों के अंत में एक ही शब्द का आवर्तन प्रस्तुत हो। 'राग दरबारी' की निम्नलिखित पंक्ति में इस प्रकार की समांतरता प्राप्त होती है : ''वजह यह है कि जैसे बुद्धिमत्ता **एक वैल्यू है**, वैसे ही बेवकूफी भी अपने-आप में **एक वैल्यू है**।'' प्रेमचंद की कथा-भाषा में भी इस कोटि की समांतरता प्रायः प्राप्त होती है। ''गोदान' के निम्नलिखित दो उदाहरण देखें :

1- ''यों न निकल पाएगा, तो जुए में **जाएगा**, घुड़दौड़ में **जाएगा**,
ईंट-पत्थर में **जाएगा** या अय्याशी में **जाएगा**।''

2- "किसान के लिए जमीन जान से **भी प्यारी है**, कुल-मर्यादा से **भी प्यारी है।**"

ऐसी समांतरता प्राय: एक चाप, एक तीव्र भाविक आवृत्ति का ज्ञापन करती देखी जाती है।

2.4.1.6.3.6.2.1.5 **पूर्व-मध्य आवृत्ति (इपेनडोस) मूलक समांतरता**-इस प्रकार की समतामूलक समांतरता वहां होती है, जहां कोई शब्द वाक्य के आरंभ में आने के साथ-साथ पुन: उस वाक्य के मध्य में भी आवर्तित होता है। निम्नलिखित पंक्ति में इस प्रकार की समांतरता को रेखांकित किया जा सकता है : "**सबसे बड़ी** साधना संसार की मातृत्व है, जो **सबसे बड़ी** तपस्या, त्याग और विजय भी है...।"

2.4.1.6.3.6.2.1.6 **पूर्व-पर आवृत्ति (इपेनलेप्सिस) मूलक समांतरता**-यह समांतरता वहां प्राप्त होती है, जहां कोई शब्द या शब्द-समूह आरंभ में आने के साथ-साथ वाक्य या वाक्यांश के अंत में भी उपस्थित-आवर्तित हो। मुक्तिबोध की कविता 'दिमागी गुहांधकार का ओरांग-उटांग' के निम्नलिखित वाक्यांशों में इस कोटि की समांतरता मिलती है-"**स्वप्न** के भीतर एक **स्वप्न**, '**मस्तिष्क** के भीतर एक **मस्तिष्क**'। निम्नलिखित पंक्ति में भी इसका उदाहरण द्रष्टव्य है : "**बताओ**, वह मुझ पर झुक आया, जैसे अभी गले पर लटक जाएगा, **बताओ**।"

2.4.1.6.3.6.2.2 **विरोधी समांतरता**-शब्द स्तर की विरोधमूलक समांतरता **मूर्त** और **अमूर्त** शब्दों की, **प्रतिपाद्य** और **उन्मीलक** शब्दों की, **तत्सम** और **तद्भव** शब्दों की, **नामिक/विशेषणक** और **क्रियात्मक** शब्दों की विरोधी प्रयोग-स्थितियों से आविर्भूत होती है। ऐसी अन्यान्य स्थितियां भी देखी जा सकती हैं।

2.4.1.6.3.6.2.2.1 **मूर्त और अमूर्त शब्दों की प्रयोग-स्थिति से उत्पन्न विरोधमूलक समांतरता**-जहां मूर्त शब्द के साथ-साथ अमूर्त शब्द का भी प्रयोग होता है वहां शब्द-स्तर की विरोधमूलक समांतरता उपस्थित होती है। निम्नलिखित पंक्तियों में शब्दों की ऐसी प्रयोग-स्थिति द्रष्टव्य है :

> "जिस **आशा** से **निर्झर** झरता, पीछे कभी न फिरता,
> जिस **आशा** से सघन बरसता **मेघ धरा** पर गिरता,
> जिस **आशा** से **बीज धरा में** छिप कर मिटता रहता,
> उसी मधुर **आशा** से **मैं** भी निज जीवन को सहता।"

ऊपर प्रत्येक पंक्ति का पहला उभार वाला शब्द अमूर्त है, शेष सभी उभार वाले शब्द मूर्त हैं। अत: इनके बीच शब्द-स्तर की विरोधी समांतरता मिलती है। यहां अमूर्त शब्द यद्यपि प्रत्येक मूर्त शब्द के मूल में अपनी विद्यमानता को द्योतित करता है, पर मूर्त शब्द की गोचरता और अमूर्त शब्द की अगोचरता को साभिप्रायित करने की दृष्टि

से इस विरोधी समांतरता का अपना महत्व है।

2.4.1.6.3.6.2.2.2 प्रतिपाद्य और उन्मीलक शब्दों की प्रयोग-स्थिति से उत्पन्न विरोधमूलक समांतरता—जहां प्रतिपाद्य शब्द (Theme Word) और उन्मीलक शब्द (Key Word) दोनों की साथ-साथ प्रयोग-स्थिति हो वहां शब्द-स्तर की विरोधमूलक समांतरता प्राप्त होती है। प्रतिपाद्य शब्द किसी भी पाठ में बार-बार आवर्तित होने वाला तथा प्रतिपाद्य को निर्दिष्ट करने वाला शब्द होता है, जबकि उन्मीलक शब्द पाठ में विरल रूप में प्रयुक्त होने वाला तथा पाठ को साभिप्रायित करने वाला शब्द होता है। शब्दों की प्रकृति के आधार पर इनमें विरोधिता पायी जाती है : आवर्तनमूला बनाम विरल प्रकृति की विरोधिता। नीचे उद्धृत नंदकिशोर आचार्य की 'नहीं दूंगा नाम' शीर्षक कविता में **प्रतिपाद्य** और **उन्मीलक** शब्द की प्रयोग-स्थिति से आविर्भूत विरोधमूलक समांतरता विचारणीय है :

"नहीं दूंगा तुम्हें कोई **नाम**-
जूही की कली
कलगी बाजरे की छरहरी
या और कुछ!
नाम देना पहचानने को रोक देना है :
मैं तो तुम्हें/हर बार आविष्कृत करता हूं,
नाम देकर तुम्हें तीसरा नहीं करूंगा
क्योंकि **तुम** संपूर्ण मेरी हो।
तुम्हें **तुम** ही कहूंगा।
कोई **नाम** नहीं लूंगा।"

'नाम' इस कविता का **प्रतिपाद्य** शब्द है। पहली, पांचवी, सातवीं और दसवीं पंक्ति में प्रयुक्त यह उभार वाला शब्द एक आवर्तित शब्द है, जो नाम न देने की प्रतिपाद्यमूलकता का ज्ञापन करता है। दूसरी, तीसरी और चौथी पंक्ति के उभार वाले शब्द 'नाम' के दृष्टांत है। 'नाम' न देने का संकल्प इसलिए है, क्योंकि नाम दे देने से अनन्यता मिट जाती है, नाम अन्यपुरुषता को प्राप्त हो जाता है। 'नाम' तीसरा बन जाता है, जिसे कोई भी संबोधित कर सकता है। इसीलिए यह प्रतिपाद्य शब्द पूरी उक्ति बन कर घोषणा करता है कि 'नाम नहीं दूंगा'। इसके विपरीत इस कविता में नवीं पंक्ति में प्रयुक्त **उन्मीलक** शब्द 'तुम' की स्थिति है। यह विरल प्रयोग है, केवल एक बार प्रयुक्त! 'तुम' सर्वनाम है, नाम नहीं। 'तुम' संबोधन कवि के लिए जहां हर बार एक आविष्कृति है वहीं उसकी व्याप्ति भी प्रेमी/कवि तक सीमित है। इस प्रकार यहां प्रतिपाद्य बनाम उन्मीलक शब्द की जो विरोधमूलक समांतरता है वह कहीं गहरे तल पर भी सार्थक और साभिप्रायित है।

2.4.1.6.3.6.2.2.3 तत्सम और तद्भव शब्दों की प्रयोग–स्थिति से उत्पन्न विरोधमूलक समांतरता-जहां रचनाकार तत्सम शब्दों के साथ-साथ तद्भव शब्दों का भी प्रयोग करता है वहां शब्द-स्तर की विरोधमूलक समांतरता उपस्थित होती है। 'निराला' की 'भिक्षुक' कविता की निम्नलिखित पंक्तियों में तत्सम और तद्भव शब्दों की प्रयोग-स्थिति से उभर रही विरोधमूलक समांतरता अपनी अग्रप्रस्तुति में अत्यंत साभिप्राय हो उठी है :

"**भूख** से **सूख** **ओठ** जब जाते
दाता-**भाग्य**–**विधाता** से क्या पाते?"

ऊपर की पहली पंक्ति के उभार वाले शब्द तद्भव हैं, जिनका प्रयोग भिक्षुक और उसके बच्चों के लिए किया गया है। इसके विपरीत निचली पंक्ति के उभार वाले शब्द तत्सम हैं, जिनका प्रयोग समाज के पूंजीपति, अभिजात वर्ग के लिए किया गया है। कहना न होगा कि इस कविता में अंतर्वस्तु या कथ्य के स्तर पर जो विरोधिता सामने आती है उसे शब्द-स्तर की यह विरोधिता और गहरा देती है। तद्भव और तत्सम की यह विरोधी समांतरता दरिद्रता और संपन्नता, कारुणिकता और अहम्मन्यता के विरोध को उजागर करने में अत्यंत सहायक सिद्ध होती है।

2.4.1.6.3.6.2.2.4 नामिक/विशेषणक और क्रियात्मक शब्दों की प्रयोग–स्थिति से उत्पन्न विरोधमूलक समांतरता—जहां किसी पाठ में नामिक/विशेषणक के शृंखल प्रयोग के साथ-साथ क्रियात्मक प्रयोग की स्थिति उपस्थित होती है वहां इस प्रकार की विरोधमूलक समांतरता देखी जाती है। बच्चन की प्रसिद्ध कविता 'बंगाल का काल' में शब्द-स्तर पर इस कोटि की विरोधी समांतरता के दर्शन होते हैं। इस लम्बी कविता में ऐसी पंक्तियां मिलती हैं जहां विशेषणक के शृंखल प्रयोग हुए हैं :

"हे कवि, तेरे अमर गान की
सुजला, सफला,
मलय–गंधिता
शस्य–श्यामला
फुल्ल–कुसुमिता
द्रुम–सुसज्जिता
चिर सुहासिनी
मधुर भाषिणी
धरणी भरणी
जगत–वन्दिता
बंग भूमि अब नहीं रही वह!"

इसके ठीक प्रतिकूल इसी कविता में आगे चलकर ऐसी पंक्तियां मिलती हैं जहां **क्रियात्मक** के शृंखल प्रयोग हुए हैं :

"क्योंकि इन्होंने अपने श्रम से
जोता, बोया,
इसे **उगाया,**
सींच स्वेद से
इसे **बढ़ाया,**
काटा, माड़ा, ढोया,
भूख-भूख कर
सूख-सूख कर
पंजर-पंजर
गिर धरती पर
यों न **तोड़ देते** अपना दम
और नपुंसक मृत्यु न मरते!"

शब्द स्तर पर **विशेषणक** और **क्रियात्मक** की यह शृंखल प्रयोग-स्थिति विरोधमूलक समांतरता की साभिप्राय सृष्टि करती है। **विशेषणक** जहां तात्कालिक अ-तथता और वायवीयता को दर्शाते हैं वहीं **क्रियात्मक** श्रमशीलता, सक्रियता की यथार्थ स्थिति को द्योतित करते हैं, उस यथार्थ स्थिति को जिसके बाद भी श्रमिकों, किसानों की भूख नहीं मिट पाती है, उन्हें रोटी नसीब नहीं हो पाती है। इस प्रकार यहां **क्रियात्मक** विरोधमूलक समांतरता के जरिये अग्रप्रस्तुत होकर उन्हें करणीय के लिए अभिप्रेरण और उद्‌बोधन प्रदान करने की स्थिति मुहैया करते हैं। ऐसी विरोधमूलक समांतरता **नामिक** और **क्रियात्मक** के बीच भी उभर सकती है।

2.4.1.6.3.6.3 रूप स्तर

रूप-स्तर पर भी समांतरता के समतामूलक और विरोधमूलक दोनों प्रकारों की सक्रिय भागीदारी प्राप्त होती है।

2.4.1.6.3.6.3.1 समतामूलक समांतरता–जब भाषा के रूपिम-विशेष का आवर्तन होता है, तब रूप-स्तरीय समतामूलक समांतरता उपस्थित होती है। "कनुप्रिया" के निम्नलिखित काव्यांश में करण परसर्ग रूपिम {से} की अनवरत आवृत्ति से इस प्रकार की समांतरता उद्‌भूत हो उठी है :

'आग्रह से, विस्मय से, तन्मयता से पूछा है'
व्यंग्य से, कटाक्ष से, कुटिल संकेत से पूछा है'
कठोरता से, अप्रसन्नता से, रोष से, पूछा है'।

इसी प्रकार कमलेश्वर की कहानी 'राजा निरबंसिया' की निम्नलिखित पंक्तियों में होना क्रिया के साथ अन्य पुरुष, एक वचन, स्त्रीलिंग, भूतकालिक रूपिम {ती} की

निरंतर आवृत्ति से रूप-स्तर की समतामूलक समांतरता उपस्थित हो उठी है : "जब वापस आता तो धूप चढ़ आई **होती**, दोपहरी तपती **होती** और मां पहिया पर सूत रखे हांफते-हांफते सूटती **होती**, बालों की लटें सूखी-सी झूलती **होती**..." । यहां यह रूप-स्तरीय समांतरता ही है, जो काल और व्यापार-बोध को एकमेक करने में सफल हो पाई है।

2.4.1.6.3.6.3.2 **विरोधमूलक समांतरता**–रूप-स्तर पर विरोधी समांतरता वहां उपस्थित होती है, जहां एक वचन-बहु वचन, पुलिंग-स्त्रीलिंग, भूतकाल-वर्तमान काल के विरोधी रूप रचनाकार की भाषा में उपस्थित होते हैं। दुष्यंतकुमार की ग़ज़ल की निम्नलिखित पंक्तियों में रूप-स्तर की विरोधी समांतरता प्राप्त होती है :

'कहां तो तय था **चिरागां** हरेक घर के लिए
कहां **चिराग** मयस्सर नहीं शहर के लिए।'
'मेरे चमन में कोई नशेमन नहीं **रहा**
या कहो कि बर्फ की दहशत नहीं **रही**।'
'अपाहिज व्यथा को वहन कर रहा हूं।
तुम्हारी कहन **थी** कहन कर रहा **हूं**।'

ऊपर की पहली ग़ज़ल में 'चिरागां' और 'चिराग' में वचन रूपिम की विरोधी समांतरता, दूसरी ग़ज़ल में 'रहा', 'रही' में लिंग-रूपिम की विरोधी समांतरता तथा तीसरी ग़ज़ल में 'थी' और 'है' में काल-रूपिम की विरोधी समांतरता लक्षित होती है।

2.4.1.6.3.6.4 वाक्य स्तर

वाक्य-स्तर पर भी समांतरता के समतामूलक और विरोधमूलक दोनों प्रकारों की सक्रियता प्राप्त होती है।

2.4.1.6.3.6.4.1. **समतामूलक समांतरता**–समतामूलक समांतरता दो रूपों में उपस्थित होती है–1. वाक्य की आवृतिवश और 2. संरचना की आवृतिवश

2.4.1.6.3.6.4.1.2 **वाक्य की आवृत्तिपरक**–जब किसी रचना में पूरे वाक्य का एकाधिक बार आवर्तन होता है तब वहां वाक्य-स्तर की समतामूलक समांतरता उत्पन्न होती है। यह आवर्तन वाक्य को अग्रप्रस्तुत करता है, जिससे वह कृति के प्रतिपाद्य के संदर्भ में अत्यंत साभिप्राय और सार्थक बन जाता है। 'अज्ञेय' के प्रसिद्ध उपन्यास 'नदी के द्वीप' में 'अकेले हैं न, तभी लीक पकड़ कर चलते हैं' वाक्य की चार बार आवृत्ति से, 'शुभाशंसा चूमती है भाल तेरा, स्नेह-शिशु उठ जाग' वाक्य की तीन बार आवृत्ति से, 'शब्द अधूरे हैं, क्योंकि उच्चारण मांगते हैं' की तीन बार आवृत्ति से वाक्य-स्तर की समतामूलक समांतरता उत्पन्न होती है। पूरे वाक्य की आवृत्ति से उत्पन्न ये सभी समांतरताएं अपने-अपने प्रतिपाद्य-संदर्भ में साभिप्राय हैं। पहली समांतरता की पहली बार कथित उक्ति को यद्यपि भुवन नहीं समझता है, फिर भी उसकी अपनी साभिप्रायता है। इससे भुवन के आचार-विचार, उसकी 'पंक्चुएलिटी' और रेखा के सामने

उसके पूरी तरह नहीं खुलने की एक विचारात्मक लय-गूंज उत्पन्न होती है, जो बाद में भिन्न-भिन्न संदर्भों में अपनी आवृत्ति के सहारे काफी गहराती और फैलती चली जाती है। इसकी दूसरी आवृत्ति में भुवन के व्यक्तित्व के निश्चित भविष्य, निश्चित गंतव्य के अनुरूप उसकी यात्रा का अर्थ स्पष्ट होता है। तीसरी आवृत्ति तब उपस्थित होती है, जब भुवन कहीं जाने की अपनी यायावरी इच्छा को दबा देता है। इस प्रकार भुवन के मन में देर तक, एक अरसे तक गूंज-अनुगूंज पैदा करने वाला यह वाक्य स्मृति के सहारे अतीत से वर्तमान तक की स्थिति-यात्रा में अपनी विशिष्ट लय उत्पन्न करता कई अर्थ-छायाएं उजागर कर जाता है।

ज्योफ्री एन0 लीच ने समांतरता के लिए भाषिक एकक के हू-ब-हू आवर्तन की अपेक्षा उसमें किंचित् ऋणात्मक-धनात्मक परिवर्तन के साथ होने वाली आवृत्ति को भी महत्व दिया है।[1] यदि इस दृष्टि से देखें, तो 'अज्ञेय' के 'नदी के द्वीप' में आवर्तित होने वाले एक अंग्रेजी कविता के वाक्य 'द पेन ॲव लविंग यू इज आलमोस्ट मोर देन आइ कैन बियर' की समतामूलक समांतरता को रेखांकित किया जा सकता है। उपन्यास के एक प्रसंग में आरंभ में ही भुवन यह पंक्ति कहता है। पर यहां वह इस वाक्य के आरंभिक शब्द 'डीयरेस्ट' को छोड़ देता है। इसी वाक्य को प्रायः उपन्यास के उपांत में रेखा स्मरण करती है, "दे पेन अव लविंग यू इज आलमोस्ट मोर देन आइ कैन बियर'। उस दिन पहली पंक्ति में से तुम 'डीयरेस्ट' शब्द छोड़ गये थे, चाहूं तो मान सकती हूं कि वह छूट जाना भी विधि का संकेत था, पर नहीं, वह नहीं, इतना जरूर है कि आज मैं एक शब्द और छोड़ जाऊं... 'आलमोस्ट' क्योंकि सचमुच यह दर्द मेरी सहनशक्ति से परे है... मैं उसे नहीं संभाल सकती।" इस प्रकार इस समांतरता की कील पर बीच की सारी घटनाएं और स्थितियां अपना अर्थ देती नाच जाती हैं। 'डीयरेस्ट' का छूट जाना विधि-संकेत बन जाता है... तभी अंतरंग निकटता भी विवाह में नहीं बदल सकी, 'बीनकार-सर्जन' की प्राप्ति नहीं हो सकी। पर रेखा अब भी उस वाक्य को जी रही है। ऐसे में उसका 'आलमोस्ट' का माइनस कर देना क्या उसकी व्यथा-लय को महत्वपूर्ण साभिप्रायता नहीं प्रदान करता है?

2.4.1.6.3.6.4.1.2 संरचना की आवृत्तिपरक–वाक्य-स्तरीय समतामूलक समांतरता में संरचनागत आवृत्ति की समांतरता महत्वपूर्ण है। इसे 'साइनुअस' किस्म की समांतरता भी कहते हैं। रिचर्ड गुंटर ने ऐसी संरचनात्मक समांतरता को निश्चित तथा नियमित अंतराल पर आवर्तित होने वाली बताया है।[2] भूषण कवि के प्रसिद्ध वीरतापूर्ण

---

1. जी0एन0 लीच, अ लिंग्विस्टिक गाइड टु इंग्लिश पोयट्री (लन्दन : लौंगमैन, 1969, मुद्रण, 74), पृष्ठ 77
2. रिचर्ड गुंटर, स्ट्रक्चर ऐंड स्टाइल इन पोयम्स : 'ए पाराडाक्स' (साउथ केरोलिना : सीधे लेखक से प्राप्त अनुमुद्रण), पृष्ठ 105

छंद की निम्नलिखित पंक्ति में इस प्रकार की 'साइनुअस' समांतरता रेखांकित की जा सकती है। **'इंद्र जिमि जंभ पर, बाड़ब सुअंभ पर, रावण सुदम्भ पर रघुकुल राज है।'** यहां एक निश्चित अंतराल पर प्रत्येक बार 'पर' विभक्ति का आवर्तन होता है, जिससे इस छंद की यति सुनिर्दिष्ट होती है। इसके मूल में 'साइनुअस समांतरता' ही सक्रिय है। इसी प्रकार दुष्यंत कुमार की एक ग़ज़ल-पंक्ति लें : **'हर सड़क पर, हर गली में, हर नगर, हर गांव में।'** 'यहां' हर की अनेकशः आवृत्ति एक निश्चित अंतराल पर नियमितता के साथ हो रही है। अतः यहां भी समांतरता 'साइनुअस' कोटि की है। इसी प्रकार भारती की 'कनुप्रिया' के 'पहला गीत' की निम्नलिखित पंक्ति में भी 'साइनुअस' समांतरता प्राप्त होती है। कलियां बन, कोंपल बन, सौरभ बन, लाली बन। स्पष्ट है कि इस पंक्ति में संज्ञा + क्रिया की संरचनागत, पर नियमित और निश्चित अंतराल पर हो रही आवृत्ति के कारण 'साइनुअस' समांतरता उपस्थित हुई है।

2.4.1.6.3.6.4.2. **विरोधी समांतरता**—वाक्य-स्तर की विरोधी समांतरता संरचना के विरोध में स्पष्ट होती है। कर्तृ वाच्य और कर्मवाच्य वाक्य-संरचना, अग्नेत और इनेत वाक्य-संरचना तथा संरोधी और मोचक (ऐरेस्ट एंड रिलीज) वाक्य-संरचना में वाक्य-स्तर की विरोधी समांतरता प्राप्त होती है। **विरोधी** और **मोचक** वाक्य-संरचना की विरोधी समांतरता निम्नलिखित वाक्यों में प्राप्त होती है :

'हमारे अतिथि, **जो हमारे आदरणीय हैं**, कल आएंगे।' 'वे आएंगे भी, रुकेंगे भी खाएंगे भी, और हमारे साथ कई दिन गुजारेंगे।' यहां दोनों वाक्यों की संरचना परस्पर **विरोधी** है, पहली संरोधी है और दूसरी **मोचक**। अतः यहां विरोधी समांतरता की स्थिति है।

2.4.1.6.3.6.5 प्रोक्ति स्तर

प्रोक्ति स्तर पर भी समांतरता समतामूलक और विरोधमूलक—दोनों प्रकारों में क्रियाशील होती है।

2.4.1.6.3.6.5.1 समतामूलक समांतरता—कोई भी प्रोक्ति अपने-आप में जहां वाक्यों की आपसी तार्किक संसक्ति से गठित होती है, वहीं एक ओर उसमें कई प्रकार की वचनकर्ममूलक वृत्तिकताएं निहित होती हैं और दूसरी ओर प्रतिज्ञप्ति की आवृत्ति की संभावना भी विद्यमान रहती है। इस दृष्टि से समतामूलक समांतरता के तीन प्रकार सक्रिय मिलते हैं।

2.4.1.6.3.6.5.1 **प्रोक्ति की आवृत्तिपरक समतामूलक समांतरता**-सामान्यतः जब रचना में किसी प्रोक्ति की आवृत्ति होती है, तब वहां प्रोक्ति-स्तर की समतामूलक समांतरता उपस्थित होती है। 'अज्ञेय' के 'नदी के द्वीप' में उपन्यास में गौरा और भुवन के बीच एक ऐसा ही प्रोक्ति-संदर्भ है। गौरा भुवन से उसके विवाह के विषय में पूछती हैं और भुवन अपनी इच्छा और निश्चय का स्वरूप स्पष्ट करता है : "वह कहता गया—राह चलते जिस दिन बैठे-बैठे जानूंगा, मेरे पीछे कोई है और मुड़कर नहीं देखूंगा और

हैं और भुवन अपनी इच्छा और निश्चय का स्वरूप स्पष्ट करता है : "वह कहता गया— राह चलते जिस दिन बैठे-बैठे जानूंगा, मेरे पीछे कोई है और मुड़कर नहीं देखूंगा और वह झुककर अपने खुले बाल मेरी आंखों के आगे डाल देगी...उस दिन मैं जान लूंगा कि मेरी खोज··· मेरे लिए खोज समाप्त हो गई और पड़ाव आ गया।" यह प्रोक्ति 'नदी के द्वीप' में दो बार आवर्तित होती है। दूसरी बार इस प्रकार : "भुवन की दोनों हाथों की उंगलियों ने ढरके हुए बालों की एक-एक लट पकड़ ली। फिर एक हाथ उसने छोड़ दिया, हाथ बढ़ा कर गौरा के माथे को धीरे-धीरे थपकने लगा...राह चलते जिस दिन बैठे-बैठे जानूंगा कि मेरे पीछे कोई है और मुड़ कर नहीं देखूंगा और फिर झुककर अपने खुले बाल मेरी आंखों के आगे डाल देगी, उस दिन मैं जान लूंगा कि मेरी खोज···· मेरे लिए खोज समाप्त हो गई और पड़ाव आ गया।" इस आवर्तन के बाद पुनः इस प्रोक्ति का एक और बार तीसरा आवर्तन होता है, पर वहां इस प्रेाक्ति का उत्तरार्द्ध वाचिक रूप में आवर्तित होता है, पूर्वार्द्ध घटित रूप में स्पष्ट हो चुका रहता है। मसूरी में "मैंने सहसा देखा कि मेरे आगे एक मेघ है और वह तुम्हारे बालों का है, तो जान लिया...जान क्या लिया, तुमने कह दिया और मुझे लगा कि जानकर ही तुमने कहा है, नहीं तो तुम भी कैसे कह पाती? मैंने तुम्हें कहा था कुछ हंसी में ही सही, कहा तो था कि जिस दिन ऐसा होगा, जान लूंगा कि मेरी खोज··· मेरे लिए खोज समाप्त हो गई और पड़ाव आ गया, पर...।"

प्रोक्ति की पूरी और आंशिक आवृत्ति से उत्पन्न प्रोक्ति-स्तर की उपर्युक्त समांतरता अत्यंत साभिप्राय है, जो अग्रप्रस्तुत होकर अपनी सार्थकता ज्ञापित करती है। पहली प्रोक्ति के द्वारा गौरा को दिया गया उत्तर है, जिसे वह बच्चों जैसी रोमांटिक बात बताती है। मंसूरी में जब गौरा के खुले बाल आगे सरक आते हैं और भुवन के चेहरे को छा देते हैं तब भुवन को अपना बहुत पहले का कहा कथन याद आता है। यहां अतीत से वर्तमान जुड़ने लगता है, चित्रित संदर्भ से घटित संदर्भ टकराता है और लगता है भविष्य प्रकाशित हो उठेगा। तीसरी बार पुनः इसी संदर्भ का प्रत्याह्वान होता है। भुवन गौरा से कहता है कि अब नहीं भागूंगा। पहली बार इस प्रोक्ति के राग को दोनों ने साथ-साथ सुना था। बीच में यह संदर्भ भुवन को चिलका था और अब पुनः दोनों उस प्रोक्ति के आमने सामने हैं, उसके ढेर-सारे मानी की लय में डूबे हैं। यह इस समांतरित प्रोक्ति की साभिप्रायता ही है, जो यह संकेत देती है कि रूमान कैसे साकार हो जाता है, हम कहां से कहां पहुंच जाते हैं। शब्द की पर्त से किस तरह अर्थ की लयात्मक झंकार निकल आती है।

2.4.1.6.3.6.5.1.2 विशेष वृत्तिकता (Modality) की आवृत्तिपरक समतामूलक **समांतरता**–वृत्तिकता पर वचन-कर्म सिद्धांत (Speech Act Theory) के भाषेतर वचन-कर्म (Illocutionary Speech Act) के अंतर्गत विचार किया गया है। वृत्तिकता

आज्ञा, अनुरोध, आग्रह, स्पष्टीकरण, दावा, चेतावनी, धमकी, अभिवादन, आमंत्रण, प्रत्ययनीयता (Persuation), जिज्ञासा आदि कई प्रकारों की हो सकती है। आस्टिन और सार्ले ने इसका वर्गीकरण किया है तथा इसकी विस्तृत तालिका प्रस्तुत की है। जब किसी भी पाठ में इनमें से किसी भी प्रकार की प्रोक्तिगत वृत्तिकता आवर्तित होती है तब वहां प्रोक्ति-स्तर की विशेषवृत्तिकता-जन्य समतामूलक समांतरता स्वरूपित होती है। नीचे वृत्तिकतापरक समांतरता के कुछ उदाहरण द्रष्टव्य हैं :

2.4.1.6.3.6.5.1.2.1. **जिज्ञासा की वृत्तिकतापरक-समांतरता**-जिज्ञासा की वृत्तिकतापरक-समांतरता का उदाहरण मोहन राकेश के 'लहरों के राजहंस' नाटक की निम्नलिखित प्रोक्तियों में प्राप्त होता है :

"सुंदरी : क्या आप पहले से जानते थे कि वे लोग नहीं आएंगे?

....

सुंदरी : तो क्या इन सबने आपको संदेश भेजा था कि ये नहीं आएंगे?

....

सुंदरी : सुनो, आज के लिए कुछ विशेष मदिराएं प्रस्तुत की हैं?

उपर्युक्त प्रोक्ति यद्यपि प्रतिज्ञप्ति की दृष्टि से नहीं आने की और मदिरा प्रस्तुत करने की प्रोक्तियां हैं, पर वृत्तिकता की दृष्टि से ये जिज्ञासा की प्रोक्तियां हैं। यहां यह जिज्ञासा भी प्रश्नात्मकता से स्वरूपित हो रही है। अत: यहां वृत्तिकता की प्रोक्तिगत समांतरता है।

2.4.1.6.3.6.5.1.2.2 **आदेश की वृत्तिकतापरक समांतरता**-आदेश की वृत्तिकतापरक समांतरता का उदाहरण भी मोहन राकेश के 'लहरों के राजहंस' नाटक की प्रोक्तियों में द्रष्टव्य है :

"सुंदरी : अच्छा, जा, पहले शशांक से कह दे। समय बहुत थोड़ा है, फिर भी पुराने रस और आसव मिलाकर वह कई-कई नये सम्मिश्रण प्रस्तुत कर सकता है। और देख, उससे कहना कि भोज और पान की सारी सामग्री आज उद्यान में सजानी है।

सुंदरी : जाओ, जाकर यह काम किसी और को सौंप दो और कहीं एकांत में बैठकर सोचो कि जब हाथों में कोई काम न रहे, तो हाथों का क्या करना चाहिए।

....

सुंदरी : अच्छा, तू जाकर शशांक से कह कि उद्यान में अतिथियों के आसन लगाने से पहले एक बार आकर मुझसे बात कर ले।

सुंदरी : तो जितने मदिरा-पात्र हैं, वे सब [illegible] के चबूतरे पर रखवा देना, और कुछ आसन वहां भी आसपास बिछवा देना। जब सारी व्यवस्था हो जाए तो आकर मुझे सूचित कर देना।"

2.4.1.6.3.6.5.1.2.3 स्पष्टीकरण (आत्म) की वृत्तिकता-परक समांतरता–स्पष्टीकरण की वृत्तिकतामूलकता समांतरता भी 'लहरों के राजहंस' की सुंदरी की निम्नलिखित प्रोक्तियों में प्राप्त हो जाती है :

"सुंदरी : मेरी कामना मेरे अंतर की है। मेरे अंतर में ही उसकी पूर्ति भी हो सकती है। बाहर का आयोजन उसके लिए उतना महत्व नहीं रखता जितना कुछ लोग समझ रहे हैं।

सुंदरी : मैं अव्यवस्थित नहीं हूं। किसी का कोई भी षड्यंत्र मुझे अव्यवस्थित नहीं कर सकता।

सुंदरी : अपने उद्वेग का वास्तविक कारण मैं स्वयं हूं और किसी को मैं अधिकार नहीं देती कि वह मेरे उद्वेग का कारण बन सके।"

उपर्युक्त प्रोक्तियों में सुंदरी द्वारा अपने विषय में स्पष्टीकरण देने की वृत्तिकता का आवर्तन मिलता है। इस स्पष्टीकरण के मूल में जाकर देखें तो एक और वृत्तिकता का आवर्तन प्राप्त होता है। वह वृत्तिकता आत्मगर्व या स्वाभिमान की है। पर यह भी स्पष्टीकरण की वृत्तिकता से ही झलकती है। अतः यहां स्पष्टीकरण की वृत्तिकतामूलक समांतरता का स्वरूपण हो रहा है।

2.4.1.6.3.6.5.1.2.4 अनुरोध (मानवश) की वृत्तिकतापरक समांतरता–अनुरोध की वृत्तिकतापरक समांतरता का उदाहरण भी 'लहरों के राजहंस' की नायिका सुंदरी की प्रोक्तियों में द्रष्टव्य है। सुंदरी नंद को हाथ से स्थिरतापूर्वक दर्पण पकड़े रहने को कहती है, जिससे वह अपना मुख-बिंब उसमें देखती हुई अपना शृंगार कर सके। पर नंद से दर्पण स्थिर नहीं रह पाता है, वह हिल जाता है। जब वह इसे स्थिर रखने का प्रयास करता है तब वह उसकी सांसों से धुंधला पड़ जाता है। ऐसी स्थिति में सुंदरी उससे बार-बार दर्पण रख देने का अनुरोध करती है :

"सुंदरी : रख दीजिए दर्पण!

....

सुंदरी : मैंने कहा है दर्पण रख दीजिए। मुझे विशेषक नहीं बनाना है।

....

सुंदरी : आप दर्पण रख दीजिए। मुझे विशेषक नहीं बनाना है, नहीं बनाना है, नहीं बनाना है।"

यहां इस अनुरोध की वृत्तिकता के भीतर से एक और वृत्तिकता फूटी पड़ रही है। वह वृत्तिकता रुष्टता और मनुहार की वृत्तिकता है। पर वह भी अनुरोध की वृत्तिकता से ही ज्ञापित हो पाती है। अतः इन प्रोक्तियों में अनुरोध की वृत्तिकता की आवृत्ति होने के कारण अनुरोध की वृत्तिकतापरक समांतरता स्वरूपित हुई है।

2.4.1.6.3.6.5.1.3 विशेष प्रतिज्ञप्ति (Propostiion) की आवृत्तिपरक समतामूलक समांतरता

प्रोक्तियों में जब विशेषण या क्रियामूलक विशेष प्रतिज्ञप्ति का आवर्तन होता है तब इस प्रकार की समांतरता स्वरूपित होती है। मोहन राकेश के नाटक 'लहरों के राजहंस' में तीन स्थलों पर इस प्रकार की प्रोक्ति स्तरीय समातंरता प्राप्त होती है।

2.4.1.6.3.6.5.1.3.1 क्षमा–याचना की प्रतिज्ञप्ति की समांतरता-एक स्थल सुंदरी के द्वारा आयोजित कामोत्सव में आमंत्रित नागरिकों के नहीं आने के कारण उनके द्वारा क्षमा मांगे जाने का है। नंद और मैत्रेय दोनों सुंदरी को इस तथ्य की जानकारी देते हुए नागरिकों द्वारा की गयी क्षमा-याचना का उल्लेख करते हैं :

"नंद : उन्होंने **क्षमा चाहते हुए** दिन में ही कहला भेजा था।

....

मैत्रेय : जिन-जिन से मिला हूं, उनमें से प्रत्येक ने आने में असमर्थता प्रकट करते हुए **क्षमा–याचना की है**—रविदत्त, अग्निवर्मा, नीलवर्मा, ईषाण, शैवाल, सभी ने।

....

मैत्रेय :...... पद्मकांत और रुद्रदेव ने भी यही कहा है कि उनकी ओर से मैं **क्षमा–याचना कर लूं।**"

इस प्रकार यहां क्षमा-याचना की विशेष प्रतिज्ञप्तिके आवर्तित होने के कारण विशेष प्रतिज्ञप्ति की समतामूलक समांतरता स्वरूपित हो रही है।

2.4.1.6.3.6.5.1.3.2. आज्ञा चाहने की प्रतिज्ञप्ति की समांतरता—दूसरा स्थल इसी संदर्भ में कुछ आगे चलकर मैत्रेय के द्वारा नंद से अपने जाने के विषय में आज्ञा लेने का है। यहां आज्ञा चाहने की क्रियात्मक प्रतिज्ञप्ति का आवर्तन इस प्रकार की समतामूलक समांतरता की सृष्टि कर देता है

"मैत्रेय : मैं **आज्ञा चाहूंगा** कुमार!

....

मैत्रेय : मैं **आज्ञा चाहूंगा** कुमार!"

2.4.1.6.3.6.5.1.3.3 काम करने की प्रतिज्ञप्ति की समांतरता—एक स्थल और है जो 'लहरों के राजहंस' के आरंभ का स्थल है। यहां काम करने और करनें देने की प्रोक्ति बार-बार आवर्तित होती है :

"श्वेतांग : .... चलो, सब एक-दूसरे से दूर खड़े होकर **काम करो**। नीहारिका, तुम **काम कर रही हो** या हाथों की मेंहदी उतार रही हो? आंखें नीची करो और हाथों को देखकर **काम करो।**

....

मुझे पता है इस भवन में तुम्हारे जितना **काम कोई नहीं करता**-इस समय जाओ और कम-से-कम मुझे **अपना काम करने दो।**

....

श्वेतांग : नीहारिका, तुम क्या बातें सुनने के लिए ही रुकी हुई हो? जल्दी उधर जाकर **अपना काम करो।**''

कहना न होगा कि काम करने की प्रतिज्ञप्ति के उपर्युक्त प्रोक्तियों में आवर्तित होने के कारण यहां इस प्रकार की समतामूलक समांतरता सहज ही स्वरूपित हो उठी है।

2.4.1.6.3.6.5.2 विरोधमूलक समांतरता—प्रोक्ति स्तर पर विरोधमूलक समांतरता 2.4.1.6.3.5.2.1 क्षेत्र/स्थिति की विरोधमूलक समांतरता, 2.4.1.6.3.5.2.2 प्रतिज्ञप्ति (Propositions) की विरोधमूलक समांतरता और 2.4.1.6.3.5.2.3 वृत्तिकता (Modalities) की विरोधमूलक समांतरता के रूप मं क्रियाशील होती है।

2.4.1.6.3.5.2.1 क्षेत्र/स्थिति की विरोधमूलक समांतरता

इस प्रकार की समांतरता वहां होती है जहां क्षेत्र (Field) या स्थिति (Situation) की दृष्टि से प्रोक्ति की विरोधिता सामने आती है। क्षेत्र की दृष्टि से प्रेम और घृणा की, स्मरण और विस्मरण की प्रोक्तिगत विरोधिता में इस प्रकार की समांतरता उजागर होगी।

स्थिति की दृष्टि से 'आषाढ़ का एक दिन' नाटक के पूर्वार्ध और उत्तरार्ध की प्रोक्तियों में इस प्रकार की विरोधिता के दर्शन होते हैं। नाटक के पूर्वार्ध में मल्लिका और कालिदास की, प्रेमिका और प्रेमी की जोड़ी है। अचानक उज्जयिनी के राजदरबार से आमंत्रण पाकर कालिदास जब उज्जयिनी जाने वाला होता है तब विलोम मल्लिका के घर पधारता है। वह वहां अनामंत्रित और गृहवासियों के अनचाहे ही आता है। वहां आकर वह यह जानना चाहता है कि ''आज तक ग्राम प्रांतर में कालिदास के साथ मल्लिका के संबंध को लेकर बहुत-कुछ कहा जाता रहा है। उसे दृष्टि में रखते हुए क्या यह उचित नहीं है कि कालिदास यह स्पष्ट बता दे कि उसे उज्जयिनी अकेले ही जाना है या....'' इस पर कालिदास उस पर यह आरोप लगाता है कि ''तुम दूसरों के घर में ही नहीं, उनके जीवन में भी अनधिकार प्रवेश कर जाते हो।'' अभी कालिदास उज्जयिनी जाने के लिए दृढ़संकल्प नहीं हुआ है, पर विलोम उससे यह जानना चाहता है कि ''क्षण भर के लिए यह निश्चय कर लिया जाए कि तुम जाने का निश्चय कर लो, तो उस स्थिति में क्या यह उचित नहीं कि...।'' मल्लिका विलोम से कहती है कि ''आप संभवतः यह अनुभव नहीं कर रहे कि आप यहां इस समय एक अनचाहे अतिथि के रूप में उपस्थित हैं।'' परंतु विलोम उत्तर देता है कि ''तुम मुझसे घृणा करती हो, मैं जानता हूं। परंतु मैं तुमसे घृणा नहीं करता। मेरे यहां होने के लिए इतना

ही पर्याप्त है।'' अंततः विलोम यह कहकर चला जाता है कि ''अनचाहा अतिथि संभवतः फिर कभी आ पहुंचे। तब के लिए भी क्षमा चाहते हुए...।''

यहां मल्लिका (प्रेमिका) और कालिदास (प्रेमी) की जोड़ी के बीच विलोम अन्यपुरुष (तृतीय), अनचाहा और अनधिकृत है :

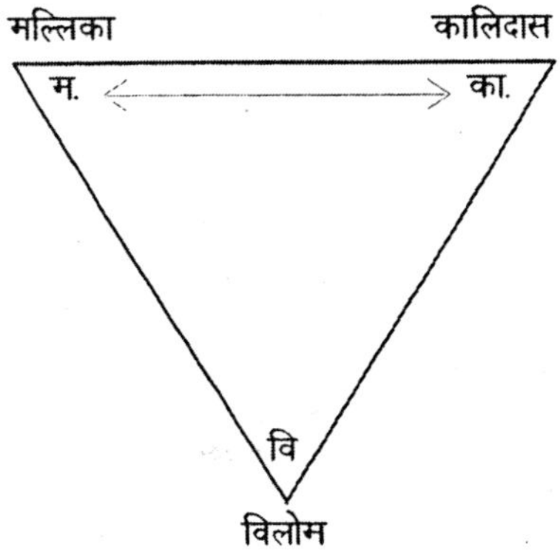

पर 'आषाढ़ का एक दिन' के उत्तरार्ध में यह स्थिति परिवर्तित ही नहीं होती, अपितु प्रतीप हो जाती है। जब एक वर्षा-भीगे दिन कालिदास, समय के एक लंबे अंतराल से मल्लिका की जीवन-स्थितियों को छिन्न-भिन्न कर देने, उलट-पुलट देने के बाद उज्जयिनी से लौटता है तब उसे मल्लिका के घर में रोने की ध्वनि सुनाई पड़ती है। वह पूछता है, ''किसके रोने का शब्द है यह?'' मल्लिका उत्तर देती है, ''यह मेरा वर्तमान है।'' तभी विलोम का भी आगमन होता है। विलोम कालिदास को आया देख और उसे पहचान कर वर्षा में अपने गिरने का दुख भूल जाता है। वह मल्लिका के साक्ष्य में कहता है, ''क्यों मल्लिका, मैं ठीक नहीं कहता? तुम यहां स्तम्भित-सी क्यों खड़ी हो? विलोम इस घर में अयाचित अतिथि नहीं है। अब तो वह अधिकार से आता है। नहीं? अब तो वह इस घर में कालिदास का स्वागत और आतिथ्य कर सकता है। नहीं? (फिर कालिदास की ओर मुड़ता है) कहोगे कितनी आकस्मिक बात है कि तब भी इसी घर में भेंट हुई थी और आज भी यहीं हुई है।'' विलोम चाहता है कि कालिदास उसकी और मल्लिका की बच्ची को देखे, जिससे वह यह बता सके कि अष्टावक्र का कथन सही है या नहीं, कि बच्ची की आकृति विलोम से मिलती है या कालिदास से? कालिदास विलोम को वहां से चले जाने को कहता है और अपना यह आग्रह दुहराता भी है। इस पर विलोम उसे उत्तर देता कहता है, ''क्योंकि तुम यहां लौट आये हो...? क्योंकि वर्षों से छोड़ी हुई भूमि आज फिर तुम्हें अपनी प्रतीत होने लगी है...? क्योंकि तुम्हारे अधिकार शाश्वत हैं? जैसे तुमसे बाहर जीवन की गति ही नहीं है। तुम्हीं तुम हो और कोई नहीं है। परंतु समय निर्मम नहीं है। उसने औरों

को भी सत्ता दी है। अधिकार दिये हैं। वह धूप और नैवेद्य लिये घर की देहली पर ठहरा नहीं रहा। उसने औरों कों अवसर दिया है। निर्माण किया है। तुम्हें उसके निर्माण से वितृष्णा होती है।'' यह सब-कुछ कहने के बाद विलोम घर से तो चला जाता है, पर वह कालिदास को यह स्पष्ट करके जाता है कि मैं इसलिए नहीं जा रहा हूं कि तुम मुझे आदेश देते हो, बल्कि इसलिए जा रहा हूं कि तुम आज (मेरे) यहां अतिथि हो। इतना ही नहीं, वह जाते हुए मल्लिका से यह कह जाता है कि देखना, इसके आतिथ्य में कोई कमी नहीं रहे। पर इस प्रकरण के थोड़ी देर बाद कालिदास भी उस वर्षा में ही मल्लिका के घर से बाहर चला जाता है।

कहना न होगा कि नाटक के उत्तरार्ध की इस बदली हुई स्थिति में मल्लिका (पत्नी) और विलोम (पति) की जोड़ी के बीच कालिदास का प्रवेश अन्यपुरुष (तृतीय) का अप्रत्याशित और अनधिकृत प्रवेश है :

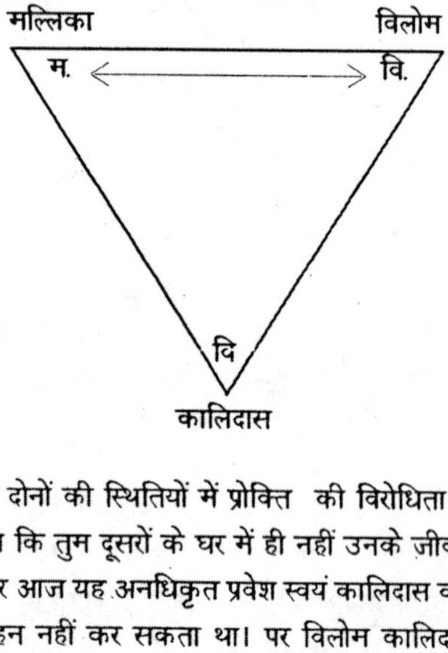

इस प्रकार उक्त दोनों की स्थितियों में प्रोक्ति की विरोधिता है। कभी कालिदास ने विलोम से कहा था कि तुम दूसरों के घर में ही नहीं उनके जीवन में भी अनधिकृत प्रवेश कर जाते हो, पर आज यह अनधिकृत प्रवेश स्वयं कालिदास कर रहा है। कालिदास विलोम को कभी सहन नहीं कर सकता था। पर विलोम कालिदास को सहन करता है, उसके लिए घर छोड़ कर चला जाता है और मल्लिका से उसके आतिथ्य की बात कह जाता है। कालिदास यह सोचकर आया है कि मल्लिका अब तक स्वयं उसकी विस्मृति के बावजूद उसकी स्मृति में वैसी ही बैठी होगी। पर मल्लिका अब कालिदास की प्रियतमा नहीं, विलोम की पत्नी और एक बच्ची की मां है। पूर्वार्ध की मल्लिका कालिदास पर विश्वास करती थी। पर उत्तरार्ध की मल्लिका कालिदास के आने के कुछ क्षण पूर्व उसके प्रति अविश्वास से भरकर शिकायत का लंबा आलाप भी करती है। इसके लिए वह उसके ग्रंथों को माध्यम बना लेती है। इस प्रकार स्थितियों के अनेकविध

विरोध के कारण यहां प्रोक्ति स्तर की विरोधमूलक समांतरता की साभिप्रायता उजागर होती है।

2.4.1.6.3.5.2.2 प्रतिज्ञप्ति की विरोधमूलक समांतरता

इस प्रकार की समांतरता वहां होती है जहां प्रतिज्ञप्ति की दृष्टि से प्रोक्ति की विरोधिता सामने आती है। इस कोटि की विरोधमूलक समांतरता की सक्रियता 'राम की शक्तिपूजा' में देखी जा सकती है। देवी के द्वारा श्री राम की पूजा का अंतिम इन्दीवर (एक सौ आठवां) उठा कर 'ले जाने' और पुनः श्री राम को वर 'देने' में 'लेने' और 'देने' की प्रतिज्ञप्ति की विरोधिता दर्शनीय है :

''हंस उठा ले गयीं पूजा का प्रिय इन्दीवर।''

* * * *

''होगी जय, होगी जय, हे पुरुषोत्तम नवीन
कह महाशक्ति राम के वदन में हुई लीन।''

अतः यहां इस कोटि की विरोधमूलक समांतरता है।

2.4.1.6.3.5.2.3. वृत्तिकता की विरोधमूलक समांतरता

इस प्रकार की समांतरता तब सामने आती है जब वृत्तिकता की दृष्टि से प्रोक्ति में विरोधिता सक्रिय होती है। 'लहरों के राजहंस' नाटक के पूर्वार्ध गें प्रियगर्विता, सक्रिग सुंदरी की सारी संलापात्मक प्रोक्तियां स्वत्व, दर्प और कामोत्सव के प्रति उत्साह की वृत्तिकता से भरी हैं। पर नाटक के अंत में निष्क्रिय सुंदरी की संलापात्मक प्रोक्तियों में ये वृत्तिकताएं नहीं रह जाती हैं। यहां तक आते-आते प्रियंखंडिता सुंदरी की प्रोक्तियां निःस्वता, अकेलापन और टूटन की वृत्तिकता से भर उठती हैं। पूर्वार्ध की सुंदरी की प्रोक्तियां जहां नंद के प्रति उसके विश्वास से भरी हैं, वहां नाटक के अंत में सुंदरी की प्रोक्तियां नंद के प्रति अविश्वास से भरी हुई हैं।अतः वृत्तिकता की इस द्विपक्षी विरोधिता में प्रोक्ति-स्तर की विरोधमूलक समांतरता क्रियाशील है।

2.4.1.6.3.6.6 अर्थ-स्तर

अर्थ-स्तर पर भी दो प्रकार की समांतरताएं प्राप्त होती हैं : 1. समतामूलक समांतरता और 2. विरोधमूलक समांतरता।

2.4.1.6.3.6.6.1 समतामूलक समांतरता—समतामूलक समांतरता पर्यायों के प्रयोग में दृष्टिगत होती है। पंत ने अपनी प्रसिद्ध कविता 'परिवर्तन' में संसार के लिए 'विश्व', 'संसृति', 'जग', 'जगत्', 'जगती', जैसे पर्यायों के प्रयोग किए हैं, जिनमें अर्थ-स्तर की समतामूलक समांतरता प्राप्त होती है।

2.4.1.6.3.6.6.2 विरोधमूलक समांतरता-अर्थ-स्तर की विरोधमूलक समांतरता को शब्दों में, वाक्यों और प्रोक्तियों तक में रेखांकित किया जा सकता है। दुष्यंत कुमार की निम्नलिखित ग़ज़लों में विरोधमूलक समांतरता के उदाहरण देखे जा सकते हैं :

'**दुख** को बहुत सहेज के रखना पड़ा हमें,

सुख तो किसी कपूर की टिकिया-सा उड़ गया।'

'यों भी **अपना-सा** यहां कुछ तो नहीं था,

अब और नजारे हमें लगते हैं **पराए**।'

हमने सोचा था **जवाब** आएगा, एक बेहूदा **सवाल** आया है,

'**धूप** में अठखेलियां हर रोज करती हैं

एक **छाया** सीढ़ियां **चढ़ती-उतरती** हैं।

इस **अंधेरे** में दीया रखना था,

तू **उजाले** में ही बाल आया है।'

ऊपर की गजलों में 'दुख-सुख', 'अपना-पराया, 'जवाब-सवाल', धूप-छाया', 'चढ़ती-उतरती', 'अंधेरा-उजाला' में अर्थ-स्तर की विरोधी समांतरता क्रियाशील है।

निर्मल वर्मा की कहानी 'परिंदे' की निम्नलिखित पंक्तियों में भी अर्थ-स्तर की विरोधी समांतरता प्राप्त होती है : 'एक छोटी सी मौत, जो आने वाले सुरों को अपनी बची-खुची गूंजों की सांसें समर्पित कर जाती है... **जो मर जाती हैं, किंतु मिट नहीं पाती...**। यहां 'मर जाने, किंतु 'मिट नहीं पाने' में अर्थ की विरोधिता है। इसी प्रकार 'परिंदे' की निम्नलिखित प्रोक्ति में भी अर्थ-स्तर की विरोधी समांतरता के दर्शन होते हैं : "लतिका को लगा कि जो वह **याद करती** है, वही **भूलना भी चाहती** है, लेकिन जब सचमुच **भूलने लगती** है तब उसे भय लगता है कि जैसे कोई उसकी किसी चीज को उसके हाथों से छीने लिए जा रहा है, ऐसा कुछ **जो सदा के लिए खो जाएगा**।" यहां 'याद करने' और 'भूलने' में तथा 'भूलने लगने' और 'खो जाने के भय' में विरोधी समांतरता प्रकट होती है।

शिव प्रसाद सिंह के 'अलग-अलग वैतरणी' उपन्यास की निम्नलिखित पंक्तियों में भी विरोधी समांतरता क्रियाशील है : 'देह **नीचे** आई, पर राजो बहुत **ऊपर** चली गई थी। 'सारा **बदन कांपकर थिर** हो गया। **पंछी उड़ गया**' 'पर अब तो एक तरह का अनत गौन हो रहा है। यहां **रहते वे हैं**, जो यहां **रहना नहीं** चाहते, पर कहीं जा नहीं पाते, यहां से जाते अब वे हैं, जो यहां **रहना चाहते** हैं, पर **रह नहीं पाते**। पहले उद्धरण में विरोधी समांतरता 'नीचे' और 'ऊपर' में, दूसरे उद्धरण में 'बदन' और 'पंछी' तथा 'थिर' होने और 'उड़ने' में तथा तीसरे उद्धरण में 'रहने' और 'रहना नहीं चाहते' तथा 'रहना चाहने' और 'रह नहीं पाते' में सक्रिय दीखती है।

अर्थ की विरोधिता या विपरीतार्थता के क्षेत्र में हुए नये अध्ययन ने अर्थ-स्तर की विरोधी समांतरता को व्यापकता और विविधता प्रदान की है। डी०ए० क्रूस ने अपनी पुस्तक 'लेक्सिकल सिमेंटिक्स' में विरोधी अर्थवत्ता की कोटियों का विशद अध्ययन किया है। उसने विपरीतार्थता को प्राथमिक, द्वितीयक एवं तृतीयक जैसे तीन वर्गों में वर्गीकृत किया है। प्राथमिक वर्ग के अंतर्गत उसने **पूरक** और **विलोम** के उपभेदों को विवेचित किया है। द्वितीयक वर्ग के अंतर्गत उसने **दिशीय विरोधिता** को विवेचित किया है तथा तीसरे वर्ग के अंतर्गत **निष्पक्षता, ध्रुवीयता** आदि को **सामान्य प्रश्नों के रूप में** विवेचित-व्याख्यायित किया है।[1]

विपरीतार्थकता के इस विशद अध्ययन को देखते हुए अर्थस्तर की विरोधमूलक समांतरता की अनेक उपकोटियां की जा सकती हैं तथा इनके आधार पर अर्थस्तर की बहुदिशीय विरोधमूलक समांतरता को विवेचित किया जा सकता है। इस दृष्टि से **प्रतिमुख (opposite) विरोधमूलक समांतरता**—बड़ा-छोटा, सच्चा-झूठा, गैस-बिजली; **पूरक (Complimentary) विरोध मूलक समांतरता**—मृत-जीवित, बंद-खुला, **विपरीतार्थी (Antonym) विरोधमूलक समांतरता**—शीत-उष्ण, तीव्र-मंद/तेज-धीमा, सरल-कठिन-जैसे वर्ग द्रष्टव्य होंगे। **विपरीतार्थी विरोधमूलक समांतरता** को पुनः **ध्रुवीय विपरीतार्थी (Polar-antonymical) समांतरता**—भारी-हल्का, गहरा-छिछला, **परस्पर व्यापी विपरीतार्थी (Overlapping antonymical) समांतरता**—भद्र-अभद्र, दयालु-निष्ठुर, **तुल्य विपरीतार्थी (Equipollent antonymical) समांतरता**—प्रसन्न-अवसन्न (उदास) जैसी उपकोटियों में देखा जा सकता है। इनमें **पहली कोटि की विपरीतार्थता में** तटस्थ मूल्यांकनपरकता और वस्तुनिष्ठता होती है। ऐसे विपरीतार्थी पदों में प्रत्येक को इंचों/ग्रामों/किलोमीटर/लीटर/घंटों आदि में मापा जा सकता है। **दूसरी कोटि की विपरीतार्थता में प्रशंसात्मक**-निंदात्मक भाव विद्यमान होता है। ऐसे विपरीतार्थी पदों में एक प्रशंसात्मक कोटि का होता है, तो दूसरा निंदात्मक कोटि का। **तीसरी कोटि की विपरीतार्थता में** आत्मनिष्ठ संवेदन और संवेग क्रियाशील होता है। इसके दोनों ही पद इस आत्मनिष्ठता को द्योतित करने वाले होते हैं। परस्पर-व्यापी विपरीतार्थी विरोधमूलक समांतरता की एक और उपकोटि अभाववाची विरोधमूलक समांतरता की कोटि है। इसके उदाहरण-स्वरूप 'साफ-गंदा' जैसे युग्म को देखा जा सकता है। ऐसे युग्म की यह विशेषता होती है कि इनके पहले पद में दूसरे का और दूसरे पद में पहले का अभाव होता है। एक और स्वतंत्र उपकोटि अंतर्निहित (Inherent) विरोधमूलक समांतरता की है। यहां 'अच्छे-बुरे' के युग्म में 'अच्छे' के

---

1. डी०ए० क्रूस, लेक्सिकल सिमेंटिक्स (न्यूयार्क : कैम्ब्रिज यूनिवर्सिटी प्रेस, 1986, पुनर्मुद्रण, 198), पृष्ठ 197-262

विपरीत 'बुरे' के पूरे प्राचल—सरदर्द, उदासी, ऋण, अकाल, सूखा, बाढ़ भूचाल में से किसी एक को लिया जा सकता है। कहना न होगा कि इस एक में 'बुरे' का भाव अंतर्निहित होता है। उक्त प्राचल के किसी भी पद को 'अच्छे' की विरोधिता में देखा जा सकता है। इनके अतिरिक्त विरोधमूलक समांतरता की दो और उपकोटियां भी विचारणीय हैं। इनमें एक **प्रच्छन्न सर्वोच्चता (Implicit Superlatives) की विरोधमूलक समांतरता** है। इस प्रकार की विरोधिता में मापक्रम की अधिकता और न्यूनता, सर्वोच्चता और निम्नता को रेखांकित किया जाता है। विराट्-लघु, विस्तृत-संक्षिप्त इसके उदाहरण हैं। इसी प्रकार दूसरी उपकोटि **स्थिर क्रिया (Static Verb) की विरोधमूलक समांतरता** की है। इसमें यद्यपि वैयक्तिक संवेदन/और संवेग होते हैं, पर यहां क्रिया अपनी पूर्व गतिशीलता में उपस्थित नहीं हो पाती है। रुचि-अरुचि, प्यार-घृणा आदि इसके उदाहरण हैं।

इस प्रकार अर्थ-स्तर की विरोधमूलक समांतरता का क्षेत्र अत्यंत व्यापक और गहन है।

2.4.1.6.3.6.7 लेखिम स्तर

लेखिम स्तर पर भी समतामूलक और विरोधमूलक दोनों प्रकार की समांतरता क्रियाशील होती है।

2.4.1.6.3.6.7.1 समतामूलक समांतरता– इस स्तर की समतामूलक समांतरित अग्रप्रस्तुति तब उपस्थित होती है, जब प्रश्न-विराम, विस्मय-विराम, संकेत, बिंदुक और लेखिम-पद्धति में आवर्तन होता है। 'निराला' की 'माया' कविता की निम्नलिखित पंक्तियों में प्रश्न-विराम के नियमित आवर्तन से लेखिम स्तर की समांतरता उत्पन्न हुई है :

"तू किसी के चित्त की है कालिमा
या किसी कमनीय की कमनीयता?
या किसी दुखदीन की है आह तू
या किसी तरु की तरुण वनिता-लता?
तू किसी भूले हुए की भ्रांति है
शांतिपथ पर या किसी की गम्यता?
शीत की नीरस निठुर तू यामिनी
या वसंत-विभावरी की रम्यता?"

यहां प्रत्येक दूसरी पंक्ति में नियमित रूप में प्रश्न-विराम का प्रयोग किया गया है, जिससे लेखिमीय समांतरता उद्भूत हुई है। इसी प्रकार पंत की निम्नलिखित पंक्तियां

भी लेखिम स्तर पर समांतरित हैं :

प्रथम रश्मि का आना रंगिणि!
तूने कैसे पहचाना?
कहां-कहां है बाल-विहंगिनि!
पाया तूने यह गाना?

यहां पहली और तीसरी पंक्ति में विस्मय-विराम तथा दूसरी और चौथी पंक्ति में प्रश्न विराम का नियमित आवर्तन हुआ है, जिससे समतामूलक समांतरता उपस्थित हुई है।

2.4.1.6.3.6.7.2 विरोधमूलक समांतरता-लेखिम-पद्धति की दृष्टि में 'निराला' की 'पारस' कविता की पद्धति विरोधमूलक रूप में समांतरित है। कवि ने निम्नलिखित रूप में इसकी लेखिम-पद्धति प्रस्तुत की है :

यहां पहली दो पंक्तियों की लेखिम-पद्धति दीर्घ-प्रसरित है, पुनः उसके बाद की तीन पंक्तियों की पद्धति संकुचित-मध्यस्थ है। अतः विरोधी रूप में इन दोनों ही पद्धतियों

के आवर्तन के कारण यहां लेखिम-पद्धति की विरोधमूलक समांतरता प्राप्त होती है।

इसी प्रकार छंदोबद्ध कविता की लेखिम-पद्धति और मुक्त छंद वाली कविता की लेखिम-पद्धति के बीच भी लेखिम-स्तर की विरोधमूलक समांतरता को देखा जा सकता है।

कभी-कभी चित्रकाव्य की ऐसी रचना के द्वारा जिसमें बायीं से दायीं ओर लिखी पंक्ति को दायीं से बायीं ओर की प्रतीप दिशा में भी 'उसी तरह' पढ़ा जाता हो और 'वही' पढ़ा जाता हो, तो वहां भी लेखिम-स्तर की विरोधी समांतरता उपस्थित होती है। यथा :

"मा सम सोह सजै बन वीन नवीन बजै सह सोम समा।"

यहां कथ्य की तो समानता है, पर विपरीत पद्धति में पढ़े जाने के कारण लेखिम-स्तर की विरोधी समांतरता है।

उपर्युक्त दृष्टांतों के अतिरिक्त भी ऐसी स्थितियां हैं जिनमें लेखिम-स्तर की विरोधी समांतरता क्रियाशील होती है। पर यहां वह अपने शुद्ध रूप में नहीं रह कर मिश्रित रूप में उद्भूत होती है।

इस रूप में लेखिम-स्तर की विरोधी समांतरता को पाठ के 'काले' और 'लाल' जैसे अलग-अलग रंगों में मुद्रित होने की स्थिति में रेखांकित किया जा सकता है। काले रंग में सामान्य रूप में मुद्रण किया जाता है। पर जब कभी इनके बीच मुद्रण लाल रंग में किया जाता है तब वह काले रंग की पृष्ठभूमि में विचलित होकर उभरता है। इस प्रकार इसमें विचलन के तत्व भी निहित पाये जाते हैं। पर काले और लाल की विरोधिता के कारण इसमें मूलतः विरोधी समांतरता की सक्रियता होती है। ऐसी विरोधी समांतरता को विचलित, विरोधी समांतरता के रूप में देखा जाता है।

ऐसी स्थिति में अंग्रेजी के दो भिन्न कवियों द्वारा आद्याक्षर की भिन्न-भिन्न पद्धति अपनाने में भी देखी जा सकती है। यदि टी0एस0 एलियट की कविता की लेखिम-पद्धति में आद्याक्षर के कैपिटल वर्ण के रूप में लिखे जाने और ई. ई. कमिंग्स की कविता की लेखम-पद्धति में आद्याक्षर के स्मॉल वर्ण के रूप में लिखे जाने के उदाहरण प्राप्त होते हैं, तो यहां भी लेखिम-स्तर पर विरोधी समांतरता उद्भूत होती है। ध्यान देने योग्य तथ्य है कि यहां भी विरोधी समांतरता के मूल में मानक से विचलन क्रियाशील है। अतः यह उदाहरण भी विचलित, विरोधी समांतरता का ही उदाहरण है।

2.4.1.6.4 विरलता (Rarity)

अग्रप्रस्तुति के चौथे अभिलक्षण **विरलता (Rarity)** का विवेचन 2.4.1.6.4.1 विरलताः अवधारणा, 2.4.16.4.2, विरलताः स्वरूप-निरूपण, 2.4.1.6.4.3 विरलताः प्रकार-निरूपण और 2.4.1.6.4.3 विरलताः स्तर-स्पष्टीकरण जैसे तीन शीर्षकों के अन्तर्गत द्रष्टव्य है।

2.4.1.6.4.1. विरलता : अवधारणा :

'विरलता' की अवधारणा **समतापरक समान्तरता की विरोधी** अवधाारणा है। समतामूलक समान्तरता में किसी भी भाषिक स्तर पर उसके किसी भी भाषिक एकक की आवृत्ति होती है, उसका बारम्बार प्रयोग होता हैं। इसके विपरीत **'विरलता'** में किसी भी भाषिक स्तर पर उसके किसी भी भाषिक एकक का **विरल–कम–से–कम**–प्रयोग होता है। यहाँ **कम–से–कम** की संख्या को व्याकरण के **एकवचन** से निर्दिष्ट किया जा सकता है। दूसरे शब्दों में **'विरलता' एक की संख्या तक सीमित** होती है। एक से आगे बढ़ते ही आवृत्ति होने लगती है। फलतः समतामूलक समान्तरता की स्थिति उभर पड़ती है। इसी तरह यह **विरोधमूलक समान्तरता** की **द्विध्रुवी अवधारणा के भी विरोध में** उपस्थित होती है। **'विरलता' द्विध्रुवी स्थिति में कभी नहीं हो सकती है।** यदि पाठ में **एक बार ही द्विध्रुवी विरोधिता सामने आती है, तो भी यहाँ 'विरलता'** नहीं होकर, अपनी प्रकृति-प्रवृत्ति के आधार पर, **विरोधी समान्तरता ही क्रियाशील होती है।** अतः ऐसी स्थिति में एक की संख्या के रहते हुए भी, **'द्विध्रुवता'** की प्रकृतिगत भिन्नता के कारण, **'विरलता'** की स्थिति नहीं होगी।

'विरलता' की अवधारणा **'विचलन'** से भी भिन्न और उलटी है। **विचलन** में **व्याकरण के नियमपरक मानक से अतिक्रमण होता है।** पर **विरलता ऐसे मानक के बीच में ही जन्म लेती है।** अग्रप्रस्तुति प्रतिमान का यह अभिलक्षण **मानक** की स्थिति में ही उजागर होता है। यदि तथाकथित **सांख्यिकीय विचलन** को लें, तो उस में **गणना का पूरा मापक्रम** सामने आता है। पर सांख्यिकीय गणना की दृष्टि से **'विरलता'** की अवधारणा केवल **'एक'** की गिनती पर आधारित है। वैसे जिसे सांख्यिकीय विचलन कहा जाता है **वह मूलतः विचलन नहीं है।** इसको स्पष्ट करते हुए **डॉ0 शीतांशु** ने बताया है कि जिस **'तुलनात्मक विभेदकता'** को इसका मूलाधार माना जाता है **वह अपने–आप में विचलन नहीं होकर** (अभिलक्षण नहीं होकर) एक प्रविधि-भर है, क्योंकि इसके आधार पर न केवल **'विचलन'** की पहचान संभव हो पाती है या **'विपथन'** की, बल्कि **'समान्तरता'** और **'विरलता'** की भी पहचान की जा सकती है। पर यदि कोई **विचलित प्रयोग** पूरे पाठ में एक **बार ही उपस्थित** हो पाता है, तो क्या उसे **विरलता** का उदाहरण माना जा सकेगा? उत्तर है–**नहीं!** यहाँ **विरलता** इसलिए नहीं होगी, क्योंकि उस प्रयोग में **विचलन के निजी अभिलक्षण उपस्थित हैं।** इस प्रकार जहाँ किसी भी रूप में **'विचलन'** होगा वहाँ **'विरलता' नहीं होगी।**

'विरलता' की अवधारणा **'विपथन'** की अवधारणा के भी **विरोध में** उपस्थित होती है। **'विपथन'** में रचनाकार के पाठ के मानक, युग की प्रवृत्तियों के मानक, चली आ रही काव्य-परम्परा के मानक **जैसे कई सिद्धान्तपरक मानक खंडित होते**

हैं। यहाँ इन सबकी प्रत्याशा से अन्तरण होता है, बल्कि इनकी प्रत्याशा विफल हो जाती है। पर 'विरलता' में प्रायिक प्रत्याशा निरन्तर बनी रहती है। 'विरलता' जिस तरह नियमगत मानक से अतिक्रमण (विचलन की तरह) नहीं करती है, उसी तरह सिद्धान्तगत मानक से भी अतिक्रमण (विपथन की तरह) नहीं करती है। अतः जहाँ-जहाँ 'विपथन' की स्थिति होगी वहाँ भी 'विरलता' नहीं होगी। यहाँ एक तथ्य और ध्यान देने योग्य है। यह तथ्य 'तुलनात्मक विभेदकता' का है, जिसका आधार तथाकथित रूप में सापेक्ष तौर पर विचलन में और स्वाभाविक रूप में 'विपथन' में ग्रहण किया जाता है। इसका एक उत्तर तो पहले दिया जा चुका है कि इसमें गणना के पूरे मापक्रम में विभेदकता को स्पष्ट किया जाता है, जबकि विरलता में यह विभेदकता अनेक बनाम एक के रूप में उजागर होती है। दूसरे, यह तुलनात्मक विभेदकता तथाकथित विचलन या विपथन के रूप में क्रियाशील होकर "व्याकरणिक शब्द-रूप—संज्ञा, क्रिया, विशेषण, क्रियाविशेषण आदि — को तो रेखांकित कर सकती है, किन्तु शब्द-विशेष को नहीं।"[1] दूसरे शब्दों में कहा जा सकता है कि किसी विरल शब्द-प्रयोग की पृष्ठभूमि में लेखकीय प्रायिक प्रत्याशा से अतिक्रमण हुआ हो, यह कतई आवश्यक नहीं है क्योंकि किसी भी पाठ या रचना में संज्ञा, विशेषण, क्रिया जैसे अनेक शब्द हो सकते हैं, पर उनमें साभिप्राय, गहन संरचना को अभिव्यक्त करने वाले शब्द एकाध ही होंगे। अतः तुलनात्मक विभेदकता की स्थिति में सारे संज्ञा, विशेषण जैसे शब्दों को रेखांकित करते हुए भी अभीष्ट साभिप्रायता वाले वैसे भाषिक एकक को अलग से रेखांकित नहीं किया जा सकता है, जो वास्तव में अग्रप्रस्तुत होते हैं। डॉ0 'शीतांशु' के शब्दों में "तुलनात्मक विभेदकता और विवेच्य 'विरलता' का एक बड़ा अन्तर इनके अनुप्रयोगी सोपान (application scale) और प्रकार्यात्मक सोद्देश्यता का भी है। तुलनात्मक विभेदकता की सोद्देश्यता शैलीमापक्रमी (स्टाइलोमीट्रिक) होने में है, जिसे 'ऐट्रीब्यूटिव' कहा जाता है, जबकि 'विरलता' की एक विशेषता शैलीवैज्ञानिक (स्टायलिस्टिक) होने में है, जिसे 'इंटरप्रेटिव' कहा जाता है।"[2]

उपर्युक्त विवेचन से यह स्पष्ट हो जाता है कि साभिप्राय भाषिक उदग्रता (Prominance) या अग्रप्रस्तुति (Foregrounding) कभी विचलन के सहारे उपस्थित होती है, तो कभी विपथन के सहारे और कभी समान्तरता के सहारे। पर कृति अथवा पाठ में कभी-कभी ऐसी स्थिति भी देखने को मिलती है जब वहाँ न तो विचलन होता है, न ही विपथन और न ही समान्तरता, फिर भी भाषिक

---

1. पाण्डेय शशिभूषण 'शीतांशु', शैलीविज्ञानः प्रतिमान और विश्लेषण (दिल्ली: देवदार प्रकाशन, 1984), पृष्ठ 32.
2. वही, पृष्ठ 33.

एकक–विशेष पाठक या श्रोता का ध्यान खींचते हुए अग्रप्रस्तुत हो उठते हैं। वस्तुतः ऐसी स्थिति ही 'विरलता' की स्थिति होती है। यहाँ भाषिक एकक बीज-भूमिका (key-role) में उपस्थित होते हैं, जिनके पास कृति अथवा पाठ का नियंत्रण-सूत्र होता है। कृति अथवा पाठ में भाषिक प्रयोग की दो कोटियाँ होती हैं– 1. प्रतिपाद्य भाषिक एकक और 2. बीज भाषिक एकक। प्रतिपाद्य भाषिक एकक की क्रियाशीलता समान्तरता में परिणामित होती है, किन्तु बीज या उन्मीलक भाषिक एकक को सदैव विचलन या विपथन के रूप में रेखांकित नहीं किया जा सकता है। यदि अव्याकरणिकता और अस्वीकार्यता उसके मूल में नहीं है, तो विचलन नहीं होगा और यदि वह रचनाकार की प्रायिक प्रत्याशित पद्धति के समनुरूप है, तो विपथन भी नहीं होगा। ऐसा जो बीज या उन्मीलक भाषिक एकक होगा उसकी अवधारणा 'विरलता' की होगी।

'विरलता' की अवधारणा के प्रस्तावक डॉ0 'शीतांशु' हैं। यह उनकी मौलिक अवधारणा है, जिसे उन्होंने 'अग्रप्रस्तुति' के छत्रपद (Umbrella Term) के अन्तर्गत विचलन, विपथन और समान्तरता से इसकी स्पष्ट भिन्नता को उजागर करते हुए, समाविष्ट किया है। अग्रप्रस्तुति के अन्य अभिलक्षणों की तुलना में भले ही इसकी सक्रियता कम प्राप्त होती है, पर इससे इसकी साभिप्राय महत्ता में कोई कमी नहीं आती है।

2.4.1.6.4.2. विरलता : स्वरूप–निरूपण :

'विरलता' के स्वरूप को निम्नलिखित ऋणात्मक और धनात्मक अवयवभूतार्थता के आधार पर समझा जा सकता है :

विरलता =

– अव्याकरणिकता
– अस्वीकार्यता
– समान्तरता
+ प्रायिक प्रत्याशा
+ गहन संरचना
+ प्रयोग की विरलता

इस प्रकार विरलता का स्वरूप ऋणात्मक तथा धनात्मक दोनों प्रकार का है। अपने ऋणात्मक स्वरूप में यह अव्याकरणिकता, अस्वीकार्यता और समान्तरता से मुक्त होती है तथा अपने धनात्मक स्वरूप में यह प्रायिक प्रत्याशा, गहन संरचना और प्रयोग की विरलता से युक्त होती है।

2.4.1.6.4.3. विरलता : प्रकार–विवेचन :

क्रिया-व्याप्ति की दृष्टि से विरलता को दो प्रकारों में वर्गीकृत किया जा सकता है : 2.4.1.6.4.3.1. व्याकरण-आधारित विरलता और 2.4.1.6.4.3.2. भाषिक एकक आधारित विरलता।

2.4.1.6.4.3.1. व्याकरण–आधारित (Grammar-based) विरलता :

इस प्रकार की **विरलता** व्याकरण पर आधारित वैसे विरल प्रयोग के रूप में स्वरूपित होती है, जो प्रयोग न तो विचलित हो, न विपथित और न ही समांतरित। यहाँ व्याकरण-आधारित प्रयोग से आशय है संज्ञा, सर्वनाम, विशेषण, क्रिया, क्रियाविशेषण, निपात, लिंग, पुरुष, वचन, काल, वाच्य आदि। 'निराला' के 'अनामिका' संकलन में एक लघु कविता है : 'उक्ति'। पूरी कविता इस प्रकार है

जला है जीवन यह
आतप में दीर्घकाल
सूखी भूमि, सूखे तरु
सूखे सिक्त आलवाल
बन्द हुआ गुंज धूलि-
धूसर हो गये कुंज,
किन्तु, पड़ी व्योम-उर
बन्धु, नील मेघमाल।

इस कविता में '**किन्तु**' का विरल प्रयोग हुआ है। यह व्याकरणिक दृष्टि से 'निपात' या 'अव्यय' कोटि का शब्दरूप है। अपने ऋणात्मक स्वरूप में न तो यह समांतरित है, न विचलित और न ही विपथित। अपने धनात्मक स्वरूप में 'किन्तु' का प्रयोग 'निपात' की प्रयोगपरक प्रत्याशा के अनुरूप है। प्रयोग-संख्या की दृष्टि से एक बार प्रयुक्त होने के कारण यह व्याकरणिकता का–निपात का–विरल प्रयोग है। साथ ही यह गहन संरचना और साभिप्रायता की दृष्टि से भी महत्त्वपूर्ण है। वस्तुतः अन्य धनात्मक गुणात्मकता से सम्पन्न होने के बावजूद यहाँ यह गहन संरचना की विधेयात्मकता ही है, जो इसे **विरलता** के वैशिष्ट्य से स्वरूपित करती है। कविता में जैसे ही 'किन्तु' निपात का प्रयोग उपान्त पंक्ति में होता है वैसे ही कविता के कथ्य को नया मोड़ प्राप्त हो जाता है, उसकी दिशा बदल जाती है। इस निपात के प्रयोग के पूर्व तक कविता का कथ्य ताप की निदारुणता, उससे उत्पन्न व्याकुलता को दर्शाने वाला, दुःखकर पक्ष है। पर 'किन्तु' के प्रयोग के साथ ही कथ्य की दिशा में परिवर्तन होता है। अब 'सरसता' और 'वृष्टि' की आशा का आसन्न सुखकर पक्ष सामने आता है—"किन्तु पड़ी व्योम-उर बन्धु, नील मेघमाल।" मानो अब इस दुःख का अंत निश्चित है। शीघ्र ही वृष्टि होगी और ताप मिटेगा। जीवन के सुख के कारक पक्ष एकत्र होने लगे हैं। शीघ्र ही जीवन के दुःखों का भी अवसान होगा। कहना न होगा कि यहाँ **विरोधात्मक निपात** के रूप में व्याकरण-आधारित विरलता—'किन्तु'—की साभिप्राय भूमिका उजागर होती है।

2.4.1.6.4.3.2. भाषिक एकक-आधारित (Linguistic entity based) विरलता :

भाषिक एकक-आधारित '**विरलता**' भाषा की किसी भी विशेष ध्वनि, विशेष रूप, विशेष शब्द, विशेष वाक्य, विशेष प्रोक्ति, विशेष अर्थ, विशेष लेखिम-पद्धति के साभिप्राय विरल प्रयोग में उजागर होती है। यह विरल प्रयोग जहाँ अ-विचलित, अ-विपथित और अ-समांतरित होता है वहीं अपनी गहन संरचना से समर्थित भी होता है। ध्यान देने योग्य तथ्य यह है कि यहाँ व्याकरण या भाषिक स्तर की प्रमुखता नहीं होती है, अपितु, विशेष भाषिक एकक ही पाठ या कृति की अग्रभूमि में उपस्थित होकर **विरल** होने के कारण ध्यान का केन्द्रक बन जाता है। इस प्रकार की **विरलता** सांख्यिकीय गणना की तुलनात्मक विभेदकता की अपेक्षा नहीं रखती है। निम्नलिखित उदाहरण द्रष्टव्य है :

> "चिड़िया उड़ती हुई कहीं से आयी
> बहुत देर तक इधर-उधर भटकती हुई
> अपना घोंसला खोजती रही
> फिर थक कर एक जली हुई डाल पर बैठ गयी
> और सोचने लगी-
> आज जंगल में कोई **आदमी** आया था क्या?"

रामदरश मिश्र की इस लघु कविता में **आदमी** भाषिक एकक-आधारित विरलता का श्रेष्ठ उदाहरण है। पूरी कविता में इस शब्द का प्रयोग केवल एक बार हुआ है। यह न तो अव्याकरणिक है, न ही अस्वीकार्य। फलतः यह विचलित नहीं है। इसका प्रयोग कवि-निर्मित कविता की मानक प्रत्याशा को भी भंग करने वाला नहीं है। अतः यह विपथित भी नहीं है। यही नहीं, केवल एक बार प्रयुक्त होने के कारण यह समान्तरित भी नहीं है। इसके विपरीत प्रत्याशापूर्ण और विरल होने के साथ-साथ यह गहन-संरचनात्मक स्तर पर अत्यन्त साभिप्राय भी है। वस्तुतः यहाँ विरल रूप में प्रस्तुत यह **आदमी** ही है, जो दूसरों का घर उजाड़ता है, उसका नाश करता है और उसमें आसुरी (Sadistic) आनन्द प्राप्त करता है। चिड़िया का घोंसला भी उसी ने उजाड़ा होगा। कविता को अर्थ की यह साभिप्रायता **आदमी** शब्द से ही प्राप्त हो पाती है। ध्यान देने योग्य तथ्य यह है कि यहाँ इसकी अग्रप्रस्तुति व्याकरणिक रूप में इसके 'संज्ञा' होने के कारण नहीं है, अपितु भाषिक एकक के रूप में उभरने के कारण है। संज्ञात्मक शब्द तो इस कविता में इसके अतिरिक्त और भी हैं। अतः व्याकरण के आधार पर यहाँ विरलता सक्रिय नहीं है। यह तो विशिष्ट भाषिक एकक के रूप में उजागर हो रही है। यहाँ यह **विरलता** ही है, जो 'आदमी' के विरल प्रयोग से आदमी के निंद्य कर्म का द्योतन करा रही है। इस प्रकार '**आदमी**' साभिप्रायता की दृष्टि से पूरी कविता पर छाया हुआ है।

2.4.1.6.4.4. विरलता : स्तर–स्पष्टीकरण :

'विरलता' का अभिलक्षण भाषा के सभी स्तरों—ध्वनि, रूप, शब्द, वाक्य, प्रोक्ति, अर्थ—के साथ-साथ लेखिम के स्तर पर भी क्रियाशील मिलता है।

2.4.1.6.4.4.1. ध्वनि–स्तर :

जब किसी पाठ या रचना में, उसके साकल्य में कोई ऐसी विरल ध्वनि प्रयुक्त होती है, जो न विचलित होती है, न विपथित और न ही समान्तरित, पर जो गहन संरचना से जुड़कर पाठ या रचना की साभिप्रायता को उन्मीलित कर रही होती है, वहाँ ध्वनि-स्तर की विरलता उपस्थित होती है। इस दृष्टि से 'अज्ञेय' की निम्नलिखित लघु कविता विचारणीय है :

"झरना
झरता पत्ता
हरी डाल से
अटक गया।"

यहाँ स्वर ध्वनि में 'अ' और 'आ' के बारम्बारी प्रयोग प्राप्त होते हैं। इनका संयोजन अ+अ+आ, अ+अ+आ, अ+अ+आ, अ+आ+अ, अ+अ+अ और अ+अ+आ के रूप में प्राप्त होता है। इस प्रकार यहाँ प्रायः 'अ' और 'आ' ध्वनियों की प्रयोग-स्थिति समान्तरित है। पर यहीं दो स्वर ध्वनियाँ ऐसी भी हैं, जिनका प्रयोग एक-एक बार किया गया है। ये स्वर ध्वनियाँ क्रमशः 'ई' और 'ए' हैं। ये दोनों ही स्वर-ध्वनियाँ अ-विचलित, अ-विपथित और अ-समान्तरित हैं। साथ ही प्रत्याशापूर्ण भी हैं। पर इनमें एक स्वर ध्वनि 'ई' कविता की गहन संरचना से जुड़कर उसकी साभिप्रायता को उन्मीलित करने वाली है, जबकि दूसरी स्वर ध्वनि 'ए' में गहन संरचना और साभिप्रायता वाला यह पक्ष उजागर नहीं हो पाता है। अतः **'ई' स्वर ध्वनि** इस कविता की **विरल स्वर ध्वनि** है। यहाँ ध्वनि-स्तर की यह विरलता **'हरी' के हरापन की दीर्घता–गहनता को द्योतित–संकेतित कर रही है।** शब्द-स्तर पर अपने साभिप्राय अर्थ में जहाँ यह शब्द स्थायी जीवन्तता और **अमरता** को संकेतित करने लगता है वहाँ 'ई' की **ध्वनि–विरलता** इस अमरता की अर्थवत्ता को भी गहराने लगती है। अतः यहाँ संवृत स्वर ध्वनि 'ई' के प्रयोग में **ध्वनि–स्तर की साभिप्राय विरलता क्रियाशील है।**

2.4.1.6.4.4.2. रूप–स्तर :

जब किसी भी गृहीत पाठ या रचना में उसके साकल्य में कोई ऐसा विरल रूप (Morph) प्रयुक्त होता है, जो अ-विचलित, अ-विपथित और अ-समांतरित होता है, पर जो गहन संरचना से जुड़ कर पाठ या रचना की साभिप्रायता को उजागर कर रहा होता है; तब वहाँ **रूप–स्तर की विरलता सक्रिय होती है।** 'निराला' के निम्नलिखित

कवितांश वाले पाठ में 'भर' जैसे निपात के साभिप्राय प्रयोग में **रूपस्तरीय विरलता की क्रियाशीलता द्रष्टव्य है** :

> "सुमन **भर** न लिये
> सखि, वसन्त गया,
> हर्ष-हरण-हृदय
> आह! निर्दय क्या?"

यहाँ रूप-स्तर पर **'भर'** का प्रयोग एक बार ही हुआ है। अतः यह **विरल** है, साथ ही कविताश की गहन संरचना से जुड़ा हुआ है। साभिप्रायता यह कि सखि,वसन्त चला गया। लोग वसन्त के आने पर उससे उसकी शोभा-श्री, मादकता-उद्दामता, भला क्या-क्या नहीं ले लेते हैं? पर तुमने (तो) फूल **भर** (तक) नहीं लिया ! वासन्तिकता की और सामग्री का क्या कहना? यहाँ 'भर' 'तक' के अर्थ में सीमा-निर्देशी निपात के रूप में भी प्रयुक्त है। वह केवल 'भर' क्रिया का अर्थ देने वाला नहीं है। इस दृष्टि से यहाँ 'भर' सार्थक रूप में सम्बोधिती की निःस्पृहता, निःसंगता और अग्रहणशीलता को दर्शा रहा है।

2.4.1.6.4.4.3. शब्द-स्तर :

जब किसी पाठ या रचना में ऐसे **विरल शब्द** का प्रयोग हो, जो न विचलित हो, न विपथित और न समान्तरित, पर जो गहन संरचना से जुड़ा हो, तब वहाँ शब्द-स्तर की **विरलता** उपस्थित होती है। सर्वेश्वर दयाल सक्सेना की 'विवशता' कविता में एक बार प्रयुक्त 'विवशता' शब्द शब्द-स्तर की विरलता का समीचीन उहाहरण है। कविता की अंतिम पंक्ति है–'कितनी बड़ी **विवशता** जीवन की कितनी कह पाये'। कहना न होगा कि यहाँ **'विवशता'** शब्द का प्रयोग विरल है, पूरी कविता में कहीं भी इस शब्द का प्रयोग नहीं हुआ है, न ही इसमें **विचलन** और **विपथन** की प्रगुणता विद्यमान है। पर यह शब्द गहन संरचनात्मक स्तर पर महत्त्वपूर्ण है। यहाँ विवशता केवल दो प्रेमी-हृदयों के सदा-सदा के लिए एक हो पाने की ही नहीं है, केवल जीवन की इस नियति की नहीं है, अपितु अपने अन्तिम मिलन में इस विवशता को नहीं कह पा सकने की भी विवशता है। अतः यह शब्द अग्रप्रस्तुत हो उठता है, जिसका हेतु **विरलता है।**

2.4.1.6.4.4.4. वाक्य-स्तर :

जब रचनाकार कोई ऐसा वाक्य-प्रयोग अपनी रचना में करता है, जो पुनः उस रचना में आवर्तित नहीं होता, न ही व्याकरणिकता या अस्वीकार्यता के आधार पर वह विचलित होता है और न ही रचनाकार के निजी मानक से अतिक्रमण करने के कारण विपथित, तब **वाक्य-स्तर की विरलता** प्रस्तुत होती है। अज्ञेय की कहानी 'शांति हँसी थी' में एक वाक्य आता है : **'कि तुम्हारी रोजी का कोई जरिया नहीं है।'**

यह वाक्य विरल रूप में उपस्थित होता है। पूरी कहानी में यह वाक्य एक ही बार आया है। यह न विचलित है और न विपथित। पर कहानी की गहन संरचना से जुड़ा हुआ है। यह वाक्य जानकीदास की स्थिति को स्पष्ट करता है, जिसकी नियति, परिस्थिति, वेदना सभी बेकारी से ही उत्पन्न हैं। वह शिक्षित है, पर उसे काम नहीं मिलता है। रोजी के जरिए का अभाव उसके जीवन में एक ऐसा कारण है, जिसके तथ्यपरक प्रमाणन के आधार पर उसे रोज़ी दे दी जानी चाहिए। पर ऐसा नहीं हो पाता है और न्यायाधीश इसे, ज़रिए के नहीं होने की निरुपायता को ही, उसका अपराध ठहरा देता है। अदालत में आने के साथ ही उसकी यह समस्या अपराध बन जाती है। यहाँ यह **विरल अग्रप्रस्तुति ही इस तथ्य को स्पष्ट करती है कि एक शिक्षित व्यक्ति को आजीविका नहीं दे पाना, जो मूलतः व्यवस्था का दोष है, उसे परिस्थिति के व्यंग्य से जानकीदास का जुर्म बना दिया जाता है।**

2.4.1.6.4.4.5. प्रोक्ति–स्तर :

जब प्रोवित-स्तर पर रचनाकार कोई ऐसी प्रोक्ति प्रस्तुत करता है, जो न तो पूरी रचना में कभी आवर्तित होती है, न ही व्याकरणिकता या अस्वीकार्यता के आधार पर विचलित होती है और न ही रचनाकार के निजी मानक को अतिक्रमित करने के कारण विपथित, **तब विरलता उपस्थित होती है।** फणीश्वरनाथ रेणु के 'मैला आँचल' की निम्नलिखित प्रोक्ति इसका सुन्दर दृष्टांत उपस्थित करती है : "विधाता की सृष्टि में मानव ही सब-से-बढ़ कर शक्तिशाली है। उसको पराजित करना असंभव है, प्रचण्ड शक्तिशाली बमों से भी नहीं, पागलो! आदमी आदमी है, गिनीपिग नहीं।" यह प्रोक्ति अपनी गहन संरचना में अत्यन्त साभिप्राय है। वस्तुतः यही वह विश्वास है, जो कलुष और घृणा के तमस् को विदीर्ण कर जिजीविषा का सात्त्विक प्रकाश उजागर कर पाता है। इस विश्वास के सहारे ही परिवर्तन और प्रगति संभव है। यही विश्वास मानवीयता को सुरक्षित रखता है। इस दृष्टि से विरलता यहाँ इस प्रोक्ति को अग्रप्रस्तुत कर देती है।

2.4.1.6.4.4.6. अर्थ–स्तर :

जब अर्थ-स्तर पर किसी पाठ या रचना में ऐसे एक शब्द का प्रयोग हो, जो अ-विचलित, अ-विपथित और अ-समान्तरित होते हुए भी विरल अर्थ को उजागर करे, तब वहाँ अर्थ-स्तर की विरलता प्राप्त होती है। यहाँ ध्यान देने योग्य तथ्य यह है कि यह विरल अर्थ न तो लक्ष्यार्थ (Connotation) होता है, न ही व्यंग्यार्थ (Sannotation), बल्कि यह अभिधेयार्थ के रूप में गहन संरचना से जुड़ा होता है। यह अभिधेयार्थ प्रायः बहुवर्थी शब्दों के अप्रचलित अर्थ से निष्पन्न होता है, जिसे कोश में प्राप्त किया जा सकता है। एक ओर कोशीय अर्थ होने के कारण इसमें विचलन की स्थिति नहीं होती है और दूसरी ओर पाठ या कृति में अपने एकाधिक प्रयोगों से

अर्थ-भिन्नता नहीं दिखा सकने (पाठ में पूर्व प्रतिष्ठित अर्थ से अन्तरण कर दूसरे अप्रतिष्ठित अर्थ को नियोजित करने) के कारण इसमें विपथन की स्थिति भी नहीं होती है, क्योंकि यहाँ अभीष्ट शब्द-प्रयोग एक बार ही सामने आता है। इसी कारण यहाँ समान्तरता की स्थिति भी नहीं आ पाती है। कहना न होगा कि अर्थ-नियोजन और सम्प्रेषण की ऐसी विरल स्थिति में ही अर्थ-स्तर की विरलता उद्भूत होती है।

उक्त निकष पर 'निराला' के निम्नलिखित काव्यांश में प्रयुक्त 'कारण' शब्द अर्थ-स्तरीय विरलता का समीचीन उदाहरण है :

"तुम्हीं हृदय के सिंहासन के,
महाराज हो मन के तन के
मेरे मरण और जीवन के
कारण जाम पिये !"

इस कविता में 'कारण' के 'हेतु' अर्थ का पहले से कोई मानक प्रतिष्ठित-उपस्थित नहीं है, जिससे उक्त काव्यांश तक आकर उसकी प्रत्याशा भंग हो पाती हो। अतः यहाँ विपथन की स्थिति बिल्कुल ही नहीं है। द्रष्टव्य तथ्य यह है कि यहाँ 'कारण' शब्द का सामान्य प्रचलित अर्थ 'हेतु' (वज़ह) स्थगित हो गया है और उसका अप्रचलित कोशीय अर्थ 'मदिरा', 'सुरा' नियोजित-सम्प्रेषित हो रहा है। यह अर्थ पाठ की गहन संरचना से संबद्ध है और अर्थ की दृष्टि से विरल है। अतः यहाँ अप्रचलित अर्थ को सम्प्रेषित करने की सान्दर्भिक सोद्देश्यतावश अर्थ-स्तर की विरलता उजागर हो रही है।

2.4.1.6.4.4.7. लेखिम-स्तर :

जब लेखिम-स्तर पर किसी पाठ या रचना में ऐसे विरामांकन (Punctuation) का प्रयोग हो, जो विचलित नहीं हो, विपथित नहीं हो और न ही समान्तरित हो, पर जो प्रत्याशापूर्ण हो, पाठ की गहन संरचना से जुड़ा हो और विरल हो, तब वहाँ लेखिम-स्तर की विरलता सामने आती है। इस दृष्टि से रामदरश मिश्र की निम्नलिखित कविता की लेखिम-विरलता विचारणीय है :

1. दिन डूबा (,) अब घर जाएँगे (।)
2. कैसा आया समय कि साँझे
3. होने लगे बन्द दरवाजे (?)
4. देर हुई तो घर वाले भी
5. हमें देखकर डर जाएँगे (!)
6. आँखें आँखों से छिपती हैं (,)
7. नज़रों में छुरियाँ दिखती हैं (,)

8. हँसी देखकर हँसी सहमती (,)
9. क्या सब गीत बिखर जाएँगे (?)
10. गली-गली औ' कूचे-कूचे
11. भटक रहा (,) पर राह न पूछे (।)
12. काँप गया वह, किसने पूछा –
13. "सुनिए, आप किधर जाएँगे"?

यहाँ आपाततः दो सन्दर्भों में लेखिमिक विरल स्थिति दीखती है। पहली लेखिमिक विरल स्थिति कविता में आरंभ से ग्यारह पंक्तियों तक कहीं भी विरामांकन के प्रयुक्त नहीं होने की है, जबकि कोष्ठ में दिये गये विरामांकन वाले सभी स्थलों पर विरामांकन की अपेक्षा है। इस प्रकार इन ग्यारह पंक्तियों में वांछित स्थलों पर भी न तो कवि ने कहीं अल्पविराम (,), अर्धविराम (;) और पूर्णविराम (।) का प्रयोग किया है, न ही प्रश्न-विराम (?) या विस्मय-विराम (!) का ही। पर बारहवीं और तेरहवीं पंक्तियों में आकर वह अल्प-विराम (,), संकेतक (–) और प्रश्न-विराम (?)–तीनों का एक-एक बार प्रयोग करता है। फलतः उसके द्वारा इस पाठ में गृहीत-प्रतिष्ठित विरामांकन का निषेधात्मक मानक टूट जाता है। अतः यहाँ जो आपाततः विरलता नज़र आती है वह मानक के अंतिक्रमणवश विरलता नहीं रह जाती, अपितु विपथन बनकर उपस्थित होती है।

इस कविता में दूसरी विरल स्थिति तेरहवीं पंक्ति में द्वयोद्धरणी (" ") के प्रयोग में उभरती है। इस पंक्ति के पूर्व इस पूरी कविता में कहीं भी ऐसी स्थिति नहीं आयी है, जिसमें इसका प्रयोग संभव हो सके। अतः कवि ने भी इसके निषेध का कोई मानक तैयार नहीं किया है। बारहवीं पंक्ति में 'पूछने' की क्रिया के आने और संकेतक (–) के प्रयोग के साथ ही इसकी प्रत्याशा बनती है और कवि लेखिम-स्तर पर विरल द्वयोद्धरणी (" ") का प्रयोग कर बैठता है। इस प्रकार लेखिम-स्तर पर द्वयोद्धरणी के एक बार अ-विचलित, अ-विपथित और अ-समांतरित तथा प्रत्याशित प्रयोग होने के कारण यहाँ लेखिमिक विरलता स्वरूपित होती है। यह विरलता कविता की गहन संरचना से भी सम्बद्ध है। यह किसी अन्य पुरुष के द्वारा किये गये इस प्रश्न को इस तरह उभार कर, अग्रप्रस्तुत कर हमारे सामने प्रस्तुत करती है कि इससे श्रोता के मन में संदेह और त्रास की स्थिति गहराने लग जाती है। उसे लगता है कि वह अब फँस गया। द्वयोद्धरणी जैसे उसे दोनों ओर से अपनी गिरफ़्त में ले लेती है।

2.4.2 शैलीचिह्नक प्रतिमान

इसका विवेचन 2.4.2.1. शैलीचिह्नक : अवधारणा, 2.4.2.2. शैलीचिह्नक : स्वरूप-निरूपण, 2.4.2.3. शैलीचिह्नक : प्रकार-निर्देश, 2.4.2.4 शैलीचिह्नक : प्रतिमान-प्रस्थापन और 2.4.2.5 शैलीचिह्नक : स्तर-स्पष्टीकरण जैसे पाँच उपशीर्षकों के अन्तर्गत द्रष्टव्य है।

2.4.2.1. शैलीचिह्नक : अवधारणा :

शैलीचिह्नक (STYLE-MARKERS) की अवधारणा निल्स एरिक एंक्विस्ट की है। इसे सबसे पहले उसने अपने महत्त्वपूर्ण आलेख 'ON DEFINING STYLE : AN ESSAY IN APPLIED LINGUISTICS' में प्रस्तावित किया।[1] एंक्विट के अनुसार वैसे सभी भाषिक एकक, जो किसी भी पाठ या रचना-विशेष में अभिव्यक्त होते समय कम-से-कम या अधिक-से-अधिक बार अपने विशेष सन्दर्भ में उभरते हैं, उन्हें शैलीचिह्नक कहा जाता है। दूसरे शब्दों में शैलीचिह्नक सन्दर्भबद्ध भाषिक तत्त्व होते हैं। वह लिखता है, "We may now define style-markers as those linguistic items that only appear, or are most or least frequent, in one group of contexts. In other words, style-markers are contextually bound linguistic items."[1]

इस प्रकार शैलीचिह्नक विशिष्ट और व्यावर्तक होते हैं। साथी ही ये उदासीन और निस्संग भाषिक एककों की अपेक्षा बारम्बारी या विरल रूप में पाठ या कृति में उपस्थित होते हैं।

अपने दूसरे आलेख `STYLISTICS AND TEXT LINGUISTICS' में पुनः वह कहता है कि ऐसे किसी भी भाषिक अभिलक्षण को शैलीचिह्नक कहा जा सकता है, जिसकी प्रयोग-घनता (पाठ या कृति में प्राप्त होने वाली) सन्दर्भ के प्रासंगिक मानक की घनता से साभिप्राय तौर पर भिन्न रहती हो। इस दृष्टि से ऐसा कोई भी भाषिक अभिलक्षण पाठ या कृति में प्रयुक्त होने पर तब शैलीचिह्नक बन जाता है जब वह मानक प्रयोग-रूप से अतिक्रमण करता है या ठीक उसी रूप में वहाँ पर उपस्थित नहीं हो पाता है। एंक्विस्ट के अनुसार यदि एक जैसे या ठीक वही भाषिक अभिलक्षण गृहीत पाठ तथा मानक–दोनों में उपस्थित होने की संभावना रखते हों या उपस्थित हो पड़ते हों तब भी वे शैली-चिह्नक के रूप में उपस्थित हो सकते हैं। पर ऐसी स्थिति में मानक में पायी जाने वाली उसकी प्रयोग-घनता से पाठ में पायी जाने वाली उसकी प्रयोग-घनता साभिप्राय रूप में भिन्न होनी चाहिए। यही कारण है कि भाषावैज्ञानिक शैली-विज्ञान प्रायः अनुपातात्मक ज्ञानानुशासन के रूप में सामने आता है। यहाँ समर्थ भाषिक अभिलक्षणों की गणना के साथ-साथ पाठ और मानक में इनकी भिन्न-भिन्न उपस्थिति की साभिप्रायता और मूल्यांकन का सहज समावेश हो जाता है। एंक्विस्ट के शब्दों में, "A style-marker is any linguistic feature whose density in the text is significantly different from its density in the contextual relevant norm. Thus the occurrence of a given feature in the text becomes a style-marker if that

---

1. निल्स एरिक एंक्विस्ट, 'ऑन डिफ़ाइनिंग स्टाइल: ऐन एस्से इन एप्लाइड लिंग्विस्टिक्स', लिंग्विस्टिक्स ऐंड स्टाइल, सम्पा0 जॉन स्पेंसर और मिखाइल ग्रेगॅरी (लंडन: ऑक्सफोर्ड यूनिवर्सिटी प्रेस, 1964), पृष्ठ 34

feature does not occur in the norm.... if the same feature occurs both in the text and the norm, it can still be a style marker if its density in the text is significantly different from its density in the norm."[1]

एंक्विस्ट की दृष्टि में ऐसे भाषिक अभिलक्षण भी, जिनका प्रकार्य पाठ में वाक्य और वाक्य को परस्पर शृंखल करना होता है, सिद्धान्ततः शैलीचिह्नक के रूप में सक्रिय होने में समर्थ हैं। इस प्रकार एंक्विस्ट **पूर्ण शब्द (Full words)** के साथ-साथ **रिक्त शब्द (Empty words)** की शैलीचिह्नकीय क्षमता को भी उजागर करता दीखता है।

शैलीचिह्नक की यह अवधारणा अत्यंत व्यापक है। पर इस व्यापक अवधारणा को भाषाविज्ञान के आलोक में निश्चित और सीमित करने का कार्य एंक्विस्ट ने सम्पन्न नहीं किया है। वह इस अवधारणा को शैलीपरक विश्लेषण से जोड़ता है और इसे शैलीपरक विश्लेषण का लक्ष्य सिद्ध करता है, "The aim of Stylistic analysis is the inventory of style-markers and a statement of their contextual spread,"[2] उसकी दृष्टि में इस अवधारणा में प्रतिमान बनने की क्षमता है। अतः इसे स्थापित करने के अपने अधूरे प्रयास में वह अन्य स्थापित प्रतिमान का मूलोच्छेद करने का भी प्रयास करता है।

2.4.2.2. शैलीचिह्नक : स्वरूप–निरूपण :

शैलीचिह्नक के स्वरूप को स्पष्ट करने के लिए उसे शैली-स्मरणक (Style-Reminders) से अलगाना आवश्यक है। एंक्विस्ट के अनुसार कुछ ऐसे अन्यथाकृत, अर्थहीन भाषिक एकक भी हैं, जो आवर्तित होकर शैलीचिह्नक का अर्थ ग्रहण करते अथवा शैलीचिह्नक के स्वरूप में उपस्थित होते दीखते हैं। उदाहरण के लिए एक सिपहसालार के द्वारा अपशब्द (Cursing) का बोला जाना या उसका गाली (Sweering) बकना और कोसना भी एक प्रकार की शैलिकीय दृष्टि से साभिप्राय भाषिक एकक-धारा का प्रवाहक बन जाता है। पर इसे शैलीचिह्नक नहीं मानकर शैली-स्मरणक (Style-Reminders) मानना उचित होगा।

शैलीचिह्नक अपनी स्वरूपगत व्याप्ति में 'चयन' की शैलीगत अवधारणा को निगरित कर लेता है। एंक्विस्ट ने यह दावा किया है कि शैलीचिह्नक की अवधारणा इस तथ्य को अनदेखा कर देती है कि 'शैली' को 'चयन' के रूप में देखा जाय। उसने शैलिकीय 'चयन' को सामान्य रूप में सन्दर्भबद्ध शैलीचिह्नकों का व्यवहार माना है। एंक्विस्ट का यह तर्क है कि रचना में जहाँ कहीं अग्रप्रस्तुति उभरती है या विचलन उपस्थित होता है, वह और कुछ नहीं होकर, सन्दर्भबद्ध शैलीचिह्नक ही होता है। पर

1. निल्स एरिक एंक्विस्ट, 'स्टायलिस्टिक्स ऐंड टेक्स्ट लिंग्विस्टिक्स', करेंट ट्रेंड्स इन टेक्स्ट लिंग्विस्टिक्स, सम्पा० वूल्फगैंग यू० ड्रेस्लर (न्यूयार्क : वाल्टर डी ग्रूटर, 1978), पृष्ठ 176
2. निल्स एरिक एंक्विस्ट, 'ऑन डिफाइनिंग स्टाइल', लिंग्विस्टिक्स ऐंड स्टाइल (लंडन : ऑक्सफोर्ड यूनिवर्सिटी प्रेस, 1964), पृष्ठ 38

शैलीचिह्नक की इस स्वरूपगत व्याप्ति की प्रकार्यपरकता कैसी है, इसे देखना आवश्यक है। रचयिता और भावक-प्रमाता के अलग-अलग पक्षों में शैलीचिह्नक से किसका संबंध अधिक उपयुक्त ठहरता है? कहना न होगा कि शैलीचिह्नक भावक-प्रमाता की दृष्टि से क्रियाशील ठहरता है। 'शैली' को 'चयन' के रूप में देखने वालों ने उससे थोड़ा और आगे बढ़कर उसे 'चयन और संयोजन' (Selection and combination) के रूप में देखा और स्वरूपित किया है। इस स्वरूपण में विचलित चयन, विचलित संयोजन, विपथित चयन, विपथित संयोजन, समान्तरित चयन, समान्तरित संयोजन और विरल चयन तथा विरल संयोजन जैसी उसकी प्रकार्यात्मक बहुदिशीयता सामने आती है। जिस प्रकार शैलीचिह्नक के लिए सन्दर्भबद्धता अपेक्षित है उसी प्रकार 'चयन-संयोजन' के लिए विचलित, विपथित, समान्तरित और विरल वाली विशिष्टता तथा साभिप्रायता अपेक्षित है। अतः यह दावा करना कि "जब शैलीचिह्नक की धारणा स्वीकार कर ली जाती है तब 'शैली चयन है' कहने का कोई अर्थ नहीं रह जाता है"[1]—अपने-आप में निरर्थक और महत्त्वहीन है; क्योंकि शैलीचिह्नक अपने स्वरूप में 'चयन-संयोजन को विलयित करने का खोखला दावा भर करता है। यदि यह पूछा जाय कि अपने स्वरूप-विस्तार में उसका कौन-सा अंग विचलित चयन-संयोजन को, कौन-सा अंग समांतरित चयन-संयोजन को और कौन-सा अंग विरल चयन-संयोजन को अपने अन्तर्गत समाविष्ट कर सकता है, तो इसका उत्तर न तो एंक्विस्ट के पास है और न ही डा० कृष्णकुमार शर्मा के पास। उलटे इस प्रकार का दावा चयन-संयोजन की ओर से भी किया जा सकता है कि जहाँ-जहाँ सन्दर्भबद्ध शैलीचिह्नक है वहाँ-वहाँ भाषा के किसी-न-किसी स्तर पर किसी-न-किसी प्रकार का चयन-संयोजन ही क्रियाशील हो रहा है। अतः शैलीचिह्नक को स्वरूपित करते हुए इस प्रकार की साम्राज्यवादी प्रवृत्ति को उपस्थापित करना उचित नहीं है। वस्तुतः 'शैली' को शैलीचिह्नक और चयन-संयोजन के अलग-अलग माध्यमों से परिभाषित, स्वरूपित और निरूपित करने के मूल में दोनों की अपनी-अपनी मूलभूत अवधारणाओं का अन्तर है।

शैलीचिह्नक को स्वरूपित करने के क्रम में एक और समस्या सामने आती है। यह समस्या वर्णनात्मक भाषाविज्ञान के विभिन्नस्तरीय अभिलक्षणों के साथ उसकी संभावित टकराहट की समस्या है। जब वर्णनात्मक भाषाविज्ञान की सैद्धान्तिकी के आधार पर विभिन्न भाषिक स्तरों पर किसी रचना या पाठ का विश्लेषण किया जाता है तब उन विभिन्न स्तरों पर महत्त्वपूर्ण भाषिक एकक को ही रेखांकित किया जाता है तथा उसके द्वारा रचना या पाठ के अन्तस्संबंध को उजागर करने की चेष्टा की जाती है। यहाँ यह तथ्य ध्यान देने योग्य है कि एंक्विस्ट के द्वारा निर्दिष्ट शैलीचिह्नक और कुछ

---

1. कृष्णकुमार शर्मा, शैलीविज्ञान की रूपरेखा (जयपुर : संघी प्रकाशन, 1974), पृष्ठ 55

नहीं होकर विभिन्न भाषिक स्तरों पर उभार और साभिप्राय महत्त्व के साथ प्रकट होने वाले भाषिक एकक ही हैं। यदि किसी कविता में 'इनेत' (ENATE) प्रकार की वाक्य -संरचना पायी जाती है, तो इसका निर्देश वर्णनात्मक भाषाविज्ञान वाक्य-संरचना के स्तर पर कर देता है और शैलीचिह्नक भी वाक्य-संरचना के स्तर पर इसकी सन्दर्भबद्धता का उद्घाटन कर पाता है। इस प्रकार शैलीचिह्नक भी वर्णनात्मक भाषाविज्ञान की सभी इकाइयों, भाषा के सभी स्तरों–ध्वनि, रूप, शब्द, वाक्य, अर्थ–पर क्रियाशील होता है। पर शैलीचिह्नक इससे आगे जाकर प्रोक्ति या पाठ-भाषाविज्ञान के प्रोक्ति जैसे भाषिक स्तर तथा लिपि-पद्धति के लेखिम जैसे स्तर पर भी क्रियाशील होता है। वास्तव में वर्णनात्मक भाषाविज्ञान और शैलीचिह्नक के बीच एक स्पष्ट अंतर किया जा सकता है। यह अन्तर सन्दर्भबद्धता का अंतर है। जहाँ वर्णनात्मक भाषाविज्ञान के अंतर्गत विश्लेषण रूपपरक और अन्तर्वस्तुपरक–दोनों प्रकार का हो सकता है वहाँ शैलीचिह्नक के अन्तर्गत विश्लेषण, अपनी सन्दर्भबद्धता की अवधारणा के कारण, सदैव अन्तर्वस्तुपरक और साभिप्राय होता है।

2.4.2.3 शैलीचिह्नक : प्रकार–निर्देश :

शैलीचिह्नक का प्रकार-निर्देश दो आधारों पर किया जा सकता है : 2.4.2.3.1. उपस्थिति-अनुपस्थिति का आधार और 2.4.2.3.2. वैयक्तिकता-सामूहिकता का आधार। पहले आधार पर शैलीचिह्नक के दो प्रकार किये जा सकते हैं : 2.4.2.3.1.1. धनात्मक प्रकार और 2.4.2.3.1.2. ऋणात्मक प्रकार।

2.4.2.3.1.1. धनात्मक प्रकार :

किसी भी पाठ या रचना में जब शैलीचिह्नक अपनी सन्दर्भबद्धता के आधार पर भाषिक एककों में रेखांकित हो पाते हैं तब शैलीचिह्नक का धनात्मक प्रकार सामने आता है। इस प्रकार की विशेषता यह है कि इसमें शैलीचिह्नक उपस्थित भाषिक एककों के आधार पर ही स्वरूपित होते हैं। यह प्रकार अधिक-से-अधिक व्यापक है तथा सामान्यत: शैलीचिह्नक के रूप में इसे ही मान्यता प्राप्त है। उदाहरण के लिए 'राम की शक्तिपूजा' की निम्नलिखित काव्य-पंक्ति को देखें–"**है अमानिशा उगलता गगन घन अन्धकार।**" यहाँ म,न,ग, ल,ग,ग,न,घ,न,ध और र जैसी घोष व्यंजन ध्वनियों के लगातार प्रयोग हुए हैं। ये ध्वनियाँ यहाँ सन्दर्भबद्ध रूप में उपस्थित हैं। इन ध्वनियों की घोषता से अमावस्या की रात्रि की प्रगाढ़ गहनता और तिमिर-बहुलता का द्योतन होता है। अत: यहाँ घोषत्व धनात्मक शैलीचिह्नक के रूप में सक्रिय है। इसे ध्वनिस्तर का शैलीचिह्नक माना जाएगा। 'राम की शक्तिपूजा' की ही एक दूसरी काव्य-पंक्ति पर विचार करें–'पार्वती कल्पना हैं इसकी **मकरन्द–बिन्दु**।' यहाँ 'मकरन्द' वनस्पतिविज्ञान (Botany) का शब्द है और 'बिन्दु' तन्त्रशास्त्र का। दोनों शब्दों की सहजोड़ी या इनका सन्निधान (Collocation) असामान्य है, साथ ही सन्दर्भबद्ध भी है।

पूरी कविता में इस पद का प्रयोग एक बार ही हुआ है। 'मकरन्द' जहाँ सौन्दर्य का द्योतक है वहाँ 'बिन्दु' उर्वरता का। पार्वती में सौन्दर्य और उर्वरता दोनों का सुमेल है। वह दोनों ही गुणों से परिपूर्ण हैं। अतः असामान्य सहजोड़ी के कारण यह 'धनात्मक शैलीचिह्नक' का उदाहरण है।

2.4.2.3.1.2. ऋणात्मक प्रकार :

शैलीचिह्नक का धनात्मक प्रकार जहाँ भाषिक एककों की उपस्थिति में क्रियाशील होता है वहाँ ऋणात्मक प्रकार-विशेष भाषिक एककों की अनुपस्थिति में संघटित होता है। एंक्विस्ट की यह मान्यता है कि किसी पाठ या कृति में किसी भाषिक एकक की अनुपस्थिति भी शैलीचिह्नक बन जा सकती है, यदि उस एकक के उपस्थित होने की संभावना भाषा के मानक में विद्यमान होती है।[1] पर एंक्विस्ट ने न तो स्वयं अपनी इस मान्यता का समीचीन वर्गीकरण-विवेचन किया है और न, इन पंक्तियों के लेखक को छोड़कर, किसी अन्य ने ही उसे पल्लवित करने और उसके आधार पर शैलीचिह्नक को वर्गीकृत करने का प्रयास किया है। शैलीचिह्नक का यह प्रकार अपनी प्रकृति में सरल न होकर किंचित् जटिल है। यहाँ शैलीचिह्नक को लुप्त भाषिक एकक की सम्प्राप्ति के द्वारा रेखांकित किया जाता है। प्रजनक व्याकरण में जिसे 'अध्याहृत रूपान्तरण' कहते हैं, उसकी बाह्य संरचना में भाषिक एकक अध्याहृत या लुप्त रहते हैं, पर उनकी सम्प्राप्ति मानक संरचना की दृष्टि से अपेक्षित होती है। जब शैलीचिह्नक भाषा के इन अध्याहृत एककों पर आधारित-स्वरूपित होता है तब उसे 'ऋणात्मक शैलीचिह्नक' कहा जाता है।

इस दृष्टि से 'निराला' की निम्नलिखित कविता-पंक्ति विचारणीय है : '(प्रिय) यामिनी जागी।' इस काव्य-पंक्ति की उपलभ्य गहन संरचना इस प्रकार है—'(प्रिय) (वह) यामिनी (भर) जागी (रही है)। कहना न होगा कि सरल कोष्ठक में दिये गये शब्द बाह्य संरचना में अध्याहृत हैं। ये शब्द क्रमशः 'वह', 'भर', और 'रही है' हैं। उक्त तीनों ही शब्द यहाँ ऋणात्मक शैलीचिह्नक के दृष्टान्त हैं। फलतः बिना इन शब्दों को प्राप्त किये इस काव्य-पंक्ति को अपनी समीचीनता में निर्वचित नहीं किया जा सकता है। इस ऋणात्मक शैलीचिह्नक की पहचान नहीं कर सकने के कारण निराला-काव्य के कई आलोचकों को इस गीति के आलम्बन की पहचान करने में भ्रान्तियाँ हुई हैं। डॉ0 विश्वम्भर नाथ उपाध्याय ने तो इसे रात्रि के जगने का काव्य-चित्र मान लिया है। उन्होंने इस काव्य-पंक्ति की बाह्य संरचना का सीधा अर्थ निकाल लिया है कि 'रात्रि जग गयी है।' पर इस गीत का आलम्बन रात्रि नहीं है, रात्रि तो कालावधि को निर्दिष्ट कर रही है। यहाँ आलम्वन एक वासकसज्जा नायिका है। गहन संरचना

1. निल्स एरिक एंक्विस्ट, 'स्टायलिस्टिक्स ऐंड टेक्स्ट लिंग्विस्टिक्स', करेंट ट्रेंड्ज इन टेक्स्ट लिंग्विस्टिक्स, सम्पा0 वूल्फगैंग यू0 ड्रेस्लॅर (बर्लिन : वाल्टर डी ग्रूटर, 78), पृष्ठ 176

की प्राप्ति से जहाँ रात्रि की पूर्णकालिकता का अर्थ सामने आता है, वहीं नायिका के जगे रहने की निरन्तरता का भी। 'भर' जैसे ऋणात्मक शैलीचिह्नक से रात्रि की आद्यन्तता का बोध होता है, तो 'रही है' जैसे ऋणात्मक शैलीचिह्नक से 'जगे रहने' की क्रिया की निरन्तरता का। अन्य पुरुष, एकवचन, स्त्रीलिंग सर्वनाम 'वह' यहाँ अत्यन्त महत्त्वपूर्ण ऋणात्मक शैलीचिह्नक के रूप में उपस्थित है। यही वह ऋणात्मक शैलीचिह्नक है, जो इस गीति के आलम्बन को निर्दिष्ट करता है। इससे ही यह स्पष्ट होता है कि इस गीति का आलम्बन 'रात्रि' नहीं है, बल्कि एक मानवी है, युवती है, एक वासकसज्जा नायिका है। अतः ऋणात्मक शैलीचिह्नक की दृष्टि से यहाँ 'वह' सर्वनाम, 'भर' निपात और 'रही है' जैसी सातत्यमूलक क्रिया—तीनों ही अत्यंत साभिप्राय और सार्थक हैं।

वैयक्तिकता-सामूहिकता के दूसरे आधार पर शैलीचिह्नक के पुनः दो प्रकार किये जा सकते हैं—2.4.2.3.2.1. वैयक्तिक शैलीचिह्नक और 2.4.2.3.2.2. सामूहिक शैलीचिह्नक।

2.4.2.3.2.1. वैयक्तिक शैलीचिह्नक :

वैयक्तिक शैलीचिह्नक वह शैलीचिह्नक है, जो किसी रचनाकार-विशेष की शैली को, उसकी विशेषता को द्योतित करता है। उदाहरण के लिए छायावादी कवियों में 'नील' और 'मधु' यदि प्रसाद के शब्दस्तरीय शैलीचिह्नक हैं, तो 'ज्योति' 'निराला' का शैलीचिह्नक; यदि 'स्वर्ण' और 'बाल' सुमित्रानन्दन पन्त के शब्दस्तरीय शैलीचिह्नक हैं, तो 'दीप' महादेवी वर्मा का।

2.4.2.3.2.2. सामूहिक शैलीचिह्नक :

सामूहिक शैलीचिह्नक तब उपस्थित होता है जब किसी विशेष युग, विशेष काव्यधारा या विशेष काव्यान्दोलन के शैलीचिह्नक को रेखांकित किया जाए। छायावादी काव्यधारा में वीप्सामूलक शब्दों के—किसी शब्द को युग्म रूप में आवर्तित करने के—प्रयोग प्रायः प्राप्त होते हैं। उदाहरण के लिए 'कल-कल', 'छल-छल', 'मन्द-मन्द', 'मंथर- मंथर', 'सुभग-सुभग', 'विहग-विहग', जैसे आवर्ती युग्म-प्रयोग छायावादी काव्यान्दोलन का भाषिक वैशिष्ट्य है। अतः यह छायावाद का सामूहिक शैलीचिह्नक है। इसी प्रकार 'राधा' और 'कृष्ण' रीतिकालीन कविता के शब्द-स्तर के सामूहिक शैलीचिह्नक हैं।

2.4.2.4. शैलीचिह्नक : प्रतिमान—निरूपण :

शैलीचिह्नक की अवधारणा 'शैली' को सम्यक् रूप में निर्दिष्ट करने में समर्थ है। इसका स्वरूप व्यापक और गहन है। इसके प्रकार-भेद स्पष्ट हैं। यही नहीं, शैलीचिह्नक किसी भी पाठ या रचना-विशेष में भाषा के सभी स्तरों पर अपनी क्रियाशीलता दिखा सकता है। अतः शैली-विश्लेषण की दृष्टिं से 'शैलीचिह्नक' में प्रतिमान बनने की पूरी क्षमता और साकांक्षता विद्यमान है।

शैलीचिह्नक प्रतिमान पाठकीय–भावकीय दृष्टि से शैली-विश्लेषण में समर्थ है। इस प्रतिमान को इसकी पूर्णता में निम्नलिखित आरेख में देखा जा सकता है –

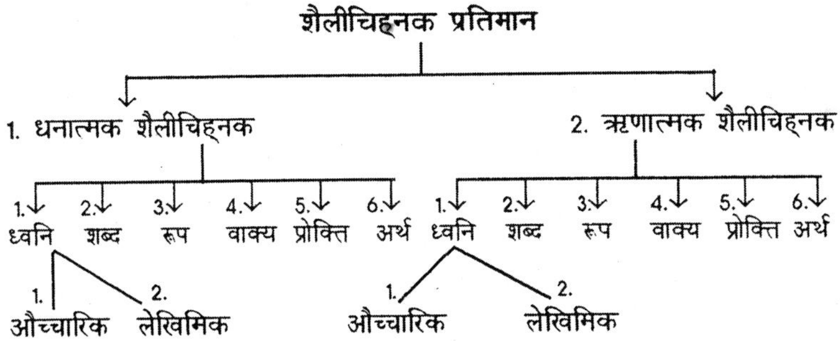

2.4.2.5. शैलीचिह्नक : स्तर–स्पष्टीकरण :

2.4.2.5.1. ध्वनि–स्तर

ध्वनि-स्तर पर शैलीचिह्नक को दो रूपों में रेखांकित किया जा सकता है–2.4. 2.5.1.1. औच्चारिक ध्वनि-स्तर और 2.4.2.5.1.2. लेखिमिक ध्वनि-स्तर।

2.4.2.5.1.1. औच्चारिक ध्वनि–स्तरः

ओच्चारिक ध्वनि से आशय ध्वनि के उच्चारगत प्रभाव से है, यद्यपि यह ध्वनि भी साहित्य-पाठ में अपने लिखित रूप में ही प्राप्त होती है। जब औच्चारिक ध्वनि या ध्वनियाँ—स्वर या व्यंजन—वाचिक या लिखित पाठ में सन्दर्भबद्ध रूप में उपस्थित हों तब वहाँ औच्चारिक ध्वनि-स्तरीय शैलीचिह्नक उपस्थित होता है। स्वर और व्यंजन के भेद से इसके पुनः दो प्रमुख रूप होते हैं—2.4.2.5.1.1.1. औच्चारिक स्वरध्वनि-स्तरीय शैलीचिह्नक और 2.4.2.5.1.1.2 औच्चारिक व्यंजन ध्वनिस्तरीय शैलीचिह्नक।

2.4.2.5.1.1.1. औच्चारिक स्वर ध्वनि–स्तरीय शैलीचिह्नक :

जब स्वर ध्वनियाँ अपने उच्चारगत प्रभाव में सन्दर्भबद्ध रूप में उपस्थित होती हों तब वहाँ इस स्तर का शैलीचिह्नक प्राप्त होता है। उदाहरण के लिए 'निराला' की निम्नलिखित पंक्तियों को देखें :

"बहुत दिनों **बाद** खु**ला** **आसमान**,
निकली है धूप, हु**आ** खुश जह**ान**।"

यहाँ उभार वाली विवृत, दीर्घ स्वर ध्वनि (आ) व्यापकता का सन्दर्भबद्ध प्रभाव सृजित करती है। कविता के औच्चारिक पाठ-क्रम में मेघाच्छन्न आसमान के कई दिनों बाद पूरी तरह, व्यापक रूप में, यहाँ से वहाँ तक खुल जाने के अर्थ को 'बाद', 'खुला', और '**आसमान**' की 'आ' ध्वनि अच्छी तरह उजागर कर देती है। इसी तरह मेघ-मुक्त

आकाश को देखकर संसार के खुश होने की प्रभाव-क्रिया की व्यापकता-दीर्घता को 'हुआ' और 'जहान' में प्रयुक्त 'आ' ध्वनि द्योतित कर देती है।

2.4.2.5.1.1.2. औच्चारिक व्यंजन ध्वनि-स्तरीय शैलीचिह्नक :

जब व्यंजन ध्वनियाँ अपने उच्चारगत प्रभाव में सन्दर्भबद्ध रूप में उपस्थित होती हों तब वहाँ इस स्तर का शैलीचिह्नक सक्रिय होता है। उदाहरण के लिए 'निराला' की निम्नलिखित पंक्तियों को देखें:

"**कण-कण** कर कंकण, प्रिय
किण-किण रव किंकिणी
रणन-रणन नूपुर, उर लाज,
लौट रंकिणी;"

यहाँ 'कण-कण', 'किण-किण' और 'रणन-रणन' जैसी व्यंजन ध्वनियों—अल्पप्राण, नासिक्य ध्वनियों—का उच्चारगत प्रभाव सन्दर्भबद्ध है। यह क्रमशः कंकण, किंकिणी और नूपुर जैसे आभरणों की वाद्य-मुखरता का प्रत्यक्ष श्रौत बिम्ब उपस्थित कर देने में समर्थ है। अतः उक्त व्यंजन ध्वनियाँ यहाँ इस स्तर का शैलीचिह्नक बन गयी हैं।

स्वर और व्यंजन ध्वनियों की सन्दर्भबद्धता साहित्य-कृति में अनेक रूपों में क्रियाशील हो सकती है। वास्तव में स्वर और व्यंजन ध्वनियों के वर्गीकरण के स्थान, प्रयत्न और करण जैसे जो तीन आधार हैं, उन आधारों में से किसी भी आधार पर स्वरूपित होने वाली कोई भी ध्वनि अपने सर्जनात्मक रूप में साहित्य-पाठ में सन्दर्भबद्ध हो सकती है। इस प्रकार जब भी कोई ध्वनि सन्दर्भबद्ध होगी तब वहाँ औच्चारिक ध्वनि-स्तर का शैलीचिह्नक उपस्थित होगा।

2.4.2.5.1.2. लेखिमिक ध्वनि-स्तर :

लेखिमिक ध्वनि-स्तर से आशय औच्चारिक ध्वनि को वर्णांकन के अतिरिक्त उस विशेष लेखिमिक पद्धति में लिखे जाने से है, जिससे उसकी निजी लेखिमिक व्यवस्था का प्रत्यक्ष हो पाता है। यह व्यवस्था संदर्भबद्ध होकर औच्चारिक ध्वनि को अभिवर्धित गुणात्मकता प्रदान करने में अपना योगदान देती है। इस स्तर के शैलीचिह्नक का उदाहरण 'निराला' की 'संतप्त' शीर्षक कविता की निम्नलिखित पंक्तियों में द्रष्टव्य है :

"ओ मेरे! — मेरे बन्धन – उन्मोचन!
ओ मेरे! — ओ मेरे क्रन्दन-वन्दन!"

यहाँ कविता के भीतर 'सम्बोधन' और 'पुकार' की श्रुति को प्रत्यक्ष करने वाली 'आकुलता' और 'द्वयोद्धरणी' की लेखिमिक व्यवस्था, पुनः एक 'ठहराव' के अन्तराल को दिखाने वाली 'संकेतक'-प्रयोग की व्यवस्था और अन्त में 'सम्बोधन' की आकुल आकांक्षा को प्रतिबिम्बित करने वाली 'पुकार' की विराम-लिपि व्यवस्था सन्दर्भबद्धता को दर्शाती है। अतः यहाँ लेखिमिक ध्वनि-स्तर का शैलीचिह्नक प्राप्त होता है।

2.4.2.5.2. शब्द–स्तर :

शब्द-स्तर शैलीचिह्नक की दृष्टि से वह भाषिक स्तर है, जिसमें वैविध्य बड़ी उन्मुक्तता के साथ उपस्थित होता है। इस दृष्टि से यह स्तर शैलीचिह्नक के अध्ययन के लिए अत्यंत साभिप्राय स्तर है। कहना होगा कि यह ध्वनि-स्तर और व्याकरणिक स्तर (रूप और वाक्य)—दोनों से विलग एककों की तालिका का वह स्तर है, जिसका क्षेत्र अत्यन्त व्यापक है।

शब्द-स्तरीय शैलीचिह्नकों को दो दृष्टियों से वर्गीकृत किया जा सकता है– 2.4.2.5.2.1 शब्द-प्रयोग की आनुपातिकता की विशेष दृष्टि तथा 2.4.2.5.2.2. विशेष शब्द-स्रोतीय दृष्टि।

2.4.2.5.2.1. शब्द–प्रयोग की आनुपातिकता की विशेष दृष्टि :

इस दृष्टि से शब्द-स्तरीय शैलीचिह्नक दो प्रकार के होते हैं। इस अवधारणा और वर्गीकरण के प्रस्तावक पी0 गेरो हैं।[1] ये प्रकार क्रमशः 2.4.2.5.2.1.1. प्रतिपाद्य शब्द (Theme Words) और 2.4.2.5.2.1.2. उन्मीलक/बीज शब्द (Key Words) के प्रकार हैं।

2.4.2.5.2.1.1. प्रतिपाद्य शब्द–रूपी शैलीचिह्नक :

प्रतिपाद्य शब्द वे शब्द होते हैं जो किसी भी रचनाकार के पाठ या साहित्य में अत्यधिक बारम्बारिता या आवर्तिता के साथ उपस्थित होते हैं। ये प्रतिपाद्य से सन्दर्भबद्ध होते हैं। गेरो ने इस प्रकार के शब्द को 'मोटस थेमे' कहा है। भारती की कविता में **'दर्द'** उनका प्रतिपाद्य शब्द-रूपी शैलीचिह्नक है। **'दर्द'** के प्रयोग उनकी कविता में अनेकशः प्राप्त होते हैं। इसी लिए यह कहा गया है कि "**दर्द** की यह संवेदना बड़ी तीव्र है। रोके नहीं रुकने वाली : 'उठा आता है बेबस **दर्द**। आह कम्बख्त हृदय के पास।' यह संवेदना अभिव्यक्ति पाने के लिए पूरा ज़ोर मारती है, क्योंकि कवि इस उभरते **दर्द** को पचा नहीं पाता। उसकी सह्यता चुकती प्रतीत होती है : 'यह पथरीला **दर्द** काव्य का/मुझसे सहा न जाता।' 'ठंडा लोहा' से 'कनुप्रिया' तक में अपने पूरे काव्य-विकास में भारती के स्वर **दर्द** से भरे दीखते हैं : 'बोल में अजब **दर्द** के स्वर'। यह **दर्द** प्रकृत्या निरंतर संवेदित है। कवि-मन इसमें अधीर भी हो जाता है। तब भाषा-संवेदना **दर्द** के भारीपन का इज़हार कर उठती है : 'यह **दर्द** मौत से ज़्यादा भारी पड़ता है।' यही **दर्द** करवट कदल कर कभी किसी अलिखित लिपि का अर्थ खोल देता है : 'और **दर्द** उस लिपि का अर्थ खोल रहा है', तो कहीं अपनी गहराई में उतरकर रोशनी भी बाँट आता है : 'यह **दर्द** अभी कुछ गहरे और उतरता है/फिर

1. पी0 गेरो, ला करेक्तरे स्तलिस्तीक द वोकेबुलेर (पेरिस : प्रेसेस यूनिवर्सितेर द फ्रांस, 1954), उद्धृत, निल्स एरिक एंक्विस्ट, लिंग्विस्टिक स्टायलिस्टिक्स (पेरिस : मूतन : 1973), पृष्ठ 132-133.

एक ज्योति मिल जाती है।' कभी यह **दर्द** नये अर्थ-गंतव्य तक की यात्रा तय करता है; 'हर एक **दर्द** को नये अर्थ तक जाने दो' या 'हर बार इस **दर्द** के नये अर्थ समझने के लिए', तो कभी स्वयं कवि को परिपक्वता प्रदान करता है : 'आज इस वेला में **दर्द** ने/मुझको और दोपहर ने तुमको/तनिक और भी पका दिया', 'क्योंकि बिना पीड़ा के मिट जाने वाली अग्नि माँजती नहीं है।"[1] भारती के 'सातगीत वर्ष' और 'ठंडा लोहा' में 'दर्द' के प्रयोग भरे पड़े हैं : 'अब कोई गहरा **दर्द** नहीं है सहने को'; यह थके कदम, यह हवा सर्द/यह ज़ख्म चीरता हुआ **दर्द**; 'तुमने कब झेली संक्रान्ति/तुम क्या समझोगे ओ प्रभु,/इन गत्यवरोधों का **दर्द**'। अतः 'दर्द' भारती की कवि-संवेदना के साथ-साथ उनके गीतों, उनकी कविताओं के प्रतिपाद्य तक से सन्दर्भबद्ध है। पर यह संवेदना से संदर्भ तक के उन्मीलन में समर्थ होने के बावजूद 'उन्मीलक शब्द' नहीं होकर 'प्रतिपाद्य शब्द' ही है। अतः इसी स्तर का शैलीचिह्नक है।

प्रतिपाद्य शब्द रूपी शैलीचिह्नक की दृष्टि से 'निराला' की निम्नलिखित कविता द्रष्टव्य है :

"**नील** जलधि जल
नील गगन - तल
नील कमल - दल
नील नयन - द्वय।
नील मृत्ति पर
नील मृत्यु - शर
नील अनिल - कर
नील निलय - लय।
नील मोर के
नील नृत्य रे
नील कृत्य से
नील शवाशय।
नील कुसुम-मग
नील नग्न - नग
नील शील - जग
नील कराभय।"

यहाँ प्रकृति, जीवन, शरीर—हर-कहीं; चिन्मयता और मृण्मयता—हर कहीं 'नील' की,

---

1. पाण्डेय शशिभूषण 'शीतांशु', भारती की काव्यभाषा (करनाल : नटराज पब्लिशिंग हाउस, 1985), पृष्ठ 19-20.

नीलिमा की व्यापकता, विशदता, आच्छन्नता 'नील' से सन्दर्भबद्ध है। अत: 'नील' यहाँ शब्दस्तरीय प्रतिपाद्यमूलक शैलीचिह्नक है। इस प्रकार यह शैलीचिह्नक कथ्यात्मक विश्लेषण (Content Analysis) और सांख्यिकीय विश्लेषण का भी महत्त्वपूर्ण शैलीचिह्नक है। ध्यान देने योग्य तथ्य इतना भर है कि ऐसे शैलीचिह्नकों के रेखांकन-क्रम में प्रकार्य शब्दों (Functional Words) या रिक्त शब्दों (Empty Words) को नहीं लिया जाता है। यहाँ प्राय: संज्ञा, विशेषण और क्रिया शब्द ही ग्राह्य होते हैं।

2.4.2.5.2.2. उन्मीलक शब्द-रूपी शैलीचिह्नक :

उन्मीलक शबद वे होते हैं, जिनकी संख्या कृति-विशेष या पाठ-विशेष में बहुत कम होती है। ये विरल होते हैं और प्राय: एक बार ही कृति में प्रयुक्त होते हैं। पर ये शब्द विशिष्ट होते हैं और इनसे पाठ की संहति का निर्माण होता है। एलेन रोडवे ने इनमें एक ओर मूल्यवत्ता (value) की स्थिति स्वीकार की है, जिससे अच्छे और बुरे का निर्देशन या मूल्यांकन संभव हो पाता है, तो दूसरी ओर इनमें भौतिक गुणवत्ता को उजागर करने की क्षमता भी मानी है, जिससे इनमें अनुभवगम्यता और प्रभावनीयता के गुणों का सहज समावेश हो पाता है।[1] उन्मीलक शब्द अपनी सन्दर्भबद्धता में शैलीचिह्नक बन जाते हैं। प्रतिपाद्य शब्द-रूपी शैलीचिह्नक में जहाँ 'शैली' का समांतरित अभिलक्षण क्रियाशील होता है वहाँ उन्मीलक शब्द-रूपी शैलीचिह्नक में 'विचलन'; 'विपथन' और 'विरलता' के कौशल यथापेक्षी रूप में क्रियाशील रहते हैं।

एंक्विस्ट ने शैलीचिह्नक का स्वरूप-निर्धारण करते हुए यह कहा है कि शैलीचिह्नक अधिकाधिक या अत्यल्प प्रायिकता से किसी सन्दर्भ-समूह में व्यवहृत होते हैं। इनमें अधिकाधिक बारम्बारी प्रयोगशीलता से प्रतिपाद्य शब्द-रूपी तथा अत्यल्प प्रयोगशीलता से उन्मीलक शब्द-रूपी शैलीचिह्नकों का आविर्भाव होता है। इसी प्रकार वेर्नर विंटर ने भी इस प्रायिकता (Frequency) को शैली-अभिलक्षण के रूप में रेखांकित करते हुए लिखा है कि "शैली को भाषा के वैकल्पिक अभिलक्षणों की तालिका से आवर्तित चयन की पद्धति के द्वारा विशेषीकृत किया जाता है।"[2] यहाँ अनेक प्रकार के चयन प्राप्त होते हैं। एक जगह किसी वैकल्पिक तत्त्व का पूरा बहिष्कार दीखता है, तो दूसरी जगह किसी वैकल्पिक अभिलक्षण का अनिवार्य समावेश सामने आता है। यह अनिवार्य समावेश विशिष्ट परिवर्त के समावेश के मुकाबले बरकरार अभिलक्षणों का बिना पूरी तरह निष्कासन किये अपने अनुपात में परिवर्तित होता रहता है। स्पष्ट है कि पूर्ण शब्दों के प्रयोग की अधिकाधिकता या अल्पता और परिवर्त के समावेश के अनुपात का यह बदलाव ही

---

1. एलेन रोडवे, 'बाइ एलजेब्रा टु ऑगस्टेनिज़्म', एसेज ऑन स्टाइल ऐंड लैंग्वेज, सम्पा0 रोजर फाउलर (लंडन : रूटलेज ऐंड कीगेन पॉल, पुनर्मुद्रण, 1979), पृष्ठ 58.
2. वेर्नर विंटर, 'स्टाइल्ज़ ऐज़ डायलेक्ट्स', प्रिप्रिंट्स ऑव पेपर्स फॉर द नाइन्थ इंटरनेशनल कांग्रेस ऑव लिंग्विस्ट्स (कैम्ब्रिज : मस्साच्युसेट्स, 1962), पृष्ठ 214.

वह मूलाधार है, जिससे 'प्रतिपाद्य शब्द' और 'उन्मीलक शब्द' जैसे दो महत्त्वपूर्ण शैलीचिह्नक सामने आते हैं।

इस प्रकार के शैलीचिह्नक के लिए कुँवर नारायण की 'घर रहेंगे' शीर्षक निम्नलिखित कविता द्रष्टव्य है :

"घर रहेंगे, हमीं उनमें रह न पाएँगे।
समय होगा, हम अचानक बीत जाएँगे।
अनर्गल ज़िन्दगी ढोते किसी दिन हम
एक आशय तक पहुँच सहसा बहुत थक जाएँगे।
मृत्यु होगी खड़ी सन्मुख राह रोके
हम जगेंगे यह विविधता, स्वप्न खो के
और चलते भीड़ में कन्धे रगड़ कर हम
अचानक जा रहे होंगे कहीं सदियों अलग हो के।
प्रकृति औ' पाखण्ड के ये घने, लिपटे,
बँटे, ऐंठे तार,—
जिनसे कहीं गहरा, कहीं सच्चा,
मैं समझता — **प्यार,**
मेरी अमरता की नहीं देंगे ये दुहाई।
छीन लेगा इन्हें हमसे देह-सा संसार।
राख-सी साँझ, बुझे दिन की घिर जाएगी।
वही रोज़ संसृति का अपव्यय दुहराएगी।"

इस पूरी कविता को देखें, तो **'प्यार'** इस कविता का **उन्मीलक शब्द-रूपी शैलीचिह्नक है।** यह पूरी कविता में केवल एक बार प्रयुक्त होने वाला ऐसा शब्द है, जो सन्दर्भबद्ध है। साथ ही यह मूल्यवत्ता, अनुभवगम्यता और प्रभावनीयता के गुणों से भी परिपूर्ण है। कवि प्रकृति और पाखंड के तारों से कहीं ज़्यादा गहरा और कहीं ज़्यादा सच्चा इस संसार में **प्यार** को मानता है। मनुष्य की अमरता की दुहाई ये तार नहीं देंगे। उन्हें तो देह की तरह ही संसार छीन लेगा। पर **प्यार** अमरता की शक्ति से सम्पन्न होता है। यही वह तत्त्व है जिससे अनर्गल ज़िन्दगी सार्थक होती है। इसी से सदियों अलग होने का अजनबीपन मिटता है। यही संस्कृति के अपव्यय को रोकता है। यह इस उन्मीलक शब्द की सन्दर्भबद्धता ही है, जो यह बताती है कि देश और

काल—दोनों रहेंगे, पर व्यक्ति नहीं होंगे। व्यक्ति को अमर प्रकृति नहीं करती, व्यक्ति को अमर उसका पाखंड नहीं करता। व्यक्ति को जिससे अमरता मिल पाती है वह तत्त्व तो **प्यार** का ही चिरन्तन तत्त्व है। **प्यार** ही काल-तत्त्व और स्थल-तत्त्व पर जीत प्राप्त करता है।

2.4.2.5.2.2. विशेष शब्दस्रोतीय दृष्टि :

विशेष शब्दस्रोतों की दृष्टि के आधार पर भी दो प्रकार के शैलीचिह्नकों की सक्रियता प्राप्त होती है–2.4.2.5.2.2.1. **विभाषिक (Dialectic) शैलीचिह्नक** और 2.4.2.5.2.2.2. **प्रयुक्तिपरक (Diatypic) शैलीचिह्नक**। शब्दस्रोत की विशेषता का यह मूलाधार एम.ए.के. हैलीडे के द्वारा निर्दिष्ट है।[1] उसने भाषा-वैविध्य के सन्दर्भ में **विभाषिक** (Dialectic) और **प्रयुक्तिपरक** (डायटिपिक वेराइटी) का उल्लेख किया है।[2] यदि ये भाषा-वैविध्य शब्द-स्तर पर सन्दर्भबद्ध रूप में उपस्थित होते हों, तो इन्हें शैलीचिह्नक के रूप में रेखांकित किया जा सकता है। 'डायलेक्टल वेराइटी' भाषा-प्रयोक्ता के अनुरूप क्रियाशील होती है, जबकि 'डायटिपिक वेराइटी' भाषा-प्रयोग के अनुरूप उपस्थित होती है। 'डायलेक्टल वेराइटी' में '**विभाषा**' आती है और 'डायटिपिक वेराइटी' में **प्रयुक्ति (रजिस्टर)**। विभाषा वह है, जिसका व्यवहार वक्ता के स्वाभाविक अभ्यासवश होता है, जबकि **प्रयुक्ति (रजिस्टर)** वह है जो समय-विशेष और सन्दर्भ-विशेष में व्यवहृत होती है। **विभाषा** का निर्धारक भाषा-प्रयोक्ता की सामाजिक उत्पत्ति के क्षेत्र अथवा गृहीत क्षेत्र को, साथ ही सामाजिक संरचना की विभिन्नता—सामाजिक ऊर्ध्वाधरता (हायरार्की) की—पद्धति को माना जाता है। **प्रयुक्ति (रजिस्टर)** का निर्धारक भाषा-प्रयोक्ता के उस सामाजिक क्रिया-व्यापार-विशेष को माना जाता है, जिसमें वह संलग्न रहती है, साथ ही उसकी सामाजिक प्रक्रिया—श्रम के सामाजिक वर्गीकरण की अभिव्यंजक विविधता—को भी माना जाता है। इस प्रकार सिद्धान्त-रूप में यदि इनकी तुलना की जाए तो **विभाषा** एक ही वस्तु या कथ्य को अभिव्यक्त करने के विभिन्न मार्गों को निर्दिष्ट करती है और अपनी इस अभिव्यक्ति-प्रक्रिया में ध्वनि-विज्ञान (फ़ोनेटिक्स), फोनोलॉजी और शाब्दी व्याकरण (लैक्सिको-ग्रामर) के स्तर पर विभिन्नता को भी प्रदर्शित करती है, पर अर्थविज्ञान की दृष्टि से वह अभिन्न या एक ही रहती है। इसके विपरीत **प्रयुक्ति (रजिस्टर)** विभिन्न चीज़ों को अभिव्यक्त करने के मार्गों को निर्दिष्ट करती है। वह अर्थस्तरीय दृष्टि से विभिन्नता का आश्रय ग्रहण करती

1. एम० ए० के० हैलीडे, लैंग्वेज ऐज सोशल सिमियोटिक (लंडन : एडवर्ड आर्नल्ड, 1978), पृष्ठ 35.
2. वही।

है।फलतः वह शाब्दी व्याकरणिकता की दृष्टि से भी विभिन्नता उपस्थित करती है और कभी-कभी इसके क्रियान्वयन के रूप में ध्वनिशास्त्र (फोनोलॉजी) के स्तर पर भी विभेदकता दिखलाती है। **विभाषा** के अतिशयतावादी उदाहरण प्रति-भाषा (ऐंटी-लैंग्वेज़) के उदाहरण हैं, जिन्हें 'मदर-इन-लॉ लैंग्वेजिज' भी कहा जाता है। इसके विपरीत प्रयुक्ति (रजिस्टर) के अतिशयतावादी उदाहरण **प्रतिबंधित भाषाओं** (रिस्ट्रिक्टिड लैंग्वेजिज) के उदाहरण हैं और विशेष उद्देश्य के लिए व्यवहृत भाषा के उदाहरण हैं। विभाषा के 'टिपिकल इंस्टांसिज' के रूप में हैलीडे ने उपसांस्कृतिक विविधताओं का उल्लेख किया है, यथा—स्तरीय और अस्तरीय। इसके विपरीत प्रयुक्ति **(रजिस्टर)** के 'टिपिकल इंस्टासिज' के रूप में वृत्तीय विविधताओं का उल्लेख किया गया है, यथा—तकनीकी और अर्ध-तकनीकी। विभाषा के नियंत्रक परिवर्त (वैरिएबुल्ज़) सामाजिक वर्ग, जाति—ग्राम्य या नागर, उद्गम, पीढ़ी, अवस्था और यौन हैं। प्रयुक्ति (रजिस्टर) के नियंत्रक परिवर्त क्षेत्र (फील्ड), दिशा (टेनर) और प्रविधि (मोड) हैं।[1] क्षेत्र (फील्ड) सामाजिक क्रिया के प्रकार को निर्दिष्ट करता है, दिशा (टेनर) सम्बन्धों की भूमिका को स्पष्ट करती है और प्रविधि (मोड) प्रतीकात्मक संघटना को। **विभाषा** सामाजिक विभिन्नता के प्रतीक रूप में अपने प्रति दृढ़ीभूत प्रवृत्ति के रूप में विशेषीकृत होती है, जबकि **प्रयुक्ति** (रजिस्टर) वाचिक और लिखित भाषा में स्पष्ट होने वाले अन्तर तथा क्रियात्मक भाषा (लैंग्वेज़ इन रिफ़्लेक्शन) के अन्तर से विशेषीकृत होती है।

ग्रेगरी ने 'डायलेक्टिक' और 'डायटिपिक' वैविध्य के अन्तर को निम्नलिखित रूप में स्पष्ट किया है :[2]

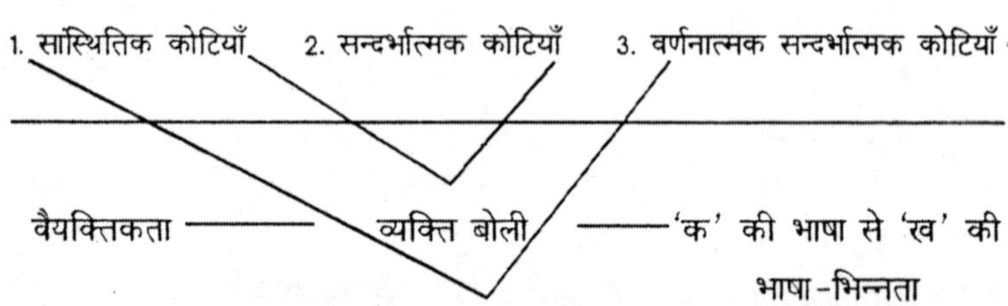

1. एम०ए०के० हैलीडे, लैंग्वेज़ ऐज़ सोशल सिमियोटिक (लंडन : एडवर्ड आर्नल्ड, 1978), पृष्ठ 35.
2. मिखाइल ग्रेगॅरी, 'आस्पेक्ट्ज़ ऑव वेराइटीज़ डिफरेंशिएशन', **जर्नल ऑव लिंग्विस्टिक्स**-3, उद्धृत हैलीडे, लैंग्वेज़ ऐज़ सोशल सिमियोटिक (लंडन : एडवर्ड आर्नल्ड, 1978), पृष्ठ 225

विभाषिक मापक्रम (Dialectic Scale) :

भाषा-प्रयोक्ता की

1. सांस्थतिक कोटियाँ	2. सन्दर्भात्मक कोटियाँ	3. वर्णनात्मक-सन्दर्भात्मक कोटियाँ
वैयक्तिकता –	व्यक्ति बोली –	'क' की भाषा से 'ख' की भाषा-भिन्नता
कालिक उद्‌गम –	कालिक बोली –	पुरानी अंग्रेजी—आधुनिक अंग्रेजी
स्थलीय उद्‌गम –	स्थलीय बोली –	ब्रितानी अंग्रेजी—अमरीकी अंग्रेजी
सामाजिक उद्‌गम –	सामाजिक बोली –	उच्चवर्गीय अंग्रेजी—मध्यमवर्गीय अंग्रेजी
अवबोधगम्यता – का क्षेत्र	स्तरीय-अस्तरीय–	स्तरीय अंग्रेजी—अस्तरीय अंग्रेजी

विभाषिक वैविध्य : भाषिक स्थितियों में भाषा-प्रयोक्ता की संतुलित स्थायी विशेषताएं

प्रयुक्तिपरक मापक्रम (Diatypic Scale) :

भाषा-प्रयोक्ता की

1. सांस्थतिक कोटियाँ	2. सन्दर्भात्मक कोटियाँ	3. वर्णनात्मक-सन्दर्भात्मक कोटियाँ
उद्देश्यपरक भूमिका –	प्रोक्ति का क्षेत्र –	तकनीकी अंग्रेजी—गैरतकनीकी अंग्रेजी
माध्यमपरक भूमिका –	प्रोक्ति की प्रविधि –	वाचिक अंग्रेजी—लिखित अंग्रेजी
सम्बोधिती से नातेदारी—	प्रोक्ति की दिशा (टेनर) :	
(अ) वैयक्तिक –	वैयक्तिक दिशा (टेनर) –	औपचारिक अंग्रेजी—अनौपचारिक अंग्रेजी
(आ) प्रकार्यमूलक –	प्रकार्यमूलक दिशा (टेनर)–	उपदेशात्मक अंग्रेजी—गैर-उपदेशात्मक अंग्रेजी

डायटिपिक वैविध्य : विविध सस्थितियों में भाषा-प्रयोक्ता के भाषा-व्यवहार के आवर्ती अभिलक्षणों का भाषिक प्रक्षेपण

ज्योफ्री एन0 लीच ने सांस्थानिक सूक्ष्मता (इंस्टीट्‌यूशनल डेलिकेसी) के दो सोपानों के रूप में 'प्रयुक्तिपरक (रजिस्टर) सोपान' और 'विभाषिक (डयलेक्ट) सोपान' को

लिया है।[1] लीच के अनुसार प्रयुक्तिपरक **(रजिस्टर) सोपान** में समाज के अन्तर्गत भाषिक सक्रियता की वैसी विविध भूमिकाएँ आती हैं, जिन्हें प्रायः लिखित भाषा से वाचिक भाषा की विभेदकता, कृपालुता की भाषा से आदर की भाषा की विभेदकता के रूप में देखा जाता है। इसके विपरीत **विभाषिक (डायलेक्ट) सोपान** समाज के विविध वर्गों के भाषिक स्वभावों के बीच के अन्तर को रेखांकित करता है, वैसे अंतरों को, जो अवस्था, (उम्र), सामाजिक वर्ग, यौन और भौगोलिक क्षेत्रीयता या स्थानिकता के कारण उभरते हैं। **विभाषिक (डायलेक्ट) सोपान** का अन्तिम बिन्दु व्यक्ति-भाषा तक पहुँचता है, जिसे प्रायः एक भाषा-भाषी समुदाय के भीतर किसी विशिष्ट व्यक्ति के विशिष्ट भाषिक अभ्यासों का कुल योग माना जाता है।[2] इन दोनों सोपानों को कटावदार धुरियों या अक्षों के रूप में स्पष्टतः देखा जा सकता है। ये सोपान न केवल भाषाविदों के वर्णनात्मक अध्ययन को सुविधा प्रदान करते हैं, बल्कि स्वतः भाषा के स्वभाव को भी प्रतिबिम्बित करते हैं।

जी0 डब्ल्यू0 टर्नर ने विभाषा (डायलेक्ट) और प्रयुक्ति (रजिस्टर) के अन्तर को सुनिश्चित नहीं माना है।[3] उसके अनुसार दोनों के बीच बहुतेरे प्रकार के सम्पर्क की स्थिति है। यदि कभी विभाषा प्रयुक्ति (रजिस्टर) के रूप में प्रकार्य करती है, तो यह भी सच है कि प्रयुक्ति (रजिस्टर) कभी भाषा-प्रयोक्ता और स्वतः भाषा को विभाजित करने की दृष्टि से विभाषा की तरह कार्य करती है। टर्नर के अनुसार प्रयुक्ति (रजिस्टर) विभाषा के निर्माण और परिभाषांकन में भी भाग लेती है। पर टर्नर ने दोनों के बीच की अस्पष्टता और वैविध्यपूर्ण सम्पर्कन के उदाहरण प्रस्तुत किये हैं, जबकि ग्रेगॉरी और हैलीडे ने दोनों (विभाषा और प्रयुक्ति—रजिस्टर) के अन्तर को बड़ी बारीकी और गम्भीरता से स्पष्ट करने का सार्थक प्रयास किया है।

इस प्रकार शब्द-स्तर के दो और शैलीचिह्नकों के रूप में **विभाषिक** शैलीचिह्नक और **प्रयुक्तिपरक (रजिस्टर)** शैलीचिह्नक का आग्रहण समीचीन है, यदि ये पाठ में सन्दर्भबद्ध होकर उपस्थित हों। **विभाषिक शब्द** के अन्तर्गत **व्यक्ति-विभाषिक, काल-विभाषिक, स्थल-विभाषिक, समाज-विभाषिक, अ-स्तरीय विभाषिक** जैसे शब्द शैलीचह्नक के रूप में प्रस्तुत हो सकते हैं। दूसरी ओर **प्रयुक्तिपरक (रजिस्टर) शब्द** के अन्तर्गत **वृत्तीय शब्द** (विशेष वृत्तियों के व्यवच्छेदक वैशिष्ट्य वाले निजी शब्द), **वाचिक प्रयोगपरक शब्द, लेखिम प्रयोगपरक शब्द, उपदेशात्मक शब्द, गैर-उपदेशात्मक** (कल्पनात्मक, आदेशात्मक या व्यावसायिक) **शब्द, सन्दर्भापेक्षी औपचारिक या अनौपचारिक शब्द** शैलीचिह्नक बन सकते हैं।

---

1. ज्योफ्री एन0 लीच, 'लिंग्विस्टिक्स ऐंड द फ़िगर ऑव रेटोरिक, एसेज़ ऑन स्टाइल ऐंड लैंग्वेज़, सम्पा0 रोजर फाउलर (लंडन: रूटलेज ऐंड कीगेन पाल, 1966, पुनर्मुद्रण 1979),पृष्ठ 138.
2. वही।
3. जी0डब्ल्यू0 टर्नर, 'रजिस्टर', स्टायलिस्टिक्स (इंग्लैंड : पेंगुइन बुक्स लि0, 1973), पृष्ठ 166.

2.4.2.5.2.2.1. विभाषिक शब्द–शैलीचिह्नक :

जब शब्दों के विभाषिक प्रयोग व्यक्ति, समाज, काल, स्थल और अ-स्तरीय सन्दर्भ में व्यवहृत होते हैं, पर सन्दर्भबद्ध होते हैं, तब इस प्रकार का शैलीचिह्नक उपस्थित होता है। 'रेणु' के 'मैला आँचल' में व्यवहृत 'अनसन' 'अंडोलन' जैसे **व्यक्तिपरक;** 'बालभोग', 'डोलडाल' जैसे **स्थलपरक**; 'रेडा' अथवा 'रेडी' जैसे **कालपरक** (एक विशेष काल-सन्दर्भ में प्रयुक्त) विभाषिक शब्द सन्दर्भबद्ध होने के कारण इस प्रकार का शैलीचिह्नक बन गये हैं। 'धूमिल' की कविता में प्रयुक्त 'जूजी' शब्द सन्दर्भबद्ध होकर अस्तरीय विभाषिक शैलीचिह्नक का उदाहरण बन गया है।

समाज–विभाषिक शैलीचिह्नक का क्षेत्र अधिक व्यापक और विस्तृत है। इसमें एक ओर **अवस्था** और **यौन** के आधार पर प्रयुक्त शब्द सन्दर्भबद्ध होकर शैलीचिह्नक बन जाते हैं, तो दूसरी ओर **प्रतिसमाज** (Anti Society) में व्यवहृत **प्रतिभाषा** (Anti Language) के शब्द भी सन्दर्भबद्ध होकर शैलीचिह्नक के रूप में सक्रिय दीखते हैं। अवस्था के आधार पर तुतलाकर बोले गये शब्दों को सन्दर्भबद्ध होने पर शैलीचिह्नक के रूप में क्रियाशील देखा जा सकता है। मोहन राकेश की कहानी **'एक और ज़िन्दगी'** में बच्चे की तोतली भाषा जब सन्दर्भबद्ध होकर शैलीचिह्नक बन उठती है तब उसमें **अवस्था** का आधार ही सक्रिय रहता है। यौन (Sex) के आधार पर पुरुषों और महिलाओं के द्वारा अपशब्दों के किये जाने वाले प्रयोगों का अन्तर विशेष रूप में पर्यवेक्षणीय है। ऐसे अपशब्द भी सन्दर्भबद्ध होकर शैलीचिह्नक बन उठते हैं। कृष्णा सोबती की कहानी **'यारों के यार'** में पुरुषों के द्वारा किये गये अपशब्द प्रयोग वहाँ सन्दर्भबद्ध होकर यौन-आधारित शैलीचिह्नक के रूप में ही उपस्थित होते हैं। यहाँ यह तथ्य ध्यान देने योग्य है कि यद्यपि इस कहानी की लेखिका नारी है, तथापि यहाँ ये अपशब्द पुरुषों के मुँह से ही उच्चरित होते हैं, नारी के मुँह से नहीं। 'मैला आँचल' में नागा बाबा के द्वारा प्रयुक्त अपशब्द भी सन्दर्भबद्ध होकर शैलीचिह्नक बन जाते हैं, **''सूअर के बच्चे, कुत्ते के पिल्ले,** तैं महन्त बनेगा,.... **साली, कुत्ती!** साधू का रगत बहाती है और बाबू लोग से मोंह चटवाती है।"

प्रतिभाषा प्रतिसमाज की भाषा होती है। यह उसके द्वारा ही रचित और उसी के द्वारा व्यवहृत होती है। प्रतिसमाज एक ऐसा समाज होता है, जो एक सचेत विकल्प के रूप में हमारे सामान्य समाज के बीच अन्तर्विष्ट होता है। इस समाज में प्रतिभाषा वैसे ही व्यवहृत-व्यापारित होती है जैसे सामान्य भाषा सामान्य समाज में व्यवहृत-व्यापारित होती है। प्रतिभाषा के मूल में अपराधियों और समाज-विरोधी तत्त्वों की सक्रियता होती है। इसकी सोद्देश्यता होती है। यह **प्रतिभाषा** का आवश्यक कौशलपूर्ण तत्त्व होती है। पर इसे ही इसके अस्तित्व का प्रमुख कारण नहीं माना जा सकता है। हैलीडे ने गोपनीयता को विशिष्ट शब्दात्मक अभिलक्षण (फीचर ऑव द जार्गन)

तो माना है, पर निर्धारक के रूप में इसे स्वीकार नहीं किया है। बर्गर और लैकमैन ने इसे पुनर्समाजीकरण का वाहन माना है, जिससे विकल्पात्मक यथार्थ उत्सृजित होता है।[1] वस्तुतः यह पुनर्समाजीकरण की प्रक्रिया ही है, जो विशिष्ट प्रकार की भाषा की माँग करती है। इस प्रकार एक **प्रतिभाषा** एक आत्मनिष्ठ यथार्थ के कार्यान्वयन का वह साधन होती है, जो न केवल उसे अभिव्यक्ति प्रदान करती है, बल्कि सक्रिय तौर पर उसे रचती और सम्पोषित करती रहती है। कहना न होगा कि यह यथार्थ भी एक प्रकार का प्रतियथार्थ होता है। **प्रतिभाषा** यद्यपि मिश्रित और किसी सीमा तक कृत्रिम भी होती है, पर वह अपने-आप में पूर्णता और समग्रता से भरी भाषा होती है।[2] भक्ति प्रसाद मल्लिक ने कलकत्ता के निम्न सामाजिक स्तर के अपराधीवर्ग की भाषा के शब्दों की लम्बी तालिका प्रस्तुत की है। इस **प्रतिभाषा** में 'चुकरू' का अर्थ 'सोते बच्चे को चुराने वाला', 'काच्चा केला' का अर्थ 'जवान लड़की', 'सर्दी-खाँसी' का अर्थ 'नोट्स और सिक्के', 'पौने आट्ठ' का अर्थ 'बालक-वेश्यावृत्ति' (बॉय-प्रास्टीच्यूट)', 'खाम' का अर्थ 'लड़की की जाँघ' 'नीचू चक्का' का अर्थ 'रेल अथवा बस के पाँवदान पर खड़ा पाकेटमार', 'साइनबोर्ड ओलो' का अर्थ 'विवाहित स्त्री', 'डबल डेकार' का अर्थ 'खरी औरत' और 'लोगाम' का अर्थ 'चलती मालगाड़ी में चोरी' निर्दिष्ट किया गया है।[3] यदि कोई उपन्यासकार कलकत्ता के इस अपराधी समाज पर अपना उपन्यास लिखता है तब उसकी कृति में ये शब्द सन्दर्भबद्ध होते ही शब्दस्तरीय शैलीचिह्नक के रूप में उपस्थित हो पड़ेंगे।

ऊपर विवेचित सन्दर्भ के अतिरिक्त भी **प्रतिभाषा** की सत्ता देखी जाती है। **प्रतिभाषा** केवल विरोध और अस्वीकारमूलक अपराधी वर्ग की भाषा नहीं होती है। यह जादू-टोने, इन्द्रजाल और रहस्यपरकता की भी भाषा होती है। 'डायग्लोसिक स्पेक्ट्रम' पर यह जितनी निम्न होती है उतनी ही उच्च भी[4]। फिशर ने इस अक्ष पर भी इसे शैलीपरक परिवर्त्य के रूप में स्वीकार किया है।[5] यहाँ भी यह कुछ विशिष्ट लोगों के लिए ही अवबोधगम्य होती है। पवित्र उद्देश्यों के लिए इस प्रकार की कई पवित्र और गोपनीय भाषाओं का उल्लेख प्राप्त होता है। दीक्षात्मक कर्मकांडों में इस प्रकार की

---

1. पेटर एल0 वर्गर, थॉमस लैकमैन, द सोशल कंस्ट्रक्शन ऑव् रिअलिटी : ए ट्रिटीज़ इन द सोश्यलॉजी ऑव नॉलिज (न्यूयार्क : डबुलडे, 1966), पृष्ठ 176.
2. भक्ति प्रसाद मल्लिक, लैंग्वेज ऑव द अंडरवर्ल्ड ऑव वेस्ट बेंगाल, रिसर्च सीरीज़-76 (कलकत्ता : संस्कृत कालिज, 1972), पृष्ठ 73.
3. वही।
4. एम0ए0 के हैलीडे, 'ऐंटी लैंग्वेज़िज,' लैंग्वेज ऐज़ सोशल सिमियोटिक, (लंडन : एडवर्ड आर्नल्ड, 1978), पृष्ठ 182.
5. जे0 एल0 फ़िशर, 'स्टाइल कंट्रास्ट्स इन पैसिफ़िक लैंग्वेज़िज़,' करेंट ट्रेंड्ज इन लिंग्विस्टिक्स, खण्ड-8, सम्पा0 टी0 ए0 सिवियोक (पेरिस : मूतन, 1971), पृष्ठ 1147.

प्रतिभाषा प्राप्त होती है। किसी रचना में जब इसके शब्द सन्दर्भबद्ध रूप में प्रस्तुत होते हैं तब ये भी शैलीचिह्नक के रूप में उपस्थित होते हैं।

2.4.2.5.2.2.2. प्रयुक्तिपरक शब्द–शैलीचिह्नक :

जब प्रयुक्तिपरक शब्द सन्दर्भबद्ध रूप में कृति या पाठ में प्रस्तुत होते हैं तब इस प्रकार का शैलीचिह्नक स्वरूपित होता है। यद्यपि इनमें अधिक महत्त्व प्रयुक्ति की **विशिष्ट क्षेत्रीयता** का ही है, तथापि **दिशा** के अन्तर्गत शिक्षक-छात्र, माता-पिता और बच्चे, चिकित्सक और रोगी, विक्रेता-क्रेता, परिचित-अपरिचित के बीच व्यवहृत प्रायिक या विरल प्रयुक्तियाँ भी सन्दर्भबद्ध होकर शैलीचिह्नक बन जाती हैं।

2.4.2.5.2.2.2.1. विशिष्ट क्षेत्रीयतापरक शब्द–शैलीचिह्नक :

इस प्रकार के शैलीचिह्नक के उदाहरण महादेवी वर्मा की 'क्या पूजा क्या अर्चन रे' कविता में देखे जा सकते हैं। वहाँ पूजा-अर्चन-विषयक प्रयुक्तियों का प्रयोग सन्दर्भबद्ध रूप में उपस्थित होता है। ऐसी प्रयुक्तियों में 'जप', 'ताल', 'नर्तन', 'अक्षत', 'चंदन', 'नीराजन', 'मन्दिर' प्रमुख हैं।

2.4.2.5.2.2.2.2. विशिष्ट दिशापरक शब्द–शैलीचिह्नक :

इस प्रकार के शैलीचिह्नक के उदाहरण कबीर की कविता में देखे जा सकते हैं। कबीर ने प्रबुद्ध सांसारिकों के लिए सम्बोधन-क्रम में जिन कुछ विशिष्ट सम्बोधन-शब्दों के प्रयोग किये हैं उनमें 'साधो' शब्द महत्त्वपूर्ण है। यह उनके यहाँ सन्दर्भबद्ध भी है, साथ ही एकाधिक बार आवर्तित भी। जैसे –"गगन घटा घहरानी, साधो गगन घटा घहरानी।" अतः 'साधो' इस प्रकार का शैलीचिह्नक है।

2.4.2.5.3. रूप–स्तर :

रूप-स्तर पर शैली-चिह्नक तब उपस्थित होता है जब साहित्य-पाठ में कोई भी 'रूप' (Morph) आवर्तित अथवा विरल प्रयोग की स्थिति में अपनी सन्दर्भबद्धता में उपस्थित हो। इस प्रकार रूप-स्तरीय शैलीचिह्नक को भी दो रूपों में विवेचित किया जा सकता है–2.4.2.5.3.1. आवर्तित रूप-स्तरीय शैलीचिह्नक और 2.4.2.5.3.2. विरल रूप-स्तरीय शैलीचिह्नक।

2.4.2.5.3.1. आवर्तित रूप–स्तरीय शैलीचिह्नक :

जब किसी भी साहित्य-कृति या गृहीत पाठ में कोई भी 'रूप' (Morph) अपनी आवर्तिता में सन्दर्भबद्ध होता है तब वहाँ इस स्तर और इस कोटि का शैलीचिह्नक उपस्थित होता है। उदाहरण के लिए 'निराला' की निम्नलिखित पंक्तियों को लें:

"अपने ही पैरों ठहरेंगे
अपने ही गरजों घहरेंगे
अपने ही बूँदों छहरेंगे"

उक्त पंक्तियाँ 'अन्तस्तल से यदि की पुकार' शीर्षक कविता की हैं। यहाँ जो बहुवचन रूप उभार वाले अंशों में देखने को मिलता है वह एक ओर तो अव्याकरणिक है और दूसरी ओर आवर्तित भी है। तीसरी ओर इसमें 'रूप' की साकांक्षता का अभाव भी है इससे यहाँ धनात्मक के साथ-साथ ऋणात्मक शैलीचिह्नक का स्वरूपण भी होता है। 'ओं' यहाँ रूप-स्तर का धनात्मक शैलीचिह्नक है, जो 'पैरों', 'गरजों' और 'बूँदों'—तीनों में आवर्तित हुआ है। इसकी सन्दर्भबद्धता इसकी बलात्मक और दृढ़निश्चयात्मक साभिप्रायता के कारण है। दूसरी ओर 'पैरों' के बाद 'पर' जैसे अधिकरण कारक परसर्ग, 'गरजों' के बाद 'से' जैसे कारक परसर्ग और 'बूँदों' के बाद पुनः 'से' जैसे कारक परसर्ग का अध्याहार किया गया है। इस अध्याहार की साभिप्रायता बहुवचनात्मकता, बलात्मकता और दृढ़निश्चयात्मकता–तीनों ही दृष्टियों से है। अतः अध्याहार सन्दर्भबद्ध है। फलतः उक्त उदाहरणों में ऋणात्मक शैलीचिह्नक भी सक्रिय है। रूप-स्तरीय आवर्तित शैलीचिह्नक का सर्वश्रेष्ठ उदाहरण प्रेमचन्द के 'गोदान' उपन्यास में 'तो' रूप (Morph) का 2594 बार किया गया प्रयोग है। इसकी सन्दर्भबद्धता को आग्रहमूलक निपात, नैकट्यमूलक निपात, संबंधात्मक निपात, प्रश्नात्मक निपात, संपुष्टिपरक निपात, सीमित वृत्तिकतामूलक निपात—वस्तुपरक, कालपरक—अनुबंधनात्मक निपात,बलात्मक निपात, हेतुहेतुमद्‌भूतमूलक निपात, व्यंग्यमूलक निपात, प्रस्थितिमूलक निपात, तुलनात्मक निपात जैसे अनेक रूपों में उद्‌घाटित किया गया है।[1]

2.4.2.5.3.2. विरल रूप–स्तरीय शैलीचिह्नक :

जब किसी भी साहित्य-कृति या पाठ में कोई भी रूप विरल तौर पर व्यवहृत होता है और वह सन्दर्भबद्ध होता है, तब वहाँ रूप-स्तर पर इस प्रकार का शैलीचिह्नक क्रियाशील होता है। महादेवी वर्मा की निम्नलिखित कविता-पंक्ति को देखें :

"विहँसे उपल, जगत् था खेला।"

यह वाक्य उनकी 'यह मन्दिर का दीप, इसे नीरव जलने दो' शीर्षक कविता का है। यहाँ संज्ञा शब्द 'खेल' में कवयित्री ने 'आ' रूपिम जोड़कर 'खेला' शब्द का निर्माण किया है। मानक हिन्दी में 'आ' रूपिम का प्रयोग पुल्लिंग संज्ञा का स्त्रीलिंग रूप बनाने के लिए या क्रिया को भूतकालिकता देने के लिए किया जाता है। पर यहाँ इनमें से किसी भी प्रकार की सन्दर्भबद्धता काम्य नहीं है। वस्तुतः विभाषिक प्रयोग में इस 'आ' प्रत्यय रूपिम को जोड़कर 'खेल' को 'खेला' के रूप में प्रयुक्त किया जाता है। इसकी सन्दर्भबद्धता यहाँ यथार्थ के विपरीत उसके समाप्त हो जाने की, मिट जाने की, उसकी नश्वरता की है। यह सन्दर्भबद्धता इसके मानक रूप 'खेल' में नहीं है। अतः 'खेला' का 'आ' प्रत्यय रूपिम यहाँ विरल रूप-स्तरीय शैलीचिह्नक का सुन्दर दृष्टान्त है। ऊपर

1. पाण्डेय शशिभूषण 'शीतांशु', 'गोदान की कथा-भाषा', नई कहानी, गोदान विशेषांक, सम्पा० सत्यप्रकाश मिश्र (इलाहाबाद : नई कहानी प्रकाशन, अंक-11, जनवरी, 1992), पृष्ठ 59-60.

निर्दिष्ट प्रकारों के अतिरिक्त भाषावैज्ञानिक आधार पर **मुक्त, बद्ध, प्रातिपादिक** जैसे अनेक रूपिम-भेदों की व्यवहृति और उनकी सन्दर्भबद्धता के आधार पर भी रूप-स्तरीय शैलीचिह्नकों का रेखांकन और विवेचन संभव है।

2.4.2.5.4. वाक्य-स्तर :

वाक्य-स्तर पर शैलीचिह्नक को 2.4.2.5.4.1. संरोधी बनाम मोचक संरचना एवं 2.4.2.5.4.2. इनेत (Enate) बनाम अग्नेत (Agnate) संरचना के आधार पर रेखांकित-विवेचित किया जा सकता है। विचारणीय प्रत्येक कोटि में दो-दो प्रकार के शैलीचिह्नक की स्थिति होती है।

2.4.2.5.4.1. संरोधी बनाम मोचक संरचना :

इस कोटि के अन्तर्गत दो प्रकार के शैलीचिह्नक क्रियाशील होते हैं–2.4.2.5. 4.1.1. संरोधी वाक्य-शैलीचिह्नक और 2.4.2.5.4.1.2. मोचक वाक्य-शैलीचिह्नक।

2.4.2.5.4.1.1. संरोधी वाक्य-शैलीचिह्नक :

संरोधी वाक्य-शैलीचिह्नक वहाँ होता है जहाँ वाक्य में संज्ञापदबंध और क्रियापदबंध के बीच उनकी तात्कालिक, पारस्परिक आकांक्षा को बाधित करने वाली कोई और संरचना आ उपस्थित होती है। उदाहरण के लिए निम्नलिखित पंक्तियों को देखें :

> "तुम, जो पहले दर्शन दे, तत्काल बाद ही,
> लूट ले गये मेरी यह छोटी-सी दुनिया!"

यहाँ मूल संज्ञा पदबंध 'तुम' और 'क्रियापदबंध' 'लूट ले गये मेरी यह छोटी-सी दुनिया' के बीच उनकी तात्कालिक, पारस्परिक आकांक्षा को बाधित-संरोधित करने वाला अंश 'जो पहले दर्शन दे तत्काल बाद ही' है। यहाँ 'सप' और 'क्रिप' का प्रयोग चॉमस्की-निर्दिष्ट अर्थ में किया गया है। ब्रितानी शैलीविद् सिंक्लेयर ने ऐसे अवरोधी वाक्यांश को ही, जो बीच में आकर पूर्व और उत्तरवर्ती वाक्यांशों की आकांक्षा को तत्काल पूरा होने देने से रोकता है 'Arrest Feature' कहा है। हैलीडे के व्याकरण में इसे 'श्रेण्यन्तरण' (Rank-Shift) का उदाहरण माना गया है। यदि यह 'श्रेण्यन्तरण' या 'संरोधी संरचना' साभिप्राय है, सन्दर्भबद्ध है, तो यह वाक्य-स्तर का शैलीचिह्नक है। प्रस्तुत सन्दर्भ में पहले दर्शन की स्मृति और उसके तत्काल बाद ही व्यापारित होने वाली क्रिया का अवधि-निर्देश सन्दर्भबद्ध है। अतः यहाँ संरोधी संरचना शैलीचिह्नक बन गयी है।

इसी प्रकार मुक्तिबोध की 'मुझे याद आते हैं' कविता की निम्नलिखित पंक्तियों को लें :

> "मात्र अस्तित्व ही की रक्षा में व्यतीत हुए दिन की
> कि फलहीन दिवस की निरर्थकता की ठसक को देखकर
> श्रद्धा भी भर्त्सना की मार सह लेती है,"

यहाँ पहले वाक्यांश और तीसरे वाक्यांश की तात्कालिक आकांक्षा की पूर्ति इनके बीच आने वाला दूसरा वाक्यांश नहीं होने देता है। इस प्रकार दूसरा वाक्यांश संरोधी संरचना की भूमिका में उपस्थित होता है और पहले वाक्यांश की सन्दर्भित व्याख्या करने तथा तीसरे वाक्यांश के औचित्य की आधार-भूमिका बनाने की दृष्टि से यह सन्दर्भबद्ध हो उठता है। अत: यह दूसरा वाक्यांश यहाँ संरोधी वाक्य-शैलीचिह्नक का उदाहरण है। यहाँ यह तथ्य ध्यान देने योग्य है कि मुक्तिबोध की कविता में ऐसे वाक्य-शैलीचिह्नक अपेक्षाकृत बहुत कम हैं। इसके विपरीत मुक्तिबोध की कविता में मोचक वाक्य-शैलीचिह्नक की प्रभूतता है।

2.4.2.5.4.1.2. मोचक वाक्य-शैलीचिह्नक :

इस प्रकार का शैलीचिह्नक मोचक वाक्य-संरचना पर आधारित होता है। सिंक्लेयर के अनुसार इस प्रकार की वाक्य-संरचना अनवरत प्रवाही वाक्य-संरचना होती है। इसे अभिवर्धनशील वाक्य-संरचना भी कहा जाता है। इसमें एक शृंखला-सी बनती चली जाती है, पर संरोध कहीं भी नहीं होता है। इसके मूल में वाक्य की मुक्तान्त (open-ended) प्रकृति भी सक्रिय होती है। प्राय: 'और' जैसे अभिवर्धक-संयोजक निपात के आवर्तन से या 'कि' जैसे अभिवर्धक-संयोजक निपात के आवर्तन से ऐसी संरचना को स्वरूपित किया जाता है। अनेक पूर्ण वाक्य एक लड़ी में ग्रथित होते चले जाते हैं। यहाँ एक आकांक्षा पूरी हो चुकी होती है। उसके बाद लगातार आगे आने वाले वाक्याशों के साथ भी पूर्व स्थापित वाक्यांश की आकांक्षा पूर्ण होती चलती है। उदाहरण के लिए निम्नलिखित वाक्य द्रष्टव्य है :

"This is the cat that chased the rat
that ate the malt
that lay in the house."

कभी-कभी केवल अल्पविरामों के प्रयोग से और कभी-कभी केवल वाक्यारम्भ में संज्ञा के बदलते चलने से भी मोचक वाक्य-संरचना स्वरूपित होती है। शैलीचिह्नक बनने के लिए इसकी सन्दर्भबद्धता अपेक्षित है। जयशंकर प्रसाद की 'कामायनी' की निम्नलिखित पक्तियाँ इसका सुन्दर दृष्टांत हैं :

"तांडव में थी तीव्र प्रगति, परमाणु विकल थे,
नियति विकर्षणमयी, त्रास से सब व्याकुल थे।"

यहाँ मोचक संरचना अल्पविराम के प्रयोग-आधार पर स्वरूपित हो रही है। इनमें विवरण की सन्दर्भबद्धता भी है। फलत: यहाँ मोचक वाक्य-शैलीचिह्नक है। इसी प्रकार मुक्तिबोध की निम्नलिखित काव्य-पंक्तियाँ मोचक वाक्य-शैलीचिह्नक का उदाहरण हैं :

"स्वयं की ग्रीवा पर
फेरता हूँ हाथ **कि**
करता हूँ महसूस
एकाएक गर्दन पर उगी हुई
सघन अयाल **और**
शब्दों पर उगे हुए बाल
तथा वाक्यों में ओरॉंग···उटॉंग के
बढ़े हुए नाखून!!"

उक्त काव्यांश में **मोचक संरचना** को **'कि'**, **'और'**, एवं **'तथा'** जैसे **अभिवर्धक–संयोजक निपात** सृजित करते दीखते हैं। यहाँ पहला वाक्य 'स्वयं की ग्रीवा पर हाथ फेरता हूँ' है, दूसरा वाक्य 'एकाएक महसूस करता हूँ' है, तीसरा वाक्यांश 'गर्दन पर उगी हुई सघन अयाल' है, चौथा वाक्यांश 'शब्दों पर उगे हुए बाल' है और पाँचवाँ वाक्यांश 'वाक्यों में ओरॉंग··उटॉंग के बढ़े हुए नाखून' है। इन सबको अभिवर्धकता में, मोचकता में **कि**, **और** एवं **तथा** विन्यस्त कर देते हैं। सन्दर्भबद्धता इस वाक्य में अत्यन्त सघन है। **अयाल**, **बाल**, और **नाखून** 'इदम्' (ID) का प्रत्यक्ष करा देते हैं, जबकि यह व्यक्तित्व 'अहम्' (EGO) का है।

2.4.2.5.4.2. इनेत बनाम अग्नेत संरचना :

इस कोटि के अन्तर्गत दो प्रकार के शैलीचिह्नक क्रियाशील होते हैं–2.4.2.5.4.2.1. इनेत वाक्य-शैलीचिह्नक और 2.4.2.5.4.2.2. अग्नेत वाक्य- शैलीचिह्नक।

2.4.2.5.4.2.1. इनेत वाक्य–शैलीचिह्नक :

'इनेत' (ENATE) वाक्य-संरचना ग्लियसन के अनुरूप वह वाक्य-संरचना है जिसमें एक ही संरचना बार-बार आवर्तित होती है, पर उस संरचना में आने वाले शब्द बदलते जाते हैं। जब इस प्रकार की संरचना सन्दर्भबद्ध होकर अपनी साभिप्रायता में उपस्थित होती है तब इस प्रकार का शैलीचिह्नक सक्रिय होता है। इस दृष्टि से मुक्तिबोध की 'अँधेरे में' कविता की निम्नलिखित वाक्य-संरचना द्रष्टव्य है :

**"भावना के कर्तव्य त्याग दिये
हृदय के मंतव्य मार डाले
बुद्धि का भाल ही फोड़ दिया
तर्कों के हाथ उखाड़ दिये**
जम गये, जाम हुए, फँस गये
अपने ही कीचड़ में धँस गये।"

यहाँ **संज्ञा+संबंधवाची कारक परसर्ग+संज्ञा+प्रधान क्रिया+संयुक्त क्रिया** वाली वाक्य-संरचना का चार बार आवर्तन हुआ है, पर शब्द बदलते गये हैं। केवल तीसरे वाक्य में एक बलात्मक निपात 'ही' का अधिक प्रयोग है। यदि इसे बाद दे दें, तो यहाँ इनकी सन्दर्भबद्धता को देखते हुए, एक-पर-एक सम्पन्न की जाने वाली क्रिया की सांतत्यता और साभिप्रायता की दृष्टि से **इनेत वाक्य–शैलीचिह्नक की स्थिति है।**

2.4.2.5.4.2.2. 'अग्नेत' (AGNATE) वाक्य–शैलीचिह्नक :

अग्नेत वाक्य-संरचना वहीं उपस्थित हो सकती है जहाँ उसके पहले अग्नेत-इतर कोई वाक्य-संरचना उपस्थित हो चुकी हो। इनेत संरचना में **जहाँ संरचना वही रहती है, पर शब्द बदलते जाते हैं**, वहाँ अग्नेत संरचना में **शब्द वही रहते हैं, पर संरचना बदलती जाती है।** इसीलिए अग्नेत संरचना की पृष्ठभूमि में एक अग्नेत-इतर पूर्व संरचना अपेक्षित है। कर्त्तृवाच्य और कर्मवाच्य के उदाहरण में प्राय: पहले की पृष्ठभूमि में दूसरे को 'अग्नेत' संरचना कहा जाता है। यहाँ यह अपेक्षित है कि समान शब्दों को ग्रहण करते हुए ही दोनों वाक्य-संरचनाएँ निर्मित की जाएँ। ये वाक्य-संरचनाएँ वाच्यात्मकता की कोटि से मुक्त होकर भी भिन्नता दिखा सकती हैं। दृष्टान्त के लिए एक वाक्य-संरचना लें :

"यदि **मेरा सिद्धान्तदादी मन अब तक** होता, तो न जाने मैं **क्या**-क्या **कर** चुका होता!" अब इस वाक्य-संरचना में जिन-जिन शब्दों के प्रयोग हुए हैं उनकी अवस्थिति में ही इसकी परिवर्तित संरचना को भी देखें। यह परिवर्तित संरचना मुक्तिबोध की कविता से ली जा रही है :

"ओ **मेरे सिद्धान्तवादी मन,**
अब तक क्या किया ?"

यहाँ निश्चय ही पूर्व वाक्य-संरचना से परवर्ती वाक्य-संरचना भिन्न है, पर इसमें अधिकाधिक आधार-शब्द पूर्व वाक्य के ही हैं। अत: दूसरी संरचना यहाँ **अग्नेत** है। जब कभी यह अग्नेत संरचना अपनी पूर्व संरचना से साभिप्राय रूप में भिन्नता दिखाती है या जब यह सन्दर्भबद्ध रूप में प्रस्तुत होती है तब **अग्नेत वाक्य–शैलीचिह्नक** स्वरूपित होता है।

2.4.2.5.5. प्रोक्ति–स्तर :

प्रोक्ति-स्तर के शैलीचिह्नक पर रोज़र फाउलर, निल्स एरिक एंक्विस्ट और रेमंड चैपमैन ने विचार-विवेचन किया है। इस प्रकार इसे तीन रूपों में देखा जा सकता है–2.4.2.5.5.1. रोजर फाउलर द्वारा निर्दिष्ट शैलीचिह्नक, 2.4.2.5.5.2. निल्स एरिक एंक्विस्ट द्वारा निर्दिष्ट शैलीचिह्नक, 2.4.2.5.5.3 रेमंड चैपमैन द्वारा निर्दिष्ट शैलीचिह्नक और

2.4.2.5.5.4 'शीतांशु' द्वारा निर्दिष्ट शैलीचिह्नक।

2.4.2.5.5.1. रोज़र फाउलर द्वारा निर्दिष्ट प्रोक्ति–स्तरीय शैलीचिह्नक :

प्रोक्ति-स्तर के शैलीचिह्नक पर विचार करते हुए रोज़र फाउलर[1] ने कौशल (डिवाइस) के रूप में इसके तीन कौशलों का उल्लेख किया है–

2.4.2.5.5.1.1. इनमें सबसे पहला कौशल उस शब्दिक युक्ति (ट्रिक) का कौशल है, जिसमें एक शब्द अनेक बार आवर्तित होते हैं। यह आवर्तन शुद्ध रूप में भी उपस्थित हो सकता है अथवा अलग-अलग व्याकरणिक संरचनाओं के भी साथ। यद्यपि यह अपने शुद्ध रूप में शब्द-स्तर का शैलीचिह्नक है, पर फाउलर ने इसे प्रोक्ति-स्तर के लिए उपयोगी देखते हुए प्रोक्ति-स्तर के शैलीचिह्नक के रूप में भी निर्दिष्ट किया है। निर्मल वर्मा की प्रसिद्ध कहानी 'परिन्दे' में 'लतिका' तथा दूसरे शब्दों के ऐसे आवर्तन से प्रोक्ति-स्तर का शैलीचिह्नक उपस्थित होता है। प्रोक्ति को इससे सुसंहता और सन्दर्भबद्धता दोनों ही प्राप्त होती हैं।

2.4.2.5.4.2.1. दूसरा कौशल पूर्ववर्ती-परवर्ती वाक्यों अथवा वाक्यांशों को सर्वनाम के सहारे संयोजित करने का है। यहाँ संयोजक ही संसक्ति उत्पन्न करते हैं। जब यह सन्दर्भबद्ध होता है तब शैलीचिह्नक बन जाता है।

2.4.2.5.5.1.3. तीसरा कौशल क्रियात्मक काल की संहति के कौशल में प्राप्त होता है। यहाँ वाक्य-रचना के अन्त में एक ही प्रकार का काल निरूपित होता है। हिन्दी में नये कहानीकारों में निर्मल और कमलेश्वर की कहानी में ऐसे सन्दर्भबद्ध काल-निरूपण शैलीचिह्नक बन गए हैं।

2.4.2.5.5.2. निल्स एरिक एंक्विस्ट द्वारा निर्दिष्ट प्रोक्ति–स्तरीय शैलीचिह्नक :

एंक्विस्ट ने प्रोक्ति-स्तरीय शैलीचिह्नक पर कई चरणों में और कई रूपों में विचार किया है। उसके द्वारा निर्दिष्ट इन शैलीचिह्नकों को चार रूपों में देखा जा सकता है– 2.4.2.5.5.2.1 प्राथमिक शैलीचिह्नक, 2.4.2.5.5.2.2. द्वितीयक शैलीचिह्नक, 2.4.2.5.5.2.3. तृतीयक शैलीचिह्नक और 2.4.2.5.5.2.4. चतुर्थक शैलीचिह्नक। स्वयं एंक्विस्ट ने अपने सारे विवेचन को इस प्रकार वर्गीकृत नहीं किया है, पर उसके द्वारा निरूपित विचारों से स्पष्ट रूप में परिचित होने के लिए इस प्रकार का वर्गीकरण अपेक्षित है।

2.4.2.5.5.2.1 प्राथमिक शैलीचिह्नक :

एंक्विस्ट ने अन्तर-वाक्यीय स्तर की संसक्ति अथवा सुसंहति को निर्दिष्ट करने के लिए व्यापक क्षेत्रीय अभिलक्षणों का विवेचन किया है। इन अभिलक्षणों को शैलीचिह्नक के रूप में व्याख्यायित-विश्लेपित किया जा सकता है। उसके अनुसार

1 रोज़र फाउलर, 'लिंग्विस्टिक थिअॅरी ऐंड द स्टडी ऑव लिटॅरेचर', एसेज ऑन स्टाइल ऐंड लैंग्वेज़, सम्पा. रोज़र फाउलर (लंडन : रूटलेज ऐंड कीगेन पॉल, 1966, पुनर्मुद्रण 1979), पृष्ठ 18.

ऐसे सारे अभिलक्षणों को तीन वर्गों में निरूपित किया जा सकता है। प्रोक्ति अथवा वाक्यातीत-स्तरीय शैलीचिह्नक के ये तीनों अवयव क्रमशः 1. प्रतिपाद्य 2. केन्द्रण (फ़ोकस) और 3. शृंखला (लिंकेज) हैं।[1] 'टॉपिक' के अन्तर्गत प्रोक्तिगत इकाई के मुख्य प्रतिपाद्य वाक्य, शब्दों की पारस्परिक संसक्ति और इनसे स्पष्ट होने वाले प्रोक्ति के क्षेत्र-विशेष का रेखांकन किया जाता है। 'फ़ोकस' के अन्तर्गत एक वाक्य या वाक्यांश के अन्तर्गत प्रयुक्त शब्दों और समूहों (ग्रुप्स) के प्रकार्य और चयन का साभिप्राय रेखांकन होता है। यहाँ प्रमुखता या अग्रप्रस्तुति पर ध्यान और बल दिया जाता है। 'फ़ोकस' की विधेयात्मकता को स्वनशास्त्रीय, वाक्यीय और शाब्दिक कौशलों के आधार पर भी रेखांकित किया जाता है। अन्त में 'लिंकेज' के अन्तगत पदबन्धों, संयोजकों, सर्वनामों, काल के अनुक्रमों आदि का रेखांकन किया जाता है। इन्हीं के कारण वाक्य से वाक्य को संयोजित करने की बाह्य संरचना स्पष्ट हो पाती है।

2.4.2.5.5.2.2. द्वितीयक शैलीचिह्नक :

एंक्विस्ट ने एक दूसरी दृष्टि से भी वाक्यातीत-स्तर के शैलीचिह्नकों को निम्नलिखित चार शीर्षकों में निर्दिष्ट किया है[2]–1. पाठ की सुघड़ता (टेक्स्चुअल वेलफार्म्डनेस) 2. पाठ की स्वीकार्यता (टेक्स्चुएल ऐक्सेप्टिबिलिटी), 3. पाठ की सह्यता (टेक्स्चुअल टॉलेरेंस) और 4. पाठ क़ा विचलन (टेक्स्चुएल डिविएशन)।

2.4.2.5.5.2.2.1. **पाठ की सुघड़ता** के अन्तर्गत प्रोक्ति अथवा पाठ की दृष्टि से सुसम्बद्ध वाक्य-शृंखलाओं पर विचार किया जाता है। यहाँ वाक्यांश-संयोजक या आवर्तक या काल-संकेत के शैलीचिह्नक उपस्थित होते हैं।

2.4.2.5.5.2.2.2. **पाठ की स्वीकार्यता** पाठ या प्रोक्ति के सम्प्रेषण से सम्बद्ध होती है। इसमें पाठ के लिए प्रोक्ति या पाठ किस सीमा तक स्वीकार्य बन पड़ा है, यह देखा जाता है। व्याकरणिक स्वीकार्यता की तरह इसके भी शैलीचिह्नक रेखांकित किये जाते हैं।

2.4.2.5.5.2.2.3 **पाठ की सह्यता** के दो स्तर होते हैं–1. पहले स्तर पर जो वाक्य प्रोक्ति के आरम्भ में स्वीकार्य दीखता है, वही प्रोक्ति के मध्य या अन्त में सह्य नहीं हो सकता है। 2. दूसरे स्तर पर वाक्यों की एक शृंखला या एक प्रोक्ति एक विशेष सन्दर्भ में तो सह्य सिद्ध हो सकती है, पर वही वाक्य-शृंखला और प्रोक्ति दूसरे संदर्भ में सह्य नहीं सिद्ध हो पाती है। यहाँ सह्यता के विशिष्ट अवयव ही शैलीचिह्नक बन जाते हैं।

---

1. निल्स एरिक एंक्विस्ट, 'स्टाइल इन सम लिंग्विस्टिक थिअरीज़', लिटॅरेरी स्टाइल : अ सिम्पोजियम, सम्पा0 सेमूर चैटमैन (लंडन : ऑक्सफोर्ड यूनिवर्सिटी प्रेस, 1971), पृष्ठ 57.
2. निल्स एरिक एंक्विस्ट, लिंग्विस्टिक स्टायलिस्टिक्स (पेरिस : मूतन, 1973), पृष्ठ 160.

2.4.2.5.5.2.2.4. **पाठ के विचलन** में साहित्यिक प्रभविष्णुता अथवा गहरी सोद्देश्यता की दृष्टि से विचलन की सृष्टि होती है। प्राय: प्रथम पाठ में पाठक को यह विचलित प्रतीत भी होता है। पर यहाँ विचलन का हेतु वाक्यातीत या प्रोक्ति-स्तर का शैलीचिह्नक बनकर उपस्थित होता है।

2.4.2.5.5.2.3. तृतीयक शैलीचिह्नक :

इस प्रकार के शैलीचिह्नक उसके द्वारा किये गये प्रतिपाद्य-गतिकी के विवेचन में प्राप्त होते हैं।[1]

एंक्विस्ट ने विवेच्य **प्रतिपाद्य–गतिकी** के तीन भाग निर्दिष्ट किये हैं। 1. **पहला भाग प्रतिपाद्य की स्थैतिकी** का होता है, जो एक वाक्यांश अथवा एक वाक्य में 'थीम' की सैद्धान्तिकी बनकर उपस्थित होता है। 2. **दूसरा भाग पाठ के अभिज्ञान का होता है।** इसकी पद्धति पाठात्मक तौर पर विभिन्न वाक्यों के परिभाषेय भागों की तुलना की शक्ति रखती है और इसमें यह निर्णय करने की क्षमता भी होती है कि उन विभिन्न वाक्यों को हम भिन्न-भिन्न रूप में देखें अथवा एक अन्तर्ग्रथित शृंखला में रेखांकित करें। 3. **तीसरा भाग पाठ की गतिकी** की पद्धति के लिए हमें एक वर्गिकी प्रदान करता है, जो किसी पाठ में आनुक्रमिक रूप में आने वाले अन्तरवर्ती वाक्यों से गुज़रने के बाद तैयार होती है।

एंक्विस्ट के अनुसार पाठ की स्थैतिकी के अभिगम तो उपलब्ध होते हैं, लेकिन पाठ की गतिकी के विषय में बहुत कम काम हुआ है, यद्यपि इसकी बहुतेरी समस्याओं को शैली के विश्लेषण और गद्य की संरचना से जोड़कर देखा अवश्य गया है।

2.4.2.5.5.2.3.1. **प्रतिपाद्य–स्थैतिकी** को रचना में निवेदित कथ्य की स्थिरता और अनावृत्ति में रेखांकित किया जाता है। 'स्थैतिकी' 'स्थिरता' को निरूपित करती है। जब रचना का कथ्यांश कोई वाक्य अर्थ-स्तर पर कृति से गहन संरचनात्मक रूप में जुड़ा होता है और बिना आवर्तित हुए साभिप्रायता को उन्मीलित करता है तब वहाँ प्रतिपाद्य-स्थैतिकी होती है। स्थैतिकी की सीमा प्राय: वाक्य की सीमा होती है, जबकि गतिकी वाक्य से वाक्य तक की यात्रा करती है।

2.4.2.5.5.2.3.2. प्रतिपाद्य-गतिकी का दूसरा भाग **पाठात्मक अभिज्ञान** का है, जिसमें पाठ के विभिन्न वाक्यों की तुलना की जाती है। यहाँ इस तथ्य से अलग रह कर कि वह उन्हीं शब्दों के सहारे अभिव्यक्ति पा सके हैं या नहीं, दो पाठों के एक या भिन्न होने की पद्धति भी प्रस्तुत की जाती है। एंक्विस्ट के विचारानुरूप अभी पर्यायमूलकता की कोई अर्थपरक पर्याप्त सैद्धान्तिकी हमारे पास नहीं है, इसलिए व्यावहारिक शैलिकीय विश्लेषण में पाठ-अभिज्ञान की मोटे तौर पर सुलभ पद्धतियों

---

1. निल्स एरिक एंक्विस्ट, लिंग्विस्टिक स्टायलिस्टिक्स (पेरिस : मूतन, 1973), पृष्ठ 160.

से ही हमें सन्तोष करना होगा। एंक्विस्ट ने प्रोक्ति के अर्थगत सम्बन्धों की एक विशिष्ट बानगी भी प्रस्तुत की है, जहाँ पाठ को इनके आधार पर संसक्त माना जा सकता है, यदि वे इनमें से कुछ में भी ठीक बैठते हों।

2.4.2.5.5.2.3.3. पाठ के अभिज्ञान के बाद **पाठ की गतिकी** की बात सामने आती है। वस्तुतः यह उस वर्गिकी का रेखांकन है, जिसमें साहित्यिक कृति या पाठ में 'थीम' गतिशील होती है। एंक्विस्ट ने इन्हें 'थीम' और 'रीम' की जगह, 'अक्षक' और 'वर्तक' की जगह 'आरंभिक' और 'अनारम्भिक' (Initial and Non-initial) कहा है। इस प्रकार वह 'थीम' की गतिकी का विश्लेषण 'आ' (I) और 'अना' (N) के सहारे करने का प्रस्ताव रखता है। एंक्विस्ट ने इसकी भी चार स्थितियाँ स्वीकार की हैं–

1. **'आ' से 'आ'**—इस स्थिति में पहले वाक्य का जो आरम्भिक शब्द होता है, वही दूसरे वाक्य में भी आरम्भिक बनकर उपस्थित होता है। यहाँ इस अभिज्ञान-कौशल को आदि आवर्तन पर निर्भर माना जाता है।

2. **'आ' से 'अना'**—ऐसी स्थिति में पहले वाक्य के आरम्भ में आया हुआ शब्द या पद दूसरे वाक्य के आरम्भ में न आकर अन्त में आता है। यहाँ विकल्प से हू-ब-हू वही शब्द आ सकता है अथवा इस संज्ञा शब्द को निर्दिष्ट करने वाला कोई सार्वनामिक पद भी आ सकता है। यह स्थिति आद्यन्तावृत्ति से सिरजती है।

3. **'अना' से 'आ'**—पहले वाक्य के अन्त में आया शब्द या पद जब दूसरे वाक्य के आरम्भ में आ जाता है तब इस प्रकार की गतिकी बनती है। यह गतिकी-कौशल अन्ताद्यावृत्ति पर निर्भर होता है।

4. **'अना' से 'अना'**—ऐसी स्थिति में पहला वाक्य अन्त में जिस शब्द का संवहन करता है, दूसरे वाक्य के अन्त में भी उसी शब्द का व्यवहार होता है। यहाँ भी उसका निर्देश करने वाला कोई सार्वनामिक पद प्रयुक्त हो सकता है। गतिकी का यह कौशल अन्तावृत्ति-निर्भर होता है।

एंक्विस्ट ने 'थीम' की गतिकी को रेखांकित और वर्गीकृत करने के कई और सिद्धान्त भी स्पष्ट किये हैं, जिनमें एक सिद्धान्त वाक्यगत प्रकार्य का है। इसमें एक 'थीम' एक वाक्य के कर्ता से दूसरे वाक्य के कर्ता तक संचरित-गतिशील होती अपनी गतिकी बनाती है। यहाँ ऐसा भी सम्भव है कि 'थीम' एक वाक्य के कर्ता से दूसरे वाक्य के कर्म तक अथवा एक वाक्य के कर्म से दूसरे वाक्य के कर्ता तक अपनी गतिकी बनाती चले। इसके अतिरिक्त एक दूसरा कौशल वाक्यगत संरचना का भी है, जहाँ 'थीम'-परक अभिलक्षण संज्ञापदबन्ध से क्रियापदबंध, 'सब्सटैन्सिव' (Substansive) से वर्ब (verb) तक अपनी गतिकी बनाता चलता है। एंक्विस्ट ने वर्गीकरण के उस सिद्धान्त का भी उल्लेख किया है, जो वाक्यों की दूरी पर निर्भर

है, पर प्रायः 'थीम' से जुड़ा है। कुछ पाठ तो 'थीम' की गतिकी का एक वाक्य से दूसरे वाक्य तक बारम्बार और लगातार व्यवहार दिखाते हैं। जैसे–वाक्य 'न' के साथ संज्ञा 'न'+1 का सम्बन्ध, लेकिन दूसरे प्रकार के पाठों में यह गतिकी दूरी बनाकर आती है, जैसे वाक्य संख्या 'न' से वाक्य संज्ञा 'न'+2 और 'न'+3 के साथ उसका सम्बन्ध।[1]

एंक्विस्ट ने थीम की गतिकी पर 1970 में प्रकाशित एक पूरी पुस्तक (फ्रेन्टिसेक डेन्ज़ के द्वारा लिखित) का उल्लेख किया है। इस पुस्तक में 'थीम' की पहचान के लिए डेन्ज़ प्रश्नों के व्यवहार का सुझाव देता है। इसके अतिरिक्त डेन्ज 'थीम' की गतिकी के साँचे को भी वर्गीकृत करता है, जिसके चार निम्नलिखित प्रकार हैं :—

(अ) सामान्य पंक्ति की गतिशीलता—इसमें एक वाक्य की 'रीम' आगे आने वाले वाक्य की 'थीम' बन जाती है।

(ब) ऐसा अनुच्छेद जो **'थीम'** के जरिए ही व्याप्त अथवा गतिशील होता है—इसमें वाक्यों का ऐसा अनुक्रम होता है, जहाँ 'थीम' तो समान होती है, लेकिन 'रीम' भिन्न-भिन्न होती है।

(स) व्युत्पन्न 'थीमों' की गतिशीलता—यहाँ एक तो 'हाईपर थीम' होती है, जिसे हम 'बृहद् थीम' कह सकते हैं। इसके अतिरिक्त कई उच्चावच क्रम से जुड़ी 'टेइल थीम' भी होती है।

(द) एक विखण्डित 'रीम' का विकास—यहाँ उत्तरवर्ती वाक्यों की थीम उस धारणा के सह-सदस्य के रूप में आती है, जिसने आरम्भिक वाक्य की 'रीम' को उपस्थित किया है। यहाँ आकर 'थीम' का अभिज्ञान और 'थीम' की गतिशीलता एक ही वर्गिकी में संलयित हो जाती है। विभिन्न अभिलक्षणों का ऐसा समूहन वैसे विश्लेषणों में तो व्यावहारिक और उपयोगी होता है, जिनमें साथ-साथ उद्भूत होने वाले तत्त्वों के कुलक में शैलिकीय साभिप्रायता होती है। वास्तविक व्यवहार में ऊपर प्रस्तुत 'थीम' गतिकी के सारे अवयवों पर, पूरे तौर पर किये जाने वाले विचार-पाठ के वास्तविक विश्लेषण पर बहुत धीमे और पेचीदे रूप में उभरने वाला विचार प्रस्तुत करेगा। पर एंक्विस्ट की धारणा है कि यह काम अधिक परिश्रम-साध्य हो जाता है। फिर बृहत्तर पाठ की ऐसी विश्लेषण-प्रक्रिया उतना अधिक समय और शक्ति ले जाती है जिसके एवज़ में हमें बहुत कम प्राप्त हो पाता है।[2]

एंक्विस्ट ने बताया है कि थीम-गतिकी विश्लेषण को, जैसा कि सभी आनुप्रयोगिक पाठपरक विश्लेषणों में होता है, उसके उद्देश्य को अमूर्त्तता और सूक्ष्मता के स्तर वाले

---

1. निल्स एरिक एंक्विस्ट, लिंग्विस्टिक स्टायलिस्टिक्स (पेरिस : मूतन ऐण्ड कम्पनी, 1973), पृष्ठ 121.
2. वही।

चयन को निर्धारित करने के लिए अनुमत किया जाना चाहिए। उसके अनुसार जिस दूरी तक शैलीवैज्ञानिक विश्लेषण को एक आनुप्रयोगिक व्यापार माना जाता है उस दूरी तक बुद्धिपूर्वक केवल उन्हीं अभिलक्षणों की परिगणना और परिकल्पना की जानी चाहिए, जो शैलीचिह्नक के रूप में अपना प्रकार्य करते हैं। 'थीम-गतिकी' का व्यापार एक प्रकार से संसक्ति-तालिका तैयार करना है, जिसमें पाठ के वाक्यांश और वाक्य को विशेष रूप में विविध संसक्ति-कौशलों की तैयारी के क्रम में परिगणित किया जाता है। एक दूसरा प्रकार शैलिकीय रूपरेखा के अंकन का है, जिसमें संसक्ति-कौशल की सापेक्ष संख्याएँ आधिकारिक आरेख अथवा 'हिस्टोग्राम' के रूप में उपस्थित होती हैं।

2.4.2.5.5.2.4. चतुर्थक शैलीचिह्नक :

प्रोक्ति के स्तर पर एंक्विस्ट ने वाक्य और वाक्य की पारस्परिक संसक्ति के सन्दर्भ में कुछ और अभिलक्षणों का विवेचन किया है। ये अभिलक्षण भी शैलीचिह्नक बन जाते हैं। इनके पुनः चार अवयव निर्दिष्ट किये गए हैं :

2.4.2.5.5.2.4.1. सांदर्भिक संसक्ति (कॉन्टेक्स्चुएल कोहिश्ज़न) :

सांदर्भिक संसक्ति सांदर्भिक अभिलक्षण के समान साँचों में उभरने वाले अनुच्छेदों को साथ-साथ प्रस्तुत करती है। उदाहरण के लिए किसी भी उपन्यास में संलाप का अंश एक विशिष्ट सांदर्भिक साँचे को प्रस्तुत करता है, जो उस उपन्यास के उत्तारकीय या वर्णनात्मक साँचे से भिन्न होता है। इसी प्रकार नाटक में संलाप के साँचे से भिन्न रंगमंचीय निर्देश का साँचा भी होता है। ऐसी वाक्य-शृंखला जिसका सांदर्भिक साँचा एक ही होता है, उन्हें परस्पर सम्बन्ध माना जाता है और उनमें सांदर्भिक संसक्ति पायी जाती है।

2.4.2.5.5.2.4.2. शाब्दिक संसक्ति (लेक्सिकल कोहिश्ज़न):

शाब्दिक संसक्ति जैसे पद से यह पता चलता है कि संसक्त पाठों में बहुधा सजातिक शब्दावली का व्यवहार किया गया होता है, जिससे उनकी अन्विति सुव्यवस्थित होती है। शब्द-प्रयोग की यह चयनमूलक सजातिकता पाठ के विषय से अपने स्वाभाविक रूप में प्रभावित होती है। 'न्यूक्लिअर भौतिकी' पर लिखे गए एक निबन्ध में अपने सहज स्वाभाविक रूप में 'न्यूक्लिअर भौतिकी' के शब्दों के उच्चतर एवं घनत्वमूलक प्रयोग प्राप्त होते हैं। विषय के अतिरिक्त दूसरे सांदर्भिक अभिलक्षण भी शाब्दिक संसक्ति को प्रभावित करते हैं। एक बोलचाल वाले, चालू मुहावरे वाले पाठ में शैलीपरक दृष्टि से चालू मुहावरों की सजातिक प्रयोगशीलता दीख पड़ेगी।

एंक्विस्ट ने इस तथ्य पर ध्यान दिया है कि केवल 'थीम' की गतिकी ऐसा साधन नहीं है, जिसके जरिए वाक्य-शृंखलाएँ पाठात्मक सुघड़ता की अपेक्षाओं को परितुष्ट करें। वस्तुतः पाठ की सुघड़ता तीन मुख्य प्रकार के अवयवों का एक प्रकार्य है। प्रथमतः

तो यह अलग-अलग वाक्यों की व्याकरणिक सुघड़ता पर निर्भर है। दूसरे, यह उस प्रक्रिया पर भी निर्भर है, जिसमें वाक्य परस्पर शृंखलित होते हैं और तीसरे, यह सन्दर्भ पर भी निर्भर है, क्योंकि एक व्याकरण की पुस्तक में व्याकरणिक उदाहरणों की ऐसी शृंखला सह्य हो सकती है, जो उस व्याकरणिक सन्दर्भ से बाहर किसी साहित्यिक रचना या कृति के सन्दर्भ में अपना कोई अभिप्राय और आशय नहीं रख पाये।

2.4.2.5.5.2.4.3. वाक्य और वाक्यांशगत संयोजन (क्लॉजल लिंकेज़) :

एंक्विस्ट के अनुसार वाक्यांशगत संयोजन हमें उन रूपात्मक साधनों के उपकरण मुहैया करता है, जो वाक्यों में वाक्यांशों और पाठ में वाक्यों की संसक्ति को रेखांकित कर सकें। यद्यपि पाठ में वाक्य की संसक्ति के अधिक कौशल वाक्यांश वाले ही हैं, फिर भी वाक्यों के पारस्परिक अन्तर्ग्रथन और संयोजन के कौशल पर अलग से ध्यान देने की अपेक्षा है। एंक्विस्ट ने इस सन्दर्भ में मिलिक द्वारा प्रस्तावित[1] वाक्य से वाक्य के बीच सम्बन्ध स्थिर करने वाली आठ प्रकार की आधारभूत तार्किक पद्धति का उल्लेख किया है। इसके अवयव निम्नलिखित हैं –

(i) योगात्मक (एडिटिव) :

इसके अन्तर्गत ऐसे निपात आते हैं, जिनका पूर्ववर्ती प्रतिज्ञप्ति के साथ कोई मूलभूत या सावयव सम्बन्ध नहीं होता। जैसे 'और'। ये दो वाक्यों को परस्पर जोड़ने का काम करते हैं।

(ii) आरंभिक (इनीशियल) :

इससे पाठ में वाक्य का आरम्भ होता है। किसी भी अनुच्छेद के पहले वाक्य को इस रूप में रेखांकित किया जा सकता है।

(iii) विरोधात्मक (एडवर्सेटिव) :

मूल प्रतिज्ञप्ति के बाद इसके अन्तर्गत ऐसे निपात आते हैं, जो कथ्य की दिशा को बदल देते हैं। उदाहरण के लिए 'पर', 'लेकिन', 'किन्तु', 'परन्तु', 'मगर' जैसे निपातों के प्रयोग।

(iv) विकल्पात्मक (ऑल्टरनेटिव) :

इसके अन्तर्गत ऐसे निपात आते हैं, जो पूर्व कथित प्रतिज्ञप्ति के लिए विकल्प प्रस्तुत करते हैं। उदाहरण के लिए 'या', 'अथवा', 'वा' आदि के प्रयोग।

(v) व्याख्यात्मक (एक्सप्लेनेटिव) :

इसके अन्तर्गत ऐसे भाषिक अंश आते हैं, जो पूर्व प्रस्तुत प्रतिज्ञप्ति के बयान को पुनः प्रस्तुत करते हैं, उसकी पुनः परिभाषा अथवा उसकी विस्तृत व्याख्या करते हैं। इसके अन्तर्गत 'जो कि', 'जो यह है', 'ऐसा है' जैसे प्रयोग किये जाते हैं।

---

1 लुइस टी0 मिलिक, स्टायलिस्ट्स ऑन स्टाइल : ए हैंडबुक विद सिलेक्शंज़ फ़ॉर एनालिसिस (न्यूयार्क : चार्ल्स स्क्राइब्नर्स संज़, 1969), पृ0 21.

(vi) निदर्शात्मक (इलस्ट्रेटिव) :

इसके अन्तर्गत कोई दृष्टान्त, निदर्शन या स्पष्टीकरण प्रस्तुत किया जाता है। 'उदाहरणार्थ', 'द्रष्टव्य', 'जैसे' आदि के प्रयोग इस रूप में किये जाते हैं।

(vii) परिणाममूलक (इलेटिव) :

इसके अन्तर्गत निष्कर्ष निकालने वाले शब्दों के प्रयोग किये जाते हैं, 'अतः', 'इसलिए', 'अतएव', 'एवं प्रकार' आदि के प्रयोग ऐसे ही हैं।

(viii) कारणात्मक (कॉज़ल) :

इसके अन्तर्गत पूर्ववर्ती प्रतिज्ञप्ति या वाक्य को उपसंहार तक लाने के लिए वाक्यारंभ में कारण-सूचकता का उल्लेख करने वाले शब्द व्यवहृत होते हैं। 'क्योंकि', 'कारण यह है' जैसे पदों के प्रयोग इस रूप में किये जाते हैं।

वाक्य और वाक्य के संयोजन के घनत्वमूलक साँचे का यह प्रकार अतिरिक्त रूप में हमारे सामने वाक्यातीत शैलीचिह्नकों के एक प्रकार को उपस्थित करता है।

2.4.2.5.5.2.4.4. प्रतिमामूलक संयोजन (आइकोनिक लिंकेज़) :

यह शब्द मूलतः संकेतार्थ-विज्ञान (सिमिओटिक्स) के क्षेत्र का है। यह वैसी स्थिति की ओर संकेत करता है, जिसमें दो या दो से अधिक वाक्य इसलिए परस्पर संसक्त होते हैं, कि वे अमूर्त्तता के किसी स्तर पर समाकारिक अथवा एक-दूसरे के प्रतिरूप (आइसोमोरफिक) होते हैं। उदाहरण के लिए एलेक्जेंडर पोप की एक काव्य-पंक्ति छान्दस् रूप में दूसरी पंक्ति से समाकृतिक (आइसोमोरफिक) होती है।

एंक्विस्ट के अनुरूप प्रतिमामूलक संयोजन के साभिप्राय प्रयोग में यह तथ्य ध्यान देने योग्य है कि पृथक्करण अमूर्त्तता के किसी स्तर पर एकैकसमाकारी, प्रतिमापरक संयोजन के रूप में साभिप्राय होता है। नियमतः इस प्रकार की पारस्परिक प्रतिरूपता बहिस्तलीय संरचना के निकट होती है, पर भाषा के 'सप'+'क्रिप' साँचे के अनुरूप प्रत्येक वाक्य को एक-दूसरे का एकैकसमाकारी या प्रतिरूप सिद्ध करने में कोई सार्थता नहीं मिलेगी। हाँ, लयात्मक और छान्दस् नियमितता, अन्त्यानुप्रासिकता, आनुप्रासिकता, स्वर-समता जैसे सारे अभिलक्षण प्रतिमामूलक संयोजन के समर्थ उदाहरण के बतौर प्रस्तुत होते हैं।

प्रतिमामूलक संयोजन तब वाक्यीय हो जाता है जब दो वाक्य परस्पर एक ही प्रकार की विशिष्ट संरचना में उपस्थित होते हैं। उदाहरण के लिए यदि दो वाक्य संरोधी वाक्यांश के साथ एक जैसे रूप में ही प्रस्तुत हों तो उसमें परस्पर एकैकसमाकारिता या प्रतिरूपता होगी। यहाँ बहिस्तलीय-संरचना का सादृश्य ही प्रतिरूपता को रेखांकित करने का हेतु बन जाता है। ध्यानीय तथ्य यह है कि संरचना अत्यन्त सामान्य और साधारण नहीं हो।

इन सबके अतिरिक्त विशिष्ट कालपरकता के लगातार प्रयोग अथवा

दृष्टिकोणात्मक पहलुओं के ऐसे निरन्तर प्रयोग भी, जिन्हें भाषिकीय तौर पर परिभाषित किया जा सकता हो, पाठ को संसक्ति प्रदान करते हैं। एंक्विस्ट के अनुसार पाठपरक विश्लेषण का प्रथम चरण वाक्यबन्ध के पारस्परिक सम्बन्ध को विश्लेषित-उद्घाटित करने का है, पर पाठ को अलग-अलग वाक्यों के विश्लेषण-मात्र का कुल योग कदापि नहीं माना जा सकता। इसीलिए अन्तर-वाक्यीय धारणात्मक साँचे की अनिवार्य आवश्यकता पड़ती है।

अन्तर-वाक्यीय व्याकरण अथवा पाठात्मक भाषाविज्ञान के अवयव शैलीचिह्नकों के रूप में अत्यन्त समर्थ हैं। निष्कर्षतः वाक्यातीत स्तर के इन शैलीचिह्नकों की निम्नलिखित तीन दिशाएँ हैं –

1. **पाठ की गतिकी की दिशा**—जिसमें 'एनाफोरिक' और 'केटाफोरिक' सन्दर्भ जुड़े हैं।

2. **वाक्यों और उससे भी बृहत्तर पाठात्मक इकाइयों के बीच संसक्ति-कौशल के रेखांकन की दिशा।**

3. **वाक्य और वाक्य के बीच उस संयोजन की दिशा**—जो परस्पर संयोगी सम्बन्ध को रेखांकित करती है।[1]

अंततः यह मानना पड़ेगा कि शैलीचिह्नक की अवधारणा का प्रस्तोता होने के साथ-साथ एंक्विस्ट ने अधिकाधिक विद्वानों के अभिमतों को मीमांसित करते हुए प्रोक्ति वाक्यातीत-स्तरीय शैलीचिह्नकों का सुन्दर रेखांकन किया है।

2.4.2.5.5.3. रेमांड चैपमैन द्वारा निर्दिष्ट शैलीचिह्नक :

रेमांड चैपमैन ने वाक्यातीत/प्रोक्ति-स्तर के शैलीचिह्नक को निम्नलिखित दो अवयवों के रूप में रेखांकित किया है[2]:

2.4.2.5.5.3.1. संग्रथन-शृंखला (कनेक्शन), और

2.4.2.5.5.3.2. अन्तराली मौन (सायलेन्स)

2.4.2.5.5.3.1. संग्रथन-शृंखला :

चैपमैन ने संग्रथन-शृंखला पर विचार करते हुए कॉलरिज़ की उस पंक्ति को स्मरण किया है, जिसमें उसने लिखा है कि एक विवेकशील और उत्तम लेखक अपने संग्रथनमूलक शब्द (कॉनेक्टिव्स) के सहारे ही जाना जाता है। यह बहुत स्पष्ट है कि

---

1. निल्स एरिक एंक्विस्ट, लिंग्विस्टिक स्टायलिस्टिक्स (पेरिस : मूतन ऐण्ड कम्पनी, 1973), पृष्ठ 126.
2. रेमांड चैपमैन, 'बियोंड द सेंटेंस', लिंग्विस्टिक्स ऐंड लिटरेचर (लंदन : एडवर्ड आर्नल्ड, 1973, पुनर्मुद्रण, 1974), पृष्ठ 104.

किसी भी प्रोक्ति के अनिवार्य अभिलक्षणों में संग्रथन-शृंखला वाले शब्दों का महत्त्व है। एक अव्यवस्थित और बेतरतीब क्रम में आये वाक्यों का, जो अपने-आप में सुघड़ रूप में उभरते भी हों, उन्हें बिना संग्रथन-शृंखला के निरर्थक कहा जा सकता है। पंक्तिबद्ध सामग्री में प्रोक्ति का प्रत्येक वाक्य एक कदम आगे होता है। इसे ही हैरिस ने कहा है कि यह एक दृष्टि पीछे भी है, जिसे अभी-अभी संरचित किया गया है। ऐसा नहीं है कि शृंखलापरक शब्दों की कोई सूची बनी हो। फिर भी संग्रथन वाली शृंखला के निम्नलिखित रूपों पर विचार किया जा सकता है–

2.4.2.5.5.3.1.1. संयुक्त करने वाले (Conjuction), समुच्चयबोधक और संयोजन–विशेषणपरक शब्द—अंग्रेजी में इसके उदाहरण 'हाउएवर' (However), 'फर्दर मोर' (Further more), 'नेवर द लेस' (Never the less) जैसे शब्द हैं। हिन्दी में इसके उदाहरण 'फिर भी', 'निस्सन्देह', 'वस्तुतः', 'तथ्यतः' जैसे शब्द हैं। कुछ आलोचकों ने रचनाकारों द्वारा वाक्यों के आरम्भ में समुच्चयबोधक के किए गये व्यवहार पर भी तेवर चढ़ाये हैं। पर वस्तुस्थिति यह है कि ऐसे कई उदाहरण बड़े ही स्वीकार्य बन पड़े हैं।

2.4.2.5.5.3.1.2. **सार्वनामिक (प्रोनोमिल) सहलग्नता वाले शब्द**—ऐसे शब्द पहले आयी संज्ञा के साथ जुड़े होते हैं। वास्तव में यहाँ उत्तम पुरुष, मध्यम पुरुष तथा अन्यपुरुष—तीनों प्रकार के सार्वनामिक संग्रथन-शृंखला की रचना करते हैं।

2.4.2.5.5.3.1.3. **किसी व्यक्तिवाचक संज्ञा अथवा किसी उन्मीलक शब्द की आवृत्ति** जो तद्वत् अथवा भिन्न व्याकरणिक रूप में भी हो सकती है। भारती की 'कनुप्रिया' में 'कनु' और 'राधन' शब्द की आवृत्ति ऐसी ही है।

2.4.2.5.5.3.1.4 **पर्यायवाची अथवा उससे जुड़े किसी शब्द अथवा पद का व्यवहार।** ये शाब्दिक संसक्ति बनाने के कारण प्रोक्ति के शैलीचिह्नक हैं।

2.4.2.5.5.3.1.5. **संकेतवाचक शब्द जिन्हें 'पोयंटर्स' कहते हैं।** अंग्रेजी के 'द', 'दिस', 'दैट' इसके उदाहरण हैं। हिन्दी में 'यह', 'वह' इसके दृष्टान्त हैं। ये या तो किसी संज्ञा को अधिशासित करते हैं अथवा किसी दूसरे बयान अथवा पिछले पूरे बयान को सन्दर्भित करते हैं।

2.4.2.5.5.3.1.6. **आरंभिक संरचना की आवृत्ति।** इसमें जिस वाक्यारम्भी संरचना से वाक्य शुरू होता है, उसकी बार-बार आवृत्ति की जाती है। यह एक प्रकार की आद्यावृत्तिमूलक समांतरता ही है।

2.4.2.5.5.3.1.7. **सहवर्गीयता का सम्बन्ध और किसी पूर्ण के प्रति सन्दर्भित अंगों का सम्बन्ध**—सहवर्गीयता के अन्तर्गत एक ही क्षेत्र के परस्पर सम्बद्ध शब्दों का आग्रहण होता है। जैसे नदी, नाव और केवट। अंगी-अंग सम्बन्ध के अन्तर्गत

'मरोनिम' आ जाते हैं। जैसे-'मुखमण्डल', 'आँखें', 'वृक्ष' और 'शाखा'।

2.4.2.5.5.3.1.8. **बिना एकक की आवृत्ति के शिथिल अर्थपरक सम्बन्धन (कनेक्शन)**—इसमें एक वाक्य की मुख्य अर्थपरकता से दूसरे वाक्य की मुख्य अर्थपरकता का सम्बन्ध बिठाया जाता है, जो कभी क्रिया-निर्भर और कभी मुख्य शब्द-निर्भर होता है।

2.4.2.5.5.3.1.9. **अग्रसरित कालक्रम में घटनाओं का स्पष्ट अनुक्रम**—इसमें अग्रसरित हो रहे काल के साथ-साथ घटनाओं की भी क्रमवारता होती है।

2.4.2.5.5.3.2. अन्तराली मौन :

वाक्यातीत शैलीचिह्नकों में दूसरा तत्त्व अन्तराली मौन का है। यह इस स्तर का निषेधात्मक अक्ष है, जबकि शृंखला-सम्बन्धन विधेयात्मक अक्ष है। वाक्यों के बीच के छोटे और अदेखे अन्तराल, प्रोक्तियों के बीच के अन्तराल, अनुच्छेदों के बीच के अन्तराल अथवा अध्यायों या उससे भी बड़ी इकाइयों के बीच उभरने वाले अन्तराल अथवा और भी बड़ी इकाइयों में रूपान्तरित होने वाले ऐसे अन्तराल भाषिक सम्प्रेषण के अनुभव में सन्दर्भबद्ध धक्के लगाते हैं। जिस प्रकार साँस लेने के लिए उपराम अपेक्षित होता है, ताज़गी के लिए हम विराम लेते हैं, सोने के रूप में भी हम विश्राम करते हैं, उसी प्रकार भाषिक संयोजन के भी प्रत्येक संदर्भ में छोटे या बड़े अन्तराल आते रहते हैं। कोई भी भाषिक प्रोक्ति लगातार नहीं चलती है। वह बीच-बीच में उपरामों के साथ अनुसरित होती चलती है। यह मौन भी सन्दर्भबद्ध होकर शैलीचिह्नक बन जाता है। इसका उदाहरण सबसे अधिक नाटकों में देखने को मिलता है। वास्तव में यह भाषिक प्रोक्ति की निरन्तरता के अभाव में उत्पन्न होने वाला ऋणात्मक शैलीचिह्नक है।

2.4.2.5.5.4. **'शीतांशु' द्वारा निर्दिष्ट शैलीचिह्नक :**

प्रोक्तिस्तरीय शैलीचिह्नकों के निर्धारण में विचारकों द्वारा अब तक जितने कौशलों को देखा गया है उनमें से कई में व्याप्ति-दोष भी परिलक्षित होता है। चैपमैन द्वारा निर्दिष्ट शैलीचिह्नक के अवयवों में इसे वहाँ स्पष्ट देखा जा सकता है, जहाँ चैपमैन **पर्यायवाचिता, आरंभिक संरचना के आवर्तन, व्यक्तिवाचक संज्ञा और उन्मीलक शब्दों** के आवर्तन पर विचार करता है। एंक्विस्ट ने वाक्यातीत स्तर पर विचार करने के क्रम में प्रोक्ति की बाह्य संरचना और गहन संरचना—दोनों ही के शैलीचिह्नकों को निर्दिष्ट किया है। इन सबके विपरीत 'शीतांशु' की मान्यता है कि जब एक सुगठित, स्वीकार्य, सह्य या विचलित प्रोक्ति पाठ या कृति में आवर्तित होती है अथवा न्यूनतम रूप में केवल एक बार उपस्थित होती है और सन्दर्भबद्ध होती है तब प्रोक्ति का शैलीचिह्नक स्वरूपित होता है। इस प्रकार 'शीतांशु' की दृष्टि में प्रोक्ति-स्तरीय

शैलीचिह्नक के दो रूप हैं–2.4.2.5.5.4.1. **आवर्तनमूलक प्रोक्ति–शैलीचिह्नक** और 2.4.2.5.5.4.2. **विरल प्रोक्ति–शैलीचिह्नक।**

2.4.2.5.5.4.1 आवर्तनमूलक प्रोक्ति–शैलीचिह्नक :

इस प्रकार का शैलीचिह्नक किसी भी साहित्य-कृति या पाठ में बार-बार आवर्तित सन्दर्भबद्धता में उभरता है। 'मैला आँचल' में **भारत माता के रोने की प्रोक्ति** इस प्रकार का सुन्दर प्रोक्तिस्तरीय शैलीचिह्नक है। रचनाकार ने एक लोकगीत की पंक्ति को इस उपन्यास में बार-बार दुहराया है–'गंगा रे जमुनवाँ की धार/नयनवाँ से नीर बही। टूटल भारथिया के भाग/भारत माता रोई रही।' राम किसन बाबू की 'माए जी' के व्यक्तित्व में भारत माता को मूर्तकर इस सन्दर्भ को उजागर किया गया है। प्रोक्ति का यह आवर्तन अपनी न्यूनाधिकता में उपन्यास के पृष्ठ 37, 38, 49, 136, और 142 पर होता है। 'मैला आँचल' की सन्दर्भबद्धता इसके साथ बड़ी गहरी हो जाती है। नींद नहीं आने की स्थिति में झूलता बावन दास बलदेव से कहता है–"लेकिन भारथ माता अब भी रो रही है बालदेव।" अर्थ धीरे-धीरे गहरा उठता है। बालदेव चौंक उठते हैं। प्रोक्ति उभरती है–'भारथ माता अब भी रो हरी है? क्या कहता है बावन दास?" रचनाकार पिकेटिंग के साथ-साथ तस्करी और भ्रष्टाचार का सन्दर्भ सामने रखता है और वहाँ इस प्रोक्ति से एक बड़ी अर्थलय पैदा कर देता है–'भारत माता और जार-बेजार रोती है।' कहना न होगा कि यह अपनी साभिप्राय, सन्दर्भबद्धता में आवर्तनमूलक प्रोक्ति-शैलीचिह्नक का उत्तम दृष्टान्त है।

2.4.2.5.5.4.2 विरल प्रोक्ति शैलीचिह्नक :

जब किसी भी कृति या पाठ में कोई प्रोक्ति **पाठ की स्थैतिकी** के रूप में व्यवहृत होती है और अपनी सन्दर्भबद्धता को उद्घाटित करती है तब इस प्रकार का शैलीचिह्नक स्वरूपित होता है। 'मैला आँचल' के अन्त में ममता पटना से प्रशान्त को पत्र लिखती है। उस पत्र में निम्नलिखित प्रोक्ति आती है–"काले बाज़ार के अँधेरे में एक नयी दुनिया की सृष्टि हो गयी है, यहाँ सूरज नहीं उगता, चाँद नहीं चमकता और न सितारे जगमगाते हैं। इस दुनिया में माँ-बेटा, पिता-पुत्र, भाई-बहन, स्वामी-स्त्री जैसा कोई संबंध नहीं।" (पृष्ठ 138) यह प्रोक्ति अपनी न्यूनतम संख्या में पूरे उपन्यास में केवल एक बार प्रयुक्त होती है और विरलता को प्रदर्शित करती है। 'मैला आँचल' के प्रतिपाद्य की **स्थैतिकी** के रूप में यह पूरी तरह अपनी सन्दर्भबद्धता का उद्घाटन भी करती है। अतः यह विरल प्रोक्ति-शैलीचिह्नक है।

2.4.2.5.6. अर्थस्तर :

अर्थ-स्तर पर शैलीचिह्नक कई रूपों में प्राप्त होते हैं। निल्स एरिक एंक्विस्ट ने वाक्यातीत (प्रोक्ति)-स्तर के शैलीचिह्नकों का विवेचन करते हुए वहाँ कुछ ऐसे भाषिक अवयवों को भी उस स्तर के शैलीचिह्नक के रूप में निरूपित कर दिया है, जो वास्तव

में अर्थ-स्तर के शैलीचिह्नक हैं। भाषा के सभी स्तरों पर शैलीचिह्नक का विवेचन करने के क्रम में उनकी स्तरीयता को सुरक्षित करना और सम्यक् रूप में रेखांकित करना शैली-विवेचक का महत्त्वपूर्ण कर्तव्य है। अतः उन अवयवों का विवेचन यहाँ अर्थ-स्तर के शैलीचिह्नक के रूप में किया जा रहा है। अर्थ के स्तर पर अर्थ के घटक-तत्त्वों के अधिकाधिक और न्यूनतम सन्दर्भबद्ध प्रयोग से शैलीचिह्नकों का स्वरूपण होता है।

अर्थ-स्तर पर ये शैलीचिह्नक 2.4.2.5.6.1.**पर्यायपरक**, 2.4.2.5.6.2. **विरोधपरक**, 2.4.2.5.6.3. **उच्चावच अर्थपरक** (Hyponym), 2.4.2.5.6.4. **अगांगिअर्थपरक** (Meronym), 2.4.2.5.6.5. **सहवर्गीय** (Co-membership), 2.4.2.5.6.6. **अवयवभूतार्थपरक** (Componential) और 2.4.2.5.6.7. **दीक्षागम्यतापरक** रूपों में क्रियाशील होते हैं।

2.4.2.5.6.1. पर्यायपरक अर्थीय शैलीचिह्नक :

जब किसी भी साहित्य-कृति या पाठ में अर्थ-स्तर पर किसी शब्द के अनेक पर्यायों का प्रयोग होता है और ये पर्याय या तो अर्थ-विच्छित्ति को उद्घाटित करते हैं या सन्दर्भबद्धता में अपनी मूल संवेदना को घनीभूत करते देखे जाते हैं तब ये शैलीचिह्नक के रूप में क्रियाशील होते हैं। 'निराला' की 'राम की शक्तिपूजा' में राम के लिए ' राजीवनयन'—'कहती थीं माता मुझे सदा राजीव-नयन'—जैसे पर्याय के प्रयोग में सन्दर्भबद्धता के कारण पर्यायपरक अर्थीय शैलीचिह्नक सक्रिय है। यहाँ देवी को दिये जाने वाले अन्तिम इन्दीवर के चोरी चले जाने पर राम अपने इस अभिधान-बोध के कारण ही अपना नेत्र देवी को अर्पित करने को समुद्यत हो उठते हैं।

2.4.2.5.6.2. विरोधपरक अर्थीय शैलीचिह्नक :

जब किसी भी साहित्य-कृति या पाठ में अर्थ-स्तर पर विरोधी शब्दों अथवा शब्द से बृहत्तर विरोधी भाषिक एककों का प्रयोग होता है और यह प्रयोग सन्दर्भबद्ध होता है, तब वहाँ इस प्रकार का शैलीचिह्नक सक्रिय होता है। गुरु तेग बहादुर की वाणी की पंक्ति-'**सुख-दुःख** दोनों सम करि जानौ अउर **मान-अपमाना**' में '**सुख-दुःख**' और '**मान-अपमाना**' अर्थ स्तर के दो विरोधी युग्म हैं, जो यहाँ गुरु-कवि की वाणी में अपनी सोद्देश्यता के कारण सन्दर्भबद्ध हैं। अतः यहाँ अर्थ-स्तर का शैलीचिह्नक क्रियाशील है।

2.4.2.5.6.3. उच्चावच अर्थपरक (Hyponymic) शैलीचिह्नक :

उच्चावच अर्थपरकता वहाँ देखने को मिलती है जहाँ मूल शब्द की अर्थवत्ता में समाहित रहने वाले दो-ध्रुवी अर्थों में से कोई एक अर्थ वाला शब्द और मूल शब्द—दोनों ही साथ-साथ प्रयुक्त होते हों। इसमें जब समाहारी अर्थ वाले शब्द का पहले का और समाहित अर्थ वाले शब्द का बाद में व्यवहार होता है तब **संकोचपरक उच्चावच**

अर्थवत्ता और जब समाहित अर्थ वाले शब्द का पहले तथा समाहारी अर्थ वाले शब्द का बाद में व्यवहार होता है तब **विस्तारपरक उच्चावच अर्थवत्ता** सामने आती है। जैसे पशु→वन्य और पालतू। अब यदि 'पशु' और 'कुत्ते' का या 'शेर' और 'पशु' का प्रयोग हो, तो क्रमशः उक्त दोनों प्रकार की अर्थवत्ता संपुष्ट होगी। इन दोनों ही रूपों में, अर्थ के इस घटक का प्रयोग, जब किसी भी पाठ या साहित्य-कृति में सन्दर्भबद्ध रूप में उपस्थित हो पड़ता है, तब वहाँ उच्चावच अर्थपरक शैलीचिह्नक होता है।

2.4.2.5.6.4. अंगांगिअर्थपरक (Meronymic) शैलीचिह्नक :

जब किसी भी पाठ या कृति में **'व्यापक'** और उसके भीतर समाहित होने वाले 'सूक्ष्म' का, दूसरे शब्दों में **'अंगी'** और **'अंग'** जैसे अर्थ-घटकों का साथ-साथ प्रयोग होता है तब वहाँ अर्थ की इस तरह की घटकीयता सक्रिय होती है। जैसे—"पत्तों से लदी डाल/ कहीं हरी, कहीं लाल। कहीं पड़ी है उर में मन्द गंध पुष्पमाल।" यहाँ 'डाल' व्यापक अंगी शब्द है। पत्ते इसके अंग हैं। पुनः पत्तों में 'हरे' और 'लाल' रंगों वाले पत्ते हैं। पत्तों में फूल है। फूल में सुरभि है। इसे निम्नलिखित आरेख से समझा जा सकता है–

डाल ⟶ पत्ते ⟶ हरे/लाल ⟶ पुष्प ⟶ सुरभि

अतः यहाँ अंगांगिअर्थपरकता सक्रिय है। जब अर्थ की यही घटकीयता पाठ या कृति में सन्दर्भबद्ध हो उठती है तब वहाँ इस प्रकार का शैलीचिह्नक उपस्थित होता है। उल्लिखित पंक्ति 'निराला' की 'शोभाश्री' या 'अट नहीं रही है' शीर्षक लघु कविता की पंक्ति है। इस कविता की पहली दो पंक्तियाँ इस प्रकार हैं —

"अट नहीं रही है।
आभा **फागुन** की तन सट नहीं रही है।"

अब यहाँ सन्दर्भबद्धता और भी गहराती है। पूरी शोभा **वसन्त** की है—

फागुन ⟶ डाल ⟶ पत्ते ⟶ पुष्प ⟶ गंध ⟶ मंद

पत्ते ↓ हरे लाल

अतः यहाँ **अंगांगिअर्थपरक शैलीचिह्नक** सक्रिय है।

2.4.2.5.6.5. सहवर्गीय (Co-membership) अर्थपरक शैलीचिह्नक :

सहवर्गीयता अर्थ का वह घटक है, जिसमें किसी प्रोक्ति के दो-तीन वाक्यों में एक ही क्षेत्र में व्यवहृत होने वाले साकांक्ष शब्दों का क्रमिक प्रयोग होता है। ये प्रयोग वाक्यों को परस्पर संग्रथित कर प्रोक्ति को आन्तरिक संसक्ति प्रदान करते हैं। **नदी, नाव, माँझी, धार, मँझधार, पतवार, पाल**—ये सभी एक ही क्षेत्र में व्यवहृत

होने वाले परस्पर साकांक्ष शब्द हैं। अतः ये सहवर्गीय हैं। "**नदी** गहरी और चौड़ी थी। **नाव** तेज **धार** से लड़ती हुई **मँझधार** में आ फँसी थी। **माँझी पतवार** चला-चलाकर भी पार नहीं पा रहा था। **पाल** में गहरा कम्पन्न था और थरथराहट जारी भी।" जब ये ही सहवर्गीय घटक कृति या पाठ में सन्दर्भबद्ध होकर साभिप्रायता को उन्मीलित करने लग जाते हैं तब वहाँ अर्थ-स्तर पर इस प्रकार का शैलीचिह्नक सक्रिय होता है।

2.4.2.5.6.6. अवयवभूतार्थपरक (Componential) शैलीचिह्नक :

जहाँ किसी अवधारणामूलक, पदार्थमूलक अथवा व्यक्तिवाची नाम में निहित उसके अनेकानेक गुणात्मक अर्थों को उसकी भावात्मकता और अभावात्मकता में साथ-साथ उजागर कर दिया जाता है वहाँ अर्थ की यह घटकीयता सक्रिय होती है। जब यही घटकीयता किसी साहित्य-कृति या पाठ में सन्दर्भबद्ध हो जाती है तब वहाँ इस प्रकार का शैलीचिह्नक उपस्थित होता है। उदाहरण के लिए प्रेमचन्द के 'गोदान' की निम्नलिखित प्रोक्ति में सक्रिय इस प्रकार की घटकीयता द्रष्टव्य है—"**प्रेम** जैसी निर्मल वस्तु क्या भय से बाँधकर रखी जा सकती है? वह तो पूरा विश्वास चाहती है, पूरी स्वाधीनता चाहती है, पूरी जिम्मेदारी चाहती है। उसके पल्लवित होने की शक्ति उसके अन्दर है। उसे प्रकाश और क्षेत्र मिलना चाहिए। वह कोई दीवार नहीं है, जिस पर ऊपर से ईंट रखी जानी है। उसमें तो प्राण है, फैलने की असीम शक्ति है।" **प्रेम** की अवयवभूतार्थता भावात्मक और अभावात्मक दोनों रूपों में नीचे द्रष्टव्य है–

प्रेम = + निर्मल वस्तु
+ पूर्ण विश्वास
+ पूरी स्वाधीनता
+ पूरी जिम्मेदारी
+ प्रकाश और क्षेत्र की अपेक्षा
+ पल्लवन की आन्तरिक शक्ति
+ प्राण
+ फैलने की असीम शक्ति
- भय-बन्धन

'प्रेम' की यह अवयवभूतार्थता 'गोदान' के प्रस्तुत अंश में सन्दर्भबद्ध होने के कारण **अवयवभूतार्थपरक शैलीचिह्नक** के रूप में क्रियाशील है।

2.4.2.5.6.7. दीक्षागम्य अर्थीय शैलीचिह्नक :

इस प्रकार के शैलीचिह्नक वहाँ उपस्थित होते हैं, जहाँ **धर्म–अध्यात्म, जादू–टोने, ऐन्द्रजालिकता–मायिकता, रहस्यात्मकता, समाज की विशेष व्यापार–वृत्तिकता, प्रतिभाषिकता** आदि का सन्दर्भ उपस्थित होता है। पूर्वांचल में

'असम' क्षेत्र में **पालकी ढोने वाले कहारों** की दीक्षागम्य भाषा की सन्दर्भबद्धता देखने योग्य है। नीचे बायीं ओर दीक्षागम्य कूट-अभिव्यक्ति दी जा रही है और दायीं ओर उसके निश्चित अर्थ निर्दिष्ट किये जा रहे हैं :

1. 'हाई हुम्पा, हाई हुम्पा पत्थर जड़ा है।'	:	'पालकी देव-स्थान से गुज़र रही है।'
2. 'लम्ब पाँव, लम्ब पाँव !'	:	'पालकी कटावदार रास्ते पर मोड़ ले रही है।
3. 'छींटा रंग है !'	:	'बबूल के काँटे हैं।'
4. 'झड़प है, झंझट है !'	:	'रास्ते में घनी झाड़ियाँ हैं।'
5. 'अकासी है।'	:	'सामने शाखा लटकी है, पालकी सँभाल कर ले चलो।'
6. 'जंघाफार, जंघाफार !'	:	'पानी है, छलाँग लगाओ।'
7. 'भड़कन है, भड़कन है !'	:	'सामने साँड़ खड़ा है। बचकर चलो।'
8. 'कुहकती है, सिहरावन है, महमह है !'	:	'पुष्पवन में कोई बत्तीस लक्षणों से युक्त नारी गुज़र रही है!'

यदि कोई उपन्यासकार अपने उपन्यास में इस प्रकार की दीक्षागम्य अर्थीय अभिव्यक्ति का प्रयोग करता है और यह अभिव्यक्ति वहाँ सन्दर्भबद्ध होकर अपनी साभिप्रायता को उजागर करती है तब वहाँ **दीक्षागम्य अर्थीय शैलीचिह्नक** उपस्थित होता है।

2.5 शैली–विश्लेषण : प्रक्रिया–विवेचन :

किसी भी शैली-विश्लेषक के लिए शैली-विश्लेषण का सन्दर्भ केवल उसकी दिशा, उसके प्रकार, उसके स्तर और उसके प्रतिमानों के अभिज्ञान तक सीमित नहीं है, अपितु यह शैली-विश्लेषण की प्रक्रिया की पहचान और उसके व्यवहार का भी सन्दर्भ है। यहाँ यह भी ध्यान देने योग्य है कि जैसा **'शैली–विश्लेषण'** नाम से आपाततः लगता है, 'शैली-विश्लेषक' का कर्म विश्लेषण-मात्र करना नहीं है, अपितु सार्थक विश्लेषण करना है। फलतः उसे विश्लेषण, संश्लेषण और निर्वचन जैसे तीन चरणों से गुज़रते हुए अपने विश्लेषण को समीचीनता, परिपूर्णता और सार्थकता प्रदान करने की अपेक्षा रहती है। इस प्रकार सम्यक् शैली-विश्लेषण की प्रक्रिया के तीन चरण होते हैं– 2. 5.1. विश्लेषण, 2.5.2 संश्लेषण और 2.5.3. निर्वचन।

2.5.1. विश्लेषण :

किसी भी प्रतिमान के अंग-उपांगों के आधार पर किसी भी कृति या पाठ में प्राप्त होने वाले शैली-अभिलक्षणों का भाषास्तरवार निरूपण करना विश्लेषण कहलाता है। विश्लेषण-कर्म के लिए प्रतिमान की व्यापकता और गहनता की समझ आवश्यक होती है। इससे विश्लेषण वस्तुनिष्ठ, व्यवस्थित और प्रामाणिक हो पाता है। विश्लेषण के इस चरण में विश्लेषक का दायित्व यद्यपि इतना ही है कि वह अपने द्वारा गृहीत

रचना-विशेष या पाठ-विशेष में विभिन्न भाषिक स्तरों पर प्राप्त होने वाले सभी शैली-अभिलक्षणें का निरूपण अपने प्रतिमान की परिधि में कर ले, पर यहीं उससे उन सारे प्राप्त शैली-अभिलक्षणों की संघटना को स्पष्ट करने की भी अनिवार्य अपेक्षा की जाती है।

यदि विश्लेषक किसी पाठ में ध्वनि-स्तर पर उपलभ्य समतामूलक और विरोधमूलक समांतरता का रेखांकन करता है, तो यहाँ उसे इन दोनों ही प्रकार की समांतरताओं की संघटना स्पष्ट करने की आवश्यकता पड़ती है। विश्लेषण के क्रम में विश्लेषक से की जाने वाली यह परीक्षा-अपेक्षा सभी प्रकार के शैलीगत अभिलक्षणों और सभी भाषिक स्तरों के सन्दर्भ में लागू होती है। ध्वनि-स्तर के समतामूलक समांतरित शैलीगत अभिलक्षणों (अग्रप्रस्तुति प्रतिमान के अन्तर्गत) की संघटना को स्पष्ट करने के लिए रीतिकालीन कवि 'पदमाकर' की निम्नलिखित पंक्तियों को देखें–

"गुलगुली गिल में गलीचा हैं, गुनीजन हैं,
चाँदनी है, चिक हैं, चिरागन की माला हैं।"

ऊपर पहली पंक्ति में जितनी ध्वनियाँ व्यवहृत हुई हैं उनमें **ग,ल, ग,न, ज,न** जैसी ध्वनियाँ **अल्पप्राण, घोष ध्वनियाँ हैं**। यहाँ इस विशेष वर्ग की ध्वनियों की आवृत्ति के कारण **अल्पप्राण, घोष, व्यंजन ध्वनियों की समतामूलक समान्तरता** उपस्थित हुई है। यदि केवल **अल्पप्राण वर्ग की ध्वनियों की आवृत्ति से उत्पन्न समांतरता को** रेखांकित करना, उसकी संघटना को स्पष्ट करना हमारा अभिप्रेत होगा, तो इसमें **'च' जैसी अल्पप्राण व्यंजन** ध्वनि का भी समावेश हो जाएगा। ध्वनि-स्तर पर सक्रिय 'विचलन' नामक शैली-अभिलक्षण (अग्रप्रस्तुति प्रतिमान के अन्तर्गत) का विश्लेषण 'गोदान' के निम्नलिखित दृष्टांत के सन्दर्भ में निम्नलिखित रूप में करना होगा—ओंकार नाथ की भाषा में ध्वनि-स्तर का विचलन प्राप्त होता है—**"सम्पादक जी ने लाल, पर ज्योतिहीन नेत्रों से देखा—तुमने हमारी तारीप क्यों की? क्यों की? बोलो क्यों हमारी तारीप की? हम किसी का नौकर नईं है।"** यहाँ 'तारीफ़' की जगह 'तारीप' के उच्चार में महाप्राण 'फ़' की जगह अल्पप्राण 'प' का प्रयोग ध्वनिगत विचलन का उदाहरण है। इसके अतिरिक्त 'हीं' [उष्म 'ह' +संवृत 'ई' + अनुनासिक (ँ)] की जगह 'ईं' (संवृत 'ई' + अनुस्वार) के उच्चार में भी ध्वनिगत विचलन की संघटना प्राप्त होती है।

ऊपर की तरह ही यदि किसी कविता-विशेष में वाक्य-स्तर या अर्थस्तर पर प्राप्त होने वाली अध्याहृत विचलित अग्रप्रस्तुति का विश्लेषण करना है, तो वहाँ यह अध्याहृत विचलित अग्रप्रस्तुति किन-किन भाषिक एककों के अध्याहारवश स्वरूपित हुई है, इस तथ्य को निर्दिष्ट करना पड़ेगा। उदाहरण के लिए 'गोदान' में 'गोदान' शब्द के प्रयोग का, अर्थस्तरीय विचलित अग्रप्रस्तुति के रूप में विश्लेषण, निम्नलिखित रूप में किया जाएगा—"पूरी कृति में 'गोदान' शब्द के प्रयोग कुल चार बार हुए हैं। सबसे पहले यह

शब्द उपन्यास के शीर्षक में आया है। दूसरे, उपन्यास के अन्त में रोते हुए हीरा के इस कथन में कि 'गोदान करा दो, दादा चले।'' (पृष्ठ 243) तीसरे, लोगों की उन बहुत सारी आवाज़ों में कि –'हाँ, गोदान करा दो, अब यही समय है' (पृष्ठ 343) और चौथे, दातादीन के सामने बीस आने पैसे रखने वाली धनिया की इस प्रोक्ति में कि –'यही पैसे हैं, यही इनका गोदान है।' (पृष्ठ 344) इन चारों प्रयोगों में शीर्षकित—**'गोदान'** (शीर्षक में आया शब्द) और धनिया द्वारा कथित **'गो–दान'**–दोनों ही अर्थ की दृष्टि से विचलित अग्रप्रस्तुति के उदाहरण हैं। शेष दो प्रयोगों में 'गोदान' का प्रचलित, सहज अर्थ विद्यमान है।''[1] विश्लेषक आगे अपनी इस स्थापना को इनकी संघटना बताते हुए स्पष्ट करता है–'' 'गोदान' का सामान्य, प्रसिद्ध अर्थ कर्मकांडी है। यहाँ 'गो' गाय का वाचक है। हिन्दू धर्म में इसका अभिप्राय शास्त्रीय विधि से संकल्पपूर्वक ब्राह्मण को गोदान करने से है, जिसका विधान कुछ विशिष्ट अवसरों और प्रायश्चित्त के लिए निर्धारित है। इन्हीं विशिष्ट अवसरों में एक अवसर हिन्दू समाज में होने वाली मृत्यु का अवसर है, जहाँ मरने वाले के द्वारा ब्राह्मण को गाय का दान करने/कराये जाने का विधान है। इसके मूल में यह मान्यता निहित है कि गोदान करने वाले को मिथकीय 'वैतरणी' नदी पार करने के क्रम में मरते समय दान की गयी गाय के कारण सहायता मिलती है। परन्तु पूरा उपन्यास पढ़ जाने पर यह स्पष्ट होने लगता है कि 'गोदान' का यह अभीष्ट अर्थ केवल हीरा और लोगों के सामूहिक कथन में आये 'गोदान' का, यानी 'गोदान' के दो प्रयोगों का वाच्य है, शीर्षक में प्रयुक्त 'गोदान' और धनिया द्वारा कथित 'गो–दान' का इतना ही अभिप्रेत नहीं है। इन दो प्रयोगों की विवक्षा केवल कर्मकांडी स्तर की नहीं है, क्योंकि यह व्यापार तो केवल एक बार उपन्यास के अंत में घटित होता है, जबकि इसकी विवक्षा पूरे उपन्यास की अर्थ-संरचना पर छायी हुई है।''[2] वास्तव में यहाँ शीर्षक के 'गोदान' में 'गो' का सीमित 'गाय' वाला अर्थ बाधित होता है और गोदान की अनेक प्रोक्तियों से दूसरी अर्थ-संभावनाओं के बन्द कपाट खुलने लगते हैं। मूल लेख में 'शीतांशु' ने इसकी अनेकविध प्रोक्ति-सामग्री एकत्र कर उसकी संघटना को विस्तार से स्पष्ट किया है। अतः शीर्षक में आये 'गोदान' शब्द में अर्थ-स्तर का विचलन सक्रिय हो उठता है।

निष्कर्ष यह कि शैली-विश्लेषण के इस प्रथम चरण में विश्लेषक के लिए प्रतिमान के विभिन्न अभिलक्षणों को पहचान लेना आवश्यक है। दूसरे, जिन भाषिक स्तरों पर अभिलक्षणों की क्रियाशीलता है उनका उद्घाटन कर देना भी अपेक्षित है। वास्तव में विश्लेषक का यह दायित्व क्षैतिजीय **(Horizontal)** और ऊर्ध्वाधर **(Vertical)** दोनों

---

1. पाण्डेय शशिभूषण 'शीतांशु', 'गोदान की कथाभाषा', नई कहानी, गोदान विशेषांक, सम्पा० सत्यप्रकाश मिश्र (इलाहाबाद : नई कहानी प्रकाशन, अंक-11, जनवरी 1992), पृष्ठ 44.
2. पाण्डेय शशिभूषण 'शीतांशु', 'गोदान की कथाभाषा', नई कहानी, गोदान विशेषांक, सम्पा० सत्यप्रकाश मिश्र (इलाहाबाद : नई कहानी प्रकाशन, अंक-11, जनवरी 1992), पृष्ठ 44-45.

ही स्तरों पर अभिलक्षणों की पहचान करने और भाषिक स्तरों पर उनकी संघटना को स्पष्ट करने का दायित्व है। केवल अभिलक्षणों की पहचान और उसकी संघटना को स्पष्ट करने का स्तर **क्षैतिजीय स्तर है,** जबकि भाषिक स्तरों पर उनकी सक्रियता को उद्घाटित कर दिखा देने का स्तर **ऊर्ध्वाधर स्तर** है।

2.5.2. संश्लेषण :

शैली-विश्लेषण की प्रक्रिया में **संश्लेषण** जैसे दूसरे चरण का महत्त्व विश्लेषण द्वारा प्राप्त सामग्री पर आधारित है। साहित्य के वैसे सामान्य अध्येता, जो इस दूसरे चरण से अपरिचित हैं, वे शैलीवैज्ञानिक विश्लेषण को रचना के सौन्दर्य को खंडित करने वाले, उसे टुकड़ों में बाँट देने वाले, 'खड-खंड-पाखंड पर्व' के रूप में उपस्थित करने वाले विश्लेषण के बतौर देखते हैं। अक्सर ऐसे लोगों की ओर से यह उदाहरण भी दिया जाता है कि फूल का सौन्दर्य तो उसके चाक्षुष् प्रत्यक्ष में होता है। यदि कोई फूल की पंखुड़ी-पंखुड़ी अलग कर, उसका विश्लेषण वनस्पति विज्ञान की प्रयोगशाला में करना चाहे, तो फूल का सौन्दर्य तो नष्ट ही हो जाएगा। इसी तरह किसी भी कृति या पाठ का शैली-विश्लेषण भी रचना-रूप पुष्प के सौन्दर्य को विखंडित कर नष्ट कर देता है। पर यह तुलना तर्कशास्त्रीय दृष्टि से दोषपूर्ण ही नहीं, अत्यन्त भ्रान्तिपूर्ण भी है। किसी भी कृति या पाठ का शैली-विश्लेषण फूल की पत्तियों को विखंडित करने वाला विश्लेषण नहीं है, बल्कि फूल के सौन्दर्य को सराहने के क्रम में उसके रूप-रंग, उसकी चिक्कणता, सुकुमारता, पुष्टता, भास्वरता, उसकी सुगंध, उसकी मुद्रा, उसके विकच, अर्द्धविकच रूप जैसी भिन्न-भिन्न स्थितियों के निर्देश से उसे सप्रमाण प्रभविष्णु बनाने वाला है, उसकी प्रभाव-छाया को और-और गहराकर स्थायी बना देने वाला है। कहना न होगा कि इन सबके कारण ही कृति-रूपी फूल का संश्लिष्ट सौन्दर्य और उसका समग्र सौन्दर्यात्मक प्रभाव प्रत्यक्ष होकर टिक पाता है। इस दृष्टि से शैली के सम्यक् विश्लेषण-क्रम में संश्लेषण का चरण महत्त्वपूर्ण है। विश्लेषण के प्रथम चरण में किसी कृति के जिन तत्त्वों का अलग-अलग निर्देश किया जाता है, यहाँ उन्हें पूरी कृति के सन्दर्भ में परस्पर गुम्फित-संग्रथित कर, एकसूत्रित कर देखने की अपेक्षा होती है। मेरी दृष्टि में संश्लेषण के इस चरण को पुनः तीन उपचरणों में विभक्त किया जा सकता है—2.5.2.1. संसक्तिपरक (Cohesion-based) संश्लेषण, 2.5.2.2. संगतिपरक (Conqruence-based) संश्लेषण और 2.5.2.3. समंजसतापरक (coherence-based) संश्लेषण।

2.5.2.1 संसक्तिपरक (Cohesion-based) संश्लेषण :

संश्लेषण की इस कोटि का स्वरूप **क्षैतिजीय** होता है। इसमें किसी रचना-विशेष के जिस-जिस अंश में, जिस-जिस अनुभाग में, जो भी शैली-अभिलक्षण प्राप्त होते हैं, इन सबकी परस्पर सूत्रता निर्दिष्ट की जाती है। यदि एक कविता-विशेष में ध्वनि

के स्तर पर समतामूलक समांतरता मिलती है, तो यह समांतरता उस कविता में आद्यन्त जिस-जिस शब्द में, जिस-जिस वाक्य में, जिस-जिस मध्यांश प्रोक्ति या चरण में प्राप्त होती है, विश्लेषण-क्रम में रेखांकित की गयी इन सारी समांतरताओं को यहाँ परस्पर ग्रथित और एकसूत्रित किया जाता है। यहाँ इस ग्रथन और एकसूत्रीकरण के मूल में इनकी संवेदना और इनके संदर्भ की एकदिशीयता और बहुदिशीयता को, इनके समाहारी और वैविध्यपूर्ण स्वर को देखने-पहचानने की अपेक्षा होती है। दूसरे शब्दों में संश्लेषण चाहे जिन किन्हीं भी भाषिक/शैली-अभिलक्षणों का किया जाए, पर उन्हें सदैव पाठ या रचना की अग्रगामिता-पश्चगामिता में संबंध-निर्भर रूप में उपस्थित करने की आवश्यकता होती है। 'गोदान' के अर्थगत विचलन को 'शीर्षक' में और पुनः धनिया के कथन में, जो उपन्यास के अन्त में आता है, यहाँ संश्लेषित कर उसकी बहुदिशीयता निम्नलिखित रूप में स्पष्ट की जा सकती है –

1. मर्यादा की रक्षा के लिए दो जून की नियमित रोटी (अनिवार्य आहार) तक का भी त्याग, उसका दान (गो-जिह्वा-बुभुक्षा/-आस्वाद-सुख+दान)
2. गो पालने की लालसा के लिए, भविष्यत् पीढ़ी मंगल के आस्वाद-सुख के लिए अपनी रोटी के साथ-साथ अपने शरीर-सुख का त्याग, उसका दान।
3. होरी का आत्मदान, क्योंकि 'होरी' 'गोदान' में 'गऊ' का प्रतिरूप भी है–'यह है **गऊ** होने का फल! ' (202)··· 'संसार में **गऊ** बनने से काम नहीं चलता।' (234) यह आत्मदान वास्तव में आत्महनन है।
4. 'गो' होरी के वर्ग-चरित्र होने का निर्देशक। इस रूप में 'गोदान' की अर्थ-दिशा पूरे कृषक वर्ग के आत्महनन की दिशा है।

2.5.2.2. संगतिपरक (Conqruence-based) संश्लेषण

संश्लेषण की इस कोटि में विभिन्न भाषिक स्तरों पर प्राप्त होने वाले शैली-अभिलक्षण या अभिलक्षणों को परस्पर एकसूत्रित किया जाता है। अलग-अलग भाषिक स्तर पर प्राप्त होने वाले एक या अनेक प्रकार के ये शैली-अभिलक्षण जिस संवेदना या जिस संदर्भ को निर्दिष्ट करते हैं यहाँ उनकी परस्पर संगति दिखलायी जाती है। विभिन्न भाषा-स्तरों की सक्रियता के कारण इसे **ऊर्ध्वाधर स्तर** (Vertical) का **संश्लेषण** कहा जाता है। यदि किसी कविता में समांतरता ध्वनि के स्तर पर, शब्द के स्तर पर, वाक्य-संरचना के स्तर पर और प्रोक्ति के स्तर पर साथ-साथ मिलती हो, तो संगतिपरक संश्लेषण में यह देखने की अपेक्षा होती है कि ये सभी समांतरताएँ किसी एक दृष्टि से परस्पर जुड़ी हैं या एकाधिक दृष्टि से।

उदाहरण के लिए 'राम की शक्तिपूजा' में कई प्रकार की विरोधमूलक समांतरताएँ प्राप्त होती हैं। यहाँ ये समांतरताएँ प्रोक्ति-स्तर पर सक्रिय हैं, तो अर्थ-स्तर पर भी, वाक्य-संरचना के स्तर पर सक्रिय हैं, तो शब्द-स्तर पर भी, रूप-स्तर पर सक्रिय हैं,

तो ध्वनि-स्तर पर भी। इन सारी विरोधमूलक समांतरताओं को एकसूत्रित करने के क्रम में इसकी दिशा स्पष्ट करने की अपेक्षा सामने आती है। इन विरोधी समांतरताओं को संगतिपरक रूप में संश्लेषित करते हुए यहाँ दो दिशाएँ सामने आती हैं। एक दिशा राम और रावण की विरोधिता की है, तो दूसरी दिशा स्वयं राम की ही दो प्रकार की—निराशाओं-भरी और पुनः आशाओं-भरी—मानसिकता की विरोधिता की दिशा है। यहाँ विभिन्न स्तरीय विरोधी समांतरताएँ इन दोनों दिशाओं से संश्लेषित होती हैं। इस प्रकार यह स्पष्ट हो जाता है कि विभिन्न भाषिक स्तरों पर किसी अभिलक्षण को अन्तर्ग्रथित, सह-सूत्रित करने के क्रम में संगतिपरक संश्लेषण अपनी महत्त्वपूर्ण भूमिका अदा करता है।

2.5.2.3. समंजसतापरक (Coherence-based) संश्लेषण :

समंजसतापरक संश्लेषण उक्त दोनों प्रकार का एकत्र संश्लेषण है। यह रचना के विभिन्न अनुभागों में और विभिन्न स्तरों पर—दोनों ही रूपों में सक्रिय अभिलक्षणों का संश्लेषण है। किसी कविता के विभिन्न अनुभागों में, उसके विभिन्न चरणों में प्राप्त एक प्रकार के जिस शैली-अभिलक्षण को या अनेक प्रकार के जिन शैली-अभिलक्षणों को संसक्तिपरक संश्लेषण के अन्तर्गत परस्पर एकसूत्रित किया गया है और विभिन्न भाषिक स्तरों पर प्राप्त होने वाले जिस एक या जिन अनेक अभिलक्षणों को संगतिपरक संश्लेषण के अन्तर्गत परस्पर एकसूत्रित किया गया है—उन दोनों ही प्रकार के संश्लेषणों को समंजसतापरक संश्लेषण में अंतिम रूप में संश्लेषित किया जाता है। यहाँ संश्लेषक का यह दायित्व होता है कि वह यह अच्छी तरह देख ले कि उसके द्वारा विश्लेषण-क्रम में उद्घाटित किया गया कोई भी अभिलक्षण यहाँ परस्पर संश्लेषित होने से रह न जाए। इस कोटि के अंतिम संश्लेषण का यह जटिल कार्य अत्यन्त दायित्वपूर्ण है। यहाँ इन सबकी एकसूत्रता को निरूपित करना भी कोई सरल कार्य नहीं है। कई बार इन सबकी अंतिम पारस्परिक एकसूत्रता से एक ही दिशा उद्घाटित होती है, तो कई बार एकाधिक दिशाएँ उजागर हो पाती हैं। वस्तुतः इससे ही रचना की एकायामिता और बहुआयामिता सप्रमाण स्पष्ट हो पाती है। अतः यह समंजसतापरक संश्लेषण का धर्म है कि वह अभिलक्षणों और स्तरों की अन्तस्सूत्रता के क्रम में रचना में जितने प्रकार के सुर निहित हैं, उन सभी प्रकारों का निर्देश करे। कहना न होगा कि संश्लेषण की यह कोटि एक प्रकार से निर्वचन का पूर्व चरण है।

'गोदान' के उल्लिखित सन्दर्भ को ही लें, तो यहाँ 'गोदान' की अर्थ-दिशा भिन्न-भिन्न पात्रों के सन्दर्भ में बहुदिशीय हो जाती है। **रूपा** के सन्दर्भ में यह एक ओर उसकी **इन्द्रियासक्ति और काम-सुख की आकांक्षा का दान** है, तो दूसरी ओर मंगल के दूध पीने के लिए जिह्वास्वाद के सहभोक्तृत्व के लिए गो-प्रदान का पुण्य कर्म भी है। **गोविन्दी के सन्दर्भ में** यह मेहता को सुरापान से मुक्त करने वाले **प्रकाश का दान** है, अपने सबसे छोटे बच्चे को दिये जाने वाले **मातृत्व का दान**

है, और मातृत्व के हित में ही किया जाने वाला उसका **आत्मदान भी** है। **मालती के सन्दर्भ में** यह जहाँ **मातृत्व का अजस्र दान** है वहीं मेहता से विवाह नहीं करने के निश्चय में उसकी **काम–सुखेच्छा का दान और त्याग भी** है। स्वयं रायसाहब के द्वारा अपनी दूसरी शादी नहीं करने के संकल्प में भी सुखेच्छा का यह दान, यह परित्याग उजागर होता है।

इस प्रकार **संश्लेषण** का यह चरण स्पष्ट कर देता है कि शैली का विश्लेषण-विवेचन केवल कविताओं या छोटी कृतियों तक सीमित नहीं है, अपितु यह वाक्य की सीमा से भी आगे जाकर वाक्यबंध या प्रोक्ति के स्तर तक पर क्रियाशील होता है और किसी भी पूरी रचना को अपनी क्रियात्मकता में समेट लेता है।

संश्लेषण कविता या किसी भी रचना की समग्रीय एकता, उसके साकल्य को केवल उद्घाटित नहीं करता, बल्कि अपनी प्रक्रिया द्वारा उसे आविष्कृत-अन्वेषित भी करता है।

संश्लेषण की प्रक्रिया किसी भी साहित्य-कृति में चरमसीमा, कुतूहल, एकता जैसी आलोचनात्मक अवधारणाओं को भी सम्यक् वस्तुनिष्ठ आधार पर रेखांकित कर देती है।

संश्लेषण अन्तर-पाठीय अभिलक्षणों को भी समता या विरोध के आधार पर, यथास्थिति संश्लेषित करने वाला चरण है।

संश्लेषण अधिक-से-अधिक वस्तुनिष्ठ, सुस्पष्ट, हृदयग्राही, पर विवेकपूर्ण निर्वचन के लिए आधार प्रदान करता है।

2.5.3. निर्वचन :

यह शैली-विश्लेषण की प्रक्रिया का अन्तिम चरण है। **निर्वचन** अर्थ से अर्थ को और अर्थ की छाया से अर्थ की छाया को जोड़कर साकल्यपूर्ण अर्थवत्ता और साभिप्रायता का उद्घाटन करता है। यह विश्लेषण और संश्लेषण के आधार पर रचना की सोद्देश्यता को स्पष्ट करता है। यहीं निर्वचक की वैयक्तिक अन्तर्दृष्टि को वस्तुनिष्ठ आधार की प्रामाणिकता प्राप्त हो पाती है।

वस्तुतः सम्यक् शैली-विश्लेषण के क्रम में भाषाविज्ञान की जितनी भी प्रत्यक्ष सक्रियता है वह विश्लेषण और संश्लेषण के चरणों तक आकर समाप्त हो जाती है। शैली-विश्लेषण की दिशा की दृष्टि से जो शैलीमापक्रमी विश्लेषण है उसके लिए **निर्वचन** का चरण अपेक्षित नहीं होता है। यह शैलीवैज्ञानिक विश्लेषण की अनिवार्यता है। पर यहाँ निर्वचन का आधार वस्तुनिष्ठ और प्रामाणिक होता है। निर्वचन **मूल्य–मीमांसा** को भी मानता, स्वीकार करता है। इस दृष्टि से निर्वचन स्वयं मूल्यमीमांसा का आधार बनता है। निर्वचन एकाधिक अर्थ-विच्छित्तियों तक की यात्रा तय करता है। यह यात्रा **कृति या पाठ** की **समग्र शैली–संभावनाओं की** यात्रा होती है, पर इसकी सीमा

सदैव विश्लेषण और संश्लेषण की सामग्री तक सीमित होती है। इसीलिए अनुद्घाटित सामग्री की स्थिति में निर्वचन भी शत-प्रति-शत उद्घाटित नहीं हो सकता है।

विश्लेषण और संश्लेषण के क्रम में 'गोदान' के उल्लिखित सन्दर्भ का यदि निर्वचन करें, तो 'गोदान की साभिप्रायता अनेकविध त्याग करने वाले और अनेकविध संचय करने वाले के बीच तनाव से उभरती है। यहाँ 'परिग्रह' पृष्ठभूमि में चला जाता है और 'अपरिग्रह' अग्रप्रस्तुत हो पड़ता है। 'गोदान' में एक ओर महाजनी, औद्योगिक और ज़मींदारी संस्था की घोर परिग्रही प्रवृत्ति है, तो दूसरी ओर कुछ ऐसे व्यक्ति भी हैं, जो इस पृष्ठभूमि में भी भिन्न-भिन्न सन्दर्भों में 'अपरिग्रही' वृत्ति का परिचय देते हैं। इनका 'अपरिग्रह' उत्सर्ग और बलिदान-मूलक है, जिससे मनुष्यता ऊँची होती है। 'गोदान' इसी 'अपरिग्रही मानवतावाद' को वाणी देता है।

3.0 उत्तरकथन

शैली और शैली-विश्लेषण-विषयक व्यापक और गहन विवेचन से निम्नलिखित तथ्य स्पष्ट होते है :

3.1 **'शैली'** का विधिवत् आधुनिक चिन्तन-विवेचन **अन्तर-राष्ट्रीय संगोष्ठी और उसमें हुए 'शैली'—विषयक व्यापक एवं गहन विमर्श** से आरंभ होता है।

3.2 **'शैली'** अनस्तित्व नहीं है। शैली का सार्थक अस्तित्व है। **'शैली' की अपरिहार्यता उसे साहित्य की आत्मा के रूप में प्रतिष्ठापित करती है,** जिस पर अलग से विस्तृत विवेचन की अपेक्षा है।

3.3 **'शैली'** का आधुनिक सन्दर्भ प्राचीन सन्दर्भ से भिन्न है। अपनी अवधारणा, अपने अर्थ और अपनी परिभाषा के आधार पर **'शैली'** अपने को प्राचीन सन्दर्भ से अलगाती है। **'शैली'** का यह नवीन सन्दर्भ न तो **यूनानी शैलीशास्त्र** (STYLOLOGY) का सन्दर्भ है और न ही **भारतीय काव्यशास्त्र** (POETICS) का। इसकी पीठिका **भाषाविज्ञान** (LINGUISTICS) की पीठिका है।

3.4 'शैली' काव्यभाषिक प्रकार्यों में **सौन्दर्यात्मक** (AESTHETIC) **काव्यात्मक** (POETIC) प्रकार्य से जुड़ती है। रोजर फ़ाउलर ने मुकारोव्स्की और याकोब्सन की मान्यताओं का जो खंडन किया है वह अनुचित, तर्कहीन और पूर्वग्रस्त है।

3.5 'शैली' एक आच्छादक पद है। यह पद अपनी नवीन संधारणा के अन्तर्गत उसके अनेकानेक अवयवों-अभिलक्षणों को समेकित करता है।

3.6 'शैली' विशेष भाषिक चयन-संयोजन का परिणाम है और साभिप्राय भाषिक अग्रप्रस्तुति का कारक-तत्त्व। यहाँ चयन-संयोजन 'शैली' का कारण है,तो अग्रप्रस्तुति उसका परिणाम।

3.7 यद्यपि शैली के क्षेत्र को व्यापक रूप में षट्आयामी माना जाता रहा है, परन्तु 'शैली' की नवीन अवधारणा 'शैलीमापक्रमिकी' को शैली का गौण क्षेत्र और 'शैलीविज्ञान' को 'शैली' का एकमात्र महत्त्वपूर्ण क्षेत्र मानती है।

3.8 शैली-विवेचकों के द्वारा 'शैली' के अनेक प्रकार निर्दिष्ट किये गये हैं। इनमें बहिर्निष्ठ शैली-अन्तर्निष्ठ शैली; व्यक्ति शैली-वर्ग शैली; वैयक्तिक शैली-स्थितिगत शैली; वर्णनात्मक शैली-मूल्यांकनपरक शैली; नामिक शैली-क्रियात्मक शैली; वैयक्तिक शैली, आलंकारिक शैली, युगीन शैली, कृति-शैली और कलात्मक शैली तथा सामान्य दृष्टि-शैली, असामान्य दृष्टि-शैली और अतिसामान्य दृष्टि-शैली जैसे प्रकार महत्त्वपूर्ण हैं।

3.9 'शैली' का आयाम छह-दिशीय है। ये आयाम क्रमश: उत्कृष्टता-निकृष्टता, वैयक्तिकता-निर्वैयक्तिकता, अलंकरणशीलता-सुस्पष्टता, अमूर्तता-मूर्तता,

गंभीरता-विनोदशीलता और चरित्रचित्रणात्मकता-वृत्तान्तमूलकता के आयाम हैं।

3.10 'शैली' के प्रकार्य पर विचारकों ने अनेक दृष्टि से विचार किया है। शैली निश्चय ही विचारात्मक, अन्तर-वैयक्तिक और पाठात्मक प्रकार्य में परिलक्षित होती है। पर 'शैली' का महत्त्वपूर्ण प्रकार्य उसका शैलिकीय (STYLISTIC) प्रकार्य ही है।

3.11 'शैली' के विश्लेषण की दो दिशाएँ हैं : 1. शैलीमापक्रमिकी और 2. शैलीवैज्ञानिक। शैलीमापक्रमी विश्लेषण की प्रकृति तालिकापरक, रूपात्मक होती है, पर शैलीवैज्ञानिक विश्लेषण की प्रकृति निर्वचनात्मक होती है। यह विश्लेषण कृति के समग्र को उद्घाटित करने वाला विश्लेषण है। इस प्रकार के विश्लेषण को ही शैलीवैज्ञानिक आलोचना कहा जाता है। शैलीमापक्रमी विश्लेषण शैलीवैज्ञानिक आलोचना नहीं है।

3.12 'शैली'-विश्लषण के तीन प्रकार हैं : 1. तुलनात्मक शैली-विश्लेषण, 2. वर्णनात्मक शैली-विश्लेषण और 3. परिवेशपरक शैली-विश्लेषण।

3.13 शैली-विश्लेषण के लिए भाषिक स्तरों का निर्धारण यद्यपि प्रतिमान-विशेष की प्रकृति के आधार पर किया जाता है, पर सामान्य रूप में भाषा के ध्वनि, शब्द, रूप, वाक्य, प्रोक्ति और अर्थ जैसे छह भाषिक स्तरों पर शैली के विश्लेषण की अपेक्षा होती है।

3.14 शैली-विश्लेषण को यादृच्छिकता से बचाने के लिए विश्लेषक को प्रतिमान की अपेक्षा रहती है। प्रतिमान शैली-विश्लेषण को वैज्ञानिक और वस्तुनिष्ठ आधार प्रदान करता है।

3.15 प्रत्येक प्रकार के साहित्य-पाठ का समान और सार्थक विश्लेषण करने वाले दो प्रतिमानों से विश्लेषक को अच्छी तरह परिचित होना चाहिए। ये दोनों प्रतिमान क्रमशः अग्रप्रस्तुति प्रतिमान और शैलीचिह्नक प्रतिमान हैं।

3.16 अग्रप्रस्तुति की अवधारणा मूलतः चित्रकला के क्षेत्र की पृष्ठभूमि-अग्रभूमि की अवधारणा और गेस्टाल्ट मनोविज्ञान की भूमि-आकृति-विषयक अवधारणा पर आधारित है।

3.17 अग्रप्रस्तुति अपरिचयीकरण (DE-FAMILIARIZATION), अजनबीकरण (ALIENATION) और मनोवैज्ञानिक एकाग्रीकरण (PSYCHOLOGLCAL FOCUSSING) से मिलती-जुलती अवधारणा है। इसके आधार-तत्त्व स्मरणीयता, असाधारण प्रभावशीलता, महत्त्वपूर्णता और विमर्श-मूल्य हैं।

3.18 भारत में अग्रप्रस्तुति की अवधारणा को शैलीवैज्ञानिक प्रतिमान के रूप में शीतांशु ने 1984 में सम्यक् रूप में स्थापित कर दिया था। इसके पूर्व उसने 1981 में इसे अपना शोध-पत्र लिखते हुए प्रस्तावित किया था। पश्चिम में वान पिअर ने

इसे शैलीमापक्रमी प्रतिमान के रूप में 1986 में स्थापित किया। शीतांशु का विवेचन अग्रप्रस्तुति में उसके चार अभिलक्षणों-विचलन, विपथन, समांतरता और विरलता–को समेकित करने वाला है, जबकि पिअर का विवेचन उसके दो अभिलक्षणों–विचलन और समान्तरता को समाविष्ट करने वाला है। अन्तर-राष्ट्रीय स्तर पर अग्रप्रस्तुति का सर्वाधिक विधिवत्, सविस्तर, मौलिक और प्रामाणिक विवेचन 'शीतांशु' का ही विवेचन है।

3.19 अग्रप्रस्तुति एक व्यवस्थित, परीक्षित और समर्थ प्रतिमान है। इसके आधार-तत्त्व (POSTULATES), इसके अभिलक्षण (FEATURES), और प्रत्येक भाषिक स्तर पर इन अभिलक्षणों की क्रियाशीलता का सविस्तर, सोदाहरण विवेचन अग्रप्रस्तुति को एक वैज्ञानिक, वस्तुनिष्ठ और साभिप्रायता-उन्मीलक प्रतिमान के रूप में स्थापित करता है।

3.20 'शैलीचिह्नक' सन्दर्भबद्ध भाषिक एकक की अवधारणा पर आधारित प्रतिमान है। इस अवधारणा का प्रस्तावक-प्रतिष्ठापक एंक्विस्ट है।

3.21 हिन्दी में कृष्णकुमार शर्मा ने इस अवधारणा के स्वरूप और व्यवहार पर पहला कार्य किया है। पर शर्मा के यहां इसकी व्यापक सैद्धान्तिकी के विवेचन और विभिन्न भाषिक स्तरों के शैलीचिह्नकों के निर्धारण का अभाव है। स्वयं इस अवधारणा के प्रतिष्ठापक एंक्विस्ट ने भी वाक्यातीत-स्तरीय शैलीचिह्नकों के निर्धारण को छोड़कर अन्य किसी भी स्तर के शैलीचिह्नकों का निर्धारण नहीं किया है। 'शीतांशु' ने पहली बार इस प्रतिमान की सम्यक् सैद्धान्तिकी का, साथ ही सभी भाषिक स्तरों पर शैलीचिह्नक को निर्धारित करते हुए उसकी स्वरूप-संघटना का, संक्षिप्त, पर सोदाहरण विवेचन किया है।

3.22 शैली-स्मरणक (STYLE-REMINDERS) और शैलीचिह्नक (STYLE MARKERS) में अन्तर है। शैलीचिह्नक के धनात्मक-ऋणात्मक तथा वैयक्तिक-सामूहिक जैसे प्रकार होते हैं। शैलीचिह्नक की सक्रियता सभी भाषिक स्तरों पर मिलती है। यह प्रतिमान भी किसी भी प्रकार के साहित्य-पाठ के विश्लेषण में समर्थ है।

3.23 शैली-विश्लेषण की प्रक्रिया के तीन चरण होते हैं। शैली का विश्लेषण चाहे अग्रप्रस्तुति प्रतिमान के आधार पर किया जाए या शैलीचिह्नक प्रतिमान के आधार पर, पर उस विश्लेषण को पहले चरण के बाद पाठ की सकलता में संश्लेषित और विश्लेषण-संश्लेषण के आधार पर निर्वचित करने की अपेक्षा होती है।

3.24 विश्लेषण में जहां शैली-अभिलक्षणों की सही पहचान अपेक्षित होती है, वहीं अभिलक्षण-निर्देश के समय संघटना का स्पष्टीकरण भी आवश्यक होता है।

संश्लेषण संसक्तिपरक, संगतिपरक और समंजसतापरक–तीन रूपों में सम्पन्न होता है। निर्वचन अंतिम चरण में अर्थ से अर्थ को और अर्थ-छाया से अर्थ-छाया को संबद्ध करते हुए साकल्यपूर्ण अर्थवत्ता और साभिप्रायता का उद्घाटन करता है।

3.25 शैली-विश्लेषण पल्लवग्राहिता का क्षेत्र नहीं है। यह एक गंभीर कर्म है। अतः इस क्षेत्र में काम करने वाले किसी भी विश्लेषक के लिए एक ओर शैली-विषयक इस समग्र विमर्श से अच्छी तरह परिचित होना लाज़िमी है, तो दूसरी ओर उसके लिए शैली-विश्लेषण की दिशा, प्रकार, स्तर, प्रतिमान और प्रक्रिया की व्यापक और गहरी जानकारी भी अपेक्षित है। विश्लेषक का यह परिज्ञान जितना स्पष्ट और समर्थ होगा उसका अनुप्रयोग उतना ही सटीक और सार्थक हो सकेगा।

4.0. ग्रंथ-विवरण

4.1. अखमनोवा, ओल्गा : लिंग्वोस्टायलिस्टिक्स : थिअरी ऐण्ड मेथॅड, द हेग : मूतन, 1976.

4.2. ऑस्गुड, सी. : 'सम ईफेक्ट्स ॲव मोटिवेशन ॲव स्टाइल इन एनकोडिंग', स्टाइल इन लैंग्वेज, सम्पा. टी.एस. सिबियोक, न्यूयार्क : 1960.

4.3. ऑस्टन, जॉन डब्ल्यू. : 'फॉरवर्ड', स्टाइल इन लैंग्वेज, सम्पा. टी.एस. सिबियोक, न्यूयार्क : द टेक्नोलॉजी प्रेस ॲव मस्साच्यूट्स ॲव टेकनोलॉजी 1960.

4.4. उल्मान, स्टीफेन : स्टाइल इन फ्रेंच नॉवेल, कैम्ब्रिज : 1957.

4.5. एत्सवर्ग, ई. : 'इंडीविडुएल्ज स्टाइल्ज ऐण्ड द प्रोब्लेम्ज़ दैट एराइज फ़ॉर द लिटॅरेरी हिस्टोरियन ऐण्ड लिटॅरेरी डेवेलपमेण्ट, मस्क्वा : 1965.

4.6. एप्स्टीन, ई.एल. : लैंग्वेज़ ऐण्ड स्टाइल, लण्डन : मैथुइन ऐण्ड कं.लि. , 1078.

4.7. एंक्विस्ट, निल्स एरिक : 'ऑन डिफाइनिंग स्टाइल', लिंग्विस्टिक्स ऐण्ड स्टाइल, सम्पा. स्पेंसर ऐण्ड ग्रेगॅरी, लंडन : ऑक्सफोर्ड यूनि. प्रेस, 1964, पुनर्मुद्रण, 1971.

4.8. एंक्विस्ट, निल्स एरिक : 'स्टायलिस्टिक्स ऐण्ड टेक्स्ट लिंग्विस्टिक्स', 'करेंट ट्रेंड्ज़ इन टेक्स्ट लिंग्विस्टिक्स, बर्लिन : वाल्टर डी. ग्रूटर, 1978.

4.9. एंक्विस्ट, निल्स एरिक : लिंग्विस्टिक स्टायलिस्टिक्स, पेरिस : मूतन, 1973.

4.10. ओहमैन, रिचर्ड्स, शॉ : द स्टाइल ऐण्ड द मैन, मिडिल्टन : 1962.

4.11. कामायनी : शैलीविज्ञान में अवधारणा-आधारित अग्रप्रस्तुति प्रतिमान : सिद्धान्त और विश्लेषण ('कनुप्रिया' के विशेष सन्दर्भ में) अमृतसर : गुरु नानक देव विश्वविद्यालय के भाषा-संकाय की एम.फिल. उपाधि हेतु स्वीकृत प्रबन्ध, 1981.

4.12. कारनेप, आर. : मीनिंग ऐण्ड नेसेसिटी, शिकागो : 1956, पुनर्मुद्रण, 1960.

4.13. क्रिस्टल, डेविड, डेरिक डेवी : इनवेस्टिगेटिंग इंग्लिश स्टाइल, लंडन : 1969, पंचम अनुमुद्रण, 1976.

4.14. कीले, एस.डब्ल्यू. : अटेंशन ऐण्ड ह्यूमैन फार्मेंस, पेसिफिक पेलिसेड्स, कैलिफोर्निया : गुड इयर कम्पनी, 1976.

4.15. केटीवेल्स : डिक्शनरी अॅव स्टायलिस्टिक्स, लंडन : लौंगमैन, 1989.

4.16. केलकर, अशोक राव : 'स्टाइल ऐण्ड टेकनीक', स्टायलिस्टिक्स ऐण्ड टेक्स्ट स्टायलिस्टिक्स, सम्पा. सुरेश कुमार, नई दिल्ली : बाहरी पब्लिकेशंज प्राइवेट लि., 1986.

4.17.केवेल्सन, रोबर्टा : स्टाइल : सिम्बालिक लैंग्वेज़, स्ट्रक्चर ऐण्ड सिंटैक्टिक चेंज, लिसे : द पेटर डि राइडर प्रेस, 1976.

4.18.कैलेण्डर, एरिक : रिक्तिग, स्वेंस्का, स्टॉकहॉल्म, 1948.

4.19.कोच, वाल्टर अल्फ्रेड : ऑन द प्रिंसिपल्ज अॅव स्टायलिस्टिक्स, लिंग्वा, अंक-12, 1963.

4.20. कोवालेव, बी. : द डाइवर्सिटी अॅव स्टाइल इन सोवियत लिटॅरेचर, मस्क्वा : 1965.

4.21.ख्रेपचेनको, मिखाइल : 'द पोयटिक्स, स्टाइल ऐण्ड द थिअॅरी अॅव लिटॅरेचर', आर्टिस्टिक क्रिएटिविटी, रियलिटी ऐण्ड मैन, मस्क्वा: रादुगा पब्लिशर्ज,अंग्रेजी अनुवाद, 1986.

4.22. गर्गेश, रवीन्द्र : 'द पर्सपेक्टिवज़ अॅव स्टाइल', लिंग्विस्टिक पर्सपेक्टिव अॅव लिटॅरेरी स्टाइल, दिल्ली : पब्लिकेशंज डिवीजन, दिल्ली यूनि. :1990.

4.23. ग्लीयसन, एच.ए. : एन इन्ट्रोडक्शन टु डिस्क्रिप्टिव लिंग्विस्टिक्स, न्यूयार्क : 1955.

4.24. ग्लीयसन, एच.ए. : लिंग्विस्टिक्स ऐण्ड इंग्लिश ग्रामर, लंडन : हाल्ट रिने हॉल्ट ऐण्ड विंस्टन, 1965.

4.25. गुंटर, रिचर्ड : ऐन-एस्से-रिव्यु अॅव द फंक्शनिंग अॅव सेंटेंस-स्ट्रक्चर इन द स्ट्रीम अॅव कंशसनेस टेकनीक अॅव विलियम फॉकनर्स द साउंड ऐण्ड द फ्यूरी; अ स्टडी इन लिंग्विस्टिक स्टायलिस्टिक्स बाइ आइटेन कालुजा, मिसिसिपी क्वार्टरली।

4.26. गुंटर, रिचर्ड : स्ट्रक्चर ऐण्ड स्टाइल इन पोयम्ज़, लेखक से सीधे प्राप्त अनुमुद्रण प्रति।

4.27. ग्रे, बेनीसन : स्टाइल : द प्रोब्लम ऐण्ड इट्स सॉल्यूशन, पेरिस : मूतन, 1969.

4.28. गेरो, पी. और पी. कुंट्ज : लॉ स्तिलस्तीक : लेक्चर्स, पेरिस : क्लिंक्सिक, 1970.

4.29. गेरो, पी. : ला स्तिलस्तीक, पेरिस : 1954.

4.30. गालप्रिन, आई.आर. : स्टायलिस्टिक्स, मस्क्वा : हायर स्कूल पब्लिशिंग हाउस, 1971.

4.31.चामस्की, नोअम् : आस्पेक्टस ऑव द थियरी ऑव सेंटेंस, कैम्ब्रिज : एम.आई.टी. प्रेस, 1965.

4.32. चैटमैन, सेमूर और एस.आर. लिविन : लिंग्विस्टिक्स ऐण्ड लिटरैचर, करेंट ट्रेंड्ज़ इन लिंग्विस्टिक्स, खण्ड-10, पेरिस : मूतन, 1973.

4.33. चैटमैन, सेमूर : 'द सिमेंटिक्स ऑव स्टाइल', एसेज़ इन सिमिओटिक्स, सम्पा. जूलिया क्रिस्तिवा, पेरिस : मूतन, 1971.

4.34. चैटमैन, सेमूर (सम्पा.) : लिटरेरी स्टाइल : अ सिम्पोज़ियम, लंडन : ऑक्सफोर्ड यूनिवर्सिटी प्रेस, 1971.

4.35. चैपमैन, रेमण्ड : लिंग्विस्टिक्स ऐण्ड लिटरैचर, लंडन : एडवर्ड आर्नल्ड, 1973.

4.36. जेनप्रोव : द क्वेश्चन ऑव रियलिज्म, लेनिनग्राद : 1960.

4.37. जेस्पर्सन, ऑटो : एनालिटिक सिंटेक्स, न्यूयार्क : हॉल्ट रिनेहार्ट ऐण्ड विंस्टन, 1964.

4.38. झिरमुंस्की, वी.एम. : सिलेक्टिड राइटिंग्ज़ : लिंग्विस्टिक पोयटिक्स, मस्क्वा : प्रोग्रेसिव पब्लिशर्ज, अंग्रेजी अनुवाद, 1985.

4.39. टर्नर, जी.डब्ल्यू. : स्टायलिस्टिक्स, इंग्लैंड : 1973.

4.40. टेलर, टी.जे. : लिंग्विस्टिक थिअॅरी ऐण्ड स्ट्रक्चरल स्टायलिस्टिक्स, ऑक्सफोर्ड : पर्गमान प्रेस, 1981.

4.41.ट्रोइके, रूडोल्फ जी. : 'एलिमेंटरी ऐण्ड सेकेंडरी एजुकेशन', करेंट ट्रेंड्ज इन लिंग्विस्टिक्स, खण्ड-12, सम्पा. टी.एस. सिबियोक, पेरिस : मूतन, 1974.

4.42. ठाकुर, डी. : 'द नेचर ऐण्ड स्कोप ऑव स्टायलिस्टिक्स', आगरा : केन्द्रीय हिन्दी संस्थान, 24-25 नवम्बर, 1972. को अखिल भारतीय शैलीविद् संगोष्ठी में पठित आलेख.

4.43. ठाकुर, दामोदर : 'टुआर्ड्स अ डिफिनिशन ऑव स्टाइल', इण्डियन लिंग्विस्टिक्स, पूना : अखिल भारतीय भाषाविद्

परिषद्, वर्ष-33, अंक-1.

4.44. डर्बिशायर, ए.ई. : ग्रामर ॲव स्टाइल, लंडन : आन्द्रेदख, 1971.

4.45. डिज़्क, वी. : स्टडीज इन द प्रैगमैटिक्स ॲव डिस्कोर्स, द हेग : मूतन पब्लिशर्ज़, 1981.

4.46. डोलजेल, एल.; के. हसेन ब्लाख़ : 'पोयटिक्स ऐण्ड स्टायलिस्टिक्स', पोयटिक्स, पोयतिक, वार्सा : 1961.

4.47. डोलजेल, लूबोम्रि : ऑन द स्टाइल ॲव मॉडर्न चेक प्रोज़, प्राहा : चेकोस्लाविन्सका एकेदमी बेद, 1960.

4.48. तिवारी, भोलानाथ : शैलीविज्ञान, दिल्ली : शब्दकार प्रकाशन, 1977.

4.49. तोदोरोव, ज्वेतान : 'द प्लेस ॲव स्टाइल इन द स्ट्रक्चर ॲव द टेक्स्ट', लिटरेरी स्टाइल : अ सिम्पोज़ियम, सम्पा. सेमूर चेटमैन, लंडन : ऑक्सफोर्ड यूनि. प्रेस, 1971.

4.50. थार्न, जे.पी. : 'जेनेरेटिव ग्रामर ऐण्ड स्टायलिस्टिक एनेलिसिस' न्यू होराइजंस इन लिंग्विस्टिक्स, पेंगुइन : 1970. पुनर्मुद्रण, 1972.

4.51.नॉथ, विन्फ्रेड : 'द सिमियोटिक फ्रेम वर्क ॲव टेक्स्ट लिंग्विस्टिक्स', कॅरेंट ट्रेंड्ज़ इन लिंग्विस्टिक्स, सम्पा. वूल्फ गैंग ई. ड्रेसलर, न्यूयार्क : वाल्टर डी. ग्रूटर, 1978.

4.52. नोविचेनको : 'द डाइवर्सिटी ॲव आर्टिस्टिक फॉर्म ऐण्ड स्टाइल इन सोशलिस्ट रियलिस्ट लिटरेचर', प्रोत्सेम्ज ॲव सोशलिस्ट रियलिज्म, मस्क्वा : 1961.

4.53. पियर, विली वान : 'द थिअॅरी ॲव फोरग्राउंडिंग, द स्टेट ॲव द आर्ट', स्टायलिस्टिक्स ऐण्ड सायकोलॉजी : इनवेस्टिगेशन फ़ोरग्राउन्डिंग, लंडन : क्रूम हेल, 1986.

4.54. पोमोर्स्का, क्रिस्तिना : डायलॉगज : रोमन याकोब्सन, लंडन : कैम्ब्रिज यूनि. प्रेस, 1980.

4.55. फाउलर,- रोज़र : लिंग्विस्टिक्स ऐण्ड द नॉवेल, लंडन : मैथुइन ऐण्ड कम्पनी लिमिटेड, 1977.

4.56. फ़ाउलर, रोज़र : लिंग्विस्टिक्स क्रिटिसिज़्म, लंडन : ऑक्सफोर्ड यूनि. प्रेस, 1986.

4.57. फ़ाउलर, रोज़र : 'लिंग्विस्टिक थिअॅरी ऐण्ड द स्टडी ॲव लिटरेचर', ऐसेज़ ॲव स्टाइल ऐण्ड लैंग्वेज, सम्पा. रोज़र फ़ाउलर, लंडन : 1966, पुनर्मुद्रण 1979.

4.58. फ्रीमैन, डोनाल्ड सी. : 'द स्ट्रैटेजी ॲव फ्यूजन डायलन थॉम्सेस सिंटैक्स', स्टाइल ऐण्ड स्ट्रक्चर इन लिटरेचर, सम्पा. रोजर फ़ाउलर, न्यूयार्क : कॉर्नेल यूनि. प्रेस, 1975.

4.59. फोडर, जे ए. और जे.जे. कात्ज़ (सम्पा.) : द स्ट्रक्चर्ज़ ॲव लैंग्वेज, रीडिंग्ज इन द फिलॉसफी, न्यू जर्सी : प्रेंटिस हाल, 1964.

4.60. बर्ख़, डेविड और माइकेल ओ'तूली : 'इंट्रोडक्शन; द पॉवर ॲव फंक्शनल स्टायलिस्टिक्स', फंक्शंज ॲव स्टाइल, सम्पा. बर्ख और तूली, लंडन : पिंटर पब्लिशर्ज, 1988.

4.61. बर्टन, डिआड्रे : डॉयलॉग ऐण्ड डिस्कोर्स, लंडन : रूटलेज ऐण्ड कीगेन पॉल, 1989.

4.62. बर्डस्ले, मोनरो सी. : ऐस्थेटिक्स : प्रोब्लेम्स इन द फिलॉसफी ॲव क्रिटिसिज़्म, न्यूयार्क : 1958.

4.63. वाचेक, जोसेफ़ : डिक्सनेर द लिंग्विस्टीक द ल इकोल, द प्राग: अवेस्ख्ता अमवेर्स, 1966.

4.64. बार्थ, रोलाँ : 'स्टाइल ऐण्ड इट्स इमेज', लिटरेरी स्टाइल : अ सिम्पोज़ियम, सम्पा. सेमूर चैटमैन, लंडन : ऑक्सफोर्ड यूनि. प्रेस, 1971.

4.65. बारबर्ग, जेरेमी : सम ऑस्पेक्ट्स ॲव स्टाइल, द टीचिंग ॲव इंग्लिश, सम्पा. डोल्फ क्वर्क और ए.एम. स्मिथ, लंडन : 1952.

4.66. ब्रुक्स, क्लीनेथ और राबर्ट पेन वारेन : अण्डरस्टैंडिंग फ़िक्शन, न्यूयार्क : 1943.

4.67. बेनामू, ए. : द फ्रेंच रिव्यू, खण्ड-37.

4.68. ब्रेख़्त, बर्टोल्ड : ब्रेख़्ट ऑन थियेटर, सम्पा. जॉन विलेट, लंडन : मैथुइन, 1964.

4.69. बोरेव, यू.बी. : 'द नेचर ॲव स्टाइल ऐण्ड स्टायलिस्टिक एनालिसिस', मार्क्सिस्ट लेनिनिस्ट एस्थेटिक्स ऐण्ड द आर्ट्स, अनु. ए. शेक्सवर्ग, मस्क्वा : 1980.

4.70. बोरेव, यू.बी. : 'स्टाइल इन आर्ट', एस्थेटिक्स : ए टेक्स्ट बुक, मस्क्वा : प्रोग्रेस पब्लिशर्ज़, 1985.

4.71. मारुजे, जे. : प्रेसीजद स्तलिस्तीक फेंचाइन, पेरिस : 1946.

4.72. मिलिक, एल.टी. : 'अनकांशस आर्डरिंग इन द प्रोज अॅव स्विफ्ट', कम्प्यूटर ऐण्ड लिटॅरेरी स्टाइल, सम्पा. जे. लीडर, ओहियो : केंट, 1966.

4.73. मिश्र, विद्यानिवास : रीतिविज्ञान, दिल्ली : राधाकृष्ण प्रकाशन, 1964.

4.74. मिस माइल्ज़ : 'स्टाइल ऐज़ स्टाइल', लिटॅरेरी स्टाइल : अ सिम्पोज़ियम, सम्पा. सेमूर चैटमैन, लंडन : 1971.

4.75. मैक्इन्टोश, ऐंग्युश : 'सेपिंग', अ रिव्यू अॅव इंग्लिश लिटॅरेचर, अंक-6, अप्रैल, 1965.

4.76. मैथेसियस : 'स्पीच ऐण्ड स्टाइल', 'रीडिंग्ज ऑन लैंग्वेज़ अॅव लिटॅरेचर, सम्पा. बी. हैब्रनेक और जे. मुकारोव्स्की, प्राग : 1942.

4.77. मुकारोव्स्की, जे. : 'द वर्ल्ड ऐण्ड वर्बल आर्ट', सिलेक्टिड एसेज़, येल : येल यूनि. प्रेस, 1977.

4.78. याकोब्सन, रोमन : 'को ज़ी पोसी', वोल्ले स्मॉरी, प्राग : 1933-34 अंक.

4.79. याकोब्सन, रोमन : ग्रामेटिकल पैरलेलिज्म ऐण्ड इट्स रशन फेसेट, लैंग्वेज, अंक-42.

4.80. याकोब्सन, रोमन : सब्सीमीनस वर्बल पैटर्निंग इन पोयट्री, स्टडीज़ इन जनरल ऐण्ड ओरिएण्टल लिंग्विस्टिक्स, सम्पा. रोमन याकोब्सन और एस. कावामातो, तोक्यो : तेक, 1970.

4.81. याकोब्सन, रोमन : सिग्ने जीरो, 1933, पुनर्मुद्रित, रीडिंग्ज़ इन लिंग्विस्टिक्स, भाग-2, सम्पा. हैम्प, हाउसहोल्डर ऑस्टरविल्ज, शिकागो : यूनि. अॅव शिकागो प्रेस, 1968.

4.82. याकोब्सन, रोमन : सिलेक्टिड राइटिंग्ज़, खण्ड-2, मूतन : वर्ल्ड ऐण्ड लैंग्वेज, 1971.

4.83. राइल, जी. : द कांसेप्ट अॅव माइंड, लंडन : 1949.

4.84. रिफेतेयर, मिखाइल : क्राइटीरिया फ़ॉर स्टाइल एनालिसिस, वर्ड 15, 1959.

4.85. रिफेतेयर, मिखाइल : द स्टायलिस्टिक फंक्शंज प्रोसीडिंग्ज़ अॅव द नाइंथ इंटरनेशनल क्राग्रेस अॅव लिंग्विस्टिक, द हेग : मूतन, 1964.

4.86. रिफेतेयर, मिखाइल : 'स्टायलिस्टिक कांटेक्सट', वर्ल्ड, ज्योर्ग : ओलम्स,

अंक-16, 1960.

4.87. लिखाशोव, डी. : पोयतिका ड्रेवनेरस्कोई लितॅरेचरी, लेनिनग्राद : 1967.

4.88. लिखाशोव, डी. : द पोयटिक्स ॲव एशियन रॅशन लिटॅरेचर, लेनिनग्राद : 1967.

4.89. लिविन, एस.आर. : 'एक्सटर्नल ऐण्ड इंटरनल डिविएशन इन पोयट्री' वर्ल्ड, ज्योर्ग ओलम्स, अंक 21, 1965.

4.90. लिविन, एस.आर. : रिव्यू ॲव स्ट्रक्चरल कांटीन्यूइटी इन पोयट्री—अ लिंग्विस्टिक स्टडी इन फ़ाइव प्री-इस्लामिक अरेबिक ओड्स, लिंग्वा, सम्पा. रिशलिंग : उहलेनवेग, एलेन एमस्टर्डम : नार्थ हॉलैंड पब्लिशिंग कम्पनी, खण्ड-28, संख्या-4, 1972.

4.91. लिविन, एस.आर. : रिव्यू ॲव स्टाइल : द प्रोब्लेम ऐण्ड इट्स सॉल्यूशन, लैंग्वेज, खण्ड-47, अंक-4, दिसम्बर, 1971.

4.92. लिविन, एस.आर. : लिंग्विस्टिक स्ट्रक्चर्ज़ इन पोयट्री, द हेग : मूतन, 1962, पंचम मुद्रण, 1977.

4.93. लीच ज्योफ्री एन. और माइकेल एच. शार्ट : स्टाइल इन फ़िक्शन, लंडन : लौंगमैन ग्रूप लि., 1981, चतुर्थ अनुमुद्रण, 1985.

4.94. लीच, ज्योफ्री एन. : अ लिंग्विस्टिक गाइड टु इंग्लिश पोयट्री, लंडन : लौंगमैन ग्रूप लिमिटेड, 1969, चतुर्थ मुद्रण, 1974.

4.95. लीच, ज्योफ्री एन. : 'दिस ब्रेड आइ ब्रेक : लैंग्वेज ऐण्ड इंटरप्रिटेशन', अ रिव्यु ॲव इंग्लिश लिटॅरेचर, अंक-6, अप्रैल-1965.

4.96. लीच, ज्योफ्री एन. : 'स्टायलिस्टिक्स' डिस्कोर्स ऐण्ड लिटॅरेचर, सम्पा. टी.ए. फ़ाइनडिज़्क, एम्स्टर्डम : जॉन बेंजामिन पब्लिशिंग कम्पनी, 1985.

4.97. लेफेरियर, डेनियल : 'ऑटोमार्फिज़्म : स्ट्रक्चर इन द पोयम्ज़ ग्रैमेटिक्स', स्वेस, सिमियोटिक्स, अंक-10.

4.98. लोटमान, यूरी. : द स्ट्रक्चर ॲव द आर्टिस्ट टेक्स्ट, अनु. आर. ग्रूम, एन. आर्बर, मिरिगन : स्लाविक पब्लिकेशंज, 1977.

4.99. विट्गेंस्टाइन, एस. : द ब्लू ऐण्ड ब्राउन बुक, न्यूयार्क : 1960.

4.100. विंटर, डब्ल्यू. : 'स्टाइल एज़ डायलेक्ट्स', प्रिंट्स ॲव पेपर्ज फॉर द नाइन्थ इंटरनेशनल कांग्रेस ॲव लिंग्विस्ट्स, कैम्ब्रिज : 1962.

4.101. विंटर, वर्नर : 'स्टाइल ऐज़ डायलेक्ट्स', प्रोसीडिंग्ज ॲव द नाइन्थ इंटरनेशनल कांग्रेस ॲव लिंग्विस्ट्स, द हेग : मूतन, 1964.

4.102. वेल, हर्मन : सिमेट्री, प्रिंक्टन : यूनि. प्रेस, 1952.

4.103. वेलेण्डर, एरिक : रिक्तिग स्वेंसका, स्टॉक होल्म : 1948.

4.104. शर्मा, आरएस. : 'स्टाइल ऐज आर्टिफाइज', स्टायलिस्टिक्स ऐण्ड टेक्स्ट एनालिसिस, सम्पा. सुरेशकुमार, नई दिल्ली : बाहरी पब्लिकेशंज़ प्रा.लि., 1987.

4.105. शर्मा, कृष्ण कुमार : 'शैलीविज्ञान : प्रतिमान और विश्लेषण की समीक्षा', भाषा, नई दिल्ली : केन्द्रीय हिन्दी निदेशालय, मार्च, 1986.

4.106. शर्मा, रामविलास : निराला की साहित्य-साधना, खण्ड-2, नई दिल्ली : राजकमल प्रकाशन, द्वितीय पेपरबैक संस्करण, 1981.

4.107. श्क्लोवस्की, विक्टर : 'आर्ट ऐज़ टेकनीक', रशॅन फार्मलिस्ट क्रिटिसिज्म : फोर एसेज़, सम्पा. एल.टी. लेमन और एम. रीस, लिंकोन : लेब्रास्का यूनि. प्रेस, 1965.

4.108. श्वातिक, क्वेतास्लाव : द प्रोब्लेम ॲव स्टाइल फ्राम द स्टैण्डप्वाइंट ॲव जनरल थिअॅरी ॲव आर्ट, लिंग्विस्टिक ऐण्ड लिटॅरेरी स्टडीज इन ईस्टर्न यूरोप, खण्ड-1, ए. जॉन. एमस्टर्डम, जॉन बेनजामिन्ज़ बी.पी. 1979.

4.109. शिप्ले, टी. जोसेफ. (सम्पा.) : डिक्शनरी ॲव वर्ल्ड लिटॅरेचर, संशोधित संस्करण, पैटरसन : एन.जे. 1960.

4.110. शीतांशु, पाण्डेय शशिभूषण : शैलीविज्ञान : प्रतिमान और विश्लेषण, दिल्ली; देवदार प्रकाशन, 1984.

4.111. शीतांशु, पाण्डेय शशिभूषण : शैलीविज्ञान का इतिहास, नयी दिल्ली : वाणी प्रकाशन, 1983.

4.112. शीतांशु, पाण्डेय शशिभूषण : शैलीविज्ञान : प्रकार और प्रतिमान, चंडीगढ़ : हरियाणा साहित्य अकादमी, 1987.

4.113. शीतांशु, पाण्डेय शशिभूषण : निराला का अलक्षित अर्थगौरव, इलाहाबाद : सरस्वती प्रेस, 1976.

4.114. शीतांशु, पाण्डेय शशिभूषण : रचना-सन्दर्भ : कथाभाषा, होशियारपुर : प्रतिभा प्रकाशन, 1989.

4.115. शीतांशु, पाण्डेय शशिभूषण : रचना-सन्दर्भ : काव्यभाषा, दिल्ली : सहयोग

प्रकाशन, 1993.

4.116. शीतांशु, पाण्डेय शशिभूषण : 'गोदान की कथाभाषा', नयी कहानी, गोदान विशेषांक, इलाहाबाद : नयी कहानी प्रकाशन, 1992.

4.117. शीतांशु, पाण्डेय शशिभूषण : 'काव्यभाषा : भाषा की प्रकार्यपरकता का सन्दर्भ', हरिगन्धा, चंडीगढ़ : हरियाणा साहित्य अकादमी, मार्च-अप्रैल, 1991.

4.118. शीतांशु, पाण्डेय शशिभूषण : 'शैलीकीय विश्लेषण' और 'निराला' की 'उक्ति', परिषद् पत्रिका, पटना : बिहार राष्ट्रभाषा परिषद्, अप्रैल, 1978.

4.119. शीतांशु, पाण्डेय शशिभूषण : 'साहित्यालोचन अते शैलीविज्ञान : रचना दी समझ दे बाधे दा इक होर आयाम', आलोचना, (पंजाबी) लुधियाना : पंजाबी साहित्य अकादमी, 1980.

4.120. शेपिरो, एम. : एसिमेट्री : एन इनक्वायरी इन टु द लिंग्विस्टिक स्ट्रक्चर ऑव पोयट्री, न्यूयार्क : नॉर्थ हालैंड पब्लिशिंग कम्पनी, 1976.

4.121. शेपिरो, एम. : 'स्टाइल', एन्थ्रोपालॉजी टुडे, सम्पा. ए.एल. क्रोयबर, शिकागो : 1953.

4.122. शोकोलोव, ए. : द थिअॅरी ऑव स्टाइल, मस्क्वा, 1968.

4.123. श्रीवास्तव, रवीन्द्रनाथ और आर.एस. गुप्त : 'लैंग्वेजिज़ इन लिटॅरेचर', स्टायलिस्टिक्स ऐण्ड टेक्स्ट एनलॉसिस, सम्पा. सुरेशकुमार, नई दिल्ली : बाहरी पब्लिकेशंज, 1987.

4.124. श्रीवास्तव, रवीन्द्रनाथ : 'काव्य-विश्लेषण और जीवन-मर्म', अज्ञेय, सम्पा. विश्वनाथ प्रसाद तिवारी, दिल्ली : नेशनल पब्लिशिंग हाउस, 1977.

4.125. श्रीवास्तव, रवीन्द्रनाथ : 'पाठक की रचनाधर्मिता', अभिरुचि, नई दिल्ली : राधाकृष्ण प्रकाशन, मई 1981.

4.126. श्रीवास्तव, रवीन्द्रनाथ : 'बहिर्निष्ठ और अन्तर्निष्ठ शैली', संरचनात्मक शैलीविज्ञान, दिल्ली : आलेख प्रकाशन, 1979.

4.127. श्रीवास्तव, रवीन्द्रनाथ : 'शैलीविज्ञान : कुछ तथ्य, कुछ कथ्य', शैलीविज्ञान और आलोचना की नई भूमिका, आगरा : केन्द्रीय हिन्दी संस्थान, 1971, द्वितीय मुद्रण, 1981.

4.128. सपीर, एडवर्ड : एब्नार्मल टायप्स ऑव स्पीच इन नूटका, सिलेक्टिड

राइटिंग्ज अॅव एडवर्ड सपीर इन लैंग्वेज, कल्चर ऐण्ड पर्सनैलिटी, सम्पा. डेनिड जी. मेंडबार्म बर्कले, कैलिफोर्निया : 1949.

4.129. सपोर्टा, सोल : अ प्रोग्राम फॉर द डिफिनिशन अॅव लिटरैचर, यूनि. अॅव टेक्साज़, स्टडीज इन इंग्लिश, अंक, 37, 1958.

4.130. स्लेड, जेम्स : ए शॉर्ट इन्ट्रोडक्शन अॅव इंग्लिश ग्रामर, शिकागो : 1959.

4.131. सिंह, बच्चन : शैलीविज्ञान : भारतीय एवं पाश्चात्य काव्यशास्त्र का तुलनात्मक अध्ययन, चंडीगढ़ : हरियाणा साहित्य अकादमी, 1987.

4.132. सिबियोक, टी.ए. (सम्पा.) : स्टाइल इन लैंग्वेज, न्यूयार्क : द टैकनॉलॉजी प्रेस अॅव मस्सॉच्यूसेट्स इन्स्टीट्यूट अॅव टेकनॉलॉजी, 1960.

4.133. स्पित्ज़र, लियो : स्तिलस्तुदि एन., म्यूरिख : द्वितीय संस्करण, 1961.

4.134. सेडेलो, एम.वाई. और डब्ल्यू.ए. सेडेलो : अ प्रिफेस कम्प्यूटेशनल स्टायलिस्टक्स, द कम्प्यूटर ऐण्ड लिटरैरी स्टाइल, सम्पा. जैकोब लीड, ओहियो : केण्ट स्टेट यूनि., 1966.

4.135. सेबोक, एस. : आर्ट ऐण्ड ह्यूमैन रोल्ज़ इन द एक्शन ऑफ द वर्ल्ड, मैन एण्ड आर्ट इन स्ट्रक्चर ऑफ द वर्ल्ड, प्राग : 1974.

4.136. सैंडेल, रैल्फ : लिंग्विस्टिक स्टाइल ऐण्ड पर्सुएशन, लंडन ऐण्ड न्यूयार्क : एकेडमिक प्रेस, 1971.

4.137. हॅफ, ग्राहम : स्टाइल ऐण्ड स्टायलिस्टिक्स, न्यूयार्क : 1969.

4.138. हाइम्ज़, डी. : 'फोनोलॉजिकल आस्पेक्ट्स अॅव स्टाइल इन इंग्लिश सॉनेट्स', स्टाइल इन लैंग्वेज, सम्पा.टी.ए. सिबियोक, न्यूयार्क, 1960.

4.139. हॉक्स, टी. : मेटाफर, लंदन : मैथुइन, 1972.

4.140. हॉकेट, चार्ल्स डब्ल्यू. : अ कोर्स इन मॉडर्न लिंग्विस्टिक्स, न्यूयार्क : 1958.

4.141. हिक्की, लिजेओ : प्रैग्मैटिकस अॅव स्टाइल, लंडन : रुटलेज, 1989.

4.142. हिल, आर्कीबाल्ड ए. : इन्ट्रोडक्शन टु लिंग्विस्टिक स्ट्रक्चर्ज, न्यूयार्क : 1958.

4.143. हिल, आर्कीबाल्ड ए. : कॅलेक्टिड एसेज इन लिटॅरेरी एनेलिसिस, आस्टीन, टेक्साज़ : 1966.

4.144. हिल, आर्कीबाल्ड ए. : पोयट्री ऐण्ड स्टायलिस्टिक्स, एसेज़ इन लिटॅरेरी लिंग्विस्टिक्स, पुनर्मुद्रण प्राप्त.

4.145. हैत्ज़फील्ड : 'दि डिफिनिशन अॅव द टर्म्ज स्टाइल', प्रोसीडिंग्ज़ अॅव द थर्ड कांग्रेस ऑन द इन्टरनेशनल कम्पेरेटिव लिटॅरेचर एसोसिएशन, स-ग्राबनहेग : 1962.

4.146. हैब्रेनिक्स, डब्ल्यू.ओ. : ग्रामर्ज अॅव स्टाइल ऐण्ड स्टाइल्ज अॅव ग्रामर, न्यूयार्क : एल जेवियर नार्थ हालैंड, 1976.

4.147. हैरिस, जेलिग : स्ट्रक्चरल लिंग्विस्टिक्स, शिकागो : 1960.

4.148. हैलिडे, एम.ए.के. : एक्सप्लोरेशंज इन द फंक्शन ऑव लैंग्वेज, लंडन : एडवर्ड आर्नल्ड, 1973.

4.149. हैलीडे, एम.ए.के. : लैंग्वेज ऐण्ड सोशल सिमियोटिक, लंडन : एडवर्ड आर्नल्ड, 1978.

4.150. हैव्रनेक, बी. : 'द फंक्शनल डिफ़रेंसिएशंज अॅव द स्टैंडर्ड लैंग्वेज', अ प्राग स्कूल रीडर ऑन एस्थेटिक्स, सम्पा. पाल एल. गार्विन, वाशिंगटन : जॉर्ज टाउन, यूनि. प्रेस, 1964.